업스윙

THE UPSWING

How America Came Together a Century Ago and
How We Can Do It Again

by **Robert D. Putnam** and **Shaylyn Romney Garrett**
Copyright © 2020 by Robert D. Putnam

나 홀로
사회인가

우리 함께
사회인가

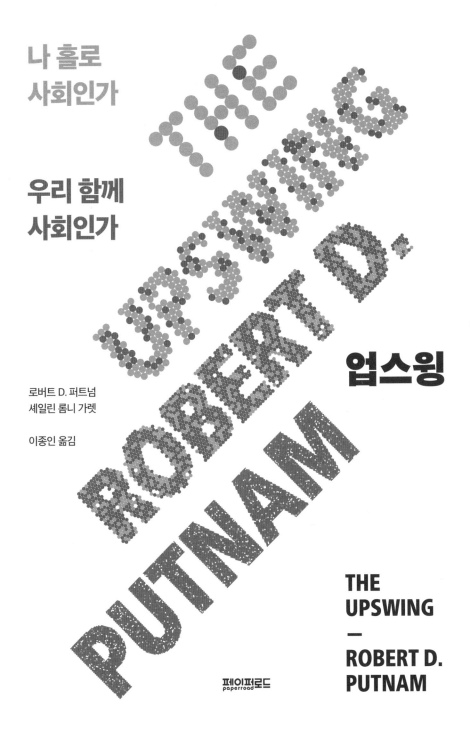

로버트 D. 퍼트넘
셰일린 롬니 가렛

이종인 옮김

업스윙

페이퍼로드
paperroad

THE
UPSWING
—
ROBERT D.
PUTNAM

이 책에 쏟아진 찬사

미국 현대사를 이해하는 데, 로버트 퍼트넘은 오랫동안 필수적인 길라잡이였다. 사회적 자본, 종교, 어린아이들을 다룬 그의 책들은 반드시 읽어야 하는 책이다. 『업스윙』은 또 다른 걸작이다. 이 책은 서로 상관없어 보이는 지난 1백 년 동안의 이야기들을 잘 엮어서 아주 장대한 스토리로 완성해냈다. 최고의 찬사를 보낸다!

앵거스 디턴
노벨경제학상 수상, 『위대한 탈출』, 『절망의 죽음과 자본주의의 미래』의 저자

과감하고 설득력 넘치는 로버트 퍼트넘의 저서 가운데서도 이 책은 그야말로 대가의 역작이라 할 수 있다. 책에서 퍼트넘은 도금시대부터 현재에 이르는 미국의 역사를 재조명한다. 주거 선택, 하원의 투표 패턴, 영화와 노래 제목, 심지어 어린아이 이름 짓기와 대명사 사용 관계 등, 여러 분야에서 나온 데이터들을 종합하여 미국의 초상화를 풍성하게 그려내고 있다. 책에서 그는 경제와 정치와 사회와 문화의 영역에서 나온 여러 추세들을 종합하며, 이 추세들은 마치 안무를 받은 무용단처럼 하나의 큰 흐름을 향해 수렴한다. 이 흐름은 진보시대부터 1960년대에 이르기까지는 더 큰 통합, 평등, 참여, 공동체 정신을 향해 흘렀으며, 그 뒤 1970년대부터는 정반대 방향으로 전환을 했다. 그 전환이 낳은 것이 바로 전염되는 이기주의, 분열, 불신의 사회적인 역기능으로 인간에게 치명적이 되어버린 오늘날의 유독한 세상이다. 책은 업스윙(상승추세)을 이어가기 위해 우리가 무엇을 해야 하는지 묻는다. 저자가 제시하는 결론은 공동체주의적 원리다. 그것만이 지금보다 더 나은 사회를 회복하기 위한 길을 보여준다는 것이다.

데이비드 M. 케네디 · 도날드 J. 맥래클란
스탠퍼드 대학교 명예 역사학 교수

지금 우리가 최악의 시대를 살고 있다고 생각한다면 이 책을 읽고 나서 마음의 전환과 함께 희망이 샘솟는 것을 느낄 것이다. 로버트 D. 퍼트넘은 추세 관련 데이터를 면밀히 분석하여 아주 감동적인 스토리를 만들어 냈다. 이 책은 미국이 첫 번째 도금시대에서 곧 이어 진보시대로 발전해 간 과정을 추적하면서 우리에게 희망과 교훈을 안겨준다. 백여 년 전 미국인은 오늘날 우리가 겪는 시대와 별다를 것 없이 절망의 시대였던 도금시대를 이겨내 그 뒤 50년간 긍정적으로 나라를 발전시켰다. 국가의 약속을 다시 실현시키는 법에 대해 깊이 생각하는 사람은 반드시 읽어야 할 책이다.

윌리엄 줄리어스 윌슨·루이스 P. & 린다 L. 게이서 부부
하버드 대학교 명예 교수

로버트 퍼트넘이 아니라면 이토록 핵심적인 책을 결코 써내지 못했을 것이다. 『업스윙』은 퍼트넘의 방대한 지식과 데이터에 대한 헌신, 뛰어난 스토리텔링 능력과 열정이 하나로 묶여 쓰여진 책이다. 이 놀라운 책은 우리에게 스스로에 대한 자긍심과 함께 힘을 합하면 뭐든지 할 수 있다는 진실을 일깨워준다. 우리는 당연히 그렇게 해야 한다. 그것도 지금 당장.

앤드류 맥아피
MIT 교수, 『제2의 기계 시대』, 『더 적은 것에서 더 많은 것을』의 저자

『업스윙』은 하나의 계시이다. 이 책은 이 양극화된 사회를 위한 책이며, 시급한 논의에 대한 단호한 행동을 위한 필수 지침서가 될 것이다. 이 책은 역사에 대한 새로운 이해를 제시하며, 더 나아가 우리가 함께 만들어 가야 할 미래의 멋진 로드맵을 제시한다.

자비에 드 수자 브릭스
뉴욕 대학교 방문 교수, 전 포드 재단 부이사장

일러두기

1. 이 책은 *THE UPSWING: How America Came Together a Century Ago and How We Can Do It Again* by ROBERT D. PUTNAM With Shaylyn Romney Garrett, 2020을 번역한 것이다.
2. 책과 신문은 『』, 논문 및 기사는 「」, 영상과 음성 매체의 경우에는 〈〉로 처리했다.
3. 원주는 원서와 같이 미주로 처리했으며, 옮긴이주는 각주로 처리했다.

최악의 순간에서 업스윙은 시작된다
— 사회적 자본과 퍼트넘, 그리고 미국과 한국

유종성

가천대학교 정책학 초빙교수 겸 불평등과사회정책연구소 소장

로버트 퍼트넘의 새 저서, 『업스윙: 나 홀로 사회인가 우리 함께 사회인가』를 읽으면서 그가 마치 한국 이야기를 하는 것 같은 느낌이 들었다. 미국이 지난 한 세기 동안 나 홀로 사회에서 우리 함께 사회로 상승했다가 다시 나 홀로 사회로 하강을 경험한 것처럼, 한국도 마찬가지 경험을 하고 있다.

퍼트넘은 오늘날의 미국이 풍요로운 사회가 되었지만 증가하는 불평등, 전례 없는 정치적 양극화, 신랄한 공공 담론, 허약해지는 사회적 구조, 공적·사적 나르시시즘 등 최악의 사회로 변화하고 있다고 본다. 미국이 전에도 이런 시대를 겪은 적이 있었는데, 19세기 말의 도금시대가 그러했다. 그때 미국은 아주 개인주의적이고, 불평등하고, 양극화되고, 분열된 사회로 그 모습이 오늘날과 같았다고 한다. 그러나 20세기 들어 진보시대가 시작되면서 미국은 점차 평등, 협력, 관대함으로 나아갔고, 그리하여 경제적 평등, 정치적 예의와 협력, 사회적 연대와 문화적 공동체주의를 향상시켰다. 즉,

20세기 전반기와 중반기의 미국은 '나 홀로' 사회에서 '우리 함께' 사회로 상승추세(업스윙)를 타고 갔는데, 1960년대를 거치면서 이러한 추세는 재역전되었다는 것이다.

한국은 어떠한가? 한국전쟁의 참화 속에서 한국은 세계 최빈국의 하나에서 시작해 민주화와 산업화를 동시에 이루어냈을 뿐 아니라 '공평한 성장growth with equity'으로 세계은행의 찬사를 받았고, 피원조국에서 원조공여국으로 전환한 세계적인 성공 케이스가 되었다. 그러나 세계 10위권의 경제대국이 된 지금, 한국 사회는 과거보다 더 큰 몸살을 앓고 있다. '개천에서 용 나는 사회'는 옛 이야기가 되었고, 증가하는 불평등과 부의 대물림 속에서 오늘날의 젊은이들은 흙수저와 금수저로 양극화되고, 무한경쟁의 압박에 고통 받고 있다. 부와 풍요를 만들어 준 상승추세는 끝났고, 대한민국은 바야흐로 헬조선 상황에서 급전직하의 하강을 겪고 있다. 미국 사회의 이야기가 바로 우리 이야기와 너무나도 닮은꼴이다.

몇 년 전 출판된 퍼트넘의 『우리 아이들』을 읽었을 때에도 마치 저자가 한국 이야기를 하는 것 같은 느낌이었다. 1950년대에는 모든 아이들에게 기회의 나라였지만, 오늘날 많은 아이들에게서 기회가 사라진 미국처럼 한국도 아이들에게 기회가 사라져가는 나라다. 이보다 더 앞서 2000년에 출판된 그의 저서 『나 홀로 볼링』은 사회적 자본과 사회적 신뢰가 무너져가는 미국의 상황을 예리하게 분석하여 미국인들에게 경종을 울렸는데, 그때만 해도 필자는 그러한 분석이 한국에도 똑같이 적용된다는 것을 미처 깨닫지 못하고 있었다. 어느덧 '공평한 성장'의 시대를 뒤로 하고 '양극화 속의 저성장' 시대에 접어든 한국 사회에서도 젊은이들의 기회의 총량은 축소되었다. 그뿐만 아니라 기회의 양극화로 인해 세대 간, 세대 내의 갈등이 격화하고 있다. 이에 따라 우리 사회의 공동체는 해체되고 사회적 신뢰는 무너져 점차 더 편협한 개인주의가 횡행하고 있다.

퍼트넘은 미국 사회가 우리 함께 사회에서 나 홀로 사회로 후퇴하고 있다는 현실을 『나 홀로 볼링』에서 이미 증명했고, 『우리 아이들』에서는 이를 기회의 불평등과 양극화 차원에서 다루었다. 그런데, 『업스윙』에서 퍼트넘은 지금까지처럼 단지 미국 사회에 경종을 울리는 지식인으로서가 아니라 미국을 다시 회생시킬 희망의 메시지를 주는 이가 되기 위해 팔을 걷어붙인다. 과거에 도금시대로의 하강 이후 진보시대를 시점으로 상승의 반전이 있었다면, 최악의 사회가 된 오늘날 미국에도 다시 새로운 상승의 기운을 불러일으킬 수 있다는 것이다.

그렇다면, 대한민국도 다시 상승의 시대를 만들어나갈 수 있지 않을까? '우리' 한국인들은 일제의 압제에 저항했고 군사독재에 맞섰으며 최근에는 촛불시위로 신권위주의를 몰아냈다. 민주화를 쟁취하고 발전시킨 자랑스러운 민족이자 민주 시민 공동체이다. 농지개혁으로 봉건지주제를 타파하고 평등한 바탕 위에서 다 함께 잘살기 위해 노력한 결과 '공평한 성장'의 기적을 만들어낸 경험도 있다. 비록 오늘날 경제적 정치적 양극화와 사회적 갈등은 극에 달했지만, 그럴수록 위기를 기회로 만드는 '우리' 한국인의 저력을 다시한 번 발휘할 수 있는 기회가 온 것은 아닐까?

운 좋게도 퍼트넘 교수의 제자로서 박사학위 논문을 지도받았던 필자는 그가 근본적으로 낙관주의자라는 것을 안다. 그가 미국 사회의 부정적인 모습들을 과학적으로 분석하고 경고했던 것은 단순한 관찰자나 분석가로서가 아니라 개혁과 진보를 위해서였다. 그의 지도하에서 불평등과 부패 및 사회적 신뢰에 관한 국가 간 비교연구로 학위논문을 쓴 필자도 불평등과 부패를 관찰하고 분석하는 데 그치지 않고 불평등과 부패를 극복하고 사회적 신뢰를 제고하기 위한 연구 활동을 지속하는 것이 그의 제자로서 마땅한 길이라고 생각한다.

그가 학문적으로 가장 크게 공헌한 것은 사회적 자본social capital이 사회발전, 나아가 경제발전과 정치제도의 순기능에도 중요한 역할을 한다는 발견이다. 그는 1994년 출간한 저서『사회적 자본과 민주주의Making Democracy Work』에서 이탈리아의 남부 지역과 북부 지역 사이의 정치, 경제, 사회적인 발전의 차이를 설명할 수 있는 핵심적인 요인이 바로 사회적 자본의 차이 및 이에 따른 사회적 신뢰의 차이에 있다는 사실을 신빙성 있게 보여주었다. 이후 사회적 자본은 정치학과 사회학뿐만 아니라 경제학을 비롯한 사회과학의 모든 분야에서 중요한 개념으로 자리 잡았으며, 신뢰 및 사회적 신뢰에 관한 숱한 연구를 촉진시켰다.

그는 이탈리아 연구에서 발견한 사회적 자본의 개념을 미국 사회에 적용하고 국가 간 비교연구에도 적용하였다. 그의 역작으로 알려진『나 홀로 볼링』에서는 사회적 자본의 쇠퇴를 다루었지만, 이 책에는 20세기 미국의 진보시대로부터 비롯된 사회적 자본 상승의 이야기가 주제의 중심에 있다. 21세기 미국은 물론 한국과 한반도에서도 이러한 상승, 업스윙이 다시 한 번 펼쳐지기를 기대해본다.

차례

제1장

과거는
하나의
서곡이다

THE UPSWING ROBERT D. PUTNAM

1
—
WHAT'S
PAST IS
PROLOGUE

"……지나간 것은 당신과 나의 계획서 앞으로

닥쳐올 것의 서곡이다."

윌리엄 셰익스피어, 『템페스트』

1830년대 초반 알렉시스 드 토크빌이라는 프랑스 귀족이 정부의 요청을 받아 아메리카를 여행했다. 그의 임무는 미국의 감옥 제도를 더 잘 이해하려는 것이었다. 당시 미국은 건국한 지 반 세기 정도밖에 안 된 신생 민주국가였고, 많은 나라들이 미국을 하나의 과감한 실험이라고 생각했다. 헌법과 참여정부를 수단으로 자유와 평등을 확보하려는 국가 체제가 과연 성공할지 혹은 성공할 수 있을지는 아직 결론이 나지 않은 문제였다.

토크빌은 이 신생 국가를 널리 여행하면서, 오로지 외부 인사만이 할 수 있는 각종 관찰과 예리한 통찰로 가득한 메모를 작성했다. 그는 미국 공적 생활의 거의 모든 측면에 대해 깊이 성찰했다. 그는 수많은 시민에게 말을 걸었고, 그들의 일상 대화를 관찰했으며, 신생 국가를 구성하는 다양한 공동체와 제도들을 살펴보았다. 무엇보다도 그는 개인적 자유에 대한 아주 치열한 믿음이 저 강인한 개척자들의 후예들 사이에 존재한다는 사실에 주목했다. 과거 개

제1장 과거는 하나의 서곡이다

척자들은 실은 그런 자유를 위해 그렇게 힘들게 싸웠던 것이다. 그는 또 미국인들이 공동의 목표를 위해 공사 간의 영역에서 제대로 단결을 이루어내는 현상을 목격했고, 다양한 결사체들이 무제한적인 개인주의에 대한 일종의 견제 역할을 한다는 사실도 발견했다. 개인주의individualism(개인주의는 토크빌이 만들어낸 용어다)의 위험성을 잘 인식하고 있었으므로, 토크빌은 미국에서 목격한 현상에서 감동을 받았다. 미국 시민들은 개개인의 독립은 철저하게 보호하려 했다. 그러나 동시에 넓고 깊게 여러 단체들을 결성함으로써 이기적 욕망을 억제하고, 집단적 문제 해결을 시도하고, 함께 일함으로써 놀라울 정도로 평등한 사회—당시의 유럽과 비교해볼 때—를 건설하려고 노력했다. 토크빌이 볼 때 이들은 "본질을 잘 이해한 이기심"[1]을 추구하는 방식을 통해 그런 평등 사회를 지향하고 있는 셈이었다.

물론 그러한 사회의 형성이 완벽한 것은 아니었다. 미국은 아메리카 인디언의 인종 학살, 아프리카계 미국인의 노예화, 여성들의 정치 참여 배제, 토크빌도 익히 알고 있는 노예제도의 해악 등이 그 배경에 도사리고 있었다. 그렇지만 토크빌은 미국의 민주제도가 자유와 평등, 개인의 자유에 대한 존중과 공동체에 대한 관심이라는 서로 연결된 쌍둥이 이상들 사이에서 균형을 잡으려고 하는 제도임을 알아보았다. 그는 독립적인 개인들이 자유를 방어하기 위해 서로 협력하고, 공동의 번영을 추구하고, 공공제도와 그 제도를 보호하는 문화적 규범들을 지지하기 위해 함께 단결하는 것을 보았다. 물론 미국 사회에는 여전히 해결해야 할 맹점들이 남아 있고, 몇몇 결점과 특징들에는 위험마저 도사리고 있었지만, 그래도 미국의 민주제도는 건강하게 잘 돌아가고 있다고 토크빌은 느꼈다.[2]

만약 알렉시스 드 토크빌이 그로부터 한참 지난 미국사의 어떤 시점에서 미국을 다시 여행하게 된다면 그는 과연 무엇을 발견할까? 미국은 개인적 자유와 공동선 사이에서 균형을 잡는다는 약속을 지켰을까? 기회의 평등이 실현되어 모든 사람에게 번영을 가져다주었을까? 공유된 문화적 가치, 민주제도에 대한 존중, 생동하는 단체생활 등이 독재에 대한 예방책이 되었을까? 여기서 20세기 말의 재무제표를 한 번 살펴보기로 하자.

번영이라는 전반적 문제에서, 미국은 이보다 더 좋을 수 없는 성과를 달성했다. 교통, 수송, 생활수준의 엄청난 향상은 거의 모든 미국인에게 역사상 전례를 찾아볼 수 없는 물질적 혜택을 가져다주었다. 교육의 기회는 폭넓게 확대되어 사회적·경제적 운동장을 거의 평평하게 만들었다. 대중 소비를 겨냥한 다양한 상품들과 창의적이고 새로운 형태의 오락—아주 간편한 수단을 통하여 전국적으로 널리 보급되는 오락—같은 것들이 거의 모든 사람의 일상생활을 향상시켰다. 전반적으로 볼 때, 미국인들은 일정 수준의 교육적 기회와 풍요로움, 개인적 자유를 누렸다. 이러한 생활 조건은 이전 세대들은 꿈도 꾸지 못한 것들이었다. 이 때문에 미국 사회를 관찰하는 사람들은 미국의 앞날을 아주 장밋빛으로 보았다. 교육, 기술적 혁신, 지속적인 경제성장 등으로 인해 미국은 폭넓은 발전과 번영을 계속할 것이라 전망했다.

그러나 이러한 번영은 일정한 대가를 지불하고 얻은 것이다. 기술 발전으로 여러 분야의 산업이 생겨나 그 분야에서 종사하는 대기업들이 전례 없는 이익을 실현한 반면, 그렇게 생긴 부는 밑으로 그리 많이 흘러내려 가지 않았다. 이전 세대에 비해 가난한 사람들의 실질 소득이 향상되기는 했지만, 경제성장의 혜택은 상류층에만 고도로 집중되었다. 부와 가난의 양극화는 전국 어디에서든 쉽게 눈에 띄었다.

고착된 엘리트 계급과 고립 낙오된 하층 계급의 형태로 나타난 계급 차별은 국가를 발전시키려고 노력하는 사람들에게는 종종 치명적인 물리적·사회적·심리적 현실이었다. 젊은 사람들과 새로운 이민자들은 하나의 꿈을 가지고 노동 시장에 진출했다. 그것은 열심히 노력하면 그들도 신분상승을 이룰 수 있다는 아메리칸드림이었다. 하지만 곧 환멸이 찾아왔다. 그들은 자신들이 경쟁의 관점에서 볼 때 너무나 불리한 위치에 있고, 그래서 상류층 사람들이 누리는 생활수준으로 도약하는 것이 너무나 어렵다는 현실을 발견했다. 미국식 이상주의는 곧 미국 사회의 고착된 시스템에 대한 냉소주의로 변질되었다.

이렇듯 명예로운 과거로부터의 이탈이 점점 심화되는 불평등과 그에 따른 비관주의에서만 발견되는 것도 아니었다. 그것은 점점 미국 사회를 규정해가는 각종 제도에서도 분명하게 드러났다. 대기업들은 거의 모든 부문에서 지역 경제local economy와 소규모 장인匠人 경제craft economy를 대체했다. 특히 농업 분야에서 이런 경향이 두드러졌다. 고도로 집중된 농업 재벌들이 현지 농업 경제를 흡수하면서, 과거 강인했던 미국의 개인들은 정체성, 자율성, 주인의식의 상실에 맞서 힘겹게 싸우다가 마침내 대기업의 노동력으로 흡수되어, 소액의 임금을 가지고 수지를 맞추어야 하는 신세로 전락했다. 독점적 대기업들은 수익을 계속 쌓아올렸고 기업 합병의 파도를 통해 경쟁자 없는 경제적 영향력을 획득했다. 대기업들의 이런 엄청난 권력 때문에 노동자들의 영향력은 점점 줄어들었고, 자본가들은 주주와 시장에 대한 책임을 정당한 구실로 내세우면서 임금 수준을 가능한 한 낮게 책정했다. 기업들은 국내와 해외에서 아주 취약한 계층의 사람들을 찾아다니면서 보다 낮은 임금의 노동력으로 제품을 생산하려 했다.

몇몇 중요한 분야에서 미국 사회의 밑바닥 생활이 훨씬 향상되었기 때문에, 몇몇 논평가들은 미국 사회가 앞으로 더욱 좋아질 것이라는 낙관적인 논평을 내놓았다. 하지만 이러한 이득은 대부분 불안정한 저임금 노동을 장시간 해야 하는 희생을 치르고 얻어진 것이었다. 물론 노예제도는 폐지되었지만 구조적 불평등이라는 무자비한 사회 현실 때문에 많은 유색 인종이 대대로 이어지는 가난을 겪었고, 어떤 면에서 흑인 미국인들의 생활 조건은 실제로 악화되고 있다. 남성 고용인들을 노골적으로 선호하는 사회에서, 여성들은 평등한 대우를 받지 못해 허덕이고 있었다. 중산층의 경제 상황도 나빠지고 있었고 점점 늘어나는 개인 부채가 줄어드는 소득을 간신히 막아주는 버팀목 역할을 했다.

기업들의 경제적 권력은 이어서 정치적 권력이 되었다. 기업들의 이익이 늘어나면서, 그런 이익의 창출에 기여한 공공 제도에 대한 재정적·윤리적 책임을 회피하려는 기업들의 잔꾀도 더욱 늘어났다. 대기업들은 정치가와 정당을 돈으로 매수함으로써 대기업을 규제하려는 최소한의 노력마저도 무력화시켰다. 정치가들은 선거에서 승리하기 위해 부유한 기부자들로부터 엄청난 돈을 모금했고, 이렇게 하여 부와 권력의 위험한 유착 관계를 형성했다. 압력 단체들은 대기업의 어젠다를 밀어붙이기 위해 선출직 공무원들을 압박했는데, 역설적이게도 이런 것은 자유시장의 운영 방식을 회피하려는 방식이었다. 이렇게 하여 상호 연계된 경제의 상당 부분이 전혀 규제를 받지 않게 되었고, 전반적인 경제 시스템은 통제를 완전히 벗어났다. 심지어 천문학적 수준의 부자들은 철저히 보호받았다. 그들의 무모한 행동들이 종종 그런 참사를 빚어냈는데도 말이다.

불충분한 규제는 미국의 광대한 천연자원을 무책임하게 남용하는 행위로 이어졌다. 국내총생산은 치솟았지만 야생동물들은 무서운 속도로 사라졌다. 연료 자원과 원재료는 무차별적으로 착취되었고, 오수 유출은 일상생활을 위협했다. 미국 국토의 상당 부분이 공유지public land로 배정되어 있었으나 그 땅의 운명은 자주 바뀌었다. 기업들이 채광, 목축, 석유 채취 등을 위해 보호 구역 지정을 해지해 달라고 정부를 계속 압박했던 것이다. 이들은 팽창하는 경제에 부응하기 위해서는 천연자원을 더 많이 활용해야 한다는 핑계를 전가의 보도처럼 휘둘러댔다. 보호 구역에 살면서 그 땅을 신성하게 여기는 원주민들의 권리와 문화는 기업의 이익에 희생되어 옆으로 밀려났다. 게다가 식품을 포함하여 오염된 제품들이 소비자들의 건강이나 안전은 아랑곳하지 않은 채 팔려나갔다. 이 시대 기업들의 사고방식은, 결과가 어떻게 되든 오로지 경제적 이익을 올리는 데만 집중되어 있는 것처럼 보였다.

그 당시의 책과 신문들은 사생활과 공적 생활을 막론하고 사회 지도층 인사들의 스캔들을 다룬 보고서로 채워졌다. 미국 사회의 부패한 중심부를 폭로하는 작업에 언론인들이 광적으로 몰두했기 때문이었다. 정치가들의 부정부패가 주기적으로 폭로되었다. 그들은 권력과 후원을 배경으로 돈을 받았고 그들의 영향력 높은 지위를 점점 더 창의적인 방식으로 활용해나갔다. 성 추문도 엘리트들 사이에서 흔한 현상이었고 심지어 저명한 종교 지도자들도 그런 추문으로부터 자유롭지 못했다. 범죄와 도덕적 타락은 전국 어디에서나 대중들을 즐겁게 만드는 화제였고, 상류층의 방종과 하류층의 가난을 대비시켜 주었다.

공적 의무에 대한 사후 처방의 일환으로 많은 미국 부자들이 여러 자선 단체와 사업에 거액의 돈을 기부했다. 이런 기부금 덕분에 건물을 세우고, 각종 기관을 창설하고, 문화적 인프라를 확대할 수 있었으나, 그런 식으로 지어진 건물의 정면에는 기부자의 이름을 새겨 그 행위를 영구히 기억시킨다는 조건이 붙어 있었다. 산업 분야의 지도자들은 비천한 신분에도 불구하고 "진정한" 기업가 정신을 발휘하여 큰 사업을 일으켰다며 영웅 대접을 받았고, 그리하여 도덕적으로 수상한 행동에도 불구하고 종종 사회적 문화적·아이콘이 되었다. 이들이 보통 미국인에게 던지는 메시지는 이런 것이었다. 누구든 필요한 일을 적극적으로 해낸다면 빈자에서 부자로 신분 상승을 이룰 수 있다.

미국적 사고방식을 주도하는 많은 기업 총수들이 개인주의의 이데올로기를 신봉하면서 살아가는 듯했으나, 실상은 지독한 이기심과 거만한 우월주의를 간신히 가려주는 가면에 지나지 않았다. 그리하여 무엇보다도 자기신뢰가 최고라는 철학은 아주 흔한 것이 되었고, 생활을 뒷받침해주는 공공 윤리로 인식되었다. 생애의 고비고비마다 자기 자신에게 가장 유익한 일을 해야 한다는 철학—이런 문화 코드를 실천하는 사람만이 경제 분야에서 성공을 거둘 자격이 있다는 철학—은 다소 미묘하지만 강력한 문화 담론으로 발전해나갔다. 그 담론은 시장이 흠잡을 데 없이 공정한 장소이며, 시장에서 성공하지 못해 가난해진 사람은 자신의 무능을 깨닫고 더욱 노력해야 한다고 가르쳤다. 부의 재분배 프로그램은 종종 자원을 낭비적이고도 무책임한 방식으로 활용하자는 것이라고 비난받았다. 아무튼 사치스러움의 과감한 과시, 화려 무쌍한 사교적 파티, 세계 여행, 장대한 저택 등은 엘리트들의 사회적 통화였다. 하지만 이 모든 것을 떠받쳐 주는 것은 대체로 이민자 노동력으로 이루어진, 점점 더 넓어지는 하층 계급이었다.

개인 생활에서 발견되는 이런 자기 중심주의적 경향은 공공 분야에서도 나타났다. 정치 분야에서 다른 사람들을 희생시켜 자기의 이익을 추구하려는 과도한 경향은 무자비한 제로섬 경쟁과 거듭되는 타협 부재의 환경을 만들어냈다. 공공 논의는 여러 다른 사상들을 심사숙고하는 장이 아니라, 반대파 사람들을 악마로 몰아붙이는 장이 되었다. 정당의 강령은 극단을 향해 달려갔다. 권력을 잡은 세력은 그들의 정책을 지지하지 않는 유권자들을 배제하는 데 자기들의 영향력을 집중시켰다. 그 결과 국가는 경제·이념·인종·윤리의 구분선에 따라 점점 분열되었고, 매사를 갈라치기로 해결하는 방식에 능한 지도자들이 점점 더 정국을 주도하게 되었다. 이것은 필연적으로 정치적 교착과 공공 부문의 마비를 가져왔다. 낙후하는 기반시설, 불충분한 기본 서비스, 낡은 공공정책 등은 전 국민을 당황하게 만드는 문제였다. 당연하게도, 시민들은 선출직 공무원들은 무엇 하나 제대로 하는 게 없다며 기대를 접어갔다.

이러한 풍도 때문에 기존 정당들에 대한 깊은 환멸이 생겨났다. 공화당과 민주당 양당은 미국의 문제들을 해결할 능력이 없는 것처럼 보였고, 많은 유권자들은 더 좋은 선택지를 내놓을 수 있을까 싶어서 제3당들에게도 시선을 돌렸다. 자유주의는 미국 내에서 보편적 현상이지만 그와 정반대 사상인 사회주의가 지지자들을 얻기 시작했다. 그리고 대중영합주의(포퓰리즘)의 거센 파도가 많은 사람들의 열광적 반응을 이끌어냈고, 특히 농촌 지역에서의 호응이 대단했다. 미국의 민주 제도들은 양극화의 하중 아래에서 금이 가면서 신음 소리를 냈다.

이러한 정치적·경제적 난관에 더해 사회적·문화적 불만도 고조되기 시작했다. 급격한 기술 발전으로 변모된 미국 사회 내에서, 새로운 형태의 통신망과 교통망이 다양한 방식으로 사람들을 떼어놓거나 다시 연결시키면서 정체성, 신념, 가치 체계를 재조정했다. 몇몇 사람들이 경계선의 파괴와 사람들 사이의 거리 단축을 높이 칭송하는 가운데, 많은 사람들은 전통적 사회 구조가 사라지는 데서 오는 외로움, 소외, 원자화 등을 겪으며 그 고통을 호소했다.

점점 더 글로벌적 규모를 갖추는 정보화 시대는 온 세상 방방곡곡의 소식을 사람들에게 전하고, 이러한 정보의 폭발이 그 현상을 이해하려고 애쓰는 사람들을 압도하고 있다. 과학·철학·종교에서의 새로운 사상은 놀라운 속도로 전통적 기준을 전복시켰다. 상업과 소비가 주도하는 문화는 광고를 미국인의 일상생활 중 빠질 수 없는―종종 개탄스러운― 한 부분으로 만들었다. 이윤 동기가 진실에 대한 책임을 압박하는 상황이 되다 보니, 바야흐로 민주제도의 핵심 부분인 자유 언론마저도 의심을 받는 대상이 되었다.

이렇듯 눈알이 팽팽 돌아갈 정도로 빨라진 미국인의 생활 속도는 종종 광범위한 스트레스와 불안의 주범이라는 비난을 뒤집어썼다. 항상 서둘러야 하고 앞서 나가려 안달하기 때문에 온갖 종류의 각성 물품들에 대한 수요가 증가하고 있으며, 무슨 수단을 써서라도 생산성을 높여야 한다는 요구가 많은 개인과 가정의 신체 건강과 정서적 안정감을 저해하고 있다. 이런 강력한 기술적·경제적·정치적·사회적 힘들이 미치는 종합 효과는 일종의 눈앞이 아찔한 현기증이다. 그리하여 보통 사람들은 자신의 개인 생활을 좌지우지하는 힘들에 점점 더 통제력을 행사하지 못한다는 무기력한 느낌에 빠져들고 있다. 전례 없는 도전에 직면한 젊은 사람들 사이에서도 불안감이 폭증하고 있다. 이들은 과거의 청년들에 비해 자신들이 더 짧고 더 보람 없는 삶을 살아가야 할지 모른다고 생각한다. 미국이라는 나라는 예전 시대에 성장했던 개인들에게는 더 이상 알아볼 수도 없고 이해할 수도 없는 나라가 되었고, 그리하여 많은 미국 노인들은 흘러간 시대에 대한 동경을 갖게 되었다.

어떤 미국인들은 이런 다양한 형태의 일탈에 맞서서 가상의 적들을 공격하는 방식으로 대응했다. 그리하여 그들이 벌이는 사회적·경제적 경쟁은 점점 살인적이고 무자비한 색채를 띠게 되었다. 인종차별과 젠더차별은 지속되었고 시간이 갈수록 오히려 심화되었다. 과거 시대에 이룩했던 인종평등을 향한 발전은 많은 면에서 역진되었다. 백인 인종우월주의자들의 폭력은 증가하고 있고, 백인 당국자들은 그런 폭력을 억누르는 것이 아니라 오히려 격려하고 있다. 긴장은 고조되었고 갈등은 종종 유혈 참사로 바뀌었으며, 그런 참사가 이어지면서 법치에 대한 믿음은 악화되었다. 미국 사상이나 종교 제도의 시선에서 괴상하고 위협적인 존재로 간주되는 이민자들의 거대한 파도에는 증오와 폭력으로 대응했다. 미국에서 나고 자란 사람을 우대하는 원주민주의가 널리 퍼진 사상이었고 많은 사람들이 이 사상을 문화적으로 바람직하고 심지어 애국적인 사상이라고 생각했다. 그리하여 특정 국가로부터의 이민, 특정 정치적·종교적 사상을 가진 집단으로부터의 이민을 제한하거나 아예 중단하자는 목소리가 점점 더 커지고 있다. 미국에 불법적으로 들어오는 이민자의 수가 치솟고 있다. 한편 이념적 동기를 가진 테러리스트들은 기존의 모든 이민자들에 대한 증오를 부추기고 있다. 그리하여 법적 단속이라는 미명 아래 이민자들에 대한 탄압이 행해지며, 법무부 장관은 전국에 걸친 폭력 행위와 민간인의 자유에 대한 위협을 은근히 후원하고 있다. 우리 모두 미국이라는 한 배를 탄 사람이라는 사실을 믿지 않고 있는 미국인의 수는 이전 그 어느 때보다 늘어났다.

미국인들은 상대방을 공격하는 것 못지않게, 자기 파괴적 행동과 신념에 의존함으로써 불확실성과 불안정에 대응하고 있다. 정신적 피해가 만연하여 가정 형성에 해로운 결과를 가져오고 많은 사람들의 목숨을 앗아갔다. 물질주의 또한, 위안이라는 공허한 약속 아래 근근이 버티고 있다. 냉소주의, 방관자주의, 종말론적 세계관으로 빠져드는 것 또한 매력적인 선택이다. 종말론적 세계관은 이런 것이다. 미국의 실험은 실패했으니 그나마 바랄 수 있는 것이라곤 그 실험이 산산조각난 뒤 처음부터 다시 시작하는 것이라는 내용이다. 미국인의 선택이 외부를 향하여 몸부림치는 것이든, 자신의 내부를 살펴보는 것이든, 외부의 대상을 공격하는 것이든, 혹은 삶을 포기하는 것이든 미국인들은 점점 더 불화·환멸·절망을 향해 가며 서서히 마비되어 가고 있는 중이다. 아무튼 오늘날 많은 미국인들이

한 가지 사항에 대해서는 공통적으로 동의하는데 그것은 최악의 시대를 맞이하고 있다는 것이다.

우려하는 관찰자들은—토크빌도 그런 사람들 중 하나일 수 있는데—경제적 정치적 구조가 서로 유착하는 미묘한 현상을 지적하면서 "과두제", "금권주의", "독재 제도" 같은 용어를 사용한다. 건국의 아버지들이 그런 현상을 제거하기 위하여 미국이라는 나라를 세웠는데 말이다. 또 어떤 사람들은 미국이 도덕적으로나 문화적으로나 잘못된 길에 들어섰다고 개탄한다. 미국의 민주주의는 망하기 일보 직전에 있는 것이 아닌가 하고 이들은 생각한다.

오늘날 미국이 여러 면에서 이런 나라인 것처럼 보일지 모르지만, 우리가 지금껏 묘사해온 나라는 오늘날의 미국이 아니다. 지금껏 살펴본 재무제표는 다른 시대의 미국, 그러니까 20세기 초입의 미국에 대한 역사적 초상화다. 그 시점은 토크빌이 번창하는 민주제도를 감동적으로 서술한 지 딱 50년이 흘러간 뒤의 시대이다.

1870년대, 1880년대, 1890년대의 미국은 오늘날의 미국과 놀라울 정도로 비슷하다.[3] 불평등, 정치적 양극화, 사회적 혼란, 문화적 나르시시즘 등이 만연했다. 이런 현상들은 오늘날의 미국이 그런 것처럼 전례 없는 기술적 발전, 번영, 물질적 웰빙을 수반했다. 그 시대의 미국과 오늘날의 미국 사이에는 유사한 점이 너무나 많아서 그 시대 미국의 묘사를 오늘날의 미국에 대한 정확한 묘사라고 해도 별 문제가 없을 정도이다. 마크 트웨인이 경멸적인 어조로 "도금 시대Gilded Age"라고 불렀던 그 시대는 오싹할 정도로 오늘날의 현실을 그대로 비추는 거울 이미지이다.

물론 다른 평론가들도 이런 난처한 유사성을 지적한 바 있다.

노선을 수정하지 않는다면, 미국인들이 과거 역사의 추악한 한 시기를 고스란히 따라하는 죄를 저지르고 말 거라고 이들은 경고를 날렸다. 이 경고는 비록 타당하기는 하지만 다음과 같은 질문을 유발한다. 과거 국정의 난맥상에 빠지고 난 뒤 우리 사회에는 무슨 일이 벌어졌는가? 1880년대 말에 나왔던 종말의 예언이나 절망적 불안은 당연하게도 결코 현실화되지 않았다. 미국의 정책 노선이 필연적으로 궤도를 이탈하게 될 것이라는 공포 역시 근거 없는 것으로 밝혀졌다. 그렇다면 우리는 어떻게 하여 도금시대로부터 현재의 난국에 도달하게 되었을까? 그 사이의 기간 동안 무슨 일이 벌어졌을까?

이 책은 이런 질문들에 답하기 위하여 집필되었다. 책의 성격이 이러하기 때문에 이것은 현재의 난국에 대한 자세한 분석서도 아니고 20세기 초의 미국 상황에 대한 정밀한 초상화도 아니다. 우리는 그보다는 포괄적인 역사적 전망을 제시하려고 한다. 이렇게 하는 데 있어서 우리는 새로 편집된 광범위한 통계적 증거를 제시할 것이다. 이 증거들은 지난 125년의 미국 역사에 대해 데이터 기반의 신선하면서도 충격적인 초상화를 제시한다. 그 125년 역사는 도표 1.1에 요약되어 있다.

도표 속의 추세들은 경제, 정치, 사회, 문화의 네 가지 핵심 분야에서 125년 동안 벌어진 여러 현상들에 대한 광범위한 기준들을 망라한 것이다. 이 4대 분야에 대한 각종 자세한 수치들은 다음 4장에서 각각 다루어질 것이다. 우리는 미국 생활의 4대 분야를 면밀히 살펴보면서 20세기 초 이래에 사태가 좋아졌는지 혹은 나빠졌는지에 대한 아주 기본적인 질문을 던질 것이다. 달리 말해 도금시대 이후 125년 동안에 미국이 이동해온 방향을 물어보는 것이다.

- 미국은 더 많은 혹은 더 적은 경제적 평등을 향해 이동했는가?
- 정치 분야에서 더 많은 혹은 더 적은 공동체 정신과 타협을 향해 이동했는가?
- 사회생활은 더 많은 혹은 더 적은 사회적 단결을 이루었는가?
- 문화적 가치에서 더 많은 혹은 더 적은 이타주의를 실현했는가?

이런 질문들을 나란히 놓고서 답변을 시도하면서 우리는 명확하면서도 놀라운 일정한 패턴을 발견했다. 경제, 정치, 사회, 문화의 네 가지 핵심 분야에서 그래프의 이동 추세는 뒤집어진 U자형을 취했다. 각 분야의 그래프는 거의 같은 시점에 위를 향해 상승하다가,

도표 1·1 경제, 정치, 사회, 문화의 추세, 1895~2015

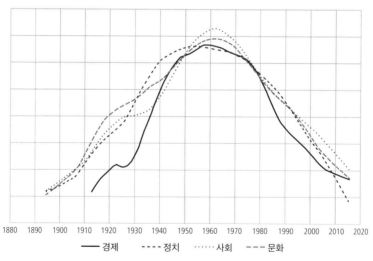

출처: 미주 1.4 참조. LOESS smoothed: .2.

28

이어 거의 비슷한 시간대에서 밑을 향해 추락했다.[4]

　다양한 측정 기준들은 다음과 같은 그래프 곡선을 보여준다. 도금시대에 바로 뒤이어서 불완전하지만 안정된 상승추세가 60년 동안 전개되었다. 이 시기에 경제적 평등, 공공 분야의 협력, 사회의 안전한 구조, 연대의 문화 등은 더욱 강력해졌다. 1960년에 이르는 20세기의 첫 60년 동안 우리는 도금시대에 생겨난 경제적 간극을 메웠다. 대공황과 제2차 세계대전 동안에만 사회가 발전한 것이 아니라, 그 이전 혹은 그 이후의 수십 년 동안에도 발전은 거듭되었다. 같은 기간에 우리는 극단적인 정치적 양극화를 극복하고 초당적 협력을 깨우치게 되었다. 우리는 또한 전보다 더 튼튼한 공동체와 가정의 연결망을 구축했다. 우리의 문화가 상대방에 대한 우리의 책임을 강조하면서 오로지 개인의 이익에만 집중하는 경향이 많이 희석되었다. 간단히 말해 미국은 극적이면서도 다면적인 명확한 업스윙(상승추세) 단계에 들어섰다.

　이 수십 년 시기 동안에 미국인들은 전보다 더 서로서로 힘을 합쳐 이룩할 수 있는 성과에 집중했다. 많은 사람들이 이렇듯 공유된 책임 의식과 집단적 발전을 대공황을 극복하고 추축국들을 패배시킨 뒤의 여운Victory lap이라 해석하지만, 단지 그것만을 이유로 드는 것에는 석연치 않은 점이 많다. 도표 1.1과 우리가 뒤의 장들에서 제시할 데이터는 다음과 같은 사실을 명확히 드러낸다. 이 시기는 그 이전 50년 동안 뚜렷했던 상승추세의 최고점이었다.

　20세기 중반에 들어설 무렵에 도금시대는 희미한 옛 기억이 되었다. 미국은 좀 더 평등적이고, 협력적이고, 화합을 지향하는, 이타적인 국가로 변모했다. 20세기 중반의 시점에서 볼 때, 여전히 흑백차별과 국수주의의 특징을 갖고 있던 미국 사회는 결코 완벽하지 않았다(이 점에 대해서는 뒤의 여러 장에서 다시 다루어질 것이다). 그러나 1960년대가 시작되면서 우리는 우리 사회의 불완전한 측면들 가령 인종과 젠더의 문제에 대해 점점 더 눈을 뜨게 되었다. 새로이 취임한 케네디 대통령은 우리가 이런 도전적인 문제들을 함께 풀어나가야 한다고 연설했다. "국가가 당신을 위해 무엇을 해줄 수 있는가를 묻지 말고, 당신이 국가를 위해 무엇을 해줄 수 있는지 물으십시오." 미국 역사의 이번 단계에서, 집단 복지가 개인 복지보다 더 중요하다는 케네디의 주장은 결코 반문화적인 것이 아니었다. 케네디 대통령은 이 강력한 수사를 통해 너무나 명백한 사실을 동시대인들에게 말해주었던 것이다.

20세기의 첫 60년 동안에, 미국은 전보다 더 명확한 "우리we"의 사회가 되었고 이것은 증명할 수 있을 뿐만 아니라 측정 가능하다.

그러나 도표 1.1이 보여주듯이, 또 그 시대를 몸소 겪은 사람들이 잘 알고 있듯이, 1960년대 중반에 들어와 60년에 걸친 경제, 정치, 사회, 문화 분야의 상승추세가 갑자기 방향을 바꾸어 추락하기 시작했다. 미국은 느닷없이 하향추세에 들어선 자기 자신을 발견했다. 1960년대 중반에서 오늘날(2015)에 이르기까지, 여러 객관적 증거들과 수치들은 우리 사회에서 경제적 평등이 후퇴하고, 공공 분야의 협력이 악화되었으며, 사회의 안전한 구조는 금이 가고, 연대의 문화가 문화적 나르시시즘으로 변질되고 있음을 보여준다. 1960년대가 저물고, 1970년대와 1980년대 그리고 그 이후까지 세월이 흘러가면서 우리는 아주 빠른 속도로 도금시대 후반기의 사회·경제적 간극을 다시 만들어냈다. 이 기간 동안에 우리는 협력 대신에 정치적 양극화를 가져왔다. 공동체와 가정의 연대 의식을 눈에 띌 정도로 해체시켰다. 우리의 문화는 개인주의에 집중하면서 공동선에 대해서는 점점 관심이 없어져 갔다. 1950년대 이래에, 우리는 개인의 권리를 확대하는 데 중요한 발전을 이루었다. 이렇게 하는 데에는 그 전 수십 년 동안에 이루어진 발전이 큰 힘이 되었다. 그러나 공유된 번영과 공동체 가치라는 관점에서는 크게 후퇴했다.

존 F. 케네디 대통령의 말은 앞으로 닥쳐올 변화의 그림자를 미리 예고한 것이었다. 이제와 돌이켜 보니 그의 이상주의적 수사는 업스윙 시대의 꼭짓점에서 나온 선언이었다. 정상을 향하여 힘들게 올라갔지만 이제는 내려올 차례였다. 그 정상은 평등과 단결이라는 미국의 목표에서 우리가 올라갈 수 있는 최고점은 아니었으나, 건국의 아버지들이 내세운 "모든 국민이 자유와 정의를 누리는 하나의 나라"라는 목표에는 가장 가까이 다가간 높이였다. 개인 이익보다 공유된 이익을 중시해야 한다는 케네디의 호소는 그때 대통령이 막 열려고 하는 시대—더 큰 공유된 승리를 구가하는 뉴프런티어의 시대—를 알리는 기상나팔이었다. 하지만 1백 년이라는 시간의 흐름을 확보한 관점에서 돌이켜 보니, 케네디가 이제 곧 닫히려고 하는 시대를 노크한 모양새가 되었다.

지난 50년 동안 미국은 전보다 더 명확한 "나"의 사회가 되었고 이것은 증명할 수 있을 뿐만 아니라 측정 가능하다.

일반적으로 말해서, 우리가 파악한 경제, 정치, 사회, 문화 분야의 네 가지 추세는 학자들의 문헌에서 확인된다. 비록 그 학자들은 각각 자기 분야를 독립적으로 연구했지만 말이다. 학자들은 20세기에 진행되는 네 가지 곡선의 추세를 뒷받침하는 여러 요인들이 놀

제1장 과거는 하나의 서곡이다

라울 정도로 상호 일치한다는 사실에 거의 주목하지 못했다.[5] 심지어 이런 추세들의 연구 검토도 대부분 그 곡선의 후반부에만 집중되어 있었다. 그러니까 미국의 쇠퇴 추세에만 주목하고 그 이전의 상승추세는 무시해버린 셈이다. 이와는 대조적으로, 우리의 연구는 그보다 훨씬 긴 시간대(125년)를 통해 여러 다른 변수들을 광범위하게 분석한다. 이렇게 하는 목적은 20세기의 첫 60년에 생성의 뿌리를 두고 있고, 또 오늘날의 다면적 국가 위기로 이어진 구조적·문화적 추세들을 심층적으로 밝히려는 것이다.

4대 핵심 기준을 종합하여 하나로 통합된 통계적 스토리를 만들어내기 위해 선진 데이터 분석 방법을 활용함으로써, 우리는 하나의 핵심적인 현상을 밝혀낼 수 있었다. 그 현상은 지난 125년의 미국 역사가 뒤집어진 U자형 곡선으로 요약될 수 있다는 것인데, 이것은 학문적으로 증명 가능한 것이다. 이 종합적 추세를 도표 1.2가 보여주고 있는데, 우리는 이 현상을 "나–우리–나I-we-I" 곡선이라고 부른다. 이 곡선은 더 넓은 상호 의존과 협력을 향해 점진적으로 상승하다가 더 넓은 상호 독립과 이기주의를 향해 가파르게 추락한다. 이것은 우리의 평등 체험, 민주주의의 표현, 사회 자본의 축적, 문화적 정체성, 공유된 상호 이해 등의 등락을 반영한다. 이런 것들은 우리 미국이 가장 중요하게 여기는 가치이기도 하다.

이어지는 네 개의 장에서, 우리는 경제, 정치, 사회, 문화의 각 분야를 별도로 다루게 될 것이다. 그리고 각 분야의 추세가 미국의 "우리" 관습을 향한 상승추세와 "나" 관습을 향한 하향추세에 어떻게 기여했는지 살펴볼 것이다. 우리는 각 분야의 뒤집어진 U자형 곡선을 면밀히 검토하면서 이런 전반적 추세를 형성한 각종 통계적

미국의 공동체 vs 개인주의, 1890~2017

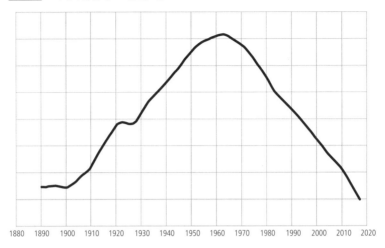

출처: 미주 1.4 참조. LOESS smoothed: .1.

수치와 기준들을 심층적으로 분석할 것이다. 또 이에 못지않게 중요한 사항으로서, 그 역사적 맥락도 함께 탐구할 것이다. 가령 여러 상황들, 세력들, 요인들이 어떻게 한 군데로 모여들어 그런 곡선의 형성에 기여했는지 살펴볼 것이다. 그 결과 이 책 전편에 걸쳐서 제시되는 역사적 이야기 속에서 우리는 여러 다른 시대에 등장한 인물과 사건들을 인용하게 될 것이다. 그러한 과정에서 우리는 경제, 정치, 사회, 문화라는 네 가지 분석 렌즈를 통해 125년의 세월이 어떻게 전개되었는지 조감하게 된다.

　그 외에 우리가 이 시기에 적용할 두 가지 분석 관점은 인종과 젠더인데 이에 대해서는 별도의 장이 부여된다(6장과 7장). 전통적으로 배제되어 있는 집단에서 이 문제가 어떻게 반영되었는지 혹은 반영되지 않았는지를 논의하지 않는다면, 20세기 미국의 역사에서

"나" 혹은 "우리"의 분석은 온전한 것이 되지 못한다. 그러나 인종 문제라고 해도 우리의 분석은 125년의 시간대에 집중된 자료군에 의존하고 있기 때문에, 이 책은 라티노, 아시아계, 아메리카 원주민, 기타 유색 인종보다는 아프리카계 미국인에 대해 더 많이 논의하고 있다. 이렇게 된 것은 나머지 인종 그룹과 그들의 독특한 스토리가 덜 중요해서가 아니다. 20세기에 들어와 상당한 시점에 이르기까지 유색 인종이라고 하면 아프리카계 미국인들에게 집중되어 있어서, 이 책에서 다루는 통계 자료로는 다른 인종 집단의 장기적 추세를 엄정하게 검토하기가 거의 불가능하기 때문이었다. 따라서 인종 문제에 관한 한 우리의 논의는 아프리카계 미국인들에게 집중되어 있고, 다른 인종적·종족적 소수 집단들에 대한 논의는 제한적이다.

경제적 불평등, 정치적 양극화, 사회적 분열, 문화적 나르시시즘 등에 대한 종합적 측정 기준들은 지난 125년 동안에 놀라울 정도로 전도된 U자형 곡선을 유사하게 따르고 있다. 하지만 인종과 젠더의 평등이라는 문제에 도달하면 진행되는 양상이 이보다는 훨씬 더 복잡해진다. 아프리카계 미국인들, 여성들, 그 밖의 사람들은 20세기의 첫 60년 동안 기본적 형태의 평등 그리고 사회에서의 포용을 얻기 위해 아주 힘겨운 투쟁을 벌여야 했다. 이런 이유로 그 시기 미국이 지향하고 있던 "우리"라는 개념은 본질적으로 인종차별적이고 젠더차별적이었다. 그러므로 이 연구에서는 다음과 같은 전제를 당연한 것으로 여긴다. 그 시기에 형성된 "우리"는 근본적으로 백인이면서 남성인 사람만 가리킨다.

20세기 미국에서 인종과 젠더의 대략적 역사는 전도된 U자 형태의 특징을 보이는 게 아니라, 하키 경기용 막대기와 유사한 형태를 보인다. 달리 말해서, 흑인과 여성의 경우에 만연된 무관용, 불평등, 억압이 거의 변함없는 기준이었다. 그러던 것이, 1960년대 중반 시민권 운동과 페미니즘 혁명이라는 획기적 변화가 발생하여 전례 없이 빠른 속도로 그들의 처지가 개선되었던 것이다. 그러나 이런 개략적 역사는 여러 면에서 오해를 불러일으키기 딱 좋다. 우리가 뒤의 여러 장에서 제시하게 될 여러 데이터를 면밀히 분석해보면 이런 사실이 드러난다. 1970년보다 훨씬 이전의 시점에, 인종과 젠더의 문제에서 놀라운 정도로 많은 발전이 이루어졌다. 위에서 도표로 보인 경제, 정치, 사회, 문화 분야의 여러 변수들이 말해주는 스토리에 상응하는 장기간의 발전이 있었던 것이다. 미국의 "우리" 개념이 20세기의 첫 60년 내지 70년 사이에 확대되면서, 교육·소득·건강·투표권 등의 분야에서 인종과 젠더의 불평등이 많이 해소되었고 그리하여 흑인과 여성들도 실제로 혜택을 보았다. 그래서 우리는 이런 주장을 펴고자 한다. 1960년대와 70년대의 민권 혁명은 마른 하늘의 날벼락 같은 것이 아니라, 그보다 앞선 40년 동안의 점진적 발전이 이루어낸 최고점이다. 이러한 발전은 지속적으로 차별을 받는 생활권에서 끈질기게 추구하여 얻어낸 것이다. 특히 인종 문제의 경우, 제도의 변화보다는 흑인들 자신이 적극적으로 나서서 쟁취한 것이다. 비록 충분한 것은 아니었지만 그래도 20세기의 평등과 무차별의 역사에서 중요한 한 부분이 되었다.

더욱이 우리는 20세기 미국의 인종 문제를 검토한 결과 이런 결론을 내리게 되었다. 미국인들이 종종 인종평등에서 엄청난 발전이 있었다고 믿는 1970년 이후의 몇 십 년 동안에 미국 흑인들의 인종평등의 진전은 실제로 상승이 아니라 뚜렷한 하강 국면에 들어섰다. 젠더평등의 문제는 이와는 약간 다른데 그것은 7장에서 자세히 설명될 것이다. 이 쇠퇴의 기간은 놀라우면서도 뚜렷한 현상인데, 위의 도표에서 나타난 곡선들(뒤집어진 U자형)의 스토리와 상응한다. 1970년 이후에 미국이 점점 더 개인주의적이고 자기도취적으로 변모해가면서 진정한 인종평등을 향한 "가속 페달에서 발을 떼어버린" 듯하다. 인종평등의 절대적 수준에 집중할 뿐만 아니라 일정 기간 동안의 변화 속도에 초점을 맞춘, 이 놀라우면서도 상식에 반하는 스토리는 기존의 대중적 생각에 도전을 걸게 된다. 일반 대중은 미국 내에서 인종 관계의 역사는 꾸준히 발전해왔다고 생각하기 때문이다. 따라서 인종평등에 관한 한, 관련 곡선은 다른 형태를 보여주지만(뒤집어진 U자형 곡선이 아니지만), 그 데이터를 뒷받침하는 여러 현상들은 미국의 "나-우리-나의 스토리"를 미묘하게도 또 예기치 않게도 확인해주고 있다. 우리는 이 문제를 6장과 7장에서 자세히 다루게 될 것이다. 이 때문에 그 앞의 네 개 장은 인종과 젠더의 문제를 다소 가볍게 다루고 있다.

미국 흑인과 여성들이 20세기 초에 거둔 구체적인(그러나 종종 저평가되는) 발전에도 불구하고, 우리의 분석 결과는 20세기 중반의 "우리"라는 개념이 아주 인종차별적이고 젠더차별적임을 보여준다. 우리는 목표로부터 아주 멀리 떨어져 있었다. 미국의 공동체 정신과 단결의식이 전례 없이 높은 수준에 도달한 시점에서도 흑인과 여성에 대한 차별이 그러했던 것이다. 따라서 미국의 1950년대가 평등한 사회를 추구하는 "황금시대"였다는 일종의 노스탤지어로부터 벗어나는 것이 중요하다. 유색인종, 여성, 다른 불만 그룹들은 그 시대에 많은 차별을 받았기 때문이다. 20세기의 첫 60~70년 동안 우리는 온전히 포괄적이고 평등주의적인 "우리"라는 개념을 만들어내지 못했고, 이것이 미국 사회가 "나"라는 개념으로 크게 선회하는 데 결정적 역할을 했다. 우리는 이에 대한 명백한 증거를 제시할 것이다. 어째서 이러한가? 그리고 이는 우리가 오늘날 당면한 문제들에 대하여 어떤 의미를 갖는가? 이러한 질문들은 우리가 이 책에서 다룰, 생각을 불러일으키는 주제가 될 것이다. 이 질문들에 대한 답변은 오늘날의 미국 사회를 이해하는 데 핵심적 열쇠가 될 것이다. 시민권 운동과 페미니즘 운동으로부터 반세기가 흘러갔지만, 오늘날의 미국 사회는 여전히 인종 구분선과 종족 구분선에 의해 심하게 갈라져 있으며, 젠더평등의 의미를 아직도 명확히 규정하지 못하고 그것을 달성하기 위해 허덕이고 있다.

우리가 현재 겪고 있는 인종과 젠더의 불평등과 차별은 미국 사회의 아주 혼란스러운 문제이다. 이 문제는 건국의 아버지들이 미국이라는 나라를 세울 때 내놓았던 근본 원칙들을 뒤흔든다. 게다가 더 중요한 건 이것이 우리 미국이 안고 있는 유일한 문제가 아니라는 점이다. 정치 분야에서 우리는 엄청나게 분노하면서 서로 싸우고 있다. 경제 분야에서는 사회의 모든 국면에서 빈부 격차가 엄청나다. 사회생활에서 우리는 종종 외롭고, 소외되고, 절망적이다. 우리의 "셀피selfie" 문화는 점점 더 거의 맹목적일 정도로 나르시시즘을 지향하고 있다. 우리는 오늘날 아주 양극화되고, 아주 불평등하고, 아주 분열되고, 아주 자기중심적인 나라에서 살고 있다. 우리는 날마다 이런 사실을 뼈아프게 인식하고 있다. 지난 50년 동안, 소속 정당과 관계없이, 약간의 예외사항만 있을 뿐, 대부분의 미국인들(지난 10년 동안에는 두 명 중 한 명)은 미국이 "잘못된 길로 가고 있다"라고 말해왔다.[6] 퓨 리서치 센터Pew Research Center의 최근 연구는 이런 사실을 보여주고 있다. 미국인들은 미래에 대해 "아주 광범위하게 비관적이다". 압도적 다수의 미국인이 빈부 격차는 더 심화될 것이고, 미국은 정치적으로 분열될 것이며, 향후 30년 동안 세계무대에서 미국의 영향력은 크게 쇠퇴할 것이라고 내다본다.[7] 미국 심리학회는 이런 보고를 내놓았다. 보통 미국인들 사이에서 "미국의 장래"는 그들의 재정 상태나 직장 문제보다 더 큰 스트레스의 원인이다.[8]

우리는 어떻게 하여 여기까지 왔나? 이런 질문에 대답을 내놓지 못한다면 우리는 점점 더 어두워지는 행로行路 속으로 깊숙이 빠져 들어가게 될 것이다.

1960년대는 20세기 미국 역사에서 아주 중요한 전환점이었다. 국가의 행로를 바꾸어놓은 변곡점이었다. 그러나 이 책에서 앞으로 주장하게 될 바이지만, "우리는 어떻게 하여 여기까지 왔나?"라는 질문에서는 1960년대를 최초가 아니라 두 번째 변곡점으로 인식할 때에만 비로소 대답이 가능해진다. 1960년대 중반에 시작된 해체 현상은 그 시대를 살았던 사람들에게는 정말로 중요한 현상으로 여겨지겠지만, 그것은 이미 20세기 초에 벌어졌던 현상과 동일한 무게감을 가진, 대척적 변곡점이다. 우리의 분석 렌즈가 이 두 변곡점을 충분하게 포착할 때에만 비로소 우리가 어떻게 하여 현재의 곤경에 도달하게 되었는지 그 경위를 정확하게 파악할 수 있다. 또 그것을 바탕으로 하여 이 난국에서 빠져나가는 방법도 모색할 수 있다. 그리하여 우리는 이런 희망을 갖고 있다. 지난 125년의 역사에 대하여 객관적 증거로 뒷받침된 스토리를 제시함으로써 우리는 "OK 부머"*[9]의 세대 간 분열—그 밖에 미국을 괴롭히는 다른 많은 분열선—을 메울 수가 있을 것이다. 이렇게 하여 우리는 **함께** 열심히 일함으로써 미래에 대해 공유된 비전을 새롭게 구축할 수 있다.

도금시대를 연구하는 역사가 레베카 에드워즈는 이런 말을 했다. "한 시대의 역사에서 우리가 얻어낼 수 있는 교훈은 대체로 그 시작점과 끝점을 어떻게 선택하느냐에 달려 있다."[10] 이 책은 우리가 교훈을 얻어내야 하는 역사적 시대의 시작점이 1960년대는 아니라고 주장한다. 1960년대를 출발점으로 잡았기 때문에 많은 평론가들이 노스탤지어의 길로 걸어갔다. 그리하여 잃어버린 낙원에 대해 탄식하면서 그 낙원을 어떻게 하면 되살릴 수 있겠냐며 따져보는 것 말고는 할 일이 없게 되었다. 이것을 다르게 말해보자면, 업스윙(상승추세)이 최고점에 도달한 순간만 쳐다보는 건 별로 유익할 게 없다는 이야기다. 오히려 업스윙이 시작된 시점을 살펴보는 편이 훨씬 유익하다. 특히 그 순간의 맥락이 오늘날 우리가 겪고 있는 상황의 맥락과 놀라울 정도로 유사하므로, 더욱 참고할 사항이 되는 것이다. 이 책의 부제**는 우리가 지향하는 바를 분명하게 보여준다. 우리는 미국 사회의 위대함이 정상에 도달했던 순간을 노스탤지어의 눈빛으로 바라보려는 게 아니다. 우리의 시대와 아주 유사한 절망적인 시대를 보고 그 속에서 영감과 교훈을 얻으려 하는 것이다. 과거의 그 절망적인 순간에 미국인들은 역사의 방향을 성공적으로 전환하여—이것은 측정 가능하다—더욱 유망한 방향으로 나아갔다.

* 제2차 세계대전 이후 태어난 베이비부머를 경멸적으로 부르는 말.
** 이 책의 원 부제는 "백 년 전 미국은 어떻게 하나가 될 수 있었을까, 그리고 우리는 어떻게 그때의 하나 됨을 다시 만들어낼 수 있을까How America Came Together a Century Ago and How We Can Do It Again"이다.

일찍이 셰익스피어는 "지나간 것은 앞으로 닥쳐올 것의 서곡이다"라고 말했다. 그러므로 우리는 우리가 그 동안 걸어온 경로를 올바르게 이해해야 한다. 여기까지 기억하는 사람은 그다지 많지 않지만 이 잠언의 뒷부분은 이렇다. "앞으로 닥쳐올 것은 당신과 나의 실제 행동에 달려 있다." 이 잠언은 역사적 결정론의 비관적 선언이 아니라, 좀 더 현실적이며 더 나아가 낙관적인 주장이기도 하다. 과거는 장차 행동해야 할 어젠다를 미리 말해준다는 것이다. 따라서 우리는 과거를 잘 이해하면 충분한 대비를 할 수 있고 미래를 더 잘 극복할 수 있다.

그러면 시작점으로 돌아가 다시 시작해보자.

이 책은 오늘날 문제의 뿌리를, 우리의 민주제도를 침몰시킬 것 같았던 지난번 시대(도금시대가 끝나던 1890년대)까지 거슬러 올라가며 추적한다. 이 책은 우리가 현재의 곤경에 이르게 된 경위에 대하여 객관적 증거로 뒷받침되는 스토리를 제공한다. 우리는 경제적 불평등, 정치적 양극화, 사회적 분열, 문화적 나르시시즘, 인종차별, 젠더차별 등이 각각의 분야에서 지난 125년 동안(지난 50년 동안이 아니라)에 어떻게 전개되어 왔는지 살펴볼 것이다. 이렇게 하는 과정에서 예기치 않은 방향전환과 변화가 드러나게 될 것이다. 그리하여 "미국의 세기"라고 하는 20세기에 대하여 학자들과 역사가들이 통설로 받아들이는 이론에 도전을 걸게 될 것이다.

우리는 최근의 사건을 인용하거나 장기간의 쇠퇴를 묘사하는 스토리를 제시하지 않는다. 그 대신에 오늘날의 미국은 먼저 이런 전제사항을 인정하면서 이해되어야 한다고 주장한다. 그것이 뭔가 하면, 나이든 사람들은 우리가 현재 목격하고 있는 여러 하향추세들이 실은 정반대 방향(상향추세)으로 움직였다고 기억한다는 것이다. 우리는 또한 1세기에 걸친, 경제, 정치, 사회, 문화 분야에서의 장기적 추세가 아주 유사하다는 점을 보여줄 것이다. 그리하여 그런 모든 추세들을 단 하나의 현상으로 요약할 수 있다. 20세기 미국적 실험의 스토리는 상승하는 연대의식을 향한 장기적 업스윙이었다가 그다음에는 점증하는 개인주의를 향한 가파른 하향추세였다. 즉 "나"에서 "우리"로, 그리고 이어서 다시 "나"로 돌아간 스토리이다.

『업스윙』은 20세기 미국을 다룬 역사서이다. 하지만 간략한 역사를 공언하고 나섰기 때문에 다른 많은 중요한 사항들을 제외했다. 그렇게 함으로써 이 책은 현재 미국이 겪고 있는 여러 문제점들과 깊은 관계가 있는 실질적 추세들만 강조한다. 그러므로 이 책은 거시적 역사를 지향하며, 그런 만큼 역사가들 사이에서 논쟁을 불러일으킬 것이다. 게다가 현대사를 기술한다는 것은 언제나 위태로운 일이다. 왜냐하면 시간이 갈수록 미래는 현재로 변하고, 그와 함께 과거에 대한 우리의 이해도 발전하기 때문이다. 새로운 10년 단위가 시작될 때마다 정상, 계곡, 변곡점들이 새로운 의미를 띠게 된다. 그러나 우리는 알프레드 노스 화이트헤드로부터 우리의 좌우명을 빌려올 수 있다. "단순함을 추구하되 그것을 믿지는 마라."[11] 마지막으로 이 책은 인과관계를 분석한 책이 아니라 하나의 내러티브narrative 임을 말해두고 싶다.* 우리는 내러티브를 이렇게 정의한다. 그것은 흥미로운 이야기들일 뿐만 아니라, 상호 연계성에 의해 엮여져 있는 사건들에 대한 이야기이다. 이러한 여러 이야기의 가닥들은 서로

---

* 이 책 전체에서 내러티브는 좀 더 익숙하게 스토리, 혹은 이야기로 번역되었다.

제1장 과거는 하나의 서곡이다

긴밀하게 얽혀 있어서 떼어내기가 불가능하지만 그래도 해석은 가능하여 그로부터 유익한 교훈을 얻게 해준다. 미래를 내다볼 수 있게 해주는 교훈 말이다.

토크빌이 이미 타당하게 지적한 바 있듯이, 미국의 실험이 성공하기 위해서는 먼저 개인의 자유가 엄격하게 보호되어야 하고 그 다음에는 그 자유가 공동선에 대한 헌신과 균형을 이루어야 한다. 자기의 이익을 추구하는 개인의 자유는 커다란 약속을 보장해주지만, 남들을 희생시켜 가며 그 자유를 무자비하게 구가하다 보면 그것(자유)을 보장해주는 사회의 존립 기반을 파괴하게 된다. 20세기가 그려온 반원형의 발전 궤적을 되돌아보면, 우리는 그런 사상들과 그 결과들이 아주 생생한 역사적·통계적 세부사항들로 확인되는 것을 볼 수 있다. 마지막으로 우리는 우리가 발견한 사항들이 오늘날의 개혁가들에게 어떤 의미가 있는지 살펴볼 것이다. 왜냐하면 우리가 더듬어온 발전의 반원형 궤적은 역사적 필연성이 그려낸 아크(반원형의 호弧)가 아니라, 셰익스피어의 잠언이 말한 바, 인간의 행위에 의해 구축된 것이기 때문이다.

우리가 이러한 분석으로부터 얻을 수 있는 가장 중요한 단 하나의 교훈은 이런 것이다. 과거에 미국은 문화, 공동체, 정치, 경제 등의 분야에서 폭풍 같은 개인주의를 실험했고, 그것은 오늘날 같은 결과적 현상을 낳았다. 그리고 많은 미국인들이 그런 국가적 상황을 그리 매력적이라고 생각하지 않는다. 그러나 우리는 과거에 그런 폭풍우를 잘 헤쳐 나왔다. 그러니 이번에도 다시 그렇게 할 수 있다. 우리가 국가적으로 그 교훈을 배울 필요가 있는 역사적 순간이 하나 있다고 한다면, 그것은 미국의 첫 번째 도금시대가 진보시대Progressive Era로 바뀐 그 시점이다. 이 시기에 엄청나게 많은 변화가 이루어져 미국의 약속을 되찾아 지킬 수 있게 해주었다. 그리고 그 파급 효과는 50년 이상 미국 생활의 거의 모든 구석에 영향을 줬다.[12] 무엇이 이런 추세를 작동시켰는지 이해하는 것은 아주 중요한 문제이다. 그러므로 우리는 책의 말미에서 20세기의 공동체적 상승 추세를 작동시킨 변곡점을 검토하면서 미국 역사의 방향을 바꾸어 놓은 사람들로부터 교훈을 이끌어낼 것이다. 그 사람들은 지난번 첫 번째 도금시대에 역사의 고삐를 놓아버리기를 거부하면서, 역사의 방향을 바꾸어놓기 위해 전심전력을 다한 사람들이었다.* 소위 황금시대를 살아갔던 사람들보다는 이런 사람들의 스토리를 면밀히 살펴봄으로써, 우리는 또 다른 미국적 업스윙을 창출해낼 도구와 영감을 발견할 것이다. 그러면 우리는 차별이 없는 완전한 포용을 흔들림 없이 추진할 수 있다. 그렇게 함으로써 전보다 더 높은 정상으로 올라갈 수 있다. 그리고 "우리"라는 개념의 약속을 전보다 더 온전하고 더 지속가능하게 실현할 수 있다.

---

* 저자는 여기에서 1970년대 후반, 1980년대, 1990년대, 그리고 2000년대를 2차 도금시대로 본다는 뉘앙스를 풍기고 있다.

제2장

경제:
평등의
흥망성쇠

THE UPSWING

ROBERT D. PUTNAM

2
—
ECONOMICS:
THE RISE
AND FALL OF
EQUALITY

미국의 나–우리–나 스토리는 경제 분야로 시작한다. 지난 125년 동안의 경제성장과 물질적 풍요를 살펴볼 뿐만 아니라 경제적 손실과 소득이 얼마나 고르게 분배되었는지 알아보는 것이다.

우리 미국인들은 현재 어떻게 살아가고 있는가? 먼저 물질적 위안을 주는 편의품을 알아보자. 스티븐 핑커[1] 같은 아주 희망찬 낙관주의자들은 엄청나게 잘 살게 되었다고 주장하고 있으므로, 장기간에 걸친 누적적 향상을 인정하는 것으로 시작해야 한다. 생활 속의 사치품들—그리고 기대 수명—으로 측정해볼 때, 미국의 번영은 지난 125년 동안 꾸준하면서도 힘차게 진행되어 왔다. 이렇게 된 것은 기술의 발전, 기업가 정신, 교육과 사회 기반 시설의 현명한 공공투자 등에 힘입은 것이다. 하지만 장기간에 걸친 이런 이득이 소득, 부, 복지 등의 분배 문제에서 아주 심한 불공정을 감추어주고 있는데, 우리는 앞으로 이에 대해 많은 증거를 제시하게 될 것이다.

번영, 보건, 교육: 넘쳐흐르는 풍요

1900년 이래 미국은 평균적으로 볼 때 전보다 더 건강하고 부유해져 왔다. 또 더 현명해지지는 않았다 하더라도 적어도 전보다 더 많이 교육을 받게 되었다. 하지만 앞으로 곧 살펴보게 되겠지만 교육 관련 스토리는 그보다 좀 더 복잡하다. 지난 수십 년 동안 우리 미국인의 기대 수명은 거의 두 배로 늘어났고, 옥외 화장실에서 아이폰으로, 비포장 도로 위의 마차에서 우주여행의 시대로, 시골 구멍가게의 물품 구입에서 드론 배송으로 이동해왔다.

객관적 수치들은 지난 125년 동안 놀라운, 거의 중단 없는 발전이 있어 왔음을 보여준다. 이런 발전에 대한 가장 간단한 수치는 도표 2.2를 보면 알 수 있다. 이 도표는 1인당 국내총생산의 연도별 증

도표 2·1 미국 1인당 국내 총생산의 장기적인 실제 성장, 1871~2016

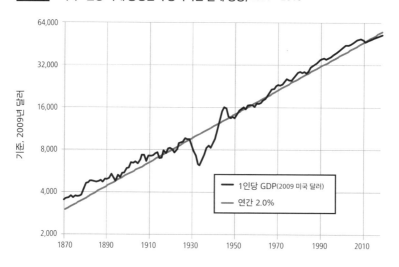

출처: C.I Jones, 「경제적 성장의 제반 사실들」, 미주 2.2. 참조.

가분을 보여준다.[2]

도표 2.1이 보여주듯이, 경제학자들은 경제성장이 꾸준한 상승 추세였다고 주장한다. 산업혁명의 초기부터 연간 2퍼센트의 경제성장이 꾸준하게 지속되어 왔다는 것이다. 실제로 1871년 이후 미국 경제가 일시적으로 후퇴한 것은 대공황 때뿐이었다. 이때 국내총생산은 4년에 걸쳐서 근 20퍼센트가 빠졌다. 그러나 곧 제2차 세계대전의 호황으로 복구했다. 경제학자 C.I. 존스는 이렇게 말한다. "이러한 쇠퇴는 아주 변칙적이었기 때문에 눈에 띤다. 그 외의 불경기는 거의 눈에 띠지 않을 정도이다. 장기간에 걸쳐 볼 때, 경제성장이 경기 후퇴를 완전히 흡수해버렸다."[3]

경제학자들은 많은 노력을 들여서 이런 꾸준한 성장을 설명해 왔다. 그리하여 그것은 한때 "고정된 사실",[4] 즉 아무도 이의를 제기하지 않는 사실로 받아들여졌다. 보다 최근인 1970년 이후에 성장률은 장기간에 걸친 연간 성장률인 2퍼센트 아래로 크게 떨어졌다. 기술적 이노베이션이 더는 생산성의 꾸준한 성장을 견인하지 못하기 때문일 것이다.[5] 이러한 발견은 2퍼센트 "고정" 성장이 미래에까지 지속될 것이라는 낙관적 희망을 꺾어놓는다. 그렇지만 이 책에서 다루는 기간 동안에 물질적 발전은 꾸준하면서도 확실한 현상이었던 것으로 보인다.

많은 학자들의 연구서와 정치적 캠페인이 그런 발전을 설명하기 위해 여러 요인들을 제시하지만, 우리가 보기에 가장 핵심적인 요소는 기술 발전과 교육의 확대이다. 이 분야에 공적·사적 자본이 아주 많이 투입되었던 것이다. 구체적으로 어떤 기술 제품이 획기적인 것이었고 또 어떤 교육 형태가 확고히 자리 잡았는지 등은 지난

한 세기 동안에 그 양상이 바뀌어왔다. 20세기의 전반기에는 고등학교, 전화, 자동차였던 것이 후반에 들어와서는 대학, 마이크로칩, 바이오테크(생명공학)로 바뀌었다. 아무튼 미국 경제는 힘 좋은 엔진처럼 기술과 교육의 뒷받침에 힘입어 10년 또 10년이 지나갈 때마다 지속적으로 상승 곡선을 그려왔다.

이런 꾸준한 상승 궤도는 보통 미국인들의 일상생활을 풍요롭게 만들어주는 물질적 편의 품목에 대한 측정에서 잘 드러난다. 몇몇 도표들은 1900년 이래 우리의 물질적 생활이 점진적으로 더 좋은 쪽으로 바뀌어왔음을 보여준다.

주거 문제를 살펴보자. 도표 2.2는 보통 미국인의 주택 규모가 10년 또 10년이 지나갈 때마다 늘어나서 19세기 말에 비해 보면 거의 두 배가 되었음을 보여준다. 더 커진 집에서는 수세식 화장실이 거의 보편적 시설이 되었다. 1900년에는 7대 1의 비율이었으나 70년의 세월이 흘러가면서 집집마다 필수품이 되었던 것이다. 진공청소기 같은 시간과 노동을 절약해주는 가전제품들도 마찬가지다. 1920년에서 1970년 기간 동안에는 미국 가정의 10퍼센트 정도만 진공청소기를 사용했으나 50년 후에는 90퍼센트가 사용했다.[6] 요약하면 지난 1세기에 걸쳐서 미국 가정은 좀 더 커지고, 좀 더 안락해지고, 전보다 더 관리하기가 쉬워졌다. 물론 모든 미국인들이 이처럼 사치스러운 집에서 살고 있는 것은 아니다. 이에 대해서 우리는 이 장의 다음 섹션에서 좀 더 살펴볼 것이다. 하지만 평균적으로 볼 때 미국의 생활수준과 주택 규모는 상승해왔다.

교통수단에 대해서도 같은 말을 해볼 수 있다. 도표 한 장이면 충분히 보여줄 수 있다. 지난 1세기여 동안 미국인들의 자동차 구매

는 놀라울 정도로 지속적으로 상승해왔다.[7] 일시적인 정체는 세계
대공황, 제2차 세계대전(전쟁 기간에 자동차 생산이 중단되었다), 그리고 최
근의 대침체 때뿐이다. 1915년에서 2015년 사이에 미국 주민 1천 명
당 자동차 보유 대수는 25에서 820으로 폭증했다. 1세기에 걸쳐서
연간 2.5퍼센트의 성장률이다! 이것은 수억 명의 미국인들에게 있
어서 교통의 편의와 안락이 극적일 정도로 향상되었음을 보여주는
극명한 통계 수치다.

전화기, 냉장고, 세탁기, 전자 오락기 등 생활 도구의 향상 흐름
이 꾸준히 이어졌다는 것을 보여주기 위해 수십 장의 유사한 도표
들을 제시할 수 있을 것이다.[8] 보통 미국인들의 물질적 생활 조건이
꾸준히 향상되어 왔다는 결론은 20세기 중반 뒤퐁사에서 내놓은 광
고 카피가 잘 말해준다. "기술을 통하여, 더 좋은 생활을 위한 더 좋

도표 2·2 **점점 더 커지는 미국 가정의 주택 규모**(1891~2010)

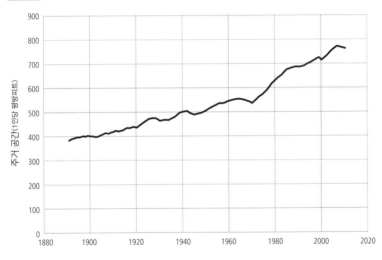

출처: Moura, Smith, and Beltzer, 「미국 주거 공간의 120년」. 미주 2.6. 참조

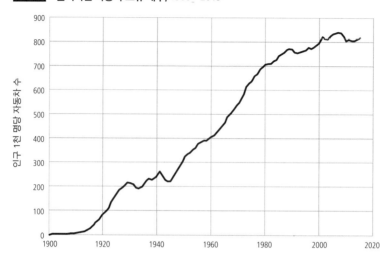

도표 2·3 늘어나는 자동차 보유 대수, 1900~2015

출처: 『수송 에너지 데이터 책』, 에너지 부, 도표 3.6.

은 물품을."

지난 125년 동안에 물질적 향상이 꾸준히 이루어져 왔다는 좀 더 기본적인 증거는 출생과 사망에 관한 통계 수치에서도 읽어볼 수 있다. 도표 2.4는 1세기에 걸친 영아 치사율을 보여준다. 20세기가 시작되면서 1천 명의 아이당 129명이 첫 돌을 맞이하기 전에 사망했으나, 21세기가 시작되면 그 치사율은 7명으로 크게 줄어들었다. 이 책의 후반부에서 인종과 계급차별에 대해서 논하게 되겠지만, 아무튼 미국 사회의 모든 분야에서 이런 엄청난 진보의 혜택을 보았다.

도표 2.5는 우리의 렌즈를 확대하여 지난 1세기 동안 기대수명의 상승추세를 보여준다. (이런 꾸준한 보건 향상의 실적에서 유일한 예외 상황은 엄청난 치사율을 기록한 1918년의 인플루엔자 팬데믹뿐이다.) 1900년에 태

어난 미국인은 47세까지 살 수 있을 것으로 기대되었다. 그들의 자녀(가령 1925년생)는 59세까지, 그들의 손자(가령 1950년생)는 68세까지, 그들의 증손(가령 1975년생)은 73세까지, 그리고 고손(가령 2000년생)은 77세까지 살 것으로 기대된다. 불과 1세기 사이에 보통 미국인들의

도표 2·4 영아치사율, 1890~2013

출처: 『미국의 역사적 통계』, 도표 Ab 920.

기대수명이 30년이나 늘어난 것이다.

이러한 국민 건강의 꾸준한 향상 추세는 두 개의 서로 다른 시대를 보여주는데, 각 시대에 각기 다른 치사 원인이 극복되었다. 첫번째 시대는 20세기 전반기이다. 이 시대에 공중 보건(특히 깨끗한 물의 개발)이 진보하고, 영양보급이 원활해지고, 항생제가 개발됨에 따라 여러 혜택이 생겨났다.[9] 전염병에 의한 치사율이 20세기 전반기에 90퍼센트 가까이 떨어져서, 기대수명을 높이는 데 가장 중요한

역할을 했다. 이 시대의 혜택은 주로 어린아이들에게 집중된 반면, 성인들의 혜택은 별로 늘어나지 않았다.

그러나 20세기 후반부에 들어오면 사정이 달라진다. 전염병이 극복된 이후에, 제약품 형태의 의료 발전(리피토 같은 고지혈증 치료제), 조기 진단이 가능한 의학 기술, 외과적 수술 기술의 향상(가령 혈관성형술) 등으로 인해, 심장병에서 암에 이르기까지 성인들의 치사율이 크게 떨어졌다. 공공 금연 운동도 중요한 요소였다. 물론, 20세기 중반에 하루 여러 갑의 흡연을 한다면 수십 년 뒤에 그 폐해가 나타나는 등, 금연의 효과가 한참 뒤에 나타나기는 하지만 말이다. 간단히 말해 20세기 전·후반과 21세기 초창기에 이르기까지 미국인의 기대수명은 공공 보건과 기술 발전의 원투 펀치 덕분에 꾸준히 높아져 왔다.

도표 2·5 기대수명, 1900~2017

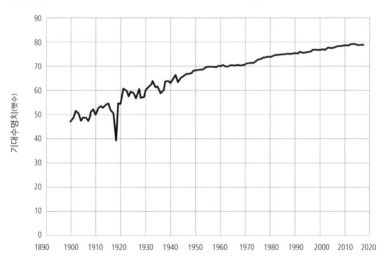

출처: 국립 건강 통계 센터

도표 2.4와 도표 2.5는 공중 보건의 불평등—특히 인종 구분과 계급 구분에 의한—이라는 중요한 사회적 불평등을 감추고 있다. 우리는 이 장과 다음 장에서 이런 차별을 집중적으로 살펴볼 것이다. 그렇지만 오늘날 평균적 미국인이 전보다 더 나은 공중 보건을 누리고 있고 부모 세대보다 더 오래 살 것은 분명하다. 그의 손자들이나 증손들은 그보다 훨씬 더 오래 살 것이다.

그러나 지난 몇 년 동안 그 상승곡선은 멈추었을 뿐 아니라 떨어지기 시작했다.[10] 이런 불길한 변화는 대체로 약물, 알코올, 자살 등에 의한 치사율이 급격히 상승했기 때문이다. 이런 죽음을 통칭 "절망의 죽음"이라고 한다.[11] 『절망의 죽음과 자본주의의 미래』(2020)라는 책에서 경제학자인 앤 케이스와 앵거스 디턴은 절망의 죽음 사례들이 증가하고 있다는 객관적 증거를 제시하면서 이런 추세의 근원이 뿌리 깊은 사회적 불평등 때문이라고 진단했다.[12] 특히 약물 남용은 최근에 들어와 급격히 증가했는데, 사회적 갈등에 의한 진통 마취제의 남용, 경제적 신분상승에의 좌절, 제약회사들의 치명적 행위*등에 의한 결과였다.[13] 근년에 들어와 절망의 죽음이 많아진 것은 주목해보아야 할 중요한 현상이다. 절망의 죽음은 전 국민을 강타했지만, 특히 농촌 사회, 노동자 계급의 사람들, 청소년들에게 끼친 피해가 막심했다.[14] 이런 죽음은 인간적 비극일 뿐만 아니라, 이 책에서 논의되는 사회적 추세들이 더 많은 재앙을 불러올 것임을 보여주는 사전 지표이기 때문이다.

---

* 제약 회사들이 수익을 올리기 위해 모르핀, 헤로인 따위와 동일한 효과가 있는 합성 진통·마취제를 많이 생산하여 판촉하는 행위.

그렇지만 미국의 낙관주의자들이 주장하는 바, 미국은 장기적 관점에서 볼 때 발전해왔으니 앞으로 그럴 것이라는 주장은 아주 힘이 세다. 우리는 20세기와 21세기 초에 나온 이런 관점을 "실리콘 밸리 혹은 MIT에서 바라본 관점"이라고 지칭한다. 매 십 년마다 아니 거의 매해마다 우리의 물질적, 신체적 생활 조건은 꾸준히 향상되어 왔다. 이렇게 된 것은 주로 기술 발전 덕분이었다.

그리하여 미국인들은 이런 진단을 널리 공유한다. 2017년 퓨 리서치 센터는 미국인들에게 지난 50년간 가장 큰 향상을 무엇이라고 생각하느냐고 물었다. 기술(42퍼센트)과 의료 및 보건(14퍼센트)이라는 대답이 압도적으로 많았다. 향후 50년 동안 이루어질 가장 큰 향상은 무엇이라고 보느냐는 질문에도 기술(22퍼센트)과 의료 및 보건(20퍼센트)이라는 대답이 리스트의 수위를 차지했다.[15]

미국 생활의 세 번째 영역인 교육 분야는 얼핏 보면 마찬가지로 꾸준하게 실질적 향상 추세를 보인다. 그러나 좀 더 자세히 들여다보면 교육의 추세는 다른 두 분야와 약간 다른 미묘한 경향을 보인다.

20세기가 시작되면서, 전 국민에게 무상 기본 교육을 제공하는 "보통 학교"는 미국 내에 널리 퍼져 있었다. 다만, 남부의 흑인 인구만은 중요한 예외 사항이었다.[16] 미국은 전 세계적으로 가장 높은 문자 해득율과 교육열을 자랑한다. 그렇지만 중등교육과 대학 교육은 여전히 인구 중 소수 퍼센티지에 집중되어 있었다.

이런 튼튼한 기반을 바탕으로 20세기에 두 가지 중요한 교육 혁명이 벌어졌다. 첫째는 거의 보편적인 고등학교 교육이고 이어 두 번째로 보편적인 고등학교 교육이 광범위한 대학 교육으로 확대되었다는 것이다. 미국인들은 성인이 되기까지 공식 교육을 마친다. 그러므로 전 국민을 상대로 하는 교육 보급은 아주 천천히 진행된다. 물이 가득 찬 욕조의 온도 변화가 수도꼭지의 온도 변화보다 더 느린 것과 마찬가지 이치다. 교육의 문호가 널리 확대된 후에도, 이 확대의 효과는 그보다 수십 년 앞서서 교육 받은 사람들의 존재 때문에 가려진다. 따라서 교육 혁신에서 즉각적인 효과를 파악하려면, 연속으로 이어지는 청년 집단의 교육 성취도에 집중해야 한다. 이러한 구분은 "고정" 기준과 "유동" 기준을 구분하는 것인데, 우리는 여기에서 "유동" 기준에 초점을 맞춘다.

고등학교 혁명은 1900년대 초반에 있었던 "고등학교 운동"에 의해 촉발된 것이다. 그리하여 먼저 서부와 중서부에 무상 공립 고등학교들이 설립되었고 이어 북부 전역의 도시로 퍼져나갔으며, 마지막으로 전국적으로 시행되었다.[17] 도표 2.6이 보여주듯이, 1910년경에 청년 10명당 1명이 고등학교 교육을 받았으나, 불과 50년 후에는 전국적으로 고등학교가 생겨나면서 10명당 7명으로 늘어났다. 이런 추세의 유일한 예외사항은 제2차 세계대전 시기뿐인데, 이때에는 많은 젊은이들이 참전을 했기 때문이다. 1910년 이후 50년 동안 교육의 향상은 너무나 신속하여 그 효과가 각 가정들 내에서 가시적으로 보일 정도였다. 1960년대 중반 성년이 된 젊은 사람들 중 4분의 3이 고졸인데 비해, 그들의 부모 가운데 고졸은 2분의 1, 그리고 조부모 중에서는 겨우 10분의 1에 그쳤다.

이런 놀라운 교육 혁신은 두 가지 선순환을 일으켰다. 하나는 미국 노동자들의 생산성이 비약적으로 늘어났는데 이것이 이 시기의 전반적 경제성장에서 가장 큰 기여를 했다. 나머지 하나는 사회적 신분 상승의 기회가 늘어났다는 것인데 보편적 고등 교육이 사회적 활동의 운동장을 평평하게 만들었기 때문이다.[18] 경제적 성장과 사회적 평등은 서로 손잡고 꾸준히 상승했는데, 이는 그 둘이 양립 불가능하다는 일부 인사들의 전제와는 정반대되는 것이다. 1960년대가 시작되면서 교육·경제·사회의 발전이 전혀 끝날 기색 없이 계속될 것처럼 보였다.

그러나 도표 2.6이 보여주듯이, 미국은 갑자기 교육의 가속 페달에서 발을 떼면서 기존 속도를 유지하다가(심지어 속도를 내리다가), 마지막에는 40년 이상 지속되어온 고등교육 확대의 속도를 놀랍게도 정지시켰다.[19] 그리고 21세기 초에 들어와 고교 졸업생의 비율이 다시 한 번 올라가기 시작했다. 그렇지만 2000년 이후의 증가율은 도표 2.6에 나타난 공식적 증가 수치보다는 더 낮거나 덜 지속적인

도표 2·6　고등학교 졸업 비율, 1870∼2015

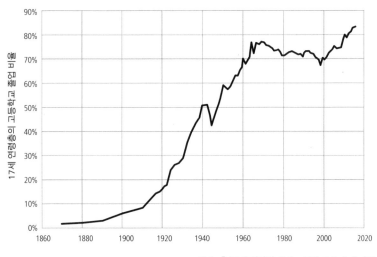

출처: 『미국의 역사적 통계』; 국립 교육 통계 센터

것이었다. 최근의 조사연구에 의하면 고졸 비율은 객관적으로 측정되었을 때 50년 전보다 5퍼센트 정도 높다. 그러나 그보다 50년 전에는 증가율이 무려 70퍼센트였던 것이다.[20]

고등학교 졸업 비율로 측정한 교육 성취도는 지난 125년간 점진적으로 상승해왔으나, 1960년대 중반 이후에 벌어진 설명하기 어려운 지속적인 성취 중단은 이 책의 후반부에서 다시 검토될 것이다. 같은 기간에 사회적 발전의 다른 측정 기준들 또한 멈추어 섰기 때문이다.[21]

도표 2·7 대학 졸업 비율, 1910~2013

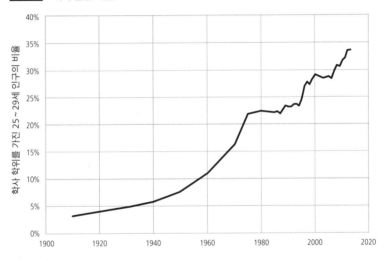

출처: 교육 통계 다이제스트, 국립 교육 통계 센터

대학 혁명은 다소 늦게 20세기 후반에 벌어졌고, 도표 2.7이 보여주듯이, 다소 느린 속도로 상승했다. 20세기 전반기에 4년제 대학 졸업 비율은 1910년도에 3퍼센트에서, 1950년대에 8퍼센트로 올라갔을 뿐이었다. 그러다가 제2차 세계대전 종전 후에 대학 입학 비율이 급격히 상승했다. 이러한 상승은 일차적으로 제2차 세계대전이 끝나고 참전용사가 되어 귀국한 제대 군인들에게 아주 값싼 비용으로 대학 교육을 보장하는 제대 군인 원호 법안이 통과했기 때문이었다.[22] 하지만 이들은 대부분 백인이었고 거의 백 퍼센트 남성이었다. 1960년대 초반에 들어와 백인 남자들 사이에서 대학 입학 비율이 크게 증가하면서, 기존의 젠더·인종차별을 더욱 심화시켰다. 하지만 그로부터 10년 사이에 여성과 비백인 사이에서 대학 입학의 열망이 높아졌다. 그리고 1980년대 초반에 이르러 젠더와 인종의 격차가 좁혀지기 시작했다.[23] 요약하면 20세기의 첫 75년 동안 미국 대졸자 비율은 3퍼센트로 시작하여 22퍼센트로 올라갔다. 그러다가 1975년에, 고교 졸업자 비율의 증가에서 "가속 페달을 떼고서" 주춤했던 바로 그 시기에, 향후 근 20년에 걸쳐서 대졸자 비율의 증가율이 정체되었다. 그리고 20세기 말에 가서야 교육적 성취의 비율이 다시 높아졌다.

요약해보자면, 이 장의 이 섹션에 탐구된 다른 발전의 수치들과 마찬가지로, 교육 관련 수치는 한 세기 이상 뚜렷한 발전 경향을 보였다. 그러나 물질적 신체적 복지의 지표들과는 다르게, 교육의 발전은 중단 없는 상승추세는 아니었다. 이것은 교육이 물질적·의학적 진보와는 다르게, 기술의 발전에는 다소 덜 의존하는 대신 사회적 제도와 행동 변화에 더 의존하기 때문이다. 이 책의 후반부에서 이런 의아한 "가속 페달에서 발을 떼기" 현상을 다시 다룰 것이므로 여기에서는 그냥 변칙적 현상 정도로 남겨두기로 하자. 이 섹션의 근본적 스토리는 간단하다. 평균적으로 그리고 여러 중요한 측정 수치들로 살펴볼 때, 미국인의 생활은 지난 1세기여 동안 점점 더 좋아지는 쪽으로 발전해왔다.

경제적 평등

분명 전국 평균은 일부 집단과 소수 인원들의 소득, 심지어 다른 사람들의 손실을 은폐하는 경향이 있다. 평균의 작동 방식이란 게 원래 그렇다. 그래도 소득과 손실의 분배는 중요하다. 이 장의 나머지 부분에서는 분배가 19세기 말 이래로 어떻게 변화해왔는지 살피게 된다.[24] 지난 125년 동안 경제적 평등의 흥망성쇠는 어떠했을까?

　제1장에서 살펴본 바와 같이, 첫 번째 도금시대에서 경제적 빈부격차는 엄청났다. 수백만 명에 달하는 가난한 이민자들, 빈곤한 (비록 해방되기는 했지만) 흑인들, 미국에서 태어난 노동자 계급의 백인들은 돈을 많이 가진 경제적 엘리트인 약탈적 재벌과 상대해야 되었다. 19세기 후반부의 불평등 조건에 대한 통계 수치는 산발적이다. 그러나 이 시기에 전국적인 경제적 불평등의 증가세는 그리 크지 않은 듯이 보인다. 노예해방령으로 남부의 흑인들 사이에서 경제적 상황이 상당히 개선된 덕분이었다. 그러나 미국 사회의 최상류층을 살펴보면, 성장 파이의 커다란 조각을 가장 부유한 미국인들이 가져가는 현상은 더욱 두드러졌다. 대체로 말해 상위 1퍼센트의 국민 소득 점유율은 1870년 10퍼센트에서 1913년에는 거의 20퍼센트까지 늘어났다.[25] 소득, 재산, 지위의 불평등은 너무나 심각했고, 이런 상태가 항구적으로 지속될 것처럼 보였다.

그러나 그다음에 이어진 시기는 경제적 불평등이 상당히 해소된 60년의 평온한 시대였다. 이것은 아주 놀라운 반전이었다. 경제 역사가들은 이 시기를 가리켜 "대수평 시대" 혹은 "대통합 시대"라고 부른다.[26] 이 시기를 정확히 못 박는 것은 그리 과학적인 일이 될 수는 없지만, 미국 경제 역사가들인 피터 H. 린더트와 제프리 G. 윌리엄슨은 이 시기를 대략 1913년에서 1970년까지로 보며, 이는 널리 통설로 받아들여지고 있다.[27] 대통합의 정확한 규모와 시기는 우리가 소득 분배에서 어떤 부분—최상층, 중간층, 최빈층—을 강조하느냐에 따라 달라진다. 또 우리가 "시장" 소득을 바라보는가, 혹은 정부 세금과 이체금(공과금)을 바라보는가에 따라서 달라지기도 한다. 그렇지만 사실상 거의 모든 증거가 동일한 폭넓은 패턴을 확증해준다. 린더트와 윌리엄슨은 그것을 이렇게 설명한다.

대통합 시기에 벌어진 것은 최상층의 소득이 감소했다는 것보다 더 폭넓은 현상이었다. 불평등은 중산층과 최하층 사이에서도 감소했다. 그리고 대통합은 정부가 세금과 이체금을 가지고 부자에서 가난한 자로 소득을 재분배했다는 것 이상의 의미를 갖는다. 소득은 세금과 이체금 이전과 이후 모두에서 더욱 공평해졌다.[28]

소득

도표 2.8은 그런 추세를 잘 보여준다. 이 도표는 설명의 단순화를 위해 미국인 상위 1퍼센트의 국민소득 점유율을 보여준다.[29] (설명의 일

관성을 위해, 이 책의 모든 도표에서 "상승up"이라 함은, "더 큰 평등", "더 큰 공동체 정신"을 의미한다. 따라서 이 도표의 경우, "상승"은 상위 1퍼센트 가정들이 점유한 더 적은 비율의 국민소득을 의미한다.) 도표 2.8에서, 1913년에서 1970년대 중반을 커버하는 두 곡선─한 곡선은 시장 소득을, 다른 곡선은 의료보험료를 포함해 세금과 공과금 납부가 이루어진 뒤의 소득을 가리킨다─의 상승은 점진적이면서도 불규칙하다. 하지만 상승추세는 이 기간 동안 경제적 평등이 꾸준히 상승했음을 보여준다. 우리가 그것을 어떻게 측정하든 간에, 이 60년 동안에 빈부 격차는 좁혀졌다.

아래쪽 곡선은 세금과 공과금 납부 이전의 좀 덜 공평한 분배를 보여주고, 위의 곡선은 세금과 공과금 납부 이후의 좀 더 공평한 분배를 보여준다. 따라서 두 곡선 사이의 공간은 정부가 시행한 재분배의 순 효과를 나타낸다. 세금과 공과금 징수 이전으로 보면 1913년에 미국인 최상위 1퍼센트는 국민 소득의 19퍼센트를 가져 갔으나, 1976년에 이르러 그 점유율은 10.5퍼센트로 거의 절반 가까이 떨어졌다. 세금과 공과금 납부 이후로 보면 최상위 1퍼센트의 국민 소득 점유율은 좀 더 심하게 감소되어 18퍼센트에서 8퍼센트로 떨어졌다. 그러나 2014년에 이르러 이 수치는 세전 20퍼센트, 세후 16퍼센트로 다시 올라갔다. 우리는 곧 지난 125년 동안 세금과 공과금이 소득 불평등을 다스리는 데 어떻게 작용했는지 자세히 살펴보게 될 것이다. 그렇지만 이런 유보 조건들을 다 따져본다 하더라도, 거의 모든 전문적 지표들이 이 60년 동안 대통합과 더 큰 평등을 향해 나아갔음을 보여준다. 요점은 이렇다. 미국은 결코 하룻밤 사이에 평등해진 것이 아니라, 20세기의 첫 10년 혹은 첫 20년 동안에

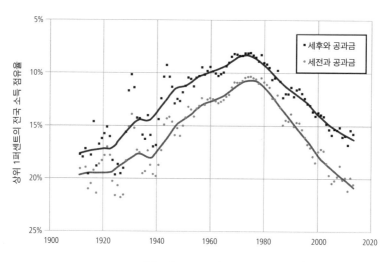

출처 : Picketty, Saez, and Zucman, QJEcon 2018 5월, LOESS smoothed : 2.

국가의 방향이 바뀌었다는 것이다. 그러니까 점점 덜 평등해진 것이 아니라, 점점 더 평등해지는 쪽으로 나아간 것이다.

　우리가 이 장의 앞부분에서 살펴보았듯이, 이 60년 동안에 미국의 전체 경제는 크게 성장했다. 사실상 가난한 사람이든 부자이든 모든 미국인이 그 성장으로부터 혜택을 받았다. 그런데 대통합 기간 동안에는, 저소득층과 중산층이 늘어나는 파이에서 더 많은 부분을 차지했다. 린더트와 윌리엄슨은 이렇게 추산했다. "이 기간 동안 미국 상위 1퍼센트의 가구당 실질 소득은 21.5퍼센트가 늘어났으나……. 나머지 99퍼센트의 가구당 실질 소득은……. 세 배 이상 뛰었다."[30] 달리 말해서, 20세기의 첫 75년 동안, 부의 공유라는 면에서 국가의 번영과 부의 평등이 나란히 손을 잡고 나아갔던 것이다. 이 60년 동안에 우리는, 일부 경제 이론가들이 주장하는 것처럼 성장과 평등 사이에서 선택해야 할 필요가 없었다. 우리는 집단적으로 더 부자가 되고 더 평등해졌다. 20세기 중반의 미국이 완벽한 평등을 달성한 낙원은 아니었지만, 지속적인 발전을 60년 계속해온 결과로, 제1차 도금시대의 엄청난 빈부격차는 이제 과거의 이야기가 되었다.

그랬던 것이 도표 2.8이 보여주듯이, 1970년대 중반에 들어가 갑자기 그리고 예기치 못하게 대통합은 극적인 유턴을 하여 뒤집어졌고 그리하여 대분기의 50년이 뒤이어졌다. 이렇게 하여 소득 평준화는 추락하기 시작했다. 21세기 초기에 이르러 미국의 소득 불평등(특히 세금과 공과금 이전의 불평등)은 지난 1백 년간 본적이 없는 수준으로 악화되었다. 이러한 반전은 너무나 급격하여 이에 대한 학자들의 최초 설명은 "두 반세기의 이야기"라는 제목을 달고 있었다.[31] 최근의 50년은 그 앞의 50년과는 다르게, 설사 성장이 있었다고 하더라도 경제적 평등을 크게 희생시켜가며 달성한 것이었다. 부자들은 성장 배당금의 제일 큰 몫을 가져갔다.

부

미국의 소득 분배에서 나타나는 전도된 U자형 곡선을 이해하려는 것은 이 책의 주된 목적이다. 그러나 먼저 부의 분배에서 나타나는 똑같은 경향을 살펴보자.[32] 부의 문제는 우리가 연간 얼마나 벌었는가 하는 것이 아니라 저축과 유산으로부터 여러 해에 걸쳐 얼마나 축적했는가 하는 문제이다. 부는 언제나 소득보다 더 불공평하게 분배되는 경향이 있다. 왜냐하면 미국 내 전 가정의 절반 정도는 물려받은 부가 전혀 없는 상태로 시작[33]하여 실제적으로 매달 들어오는 월급으로 살아가기 때문이다. 그러나 부의 불평등 정도는 소득 불평등과 마찬가지로 수십 년 동안에 변화해왔다. 심지어 이 두 분야의 추세에는 밀접한 상관관계가 있는데 이는 그리 놀라운 일도 아니다. 도표 2.9는 미국 내 부의 분배가 지난 100년 동안 어떻게 변화해왔는지를 보여준다.[34]

도표 2·9 **미국의 부의 분배, 1913 ~ 2014**

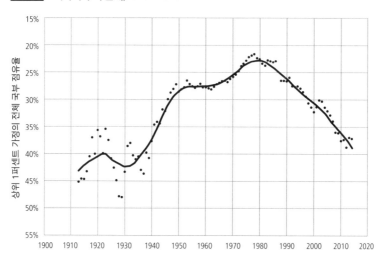

출처 : Picketty, Saez, and Zucman, *QJEcon* 2018 5월, LOESS smoothed : 2.

제1차 도금시대의 가장 뚜렷한 특징은 빈부 양극화 현상이다. 1913년에는 부유한 상위 1퍼센트가 전체 부의 43퍼센트를 차지했다. 광란의 1920년대(미국에서 재즈가 폭발적으로 유행하고 경제적 호황으로 들끓었던 시대)에, 그들의 점유율은 어느 2년 동안 48퍼센트까지 치솟았다. 이것은 도표 2.9가 잘 보여주고 있다. 그러나 다음 60년 동안에, 그들의 점유율은 22퍼센트로 떨어져 반 토막이 났다. 이렇게 된 것은 부분적으로 재정적 규제와, 소득 및 부동산에 대한 누진세 때문이고 또 재분배적 지출 때문이기도 하다. 달리 말해 소득의 대통합에 따라 부 역시 대통합이 이루어진 것이다.

그러나 21세기에 들어와 상위 1퍼센트의 점유율은 2014년에 근 40퍼센트까지 올라갔고, 계속 증가하고 있다.[35] 근년에 상위 1퍼센트의 소득이 전체 가정 소득에서 차지하는 비율은 약 20퍼센트다. 그러나 가정의 부에서 차지하는 비율은 거의 40퍼센트다. 상위 1퍼센트의 부 점유율은 1980년대 초에 25퍼센트 미만이었으나, 2010년에는 40퍼센트 이상 늘어났다. 사실 상위 0.1퍼센트 가정이 가정의 부 가운데 약 20퍼센트를 차지하고 있어서, 제1차 도금시대의 수치와 거의 비슷해졌다.[36] 반대로, 인구의 가난한 95퍼센트가 차지한 국부의 점유율은 대통합 시대에 근 두 배가 늘어나 1920년대 초반 28퍼센트에서, 1980년대에는 약 54퍼센트까지 늘어났다. 그랬던 것이 급격히 떨어져서 엄청나게 깊은 골로 빠져들어 1백 년 전과 비슷해지고 있다. 간단히 말해서 상위 1퍼센트는 하위 90퍼센트가 가지고 있는 국부보다 두 배가 더 많은 부를 갖고 있는 것이다.[37]

도표 2.8과 2.9를 면밀히 검토해보면 이런 결과를 알 수 있다. 부의 불평등을 향한 유턴은 소득의 불평등을 향한 유턴보다 약간 뒤떨어져서 5~10년의 시차가 있다(1980년대 중반 vs. 1970대 중반). 아마도 최상위층 사람들이 첫 번째 개인 제트기를 소유하기까지 수백만 달러로 보너스 액수를 올리는 데에는 그 정도 시간이 필요했을 것이다. 이에 대하여 에마누엘 사에즈와 가브리엘 저크만은 이렇게 말

했다. "소득 불평등은 부의 분배에 있어서 스노볼 효과를 보인다."[38] 반면 최근에 벌어진 부의 불평등의 급격한 상승은 소득 불평등에 영향을 미치기 시작했다. 왜냐하면 2000년경에 이르러, 소득 불평등의 증가는 대부분 자본 소득의 불평등에 기인한 것이기 때문이다.[39] 이렇게 하여 이 두 가지 형태의 경제적 불평등은 서로를 심화하고 있다. 이 분야의 유수한 학자인 에마누엘 사에즈는 이런 결론을 내렸다.

> 미국 내 소득과 부의 집중은 20세기 전반기에 크게 약화되었고 제2차 세계대전 종전 후 30년 동안에는 안정적으로 낮은 수준을 유지했다. 그러나 1970년대 이래로 불평등이 크게 늘어났다. 미국은 이제 매우 심각한 노동 소득 불평등과 부의 불평등을 동시에 겪고 있다.[40]

대통합

도표 2.8과 2.9의 후반부는 현대의 정계와 재계에서 특히 빈자와 부자 사이의 대분산에 초점을 맞추어 많이 논의되는 사항이다. 학자들과 정치가들은 점점 심해지는 빈부 격차를 개탄하는데, 그들의 이야기는 전형적으로 1970년대의 혼란스러운 시기로부터 시작한다. 그러나 우리가 더 흥미를 느끼고 또 강조하고 싶은 이야기는 그보다 50년 전, 그러니까 전도된 U자형 곡선의 전반부로부터 시작한다.

우리가 곧 검토하겠지만 대통합의 제도적 사회적 문화적 씨앗은 대략 1890년에서 1910년까지인 진보시대Progressive Era에 뿌려졌다.

그런데 이 씨앗이 하룻밤 사이에 발아하지는 않았다. 면밀히 살펴볼 때 소득과 부의 분배는 1910년과 1930년 사이에 크게 동요되었는데 그것은 도표 2.8과 2.9에 드러난 바와 같다. "민주주의하기에 안전한" 세상을 만들려는 우드로 윌슨이 전쟁 동안 일으킨 국가적 연대 의식은 반짝 했다 끝나는 평등주의적 효과를 가져왔을 뿐이었다. 보수적인 워렌 하딩 대통령 하의 "정상적 상태" 회복과 1920년대 광란의 시대의 주식 거품과 함께, 상류층에만 부와 소득이 집중되는 도금시대의 현상이 재빨리 나타났다. 그러나 클라우디아 골딘과 로렌스 카츠는 같은 시기에 노동자 계급과 중산층 내에서 평등 현상이 상당히 증가한 것을 발견했다.[41] 상류층의 험한 날씨 아래에서, 경제적 불평등의 깊은 물결은 방향을 바꾸기 시작했다.

1929년의 대공황과 함께 상위 1퍼센트의 흥청망청 축제는 갑자기 끝이 났다. 이것은 프랭클린 루스벨트가 뉴딜정책으로 1933년 정권을 잡기 이전부터 나타났던 현상이었다. 대부분 진보시대의 혁신에 바탕을 두고 있는 뉴딜정책은 대통합의 온전한 힘을 전면적으로 발휘했는데, 이에 대해서는 곧 살펴보게 될 것이다. 제2차 세계대전으로 세금의 부담이 크게 증가했고, "우리는 모두 한 배를 탔다"라는 느낌은 더욱 강화되었다. 경제적 평등의 수치는 제1차 세계대전 중에 그랬던 것처럼 더 높이 뛰어올랐다. 양차대전 중에 평등 의식이 급격하게 상승했는데 이것은 20세기 사회학자 에밀 뒤르켐의 주장을 증명하는 것이었다. 뒤르켐에 의하면 전쟁 중에 공유된 역경 의식 덕분에 강력한 연대 의식과 평등감이 형성된다는 것이다. 또 최근에 들어와서, 전쟁은 "위대한 수평자The Great Leveler"라는 이론도 나왔다.[42]

그러나 제2차 세계대전 종전 이후의 시대는, 제1차 세계대전 종전 이후 시대와는 다르게 평등주의적 규범이 전시의 연대의식이나 통제보다는 훨씬 더 오래 살아남았다. 1945년에 전쟁이 끝났다고 해서 1920년대처럼 불평등으로 곧바로 돌아가지는 않았다. 오히려 도표 2.8과 2.9가 보여주듯 제2차 세계대전 후 수십 년 동안에 빈부 격차가 좁혀지기 시작했다. 전후의 미국 부흥에서 빈곤층과 중산층이 차지하는 비율도 더욱 늘어나서 소득 불평등을 더욱 축소시켜서, 광란의 20년대와 더욱 분명하게 대비되었다. 그래서 사회학자 더글러스 매시는 이렇게 썼다. "1945년에서 1975년 사이, 뉴딜정책 기간에 실시된 구조조정 덕분에 빈곤율은 꾸준히 떨어졌고, 평균 소득도 지속적으로 상승했으며, 불평등은 눈에 띄게 줄어들었다. 높이 솟아오르는 경제적 물결이 모든 보트들을 띄워 올린 것이다."[43] 실제로 이 시기에 작은 배들이 요트보다 더 빨리 솟아올랐다. 경제학자 토마 피케티, 에마누엘 사에즈, 가브리엘 저크만 등의 보고에 의하면, 전후 몇 십 년 동안에 최빈층 20퍼센트의 세금 및 공과금 공제 이후의 소득은 상위 1퍼센트의 그것보다 3배나 더 가파르게 상승했다. 즉 179퍼센트 대 58퍼센트였다.[44]

왜 경제적 평등 현상이 제1차 세계대전 때와는 다르게 제2차 세계대전이 끝난 뒤에도 오래 지속되었을까? 이것은 아주 흥미로운 수수께끼다. 소득의 분배가 전시 비상사태라는 것보다 더 근본적인 어떤 것에 의하여 추동되었기 때문이다. 제1차 세계대전 전후와 제2차 세계대전 전후 사이에 '뭔가' 변화되었던 것이다. 그 '뭔가'를 찾아내는 작업이 추후의 여러 장들에서 수행될 것이다. 하지만 그런 사정에도 불구하고, 1970년대 초에 이르면 제2차 세계대전 중의 희생(임금과 가격 통제)은 백미러 속에서 더 이상 보이지 않게 되었다. 그렇지만 "우리는 모두 한 배를 탔다"라는 평등주의적 규범은 분명 지속되었다.

대분산

그리고 이미 살펴본 바와 같이, 경제적 평등으로부터 크게 벗어나는 급격한 유턴 현상이 벌어졌다. 경제사가 린더트와 윌리엄슨은 이러한 엄청난 변화의 규모를 이렇게 서술한다. "이전의 수평화와 마찬가지로, 불평등의 상승은 소득 구간의 상층과 하층을 구분하지 않고 그 격차를 벌려놓았다. 상위 1퍼센트의 소득만 급격히 상승한 건 아니라는 얘기다."[45]

1970년대에 노동자의 실질 임금은 정체하기 시작하여 그 후 무려 50년간 그런 상태가 지속되었다. 전반적 경제가 상승추세였는데도 임금은 그대로였다. 처음에는 중산층과 상류층이 함께 노동자와 빈자 계급으로부터 분산되어나갔다. 그러다가 1980년대에 들어와 상류층이 중산층으로부터 떨어져나갔는데, 그 실제 효과는 총 국민소득 중 8퍼센트를 하위 50퍼센트에서 상위 1퍼센트로 이전시킨 것이었다.[46] 확실히 상위 10퍼센트(대체로 고소득 전문직들)와 나머지 사람들 사이의 격차는 그 세월 동안에 계속 벌어졌다. 그러나 숨 막힐 정도로 빠른 소득 격차의 확산은 최상류층에 집중되었다.[47] 1974년부터 2014년까지 40년 동안, 인플레이션 조정된, 각 가정별 연간 시장소득annual market income을 계층별로 살펴보면 이러하다. 최하위 10퍼센트의 가정 소득은 320달러 떨어졌고, 차하위 10퍼센트는 388달러 가 늘어났고, 전국 중간층은 5,232달러가 늘어났고, 상위 5퍼센트는 75,053달러가 늘어났고, 상위 1퍼센트는 929,108달러가 늘어났으며, 상위 0.1퍼센트는 4,846,718달러가 늘어났다. 여기에 인쇄가 잘못된 오탈자誤脫字는 없다![48]

대통합 시대에 평균적 미국인들은 커지는 파이에서 그 커지는 비율에 따라 고르게 자기 몫을 가져갔다. 이와는 극명하게 대조되게 도, 대분산의 수십 년 동안에, 파이의 늘어나는 부분은 점점 더 적어 지는 최상층이 독점했다. 그로부터 생겨난 변화는 엄청난 것이었다. 만약 오늘날의 소득이 1970년 대통합 때의 소득 분배처럼 이루어진 다면, 하위 99퍼센트는 1조 달러를 더 가져가는 대신에, 상위 1퍼센 트는 1조 달러를 덜 가져갈 것으로 추산된다.[49]

이런 점증하는 경제적 불평등은, 우리 자식들의 신분상승이나 심지어 우리들 자신의 신체 건강 등 사회의 다른 분야에서의 불평 등과 연계되어 있다.

20세기 전반기의 증거들은 너무 부족하여 사회경제적 신분상 승의 추세를 확정짓기가 어렵다. 그러나 가장 좋은 증거만 가지고 살펴볼 때 이렇게 말할 수 있다. 신분상승upward mobility(가난한 집에 태어 난 아이가 부모보다 더 잘 살게 되는 것)은 20세기 전반기에 두드러졌는데, 그 부분적인 이유는 고등학교 혁명이었다. 경제학자 데이비드 카드 와 동료들은 이 시대를 가리켜 "신분상승의 황금시대"라고 했다.[50] 우리가 이 장의 앞부분에서 살펴보았듯, 20세기의 첫 75년간 점점 더 높은 비율의 미국 청년들이 고등학교와 대학교를 졸업했다. 그 리하여 이 시대에 태어난 아이들은 교육과 소득에서 그들의 부모를 능가하게 되었다.

그러나 앞 섹션에서 이미 살펴보았듯이, 전반적 교육 발전은 1970년대 초에 정체되었고, 그와 함께 신분상승도 정체되었다. 우리는 라지 체티와 동료들의 획기적 연구로부터 이런 사실을 알아냈다. 1960년대 후반에 성인 소득 수준에 도달한 젊은이들을 필두로, 소득 기준의 신분상승은 꾸준히 쇠퇴해왔다. "지난 반세기 동안 자녀가 부모의 소득보다 높은 소득을 올릴 수 있는 전망은 90퍼센트에서 50퍼센트로 떨어져왔다."[51] 그들은 이렇게 된 주원인으로 경제성장의 불평등한 분배가 점점 심화되었기 때문이라고 지적했다. 산발적이지만 일관된 증거 자료들은 다음과 같은 사실을 보여준다. 경제적 유동성은 1910년대의 출생 그룹(1940년대 중반에 성인 소득 수준에 도달한 사람들)으로부터 1930년대 후반의 출생 그룹(1960년대 중반에 성인 소

도표 2·10 세대 간 경제 유동성의 흥망성쇠, 1947~2010

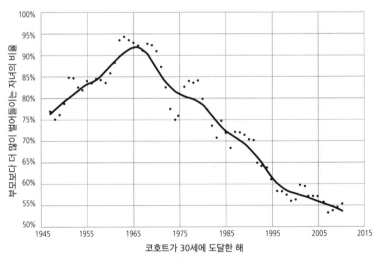

출처: 버맨, 「절대적 세대 간 이동의 장기 진화」, LOESS smoothed. 25.

득 수준에 도달한 사람들)에 이르기까지 상승했다. 이것은 도표 2.8이 보여주는 바와 같다. 이것은 세대 간 경제적 유동성이 같은 수십 년 동안 벌어진 소득 불평등과 동일한 길을 걸어간다는 걸 보여준다. 대통합 시대에는 대략 1970년까지 경제적 유동성이 높아졌다가 그다음부터 반세기 동안 급격히 떨어진 것이다.[52]

우리가 이 장의 앞부분에서 살펴본 바와 같이 "평균" 미국인의 건강은 20세기 내내 꾸준히 향상했다. 그러나 그 "평균"은 인구의 다른 구간에서 나타나는 다른 궤적을 은폐한다. 20세기 전반기에 사회적 계급에 의한 건강 추세의 증거들은 산발적이긴 하지만, 그래도 대략 1880년에서 1960년 사이에 인종과 계급별 건강의 차이는 좁혀졌다. 백인 중산층이나 상류층보다 소수집단과 노동자 계급의 건강이 훨씬 급격하게 상승했기 때문이다. 질병율과 치사율에 결정적 영향을 미치는 공중 보건 조치들은 가난한 사람들이 많은 인구 구간에 집중되었다.[53] 예를 들어 피터 린더트와 제프리 윌리엄슨은 이 시기에 전 소득 계층을 막론하고 영아 치사율에 "놀라울 정도"의 하향 대통합이 벌어졌다고 기술했다.[54]

국민 전체의 건강은 최근 몇 십 년 동안 계속 향상되었지만, 일부 건강 지표상의 계급(그리고 인종) 격차는 지난 40년 동안 벌어지기 시작했다. 가난한 계층의 예전 건강 혜택은 줄어들다가 일부 경우들에서는 심지어 후퇴했다. 영국의 의학 저널인 『랜싯』에 게재된 최근 십여 건의 연구들은 이런 결론을 내렸다. "생존 게임에서 사회경제적 격차가…… 심화되었다. 중간 소득과 상위 소득을 올리는 미국인들의 기대 수명은 높아졌으나 가난한 미국인들 사이에서는 정체되었고 심지어 일부 인구 집단들 사이에서는 내려갔다."[55] 전국 의학 아카데미National Academy of Medicine가 소집한 전문가 집단은 이런 진단을 내렸다. "사회경제적 지위SES: socioeconomic status에 의한 치사율 격차가 더 심화되었다고 연구조사자들 사이에서 널리 합의되고 있다."[56]

우리가 앞에서 말한 바와 같이, 경제학자 앤 케이스와 앵거스 디턴은 1970년대 중반 이래에 성인이 된 백인 노동자 계층 사이에서 "절망의 죽음" 현상이 벌어졌다고 서술했다.[57] 보다 최근에 들어와서 미국 하원의 양당 합동 경제 위원회는 20세기 초창기부터 발생한 "절망의 죽음"을 추적했다.[58] 이 위원회의 조사 결과는 도표 2.11에 요약되어 있다. 이 도표는 케이스와 디턴이 발견한 바와 같이, 최근에 들어와 이런 죽음이 상승하고 있음을 보여준다. 그러나 위원회의 조사연구는 20세기 초창기에 이런 죽음이 흔하다가 진보 시대가 시작된 후에는 급격히 줄어들어 20세기 중반에는 최저점에 도달했다가 다시 상승하기 시작하여 오늘날의 높은 비율에 도달했음을 보여준다. 우리는 아직도 "절망의 죽음" 현상이 어떻게 하여 생겨났는지 그 원인을 잘 모른다. 그러나 케이스와 디턴의 연구조사는 사회경제적 고통과 불평등이 그 원인일 것이라고 강하게 암시하고 있다. 달리 말해서 대분산이 이제 사회적 유동성이나 건강 같은 비경제적 영역에까지 확산되었다고 볼 여지가 충분한 것이다. 이것은 전에 대통합이 경제적 분야 너머로까지 평등주의적 결과를 확대시킨 것과 동일한 현상이다.

불평등은 개인 차원에서뿐만 아니라 지역 차원에서도 측정될 수 있다. 따라서 지역적 불평등—부유한 지역과 가난한 지역 사이의 경제적 복지의 차이—이 지난 125년 동안에 어떻게 변화해왔는

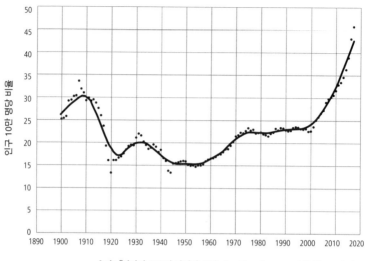

도표 2·11 절망의 죽음의 증감, 1900~2017

출처: 「절망의 죽음의 장기적 추세」, Joint Econ Committee, LOESS smoothed, 15.

지 물어보는 것도 합당하다. 20세기의 첫 70년 혹은 80년 동안에 지역적 불평등은 꾸준히 감소해왔다. 이것은 대통합 시대에 개인적 불평등이 꾸준히 줄어든 것과 궤적을 같이 한다. 지역적 통합을 밀어붙인 가장 중요한 추동력은 미국 남부가 다른 지역들을 꾸준히 장기적으로 따라잡은 것이었다. 이렇게 된 데에는 단일한 경제적 단위의 다른 부분들 사이에서 자연스럽게 통합이 이루어진 측면도 있고, 또 남부를 돕기 위한 연방 차원의 지원이라는 측면도 있었다.[59]

1970년대 후반에 지역적 통합이 멈추어 섰다는 것도 널리 인정되고 있다. 이것은 개인 소득의 대통합이 끝났던 그 시점과 거의 일치한다. 그러나 이 시점의 지역적 통합이 실제로 후퇴하여 지역적 불평등을 더욱 고조시켰는지 여부에 대해서는 연구조사자들 사이에서 의견이 엇갈린다. 이런 의견 불일치는 측정 수단의 차이 때문에 벌어진 것인데 그 점은 너무 복잡해서 여기서는 다루기가 적절치 않다. 하지만 지역적 분산이 점증하고 있다고 보는 학자들은 "지식 경제"의 등장을 지적하면서 특히 동부와 서부의 양안에 몇몇 첨단기술 산업 단지들이 들어선 사실을 구체적 사례로 들고 있다. 트럼프 대통령 시대에 이런 지역 차이는 국가적 공론의 장에서 핵심 주제가 되었다. "낙후된" 지역들에 어떤 조치를 취해야 할 것인가라는 문제를 두고서 정계가 점점 양극화되면서 그것(지역적 차이)이 큰 문제가 된 것이다. 그래서 지역적 불평등에 대한 논의는 결코 학술적인 것이 아니다. 앞으로 더 연구가 진행되어 개인적 불평등과 지역적 불평등 사이에 상호 연관성이 있는지를 밝혀내야 한다. 만약 연관성이 있다면 그에 대해 어떤 조치를 취해야 하는지도 깊이 생각해보아야 한다.[60]

우리는 어떻게 여기에 도달하게 되었는가?[61]

무엇이 대통합의 원인이고 또 무엇이 대분산의 원인인가? 근년에 들어와 우리는 대분산에 대한 얘기를 많이 듣지만 대통합 얘기는 별로 들려오지 않는다. 그러나 이 둘은 서로 동떨어진 전혀 다른 문제가 아니다. 1970년대까지 평등의 상승추세가 이어지다가 그 후에 다시 하향추세로 돌아선 데에는 상당 부분 동일한 요인들이 작용하기 때문이다.

국제적 요인들은 그런 배경 스토리에서 중요한 부분이다. 20세기를 관통하는 기본적 U자 형태는 대부분의 선진국들에서 발견되기 때문이다.[62] 세계화는 그럴듯한 원인이다. 왜냐하면 사람, 물자, 화폐의 국제적 흐름이 20세기 전반부에 줄어들다가 후반부에 들어와서 늘어났기 때문이다.[63] 다른 서구 국가들도 국제적 압박을 겪는 동안에 불평등이 극적으로 증가했다. 이것은 미국의 국내 제도와 정책이 그런 변화에 주요 역할을 했다는 것을 암시한다. 면밀한 조사 연구 결과는 이민자들이 미국의 소득 불평등에 끼친 영향은 미미하고, 특히 상류층의 불평등에는 아무 영향이 없음을 밝혀냈다. 소득 분배의 방향 전환이 가장 두드러진 곳도 바로 그 상류층이었던 것이다.[64]

국제 무역이 불평등에 끼친 영향은 뜨겁게 논쟁되는 주제이다. 여러 해 동안, 경제 연구서들은 무역이 임금 불평등에 미치는 영향을 과소평가해왔다. 한 산업 분야에서 실직한 노동자가 다른 분야에서 곧 일자리를 찾을 수 있다고 가정한 것이다. 그러나 20세기의 첫 10년 혹은 20년 동안 그런 인식이 바뀌기 시작했고 요즘 학자들은 무역이 임금 불평등에 미치는 영향에 더 큰 가중치를 두고 있다. 무역이 임금 불평등에 미치는 영향은 대통합 시대보다는 대분산 시대에 더 집중적으로 연구되었다. 이렇게 전제를 말했으므로 기존의 참고 문헌들을 다음과 같이 공정하게 요약할 수 있다. 무역이 평등의 U자형 곡선 전후반부에 미친 영향은 엄청난 것은 아니지만 그래도 유의미한 것이다.[65] 수입품이 산업 노동자들에게 피해를 주는 한편 미국의 전반적 경제에 도움이 되기는 했지만, 그런 전반적인 혜택이 왜 적절히 분배되어 경제적 실패자들을 보상해주지 못했는지에 대해서는 앞으로 더 설명해나가야 한다. 그것은 근본적으로 정치적 문제이지 경제적 문제는 아니다. 그렇기 때문에 그 문제는 우리가 다음 장에서 정치 분야를 다룰 때까지 미루어져야 한다.

요약하면 미국인들에게 큰 영향을 미친 경제적 평등과 불평등의 전도된 U자형 곡선은 세계화 추세의 결과물이다. 하지만 그것은 국내 요인들에 의해서도 상당 부분 추동되기도 했는데, 우리는 이런 국내 요인들을 여기서 집중적으로 다룰 예정이다. 20세기 첫 10년 동안에 시작된 국내의 제도 개혁과 사회 개혁은 경제적 평등의 상승과 폭락을 상당 부분 설명해준다. 그런 개혁들이 한 세기에 걸친 평등과 불평등의 리듬에 맞추어 커졌다 작아졌다 했기 때문이다. 경제적 불평등을 설명하는 U자형 곡선은 진보시대에 처음 제안되고 실행되었던 일련의 제도적 변화들의 흥망성쇠와 궤적을 같이한다.

달리 말해 진보시대의 사회적 혁신과 제도 개혁은 미국을 더 큰 경제적 평등이라는 새로운 길로 올려놓았고, 1970년대까지 지속된 대통합의 초석을 깔았다. 진보시대의 개혁가들은 행동가든 몽상가든 공립 고등학교, 노동조합, 연방 조세 구조, 반독점법 입법, 재정 규제 등에서 혁신을 만들어냈다.[66] 이러한 창의적 제도는, 1920년대의 혼란스러운 상황 때문에 즉각적으로 소득 격차를 없애버리지는 못했다. 그러나 대통합의 기반이 되었던 그 후의 발전에 필요한 밑바탕을 깔아주었다. 그리하여 뉴딜이나 그 외의 다른 정책들이 나올 수 있었다.

하지만 1970년대에 이르러 이런 사회적 혁신과 제도 개혁이 힘을 잃기 시작하더니 심지어 후퇴하기 시작했다. 교육의 성장은 1965년 무렵에 "멈추었고", 우리가 이 장의 앞부분에서 살펴보았듯, 노동조합도 1958년에 이르러 장기적인 쇠퇴 국면으로 들어갔다.

1960년대 중반에 들어와 감세정책은 조세 구조를 더욱 퇴행적으로 만들었고 1970년 이후의 탈규제화, 특히 재정제도의 수정은 진보시대에 시작된 개혁 조치들을 후퇴시켰다. 그리고 더 중요한 사실로, "우리는 모두 한 배를 탔다"라는 집단적 규범이 우리는 각자라는 자유주의적 규범(이것은 종종 "신자유주의"라는 잘못된 이름으로 불리기는 하지만)으로 대체되었다. 이러한 변화는 1970년대 중반에 벌어진 불평등으로의 방향 전환을 뒷받침했다.(참조 도표 2.8).

이러한 정책의 방향 전환과 소득과 부의 분배에 대한 방향 전환에 대해, 일반 대중은 1981년 이후에는 레이건 혁명이 그 주된 원인이라고 진단한다. 하지만 거의 모든 사례의 핵심 전환점들은 로날드 레이건 대통령이 집권하기 10여 년 전부터 발생했다. 간단히 말해 1980년의 대통령 선거와 그 후에 전개된 레이건주의는 미국의 정치경제 분야에서 발생한 이런 획기적 변화에 대한 뒤늦은 지표인 것이다. 20세기의 첫 몇 십 년 동안에 도입된 사회적 정책적 혁신의 역전 현상은 21세기에 들어와 벌어진 대분산을 가장 근접하게 설명해주는 원인이다. 과거 그런 혁신이 대통합을 가장 근접하게 설명해주었던 것처럼 말이다.[67] 여기서 관련 증거를 간단히 살펴보기로 하자.

교육 개혁과 기술 발전

대부분의 전문가들은 대통합의 일차적 원인으로 교육 개혁(특히 공립고등학교)과 기술 발전 사이의 상호 작용을 든다. 이것들은 1910년경에 시작된 진보시대에 생겨난 발전이다. 다른 조건들이 동일하다면 보다 폭넓은 교육은 더 큰 평등을 의미한다. 고숙련 노동자들이 증가하면 좀 더 높은 소득을 하향 압박하고, 반면 그런 노동자들이 감소하면 낮은 임금을 상향 압박하기 때문이다. 하지만 이러한 동력학은 기술 발전에 의해 상쇄된다. 기술 발전은 고숙련 노동자들에 대한 수요(더 나아가 임금)를 증가시키고 동시에 저숙련 노동자들의 임금을 낮춘다. 따라서 우리 시대의 소득 평등의 흥망성쇠를 설명하는 획기적인 책의 제목이 『교육과 기술 사이의 경쟁』인 것은 아주 타당하다.[68]

공립 중등학교의 대규모 설립은 20세기 초에 시작되었고 대학 교육은 제2차 세계대전 후에 대대적으로 시작되었다(참조 도표 2.6과 2.7). 이것은 두 가지 중요한 결과를 가져왔다. 첫째 국가의 경제성장 속도를 높였고 둘째 신분상승의 속도를 올려서 가난한 집안 출신의 아이들에게 더 공정한 기회를 제공했다. 이어 세 번째로 중요한 결과는 이런 것이다. 이러한 개혁은 미국인들의 노동 숙련도를 높여서 중산층과 노동자 계급의 상대적 수입을 증가시켰다. 20세기의 첫 70년간, 숙련 노동력에 대한 수요는 높아졌으나, 이러한 변화는 고교 졸업생과 대학 졸업생의 급속한 증가에 의해 상쇄되었다.[69] 미국의 노동력은 세계에서 최고로 많이 교육을 받은 인력이므로, 교육과 기술 사이의 균형추는 평등 쪽으로 기울어졌다.

그러나 20세기의 마지막 30년 동안 기술과 교육 사이의 경쟁은 역전되었다. 1970년대에 고졸생과 대졸생의 증가(참조 도표 2.6과 2.7)는 숙련 노동의 지속적인 공급 증가를 정지시켰다. 동시에 경제학자들이 말하는 "기량 편향적 기술 변화skill-based technical change, SBTC"는 좀 더

숙련된 노동력에 대한 상대적 수요를 증가시키기 시작했다. 고교 교육은 1920년대에서 1970년대까지 경제성장을 지배했던 조립 라인에는 알맞은 것이었으나, 20세기 마지막 몇 십 년 동안에 조립 라인을 대체한 하이테크의 제조 공장에는 걸맞지 않은 것이었다.

대부분의 경제학자들은 기술 변화가 최근의 불평등 증가에 기여한 중요 원인이라고 생각한다. 하지만 진보시대에 시작된 교육 운동이 1970년대 이후에도 새롭게 가속 페달을 밟았더라면 성장과 평등의 마법적 조합이 지속될 수도 있었을 것이다. 그러나 우리 미국인들은 1970년대에 들어와 가속 페달에서 발을 떼면서 현행 속도를 유지하며 나아가려 했다. 그리고 그 직후 오랫동안 점진적으로 이루어져 왔던 상향 평등 추세가 역전되었다(참조 도표 2.8).

폭넓게 볼 때, 이것이 대통합과 대분산을 설명해주는 가장 중요한 요소이고, 이 학설은 널리 인정되고 있다.[70] 그러나 이것은 상위 1퍼센트와 나머지 99퍼센트의 격차 추이는 잘 설명해주지 못하며, 특히 근년에 들어와 발생한 소득 격차는 더더욱 설명해주지 못한다. 이 설명은 노동력 시장의 변화를 강조하기 때문에 종종 "시장 기반"이라는 평가를 받는다. 하지만 그 뿌리는 정치와 도덕이라는 더 깊은 곳에 뻗어있는 것이다.

1910년에서 1975년 사이에 고교 교육과 대학 교육이 급속히 늘어난 것은 우연히 벌어진 일이 아니다. 여기에는 대규모 공공 투자가 필요했고, 그래서 전국적인 대중적 개혁 운동의 결과로 이루어졌다. 클라우디아 골딘은 대중적 운동을 특히 강조했다.[71] 왜 미국인들은 이 시기에 공공 교육 투자를 그토록 열광적으로 지지했을까? 그랬던 것이 왜 그 후에는 시들해졌을까? 그런 시들한 느낌이 있었기 때문에 "우리"는 가속 페달에서 발을 뗐던 것이다. 왜 그랬을까 하는 것은 중대한 수수께끼인데 우리는 그 문제를 앞으로 다루게 될 것이다.

노동조합[72]

도금시대에 노조 결성은 산업의 자본가들에게 맞서는 균형추 역할을 했고, 개인주의의 규범에 맞서는 상호주의와 연대의식의 규범을 대표했다. 노동조합은 19세기 후반과 20세기 초에 급속히 확산했다. 그러나 노동자들과 소유주의 개인적 자유라는 이름 아래, 이들은 소유주와 경영자와 법원으로부터 강력한 견제를 받았다.[73]

노동기사단The Knights of Labor은 모든 종류의 노동자들은 "하나의 커다란 노동조합" 아래 함께 등록해야 한다는 원칙을 표방했다. 그리하여 이 조합의 회원 수는 1880년 28,100명이었던 것이 6년 뒤에는 729,000명으로 늘어났다. 그러다가 1890년에는 100,000명으로 떨어졌고 1894년에는 숙련, 미숙련 노동자의 내부 갈등과, 흑인과 백인 사이의 갈등 등으로 조합이 붕괴되었다. 노동기사단의 핵심적 역할은 미국노동 총동맹American Federation of Labor과 기타 직능별·산업별로 조직된 일련의 노조들이 떠맡았다. 그리하여 광산노동자 조합(1890년 설립), 전기노동자 조합(1891), 해안노동자 조합(1892), 의류노동자 조합(1900), 수송업자 조합(1903) 등이 생겨났다. 1897년에서 1904년에 이르는 7년 사이에 전국 노조 조합원 수는 비농업 노동자의 3.5퍼센트에서 12.3퍼센트로 증가했다. 이 시기에 노조 운동은 지

속적이고, 조합원 수는 20세기 내내 새로운 최고 수준 이하로 떨어지지 않았다.[74]

　파업은 사측과 벌이는 투쟁의 주요 무기였다. 1870년 이후 수십 년 동안에, 미국은 "전 세계 산업 국가 중 가장 유혈적이고 폭력적인 노동의 역사를 기록했다".[75] 노사 양측은 단체 교섭을 통하여 타협에 이르려는 정치적 노력을 기울이지 않았다. 양측은 폭력을 사용했다. 1892년의 홈스테드 철강공장 파업 때에는 악명 높은 거리 투쟁이 있었다. 1902년의 펜실베이니아 무연탄 파업 때도 폭력적이었다. 1894년 민주당 출신 대통령 그로버 클리브랜드와 법무장관 리처드 올니는 풀만 파업 사태를 종식시키기 위해 법원 금지 명령을 동원한다는 책략을 썼다. 그러나 1902년에 이르러 공화당 출신 테드 루스벨트 대통령은 무연탄 위원회를 설치하여 광부들의 파업을 종식시키면서 광부 노조를 사실상 인정했다. "부자들"의 "빈자"들에 대한, 아나키와 혁명에 대한 공포를 배경으로 하여, 상호주의와 타협정신이 개인주의와 갈등을 이겨냈다. 그러나 그 후에 새로운 형태의 노사관계가 생겨나기까지는 수십 년이 더 걸렸다.

　이 초창기 시절에 노조원 수는 경제와 정치 상황에 따라 증가했다 감소했다 했다. 그래도 당시의 일반적 추세로는 증가하고 있었다. 이렇게 된 배경에는 자유방임의 자본주의에 대한 거부감이 점점 커지는 현상이 있었다. 이런 거부감이 단지 노동자들 사이에서만 팽배한 감정은 아니었다. 사람들은 노동자의 권리를 민주 사회의 평등한 시민 의식에다 연결시키는 "개인적 민주주의"를 더 선호했다.[76] 1920년대에 들어와 보수주의자들이 새롭게 시작한 노조 탄압 운동으로 노조원 가운데 3분의 1이 빠져나갔다. 제1차 세계대전 직후에

5백만 명으로 최고점을 찍었던 수가 1929년에는 350만 명으로 줄어들었다. 진보시대의 개혁이 1920년대에 이토록 "정체" 혹은 후퇴한 것은 이 책의 역사적 서술에서 반복되는 특징이 될 것이다. 그러나 뉴딜 시대가 오기도 전, 그러니까 일자리를 빼앗아간 대공황이 진행되던 1930년에도 노조는 성장을 재개했다(참조 도표 2.12).

19세기 후반의 반복적인 실직 사태는 노조 운동을 오랫동안 방해해왔다. 그래서 많은 관찰자들은 1930년대에 노조원 수가 증가하기 시작하자 놀라움을 표시했다. 물론 새로운 법들이 제정되어 노조 결성을 좀 더 쉽게 만들었다. 1935년의 전국 노동관계 법National Labor Relations Act, NLRA은 가장 유명하다. 그러나 프랭클린 루스벨트가 선출되기 이전에도, 1932년의 획기적인 노리스-라가르디아 법은 노조 결성을 가로막는 특정한 사법적 장애들을 제거했다. 이러한 초창기 법안들은 두 명의 진보적인 대통령이 후원했고, 세 번째 진보적인 대통령인 허버트 후버에 의해 법으로 확정되었다.

법적 지원이 노조를 성장하게 한 유일한 원인은 아니었다. 이런 법들이 제정되기 이전인 1920년대의 불경기 직후에도 노조는 성장을 재개했기 때문이다. 1930년대의 노조 성장은 밑에서부터 올라오는 방식으로 이루어졌다. 이 시기 대부분의 노동자들은 노조의 파업 사태로 조직된 것이지, NLRA의 표결에 의해 이루어진 게 아니었다.[77] 법 제정도 중요하지만 노동자들 자신이 서로에 대해 강력한 연대의식을 느꼈고 때로는 인종과 종족의 구분선을 뛰어넘으며 그런 연대를 강화했던 것이다.[78]

간단히 말해서, 뉴딜이 1930년대에 노조가 성장한 원인이었다라는 주장은 사태를 너무 단순화한 것이다. 1935년부터 1945년까지 노조가 성장한 데에는 뉴딜과 제2차 세계대전이 스토리의 한 부분을 차지하지만 그것이 전부는 아닌 것이다. 1929년에는 노동자 가운데 약 10퍼센트가 조합원이었으나, 1945년에 이르러서는 그 수치가 약 35퍼센트까지 늘어났다. 어쩌면 그보다 더 많은 비율의 미국인들이 노조원이었을 것이다. 이 기간 동안 노조는 아주 대중적인 지지를 받았다. 갤럽 여론조사에 의하면 1936년부터 1966년까지 노조 지지자들은 비판자를 3대 1 수준으로 압도했다.[79] 이 기간 동안에 대부분의 미국인들은 연대의 가치를 충분히 인식했다.

그러나 1960년대에 이르러 노조원 비율은 장기간에 걸쳐서 침체에 빠져서(4장에서 이에 따른 사회적·문화적 영향을 다룬다), 2010년대에 이르면 노조는 오직 공공 부문(특히 교사 노조)에서만 조합원들이 유지되었다. 노조가 서비스 부문에서 저임금 노동자들을 잘 조직하여 노

도표 2·12 노동조합 회원수, 1890 ~ 2015

프리맨, 「노조 성장의 도약」; Hirsch and MacPherson, "Unionstats." LOESS smoothed. 2. 미주 2.80. 참조.

조원을 확충하려는 창의적인 노력을 경주했지만 잘 되지 않았다. 이 장기 침체의 원인을 설명하려는 문헌들이 많이 나왔다. 여기서 그런 문헌들을 자세히 다루기에는 적절치 않다.[80] 하지만 중요한 요인들을 몇 가지 열거하면 다음과 같다.

- 미국 경제에 구조 변화가 발생했다. 그리하여 블루칼라(육체노동) 생산 노동자에서 화이트칼라(사무직) 노동자로 많이 옮겨갔다. 특히 서비스 산업과 지식 산업에서 이런 현상이 두드러졌다. 심지어 특정 부문과 산업 내에서도 노조원 수는 감소되었다. 그래서 블루칼라가 화이트칼라로 전직한 현상은 전반적인 노조원 감소의 4분의 1 정도만 설명할 뿐이다.[81]

- 사용자와 보수주의자의 저항이 극심해졌다. 해리 트루먼의 거부권 행사에도 불구하고 통과된 태프트-하틀리 법(1947)은 노조의 활동 범위를 제한했다. 또 1981년 새로 들어선 레이건 행정부는 항공 조종사 파업을 공권력으로 분쇄했다.[82] (1960년대에 주정부 단위에서 여러 노동법이 통과되어 공공 부문 노조의 성장을 크게 도왔으나, 이러한 추세는 21세기의 첫 20년 동안에 정체되었다). 사회적으로 보수인 남부 지역에서 노조가 약화되면서 선벨트 지역이 부상하게 되었고 이것이 차례로 전국 차원에서 노조를 약화시켰다.

- 노조의 실수가 노조에 대한 대중의 이미지를 크게 훼손시켰다. 짜증나는 공공 부문의 파업과 노조 지도자의 부정부패 폭로가 그런 나쁜 인식을 가져왔다.[83]

- 사교의 장이었던 노조의 역할이 크게 후퇴했다. 이렇게 된 데에는 젊은 노동자들의 개인주의가 한몫을 했다. 이들은 노조회관에서 동료들과

볼링 게임을 하는 것보다는 한적한 교외의 집에서 텔레비전을 보는 걸 더 좋아한다(4장에서 다시 다루어짐).[84] 1960년대 이래에 노조에 의한 사회적 연결망은 전국적으로 볼 때 그 중요성이 떨어지게 되었고 노조의 역할을 단체교섭의 주체 정도로 축소시켰다.

노조 회원 수의 증감은 중요한 경제적 결과를 가져왔다. 그러나 이런 흥망성쇠의 내재적 원인들은 단지 경제적인 것에만 그치지 않고 정치적·사회적·문화적인 것들에 널리 걸쳐 있다.

도표 2.8(소득 평등의 추세)과 도표 2.12(노조원의 감소 추세)의 상호 비교는 무엇을 의미하는가? 첫째, 1899년에서 1920년 사이의 20년 동안에 노조 회원 수는 3배가 늘어났다. 노조 결성은 대통합의 선행 지표였고 앞으로 10년 혹은 20년만 더 지나가면 소득 평등으로 방향 전환이 될 것이라는 기대를 가능하게 했다. 둘째, 소득 분배의 전환점보다 약 10년 혹은 20년 앞선 시점인 1958년 이후에 60년에 걸쳐서 노조가 후퇴한 것은 대분산의 선행 지표였다. 도표 2.12의 전도된 U자형 곡선은 도표 2.8과 2.9의 전도된 U자형 곡선의 완전 복사판이다.[85] 이러한 상관관계는 그 중 하나가 다른 하나에게 원인을 제공했다는 증명이 되지는 않는다. 노조원 수 감소와 경제적 불평등이 아직 발견되지 않은 다른 요인에 의해 발생했을 수도 있기 때문이다. 그 유사성은 놀라울 정도이다. 이것은 우리가 이 책에서 앞으로 많이 발견하게 될 유사성의 첫 번째 것일 뿐이다.

우리가 이 장에서 집중적으로 다루는 문제는 평등한 소득과 부의 분배이다. 노조의 역사적 기록은 인종, 젠더평등과 서로 맞물려 있다(6장과 7장에서 다루어짐).[86] 경제적 평등 혹은 계급적 평등의 관점에서 볼 때, 최근의 많은 연구 사례들은 다음과 같은 사실을 확인해 준다. 노조의 성장은 1930년대에서 1960년대까지 소득 평등을 크게 강화한 반면에, 1960년대 이후 노조의 쇠퇴는 대분산에 크게 기여했다. 대통합 기간에 노조는 노조가 없었더라면 저소득에 그쳤을 가정의 소득을 크게 인상시켰고 그리하여 소득 분배를 압박했다.[87] 반대로 노조의 쇠퇴는 대분산 기간에 소득 불평등을 부추겼다.[88]

이러한 효과의 아주 작은 부분만 노조원의 소득에 관한 단체교섭권의 직접적인 영향에서 온다고 할 수 있다.[89] 연구 결과에 의하면, 노조 결성은 비노조 노동력의 평준화[90], 평등의 규범[91], 대통합 기간의 CEO 연봉[92] 등에 파급 효과를 가져 온다. 대통합 시대에 노조는 더 큰 소득 평등을 위해 일하는 정치 세력을 강력하게 지원했다. 이런 배경에도 불구하고 여러 독립된 연구 조사는 1970년대 이후의 소득 평등 후퇴 현상 가운데 약 4분의 1 정도만 노조의 쇠퇴에 의해 설명될 수 있다고 주장한다.[93] 노조는 고등학교 설립 운동과 마찬가지로 1900년대 초에 나온 "우리"라는 사회적 혁신의 중요한 사례였다. 노조 결성이 그 후 60년 동안 대통합에 크게 기여했다면, 20세기 중반 이후의 노조 쇠퇴는 대분산을 가져오는 원인이 되었다.

공공 경제 정책

노조 결성 같은 사회적 혁신에 더하여, 진보주의자들은 공공 정책의 혁신을 통해 거대한 불평등 격차를 메우려 했다.[94] 물론 진보시대의 정책 개혁이 하룻밤 사이에 빈부 격차를 없애준 것은 아니었다. 1920년대의 정치적 후퇴는 그 후 10년 동안 더 큰 평등으로 나아가려는 추세를 정지시켰다. 그러다가 뉴딜 시대가 와서 평등 추세는 더 큰 힘을 얻어 재개되었고 제2차 세계대전이 주마가편이 되었으며, 종전 후 25년 동안 평등 추세가 계속되었다. 이런 정책 이노베이션 중에서 가장 눈에 띄는 것은 다음 세 가지이다. ① 소득세·법인세·부동산세(재산세)의 누진 과세 제도. ② 대규모 금융 기관의 규제. ③ 최저임금 규정.

여기서는 이런 정책들에 대하여 자세히 논하기가 적절하지 않다. 우리의 목적은 이런 정책 분야의 활동들이 우연히 벌어진 것이 아니라, 전도된 U자형의 소득 평등 추세를 정확히 따라간다는 걸 보여주려는 것이다. 대통합과 대분산을 이해하기 위해서 우리는 왜 정부 정책이 바뀌었는지 그 이유를 알아내야 한다. 1900년대 초에서 1970년대에 이르기까지 미국인과 지도자들이 채택한 정책은 평등을 선호했으나 그 이후에 단기간에 걸쳐서 정책의 방향을 바꾸어서 평등을 저해하기 시작했다. 그 이유는 무엇일까? 이에 대한 스토리는 단지 경제의 문제로 그치는 것이 아니라 정당 정치와 정치 전반에 걸쳐서 관련되어 있다.

조세 정책과 정부 지출[95]

최초의 도금시대에 재벌급 부자와 나머지 사람들의 빈부 격차가 점점 더 벌어지자, 누진세 조세 개혁에 대한 지지가 정계뿐만 아니라 전국적으로 번져나갔다. 누진세 개혁은 주정부 차원에서 먼저 시작되었다. "1890년대에 15개 주가 대규모 상속에 대한 조세를 단행했고 그리하여 1910년대에 이르러 40여 개 주가 상속세를 징수했다."[96] 최초의 연방 소득세(남북전쟁을 지원하기 위한 임시세는 별도)와 최초의 상속세가 1894년에 양당의 찬성 아래 승인되었다. 1년 뒤 보수적인 대법원은 그 법을 위헌이라고 판결했다. 그러나 미국 내의 엄청난 경제적 불평등을 시정하라는 진보주의자들의 압력은 점점 커져갔다. 공화당 출신 대통령 윌리엄 하워드 태프트는 1909년 헌법수정안을 발의했고 이 제안은 양당의 지지를 받았다. 하원은 3분의 2가, 그리고 주정부들은 4분의 3이 찬성했다. 이렇게 하여 헌법이 수정되어 최초로 항구적인 소득세 제도가 수립되었다. 처음에 소득세의 수준과 누진성은 낮았으나 아무튼 부자는 빈자보다 세금을 더많이 내야 한다는 원칙이 수립된 것이다. 제1차 세계대전, 뉴딜, 제2차 세계대전이 연방 소득세의 수준과 누진성을 점점 더 높이 밀어올렸다. 그리하여 1940년대에서 1960년대 중반에 이를 때까지 소득세는 최고점에 도달하게 되었다.

도표 2.13의 색깔 짙은 선은 최초 1백 년 동안의 연방 소득세 누진성 제고를 잘 보여준다. 이 곡선은 1960년대 중반을 변곡점으로하여 이제는 친숙해진 뒤집어진 U자 형태를 그린다. 연방 소득세는 꼭짓점을 지나 민주당 대통령인 존 F. 케네디 시대에서 공화당의 도널드 J. 트럼프 시대에 이르기까지 점차 추락해왔다. 그리하여 20세기 말에 이르자 1910년대와 1920년대의 최저점과 비슷해졌다. 그러나 도표 2.13은 민주당이든 공화당이든 근래의 대통령들 몇이 그런 추락을 막아 누진성을 회복하려 했다는 현실도 보여주는데, 그런 대통령으로는 조지 H.W. 부시, 빌 클린턴, 버락 오바마 등이 있다.

연방 소득세는 미국 내에서 징수되는 모든 세금의 작은 부분일 뿐이다. 도표 2.13의 색깔 옅은 선은 모든 세금들(주세와 지방세, 연방 징수의 사회보장세, 법인세와 부동산세)의 누진성이 등락을 거듭해왔음을 보여준다. 이러한 여타 세금들에 대한 측정은, 독립된 자료 출처를 사용하여, 연방 소득세 측정과는 별도로 계산되었으나 이 둘은 서로 긴밀히 연결되어 있다.[97] 모든 세금의 누진성 수정은 부분적으로 연방 소득세율로부터 영향을 받는다. 실제로 봉급에서 일정 부분을 떼어 가는 세금은 역진적이고, 이런 세금(사회 안전 보험료라는 이름으로 위장된 세금)의 증가는 1950년대 이래 좀 더 역진적 과세 구조 쪽으로 움직여가는 추세에 큰 책임이 있다.[98] 도표 2.13은 집권 정당이 다른 여러 주정부 수준의 각종 세금 형태를 다 포함하고 있다. 따라서 그 기간 동안의 변화는 "부자들에게서 세금을 쥐어짜려는" 특정 정당의 경향만 반영한 것이 아니다. 그렇지만 정치권력과 경제 평등주의의 패턴에 좀 더 광범위한 변화가 있었음을 보여준다. 간단히 말해서 미국 조세제도의 누진성—20세기 전반기에는 높아졌으나 후반기에 들어서서는 낮아진 것—은 1970년 이전의 평등 업스윙과 1970년 이후의 하향추세를 모두 확대했다.

진보시대의 개혁가들이 수립한 다른 두 가지 조세 개혁도 대통합과 대분산에 중요한 기여 요소였다. 연방 법인세는 1909년에 설치되었고 주주들이 주로 부담하는 것이므로 근본적으로 누진성을 띠고 있었다. 도표 2.14에서 보듯이 최고 법인세율은 이제 익숙해진 U자 형태의 곡선을 따라서 올라가고 내려갔다. 1909년의 1퍼센트에서 꾸준히 상승하여 1968-69년에 53퍼센트로 최고점을 찍었고 그후 1970년에서 2018년에 이르기까지 계속 떨어졌다. 트럼프 대통령

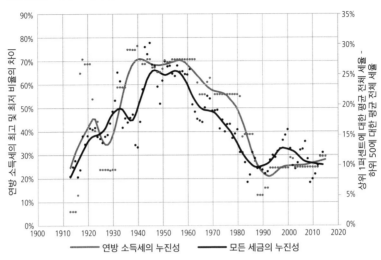

연방 소득세: 조세 정책 센터. LOESS smoothed. 2. 모든 세금:
Picketty, Saez, and Zucman, *QJEcon* 2018, LOESS smoothed : 0.15.

의 조세 감면 조치로 21퍼센트까지 떨어졌는데 이는 80년 사이의
최저점이다.[99]

진보시대에 나온 세 번째 조세 개혁은 상속 재산의 불평등을
시정하려는 것이었다. 부자 집안에서의 상속 재산 기회는 평등한
기회의 규범―모든 사람은 동일한 출발선에서 인생의 경쟁을 시작
해야 한다―을 크게 해치는 것이었다. 그리하여 존 D. 록펠러와 앤
드류 카네기 같은 도금시대의 최대 부의 수혜자들도 대규모 재산
에 과세하는 것을 찬성했다.[100] 이 조세 제도가 적용되는 최고 부동
산 세율과 부동산 규모는 전도된 U자형 곡선을 뚜렷이 보여준다.
1916년부터 1941년까지(특히 1931~41) 세율이 상승하다가, 1976년까지
는 천천히 올라갔다. 이 해에 30만 달러를 넘어가는 모든 부동산은
과세 대상으로 잡혔고 최고 세율은 77퍼센트였다.[101] 흥미로운 것은

최고 연방 법인세율, 1909~2010

출처: Tax Foundation, 월드 택스 데이터베이스, IRS LOESS smoothed: 0.15.

이러한 가파른 세금 상승이 단지 FDR, 뉴딜, 전시 예산 수요 때문만
은 아니라는 것이다. 부동산세가 최고 가파르게 상승한 때(1930~32)
는 허버트 후버 대통령 시절이었던 것이다![102]

그러나 1976년 이후 40년 동안 전도된 U자형 곡선을 따라서 최
고 부동산 세율은 떨어지기 시작했고, 세금을 부과하는 기준선도
올라갔다(참조 도표 2.15). 2016년의 트럼프 감세 조치는 5백5십만 달러
까지의 부동산을 면제해주었고, 최고 세율도 40퍼센트로 떨어졌다.
이렇게 하여 부동산세의 영향은 사실상 도금시대 수준으로 되돌아
갔다.

요약해보자면, 피케티와 사에즈가 주장한 바와 같이, 대통합의
의미심장한 사유는 "누진 소득세(그리고 누진적 부동산세와 법인세)의 설
치와 발전"이었다.[103] 더욱이 에마누엘 사에즈와 동료들은 누진세와

세전 소득 평등 사이에는 강력한 연결 관계가 있다는 흥미로운 사실을 지적했다. 이것을 다르게 말해보자면, 높은 세금이 높은 소득을 그저 떼어가기만 하는 것은 아니다라는 것이다. 세전 소득 분배

도표 2·15 최고 부동산 세율과 면제 규모, 1916~2017

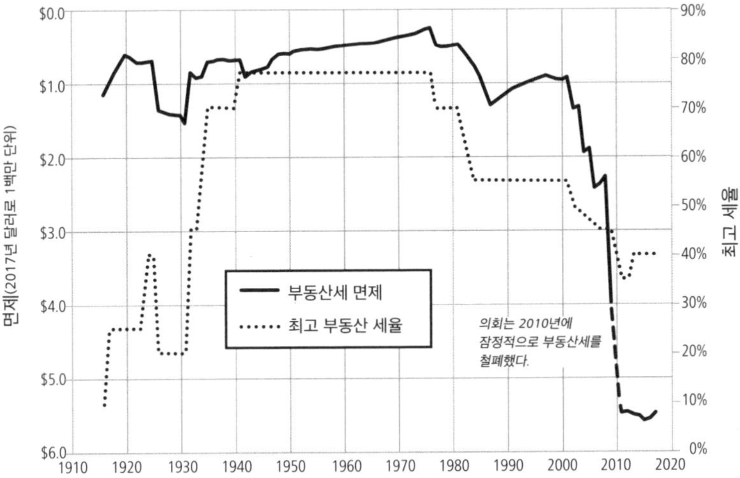

출처: 엘리너 크라우스와 이사벨 소힐, 미발간 데이터, 미주 2.101. 참조.

의 확정과 조세 누진성의 확정은 서로 긴밀하게 연결되어 있다. 이렇게 된 것은 이 두 가지가 동일한 외부 요인에 반응하거나 아니면 다른 어떤 이유에 반응하기 때문이다.[104] 그런 사정은 그렇다 치더라도 미국 조세제도의 누진성이 장기간에 걸쳐서 변화해온 과정을 간략히 요약해보면 이렇게 된다. 정당 정강, 세금 로비스트, 조세 제도 수립 위원회, 전국 수천 개의 세금 관할 지구들에 소속된 세무서 공무원들의 평온한 표면 아래에서는, 한 세기에 걸쳐 평등주의의 흐름이 밀물과 썰물의 패턴을 반복해왔다.

제2장   경제: 평등의 흥망성쇠

정부의 재정 정책은 조세뿐만 아니라 정부 지출도 포함한다. 우리가 이 장의 앞부분에서 살펴본 바와 같이, 세금과 공과금을 포함한 정부 재정 정책의 순 효과는 소득 평등의 정도를 향상시키려는 것이다. 그러나 그런 향상의 의미는 시간대에 따라서 또 세금과 공과금에 따라서 변화해왔다. 도표 2.8의 두 곡선 사이의 변화하는 거리는 정부의 조세와 지출 결정이 다양한 시대들에서 어떻게 불평등을 감소시켰는지 대략적인 윤곽을 보여준다. 지불 분야에서의 누진성은 20세기 전반기와 후반기에 모두 증가했다. 이렇게 된 것은 정부의 총 규모가 늘어났고 또 정부 지출이 소득 분배를 지향했기 때문이다. 그리하여 대략 1980년까지 조세와 지출 분야에서의 정부 조치는 소득 평등을 제고하고 지출 변화는 불평등을 줄이는 방향으로 움직였다. 그리하여 전체적으로 볼 때, 1980년 이래의 조세와 지출은 소득 불평등을 약간 감소시켰고, 그런 조치가 없었더라면 더욱 가파르게 추락했을 평등의 쇠퇴를 어느 정도 견제했다.

그러나 또 다른 중요한 사실은, 이런 확대된 정부 지출이 사회 보장 보험이나 의료보험 같은 중산층 복지 프로그램의 성장을 도와주었다는 것이다.[105] 늘어나는 이체 프로그램의 최대 수혜자는 소득 구간에서 중간 40퍼센트를 차지하는 노인들이었지, 하위 50퍼센트의 사람들은 아니었다. 그 지출(사실상, 젊은 사람들의 돈을 나이든 사람들에게 이체시키는 것)은 소득의 연령별 분배를 더욱 공평하게 만들었고, 그렇게 하여 노인층 빈곤이라는 저주를 대부분 종식시켰다. 사실 노인 빈곤은 1960년대에 『또 다른 미국』의 저자인 마이클 해링턴 같은 사회 개혁가들을 크게 분노하게 만든 사회 현상이었다. 게다가 새로운 정부 지출이 계급별 소득 분배에는 그리 뚜렷한 영향을 미치지 못했고, 이는 당연히 해링턴 같은 개혁가에게는 우려스러운 사항이었다.[106] 빈곤과의 전쟁에서 승리를 거둔 유일한 예시는 노인 빈곤 전쟁이었지만 이것이 상위 1퍼센트와 바닥 50퍼센트의 소득 격차를 좁히지 못했다. "이렇게 하여 성인 인구의 바닥 절반은 40년 이상 경제성장으로부터 배제되었고, 그들의 세후 소득이 약간 증가한 부분은 증가된 건강 지출 쪽으로 흡수되었다"라고 경제학자 피케티, 사에즈, 저크만은 결론 내렸다.[107]

지난 50년 동안, 미국 복지 제도에서 발생한 이런 왜곡 현상을 관찰하는 한 가지 방식은 가구당 평균 월간 "복지" 혜택과, 은퇴한 노동자와 그 배우자가 누리는 평균 월간 사회보장 혜택을 비교하는 것이다(도표 2.16 참조). 1930년대 중반부터 대략 1970년(우리에게 이미 익숙한 전환점)까지, 이 두 가지 형태의 복지—"빈자"와 "나이든 자"—는 나란히 함께 가서 1970년에 대략 900달러(2003년 달러 기준)가 되었다. 그리고 그 후 30년 동안에 평균 실질 사회보장 혜택은 계속 증가하여 2001년에 1,483달러가 되었다. 그러나 평균 실질 복지 지급은 꾸준히 떨어져서 2001년에 392달러가 되었다.[108] 복지 지급이 아니라 사회보장 지급을 인플레이션에 연동시킴으로써, 이 두 그룹 사이에 쐐기를 박아 넣은 꼴이 되었다.[109]

요약하면, 대통합 시대에 세금과 지출은 발전적 방향으로 움직였고 정부의 재분배는 점점 커지는 평등의 주요 기여 요인이었다. 그러나 이와는 대조적으로 대분산 시대가 와서, 불평등을 향해 가는 1980년 이후의 추세를 다소 완화했는데 주로 나이든 중산 계급을 위한 것이었다. 정부의 재정 조치의 순 효과는 대분산을 설명하는 데는 그리 중요하지 않고, 오히려 시장이나 다른 비非 시장 세

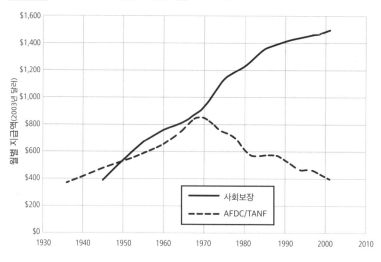

도표 2·16 노인과 빈자에 대한 사회적 지출, 1936~2001

출처: Robert Sahr, PS2004. 미주 2.108. 참조. LOESS smoothed: 0.15.

력이 더 중요하다. 여기서 이런 사실을 기억하는 것이 중요하다. 즉, 정부의 비 재정적 조치(혹은 무조치)는 소득 불평등에 강력한 간접 효과를 미친다는 것이다. 그 중요한 사례가 규제 정책인데 바로 이어서 살펴본다.

금융 규제

대기업과 독점 기업들의 반경쟁적 행태, 특히 대규모 금융 기관의 비행은 도금시대 사람들의 지탄을 받는 주된 주제들 중 하나였다. 1873년과 1893년의 금융 공황은 은행과 철도 부문에서 벌어진 무모하고 사기성 높은 부패한 금융 투기 때문에 발생한 것이었다. 그 사태는 장기간의 깊은 불황을 가져왔다. 농촌에서는 가난이 만연하고 도시에서는 실업 사태를 불러왔다. 그 결과 포퓰리스트 운동과 정당들이 생겨났고 마침내 진보시대의 여러 개혁안들이 나왔다. 이런 것들은 오늘날의 미국 생활과 아주 유사한 데가 있다. 특히 2008년의 금융 위기와 대침체는 이와 판박이라고 할 수 있다.[110]

당연한 결과로서, 금융 규제는 진보시대의 주요 정책 이노베이션이었다. 예를 들어 연방준비은행Federal Reserve을 설립하여 금융 기관을 감독할 권한을 부여한 것과, 그 후에 나온 일련의 "카르텔 분쇄" 조치가 좋은 사례이다. 대공황 사태가 벌어진 이후에 증권거래위원회Securities and Exchange Commission, SEC가 설립되어 이러한 이노베이션을 더욱 강화했다. 1930년대에서 1950년대 사이에, 이런 밑바탕 위에 일련의 연방 기구들이 설립되어 금융 규제를 더욱 엄격하게 집행했고, 이러한 규제는 1970년대 후반에 탈규제 운동이 벌어질 때까지 계속되었다. 대통합 시대에 금융 기관을 이처럼 엄격하게 단속한 결과, 금융가들의 소득이 크게 줄어들었다. 월스트리트 회사나 대규모 은행에서 근무하는 사람들의 수입은 소득 구간에서 상층부를 차지했으므로 그들의 수입 감소는 소득 평준화에 중요한 요인이 되었다.[111]

도표 2.17에서 알 수 있듯이, 금융 시장의 탈규제 운동은 자유시장을 주장하는 경제학자들의 주도 아래 1970년대에 시작되었고, 또 다른 낯익은 전도된 U자형 곡선을 만들어냈다. 경제학자 토머스 필리폰과 에어리얼 레셰프가 보여주었듯이, 금융 탈규제는 필연적으로 금융 서비스업에 종사하는 사람들의 소득을 인상시켰다.[112] 두 경제학자는 이것만 가지고도 대분산 시대의 소득 증가 중 15~25퍼센트를 설명할 수 있다고 말한다.

반경쟁적인 비규제 시장 집중은 오늘날 금융 이외의 분야에서도 널리 논의되고 있다. 이것은 125년 전에도 마찬가지였다. 그때나 지금이나, 철도·전화·제철(그때)과 인터넷·제약(지금) 등 기술적으로 가장 발전한 부문에서는 무엇이 문제인지 아주 분명하다. 그렇지만 125년 전이나 지금이나 반 경쟁적 관행은 많은 산업 분야에서 공통적 현상이었다. 우리는 지난 125년 동안 비금융 부문에서는 시장 집중이나 시장 규제의 측면에서 도표 2.17에 맞먹는 유사 데이터를 발견하지 못했다. 하지만 그런 반경쟁과 비규제의 관행은 19세기 말이나 21세기 초에나 똑같이 찾아볼 수 있는 것이다.[113] 우리는 제5장에서 1970년대에 나온 탈규제 운동의 지적 뿌리를 1960년대에 나온 뉴라이트New Right(신 우파)에서 찾아보게 될 것이다.

최저임금

20세기의 경제적 평등이 흥망성쇠를 거듭해온 현상을 잘 설명해주는 공공 정책의 사례가 바로 최저임금 정책이다. 다양한 주들이 20세기의 첫 몇 십 년 동안 최저임금법을 실험해왔다.[114] 그러나 연방정부가 동일한 길로 걸어가게 된 것은 뉴딜정책이 한참 진행되고 난 이후였다. 그 후에 인플레 연동의 국가 최저임금은 본질적으로 이제는 익숙해진 전도된 U자형 곡선을 따라가면서 1968년에 최고점에 도달했다. 이것은 이 장에서 다루어진 다른 곡선들이 최고점에 도달한 것과 거의 같은 시간이었다.(참조 도표 2.18).

근년에 들어와 최저임금의 흥망성쇠는 대통합과 대분산의 중요 요인으로 큰 주목을 받았고, 많은 주와 지방 정부들이 소득 불평등을 시정하려는 차원에서 최저임금 수준을 올렸다.[115] 최저임금법의 직접 효과가 크든 작든 저임금 고용 기회에 미치는 간접적인 부정적 영향에 대해서는 경제학자들 사이에서도 의견이 엇갈린다. 많은 새로운 주들과 지방 정부들이 곧 그런 논의에 결말을 내겠지만 그 와중에서 합리적인 견해는 이런 것이다. 최저임금은 소득 구간의

도표 2·17 금융시장의 규제와 탈규제, 1909~2006

출처: 토머스 필리폰과 에어리엘 레셰프, *QJEcon* 2012년 11월. 미주 2.112. 참조.

하층부에서는 불평등 시정에 다소 효과가 있겠지만, 상층부에서는 효과가 없을 것이다. 그런데 근년에 들어와 가장 대규모 불평등이 집중된 부분은 소득 구간의 상층부인 것이다.[116]

최저임금의 역사에서 가장 눈에 띄는 부분은 그것이 전도된 U자형 곡선을 따라간다는 것이다. 우선 진보시대에 주정부 차원에

서 시작되었고, 1930년대에 들어와 전국 수준으로 확대되었으며, 1960대 후반에 와서 최고점에 도달했다. 그다음에는 소득 불평등과 인과적으로 연계된 다른 모든 요소들이 추락한 바로 그 시점에 최 저임금 수준도 하락 추세에 들어섰다. 우리는 공공 정책의 광범위한 분야에 걸쳐서 폭넓은 균형추의 움직임을 볼 수 있다. 그 추는 반세 기 이상 더 큰 평등의 방향으로 움직이다가 이어지는 반세기 동안 에는 더 큰 불평등의 방향으로 움직였다. 이러한 정책들은 미국 내 소득 분배의 최종 결과에 영향을 미치므로, 정책의 추가 결과의 추 와 정확한 상호 연계를 이루면서 움직이는 것은 그리 놀라운 일이 아니다. 그러나 그 내면의 인과관계는 이런 상호 연계처럼 간단한 문제가 아니다.

도표 2·18 미국 실질 최저임금, 1938~2020

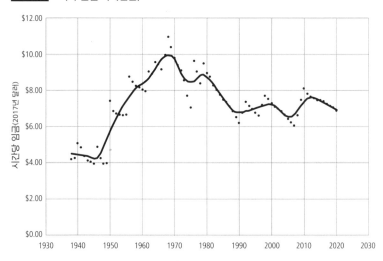

출처:노동부. 연방준비은행. LOESS smoothed : 0.15.

사회적 규범

지난 반세기 동안 점증하는 소득 불평등을 연구해온 많은 경제학자들은 우리가 지금껏 설명해온 것과 동일한 요인들을 강조한다. 토마 피케티, 에마누엘 사에즈, 가브리엘 저크만은 이런 주장을 편다. "미국 내에서 하위 50퍼센트 소득의 정체와 상위 1퍼센트 소득의 증가는, 조세 누진제도의 축소, 광범위한 탈규제(특히 금융 부문), 약화된 노조, 연방 최저임금의 저하 등과 시기적으로 일치했다."[117]

반면에 정책은 경제학자가 말하는 바, "외생적인 것"이 아니다. 그것은 태양의 흑점처럼 우리가 무시해버릴 수 있는 그런 요인이 아니라는 뜻이다. 오히려 이런 정책 변화가 정말 중요하기 때문에 우리는 그런 변화의 시기와 방향을 설명하려고 애쓴다. 왜 공공 정책들은 대통합 시기에 평등을 선호했는가? 왜 그 정책은 1965년을 전후하여 10년 사이에 방향을 정반대로 바꾸었는가? 이런 독립된 요인들이 마치 미리 짜놓은 안무에 따라 움직이는 잘 훈련된 무용단처럼, 1세기에 걸쳐서 승강과 부침을 거듭한 것은 우연의 일치라고 볼 수 없는 것이다.

좀 더 큰 틀에서 볼 때, 경제적 평등의 추세는 대체로 보아 순수 경제 분야 이외의 분야에서 생겨난 것이었다. 이와 관련하여 정치는 배경 스토리의 중요한 부분을 차지한다. 이 문제는 곧 다음 장에서 살펴보게 될 것이다.[118] 또한 우리가 레이건주의를 논의할 때 주목했던 것처럼, 정치의 인과적 역할은 복잡하다. 평등주의 정책에서 불평등주의 정책으로 급선회한 현상은 레이건 대통령의 압도적인 선거 승리 이전부터 이미 존재해왔다. 이런 면에서 정치는 경제적 변화의 선행 지표가 아니라 후행 지표라 할 수 있다. 우리는 이 문제를 이 책의 여러 곳에서 다루게 될 것이다.

사회적 규범의 변화도 평등/불평등 곡선을 설명하는 스토리의 중요한 부분이다. 학문으로서의 경제학은 이런 "주관적" 요인들을 측정 기준으로 채택하는 것을 꺼린다. 그것들은 측정하기가 아주 까다로운 까닭이다. 폴 크루그먼, 토마 피케티, 에마누엘 사에즈, 앤소니 애트킨슨, 피터 다이아몬드 등 대통합과 대분산을 연구하는 오늘날의 경제학자들은 다음의 사항에 대해서는 의견이 일치한다. 즉, 공정과 정의에 대한 규범을 감안하지 않고서 경제적 평등의 극적인 방향 전환을 설명하는 것은 불가능하다.[119]

20세기 초에 "금권정치"에 반대하는 맹렬한 적개심이 점점 커졌는데, 이것은 불평등에 대한 분노가 폭발했기 때문이었다. 이런 분노는 사회적 진화론과 소유권을 강조했던 도금시대 동안에는 볼 수 없었다. 이런 규범의 변화는 1920년대의 적색 공포* 때문에 한동안 주춤했다. 그러나 대공황의 엄청난 피폐상은, 노골적인 개인주의를 멀리하고 사회적 연대를 강조하는 이상에 새 힘을 불어넣었다. 그리하여 허버트 후버 같은 공화당원들도 그런 연대를 수용했다.[120] 제2차 세계대전 동안 국민들 사이에서 공유의식이 한껏 높아졌고 이것이 가장 위대한 세대the Greatest Generation 사이에서 평등주의 규범을 더욱 강화했다. 이 세대는 제2차 세계대전 후에 25년 동안 미국 사회와 정치를 주름잡았다. 이 시기에 회사 경영진의 보수는 공정과 정의의 규범, 그리고 소위 "분노" 요인에 묶여 견제가 되었다.[121]

---

* 　공산주의에 대한 공포.

제5장에서 우리는 미국 문화가 1960년대에 아주 극적으로 개인주의 쪽으로 선회한 과정을 직접 살펴볼 것이다. 아무튼 단 하나의 사례를 비교해보아도 이런 방향 전환이 임원 보수에 미친 영향을 잘 알 수 있다. 1960년대 초, 조지 롬니는 재계의 거인으로서 아메리칸 모터스 사의 회장 겸 CEO였고 엄청난 보수를 받았다. 연봉이 가장 높았던 1960년에는 661,000달러(오늘날의 가치로 대략 550만 달러)에 달했다. 그렇지만 그는 너무 과도하다면서 보너스와 연봉 인상을 자주 거부했다. 예를 들어 그는 1960년에 10만 달러 보너스를 거절했고 그 후 5년 동안 총 26만 8천 달러를 받지 않았다. 이것은 그 기간 동안에 그가 벌어들인 수입의 20퍼센트에 해당하는 돈이었다. 그는 과도한 보수가 회사 임원들에게 미칠 악영향을 우려했다. 지나치게 높은 보수는 "성공에 대한 유혹을 부추겨서 사람들로 하여금 그보다 더 중요한 길로부터 벗어나게 할 수 있다"라는 게 그의 주장이었다.[122] 게다가 그는 소득의 3분의 1을 세금으로 납부했다.

50년의 세월이 흐른 뒤 그의 아들 밋 롬니는 2010년 2천1백7십만 달러의 연봉을 받았다. 그의 아버지가 전성기에 받았던 것보다 대략 4배가 많은 금액이다. 이중 그는 세금으로 13.9퍼센트를 납부했는데, 아버지가 납부한 세액의 3분의 1 수준이었다. 우리는 미트가 소득 중 일부를 떼어서 자발적으로 사회 환원했다는 증거는 가지고 있지 않다. 물론 그와 그의 아내는 2010년에, 몰몬 교회에 보낸 150만 달러를 포함하여 총 3백만 달러의 자선기금을 내놓기는 했다. 그는 2012년의 대통령 선거 캠페인 때 이런 말을 했다. "정부에 의존하는 사람이 47퍼센트나 됩니다……. 이들은 자기가 희생자라고 생각합니다……. 이들은 소득세를 내지 않는 사람들입니다. 그러니 이런 사람들을 걱정하는 건 나의 일이 아닙니다. 그들에게 개인적 책임을 져야 하고 그들의 생활은 스스로 돌보아야 한다고 설득하려 들지도 않겠습니다." 그의 아버지가 1968년에 대통령 선거에 입후보했을 때는, 사회적 규범이 "나"에서 "우리"로 고조되던 1968년이었다. 그러므로 그는 아들이 했던 것과 같은 말은 하지 않았다.[123]

분명 이것은 극단적인 사례이다. 1960년대에 대부분의 회사 임원들은 조지 롬니처럼 관대하지도 않았고 또 오늘날의 임원들은 매트처럼 많이 벌지도 않는다. 그렇지만 부자의 경제적 평등에 대한 관점은 지난 반세기 동안에 보수와 경제적 평등의 규범이 변화해온 과정을 들여다보는 좋은 창문이 된다. 실제로 이런 규범의 변화는 20세기를 관통하는 불평등의 문제를 잘 설명한다. 또한 같은 1960년대 중반에 변곡점을 맞은 교육 투자나 누진세 제도 등 공공 정책의 방향 전환도 설명해주는 것이다. 사회적 규범 변화에 대해서는 제5장에서 다루게 될 것이다.

경제적 평등의 추세는 간단한 차트 하나로 요약할 수 있다. 왜냐하면 우리가 지금껏 검토해온 추세들이 서로 밀접하게 연결되어 있기 때문이다. 도표 2.19는 이 장에서 다루어진 여러 차트들을 단 하나의 곡선으로 표시한 것이다. 이 도표는 이 장에서 우리가 검토해온 다양한 측정 기준들을 하나의 전도된 U자형 곡선으로 종합한다.[124] 이 곡선은 다음의 여러 과정들을 잘 요약한다. 먼저 진보시대에 경제적 평등을 향상하려는 근본적인 노력이 있었다. 광란의 20년대에 그런 추세가 일시적으로 후퇴했다가, 다시 1930년대부터 더 큰 평등을 향하여 나아가려는 노력이 더욱 배가되었다. 이러한 추세는 대략 1960년에 들어서서 대통합으로 이루어졌다. 이어 대분산 시대가 와서 더 큰 불평등으로 방향이 역진되었고 이러한 추세는 21세기까지 지속되고 있다. 이런 경제적 패턴— 위에서 나-우리-나 곡선으로 규정한 특징의 한 측면—의 폭넓은 의미와 그 원인들에 대해서는 다음의 여러 장들에서 분명하게 설명될 것이다.

도표 2·19　경제적 평등, 1913~2015

출처: 미주 2.112. 참조. LOESS smoothed : 1.

　　　　　　　　　　제2장　경제: 평등의 흥망성쇠

제3장

정치:
부족주의에서
공동체주의로
그리고
원상복귀

THE
UPSWING
ROBERT D.
PUTNAM

3
—
POLITICS:
FROM
TRIBALISM
TO COMITY
AND BACK
AGAIN

건국의 아버지들은 새 공화국에서 정당들이 우후죽순처럼 생겨날 것을 예상하지는 못했지만, 존 매디슨이 『연방주의자』 10호에서 말한 바는 완벽하게 이해했다. "파당의 잠재적 원인들은……. 인간의 본성에 항구적으로 뿌려져 있다." 의견 불일치는 정치 분야의 지속적·항구적인 특징이고, 특히 민주적 정치일 때에는 더욱 그러하다. 그러나 미국의 역사에서 의견 불일치에 한계를 정하고 해결을 찾아낸 방식이 언제나 존재한 것은 아니어서 해결은 불균不均하게 진행되었다. 역사가들은 미국의 정치적 싸움들이 치열하게 전개되어온 과정을 기술한다. 예를 들어 "호감의 시대(1815~1825)"에서 40년 뒤 형제 살해의 폭력 사태인 남북전쟁까지 시대를 구분하여 기술하는 방식을 취하는 것이다.

우리는 이 장에서 지난 125년 동안 정치적 갈등에 어떻게 범위가 규정되고 또 한계가 지어졌는지 살펴볼 것이다. 우리의 임무는 일차적으로 그 과정을 서술하는 것이다. 19세기 말부터 지금에 이르기까지 미국의 정치적 양극화의 오르내림은 어떠한 것이었는가? 그런데 여러 측정 수치에서 이 시기의 정치적 양극화는 전도된 U자형 곡선을 따라갔다는 게 밝혀질 것이다. 우리가 앞 장에서 살펴본 경제적 평등의 곡선과 똑같은 형태다. 이번 장의 끝부분에 이르면 우리는 단순한 서술을 넘어서서 극단적인 양극화가 미국 민주주의에 어떤 영향을 끼치는지 질문을 던지게 된다.

양극화의 의미와 그 측정 문제는 최근 몇 십 년 동안 정치학계를 괴롭혀온 문제였다. 그러나 논의의 출발점으로, 다음 한 가지 사실은 널리 받아들여지고 있다는 점을 분명히 밝혀 두고 싶다. 거의 모든 정치학자들이 20세기를 보여주는 기본적 곡선이 도표 3.1의 그것과 동일하다는 데 동의한다. 곡선의 앞부분보다 뒷부분에 더 논의가 집중되어 있기는 하지만 말이다. 이 도표는 19세기 후반에 초당적 협력이 아주 저조했고 또 쇠퇴했음을 보여준다. 달리 말하자면 당파적 투쟁이 점점 더 심각해졌다고도 말할 수 있다.[1] (제2장에서 설명된 바와 같이, 이 책 전편에 걸쳐서 '업up'은 더 큰 평등, 양극화의 완화, 더 넓은 연결 관계, 더 큰 공동체주의를 가리킨다.) 제1차 도금시대는 정치적 양극화가 치열했던 시기였다. 그러나 20세기가 개시되고 진보운동이 하나의 전환점이 되면서 초당적 협력이 더 흔해졌다가 광란의 1920년대에 잠시 주춤해졌다. 그러다가 뉴딜과 제2차 세계대전 동안에 상승하여 협력의 새로운 최고점을 찍었다. 이런 협력 추세는 1950년에 수평을 유지하다가 1970년대에 이르러 당파주의가 더욱 치열해지고 그 대신에 양당 사이의 협력은 아주 드물어졌다.[2] 그 뒤 50년간 당파주의가 꾸준히 상승하여, 오늘날 우리는 아주 양극화된 세상에서 살고 있다. 이 장은 도표 3.1에 보인 정치적 오르내림을 역사적으로 설명하는 걸로 시작한다. 이 장의 후반부에서, 우리는 "오르내림 다음에는 어떻게 되었는가?"라는 질문을 던지면서, 양극화와 탈양극화의 다양한 차원, 원인, 결과의 질적 증거를 살펴보게 된다.

도표 3·1 의회 내의 초당적 협력, 1895 ~ 2017

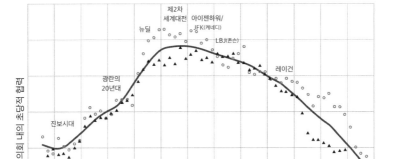

출처: 의회 내 Roll-Call Votes 데이터베이스 2019. LOESS smoothed : .2.

제1차 도금시대 이후 정당 정치의 흥망성쇠

대체로 보아, 지난 몇 십 년 동안에는 좌와 우, 보수와 진보의 이념적 차원에 따라서 정치적 양극화가 발생했다. 하지만 양극화가 언제나 이데올로기상의 거리를 둘러싸고 벌어지는 현상이라고 할 수는 없다.[3] 19세기 말에 정당 간 갈등은 오늘날과는 다소 다른 노선을 따라서 벌어졌다. 그러나 도표 3,1이 예시하듯이, 그때나 지금이나 정치는 양극화되어 있다. 두 시기 모두 치열한 당파 싸움이 벌어졌고, 당내의 단결과 정당 간 제로섬 게임을 바탕으로 양극화가 진행되었다. 정당들은 타협을 거부하고 상대방을 악마화했다. 정당들 사이에 공통 지점은 없었고 어느 한쪽의 승리는 다른 한쪽의 패배로 간주되었다.

19세기 후반의 정치적 분열은 남북전쟁에 뿌리를 두고 있었다. 북부에서는 공화당이 "피 묻은 셔츠"를 민주당의 "견고한 남부"를 향해 흔들어댔다. 지역별로 경제적 차이가 있었고 농업 중심의 남부와 서부는 산업 중심의 중서부와 북동부를 상대로 대항했다. 그러나 이러한 차이점은 오늘날처럼 "이데올로기"에 바탕을 둔 것이 아니었다. 예를 들어 1860년에서 1912년 사이 반세기 동안에 민주당 소속으로는 유일했던 대통령, 소위 버번 민주당원Bourbon Democrat인 그로버 클리브랜드는 대체로 보수적인 기업 이익을 대변했다. 하지만 1897년 인종차별적인 반 이민법에 대해서는 거부권을 행사하기도 했다. 도금시대의 양극화는 주 정부의 규모와 자유시장 사이의 대립을 의미하는 것이 아니었다. 하지만 이 문제는 20세기에 들어오면서 정당 정치를 주름잡는 주도적인 분열적 주제가 되었다.

19세기 후반에 당의 성향은 대체로 부족적인 것으로서, 이권을 두고서 광범위한 후원 네트워크들이 경쟁을 벌였다. 지역적 경제 분열을 강화하는 것은 인종 분열, 문화적 분열, 도시와 농촌 간의 분열 등이었는데, 이것은 오늘날의 문화적 분열이나 도시와 농촌 간 분열과 별반 다르지 않다. 1890년대에서 1930년대에 이르는 동안에는 금주령(그리고 그것을 뒷받침하는 종교적 보수주의)이 미국 정치의 주요 분할선이었다. 하지만 1930년대에 들어와 금주 철폐령이 내려짐으로써 그것은 국가적 어젠다(의제)에서 사실상 사라져 버렸다.[4] 오늘날과 같은 이데올로기의 구조는 결여되어 있었지만 그 시기 정당 간 갈등은 치열했다. 이것은 당대의 정치 풍자 만화가인 토머스 내스트의 만화가 잘 보여준다(참조 도표 3.2). 오늘날과 마찬가지로 그때에도 양당 간 협력은 비교적 드물었다.[5]

도표 3·2　**1870년대의 당파 싸움에 대한 토머스 내스트의 만화**

출처: 『하퍼스 위클리』 1870년 2월 13일. 하버드 대학 도서관.

1890년대에 도금시대가 전성기를 맞이하자, 양극화는 더욱 심화되었다. 1893년의 공황(미국 역사상 최악의 불경기 중 하나를 가져온 사태)은 노사 간에 광범위하고 폭력적인 갈등을 유발했다. 민주당의 윌리엄 제닝스 브라이언과 공화당의 윌리엄 맥킨리가 맞붙은 1896년의 대통령 선거는 남북전쟁 이후 벌어진 가장 치열하고 논쟁적인, 사생결단식의 선거였다. 브라이언의 유명한 "황금의 십자가"라는 연설이 잘 보여주듯이, 양당은 관세 정책과 화폐 정책을 두고서 신랄한 공격을 주고받았다. 브라이언은 십자가형을 당한 그리스도처럼 양팔을 활짝 벌리고서 이런 사자후를 뿜어냈다.

우리 뒤에는 이 나라와 온 세상의 생산 노동자 대중이 있고, 또 그 뒤에는 상업적 이해관계, 노동자의 이해관계, 전국 곳곳의 노동자들의 지원이 있습니다. 그러므로 우리는 화폐의 금본위제 실시를 주장하는 이들에게 이렇게 대답할 것입니다. "당신들은 노동자의 이마에 면류관을 억지로 씌우지는 못할 것이다. 당신들은 황금의 십자가 위에다 인류를 못 박아버리고 말 것이다."[6]

1896년의 대통령 선거 뒤에는 정당 간 갈등이 있었고, 그것은 계급과 이념상의 갈등인가 하면 당파적·지역적 갈등이기도 했다. 대부분의 공화당원들은 주로 북부와 동부의 산업 지역 출신이었고, 반면 대부분의 민주당원들은 남부와 서부 등 농업 지역을 대변했다. 예를 들어 1896년의 하원의원 선거에서 당선된 공화당원 중 86퍼센트가 산업 지역 출신이었고, 당선된 민주당원 중 60퍼센트는 농촌 지역 출신이었다.[7]

1870년대에 북부 산업 지대를 휩쓸기 시작했던 파업, 폭력, 무정부주의적 테러 등은 1920년대가 될 때까지 퇴조하지 않았다.[8] 동시에 1877년에 남부 재건 사업이 끝나면서, 남부에서 백인들의 흑인 억압은 더욱 난폭해졌다. 그리하여 그 지역 일대에 짐 크로 법이 실시되었고 1896년 "플레시 대 퍼거슨" 판례로 대법원에서 비준되었다. 1880년대에는 흑인 린치 행위가 만연하여 1892년이 되자 이틀에 한 건이라는 놀라운 빈도로 흑인 폭행 사건이 발생했다. 이런 상황에 대한 북부의 우려에도 불구하고, 폭행 사태는 수십 년 동안 자행되었다.[9] 그러나 흑인의 곤경이 아무리 끔찍한 것이라 하더라도 인종 문제는 전국 정당의 의제로 채택되지 않았고, 그것이 주요 문제로 등장한 것은 20세기에 들어온 이후였다.[10] 우리는 제6장에서 이 시기의 인종차별과, 그 후에 벌어진 인종 문제의 발전과 후퇴라는 복잡한 문제를 자세히 다룰 것이다. 여기서 주목해야 할 사항은 이런 것이다. 20세기 초입에, 미국 정치는 북부든 남부든 크게 분열되어 있었는데, 이런 반목과 분열은 지난 50년 동안에는 별로 찾아보기 어려운 현상이었다.

정당 간의 분열이 극심했으므로, 새로운 주요 문제들을 인식하여 해결하는 일은 아주 어려워졌다. 많은 유권자들이 볼 때, 기존의 양대 정당과 그 지도자들은 긴급한 새로운 문제들을 해결하여 국가를 도울 생각이 없는 것 같았다. 포퓰리스트당, 자유은당Free Silver Party, 사회주의자당 같은 제3정당이 생겨났고, 여러 정당들 사이에서 개혁을 위한 연합이 점차적으로 전개되었다. 이 시대의 진보 운동(그리고 테디 루스벨트의 "불무스Bull Moose"당)은 이러한 시대적 불만에 힘입어 생겨난 것이다. 1912년에 이르러 제3당들은 대통령 선거에서 35퍼센트를 득표했는데, 이는 미국 역사상 제3당들로서는 최고 기록이었고 양극화한 양당 체제에 대한 일반 대중의 노골적인 불만을 보여주는 것이었다.[11]

전국적 어젠다로 급부상하는 새로운 문제들은 다음과 같은 것들이었다. 노인·실직자·장애자를 위한 보험, 누진 소득세와 부동산세, 환경 규제, 노동 개혁, 독점 대기업들의 비대한 권력, 여성 참정권, 선거운동 비용 개혁, 보편적 건강 보험.(이런 문제들은 오늘날의 긴급한 정치적 의제와 아주 유사하다). 원래 이런 개혁 사항들은 진보적 민주당원들이 주로 주장해왔다. 하지만 20세기가 시작되면서 테디 루스벨트 같은 진보적 공화당원들 사이에서도 진보주의의 옹호자가 나타났다. 그리하여 공화당은 "개혁 반대자"와 "진보주의자" 그룹으로 갈라지기 시작했다. 이런 초당적 진보주의 운동은 1880년대와 1890년대에 주정부와 지방 정부 차원에서 먼저 부상했으나, 맥킨리 대통령이 1901년 암살되어 테디 루스벨트가 예기치 않게 대통령직을 승계하면서, 전국적 수준에서 힘을 얻게 되었다. 다음 4장과 결론의 장에서 살펴보게 되겠지만, 과격한 노조운동가, 사회복지 시설 조직가, 개혁 지향적인 지방 정부의 정치가, 교회 지도자 등의 활동가와 민간 차원의 사회 운동이 이 과정에서 중요한 역할을 했다.

정치학자 한스 노엘은 이런 말을 했다. "진보주의자들은 기존의 정당 연합을 타파했다……. 진보주의는 초당적인 운동이었고 결국에는 정당들을 재편했다."[12] 그리고 1912년에 이르자 세 명의 주요 대통령 후보들―테디 루스벨트, 윌리엄 하워드 태프트, 우드로 윌슨―은 모두 자신을 가리켜 진보주의자라고 지칭했다. 그들의 정책은 같지 않았고, 소속 정당의 당원들이 전원 진보주의자는 아니었지만 위에 열거한 세 명은 반독점 조치와 누진적 연방 소득세를 지지했다. 테디 루스벨트의 불무스당은 3자 대선에서 패배했지만, 이 당이 1912년에 수립한 정강정책은 윌슨 정부, 뉴딜, 그리고 그 이후까지 진보적 정책을 수립하는 데 도움을 주었다.[13]

진보시대에 들어와 정당 간 구분이 흐릿해지는 한 가지 지표는 (도표 3.1 참조), 그 시대의 개혁안들이 공화당 정부든 민주당 정부든 양당의 지지를 받았다는 사실이다. 1906년에서 1919년 사이에 통과된 10가지 주요 개혁 사항은 다음과 같다. 주간 상업 위원회, 청정 식품의약법, 연방 소득세, 상원의원 직선제, 1913년의 관세 삭감, 연방준비은행 클레이턴 반독점법, 금주법, 여성 참정권, 상하원 78퍼센트와 야당 40퍼센트의 지지를 받는 집권 여당.[14] 그리고 정당 중심의 투표는 양당 연합으로 대체되었다.

제1차 세계대전 후에 초당적 진보주의 운동은 하원 내의 당파적 양극화를 계속해서 조절했다. 진보주의 운동이 활발하게 전개되었던 전쟁 이전에 비해 그 강도가 다소 둔화되기는 했지만 말이다. 하원의 개혁은 중앙 집중의 리더십 구조를 완화시켰고, 각 위원회 내에서는 많은 법안들이 발의되었다. 위원회 내의 초당적 연합(양당을 아우르는 진보 연합이 새롭게 구체화된 것)은 양당의 지배로부터 독립하여 자유롭게 활동할 수가 있었다.[15] 19세기 말에는 당파적 분열의 핵심 축이었던 무역 정책도 1920년대에 들어와서는 덜 양극화되어 관세 문제에서 초당적 연합이 가능하게 되었다. 심지어 대통령의 정치학에서도 이런 경향이 드러났다. 1920년에 양당은 진보적 공화당원인 허버트 후버를 자기 당의 후보로 지명하는 가능성을 심각하게 고려했다. 프랭클린 D. 루스벨트는 개인적으로 이렇게 쓰기도 했다. "후버는 정말 경이로운 사람이다. 그를 미국의 대통령으로 만들 수 있었으면 좋겠다."[16]

물론 진보주의 운동이 양극화를 완전히 제거한 것은 아니었다. 하지만 양당의 지도자들에게 개혁적, 평등주의적, 공동체주의적 정서를 확산시킴으로써 그 후 수십 년 동안 양극화를 완화하는 과정의 기초를 놓았다. 이 진보주의의 추세는 하원의 표결에 영향을 미쳤을 뿐만 아니라(참조 도표 3.1), 양당에 새로운 세대의 개혁가들을 만들어냈다. 이 개혁가들이 그 후 수십 년에 걸쳐 대통령의 정치를 지배하게 된다. 이들 전원이 평생에 걸쳐 진보주의자로 남아 있지는 않았지만, 그래도 공화당 대통령 후보 10명 중 8명, 민주당 대통령 후보 8명 중 6명이 20세기 초창기에 광범위한 진보 운동의 일원으로 그들의 경력을 시작했다.[17] 우리가 앞 장에서 살펴본 경제 정책들에서도 그러하지만, 정치 분야에서도 진보시대는 20세기 전반기에 기다란 영향의 그림자를 던졌다.

그러나 1920년대에 들어와 진보주의의 직접적인 영향은 쇠퇴하기 시작했고, 공화당과 민주당 사이의 의견 수렴도 시들해지게 되었다. 테디 루스벨트 이후에, 많은 공화당원들이 사회적 문제를 해결하는 데 정부가 앞장서야 한다는 진보 사상으로부터 거리를 두기 시작했다. 제1차 세계대전 중에 정부 규모가 급속하게 확장된 후에, 공화당원 워렌 하딩이 "정상으로의 복귀"라는 기치를 내걸고 대통령이 당선되었다. 그의 후계자인 캘빈 쿨리지도 20년 전 진보주의자로 정계에 입문했으나, 1924년 대통령에 취임해서는 세금과 정부 지출을 삭감하면서, 이런 주장을 폈다. "미국 국민의 주된 사업chief business은 사업business을 하는 것이다."[18]

1928년의 대통령 선거는 19세기 말에 나타났던 미국 사회 내의 아주 깊은 갈등을 고스란히 드러냈다. 가령 과도한 이민자 유입, 종교, 금주법, 소규모 마을 vs. 대도시 등이 그런 문제였다. 그리하여 도시 출신의 뉴요커 앨 스미스와 전직 광산 기사인 허버트 후버가 대통령 선거에서 맞섰다. 후버는 진보적 인본주의자로 명성이 높았고 퀘이커라는 집안 배경으로부터 공동체와 사회봉사에 대하여 진정으로 헌신해야 한다는 신념을 갖고 있었다. 그의 전기작가 케니스 화이트는 후버를 진보적 공화당원이고 "진보의 화신"이며, 특히 진보주의의 전문적·기술적 정치가의 전형이라고 명명했다.[19] 후버는 대통령에 취임한 후인 1929년에 글로벌 경제의 전례 없는 붕괴에 직면했다. 그는 정부의 개입을 회의적으로 바라보는 보수적 경제이론에 사로잡힌 사람이었지만, 그 이외에는 자신을 진보시대의 상속자라고 생각했다.[20]

대공황의 후유증, 프랭클린 D. 루스벨트의 압도적 승리(1932), 그 후의 뉴딜정책 등은 공화당 내 많은 진보주의자들을 반동적 보수주의자로 만들었다. 1932년 대통령 선거에서 루스벨트에게 완패한 후에 후버는 점점 더 루스벨트와 뉴딜을 거칠게 비판했다. 1930년대 내내 보수적인 사업가들은 보수반동적인 아메리카 자유연맹의 지도 아래 루스벨트가 "그들의 계급을 배신한 자"라며 악랄한 공격을 퍼부어댔다. 루스벨트 대통령은 그들을 "경제적 왕당파"라고 규정했고, "나는 그들의 증오를 환영합니다"라고 말하면서 대수롭지 않게 받아넘겼다.[21]

한편 뉴딜정책이 실시되면서, 초당적 동맹과 협력도 함께 진행되어서 정당의 양극화를 많이 완화시켰다. 뉴딜정책은 진보적 민주당원들과 보수적 남부 민주당원들을 갈라놓았고, 진보적 공화당원들을 보수적 공화당원들로부터 떼어놓았다.[22] 여전히 강력한 북동부의 중심에 자리 잡은 진보적 공화당원들은, 프랭클린 루스벨트 대통령의 경제적 "국가통제"를 공격하면서도, 막후에서는 루스벨트의 사회 복지 정책과 타협함으로써 공화당을 부흥시키려고 노력했다. 1936년의 공화당 대통령 후보인 중도파 앨프 랜던은 뉴딜의 핵심 요소들을 그대로 받아들인 중도 정강 정책으로 선거에 나섰다가 크게 실패했다.[23]

1932년보다 1936년에 더 큰 패배를 당한 공화당 지도자들은 뉴딜의 상당부분을 받아들여야 한다는 현실을 깨달았다. 1938년 정계에서 급부상하는 뉴욕 지사 토머스 E. 듀이(1944년과 1948년에 공화당 대통령 후보)는 그 자신을 가리켜 "뉴딜 공화당원"이라 했고, 1940년 선거 직전에 보수 고립주의자인 상원의원 아더 반덴버그는 널리 주목받은 논문 「뉴딜은 구제되어야 한다」를 썼다.[24]

한편 루스벨트 재선 시기에, 보수적인 남부 민주당원들이 뉴딜에 점점 더 환멸을 느끼기 시작했는데, 그 이유 중 하나는 인종 문제였다. 몇몇 학자들은 1930년대 후반의 탈양극화는 남부 민주당원들이 인종 문제 때문에 뉴딜 연합에서 탈퇴했기 때문이라고 진단했다.[25] 하지만 그 사실—즉 인종차별—은 이야기에서 중요한 부분이기는 하나, 공화당원들이 뉴딜을 지지한다는 놀라운 사실을 충분히 설명하지는 못한다. 평균적으로 봐도, 뉴딜의 9개 개혁 사항은 하원 민주당 의원들의 81퍼센트 지지를 받았을 뿐만 아니라 공화당 의원들에게서도 근 절반(47퍼센트)의 지지를 얻었다.[26] 9대 개혁 사항은, 남부재건 재정 공사, 농업조정법AAA, 테네시 계곡 개발 공사TVA, 전국 산업 회복법, 국민주택법, 공공산업진흥국, 사회보장, 전국 노동관계법, 공정노동기준법 등이었다.

요약하면 양당은 인종, 외교정책, 사회경제 정책 등에 있어서 내부적으로는 분열되어 있었으나, 대통령 후보들의 정책적 입장은 상당히 근접해 있었다. 대공황 기간 동안, 정당정치의 역사적 현실은 그에 대한 일반 상식과는 불일치했다. 그 시대는 정당 노선에 따른 엄청난 갈등으로 인해 사분오열되어 있었다. 1890년대에는 어려운 시절이 극심한 정당 양극화를 만들어냈으나 1930년대에 들어와서는 그보다 더 어려운 시절이었지만 거의 전례 없을 정도로 양당 간 협력이 이루어졌다. 비록 불완전한 것이었지만, 그래도 상당한 정도의 양당 간 협력은 오늘날의 정당 정치와는 날카로운 대조를 이룬다.

1940년에, 분열된 공화당원들은 이제는 잊힌 인물인 웬델 윌키를 대통령 후보로 지명했다. 성공한 사업가인 윌키는 진보적 민주당원으로 활동해왔으나 지명 몇 달 전에 공화당으로 당적을 바꾸었다. 윌리는 초창기 뉴딜 산업 정책(특히 TVA)을 반대함으로써 전국적 명성을 얻었다. 하지만 그는 루스벨트처럼 국제주의자였고 루스벨트보다 더 적극적으로 인종과 젠더의 평등을 옹호했다. 1936년과 마찬가지로 1940년에도 공화당의 정강정책과 대통령 후보는, 금융기관 규제, 단체 협상, 실업 수당, 사회보장 등 핵심 뉴딜정책의 성과를 지지했다. 그러나 공화당과 후보는 여전히 뉴딜의 "국가통제"와 루스벨트의 "오만함"에 분노했다.

더욱이 1940년의 공화당 정강정책은 남녀평등 헌법 개정안을을 지지했고 흑인에 대한 차별을 비난했다. 달리 말해 인종과 젠더평등 문제에서 1940년의 공화당원들은 민주당의 좌파에 가까웠다.[27] 1930년대에서 1970년대에 이르는 동안에, 흑인들은 링컨의 당(공화당)에 대한 전통적 충성심으로부터, 뉴딜을 내놓고 1964년에는 시민권법을 내놓은 정당(민주당) 쪽으로 새롭게 관심을 기울여 나갔다.[28]

1940년의 대통령 선거 운동은 이전의 다른 운동들과 마찬가지로 공화당에 경쟁력이 없었다. 패배 직후에 윌키는 가능한 한 루스벨트 행정부와 협력할 것을 강력히 권고했고 루스벨트도 거기에 화답했다. 결국 윌키는 공화당 수구파를 진압하지 못했으나, 그가 무대에서 사라진 뒤에도 뉴딜과 타협해야 한다는 정치적 압력은 계속되었다. 간단히 말해서, 1930년대의 대공황 시절, 그리고 진주만 공습이 미국을 제2차 세계대전에 참전하게 만들기 훨씬 이전부터 공화당과 민주당의 협력은 존재해왔다. 그것은 진보시대에 시작하여 1920년대에는 다소 멈칫했으나 그 후에 다시 재개되어 가속화했다 (참조 도표 3.1).

당연한 일이지만 정당 간 갈등은 제2차 세계대전 기간에 최저점을 찍었다. 1944년 뉴욕 지사 듀이는 공화당 후보 경선에서 선두에 나섰다. 대통령 선거의 역사가 폴 볼러는 이렇게 썼다. "듀이는 모범적 컨센서스(합의) 자유주의라는 캠페인을 펼쳤다. 뉴딜의 사회 정책을 대부분 수용하고 루스벨트의 외교 정책—전후 국제 질서에의 참여—도 지지하면서, 듀이는 오로지 뉴딜의 수행과 전시 경제에 대해서만 비판을 집중했다.[29] 반면 양당 협치는 전쟁 중(1941~45)에도 1939년 못지않게 잘 되어나갔고 전후 수십 년 후까지도 그런 협치가 계속 이어졌다(참조 도표 3.1). 우리가 앞 장(제2장)에서 검토했던 경제적 평등의 추세와 마찬가지로, 초당적 협력은 전쟁이 불러온 일시적 현상이 아니었다. 탈양극화는 근 50년 동안 정치 분야에서 뚜렷이 목격되는 현상이었고 전쟁이 끝난 후에도 25년 동안 계속되었다.

제2차 세계대전 후 20여 년 동안 미국의 정치는 부족화部族化와 양극화에서 멀리 떨어져 있었다. 이것은 20세기 초창기나 21세기 초창기의 특징이었던 정당 간의 치열한 갈등과는 극명하게 대조되는 것이다. 1901년부터 2017년까지 대통령 취임 연설문에 대한 비공식적 내용 분석에 의하면, 1949~1965년 기간의 연설문들(트루먼, 아이젠하워, 케네디, 존슨)은 공유된 가치, 공정, 단결을 뚜렷이 강조하는 반

124

면, 자기신뢰, 개인주의, 정체성 등에 대한 언급은 드물었다.

예를 들어 1953년에 공화당 출신 34대 대통령*은 취임선서를 한 후 이런 기도문을 낭송했다. "우리의 관심이 지위, 인종, 직업과 관계없이 모든 사람을 향한 것이 되도록 기도합니다. 서로 다른 정치적 신념을 가진 사람들의 상호 목적이 협력이 될 수 있게 해주소서." 1965년에 민주당 출신 36대 대통령**은 20세기의 그 어느 대통령보다도 인종적·경제적 정의를 강조하면서 이렇게 말했다. "정의는 우리로 하여금 이런 사실을 똑똑히 기억하게 만듭니다. 어떤 시민이 다른 시민을 가리켜서 '그의 색깔은 나와 다르고 그의 신념은 괴상하고 수상해'라고 말한다면 그 순간 그는 미국을 배반하는 것입니다." 미국의 45대 대통령***이 이런 수사법을 쓰는 장면은 상상하기가 어렵다.[30]

민주당과 공화당이 인종평등을 점차 강조한 것은 이 시기에 "우리"의 가치가 중시되었음을 보여주는 한 단면이다. 예를 들어 아이젠하워는 미국 군대 내에서의 흑백 통합을 지시한 1948년의 트루먼 대통령 행정 명령을 적극적으로 이행했다. 민권은 한동안 양당이 공유한 가치였다. 북부의 민주당원은 진보적인 북부의 공화당원과 힘을 합쳤다. 하지만 그들은 인종 간 불평등을 해소하는 실천적 행동에 있어서는 기대에 미치지 못했다. 게다가 인종 문제에 대한 이런 양당 협치는 오래 가지 않았다.

---

* 드와이트 아이젠하워다.
** 린든 존슨이다.
*** 도널드 트럼프다.

인종 문제를 제외한다면 제2차 세계대전 종전 후 양당 간의 평등주의적, 공동체주의적 협치는 눈에 띄는 것이었다. 우리가 앞 장에서 살펴보았던 것처럼 이 시기에는 경제적 결과도 더욱 평등해졌다. 1952년에 대통령으로 선출된 드와이트 아이젠하워는 30년 만에 공화당 출신으로는 처음으로 대통령에 뽑혔다. 그 아이젠하워도 공화당 후보 지명을 수락하기 전에는 민주당으로 출마할 것을 진지하게 검토했었다. 그는 1952년에 이념적으로는 보수 공화당원으로 선거 운동을 펼쳤으나, 통치는 온건한 중도주의자로 했고, 현대에 들어와 가장 비 당파적인 대통령이었다. 그의 국내 정책은 1952년과 1956년 대통령 선거에서 민주당 후보였던 아들라이 스티븐슨과 별반 다르지 않았다. 아이젠하워는 자신의 통치 방침을 가리켜 "현대적 공화주의"라고 불렀다. 그는 1954년 11월 8일 동생 에드가에게 이렇게 썼다. "만약 어떤 정당이 사회보장, 실업 보험을 철폐하려 들거나 노동법과 농업 개혁법을 폐기하려 든다면, 그 정당은 곧 미국 정치의 역사에서 사라지게 될 것이다." 1차 임기 때 공화당 골수파의 도전을 받자 아이젠하워는 심지어 내심 "중도당"이라는 새로운 당을 창당하여 공화당과 민주당 사이의 중간노선을 추구할 수 없을까 하는 생각도 했다. 그는 20세기 중반에 양당 탈극화라는 과업을 수행하기에 딱 알맞은 적임자였다.[31]

몇몇 역사가들은 이 시기를 회고하면서 "보수적 컨센서스"의 시기라고 명명했다. 1960년대 중반과 비교해보면 그 시기는 확실히 보수적이었다. 하지만 아이젠하워는 사회보장, 최저임금 규정, 노동법 등 뉴딜의 핵심 요소들은 계속 확대했다. 1954년 그는 사회보장 범위를 1천만 농장 노동자와 서비스 노동자까지 확대했다. 이들은 당초 뉴딜 프로그램에서는 제외되어 있었는데 흑인과 여성 비율이 압도적으로 높았기 때문이었다. 그가 대통령이 되어 취한 최초의 조치 중 하나는 건강·교육·복지부를 새롭게 설치한 것이었다. 그의 재임 도중에 사회 복지 지출이 GNP에서 차지하는 비율은 1952년의 7.6퍼센트에서 1961년에는 11.5퍼센트로 늘어났다.[32]

전쟁 기간 동안의 유물인 높은 담세율(세금 부담률)을 인정하면서도 아이젠하워는 미국인들이 사회보장, 실업보험, 공공주택의 확대, 건강보험, 학교 시설, 대규모 인프라 투자 등의 확대를 원한다는 점도 강조했다.(주간 고속도로 체계는 그가 거둔 가장 자랑스러운 국내 업적이었다). 이런 일들을 하자면 돈이 들고 그 돈을 세금에서 나올 수밖에 없다고 그는 설명했다. 이것은 제1차 세계대전 종전 후 세율 인하와 예산 삭감을 주장했던 공화당 정책과는 크게 대조를 이루는 것이었다. 공화당 출신 대통령 아이젠하워는 온건한 민주당 하원 지도자들인 샘 레이번과 린든 베인스 존슨과 협치를 하면서 이런 업적을 달성했다. 그러나 후대의 공화당 지도자들은 아이젠하워의 이런 업적을 "세금과 지출만 강조하는 진보주의"라고 비난했다.[33]

그러나 우리는 1950년대 초, "호감의 시대"의 분위기를 과장해서는 안 된다. 그때는 반공산주의 정신이 드높았던 시기였고 적색 공포와 한국 전쟁 때문에 배신의 고발 사례가 빈번하게 발생했다. 1954년 상원의원 매카시는 프랭클린 루스벨트에서 아이젠하워에 이르는 시기를 "배신의 20년"이라고 명명했다. 1960년 공화당 우파의 지도자인 상원의원 배리 골드워터는 1950년대를 회고하면서 아이젠하워가 "뉴딜 구멍가게"를 운영했다고 불평했다.[34] 그렇지만 20세기 중반에 주류를 이루는 정치적 가치는 동료 간의 협조, 타협,

양당 간의 협치였다. 공화당 후보로 두 번 대통령 선거에 나섰던 토머스 듀이는 이 시기의 온건한 당파정신을 옹호하면서 이런 주장을 폈다. "정당들 사이의 유사성은 미국 정치 제도가 갖고 있는 힘의 근간이다."[35]

1960년의 대통령 선거에서 케네디와 리처드 닉슨은 국내 정치에 관한 한 별 의견 차이가 없는 중도적 캠페인을 벌였다. 케네디는 가끔 진보적 수사법을 사용하기는 했지만 실제로는 보수적 민주당원이었다. 케네디는 제퍼슨을 인용하면서 진보주의자들에게 경고했다. "엄청난 혁신을 연약한 과반수에게 강요해서는 안 된다."[36] 케네디의 양당 협치 강조는 상원의 필리버스터에 가로막혀 결국에는 타협을 이루지 못하는 정치적 정체 현상을 가져왔다. 특히 인종과 민권의 분야에서는 진도가 나아가지 않았다. 하지만 문제는 거기에서 그치는 것이 아니었다. 미국인들이 나중에 21세기에 들어와 알게 되는 것이지만, 정책 추진의 지지부진함은 양극화 그 자체에 의해서도 생겨날 수 있었다.

1960년대 초에 이르러, 근 30년 동안 무시를 받아온 공화당 우파가 공개적으로 반발하고 나섰다. 배리 골드워터의 "반향이 아니라 선택을"이라는 구호는 이런 분위기를 반영한 것이었다. 그는 뉴라이트New Right(새로운 우파)의 새로 태어난 자유주의를 주창했다. 1964년 공화당의 진보적 세력을 일축하면서 골드워터는 이런 주장을 폈다. "자유를 옹호하는 극단주의는 죄악이 아니고, 정의를 추구하는 데 온건한 태도를 보이는 건 미덕이 아니다." 그러나 이런 양극적 선택은 유권자 전체를 두고 볼 때에는 시기상조였고 그래서 골드워터는 대통령 선거에서 존슨에게 패배했다. 존슨은 양당 협치를 강조하는 것이 유권자들의 압도적 지지를 이끌어낼 것이라고 정확하게 예측했던 것이다. "자신을 진보라고 생각하는 유권자에게 어떤 질문을 던져야 할까? 내가 어느 쪽이냐고 묻는다면 진보라고 본다는 대답이 나오도록 질문을 던져야 한다. 자신을 보수라고 생각하는 유권자에게 어떻게 질문해야 할까? 내가 어느 쪽이냐고 묻는다면 보수라고 본다는 대답이 나오도록 질문을 던져야 한다."[37] 그리하여 당파 정치는 이 시기에 세력의 최저점을 지나가고 있었다.

1964년의 압도적 승리에 고무되어 린든 존슨은 인종과 불평등의 문제에서 더욱 왼쪽으로 움직여갔고 그리하여 이념적 분열의 단초를 열었다. 이 분열은 그 후 50년 동안 계속 벌어져 왔다. 존슨의 획기적이고 위대한 사회 정책들에는 가난과의 전쟁, 민권, 투표권, 노인 의료 보험/저소득층 의료 보험, 연방정부의 교육 지원, 이민법 개혁 등이 있었다. 이것들은 우리 시대 격렬한 양극화의 핵심 문제가 되는 것들이었다. 아무튼 존슨의 주요 정책들은 양당 내에서 대다수 혹은 상당한 소수에 의해서 지지를 받았다. 평균적으로 볼 때, 이런 법들은 하원 민주당 의원들의 74퍼센트, 하원 공화당 의원들의 63퍼센트 지지를 받았다. 이런 사실은 후일 "위대한 사회" 정책들의 극단적 좌파주의를 비난하는 공화당원들이 간과하는 것이기도 하다. 린든 존슨은 막후에서 의회 내 공화당 지도자인 에버렛 더크센 상원의원과 협치했다. 10년 전 존슨 자신이 아이젠하워 대통령과 했던 바로 그 방식이었다. 1968년 리처드 닉슨은 주요 "위대한 사회" 정책들[38]을 모두 받아들이는 공화당 정강정책으로 대통령 선거에 나섰는데, 이는 1950년대에 아이젠하워가 뉴딜의 핵심 요소들을 모두 받아들인 것과 같은 대응 방식이었다. 이러한 선거 캠페인은 진보적 공화주의의 최고점을 보여주는 것이었고, 동시에 두 정당 사이의 양극화가 최저점에 와 있음을 보여주었다.

대통령에 취임한 닉슨은 애매모호하고 과도기적인 인물로 판명되었다. 그는 국내 정책에서 인종과 민권이라는 두 가지 중요한 의제를 제외하고는 온건한 노선을 걸었다. 권력을 추구하는 데 있어서는 매우 당파적, 기회주의적, 편집증적, 보복적이었지만 이념적으로는 유연하여 진보적 정책들을 받아들였다. 역사가 제임스 패터슨은 이렇게 지적했다. "테디 루스벨트를 제외하고, 닉슨은 20세기의 가장 진보적인 공화당 출신 대통령이었다."[39] 그는 "위대한 사회" 정책을 대체로 건드리지 않고 그대로 놔두었다. 사회적 지출을 높이고 환경보호청, 청정한 공기법, 직업안전과 보건법, 예술과 인문학을 지원하는 법 등을 지원했다. 교육 분야의 남녀 차별을 철폐하는 타이틀 나인 법에도 서명했다. "나는 이제 경제 분야에서는 케인스 지지자가 되었습니다"라는 의견도 피력했다.[40] 심지어 전 국민 건강보험과 연간 보장 수입을 제안하기도 했으나 두 안건을 계속 밀어붙이지는 않았다.

그러나 인종의 문제에 관해서, 닉슨은 공화당을 우향우시켰다. 이것은 극단적 인종 혐오자인 전 앨라배마 주지사 조지 월리스가 제3당의 대통령 후보로 나설 것에 대비한 조치였다. 정말 닉슨이 그런 의도로 그렇게 한 것인지는 처음에 불분명했다. 예를 들어 닉슨 정부에서 주택 및 도시 개발부의 첫 번째 장관은 조지 롬니였다. 롬니는 아메리칸 모터스 사의 사장 출신이었고 나중에 공화당 대통령 후보로 지명된 밋 롬니의 아버지였다. 조지 롬니는 진보적 공화주의의 마지막 주자 같은 사람이었다.[41] 롬니의 공화주의는 세상을 노사,

흑백, 친구와 적, 우리와 그들의 제로섬 게임으로 보지 않았다. 주택 및 도시 개발부의 장관으로서 롬니는 인종 소수자들도 풍요로운 백인 교외 지역에 양질의 주택을 제공받을 수 있어야 한다는 단호한 입장을 취했다. 그러나 새로 조직된 공화당 내에서 롬니는 정치적 부채負債가 되었고 20세기 전반기에서 물려 내려온 화석이었다. 그래서 닉슨은 1972년에 그를 경질했다.

1960년대와 1970년대 초는 정당 정치가 유동적인 시기였다. 민주당은 민권, 젠더평등, 사회적 권리(시민권 운동에 반발하는 백인들에 편승한 공화당에 대응하기 위한 것) 등의 이슈에서 좌향좌로 이동했다. 이것은 전보다 더 큰 사회적·문화적·정치적 양극화를 가져왔다. 민주당과 공화당 양측에서 중도세력의 등장은 점점 어려워졌는데, 인종 갈등이 주된 원인이었다.

1964년 공화당은 수십 년 만에 가장 보수적인 후보(배리 골드워터)를 지명했다. 그리고 1972년에 뉴레프트가 대중적 지지를 획득하자, 민주당의 가장 좌파적인 정치가 조지 맥거번이 당내 과반수로 민주당 후보로 지명되었다.[42] 단기적인 관점에서 볼 때, "반향이 아니라 선택을"이라는 구호를 내세운 후보들이 패배했지만, 이런 양당의 두 후보는 점점 더 노골적인 선택을 강요하는 시대를 예고했다.

1960년대 후반에 이르자 양당 협치는 인기가 사라져서 철 지난 유행이 되었다. 1968년 조지 월리스는 민주당과 공화당 사이에는 "단 한 푼 가치의 차이점도 없다"라며 불평을 말했다. 1972년에 이르러, 미국의 유수한 진보 지식인 데이비드 브로더는 정당 간에 뚜렷한 차이를 자랑하는 분극화가 정상인데 미국 정당에는 그것이 전혀 없다면서 탄식했다. "이 나라가 필요로 하는 것은 여러 모로 선명한 정치적 당파주의다."[43] 브로더는 미국정치학회의 1950년 보고서, 「좀 더 책임 있는 양당 제도를 위하여」[44]를 벤치마킹한 것으로 보인다. 그 보고서는 그게 그거인 정당 대신에 뚜렷이 변별되는 선명성을 가진 정당이 필요하다고 주장했다. 윌리스, 브로더, 정치학회는 그들이 원하는 것을 곧 얻게 되어 있었다.

그리하여 당파적 부족주의가 다시 출현하기 시작했다. 처음에는 천천히 고개를 내밀었으나 그 뒤에는 가속도가 붙어서 아주 막강한 힘을 내뿜었다. 1960년대 후반에 시작된 양극화는 당초 인종 문제로 촉발되었다. 양당은 서로 뚜렷하게 달라졌고 내부적으로 결속을 다졌다. 존슨과 닉슨(아이러니하게도 두 사람은 소속 정당 내에서 온건파였다)은 그런 양극화로의 전화를 촉발시킨 두 명의 선구자였다. 존슨은 1964~5년에 시민권법에 서명하면서 훗날 대가를 치러야 할 것이라고 예언했다.[45] 그의 예언대로 민주당은 남부의 보수적 민주당 지지 세력을 잃었다. 그리고 닉슨은 1968년 인종차별적인 "남부 전략"을 채택함으로써 그 보수적인 남주 민주당원들을 공화당 안으로 끌어들였다.[46]

1960년대 후반과 1970년대 초의 워터게이트, 베트남, 기타 소소한 갈등(제8장에서 다루어짐)의 여파로, 제럴드 포드 대통령과 지미 카터 대통령은 중도 노선을 지향하면서 점증하는 정치적 양극화 현상에 일시적으로 정지 버튼을 눌렀다. 그러나 1975년에 이르러 로널드 레이건이 "희미한 파스텔 대신에 강력한 원색을"이라는 격정적 기치를 내걸었고, 1980년 이후에 레이건 혁명은 공화당을 점점 더 우측으로 밀어붙였다. 그리고 이 움직임은 21세기까지 계속 이어졌다.[47] 시민권 문제로 시작되었던 정치적 양극화는 다른 많은 이슈들로 인해 급속히 확산되었다. 이전에는 협치를 지향했던 문제들에 대해 두 정당이 서로 반대하는 입장을 취했고 그리하여 기본적 양극화는 더욱 강화되었다. 이처럼 양극화를 부추기는 문제들에는 다음과 같은 것들이 있다.

- **큰 정부**   우리가 이미 살펴본 바와 같이, 전후의 한 시기 동안 아이젠하워 같은 공화당원들은 공공 서비스의 지출을 확대하기 위해서는 높은 세율이 필수적인 대가라며 세금 징수를 옹호했다. 그러나 1960년대에 배리 골드워터와 경제학자 밀턴 프리드먼이 지휘하는 신보수주의가 등장하면서, 공화당원들은 급속히 우측으로 방향을 전환했다.[48] 이들은 "큰 정부"와 "세금과 지출"을 비난하면서 그것이 재정 적자, 인플레, 실업 등을 유발한다고 비난했다. 또 정부 규제는 자유로운 시장의 효율성을 방해한다고 주장했다.[49] 로널드 레이건은 1981년 취임연설에서 이렇게 말했다. "정부는 우리 문제의 해결사가 아니라 해결되어야 할 문제 그 자체입니다."[50] 1990년대에 이르러 빌 클린턴 행정부의 민주당은 복지, 범죄, 탈규제 같은 문제들과 관련하여 우향우하여 공화당을 따라하기 시작했다. 그래도 공화당과 보조를 맞출 정도로 신속한 방향 전환은 아니었기 때문에 이념 격차는 점점 더 벌어져서 양극화의 주도적 특징이 되었다. 제시 잭슨 같은 좌파 민주당원들은 1975년에 기존 민주당이 중도로 이동하려는 움직임에 반대했다. "우리가 지금 미국에서 목격하고 있는 것은 이름만 다르고 사실은 똑같은 두 정당입니다. 우리는 민주당이 아니라 공화당 2중대를 보고 있을 뿐입니다." 제시 잭슨의 비난은 30년 전 골드워터가 내놓았던 비난의 복사판이다.[51]
- <u>낙태와 종교</u>   1960년대 후반에 민주당원들은 공화당원들에 비하여 좀

더 교회에 가는 빈도가 높을 것으로 인식되었다.[52] 1973년의 "로 대 웨이든" 판결에서, 낙태 문제는 미국을 정당별 혹은 종교별로 나누어놓지 않았다. 그러나 1976년에 이르러(특히 1990년대 동안에), 당파주의, 종교, 낙태에 대한 입장 등은 거의 완벽하게 양극화 조짐을 보이기 시작했고 21세기 초에 들어와서는 양당 분열의 핵심 문제가 되었다. 예기치 못하게도, 이런 대결 구도는 미국인들이 종교적 확신과 낙태 문제에 대한 견해를 정당 지지와 연결시킴으로써 발생했다. 먼저 정당을 지지하고 그다음에 그런 문제들에 대한 입장을 정한 게 아니었다.[53] 당파주의는 미국 사회를 분열시키는 핵심적 요소가 되었고, 지지 정당의 정체성은 정치판을 움직이는 주된 힘이 되었다.

• 환경 닉슨 행정부는 당초 환경 재생 운동에 우호적으로 반응했다. 그리하여 환경보호청을 신설했고 청정 공기법(1970)을 통과시켰다. 그러나 레이건주의가 등장하면서 공화당원들은 환경보호에 대하여 회의적인 입장을 취했고 이런 추세는 21세기에 들어와 그들의 지도자들이 기후 과학을 부정하는 형국에 이르렀다.

• 교육 상하원의 공화당 의원들 40퍼센트가 민주당의 대략 80퍼센트와 함께 초등·중등 교육법(1965)을 지지했다. 이 법은 린든 존슨의 가난과의 전쟁 계획의 일환이기도 했다. 그러나 1980년대에 들어와 학교 내 흑백 분리 문제가 가열되고, 자유시장이라는 정통 원리가 공화당 내에 퍼져나가면서, 두 당은 공립학교 대 사립학교(특수학교)의 문제를 두고서 분열하기 시작했고 그런 추세가 21세기까지 계속 되었다. 심지어 "발음 연습"과 "뜻 파악" 사이에 벌어지는 독서 교육에 대한 전문적 논의마저도, 정당이 영향을 미치는 "독서 전쟁"으로 번져나갈 정도였다.[54]

지난 50년 동안의 정당 양극화는 인종 문제—미국 역사에서 지속되는 핵심 갈등—로 촉발되었다. 오바마와 트럼프 시대로 들어오면, 의회 내에서 양당 협치는 사실상 실종되었다.[55] 이 시기의 여섯 개 주요 법안에 대한 투표에서, 각 행정부는 여당으로부터는 95퍼센트의 지지를 받았으나 야당으로부터는 겨우 3퍼센트의 지지를 받았을 뿐이다.[56] 통계적으로 말해보자면, 두 당의 양극화는 급속히 수학적으로 이론상 최고 수치에 근접해가고 있다.

인종 갈등은 처음엔 두 당을 온건한 중도적 자세로부터 움직여서, 일종의 균형을 이루는 분극화로 이동시켰다. 방금 위에서 언급한 특정한 문제들에 대한 정당 입장이 보여주듯이, 1975년 이래 양극화의 동력학은 점점 더 두 정당을 불균형적인 분극화로 밀어붙였다. 매 안건마다 민주당은 중도좌파에 머물렀고, 반면에 공화당은 점점 더 우측으로 중력의 힘이 작용했다(참조 도표 3.3). 요약하면 지난 50년 동안 미국 정치에서 양당 협치는 사라졌다. 이렇게 된 주된 이유는 공화당이 꾸준히 극단적인 방향으로 나아갔기 때문이다. 이런 우향우에 대한 부분적 설명으로는, 부자들이면서 아주 보수적인 사업가들이 미국 정치를 오른쪽으로 옮겨놓고 싶어 했다는 사실을 들 수 있다. 장기적인 단결된 정치 전략을 주장한 루이스 F. 파월의 메모(1970)가 상징적으로 이런 움직임을 예고했다.[57] 이것이 우리가 앞 장에서 서술했던 상류층 불평등을 가속화시키는 한 가지 방식이었고, 정당 양극화의 급증을 부추기는 원인이었다. 하지만 우리가 뒤에서 더 자세히 설명하겠지만, 이러한 인과관계의 화살이 단 하나의 방향을 향하는 것은 아니다.

정치학자 놀란 맥카티는 양당 협치의 실종을 이렇게 요약했다.

도표 3·3 미국 상하원의 비균형적 양극화, 1879~2019

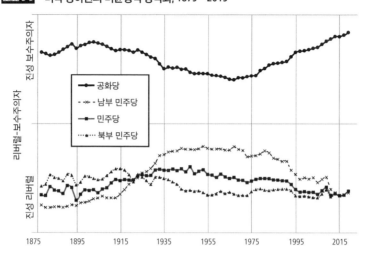

출처: 제프리 B. 루이스 외. 의회 내 Roll-Call Votes 데이터베이스(2019).

도표 3·4 전국 언론에 보도된 양당 간 협치와 갈등, 1890~2013

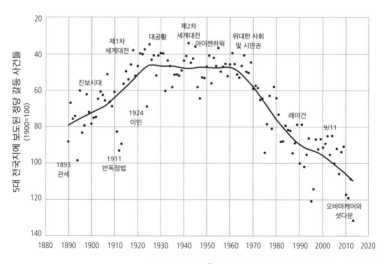

출처: 아지몬티, 「당파적 갈등과 개인 투자」, LOESS smoothed : .25.

"양극화가 점증했던 이 시기에서 주범은 공화당의 점증하는 보수주의였다."[58] 이런 균형 상실이 앞으로도 계속 지속될 것인가 하는 문제는 민주당, 특히 의회 내 민주당 의원들이 왼쪽으로 옮겨갈 것인가 여부에 달려 있다. 그러나 도표 3.3이 보여주듯이, 역사를 하나의 지표로 삼는다면 그런 방향 전환이 끝까지 가기까지 앞으로 수십 년은 걸릴 것 같다. 그리하여 이런 움직임과 반대 움직임의 결과는 이러하다. 현대 미국에서, 양당의 양극화와 부족화는 남북전쟁 이래 일찍이 본 바가 없는 최고 수준에 도달했고, 그것이 끝날 기미는 전혀 보이지 않는다.

양극화의 차원, 원인, 결과

우리는 지금까지 10년 단위 혹은 1년 단위로 양극화와 탈양극화의 역사적 배경을 살펴봤다. 이 섹션에서 우리는 지난 125년 동안의 전반적 추세를 광각 렌즈를 사용해 조망하면서 장기간에 걸친 곡선형 패턴의 원인과 결과를 탐구한다. 도표 3.1에서 우리는 의회 내 투표 추세의 패턴이 전개되는 양상을 볼 수 있다. 그러나 이런 단 하나의 기준에 의한 측정은 오해를 불러일으킬 수도 있다. 만약 다른 측정 기준으로도 장기 패턴을 확인할 수 있다면 패턴에 대한 믿음은 더욱 커질 것이다.

도표 3.4는 그런 기준을 제공한다. 이것은 의회 내 표 대결뿐만 아니라 다른 분야에서 의원들이 벌이는 정당 간 갈등에 대한 신문 기사를 바탕으로 작성한 도표다.[59] 어떤 특정 순간에 전국적 의제에

올라온 문제들을 기준으로 하고 있으므로, 해마다 곡선의 모양이 달라진다. 그렇지만 기본적인 추세는 너무나 분명하여 착오가 있을 수 없으며, 의회 내 투표에서 나타난 전도된 U자형 곡선을 확인해 준다. 1890년대, 즉 도금시대가 마감되던 시기에 정당 간 갈등은 아주 컸고 따라서 정당 간 협치는 바닥을 쳤다. 진보시대가 시작되면서 정당 간 갈등은 줄어들고 그 뒤 40년 동안 그런 상태가 지속되었다. 의회 내 투표와 마찬가지로, 전국 언론에 보도된 양당 협치는 제2차 세계대전 중에 최고점을 찍었고, 의회 내 투표와 마찬가지로 정당 간 조화의 시기는 실제로 현상을 유지하며 1960년대까지 계속되었다. 마지막으로, 이 도표는 1970년대 이후에 급속한 양극화의 시대가 50년에 걸쳐 중단 없이 계속되었음을 보여준다. 그리하여 양극화는 21세기 첫 20년 동안 전례 없는 갈등의 양상을 보였다. 요약하면 이 독립적인 평가는 도표 3.1의 전도된 U자형 곡선이 모든 본질적 측면에서 타당함을 보여주는 것이다.

대중 수준의 양극화

정치적 기관(의회)과 지도자들(의원)의 수준에서의 양극화 평가 기준은 1890년대에서 2010년대에 이르는 전 기간에 걸쳐 자료가 풍부하다. 그 자료는 20세기 중반까지의 탈양극화와 1970년 이후 양극화의 재출현을 보여준다.[60] 그런데 시선을 평범한 시민들 사이의 양극화 문제로 돌려보면 증거가 대체로 1970년 이후의 시기로 국한된다. 그 무렵부터 체계적인 여론 조사가 흔해졌기 때문이다. 몇몇 중요한 예외 사항들이 있기는 하지만, 우리는 20세기 전반기의 평범한 미국인들 사이에서 벌어진 양극화 추세에 대해서는 평가할 수가 없다. 그러니 비유적으로 말한다면 연극의 제1막은 볼 수가 없는 셈이다. 단지 제2막의 커튼이 올라갈 때 제1막의 끝자락 장면을 흘낏 엿보는 것과 비슷하다고 할 수 있다.

125년의 전 기간을 통하여 보통 유권자들에게서 발견되는 당파심의 몇 가지 사례 중 하나는 "교차 투표split ticket"이다. 유권자가 대통령은 민주당을 찍었다면 의회 의원은 공화당을 찍는 식이다. 탈양극화 시대에 교차 투표는 흔했다. 정당 간의 차이가 그리 크지 않았기 때문이다. 그러나 양극화 시대에 들어서면 이런 혼합된 충성심은 찾아보기 어렵다. 예를 들어 극도로 양극화된 트럼프 시대에, 몇몇 교차 투표는 너무나 희귀하여 국제적 화제가 되었다(가령 힐러리 클린턴 지구에서 공화당원이 선출된다거나, 트럼프 지구에서 민주당원이 선출되는 경우). 그러나 40년 전만 해도 연방 의회의 의원들 중 40퍼센트가 그런 식의 교차 투표로 당선된 사람들이었다.

이런 변화의 패턴은 원칙적으로 톱다운(상의하달)이나 바텀업(하의상달) 방식을 반영한다. 즉, 유권자들의 정당별 충성심에 변화가 있거나 정당의 후보 지명 방식("무늬만 공화당원인 자를 제거하라." 혹은 "무늬만 민주당원인 자를 제거하라")에 변화가 있는 것이다. 어느 경우든 교차 투표는 전도된 U자형의 양극화 곡선을 반영하는 것이다.(참조 도표 3.5)[61] 유권자 수준의 양극화는 약 10년 정도의 시차를 두고서 정치적 엘리트들(의원들)의 양극화 수준을 뒤따라가는 듯하다. 이러한 시차는 양극화가 정당 지도자들에 의해 추진되고 유권자들은 그것을 뒤따라간다는 것을 암시하지만 증명해주지는 않는다.

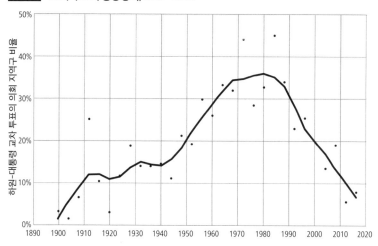

도표 3·5 교차 투표의 흥망성쇠, 1900~2016

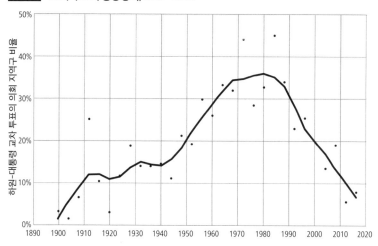

출처: 피오리나, 『불안정한 과반수』, 도표. 7.4. LOESS smoothed : .25.

보통 시민들 사이의 교차 투표에 대하여, 우리는 1970년의 전환점 이전 시대의 증거 자료를 가지고 있다. 1930년대 후반부터 계속되어온, 대통령 지지에 관한 초창기 갤럽 여론 조사에 의하면, 현직 대통령의 평가에 대한 정당 간 차이는 탈양극화와 재양극화라는 낯익은 전도된 U자형 곡선을 그리고 있다.[62] 이와 관련하여 도표 3.6은 여당 지지자의 대통령 지지율과 야당 지지자들의 대통령 지지율 차이를 보여준다. 1937년 9월부터 1948년 6월까지 10여 년 동안에, 민주당 유권자와 공화당 유권자들은 대통령 평가 의견이 꾸준히 통합되어 왔다. 이 시기는 웬델 윌키와 토머스 듀이가 공화당원들을 뉴딜정책 수용 쪽으로 이끌고 가던 시기였음을 상기할 필요가 있다. 또 이 탈양극화의 11년은 제2차 세계대전 기간도 포함한다. 그리하여 전쟁(최소한 대중적인 전쟁)이 국가적 의견 통합을 가져온다는 사실을 보여준다.

그러나 우리가 앞 장에서 살펴보았던 경제적 통합과, 이 장의 앞부분에서 살펴보았던 정치적 탈양극화와 마찬가지로, 대중적 수준의 탈양극화는 전후 30년 동안 1970년대까지 지속되었다. 따라서 이 현상을 전시 유대의식의 잔재 정도로 치부할 수는 없다. 보통 미국인의 대통령에 대한 정당 양극화는 1938년의 양극화 수준에 도달하지는 않았지만, 전후 근 40년 동안 지속되었다. 대통령 평가에 대한 당파주의가 전쟁 전 수준을 회복한 것은 전후 60년이 지난 2005년 무렵이었다. 전쟁 중의 연대의식이 탈양극화의 부분적인 이유는 될 수 있겠지만 주된 이유는 아닌 것이다.

도표 3.6에 나타난 최근 몇 십 년 동안의 수치는 양극화가 통계적 한계 수치에 도달했음을 보여준다. 여당 지지자들은 모두 대통령의 국정 운영을 지지하는 반면에, 야당 지지자들은 전혀 지지하지 않는 것이다.[63] 2013년부터 2019년 사이에, 여당의 대통령 지지율은 88퍼센트인데 비해 야당 지지자들의 대통령 지지율은 9퍼센트다. 무려 80퍼센트포인트나 차이가 나는 것이다! 이와는 대조적으로 1947년 1월에는 민주당원 61퍼센트와 공화당원 41퍼센트가 해리 트루먼(민주당) 대통령을 지지했고, 1964년 2월에 민주당원 84퍼센트와 공화당원 64퍼센트가 린든 존슨(민주당) 대통령을 지지했다. 오늘날의 우리는 극단적 형태의 양극화에 익숙해져 있어서 지지율이 극단적인 상황을 정상이라고 생각한다. 레이건 혁명의 초창기만 해도 양당 간 지지율 차이가 30퍼센트 포인트 정도밖에 안 되었다는 것은 잊어버렸다. 달리 말해 예전에는 여당 지지자의 3분의 2가 대통령을 지지할 때, 야당 지지자도 3분의 1 정도는 대통령을 지지했다

는 뜻이었다.

대중적 탈양극화의 두 가지 평가 기준(교차 투표와 대통령 지지율)은 1980년대에 이를 때까지 역전되지 않았다. 1970년 이후 10년 동안 의회 차원에서 재양극화가 시작되어 마침내 1980년에 이르러 대중

도표 3·6 대통령의 국정 운영 지지에 대한 당파성, 1938 ~ 2019 (갤럽 여론조사)

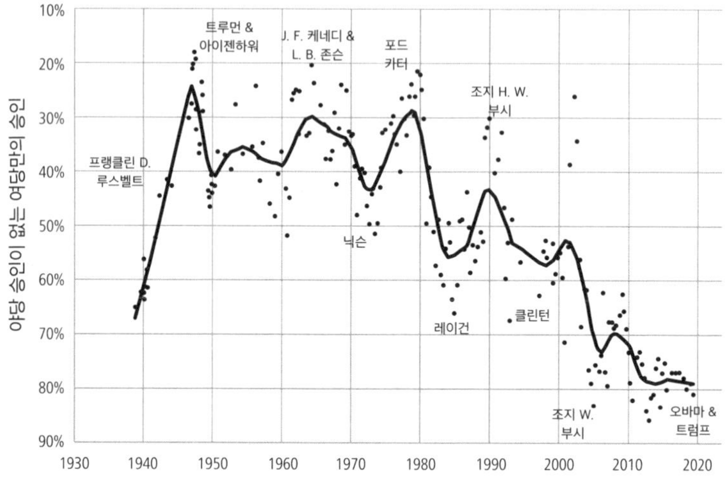

출처: 갤럽 여론조사. 미주 3.62. 참조. LOESS smoothed : .1.

적 수준에서도 양극화가 시작되었다. 유권자 수준에서 정당을 따라 투표하는 행위는 1950년대와 1960년대에는 퇴조했으나 1970년대에 들어와서는 상승하기 시작했다. 그러다가 소위 "정서적 양극화(반대 당에 대한 악감정)"가 1980년대 말에 비로소 나타났다. 요약하면, 경험 법칙상 대중과 의원들 사이 정치적 양극화의 평가 기준은 1970년대 에 상승하기 시작하여 1980년대에 가속 페달을 밟았다. 그러나 대 중 수준의 양극화는 엘리트 수준의 그것보다는 시차가 있어서 약

10년 뒤졌다.

유권자의 태도와 행동에 관한 체계적 조사가 가능해진 1952년 이후에 정당 지지도가 유권자 행동에 미치는 직접적 영향과, 유권자가 부모의 지지 정당을 물려받는 경우에 대하여 측정할 수 있게 되었다. 보통 미국인들의 정당 양극화·부족화에 대한 지표는 낯익은 U자형 곡선을 그린다. 1952년부터 1970년대 중반까지는 떨어졌다가 그 이후에는 계속 올라가는 것이다.[64] 1950년대부터 1970년대에 이르기까지 투표 행위는 정당 충성도와 가족의 전통 등에 별로 영향을 받지 않았다. 동시에 양당 어느 쪽에 대한 지지도 분명하게 드러나지 않았다. 극단적인 당파주의는 드물었고 독립적인 태도가 더 두드러졌다. 그 당시의 분석가들은 이런 추세를 가리켜 '탈전선dealignment'이라 불렀는데, 이런 탈양극화는 앞으로 계속될 것처럼 보였다.

그러나 변곡점이 되는 1970년대에 들어와 이 추세는 갑자기 역전된다. 점점 더 많은 유권자들이 자신을 가리켜 "강성" 민주당원 혹은 "강성" 공화당원이라 불렀고, 이런 정당 정체성이 점점 더 실제 투표행위를 미리 보여주는 지표가 되어갔다. 유권자의 장기간 정당 지지와 실제 투표 행위 사이의 상관관계는 1952년에서 1976년 사이에 희미해졌다. 그러다가 그 관계가 예기치 않게 점점 더 분명해지기 시작했다.[65] 그 뒤 50년 동안, 지지 정당과 어떤 문제에 대한 이념적 자세 및 실제 투표 사이의 상관관계는 점점 더 뚜렷해졌고 유권자들 사이에서 정당 간 양극화를 보여주는 경계선은 더욱 뚜렷하게 일관되게 나타났다.

많은 독자들은 엘리트 양극화(중도에서의 이탈)가 두 정당 사이의 선택을 못마땅하게 여기는 중도 무소속의 증가를 부추겼을 것이라고 짐작할 것이다. 그러나 우리는 그런 짐작에 반하는 다른 증거를 갖고 있다. 뭐냐 하면, 많은 유권자들이 정책과 관련하여 "지도자를 따라야 한다"라는 원칙을 지키고 있다는 것이다. 오늘날 30년 전과 비교하면 더 많은 사람들이 자신을 가리켜 양당을 거부하는 "중도 무소속"이라고 말하고 싶어 한다. 하지만 증거에 따르면 이런 사람들은 잡다한 그룹을 포함하고 있다. 그 중에는 자신의 정체를 감추는 열성당원들도 포함되어 있는 것이다. 자칭 "중도무소속"이라는 유권자들은 실제로는 열성당원처럼 행동한다. 이들은 선거 때마다 정당을 바꾸는 경우가 별로 없기 때문이다. 이에 대한 하나의 해석은 이런 것이다. 점점 더 많은 열성당원들, 지도자를 따르라는 유권자들이 고도로 양극화·부족화되어 있어서 다른 유권자들을 밥맛 떨어지게 하는데, 이 유권자들이 부족화로부터 자신을 떼어놓는 상징적 방식의 하나로 "중도무소속"이라는 명칭을 선택하는 것이다.[66]

정치학자 조지프 바푸미와 로버트 Y. 샤피로는 2008년에 이런 논평을 했다.

이러한 당파주의는 유권들로 하여금 전보다 더 좌우 이념적 사고방식의 틀에 갇히게 했다. 그리하여 1970년대 중반부터 오늘에 이르기까지 수십 년에 걸쳐서 개인의 당파심과 자칭 이데올로기 사이에는 강한 연계성이 생겨나게 되었다. 또 당파심·이데올로기와 특정 정책에 대한 미국인들의 의견 사이에는 더욱 강한 연계성이 발달했다. 이러한 종류의 당파적 이념적 분류와 양극화 과정은 점점 더 양당 정치가들 사이의 이념적 갈등을 반영하고 더 나아가 그런 갈등을 부추겼다.[67]

이어서 바푸미와 샤피로는 이렇게 결론을 내린다. 이런 당파적 입장은 1960년대의 정치적 혼란과 관련이 있다. 이 시기에 인종 문제에 관한 남부의 정당 이탈, 게다가 낙태, 여성 참정권, 종교, 환경 보호 등의 새로운 국가적 문제들이 생겨났던 것이다. 이것은 우리가 앞에서 전국적 정당 정치의 문제를 거론할 때 언급했던 것이기도 하다.[68]

우리는 대중 수준의 정치적 양극화를 다룰 때 정당 양극화와 정치적 부족화를 주로 다루었고, 지구 온난화, 건강보험, 탈규제 등 구체적 국내외 문제들에 대해서는 언급하지 않았다. 이렇게 된 데에는 다음 세 가지 이유가 있다. 첫째, 1960년대에 본격적인 여론 조사가 시작되었는데 그 이전의 시점에 대해서는 구체적 사안들에 대한 유권자의 견해를 측정하기가 어려웠다. 둘째, 그 후 50년 동안 연구조사가 진행되어 확실하게 알아낸 사실로는 이런 것이 있다. 대부분의 보통 유권자들은 공적 문제들의 세부사항을 잘 알지 못하기 때문에 당시의 많은 문제들에 대해 명확한 견해를 갖고 있지 않았다.[69] 대부분의 사람들은 정책 토론보다는 날마다 벌어지는 일상사를 더 걱정했다. 셋째, 최근 정치학자들의 조사 연구에 의하면 유권자들은 그들의 정책적 입장을 그들의 "부족적" 정당 충성심에 적응시킬 뿐, 그 반대는 아니라는 것이다.[70] 스포츠팬들은 자기가 응원하는 팀이 무조건 이기기를 바란다. 왜 그런지 합리적인 설명을 제시하지 않는다. 마찬가지로 정치학자 크리스토퍼 아첸과 래리 바텔스는 이런 주장을 편다. "정책의 선호도나 이데올로기 때문이 아니라, 집단과 정당에 대한 충성심이 민주 정치에서는 가장 근본적인 사항이다."[71] 그리고 마이클 바버와 제리미 C. 포프는 이런 사실을 발견했다. "집단 충성심이 그 어떤 이념적 원리보다 여론을 환기시키는 강력한 힘이다."[72] 정당을 자기 자신과 동일시하는 것은 이념적 헌신이라기보다는 부족적 헌신이고, 그것이 정당 양극화라는 맥락의 핵심 사항이다.

정당 부족주의를 점점 강조하면서 유권자들의 대통령 후보 자질 평가는 점점 더 정당 충성심에 의해 결정되었다. 1980년 이후에 각 당의 열성당원들은 자당 후보라면 칭찬을, 반대당 후보라면 비난을 퍼부었다. 여러 자료에 의하면, "열성당원들은 점점 더 반대당의 후보를 인격적으로 하자 있는 사람으로 인식했다".[73] 이러한 패턴은 정서적 양극화를 반영하는 것이다. 앞으로 살펴보게 되겠지만 이런 정서적 양극화는 현대 정치적 생활의 핵심 특징이다.

우리 세대의 정치적 정체성과 다음 세대의 정치적 행동 사이의 상관성은 정치적 부족주의를 보여주는 또 다른 중요한 지표이다. 그것은 현대의 정치적 행동을 형성하는 데 있어서 가족의 전통이 중요하다는 것을 보여주기 때문이다. 유권자의 정당지지(및 실제 투표 행위)와 그의 부모의 정당 정체성 사이의 상관관계는 1958년에서 1960년대 후반까지는 퇴조했다.[74] 다시 말해 부족주의가 그리 극성을 부리지 않았다는 이야기다. 그랬는데 그것이 1960년대 후반부터 2015년까지는 급속히 상승하여 부족주의가 전보다 뚜렷해지게 되었다.[75] 연구조사 자료가 부족하기 때문에 20세기 전반기에 이런 세대 간 상관관계가 얼마나 밀접했는지 알기 어렵다. 그러나 1950년대에 들어와 유권자 여론조사 기술이 도입되어 개인 유권자들의 행태를 가리던 무지라는 이름의 커튼이 서서히 올라가면서 다음과 같은 사실을 알게 됐다. 부족주의는 쇠퇴했고 그 후 20년 동안 계속 그러했다. 그랬는데 1970년대 초에 들어와 부족주의의 경향이 강화되었고 오늘날에 이르러서는 전보다 훨씬 더 강화되었다.

전국 규모의 정치에서 벗어난 지방 단위의 행사에서도, 1970년대 초 이후에는 대중적 수준의 양극화가 더욱 두드러졌다. 그것은 어떤 행사에 누가 나타났느냐가 아니라, 나타나지 않았느냐로 결정되었다. 공공 모임, 현지 민간단체, 정당, 소위 중도파에 의해 조직된 정치적 집회 등의 참여는 1973년과 1994년 사이에 퇴조했다. 소위 "온건한" 진보나 보수 인사들에 의한 참여는 약 3분의 1 가량 줄어들었다. 소위 "강성" 진보 혹은 "강성" 보수 인사들의 참여 또한 더욱 잠잠해졌다. 아이러니하게도, 점점 더 많은 미국인들이 자신을 가리켜 "중도" 혹은 "온건"이라고 정치적 입장을 표명하는 동안에, 정치 집회에 참여하고 편지를 쓰고 민간 위원회에 나가 봉사하고, 교회에 가는 등의 행사에는 정치 스펙트럼의 양극단에 있는 사람들이 점점 더 많이 참가했다. 온건한 목소리들은 침묵을 취했기 때문에, 점점 더 극단적인 견해들이 미국의 대중적 민간 생활에서 더 지배적인 목소리가 되었다. 많은 미국인들이 자칭 온건파였지만, 현지의 민간 생활은 꾸준히 양극화 되어갔다.[76]

널리 논의된 책 『대분류』(2008)에서 정치학자 빌 비숍과 로버트 쿠싱은 이런 주장을 폈다. 미국인들은 점점 더 정치적 동질 집단과 지리적으로 분리된 그룹으로 분류하고 있으며, 이 두 정치 부족들 사이의 문화적 생활적 차이는 점점 커지고 있다. 정당 정체성을 기준으로 사람들을 분류한 것이 그런 현상의 원인과 결과로 작용했다는 것이다. 사회학자들은 이런 주장이 객관적 증거에 의해 입증된 것인가에 대해서는 회의적이다. 그러나 최근의 증거들은 『대분류』

의 가설을 점점 더 증명해주는 듯하다.[77] 그러나 지난 50년 동안의 "지리적" 대분류 가설에 대한 판단은 현재로서는 신중한 스코틀랜드식 판결처럼, 증명되지 않았다고 보아야 할 것 같다.

그러나 **사회학적** 대분류는 분명 존재한다. 미국인들의 정치적 견해와, 정치적·사회적 유대 사이의 일관성과 응집성, 그리고 거기에서 나오는 당파적 편견과 적개심은 보통 미국인들의 개인적 생활에도 스며들어가 있다.[78] 과거에는 교차 관계적 유대와 "불일치하는" 정체성(가령 진보적 공화당원 혹은 보수적 민주당원, 복음주의적 민주당원, 흑인 공화당원) 등이 당파적 편견을 깨뜨려 주었으나 현재로서는 그런 현상을 찾아보기 어렵다.[79] 퓨 리서치 센터는 이런 사실을 발견했다. 2016년 현재, 미국인들의 75퍼센트가 친구들의 모임 안에서는 정치적 의견 불일치가 없다고 보고했다. 2000년에는 그 수치가 65퍼센트였는데 최근 10여 년 동안에 크게 증가한 것이다.[80] 정치적 부족주의는 세력이 신장하고 있다. "부족주의"보다 경멸의 뜻이 덜 담긴 용어로는 "팀 스피릿"*이 있다. 하지만 우리가 이 현상에 대하여 어떤 용어를 사용하든 간에 부족주의는 의회 내의 정당 양극화에서 두 개의 중요한 개념 중 하나가 되었다. 나머지 하나는 정치적 제도인데 이 장의 앞부분에서 이미 탐구한 바 있다.

이렇게 하여 미국인들이 점점 더 두 정당 자체에서 자신의 정체성을 분류하고, 사회적 정체성이 당파적 충성심과 일치하게 되면서, 정당 사이의 편견이나 심지어 분노는 더욱 강화되었다. 이에 따라 개인 간 정파적 적개심도 악화되었다.[81] 미국인들은 점점 더 반

---

*   '공동체 정신' 정도로 종종 해석된다.

대당을 지지하는 사람들을 극단적 이념의 소유자 혹은 인격적으로 하자가 있는 자로 인식했다. 민주당원과 공화당원들은 점점 더 서로 싫어하고 더 나아가 혐오하게 되었다. 반대당 소속 여부에 따라 사람의 지성을 평가하는 비율은 1960년의 6퍼센트에서 2008년 48퍼센트로 증가했다. 반대당 소속 사람들의 "이기심" 평가 비율도 21퍼센트에서 47퍼센트로 높아졌다. 근 20년(1994~2016) 동안에, 반대당 사람들을 "아주 불쾌하게" 생각하는 비율은 20퍼센트 이하에서 대략 56퍼센트로 높아졌다.[82]

전국 선거 연구회는 이러한 패턴을 0~100 "감정 온도계"로 표시했다.[83] 지지정당에 대한 감정은 반대당에 대한 온도보다 늘 더 높았지만, 지지정당에 대한 감정 온도는 수십 년 동안 별로 변하지 않아서 일정하게 약 70도를 유지했다. 그러나 1978년과 2016년 사이에 반대당에 대한 평균 온도는 중립적 온도(48도)에서 냉정한 온도(30도)로 떨어졌다(참조 도표 3.7).[84] 그보다 전에 막연한 지지 정당 대 반대정당이 아니라, 민주당 대 공화당이라는 구체적 정당을 제시하고 조사한 결과, 반대 정당에 대한 적개심은 1960년대 내내 쇠퇴했다. 그러다가 1970년대 중반에 들어와 그 적개심이 갑자기 상승했다.[85]

감정 온도계에서 측정된 정당 간 적개심은 오늘날 인종적·종교적 적개심보다 훨씬 강렬하다. 후자의 적개심은 세월이 흐르면서 쇠퇴해온 것이다. 달리 말해보자면, 정당 간 분열은 심화된 반면, 인종적·종교적 분열은 서서히(그리고 놀랍게도) 좁혀졌던 것이다.[86] 그리하여 정치학자 샨토 이옌가와 그 동료들은 이런 주장을 폈다. "2010년대 미국의 가장 중요한 단층성은 인종, 종교, 경제적 지위가 아니라

제3장　정치: 부족주의에서 공동체주의로 그리고 원상복귀

정치적 정당 소속감이다."[87] 요약하면 보통 미국인들 사이에서 당파주의는 점점 더 "우리" 대 "그들"이라는 틀에 갇히게 되었다. 공적 생활에서만 그런 것이 아니라 사적 생활에서도 그러하다.[88]

정서적 양극화의 점증 현상은 심지어 통혼通婚 문제에도 영향을 줬다. 1960년에서 2010년에 이르는 사이에, 부모는 자식이 반대당 열성당원과 결혼하는 것마저도 점점 더 반대했다. 이 비율은 민

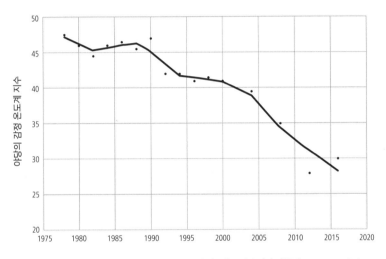

도표 3·7 정당들 사이의 감정은 꾸준히 차가워짐, 1978~2016

출처: 미국 전국 선거 연구서. LOESS smoothed : .33.

주당원들 사이에서는 4퍼센트에서 33퍼센트로 증가했고, 공화당원들 사이에서는 5퍼센트에서 49퍼센트로 증가했다.[89] 당파적 편견은 온라인 데이트뿐만 아니라 실제 결혼에서도 드러났다. 사람들이 점점 더 정치적 성향을 근거로 배우자를 선택하는 일이 많아졌고, 때때로 교육 배경이나 종교관보다도 더 큰 판단 근거가 되었다.[90] 지

난 50년 동안 인종과 종교 사이의 통혼은 과거에 비해 훨씬 더 흔해졌다.[91] 반면 당파심을 뛰어넘는 결혼은 훨씬 덜 흔해졌다.[92] 이처럼 남편과 아내의 정치적 지향이 일치하면서, 그다음 세대가 부모의 정치적 지향을 물려받는 경향도 훨씬 강해졌다. 실제로 우리는 자식들이 부모의 당파심을 그대로 상속받는다는 사실을 알고 있다. 이런 식으로 해서 지난 50년 동안에 정치적 파벌주의는 종교를 대체하여 미국 내 "부족적" 파벌주의를 형성하는 주요 근거가 되었다.[93]

지난 50년 동안에 이처럼 정당 정체성이 다른 사회적 정체성(지역, 직업, 계급, 종교, 인종 등)보다 더 강력한 힘이 된 사실을 두고 볼 때, 우리는 이런 합리적인 질문을 던지게 된다. 과연 그와는 정반대되는 과정이 1900~1965년에 실제로 벌어졌는가? 만약 그렇다면 왜? 이러한 질문은 지난 한 세기 동안 양극화와 탈양극화가 벌어진 사실을 보여주는 U자형 곡선을 감안하면 더욱 타당해진다. 물론 정체성은 분열적인 것이 될 수 있으나, 그 자체로 고정된 것은 아니어서 얼마든지 신축성이 있다. 그리하여 단합의 원천 나아가 동일성의 원천이 될 수도 있다. 제5장에서 살펴보겠지만, "우리"라는 폭넓은 인식이 1900~1965년 기간의 미국적 정체성들을 특징짓고 있다. 이 기간 동안 당파적 정체성과 정서적 양극화는 다소 완화되었다. 미국은 양극화된 부족적tribal 도금시대를 벗어나 탈양극화 시대로 나아갔다. 하지만 그보다 앞선 시기(1900년 이전)에 대해서는 당파적 정체성의 위력이 어느 정도로 강했는지는 보여주는 직접적인 증거가 없으므로, 이 가설(당파적 정체성과 정서적 양극화의 완화)은 증명되지 않는 상태이다. 앞서 비유적으로 말했듯이 연극의 제1막을 가려주는 커튼이 내려온 상태였기 때문이었다. 그래서 결론은 이러하다. 우리는 지난 125년 동안 보통 미국인들의 양극화 감정 추세에 대해서는 확신할 수 없지만 정당 양극화의 기본적 U자형 곡선에 대해서는 확신할 수 있다.

설명들?[94]

지난 수십 년 동안, 정치학자들은 어떤 것이 먼저인가(엘리트의 양극화냐 일반 대중의 양극화냐) 하는 문제를 두고서 닭이 먼저냐 달걀이 먼저냐와 같은 생생한 논쟁을 벌여왔다.[95] 부족화의 성쇠는 보통 시민과 선출된 관리들의 견해에도 반영되어 있지만, 그러한 상관관계가 무엇이 무엇의 원인인가에 대해서는 말해주지 않는다. 시민들이 지도자들에게 더 많은 혹은 더 적은 자제심을 유도했는가, 아니면 지도자들이 유권자들에게 더 많은 혹은 더 적은 양극화 선택을 제시했는가?

의회 의원들이 정당에 따라 이념적으로 분열되어 있다는 데 대해서는 폭넓은 합의가 있지만, 어떤 구체적 문제들에 대한 대중 양극화를 보여주는 증거에 대해서는 여전히 논쟁이 벌어지고 있다. 분명한 건 유권자들이 이념적 지향에 따라 자신들의 정체성을 분류한다는 것이다. 진보적 공화당원이나 보수적 민주당원은 점점 사라져가고 있고, 공화당 열성당원과 민주당 열성당원들이 구체적 문제를 바라보는 시각은 아주 다르다. 이미 살펴본 바와 같이, 지지 정당에 따른 투표 성향도 점점 뚜렷해지고 있다.

이처럼 대중들 사이에서 양극화되는 증거는 분명하다. 하지만 이는 유권자들이 당 지도부의 양극화된 대안을 그대로 따라가는 것일 수도 있다. 양극화는 1970년대에 엘리트 수준에서 시작되어 1980년대에 유권자 전체에게 확대되었다. 유권자들이 당 지도부의 양극적 대안에 점점 더 많이 반응하고 활동가들의 격려를 받은 나머지, 그들 자신을 지지 정당의 열성당원으로 분류하게 된 까닭이다.[96] 엘리트 양극화와 대중 양극화의 패턴은 변화를 가져오는 힘이 당 지도부에서 나왔는지 혹은 유권자들에게서 나왔는지 명확하게 증명해주지 못한다. 어쩌면 양쪽 모두에게서 나와서 양 방향으로 피드백되었을지 모른다. 유권자들의 당파적 적개심과 지도자들의 타협 거부는 나쁜 피드백 고리의 양면인 것이다. 상대 정당에 대한 소속 당원들의 신임이 낮을 때, 정치가들은 상대당과 타협해야 할 의욕을 느끼지 못한다. 그리고 정치가들이 타협을 하지 않으면 그 지지자들에게 강력한 반대가 더 필요하다는 신호를 보내는 것이 된다.

오늘날 전문가들은 이렇게 합의하고 있다. 이러한 엘리트-대중 간의 상호작용에 있어서 그 일차적 힘은 톱다운 방식이다. 엘리트들은 열성당원들로부터 지지를 이끌어내기 위해 유권자들에게 양극화의 메시지를 보낸다. 종종 유권자들은 당 지도부에서 내려온 이런 메시지 때문에 특정 사안에 대한 자신들의 견해를 바꾼다. 지도자들이 특정 사안들에 대해 점점 더 비타협적 견해를 "신호"로 보내고, 이런 비타협적 태도가 그들의 추종자들 사이에서 번져나간다.[97] 최근 사례를 들어보자. 미국-러시아 관계에 대해서는 장기간에 걸쳐서 양당 간 합의가 있어왔다. 그러나 이것이 2016년 이후에는 대중 양극화로 급속히 전환되었다. 트럼프 대통령이 지지자들에게 친 러시아 정책이 타당한 것이라는 신호를 보냈기 때문이다. 또 다른 사례는 낙태에 대한 견해다. 당 지도부에서 내려온 신호 때문에 대중들 사이에서 양극화가 진행되고 있다.[98] 이런 톱다운 관계는 대중 양극화가 엘리트 양극화보다는 시기적으로 10년 내지 20년 뒤진다는 사실과도 일치한다.

일부 학자들은 지식인과 정치 활동가들이 정당 양극화의 주된 이유라고 특별히 강조한다. 그들 때문에 선출된 관리들과 보통 시민들 양쪽에서 극단주의가 팽배하다는 것이다.[99] 공화당 활동가와 민주당 활동가 사이의 이념적 격차는 1960년대 이후에 상당히 커졌다. 이미 살펴본 바와 같이, 현지 민간 행사에 모습을 드러내는 사람들 가운데 점점 더 이념적 양극단에서 온 사람들이 많아지고 있다. 정당 활동가들과 사회적 운동은 극단주의를 부추기는 데 큰 역할을 했고, 갈등의 범위를 당 정체성에 따라 특정 문제에 대한 태도가 결정되는 정도로까지 확대시켰다. 이러한 선택들은 미디어에 의해 전파되었고 유권자들의 표를 얻으려는 정치 지도자들에 의해 구체화되었다. 이런 여러 요인들이 종합적으로 유권자들에게 작용하여 그들은 스스로를 특정 캠프 소속이라고 생각하게 되었다.

이 장과 앞 장에서 검토된 전도된 U자형 곡선은, 지난 125년 동안에 경제적 불평등과 정치적 양극화가 보조를 맞추어 진행되어 왔음을 보여준다. 그러나 여러 세대에 걸쳐 사회학 전공자들이 말하고 있듯, 상관관계가 인과관계를 증명해주는 것은 아니다. 이 분야의 개척자들인 놀란 맥카티, 키스 T. 풀, 하워드 로젠탈 등은 불평등이 양극화를 가져온다고 주장했다.[100] 하지만 오늘날에는 그 둘의 타이밍이 서로 맞지 않는다고 널리 인정되고 있다. 우리의 분석에 따르면 불평등은 뒤처진 변수이다. 다시 말해, 점증하는 불평등은 점증하는 양극화보다 뒤에 나타난 현상인 것이다. 따라서 그 둘의 관계에서 불평등이 주된 추동력일 것 같지는 않다. 좀 더 최근에 정치학자들인 브라이언 J. 데트리와 제임스 E. 캠벨은 이런 주장을 폈다. "소득 불평등은 점증하는 양극화의 의미심장한 원인인 것 같지 않다." 반면 경제학자인 존 V. 듀카와 제이슨 L. 세이빙은 불평등과 양극화의 인과관계는 원인과 결과의 양방향으로 움직인다고 결론지었다.[101] 불평등과 양극화가 시간이 흘러가면서 고도의 상관관계를 갖는다는 사실은 그 둘이 어떤 정체를 알 수 없는 요인의 결과일 가능성을 보여주는 것이다. 이에 대해서는 향후의 여러 장들에서 검토하게 될 것이다.

학자와 지식인들은 지난 50년 동안의 양극화에 대해 다양한 원인들을 제시했다. 그러나 20세기 전반기의 탈양극화에 대해서는 별로 신경을 쓰지 않았고, 그나마 나와 있는 몇 가지 설명들도 그 시기 정당 정치의 실제 역사와는 동떨어진 것들이다. 1970년 이후의 양극화 점증 시기와 관련해서도, 많은 인과관계를 뒷받침해주는 구체적 증거는 허약한 편이다. 이런 증거 부족은 정치가 개인의 역할이나 혹은 게리맨더링이나 선거 경비 같은 선거관련 제도나 기구에 대해서도 나타나는 현상이다.[102] 1900년의 "황색 저널리즘"에서 시작하여 20세기 중반의 엉클 월터 크롱카이트를 경과하여 최근의 폭스 뉴스와 트위터 등에 이르기까지 매스미디어 환경의 변화도 이런 신비를 설명해주는 요인이 될 수 있다. 그러나 최근의 연구는 어떤 것이 원인이고 어떤 것이 결과인지 명확한 대답을 발견하지 못했다.[103] 이 책의 후반부에서 지난 125년에 걸친 양극화의 성장과 쇠퇴를 다시 살펴보게 될 것이다.

양극화의 결과들?

민주주의는 정치라는 시장에서 유권자 지지를 두고서 경쟁하는 정당들 사이의 공정하면서도 활기 찬 경쟁을 반드시 필요로 한다. 실제로 영향력 높은 어느 민주주의 이론에 의하면, 정당 간 경쟁이 민주주의의 핵심이라는 것이다.[104] 20세기 전반기에 미국 민주주의의 가장 중요한 한계는 인종평등이 정당 경쟁의 어젠다에서 빠져 있었다는 현실이었다. 그런데 1920년대와 1960년대 사이에 미국 민주주의의 가장 중요한 소득은 인종평등이 정당 경쟁의 핵심적 이슈로 등장했다는 것이다. 그러니 정당 간 차이는 그 자체로 민주주의의 건강도를 보여주는 지표이다.

반면 최근 50년 동안 전개된 극심하고 보편적인 정치적 양극화는 미국의 민주주의를 크게 해쳤다. 미국의 정치를 둘러보는 관찰자들은 누구나 양극화가 공공 생활에 아주 해로운 영향을 끼친다는 것을 인식하고 있다. 테네시 주의 공화당 출신 상원의원 하워드 베이커는 1967년에서 1984년까지 상원에서 활약하면서 "위대한 조정자"라는 별명을 얻었다. 그는 "상대방이 옳을지도 모른다"라고 평가해주는 태도의 정치적 가치를 높이 평가해서 유명해졌다. 지금보다 덜 양극화된 시대에, 정치가들의 영업 밑천은 어떤 문제의 양면을 살펴보면서 윈-윈 해결안을 이끌어내는 능력이었다. 그러나 그런 기술과 성향이 점점 사라지면서, 양당 간의 분쟁은 점점 해결하기 어려워졌다.[105]

정치학자 다니엘 알렌은 이런 지적을 했다. 선거에서 어느 한쪽이 패배하는 민주주의를 보통 시민들의 수준에서 보자면 이런 것이 되어야 한다. 단기적으로 그런 패배를 받아들이는 것이 장기적으로는 민주주의의 목표를 달성하는 데 반드시 필요한 과정이다. "민주제도 하의 생활은 승리도 있지만 패배도 있다. 그러므로 민주적 시민정신의 습속을 든든하게 함양하는 한 가지 방안은 그 패배를 잘 흡수하면서 민주주의라는 게임을 계속 유지하는 것이다."[106] 그리고 양극화("나는 반드시 이겨야 하고 너는 반드시 져야 한다")는 그런 습속을 크게 해친다.

놀란 맥카티는 미국의 양극화가 국가적 정책 수립의 정체 현상을 더욱 심화시켰다고 명석하게 지적했다.[107] 건국의 아버지 매디슨은 권력의 분화, 견제와 균형, 연방주의 등을 상원의 필리버스터 가능성과 연결시켰다. 그리하여 다양한 거부권을 만들어냈고 예스보다 노라고 말하기가 훨씬 쉽게 만들었다. 정당 간 주고받기가 없는 상황에서 예스를 얻어내는 건 그보다 더 어렵다. 이러한 헌법적 효과는 정당 간 경쟁이 치열하던 시기들에 더욱 강화되었다. 그런 경쟁의 시기에는 행정부와 입법부에 대한 통제 시도가 두 정당 사이에서 그리 크게 악화되지 않았다. 극단적인 양극화가 정책수립의 정체 현상을 악화시키지도 않았다. 그리하여 U자형 곡선의 양쪽 끝 부분에서 양극화는 "불안정한 과반수"의 시기와 시간적으로 일치한다.[108] 따라서 지난 125년 동안에, 진보시대 개혁사항들, 뉴딜, 위대한 사회, 심지어 레이건 혁명 등 대부분의 의미심장한 입법적 개혁사항들이 이런 시기들에 두 정당으로부터 상당한 지지를 받았다는 것은 결코 우연한 일이 아니다.[109]

양극화에서 오는 불손함과 정체 현상이 가져오는 결과 중 하나는 이런 것이다. 미국 정부는 전보다 덜 효율적인 기관이 되었다. 고질적인 경제와 인종의 불평등을 해결하는 것을 포함하여 국가적 운명을 관리하는 능력이 크게 저하되었다. 우리 시대의 특기할 만한 추세는 우리의 정치적 제도들에 대한 일반 대중의 신임이 쇠퇴하고 있다는 것이다. 비록 정치학자들마다 양극화의 원인 혹은 결과에 대해서는 각자 의견을 달리하지만 말이다. 20세기 중반에 공화당 지지 시민들과 민주당 지지 시민들은 누가 집권 여당인지 여부와 상관없이 정부를 신임하는 경향이 있었다(가끔 불신이 있기는 했지만). 그러나 1960년대 중반부터 정부에 대한 전폭적인 신임은 후퇴하기 시작했고 이런 현상은 야당(그 당이 어떤 당이든 간에) 지지자들이 사이에서 더욱 두드러졌다. 이런 사이클이 계속되면서 정부에 대한 전반적인 신임은 후퇴했고 여당과 야당 사이의 격차는 벌어졌다. 이어 정당 양극화는 정부 신임 태도의 양극화를 가져왔다.

19세기에 대해서는 여론 조사 자료가 없다. 하지만 정치학자인 메어 J. 헤더링턴과 토머스 J.루돌프는 도금시대에 정부에 대한 신임이 낮았다고 추측했다. 도금시대는 우리가 이 장의 앞부분에서 살펴보았듯 양극화가 극심했다.[110] 그러나 20세기 중반 정당 대통합에 따른 여러 사회적·경제적 성공 사례들 덕분에 정부에 대한 신임은 1960년대까지 계속 상승했다. 일부 초창기 데이터는 정부에 대한 신임이 1958년부터 1964년까지 상승했음을 보여준다(참조 도표 3.8). 그 뒤에는 신임이 추락하기 시작하여 1965년에는 미국인 77퍼센트가 정부를 지지했다면, 1978년에는 29퍼센트까지 뚝 떨어졌다. 여기에는 베트남 전쟁, 워터게이트 스캔들, 1960년대 후반과 1970년대 초반의 인종·경제 문제들이 영향을 끼쳤다. 정부의 신임은 번영을 구가하던 레이건 시대와 클린턴 시대에 반짝 반등했다가 2000년 이후에는 다시 떨어져서 21세기의 경제적 붐에도 불구하고 변동이 없다. 지금 정부 신임에 대한 표준 지수는 15에서 20사이를 왕복하는데 60년 전의 약 75퍼센트와 비교하면 격세지감이 있다. 도표 3.8은 정부를 압박하여 일을 하게 만들 수 있다는 믿음이 놀라울 정도로 붕괴하는 현상을 요약한다. 보통 미국인들 사이에서 발견되는 이런 추세는 이 시기 동안의 정당 양극화라는 낯익은 패턴과 상응한다.

연방정부에 대한 신임 하락은 보통 미국인들 사이에서 점증하는 정치적 냉소주의라는 더 큰 패턴의 한 부분이다. 대중의 냉소주의와 정치적 무관심은 레이건 시대와 클린턴 시대에 잠시 완화되었다가 다시 악화하는 동일한 패턴을 따라갔다. 그리하여 지난 60년 동안 미국 보통 사람들의 정치적 효율성에 대한 믿음은 약 70퍼센트에서 약 30퍼센트로 추락했다. 정당 양극화가 심화되면서 양당에

도표 3·8 **정부에 대한 신임의 하락, 1968~2019**

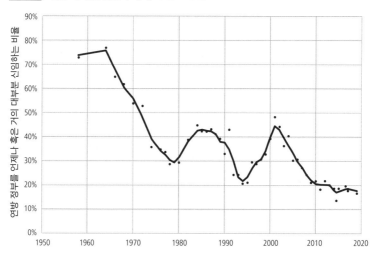

출처: 퓨 리서치 센터, "공공의 신임", 2019년 4월. LOESS smoothed: .12.

대한 대중의 경멸감도 상당히 높아졌다. 이것은 1백 년 전 도금시대에서도 있었던 일로서, 당시에는 제3정당의 출현을 가져왔다. 다음의 몇 가지 사례들은 지난 60년 내지 70년 사이에 벌어진 획기적인 변화를 예증한다.

- 1964년 일반 대중들 앞에 이런 질문이 제기되었다. 정부가 ① 소수의 대기업, ② 모든 사람의 혜택, 이 두 가지 중 어느 것을 위해 일한다고 보는가? 이 질문에 미국인들은 2대 1의 비율로 ②라고 대답했다(64퍼센트 대 29퍼센트). 50년에 걸쳐 경제적 불평등과 정치적 소란을 겪고서 2018년이 되었을 때, 그런 낙관적인 대답은 점증하는 냉소주의의 파도에 익사하여 사라져버렸고, 1980년대와 1990년대의 경제적 붐 시기에 반짝 다시 등장했을 뿐이었다. 그리고 오늘날 모든 사람의 혜택이라고 대답하는 사람은 소수의 대기업이라고 대답하는 사람 대비 1대 3으로 크게 역전되었다(21퍼센트 대 76퍼센트, 참조 도표 3.9). 동시에 "국가를 운영하는 사람들이 보통 시민에 대해서는 별로 신경 쓰지 않는다"라는 데 동의하는 미국인들의 비율은 크게 증가했다. 지난 50년을 볼 때, 1966년의 26퍼센트에서 2016년의 82퍼센트로 폭증했다.
- 마지막으로 도표 3.10은 여러 독립적인 장기 연구 아카이브에서 가져온 증거를 종합한 것이다. 이것은 지난 65년 동안, 정치적 냉소주의와 그 반대 현상인 정치적 효율성에 대한 믿음의 전반적 추세를 보여주고 있다.[111] 1950년대에 정치적 효율성에 대한 믿음은 상승했다. 그러나 1960년부터 오늘날에 이르는 시기를 관통해서 볼 때, 비록 일시적이지만 효율성이 높아지고 냉소주의가 낮아진 것은, 1990년대 후반의 닷컴 붐과 9/11사태 때 전 국민적으로 사태 규탄에 나섰을 때 두 경우뿐이었

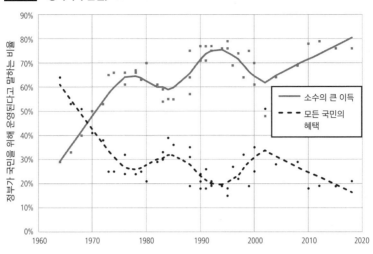

도표 3·9 정치적 무관심, 1964~2018

출처: 퓨 리서치 센터, 「공공의 신임」, 2019년 4월. LOESS smoothed : .12.

다. 요약하면 수십 년에 걸친 양극화는 미국인들의 민주정치에 대한 믿음을 크게 잠식했다. 이러한 현상은 1백 년 전 제1차 도금시대에도 마찬가지였다.

양극화를 우려하지 않을 수 없는 가장 중요한 이유는 이런 것이다. 장기적으로 볼 때 극단적 양극화는 민주제도의 붕괴를 가져올 수 있다. 『어떻게 민주제도는 죽어버리는가』라는 베스트셀러에서 정치학자 스티븐 레비츠키와 다니엘 지블라트는 이런 우려를 설득력 있게 제시했다.

사회가 아주 다른 세계관을 가진 당파적 캠프들로 분열이 될 때, 그런 차이가 실존적인 것이어서 타협 불가능한 것이라고 여겨질 때, 정치적

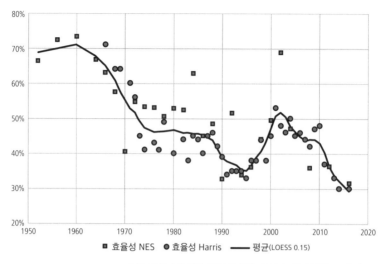

도표3·10 정치적 냉소주의 vs 정치적 효율성에 대한 믿음, 1952~2016

효율성 NES ● 효율성 Harris ── 평균(LOESS 0.15)

출처: 퓨 리서치 센터, 「공공의 신임」, 2019년 4월. LOESS smoothed : .12.

경쟁은 당파적 증오 심리로 발전한다. 정당들은 상대방을 합법적인 경
쟁자로 보는 게 아니라 위험한 적들로 간주하게 된다. 패배는 정치적
과정의 당연한 한 부분으로 받아들여지는 게 아니라 커다란 재앙으로
여겨져 무슨 일이 있어도 피하려고 한다.[112]

그렇다면 우리는 이 장에서 양극화에 대하여 무엇을 배웠는
가? 20세기가 시작되던 무렵에 미국 정치는 격렬한 정치적 경쟁으
로 분열되어 있었지만 그 후 60년 동안, 미국인들은 문제를 해결하
기 위해 초당적 협치를 점진적으로 배워나갔다. 물론 다당제 민주제
도 하에서는 당연한 일이지만, 우리는 많은 공적 문제들에 대해 엄
청난 의견 불일치를 보이기도 했다. 그러다 1960년대에 들어와 우
리의 의견 불일치는 점점 더 고약한 쪽으로 악화되기 시작했다. 처

음에는 인종평등이라는 오래 억압된 갈등으로 터져 나오더니 그다음에는 문제들 전반에 걸쳐서 급속히 퍼져나갔다. 양극화 현상은 지방의 정치에도 확대되었고 심지어 개인 생활에까지 스며들어와 급기야는 우리가 과연 같은 공동체 내에서 살고 있는 것인가 하는 의문까지 생겨나게 되었다. 양극화는 정책 수립의 정체 현상을 가져왔고, 그리하여 정부는 대부분의 사람들이 합의한 문제들에 대해서도 대응을 하지 못하게 되었다. 이에 따르는 불가피한 결과는, 민주주의 기층으로부터 정치적 냉소주의와 무관심이 널리 퍼지게 되었다는 것이다.

이러한 정치 불신의 패턴은 너무나 분명하고 만연해 있어서 단하나의 도표로 요약될 수 있다. 의회 내의 양당 협치, 전국 언론에보도된 초당적 공동체 정신, 유권자들의 교차 투표[113], 대통령 정책

도표 3·11 **정치적 공동체 정신, 1895∼2015**

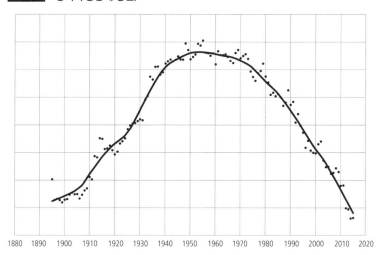

출처: 미주 1.4. 참조. LOESS smoothed: .20.

에 대한 초당적 지원 등을 모두 종합해서 말이다. 도표 3.11은 지난 125년간 정치적 우애정신의 폭넓은 추세를 요약한 것이다.[114] 이 도표는 제2장, 제4장, 제5장의 끝 부분에 나오는 도표들(지난 125년간의 경제, 사회, 문화의 추세를 보여주는 것들)과 즉각 비교될 수 있다.

이러한 추세들의 폭넓은 의미에 대해 결산표를 작성하기 전에, 19세기 말부터 진행되어온 미국 사회 내의 사회적·문화적 차원의 변화들을 탐구하는 것이 아주 중요하다. 우리는 다음 두 장에서 그 문제를 다룬다.

제4장

사회:
고립과 연대
사이에서

4
—
SOCIETY:
BETWEEN
ISOLATION
AND
SOLIDARITY

우리는 제1장에서 알렉시스 드 토크빌 얘기를 꺼낸 바 있다. 그는 1830년대에 미국 땅을 여행한 이래에 미국 공동체주의의 수호성인 守護聖人이었다. 그는 개인주의가 미국의 평등주의로부터 반드시 나오게 될 결과라고 주장했다. "미국인들이 타당한 자기 이익의 원리에 입각하여 개인주의와 싸우는 방식"이라는 제목이 붙은 장에서 공동체와 개인의 경쟁하는 주장들을 인정하면서 미국인들이 이 둘을 종합하려고 애쓴다고 말했다.[1]

이 장에서 우리는 미국인들이 지난 125년 동안 개인주의와 공동체의 양극단 사이를 어떻게 헤쳐 나왔는지 그 과정을 탐구한다. 먼저 토크빌이 그랬던 것처럼 민간단체들과 그 외의 공동체 참여 형태들로부터 시작한다. 이 시기에 크게 눈에 띄는 두 가지 형태의 결사체 즉, 종교 기관과 노동조합을 살펴본다. 이어 사회적 연대와 연계의 보편적 형태로 시선을 돌려서 이 시기에 가족 구성의 패턴이 어떻게 바뀌어 왔는지를 탐구한다. 마지막으로 사회적 연대와 연계의 심리적 발현인 사회적 신뢰에 관한 증거들을 간단히 살펴본다.

우리는 볼링 동호회, 기도 모임, 가족 등 폭넓은 사회적 지형을 살펴보면서 아주 유사한 패턴을 발견하게 될 것이다. 사회적 연대의 각각 형태들은 경제와 정치로부터 아주 멀리 떨어진 것처럼 보이나, 실은 그 사이에서 놀라운 유사성을 찾아내게 될 것이다. 제1차 도금시대에는 상대적으로 사회적 연대(민간단체, 교회, 노조, 가족 구성 등)의 세력이 크지 않았다. 하지만 진보시대에 들어와 상승세를 타더니 1960년대에는 최고점을 찍었다. 이어 그 기세가 꾸준히 꺾여서 제2차 도금시대로 들어서게 되는데, 전반적으로 앞의 두 장에서 살펴봤던 전도된 U자형 곡선과 놀라울 정도로 유사한 형태를 보인다. 이러한 사회적 연대의 여러 차원에 대하여, 그 변화를 따라가는 역사적 스토리를 제시하고 또 그와 관련된 수량적 증거를 제시한다.[2]

민간단체들

남북전쟁이 종료된 시점에 미국은, 과거 토크빌이 방문했을 때도 그러했듯이 소규모 농장, 작은 마을, 작은 기업들이 압도적으로 많았다. 그로부터 30년 뒤인 19세기 말에 이르면, 미국은 급속히 도시들이 많은 나라로 바뀌어갔다. 유럽이나 미국의 마을에서 태어난 이민자들이 도시마다 흘러 넘쳤고, 대규모 산업 회사가 운영하는 공장에서 일을 했다. 수백만 명의 미국인들이 농장의 가족과 친지들을 뒤로하고 시카고, 밀워키, 피츠버그 등으로 이주했다. 또한 그보다 더 많은 수백만의 사람들이 폴란드인 거주지구나 이탈리아인 마을 같은 공동체 조직을 뒤로 하고 뉴욕의 로워 이스트사이드나 노스엔드로 이사했다.

이 이민자들은 이제 새로운 공동체에 살고 있을 뿐만 아니라 그 환경이 너무나 낯설고 단절된 것이어서 과연 그것을 "공동체"라고 할 수 있는가 하는 의문을 품었다. 게다가 20세기 초에는 이민자들뿐만 아니라 모든 미국인들이 아주 혼란스러운 사회적 변화를 헤쳐 나가고 있었다. 월터 리프만은 1914년에 이렇게 썼다. "우리는 존재의 뿌리까지 흔들릴 정도로 일정한 곳에 정착하지 못했다. 부모와 자식, 남편과 아내, 노동자와 고용주 등 모든 인간관계가 낯선 상황 속에서 흘러가고 있었다……. 우리는 우리 자신을 변화시키는 방법을 알아내는 것보다 더 빠르게 우리의 환경을 바꾸었다."[3]

그렇지만 이런 문제들이 분출하는 동안에도 미국인들은 대응하기 시작했다. 그로부터 수십 년이 흘러 20세기에 들어서자, 우리는 그런 위기를 재빨리 인식하여 대중적 국가적 리더십이 발휘되면서, 놀라울 정도로 신속하게 사회적 창의성과 정치적 개혁 방안을 쏟아냈다. 앞으로 살펴보겠지만, 20세기 말에 굳건히 자리 잡은 주요 공동체 조직들은 이 풍성한 민간 창의력이 꽃피어난 시대에 생겨나거나 새롭게 혁신된 것들이었다.

그때나 지금이나 낙관론자들은 새로운 소통의 기술 덕분에 인간의 공감 능력이 더욱 범위를 넓히게 되었다고 말한다. 윌리엄 알렌 화이트는 1910년에 이런 유토피아의 비전을 내놓았다. "새로운 기술의 발전은 국가를 하나의 동네로 만든다……. 전선, 쇠파이프, 전차길, 일간신문, 전화 등은……. 우리 모두를 하나의 몸으로 만들었다. 이제 외지인은 없다. 모든 사람이 서로 이해할 수 있게 되었다……. 지금 우리는 정신적 각성의 새벽을 맞이했다."[4]

그러나 존 듀이와 메리 파커 폴렛 같은 좀 더 조심스러운 진보주의자들은 대면對面 유대관계를 어떻게 유지할 것인가에 대해 우려했다. 두 사람은 좀 더 대규모의 새로운 사회를 인식하고 이를 명예롭게 생각했지만, 동시에 더 오래되고 규모가 작은 개인적 네트워크도 소중하게 여겼다.

증기와 전기로 창조된 위대한 사회는 비록 사회이기는 하지만, 공동체는 아니다. 새롭고 비교적 몰개성적이고 기계적인 양태의 인간 행동이 현대 생활의 가장 두드러진 특징이다.[5]

어떤 곳에서 하나의 자그마한 집단을 다른 집단과 연결시키지 않는다면 진정한 연대는 구축되지 않을 것이다……. 상상력에 대한 호소가 아니라 실제적인 유대 관계를 형성할 때, 다양한 동네 집단들은 건전하고, 정상적이고, 비당파적인 도시 생활의 구성 요소가 될 수 있다. 이때 동네 단체의 구성원이 된다는 것은 동시에 국가의 책임 있는 구성원이 된다는 것을 의미한다.[6]

예측 능력을 갖추었던 진보주의자들은 사회 조직의 전문성에 대해서도 우려했다. 사회학자 로버트 파크는 이렇게 썼다. "우리가 전에 행했던 모든 형태의 공동체적 문화적 행위는……. 전문가들이 떠맡았고 많은 사람들이 행위자가 아니라 구경꾼이 되었다."[7] 사회 개혁가들은 딜레마의 양 끝에 갇히게 되었다. 사회적 서비스, 공중보건, 도시 계획, 교육, 동네 단체, 문화적 자선행위, 심지어 로비 활동 등에서도 더 효과적이고 더 효율적으로 업무를 수행하는 이들은 선의의 자원봉사자가 아닌 전문직 직원들이었다. 하지만 자원 단체의 일반 구성원들에게서 힘을 빼앗아버리는 것은 대중적 민간 참여를 축소시키고 과두제를 부추길 우려가 있었다. 우리가 곧 살펴보게 되겠지만, 동일한 문제가 50년 후에 다시 나타나게 된다.

19세기의 마지막 수십 년 동안 미국 민간 생활의 재활성화는 다음과 같은 특징을 갖고 있었다. 그러니까 민간단체의 결성에 일대 붐이 발생했다. 사실 미국인들의 클럽 선호 경향은 공화국의 초창기 시절까지 거슬러 올라간다.[8] 어떤 단체들(가령 오드 펠로 회)은 19세기의 첫 30년에 생겨난 것이었고 많은 다른 민간단체들도 남북전쟁 때나 그 여파로 생겨난 것이었다.[9] 19세기 말과 20세기 초에 민간사업가들의 새로운 세대가 예전의 기초 위에다 민간단체의 거대한 새 구조물을 건설했다. 피오리아, 세인트루이스, 보스턴, 보이즈, 볼링그린, 갤버스턴, 덴버, 샌프란시스코 등의 도시에서 시민들은 클럽, 교회, 친목단체의 지부, 제대군인 상조회, 인종 단체, 전문가 집단 등을 조직했다.[10] 소위 "클럽 운동"이 전국을 휩쓸면서 자조自助와 아마추어 정신을 강조했다. 소년 클럽이나 여성 클럽을 조직하는 방법을 가르쳐주는 핸드북이 발간되었다. 1876년 헨리 마틴 로버트는 우후죽순처럼 생겨나는 각종 클럽과 위원회들에게 질서를 부여하는 방법을 가르쳐주는 『로버트의 민간단체 설립 요령Robert's Rules of Order』을 펴냈다.

1870년에서 1920년 사이에, 민간 사회의 창의성은 미국 역사에서 전례 없을 정도로 급상승했다. 클럽의 수뿐만 아니라 새로 창립된 단체들의 범위와 지속가능성이 아주 놀라웠다. 사회 역사가 테다

제4장 사회: 고립과 연대 사이에서

스콕폴과 그녀의 동료들은 대규모 민간단체들—전국 성인 남녀의 1퍼센트 이상이 회원으로 가입한 58개 전국 규모 자원 단체들—중 절반이 1870년에서 1920년 사이에 설립되었다는 것을 밝혀냈다.[11] 도표 4.1이 보여주듯이, 대규모 민간단체들의 수는 도금시대와 진보 시대에 극적으로 증가했다. 반면 1910년부터 20세기가 끝나는 시기 까지는 비교적 소수의 단체들만이 등록했을 뿐이다.[12]

도표 4·1 58개 전국 대규모 민간단체의 설립 일자, 1800~1990

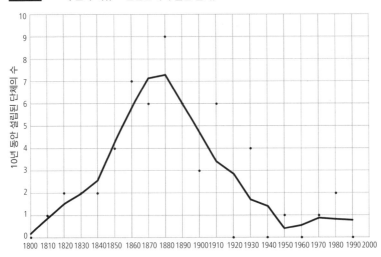

출처: 테다 스콕폴, 『축소된 민주주의』, 26~29. LOESS smoothed : .33.

지방 단위든 전국 단위든 각종 연구조사들은 본질적으로 동일 한 이야기를 전해주고 있다. 도금시대에서 진보시대로 들어가는 기 간에 뿌려진 민간단체의 씨앗들은 아주 단단한 것으로 판명되었다. 그 뒤 60년 동안 이 단체들이 활짝 개화하여 아주 토크빌적인 미국 을 만들어냈다.[13] 20세기 말 현재, 전국 규모이면서 지부支部 기반의 민간단체들은 대부분 사회적 창의성이 만개하던 20세기 초에 설립된 것들이었다. 가령 적십자사, NAACP(미국 흑인 지위 향상 협회), 콜럼버스 기사수도회, 하다사, 보이 스카우트, 로타리 클럽, PTA, 시에라 클럽, 기드온 협회, 오더번 협회, 미국 법조인 협회, 팜 뷰로 페더레이션, 빅 브라더스, 여성유권자 동맹, 운송 노조, 캠프파이어 걸스 등이 그런 단체들이다. 미국 생활에서 중요한 역할을 수행하는 주요 민간단체들 중에서 20세기의 첫 몇 십 년 동안 설립되지 않은 단체를 찾아보기가 어려울 정도이다.[14]

1백 년 전의 미국은 오늘날보다 젠더차별과 인종차별이 훨씬 심했다. 그 시기에 설립된 대부분의 단체들도 성별과 인종별로 구분되어 있었다. 민간단체가 눈에 띄게 늘어난 좋은 사례는 무스와 이글스 같은 우애 단체다. 역사가 데이비드 베이토는 이런 추산을 했다. "아무리 짜게 잡는다 하더라도, 1910년에 이르러 19세 이상의 남성 중 3분의 1이 이런 단체들의 회원으로 등록했다." 우애주의는 급속한 사회 변화의 시대에 개인주의와 아노미 현상에 대한 반작용이었고, 혼란하고 불확실한 세상으로부터의 도피처였다. 상호성의 원리―오늘의 기증자가 내일의 수혜자가 된다―에 바탕을 둔 상조가 이런 단체들의 핵심 특징이었다. 베이토는 또 이런 말도 했다. "이런 단체의 지부에 가입함으로써, 입문자들은 일련의 가치들을 암묵적으로 받아들인다. 이러한 단체들은 상호주의, 자기신뢰, 사업 훈련, 근검절약, 리더십 요령, 자치, 자기 통제, 훌륭한 도덕적 성품 등에 헌신하는 것이다. 20세기 초에 우애 단체들에 서비스 클럽들(로타리, 키와니스, 라이온스, 제이시 등)이 가입해왔고 또 전문가 협회들도 포섭되었다. 이러한 신규 단체들 덕분에 우애 단체는 더 많은 사업 건수를

확보하고, 좀 더 현대적인 면모로 일신하고, 좀 더 열성적인 외부 활동을 벌일 수 있었다.[15]

비록 19세기 말에 나타난 새로운 단체들 중 다수가 여자와 소수자들에게는 문을 닫아걸고 있었지만, 이러한 조직적 이노베이션의 번성이 백인 남성들에게만 국한된 것은 아니었다. 경제적 성장은 여성들과 소수 인종들 사이에서도 상당히 이루어졌고, 심지어 백인들보다 흑인들 사이에서 더 급속히 이루어졌다. 스콕폴이 강조한 것처럼, 이런 민간단체들은 인종과 젠더에 상관없이 중산층과 노동자계급을 모두 포용하는 경향이 있었고 상조와 사기 앙양의 기능을 담당했다.[16] 오늘날 우리는 인종과 젠더에 따른 차별을 혐오스러운 것으로 받아들인다. 20세기 초에는 사회적 자본의 상위 형태인 민간 조직에서 그런 차별이 심하기는 했지만, 그래도 이런 조직들이 중산층 백인 남성들만 받아들인 것은 절대로 아니었다.

남북전쟁 이후에 여성의 교육 기회가 향상됨에 따라 설립된 여성 단체들은 이 시기 자신들의 관심을 독서와 대화에서 대중적 운동 쪽으로 전환시켰다. 그리하여 금주, 아동 노동, 여성의 고용, 도시의 가난, 유치원, 여성 참정권 등의 문제들과 관련하여 사회적·정치적 개혁을 추진했다. 이러한 노력은 진보시대의 말엽 헌법 수정안 18조와 19조로 결실을 맺었다.[17] 20세기 초에 새로 여성 단체의 회장으로 뽑힌 사라 플라트 데커는 자신의 단체를 향해 이렇게 말했다. "우리는 단테를 읽기보다 구체적 행동을 더 선호하고 시인 브라우닝보다는 의미 있는 존재가 되기를 더 좋아합니다……. 우리는 그동안 문학 행사에 너무 젖어 있었습니다."[18] 1890년에 이런 여성 단체들의 네트워크가 서로 힘을 합쳐서 여성 클럽 총연맹을 결성했다.

1873~1874년의 자발적인 대중 운동은 거대한 민간단체인 여성 기독교 금주 연맹wctu을 만들어냈다. "모든 것을 하라"가 이 동맹의 지도자인 프랜시스 윌라드의 좌우명이었다. 그녀의 지도 아래 연맹은 좀 더 규모가 큰 도덕적·사회적 개혁을 실천하는 수단이 되었다.[19] 전국어머니회는 1897년의 유치원 운동에서 발전한 단체인데, 계속 사업을 벌여서 각 지방에 부모와 교사 지부를 결성했다. 1924년에 전국어머니회는 전국 학부모교사회로 이름을 바꾸었는데 이것이 지금의 PTA다.[20] 흥미롭게도 어떤 여성 단체들은 심각한 계급 단층을 메워주었다. 예를 들어 맨해튼의 로워 이스트사이드에서 피복산업 노조를 결성하려고 애쓰던 젊은 이민자 여성들은 여성 노조연맹으로부터 강력한 정치적·재정적 지원을 받았다. 이 연맹은 앤 모건 같은 어퍼 이스트사이드 출신 진보적 사회주의자들로부터 적극적인 후원을 받았다. 앤 모건은 당시 세상에서 가장 막강한 재벌이었던 J.P.모건의 딸이었다.[21]

　　콜럼버스 기사수도회, 브네이 브리스, 프린스 홀 프리메이슨* 등의 사례에서 보듯, 다양한 인종 그룹들이 그들 나름의 우애 조직을 결성했다. 관대한 상조회는 많은 이민자 공동체의 든든한 밑바탕이 되어 재정적 안정, 동지애, 정치적 대행 등의 서비스를 제공했다. 역사가 롤랜드 버소프는 이렇게 말했다. "일반 미국인들보다 더욱 단단히 결속된 공동체 생활에 익숙해져 있는 이민자들은 미국의 자발적 단체의 우애 조직 형태를 재빨리 채택했다. 이렇게 한 것은 예측하기 어렵고 아직 동화되지 못한 미국적 생활에 대응하여 자신들

＊　흑인 프리메이슨을 위한 단체.

의 인종 공동체를 보호하기 위한 것이었다."[22]

흑인들 사이에서 생겨난 민간단체들도 상조, 장례, 사회적 협회, 우애 단체와 여성 단체 등 동일한 패턴을 따라서 성장했다. 20세기 초에 발간한 고전적 연구서 『필라델피아 흑인』에서 W.E.B. 듀보이스는 오드 펠로 회나 프리메이슨 같은 흑인 단체들이 중요하다고 특별히 강조했다. 그런 단체들은 "단조로운 일로부터 오락을 제공하고, 야망과 계획의 장을 마련해주며, 행진의 기회와 불행에 대한 보험이 되어준다는 것이다. 이런 것들은 같은 시기 수백만 백인 남자들을 민간단체에 끌어들인 것들과 동일한 혜택이었다. 흑인들의 우애 단체는 20세기의 첫 65년 동안 시민권 운동에서 핵심적 역할을 수행했다. 교회는 흑인 공동체 내에서 사회적 자본이 형성되는 데 독특하면서도 중요한 역할을 맡았다. 1896년에 설립된 전국 흑인 여성 클럽 협회 같은 여성 클럽들도 비슷한 역할을 수행했다. 사회적·인종적 정의를 강력히 옹호하는 이 단체는 설립하고 1세기가 넘었는데도 여전히 활발한 활동을 펼치고 있다. 동시에 사회 개혁을 위해 흑인과 백인을 서로 연결시키는 단체도 생겨났는데 가령 NAACP나 도시 동맹 등이 그런 경우다.[23]

진보시대의 개혁가들은 청년들의 발전을 조직 활동의 특별한 구심점으로 삼았다. 1901~10년 사이에, 전국 규모의 청년 단체들이 많이 생겨나 20세기 내내 그 분야를 주름잡아 왔다. 보이스카우트, 걸스카우트, 캠프파이어 걸스, 4-H, 보이스 클럽, 걸스 클럽, 빅 브라더스, 빅 시스터스 등이 대표적인 단체다. 새로 결성된 단체들은 마케팅의 재주를 발휘했고, 지속적인 사회적 가치들을 표방하면서 ("스카우트는 믿음직하고, 남에게 도움을 주고, 다정하며, 예의 바른 사람이다."), 그

것들을 캠핑·스포츠·놀이 등에 연결시켰다.[24]

하나의 사회 운동으로서, 진보주의Progressivism는 "톱다운"이든 "바텀업"이든 그 어떤 단순한 분류방식에도 모두 적용되었다. 많은 우애, 민간, 개혁 단체들이 전국 거점의 본부나 전국적 지도자들의 지시에 따라 설립되었다. 어떤 단체들은 현지 인사들의 주도 아래 결성되기도 했다. 4-H나 그레인지Grange(농민 공제조합) 같은 것은 연방정부의 주도 아래 만들어진 조직이었다. 더욱 중요한 것은 한 공동체의 단체 결성 노력이 다른 공동체로 확산되어 나갔다는 점이었다. 어떤 지방의 한 지역에서 실시된 사업이 다른 지역에서도 채택되어 발전한 것이다. 공동체의 유대 관계를 재건하려는 현지의 활동가들은 이런 방식을 서로에게 배우기도 했다. 사실 19세기 후반 단체 설립의 파도는, 동부의 대도시에서 시작한 것이 아니라 미국 중심부의 소도시들에서 시작되었다. 사회 역사학자 스콕폴은 이렇게 말한다. "이러한 조직 확대 방식은 전국을 순회한 감리교와 침례교 목사의 복음 전파 기술을 연상시킨다. 그들은 그런 식으로 지방 각 지역을 순회하면서 교리를 전파했고 그것이 남북전쟁 이전의 미국에서 들불처럼 번져나갔다."[25]

이처럼 단체들이 우후죽순처럼 생겨나던 시대, 향후 1백 년 동안 미국 민간단체의 기반을 단단히 닦았던 시대는 1920년경에 끝이 났다. 1920년 이후 50년 동안에, 도금시대와 진보시대에 창설된 민간단체들은 회원 수와 담당 지역 수가 꾸준히 늘어났다. 그 단체들 중 상당수가 급속한 팽창을 위한 프랜차이즈 형태의 조직이었다. 이들의 활동은 1920년에서 1960년 사이에 활발하게 펼쳐졌다. 프랜차이즈 형태의 상업 조직은 1880년 싱거 재봉틀 회사와, 1890년대의 자동차 대리점에서 출발했다. 그 당시에 새로 생긴 민간단체들은 이러한 조직 확장의 방식을 재빨리 수용했다. 일단 조직 확장 방식을 발명하자, 그 단체들은 무한히 자기 복제를 하면서 서로 연결되기를 희망하는 미국인들의 무한한 수요에 적극 부응했다.

예를 들어 최초의 로타리 클럽은 1905년 시카고에서 젊은 변호사 폴 해리스가 창립했다. 그는 소도시 출신의 청년이었는데 유익한 사회적 연결망이 없어서 도시의 복잡한 환경 속에서 "심한 외로움"을 느꼈다. 4년 만에 해리스의 시카고 클럽은 200명의 회원을 확보하게 되었고 6년째가 되자 로타리 클럽은 미국 전역의 주요 도시에 지부를 두게 되었다. 키와니스와 라이온스 등 수십 개에 달하는 유사 클럽도 전국적으로 크게 번져 나갔다. 서비스 클럽의 전국적 회원 수는 기하급수적으로 늘어나서 1920년에 30만 명이었던 것이 1930년에 이르러 수백만 명이 되었다. 1905년에서 1930년에 이르는 25년 만에 이처럼 회원 수가 확대된 것은, 근 50년 뒤 레이 크록이 맥도날드 프랜차이즈를 설립할 때까지 유례가 없는 것이었다.[26] 이 세월 동안 급속한 성장을 기록한 곳이 서비스 클럽만은 아니었다. 엘크스, 무스, 오드 펠로 회 등 오래된 우애 단체들도 마찬가지로 비약적인 발전을 했다. 대공황 때 다소 퇴조를 기록하기는 했지만, 서비스 클럽, 우애 단체, 다른 민간단체들은 제2차 세계대전과 종전 후까지 걸치는 25년 동안에 엄청난 붐을 기록했다.

이런 단체들이 급히 세력을 확장할 수 있었던 비결은 "전쟁이라는 어려운 상황을 극복하기 위한 사교성" 덕분이었다. 단체를 운영하는 핸드북들도 많이 나왔다. 그런 책들은 지부의 조직, 임무 선언, 윤리 규정, 임원과 위원회, 회원의 의무(가령 매주 회의에 참석), 슬로

건, 유대의식을 높이기 위한 회의 예식(한 주의 특정한 때에 회원들의 업적을 살펴보는 절차), 사회적 책임과 공동체 봉사(키와니스의 모금운동, 로타리의 장학금 사업, 라이온스의 실명 예방 활동) 등에 대하여 친절한 설명과 안내를 했다. 보이 스카우트와 걸 스카우트, 오도번 회, 적십자사, 전국도시연맹, 잭 앤 질 등도 프랜차이즈 형태가 클럽의 성장과 확대에 중요한 요소임을 확인해주었다.

평론가들은 이런 새로운 형태의 "상황 대응적인" 사교성이 중산층에서 나온 저급한 "배빗주의(속물근성)"*라고 비판했으나, 그런 비판은 이런 단체들의 창의적 중요성을 간과한 것이었다. 이런 새로운 형태의 공동체들은 농촌의 헛간 모금운동, 퀼팅 비스quilting bees(이불 만드는 모임), 소도시 선린 운동을 대체했다. 이런 과거의 소박한 단체 행사는 19세기 후반의 경제 발전과 인구이동 등의 여파로 없는 것이나 마찬가지가 되었고 그 빈 공간을 이런 새로운 공동체들이 파고들었던 것이다. 이런 새로운 공동체들— 남자 단체, 여자 단체, 인종 단체 등—은 공동체 봉사와 사회적 연대의식이라는 목표에 일관되게 헌신했다.[27]

이런 다양한 민간단체들의 회원 수 증감은 20세기 내내 놀라울 정도로 유사한 패턴을 보여준다. 이 패턴은 도표 4.2에 잘 요약되

---

* 싱클레어 루이스(1885~1951)는 1930년에 미국인 소설가로서는 최초로 노벨 문학상을 받았다. 루이스가 쓴 소설 『배빗Babbitt』(1922)은 자신의 이익을 따라 이리 저리 변덕스럽고 비윤리적인 행동을 하는 사업가를 묘사하고 있는데, 이 책이 나온 후 배빗은 저속한 실업가 기질, 전형적인 중산 계급 기질을 가리키는 대명사가 되었고 배비트리(Babbtittry)는 속물 같은 행동, 혹은 저속한 실업가 기질을 가리키는 일반 명사로 널리 쓰이고 있으며 영어 사전에도 표제어로 올라 있다.

어 있다. 이 도표는 브나이 브리트, 콜럼버스 기사수도회, 엘크스 클럽, PTA 등 전국적으로 지부를 둔 32개 전국 규모 단체들의 회원 수 변동(1900~2016)을 표시한 것이다.[28] 각 경우에 우리는 회원 수를 전국 대상자들의 퍼센티지로 측정했다. 가령 4H 클럽의 회원 수는 전국의 모든 농촌 청년들의 퍼센티지를 잡고, 하다사의 회원 수는 전국의 유대인 여성들의 퍼센티지를 잡는 식이다. 이런 광범위한 개요 속에는 20세기 동안 미국 공동체들의 단체 생활에 대한 몇 가지 중요한 사실들이 내포되어 있다.

20세기 내내 많은 미국인들이 이런 전국적 지부 운영 방식의 단체에 가입했다. 가입자 수치의 상승은 해마다 각 분야의 신규 가입자가 증가했다는 사실을 보여준다. 가령 더 많은 여성들이 여성 클럽에 가입하고, 더 많은 농촌 사람들이 그레인지(농민 공제조합)에

도표 4·2 전국에 지부를 둔 단체들의 회원 비율, 1900~2016

퍼트넘, *Bowling Alone*, 53~55: 테일러 만

참여하고, 더 많은 소년들이 스카우트에 참가하고, 더 많은 유대인들이 하다사와 브나이 브리트에 가담했으며, 더 많은 남자들이 우애 클럽에 가입했다. 그런 식으로 수십 년이 흘러가면서 미국은 점점 더 토크빌이 말한 바, 동참자들의 나라가 되어갔다.

1930년대에 민간단체의 상승 곡선이 다소 꺾인 것은 대공황이 미국 공동체에 끼친 충격적 영향을 묵시적으로 보여주는 것이다. 샘플 속 거의 모든 성인 단체들의 회원 수 감소는 이 시대의 상흔을 말해준다. 어떤 경우에 그 효과는 급등하는 성장세가 일시적으로 멈춘 것이었지만, 다른 경우들에서는 놀라운 반전이 발생했다. 예를 들어 여성 유권자 동맹의 회원 수는 1930년에서 1935년 사이에 반토막이 났다. 엘크스, 무스, 컬럼비아 기사단 등도 사정은 마찬가지였다. 이 시대의 역사는 극심한 경제 불황이 민간 활동에 주는 영향을 잘 보여준다.

그러나 이런 손실은 1940년대 초반에 이르러 다 회복되었다. 제2차 세계대전은 엄청난 규모의 애국심과 단체 유대감을 소생시켰다. 종전 무렵에 이러한 정신적 에너지는 다시 공동체 생활 쪽으로 경주되었다. 1945년 이후 20년 동안은 미국 역사상 공동체 활동이 가장 왕성했던 시기였다. 이 32개 전국 규모 민간단체들의 회원수, 요즘말로 "시장 점유율"은 급상승했다. 민간 활동의 폭증은 리스트에 나와 있는 거의 모든 단체에게 공통되는 것이었다. 그레인지와 엘크스 같은 "오래된" 단체들(1960년대에 창립 100주년)이나, 라이온스나 여성유권자 동맹 같은 새로운 단체들(1960년대에 창립 40주년) 모두 회원 수가 폭증했다.

20세기 중반에 이르러 민간 활동은 회원 수로 측정되었다. 그리고 종교 단체, 스포츠 그룹, 자선 단체, 노동조합과 전문가 단체, 동네 상조회, 취미 그룹, 학부모 그룹, 북클럽, 청년 그룹, 우애단체, 제대군인 단체 등, 다양한 단체들이 적극적인 민간 활동에 나섰다. 인종과 젠더의 경계선을 넘어서서 대부분의 미국인들이 한두 개 민간단체에 가입했다. 미국의 민간단체 활동 비율은 거의 세계 최고 수준이었다. 미국 전역의 공동체 그룹들은 대폭적인 활동 분야 확대를 목전에 두고 있었다. 대공황 때의 일시적 저조한 상태를 제외하고, 진보시대의 개혁가들이 심어놓은 묘목들은 해가 갈수록 쑥쑥 자라났다. 근면한 민간 정원사들이 나무를 돌보고 경제적 성장과 교육의 확대가 부지런히 그 나무들에게 물을 주었다. 해마다 발간되는 단체 회보는 회원 수 증가를 알렸다. 우리가 곧 살펴보겠지만, 교회와 공회당들에는 언제나 신자들이 꽉 들어찼다. 수십 년 전에 비해 더 많은 미국인들이 열심히 예배에 참여했기 때문이었다. 아마도 미국 역사를 통틀어 가장 종교적 열기가 높은 시기였을 것이다.

그렇지만 1950년대 후반에 이르러, 이러한 공동체 활동의 확산세는 퇴조하기 시작했다. 1960년대 후반과 1970년대 초에 이르자 회원 수 증가 비율은 인구 증가 비율보다 뒤로 밀렸다. 평균적으로 볼 때, 민간단체들의 회원 수 증가율은 1957년에 수평기에 접어들어 1960년대에 피크를 찍었다가 1969년에 이르러서는 상당히 떨어지는 형세가 되었다. 회원 수 비율은 1940년대 초반에서 1960년대 초반 사이에 두 배 이상 늘어났다가, 2000년에 도달하면 전후의 대규모 단체회원 가입 붐은 완전히 시들어버렸다. 이러한 퇴조는 21세기의 첫 20년 동안 중단 없이 계속되었고, 2016년에 이르면 1세기에 걸친 민간단체의 창의성은 거의 다 사라져버린다.

이러한 평균 수치는 다양한 단체들의 몇 가지 중요한 차이점들을 은폐하고 있다. 예를 들어 대공황이 각 민간단체에 준 영향은 단체별로 다르다. 메이슨이나 하다사 같은 단체는 회원 수가 대폭 줄어들었지만, 4-H, 보이 스카우트, 걸 스카우트 같은 청년 단체들의 회원 수는 성인 단체들에게 큰 영향을 끼친 경제적 불황에 별로 영향을 받지 않았다. 전후의 붐은 거의 모든 경우에 나타나지만, 그레인지나 여성클럽 일반 연맹 같은 단체들의 호시절은 1950년대 중반에 이르자 완전히 끝나버렸다. 반면 옵티미스트라는 그럴듯한 이름을 가진 단체 등 다른 민간단체들은 1980년대까지 높은 회원 수를 유지했다. NAACP의 회원 수는 제2차 세계대전 중에 급증하고 1950년대에는 급락했으나, 1960년대 초 민권 운동 시대에 최고점을 찍었고 그 후 정체하다가 1970년대 이후부터는 침체기에 들어섰다.

이러한 회원 수 기록 뒤에는 개별 리더십의 성패, 조직의 끈기와 전략적 실책, 사회적 생활과 정치의 변화무쌍함 등의 변수가 개재되어 있다. 그러나 이런 다양한 단체들에게서 일률적으로 나타나는 공통적 현상은 이런 것이다. 1900년에서 1950년대까지는 급속 성장을 계속하다가 대공황 때 잠깐 주춤하고, 이어 1960년대에 느려지다가 1970년대부터는 급속히 쇠락한다는 것이다. 이러한 특징은 미국 공동체들 내에서 벌어진 민간단체 활동의 변화 양상을 증언하는 여러 증거들에서 추출된 것이다. 이러한 단체들의 흥망을 탐구해본 결과, 다양한 장수 민간단체들의 발전과 후퇴가 동일한 패턴을 보인다는 놀라운 사실을 알게 되었다.

여기서 잠시 걸음을 멈추고 한 가지 예외 사항을 검토해보고자 한다. 그것은 워싱턴을 기반으로 하는 비영리 전국 협회들이 급속히 성장하고 있는 현상이다. 비영리 단체들의 회원 수는 20세기의 마지막 30년 동안에 폭증했다. 『미국 단체 백과사전Encyclopaedia of Association』에 의하면, 1968년에서 1997년 사이에 회원 수가 10,299명에서 22,901명으로 두 배 이상 늘어났다.[29] 그렇다면 각 지역에 지부를 둔 전국 규모 민간단체들을 이런 새로운 비영리 단체들이 대체했을 수도 있지 않을까? 도표 4.2에 나타난 회원 수 하락은 단지 착시현상일 뿐일까?

현실은 이렇다. 새로 생긴 비영리 단체 중 비교적 소수만이 대규모 회원 수를 자랑한다. 사회학자 데이비드 호턴 스미스는 『미국 단체 백과사전』에 등재되어 있는 단체들 중 동물영양 연구 위원회, 교통사고 통계에 관한 전국 회의, 전국 광물 찌꺼기 협회 같은 곳에는 전혀 개인 회원들이 없다는 것을 발견했다. 회원이 실제로 있는 단체들 중에서, 평균 회원 수는 1956년 111,000명에서 1998년 13,000명으로 줄어들었다. 달리 말해보자면, "단체들" 수는 두 배 이상 증가했으나, 평균 회원 수는 대략 10분의 1정도로 크게 줄어들었다. 그러나 대부분의 단체들은 이보다 더 큰 폭으로 감소되었다.[30] 1960년대와 1980년 사이에 단체들이 폭증한 현실은 단체 이름을 적은 목록은 길게 만들었지만, 대중적 참여의 붐과는 거리가 멀었다. 테다 스콕폴은 『축소된 민주주의: 미국 민간 생활의 회원에서 경영자까지』(2003)에서 새로 늘어나는 단체들은 전문가들이 관리하는 활동 그룹(시민단체)일 뿐 회원들을 대거 모집하는 민간단체들은 아니라고 말했다. 그녀는 1960년대와 1970년대의 사회 운동을 이렇게 설명한다.

1960년대와 1970년대의 사회 운동은 부지불식간에 전국 민간생활의 재조직화를 촉발시켰다. 그 생활 속에서 전문가들이 관리하는 협회와 단체들이 많이 생겨났으나 계급을 초월하는 회원 협회들은 터전을 잃었다. 우리의 시대에 시민활동에 참여하는 미국인들은 점점 더 많이 조직하고 있지만 점점 더 서로 연결이 되지 않는다……. [이러한 새로운 운동들은] 대중적 시위와 행동적 과격주의를 종합하고 그리하여 정부에 로비하고 대중을 교육하는 사업들을 전문적으로 지도하고 있다……. 1970년대와 1990년대 사이에 오래된 자발적 회원 협회들이 급속히 사라졌으나, 새로운 사회 운동과 전문적으로 관리되는 민간단체들이 대규모로 현장에 나왔다. 이들은 전국 시민생활의 목표와 양상을 재규정했다. 오늘날 미국의 대규모 민간단체들은 예전에 비하여 우애정신, 동료 시민정신, 공동체 봉사 등에는 별로 관심이 없다.[31]

이러한 신규 단체들은 보통 시민들로부터의 재정적 지원에 의존하고 또 그들을 대변하지만, 이 단체의 회원들 대다수가 하는 일이라고는 회비를 납부하거나 가끔 날라 오는 단체 회보를 읽는 것뿐이다. 이런 단체의 모임에 참석하는 사람들은 거의 없다. 실제로 많은 단체들이 회의 같은 것을 하지도 않는다. 어떤 회원이 다른 회원을 만나는 일도 거의 없다. 신규 단체들의 회원들은 펜대를 놀려서 가입하는 것뿐이지, 실제로 모임을 조직하거나 모임에 참석하지 않는다.

우편 주문 "회원 자격"은 민간단체 활동을 충분히 측정하지 못한다. 예를 들어 그린피스는 미국 내의 가장 큰 환경단체로서, 1990년 회원 수가 최고점을 찍었을 때 전국 환경단체들의 모든 회원 중 3분의 1이 그린피스에 참여했다. 아주 공세적인 우편 주문 프로그램을 통하여 이런 대규모 회원을 확보한 것이다. 그러나 최고점에 도달한 순간 그린피스 지도자들은 환경 단체가 수천 통의 쓰레기 우편물을 인쇄한다는 우울한 전망을 걱정하면서 우편 주문에 의한 신규 회원 가입 요청을 크게 줄였다. 그리하여 3년 사이에 그린피스의 "회원 수" 가운데 85퍼센트가 빠져나갔다.[32]

실제 회원들을 확보한 지부 기반의 단체들로만 시선을 고정시킨다 하더라도(참조 도표 4.2), 개별 단체들의 회원 수치는 민간단체에 가입하는 미국인들의 활동 추세에 대하여 불확실한 지표이다. 그 이유는 다음 두 가지이다. 첫째, 지난 1백여 년 동안에, 특정 단체들의 인기는 올라가기도 하고 내려가기도 했다. 만약 좀 더 새롭고 역동적인 단체들이 우리의 조사 대상에 포함되지 못했다면, 도표 4.2의 퇴조 현상은 "오래된" 단체들에만 적용되어야 하고, 모든 공동체 기반의 단체들에 적용되어서는 안 될 것이다. 둘째, "서류상의" 회원 수는 실제로 공동체 내에서 봉사 활동을 벌이는 실제 회원 수를 반영하지 못한다.

이런 두 가지 문제를 해결하기 위하여, 우리는 지금껏 의존해온 단체들의 문서 기록으로부터 시선을 돌려서 연구조사 증거들을 살펴보았다. 이 증거들은 모든 종류의 단체들 간 연계 상황을 포함할 뿐만 아니라, 문서상 회원들과 실제 활동하는 회원들을 구분하는 것이었다. 그 연구조사 범위는 1970년대 초반까지는 듬성듬성했고, 그래서 우리는 비교적 단기간에 걸친 회원의 성격에 집중했다. 이런 제한된 시기적 범위의 문제는 앞의 여러 장들에서도 봉착된 문제였다. 그렇지만 우리가 확보한 연구조사 자료는 우리가 지금껏 말해온 스토리를 더욱 강화해주는 것으로 나타났다.

1970년 이전의 연구조사 자료는 비록 약소하기는 하지만, 자발적 민간단체의 보통 미국인 회원수가 1950년대 중반에서 1970년대 중반까지 수평이거나 다소 하락했다는 민간단체들의 문서 기록들과 일치한다.[33] 1970년대 중반 이후에는 연구조사 증거들이 풍부해져서, 민간단체의 추세에 대한 우리의 판단은 더욱 확실한 것이 되었다. 우리는 다음의 3대 주요 조사연구 문서 보관소에서 자료를 얻었다. 전반적 사회 연구조사GSS, General Social Survey, 로퍼 사회 경제 문서기록소, DDB니덤라이프 스타일 문서보관소다.[34]

지난 50년 동안에 민간단체 회원 수는 전반적으로 어떻게 변화해왔는가? GSS는 1970년대 초에서 1990년대 초까지 민간단체의 회원 수 변화를 공시적으로 조사했다. 그러나 아쉽게도 이 조사연구는 지난 25년 동안의 회원 수 변화에 대해서는 조사하지 않았다. GSS 자료는 20년 동안에 조사대상에서 공식적 회원 비율이 약간 빠졌다는 것을 보여준다. 미국인 중 75퍼센트였던 것이 70퍼센트로 내려갔다는 것이다.

그러나 이런 결론은, 우리가 서류상 회원이 아니라 실제로 활동에 참여하는 적극적 회원들에 대한 증거를 검토해보면 크게 바뀌게 된다. 과거 미국에서는 민단단체의 적극적 회원들이 조직의 직원이 되거나 위원회 활동을 하는 것이 아주 흔했다.[35] 민간 활동의 전성기에, 활동적인 회원들의 대다수가 지도부의 설득으로 해당 민간단체 내에서 지도자의 역할을 수행했다. 이렇게 된 미국인들의 수는 20세기 후반부에 들어와 어떻게 바뀌었는가?

1973년과 1994년(로퍼 조사연구원들이 담당한 가장 최근의 해) 사이에,

단체 내에서 지도자 역할을 맡은 남녀의 수는 절반으로 줄어들었다. 여기서 단체라 함은 "오래된" 우애 단체에서 시작하여 뉴에이지 인 카운터 그룹Encounter Group 등 다양한 조직들이었다. 해당 20년 동안 에, 백인 남자들이 흑인들보다 지도자의 역할을 더 자주 맡았지만, 남자가 여자보다 더 중요한 역할을 맡는 추세는 백인이든 흑인이든 동일했다. 백인 지도자 비율은 1973년과 1994년 사이에 17퍼센트에 서 9퍼센트로 떨어졌다. 한편 흑인은 12퍼센트에서 7퍼센트로 떨어 졌다. 인종의 경계선을 넘나드는 이런 측정 수치로 볼 때, 미국 민간 단체들의 절반 정도가 이 20년 사이에 사라졌다.[36]

우디 알렌은 이런 재치 넘치는 말을 남겼다. "인생의 8할은 그 저 얼굴을 보여주는 행위로 구성된다."[37] 이와 똑같은 말을 민간 단체의 활동에 대해서도 해볼 수 있다. "얼굴 보여주기"는 미국 공 동체들 내에서의 단체 생활 추세를 평가하는 유익한 기준이 된다. DDB니덤라이프 스타일 문서보관소의 연구조사자들은 1975년에서 2005년 사이에 31회의 연간조사 활동을 벌였다. 그들은 106,000명 의 미국인들을 상대로 이런 질문을 던졌다. "지난 해 몇 번이나 클 럽 모임에 참석했습니까?" 도표 4.3은 이런 민간 활동이 30년 동 안 꾸준히 감소했음을 보여준다. 1975~1976년 사이에, 미국의 남 녀들은 해마다 평균 12회 클럽 모임에 참석했다. 대체로 보아 한 달 에 한 번 꼴이다.[38] 2005년에 이르러 전국 평균은 3분의 2가 줄어들 어 연간 4회 참석이었다. 1975~1976년 사이에, 전체 미국인의 64퍼 센트가 그 전에 최소 1년에 한 번은 모임에 참석했다. 2005년에 이 르러 그 퍼센티지는 전체 미국인의 33퍼센트로 줄어들었다. 요약하 면, 1970년대 중반에 미국인들 중 근 3분의 2가 클럽 모임에 참석했으나, 2000년대 중반에 이르러서는 미국인 중 근 3분의 2가 아예 클럽 모임에는 나가지 않았다(다시 한 번 지적하지만, 이런 추세에 인종에 따라 큰 차이가 있다는 증거는 나오지 않았다). 다른 나라들과 비교할 때, 미국은 여전히 동참자들의 나라이다. 그러나 우리의 과거와 비교해볼 때 우리는 그렇지 못하다. "동참"이라는 것이 서류상의 연대 이상의 것을 의미한다면 말이다.

서로 다른 두 문서보관소가 지방 현지의 클럽이나 단체의 적극적 활동이 20세기의 퇴조기에는 절반 혹은 3분의 2가 줄어들었음

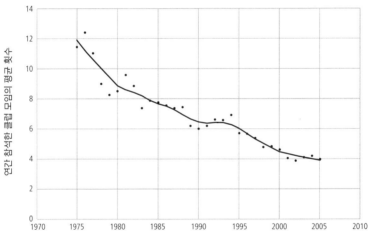

도표 4·3 클럽 모임 참석률의 감소, 1975~2005

출처: DDB니덤 라이프 스타일 서베이, 업데이트됨. LOESS smoothed: .33.

을 보여준다. 이러한 추산은 전혀 다른 종류의 증거와도 놀라울 정도로 일치한다. 1965년에서 1995년까지 매 십 년마다 전국적으로 선발한 미국인 대상자들에게, "시간 일기"를 작성하고, 무작위로 선택된 "일기 속 어떤 날"에 있었던 일을 분당으로 기록하라는 앙케트가

내려졌다. 이런 식으로 해서 그 일기들로부터, 우리는 1965년에서 1995년까지 30년간 평균적 미국인들이 어떻게 시간을 보냈는지를 재구성할 수 있다.[39]

일반적으로 말해서, 이들의 시간 배당이 이 시기에 극적으로 달라지지는 않았다. 가령 그 30년 동안에 이들은 하루 여덟 시간을 잤다. 하지만 몇 가지 중요한 예외 사항들이 있었다. 전에 비해 영화를 보는 시간이 더 늘어났으나, 가사나 육아에는 시간이 덜 들어갔다. 중상류층의 소수 전문직들을 제외하고, 미국인의 평균 노동 시간은 지난 50년 동안에 감소되어 왔다. 그렇지만 앙케트 일기는 공동체 단체들에 투자한 시간도 이 시기에 꾸준히 줄어들었음을 보여준다.[40]

평균 미국인이 단체 생활에 투자한 시간은 1965년에 월당 3.7시간이었으나, 1975년에는 2.9시간, 1985년과 1995년에는 2.3시간으로 줄어들었다(종교 단체에 들어간 시간은 따로 검토될 것이다). 1965년의 어떤 보통 날에, 미국인 중 7퍼센트가 공동체 조직에 나가서 시간을 보냈다. 그러나 1995년에 이르러 이 수치는 3퍼센트로 떨어졌다. 이 수치는 1960년대에는 미국인 중 근 절반이 매주 클럽이나 현지 단체에 나아가 시간을 보냈으나, 1990년대에는 그 수치가 4분의 1로 줄어들었음을 보여준다.[41]

절대적 기준에서 보자면, 단체 활동과 클럽 모임의 참가수가 줄어든 것은 교육적 사회적 수준에서의 퇴조 현상과 병행하는 것이다. 게다가 덜 교육받은 사람들일수록 단체 조직에 참여하는 빈도가 떨어지므로, 상대적 기준으로 보면 그런 참여의 퇴조는 사회의 하류 계층에서 더욱 두드러졌다.

여기서 보고된 단체 활동의 퇴조는 다른 샘플링 기술, 다른 조사연구 단체, 다른 앙케트 질문, 다른 종류의 조직들 등 전혀 다른 흐름의 증거에서 나온 것이다. 이런 여러 자료들의 증언은, 20세기의 마지막 30년 동안에 공동체 조직에 대한 참여 빈도가 절반 이상 뚝 떨어졌다는 사실을 이구동성으로 말해준다. 이 사실은 남서부 나무들의 나이테, 북극의 사라져가는 얼음 덩어리들, 영국 해군의 기상 기록 등이 모두 지구 온난화를 증언한다는 사실만큼이나 설득력이 높다.

요약해보면 다음과 같다. 단체의 여러 기록들이 다음과 같은 사실을 보여준다. 20세기의 첫 65년 동안에, 미국인들의 각종 민간단체 참여율은 꾸준히 증가하다가 대공황 때 잠시 주춤했다. 이와는 대조적으로 20세기의 마지막 35년 동안에, 우편 주문 회원 등록이 꾸준히 확대되어, 회원들이 실제로 모임에는 참석하지 않는 완전히 새로운 종류의 민간단체가 생겨났다. 물론 예외가 되는 케이스들도 있다. 가령 현재의 풍랑에도 불구하고 거기에 맞서 항해하면서 성공을 거둔 일부 민간단체도 있었다. 그렇지만 크게 보면 공동체 조직에 대한 참여율은 떨어지는 추세였다. 그리고 지난 50여 년 동안에 민간단체의 정식 회원 수는 4분의 1 수준으로 줄어들었다. 더 중요한 사실은, 클럽과 다른 민간단체의 적극적 참여율이 절반으로 줄어듦으로써 반 토막이 났다는 것이다.[42]

많은 미국인들이 자신은 여전히 각종 단체의 "회원"이라고 주장하지만, 대부분의 미국인들은 예전처럼 공동체 조직에 나가서 시간을 보내지 않는다. 우리 미국인은 더는 위원회 일을 하지 않고, 민간단체의 임직원으로 일하지도 않고, 단체 모임에도 나가지 않는다.

교육 수준이 향상되었는데도 이런 일들을 하지 않는 것이다. 전에는 그런 교육이 우리에게 관련 기술, 자원, 관심사를 제공하여 민간 활동을 격려했는데 말이다. 간단히 말해 지난 50년 동안, 미국인들은 공동체 내의 단체 생활로부터 떼 지어 이탈해왔다. 이것은 1백 년 전에 벌어진 것과는 정반대 현상이다.

종교와 자선[43]

종교 단체는 미국에서 오랫동안 공동체의 단결과 사회적 유대관계를 지탱해온 단 하나의 가장 중요한 원천이었다. 심지어 지금과 같은 세속적 시대에도, 모든 단체 중 절반 정도가 그 성격상 종교적 성격―신자, 성경 연구 모임, 기도 그룹 등―을 띠고 있으며, 자선 사업이나 자원봉사의 근 절반 정도가 종교적 맥락 속에서 수행되고 있다. 많은 미국인들의 경우, 종교는 신학적 헌신의 문제라기보다 공동체 생활의 진정한 원천이다. 신앙 공동체에 참여한다는 것은 더 넓고 세속적인 세계와의 연계를 보여주는 강력한 지표이다.

　종교 단체의 적극적인 회원들은 세속의 미국인들에 비해 더 많은 기부를 한다. 이들은 교회의 봉헌함에 돈을 내놓는 것 못지않게 세속의 대의를 위해서도 헌금한다. 교회에 정기적으로 나가는 사람들은 그렇지 못한 미국인들보다 자원봉사에 나설 가능성도 훨씬 높다. 이들은 교회에 나가서 봉사하는 일 못지않게 세속의 대의를 위해서도 자원봉사를 한다.[44] 신앙심 강한 미국인들은 그렇지 않은 미국인들에 비해 동네 모임이나 로타리 클럽, 스카우트 등 세속의 단체에 소속될 가능성이 두세 배 높으며, 민간 생활에서도 훨씬 더 적극적이다. 엄격한 통계 분석에 의하면, 종교적 행사 참여와 민간의 선행 사이에는 분명한 인과관계가 있다. 이것은 세속의 미국인들에게는 아마도 놀라운 일일 것이다. 간단히 말해서 종교적 참여의 추세는 좀 더 광범위하게 사회적 추세를 보여주는 핵심 지표이다.[45]

전통적으로 미국인들은 다른 나라 사람들보다 종교 단체에서 더 적극적이었다. 그래서 우리는 종종 경건한 신앙심을 안정된 국가적 특징이라고 생각한다. 그러나 다른 사회적 연대의 형태와 마찬가지로, 종교는 미국 역사상 흥망의 경로를 따라왔다. 사회학자인 로저 핑크와 로드니 스타크는 식민지 시대의 미국인들이 국가적 신화가 말해주는 것처럼 그리 신앙심 강한 사람들은 아니었음을 보여주었다.[46] 혁명이 터졌을 때, 미국인 5명 중 1명도 채 안 되는 꼴로 종교 단체의 회원이었으며, 이 수치는 1850년에 이르러서도 겨우 34퍼센트로 증가했을 뿐이었다.[47]

반면 미국 역사에서 "대부흥회"라고 하는 열렬한 신앙심의 파도가 주기적으로 발생했다. 전통적으로 제1차 대부흥회는 1750년대에 발생했고, 1820년대와 1830년대에 제2차, 그리고 1860년경에 제3차가 발생했다고 말해진다. 각 부흥회 때에는 종교적 활동이 왕성하게 증가했는데 특히 복음 교회와 새로운 종교 운동들에서 그 활약상이 두드러졌다.

그러나 19세기 말의 도금시대에 이르자 이러한 종교적 열기는 잦아들기 시작했다. 우리 역사 내내 그랬던 것처럼, 공중 앞에서는 정치적 수사법이 만연했다. 개신교가 문화적으로는 지배적이었으나, 가톨릭 국가들에서 이민 오는 사람들의 수가 증가하자, 종교는 당파적 분열적 힘으로 작용했고 심지어 동부 해안지역에서는 반反 가톨릭 폭력사태마저 발생했다. 원주민주의, 인종중심주의, 반유대 주의, 인종차별주의 같은 감정이 어디서나 흔했고 종종 종교적 비 관용으로 비화했다.

반면 대부분의 미국인들이 일상생활에서는 "교회와 무관한" 혹 은 "교회 없는 삶"을 살아갔다. 종교적 정체성을 거부하는 현대의 "무종교파"와 마찬가지로, 이런 세속적 미국인들이 반드시 비신자 인 것은 아니었으나, 회원, 참석, 헌금 등으로 특정 종교 단체와 연 을 맺지는 않았다.[48] 진보시대에 폭로고발 언론인으로 이름을 떨쳤 던 레이 스태너드 베이커는 1910년에 이런 글을 썼다.

> 노동계급은 교회, 특히 개신교 교회로부터 소외되었을 뿐만 아니라, 소 위 문화 계급에 속하는 남녀들도 교회의 일과는 연을 끊었다. 어떤 사 람들은 회원 자격을 유지했으나 교회는 그들의 삶에서 핵심적 역할을 하지 않았다…… 더욱이 이런 무관심은 "사악한 도시"에만 국한된 것이 아니라, 전국의 작은 마을들과 소도시들 그리고 대도시들에서도 만연 했다. 단 "부흥회"가 최근에 열렸던 몇몇 소수 지역은 예외이다.[49]

저명한 미국 종교 역사가인 시드니 앨스트롬은 1910년 현재 전 인구의 43퍼센트만이 교회에 나간다고 주장했다. 『워싱턴 포스트』 도 1909년에 비슷한 보도를 했다. 미국 내에 교회에 안 다니는 인구 가 "아마도 교회에 나가는 인구보다 약 3대 1 비율로 많다".[50]

도금시대에 개신교 신학은 "가난한 자는 복이 있다"라는 예수 8복의 사회적·도덕적 명제를 무시하면서, 그 대신에 개인의 경건함

사회적 연대가 더 중요하다는 것을 일깨워주려는 목적을 갖고 있었다.[53] 이 운동은 20세기 초에는 수적으로 지배적인 세력이 아니었으나, 문화적 변화를 보여주는 선행 지표였다. 사회적 복음 운동은 개인주의, 자유방임주의, 불평등 등에 저항하는 운동이었다. 그것은 종교적 노력을 사회적·정신적 환경에 일치시키려는 것이었다.

월터 라우센부시는 기독교 신학자 겸 침례교 목사였다. 그는 20세기 초 미국을 휩쓸었던 사회적 복음과 "단일세" 개혁 운동의 핵심 인물이었다. 뉴욕 북부 지역에서 성장한 라우센부시는 맨해튼의 헬스키친에서 사목 활동을 시작했는데 이때 무직, 가난, 영양실조, 무고한 어린아이의 죽음을 많이 목격했다. 그는 개인의 영혼을 구제하는 경건주의적 소명의식에서 벗어나 사회적 복음 쪽으로 방향을 바꾸었다. 그것은 기독교의 도덕을 사회 개혁에 적용하는 것이었다. 그는 이렇게 썼다. "세례는 개인의 구원을 위한 의식적 행동이 아니라, 종교적 사회적 운동에 헌신하겠다는 뜻을 밝히는 행동이다."[54] 그의 영향은 주류 개신교 내에서 수십 년 동안 지속되었다. 마틴 루터 킹에 의하면 그의 책 『기독교와 사회적 위기』(1907)는 "나의 사상에 지울 수 없는 영향을 남겼다".

라우센부시가 혼자서 활동을 펼친 것은 아니었다. 그의 명언 "예수라면 어떻게 했을까?"는 이제 보수적인 기독교인들 사이에서도 흔히 사용되는 말이 되었다. 이 말은 찰스 쉘던이 1899년에 펴낸 베스트셀러 장편소설에 의해 널리 대중화되었다. 쉘던은 캔자스 주 토피카에서 활동한 조합교회 목사였는데, 그의 신학은 기독교 사회주의에 대한 헌신으로 요약될 수 있다. 그의 책은 부자가 하느님의 나라에 들어가는 것은 낙타가 바늘귀를 통과하는 것만큼이나 어렵다는 예수의 선언에 의거하여 경제적 불평등을 공격한 것이었다.

예수라면 어떻게 했을까? ……큰 교회에 다니는 사람들은 좋은 옷에 훌륭한 집을 가지고 있고 사치품을 사들일 돈이 있고, 여름휴가를 다녀올 여유가 있다. 반면에 교회 밖에 잇는 수천 명의 사람들이 전셋집에서 죽어가고 있고, 일거리를 찾아 거리를 헤매고 있으며, 집 안에는 피아노와 그림이 없고, 비참·음주·죄악의 분위기 속에서 성장한다.[55]

이러한 공동체주의로의 방향 전환이 이루어짐에 따라, 많은 교회들이 종교 역사가 E. 브룩스 홀리필드가 말한 "사회적 신도 모임"을 채택했다.

수천 명의 신도들이 그들 자신을 사회적 중심인물로 변신시켰다. 그들은 열린 마음으로 예배를 보았을 뿐만 아니라 선데이 스쿨, 콘서트, 교회 사교모임, 여성들의 모임, 청년 그룹, 여성들의 길드, 남성들의 모임, 바느질 모임, 자선 단체, 데이 스쿨, 금주회, 운동 클럽, 스카우트 활동, 기타 여러 활동 등의 행사도 적극 개최했다……. 헨리 워드 비처는 예일 대학의 신학생들에게 그들 교구의 "피크닉 행사를 늘이라고" 조언했다. 그리고 다양한 신도 모임은 피크닉뿐만 아니라 운동회, 교구 내 주택 방문, 캠프, 야구 팀, 군사훈련 그룹 등도 조직했다.[56]

종교적 사고방식의 초점을 사회적 부조리에 맞춘다는 것은 진보시대의 개혁적 분위기와 일치하는 것이었다. 그러나 그 운동은 개신교도들 사이에서 보편적으로 받아들여지는 것은 아니었다. 실제로 20세기의 초기 몇 십 년 동안에 많은 "근본주의적" 개신교도들이 개신교 주류 종파의 "현대적" 신학으로부터 벗어나기 시작했는데, 특히 남부와 중서부에서 그런 현상이 두드러졌다. 이러한 분열은 20세기 내내 개신교의 주된 특징이 되었다. 20세기 전반기에는 주류 교회들이 교계를 지배했다면, 20세기 후반에는 복음주의자들(근본주의자들의 후예이지만 예전처럼 엄숙하거나 내면지향적이지는 않았다)이 지배 세력으로 부상했다.

20세기 초 산업화를 지향하는 미국의 문화가 점점 세속주의를 지향하자, 대부분의 기독교 종파들은 사회적 유대에 대한 의식이 강화되었고, 심지어 어떤 종파는 개신교도들보다 더 사회적 유대를 강조했다. 가톨릭교회는 빈자들의 곤경에 더욱 동정적이었는데 대부분의 가톨릭 신자가 이민 노동자 계급이었기 때문이다. 1891년 교황 레오 13세는 「레룸노바룸*Rerum Novarum*」*이라는 회칙에서 이렇게 선언했다. "우리는 경제적 자유주의의 자유방임 이론들을 거부합니다. 우리는 현대 가톨릭 사회사상의 기본 강령을 이렇게 밝힙니다. 누구나 공정한 임금을 받고 노조를 결성할 권리가 있습니다. 부의 좀 더 공평한 분배를 요구할 권리가 있고 국가는 경제 분야의 사회적 정의를 확보해야 할 의무가 있습니다."[57]

늘 그래왔듯이 교회는 흑인 공동체에서 주도적 역할을 했다. 흑인 교회의 역사에 관한 권위자인 이블린 히긴보덤은 이렇게 말했다. "교회는 학교, 이동도서관, 콘서트, 레스토랑, 보험 회사, 직업 훈련,

---

＊　회칙 이름은 원래 '새로운 것들에 대하여'라는 의미이나 우리나라에는 보통 '노동회칙'으로 번역되어 소개되었다.

운동 클럽 등 다양한 프로그램을 운영했다. 이 모든 행사는 개별 교회의 회원들보다 더 많은 사람에게 봉사하려는 것이었다. 교회는……. 정치적 집회, 여성들의 회의, 학교 졸업식 등을 후원했다."[58] 간단히 말해 사회적 개혁을 지향하는 기독교는 이 시대의 사회적 활동주의에 대단한 영감을 주었다. 1912년 시어도어 루스벨트를 대통령 후보로 지명하기 직전에, 진보당 전당대회에 참석한 대의원들은 즉흥적으로 〈전진하자, 기독교 전사들아!〉라는 합창곡을 불렀다.[59]

진보시대에 교회가 펼친 사회적 활동들이 모두 소위 "진보적" 대의에만 집중된 것은 아니었다. 가장 대표적인 보수적 사례로 금주운동이 있다. 이 운동은 1919년 금주법을 통과시켜 헌법의 수정안으로 들어갔을 때 최고조에 달했다. 금주 운동은 "금주"하는 개신교와 "음주를 허용하는" 가톨릭 사이에 종교적 분할선을 제공했다. 이 운동은 심지어 이 시대의 보수적 종교도 내면적으로 개인의 구원을 강조하는 데 그치지 않고, 외면적으로 공동체의 개혁에도 신경 쓴다는 것을 보여주었다.

진보시대 이후의 수십 년 동안, 미국의 종교 조직은 어떻게 진화해왔는가? 도표 4.4는 19세기 후반의 교회 참석인원수에 대한 수량적 증거를 종합한 것이다. 조사통계국이 정보를 수집하여 작성한 『미국의 역사적 통계 1890~1989』와, 갤럽 여론조사(1990~2018)를 참조하였다.[60] 가장 확실한 증거에 의하면, 교회 참석인원수는 20세기 전반기에 꾸준히 증가했다. 1890년에 성인 인구의 약 45퍼센트가 교회에 다녔는데, 이 수치는 제2차 세계대전 직전에 약 60퍼센트로 늘어났다.

제2차 세계대전 시대의 불안감은 미국의 신앙심을 더욱 높였

교회 참석인원 수, 1890~2018

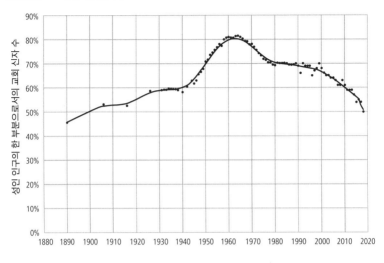

성인 인구의 한 부분으로서의 교회 신자 수

출처: 「미국의 역사적 통계수치」, 갤럽. 미주4 .60. 참조. LOESS smoothed : .15.

다. '총알이 빗발치는 참호 속에서는 무신론자가 생길 수가 없다'라는 말이 나돌았다. 우리가 앞의 두 장에서 검토한 경제적 정치적 추세와 마찬가지로, 높아진 신앙심은 전쟁이 끝난 후에도 시들해진 것이 아니라 오히려 더 높아졌다.[61] 전후의 풍요와 "신을 부정한 공산주의"에 반대하는 냉전의 시작은 물질적 낙관론과 전통적 가치에 대한 존중이라는 역설적 조합을 만들어냈다. 그러니까 애국심과 신앙심이 동시에 발휘된 것이다. 교회 참석의 붐은 십대 시절의 대공황과 보병과 여자 친구로 제2차 세계대전을 이겨낸 남녀들에 의해 촉발되었다. 이들은 이제 안정된 직업, 새 집과 자동차, 식구가 늘어나는 가정 등을 갖추고서 마침내 정착된 생활을 하려는 준비를 갖추었다. 결혼하여 아이를 키우는 것은 주기적인 교회 참석과 자연스럽게 연결되었다.

세대의 관점에서 볼 때, 전후의 종교적 부흥은 이십대의 젊은 이에게 집중되었다. 이들의 주말 교회 참석율은 1950년 2월 31퍼센트에서 1957년 4월에 51퍼센트라는 사상 최고의 기록을 보였다. 겨우 7년 사이에 벌어진 엄청난 변화로, 해마다 수백만 명씩 교회 가는 인구가 늘어났다는 뜻이다.[62] 제대 병사들과 그 아내들(혹은 과부들)이 미국 종교 단체(와 민간단체)의 핵심 기반 세력이었고 다음 21세기까지 이런 신앙심이 지속되었다. 그러나 그렇게 오래 지속된 신앙심도 그들의 자녀(부머)와 손자(밀레니얼)세대에 와서는 달라졌고 이 후손들은 종교로부터 멀어지기 시작했던 것이다.[63]

1950년대에 밀려온 신앙심의 쓰나미는 대규모 현상으로 미국 역사상 전무후무한 수준을 기록했다. 이러한 현상은 도표 4.4에 요약된 신도 수 증가로도 분명하게 파악된다. 그것은 도표 4.5 종교 예배의 참석률에서도 분명하게 드러난다. 도표 4.5의 작성에 대한 방법론적 세부사항들은 많은 논의의 대상이 되었다. 1944년에 신앙심이 최고조에 도달한 현상은 전쟁 시기 비상한 스트레스 탓으로 볼 수 있겠으나, 거의 모든 전문가들이 1940년대 후반에서 1960년대 초반에 이르는 시대에, 미국의 종교적 신앙심이 예외적으로 높아졌다는 사실에 동의하고 있다.[64]

이러한 전후의 부흥에는 당파적·종파적 성향이 전혀 없다. 공화당원이든 민주당원이든, 진보든 보수든, 가톨릭이든 개신교든 유대교든 모두 교회에 몰려들었다.(21세기의 미국인들은 1960년대 중반에 이르러 미국의 기독교 신자들은 공화당원보다 민주당원이 가능성일 높고 또 백인들이 많다는 사실을 안다면 놀랄지도 모른다).[65]

활발한 신앙심은 교회 참석율에 의해서도 드러날 뿐만 아니라 교회 신자 수에 드러난 단체 활동에 대한 헌신(도표 4.4)에서도 확인된다.[66] 새로운 신자들을 받아들이면서 교회 건설과 성경 출판은 신기록을 세웠다.[67] 이에 대해 앤드류 셜린은 이렇게 말했다. "사람들은 집에 있는 것 같은 편안함을 느낄 수 있는 종교적 체험을 원했다. 교회나 공회당의 신성한 공간에 머무르는 것은 그들에게 공동체의 일원이라는 느낌을 안겨주었다."[68]

전후 미국에서 사람들을 교회로 인도한 것이 종교적 열기만은 아니었다. 신도석을 가득 채우는 많은 신자들의 가족들이 볼 때, 교회 참석은 경건함을 표시하는 행위라기보다는 공민의 의무를 다하

도표 4·5 미국의 종교 예배의 참석률, 1939∼2018

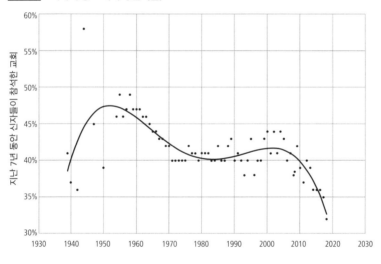

출처: 갤럽 여론조사. 미주 4.64. 참조.

는 행위였다. 그것은 PTA나 로타리 클럽에 참석하는 것과 비슷한 행위였다. 이들 민간단체들의 회원 수 또한 같은 시기에 폭발적으로

증가했다. 종교는 국가적 목표를 통합시키는 주제였고, 후일 사회학자 로버트 벨라가 말한 "민간 종교"를 의미하는 것이었다.[69] 시드니 앨스트롬은 1950년대 종교적 붐의 민간 차원을 이렇게 요약했다.

종교와 미국 정신은 전례 없이 높은 수준에 도달했다. 이러한 현상은 1950년대에 특히 두드러졌다. 이 시기에 드와이트 D. 아이젠하워 대통령은 보편적 신앙심과 자기희생적 애국심의 권위 높은 상징으로서 8년간 재임했다. 대통령은 새로운 종교적 전망에 대하여 고전적인 근거를 제시했다. 그는 1954년에 이렇게 말했다. "우리의 정부는 아주 깊은 신앙심의 바탕 위에 세워졌습니다. 만약 그것이 아니라면, 나는 그런 정부에는 조금도 신경 쓰지 않을 것입니다."[70]

아이젠하워의 비당파적·이신론적 주장은 몇몇 인사들로부터 신학적으로 수상한 주장이라는 비판을 받았다. 그러나 신학적 순수성과 범 교파적 단결의 수준이 어느 정도였든지 간에 미국은 1950년대에 아주 종교적인 나라였다. 저명한 종교 역사가인 윌 허버그는 종전 후에 "무종교파nones"에 관해 이런 말을 남겼다. "그들의 수는 사라져가고 있다……. 지난 25년 동안 미국 사람들이 자신의 마음을 종교적 신앙심과 동일시하는 건 아주 보편적 현상이었다."[71] 대부분의 미국인들은 종교적 붐이 당시의 공동체 활동 붐과 마찬가지로 앞으로 계속될 것이라고 내다보았다. 1957년, 미국인의 69퍼센트는 갤럽 조사연구원에게 "종교는 미국 생활에 점점 더 큰 영향을 미치고 있다"라고 말했다. 그로부터 10년이 채 지나지 않아 그런 기대는 산산조각이 났다.

1960년대는 정치·사회·종교 등 각종 분야에서 미국의 제도가 엄청난 동요를 겪은 시기였다.[72] 앨스트롬은 미국의 종교적 역사라는 거시적 관점에서 이 시대를 요약했다.

1960년대는 국가적 자신감, 애국적 이상주의, 도덕적 전통주의, 심지어 유대-기독교 유신론 등 오래된 국가적 기반이 격동의 홍수에 휩쓸려 내려가던 시기였다……. 눈 밝은 미국인 관찰자들은 격동의 시대라는 것을 분명하게 알 수 있었다. 전후 아이젠하워 시대의 부흥은 완전히 사라졌고, 국가는 전례 없는 규모로 양심의 위기를 겪고 있었다.[73]

1960대를 연구한 저명 연대기 작가인 모리스 이서맨과 마이클 캐즌은 이런 결론을 내렸다. "1960년대에 미국 내에서 가장 심한 변화를 겪은 것은 미국의 종교였다."[74]

다른 주요 제도들과 함께, 종교적 제도들은 공적 자신감과 개인적 자신감이 극적으로 사라지는 현상을 겪었다. 한 세기 이상 사회를 지배해왔던 주류 개신교 교회들은 특히 그런 사기 저하로 피해를 보았다. 1960년대를 다룬 신학 저서 중 가장 많이 논의된 것은 진보적 개신교 신자인 하비 콕스가 써낸 『세속도시』(1965)였다. 이 책은 종교 기관들이 지나치게 관료화되고, 위계화되고, 기부자에 예속되어 있기 때문에 이 세상에서 교회 고유의 임무를 수행하지 못한다고 비난했다. 그는 독자들에게 "창조적 이탈"을 추구하라고 권유했는데, 기존 교회들의 "제도 중심적 사고방식"으로부터 과감히 벗어나라는 것이었다.

대부분의 주류 개신교 신자들에게 있어서, "이탈"은 전통적인 종파를 이탈하는 것을 의미했다. 이와는 대조적으로 가톨릭 신자들은 바티칸 제2차 종교회의(1962년의 개혁 지향 회의)의 진보적인 개혁을 두고서 의견이 엇갈렸다. 가톨릭 신자들 중에 당초에 종파를 떠나는 사람들은 별로 없었고 대신 미사에 정기적으로 참석해야 한다는 가르침을 무시하는 정도였다. 1960년대에 미사 참석률은 너무나 급속히 떨어졌기 때문에 가톨릭교회만으로도 전체 종교 참석률 추락의 상당 부분을 차지할 정도였다. 그러나 스스로 자신을 가톨릭 신자라고 말하는 사람들의 수가 즉각적으로 감소되지는 않았다. 사람들이 교회를 무더기로 떠나는 현상은 1990년대에 사제들의 섹스 스캔들이 서서히 알려지면서부터 전보다 더 흔해지게 되었다.

1960년대는 또한 전통적 채널 밖에서 전례 없는 종교적 실험이 수행된 시대였다.[75] 소위 "영적인 것"에 관심이 많으면서도 전통 종교는 무시하는 부머들에게는, 새로운 정신적 안식처를 찾는 "시커seeker(추구하는 자)"라는 별명이 붙었다. 그보다 덜 떠들썩하지만 더 호소력 있는 것은 "쉴라주의Sheilaism"의 등장이었다. 이 명칭은 로버트 벨라와 그 동료들이 써낸 베스트셀러 『마음의 습관』(1985)에 나오는 여성의 이름에서 나온 것이다.

"나는 신을 믿는다. 나는 광신도가 아니다. 나는 교회에 마지막으로 간 게 언제였는지 기억이 나지 않는다. 나의 신앙은 나를 오래 유지해왔다. 그것은 쉴라주의이다. 나 자신의 작은 목소리이다…… 나만의 쉴라주의……. 그건 나 자신을 사랑하고 나 자신에게 부드럽게 대하는 것이다."[76]

이런 개인적 진실을 찬양하는 가운데, "종교적 확신은 퇴조하고 어느 정도 종교적 상대주의가 그 틈새를 뚫고 들어오는 것은 불가피한 일이다".[77] 전통적으로 종교를 숭상했던 공동체들은 서서히 자기 자신을 숭상하는(적어도 정신적으로는) 종교적 개인들에 의해 대체되었다. 1960년대에 나왔던 종교적 혁신들은 미국의 종교적 무대에서 유의미한 요소들로 살아남지 못했다. 그러나 시커들이 추구하는 다양한 정신적 메뉴는 미국의 전통 종교가 직면한 혼란을 생생히 보여주는 증상이었다. "영성은 각 개인들이 그 자신의 고유한 방식으로 뭔가 찾아나서는 아주 복잡한 추구의 수단이 되었다."[78] 종교적인 "우리"는 종교적인 "나"에게 밀려났다.

1960년대의 지진이 만들어낸 변화의 가장 뚜렷한 지표는 종교적 실천의 빈도가 급속히 추락했다는 것이다. 전국적으로 교회 참석율은 1958년의 49퍼센트에서 1969년의 42퍼센트로 떨어졌는데, 이런 지표를 측정한 이래에 가장 많이 떨어진 것이었다.[79] 그런데 다음 사실보다 더 분명하게 세대 차이를 보여주는 현상은 상상하기 어렵다. 나이 오십 이상의 사람들(제2차 세계대전 세대와 그들의 손위 사람들)에서는 감소율이 사실상 없었다. 하지만 18~29세 사이의 사람들(초창기 부머들)에서는 교회 참석률이 절반 이상 떨어져 반 토막이 났다. 1957년 4월에 51퍼센트였던 것이 1971년 12월에는 28퍼센트로 떨어졌다. 부머들은 나이가 들면서 점점 종교적 실천 쪽으로 눈을 돌렸으나, 그래도 같은 나이 대에 그들의 부모가 그랬던 것만큼 열성적이지는 않았다. 부머의 부모들이 전후의 신앙심 부흥에 큰 역할을 했다고 한다면 부머들은 전후 20년 뒤 신앙심의 추락에 대체로 책임이 있었다.

종교적 지진의 강도를 기록하는 가장 민감한 지진계는 미국 국민들 자신이었다. 1957년까지도 미국인 69퍼센트가 "미국 내에서 종교의 영향이 커지고 있다"라는 말했던 사실을 기억하라. 그러나 그로부터 5년 후 그 수는 45퍼센트로 떨어졌고 1965년 33퍼센트, 1967년 23퍼센트, 1968년 18퍼센트로 계속 추락하더니 마침내 1970년에 14퍼센트로 바닥을 쳤다. 거의 하룻밤 사이에 미국은 신의 나라에서 신 없는 나라로 변모한 듯하다.

1960년대에 종교적 실천에 급속한 변화가 오고, 또 같은 시기에 성 풍속에 큰 변화가 왔는데, 이 두 현상은 사실상 서로 긴밀하게 연결되어 있다. 제8장에서 살펴보게 되겠지만, 성 풍속, 특히 혼전 섹스에 대한 규범은 거의 하룻밤 사이에 바뀌었다. 그리고 성적 규범(가령 혼전 섹스)에 대한 태도는 어떤 부류의 미국인들이 1960년대와 1970년대 사이에 종교로부터 이탈했는지 확실하게 보여준다. 이와 아주 유사한(그렇지만 좀 더 느린) 혁명이 처음에는 동성애에 대한 태도, 그리고 다음에는 종교에 대한 태도를 30년 후에 바꾸어놓게 된다.[80]

많은 미국인들이 1960년대에 사회적·성적·종교적 변화를 하나의 "해방"으로 체험했다. 그러나 다른 사람들은 국가가 나아가는 방향에 대하여 아주 불만이었다. 그들은 성적 개방성을 아주 못마땅하게 바라봤고, 학교에서 올리는 기도와는 다른 교회—국가의 문제들에 대해서도 불만이 팽배했다. 1960년대에 대한 이들의 반발은 강력한 후유증을 가져왔고 그 여파가 전국적으로 감지될 정도였다. 그 후 20년 동안 이 사람들—종교와 정치 분야에서 보수적인 사람들—은 복음주의자들의 수를 늘렸고 1960년대에 벌어진 종교적 실천의 내출혈을 지혈했다. 그것은 1960년대의 지진에 부수되는 일종의 사후 충격파였다. 도표 4.4와 4.5는 1960년대의 지진 동안에 발생한 교회 신자들 감소와 참석률 하락이 1970년대와 1980년대에 들어와서는 느려지다가 멈추었다는 것을 보여준다. 이 지진의 가장 중요한 결과는 보수주의와 종교가 점점 대중들의 눈에는 하나로 비춰졌고 그리하여 종교적 우파가 생겨났다는 것이다. 많은 신앙심 깊은 미국인들이 볼 때, 이러한 협력은 1960년대의 과도한 조치에 대항하는 적절한 반격이었다.

그러나 그들의 동료 시민들 중 점점 더 많은 사람들이 그런 확신을 갖고 있지 않았다. 1990년대가 시작되면서 보수적 기독교 신자들에 저항하는 반격이 미국인들 사이에서 나타나기 시작하더니 그 숫자가 점점 증가했다. 이런 미국인들은 종교적 지도자들의 정치적 영향력과 조직 종교에 크게 반발했다. 특히 미국 청년들은 종교 단체를 심판적, 동성애 혐오적, 위선적, 당파적인 기관으로 인식했다.[81] 이 모든 것은 두 번째 충격파가 곧 미국 종교계 분야를 강타하겠구나 하는 사전 징조였다. 1990년 이후 소위 무종교파의 증가는 이런 세 번째 지진을 틀림없이 예고하는 것이었다.

이 무종교파들은 누구인가? 역사적으로 볼 때 미국인들의 신앙심이 어느 정도이든 간에, 거의 모든 미국인들은 이런 저런 종파에 소속되어 있었다.[82] 1950년대에는 "당신이 선호하는 종교는 무엇입니까?" 하는 질문에 압도적 다수가 그들의 종교적 정체성을 흔쾌히 표현했다. 이것은 윌 허버그가 증언한 바와 같다. 그리고 아주 소수의 미국인만이 "무종교파"라고 대답했다.[83] 1960년대의 지진은 이 무종교파의 전국적 수치를 5퍼센트에서 7퍼센트로 높였다. 하지만 이 수치는 그 뒤 20년 동안 변하지 않았다.

그러나 1990년 무렵에 "무종교파"라고 대답하는 미국인들의 비율이 늘어나기 시작했고, 거의 동시에 교회에 "결코" 가본 적이 없다고 대답하는 사람들의 비율도 높아지기 시작했다(참조 도표 4.6)[84] 이것은 최근의 미국 종교 역사에서 가장 획기적인 전환점이었다. 도표 4.4와 도표 4.5가 보여주듯이, 종교적 활동의 쇠퇴는 1960년대에 시작되었다가 1970년대와 1980년대에 잠시 멈칫했으나 21세기가 시작되면서 가속화했다.

지난 50년 동안에 미국인들은 인종 불문하고 조직 종교로부터 멀어졌다. 그러나 교회는 오래전부터 백인들보다는 비백인들 사이에서 더 중요한 역할을 수행해왔다. 믿음, 소속감, 행동 등 그 어느 기준으로 측정해보아도 변하지 않는 진실이다.[85] 따라서 교회로부터의 이탈(참조 도표 4.6)이 비백인과 백인 모두에게 똑같이 적용되는

도표 4·6 비어가는 신자석과 증가하는 "무종교파", 1972~2018

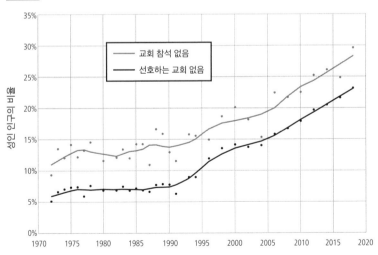

출처: 제너럴 소시얼 서베이, LOESS smoothed: .25.

제4장 사회: 고립과 연대 사이에서

와 갈등에 그 뿌리를 두고 있는 것이다.[87]

21세기의 첫 20년 동안에 나이든 미국인 중 종교와 무관하다고
말하는 사람은 5퍼센트도 채 되지 않았다. 하지만 밀레니얼 세대에
서는 35~40퍼센트가 무종교라고 대답하는데 이들이 나이든 세대
를 현재 교체해가고 있다. 이러한 세대교체는 미국의 종교 활동 수
준을 대대적으로 꾸준히 낮추고 있다. 그리하여 일부 학자들은 오랫
동안 미국과는 무관한 것으로 생각해왔던 "세속화"가 마침내 미국
에도 상륙했다는 결론을 내렸다.[88] 이러한 사정이었기 때문에, 개인
적 자율성이 지난 1백 년에 비해 미국인의 종교 활동에 더 큰 역할
을 하게 되었다.

20세기 미국 종교의 역사라는 커다란 캔버스의 세부사항들로
부터 약간 물러서서 바라보면, 앞의 여러 장에서 지속적으로 보아
왔던 전도된 U자형 곡선을 보게 된다. 20세기의 첫 65년 동안에, 미
국인들은 신자 수로 보나 교회 참석률로 보나 조직 종교 속으로 들
어가 활발하게 종교 활동을 해왔다. 그러다가 1960년대 초반의 전
환점을 맞아서 이러한 추세가 정반대 방향으로 들어섰다. 그리하여
종교적 활동의 쇠퇴는 1960년대와 1970년대 초반에 시작되었다가
1980년대와 1990년대에 잠시 멈칫했으나 21세기가 시작되면서 가
속화했다.[89]

이러한 역사적 U자형 곡선은 종교계든 속계든 자선사업의 불
완전한 기록에도 나타난다. 파편적 증거에 의하면, 개신교와 가톨릭
의 기부금(가처분 소득의 일부분으로서)은 대공황 시절에 크게 줄어들었
으나 1945년과 1960년대 사이에 지속적으로 회복되었다. 이때는 교
회의 신자수와 참석률이 크게 오르던 시기였다. 그러나 주요 종파

를 모두 아우르는 훨씬 더 좋은 데이터에 의하면, 교회의 신자 수와 참석률의 쇠퇴와 일치하는, 기부금의 꾸준한 쇠퇴 현상이 나타났다. 지난 50년 동안(1068~2016), 가처분 소득 대비 1인당 종교 기부금은 약 60퍼센트가 감소했다.[90]

불완전하지만 포괄적인(종교계와 속계 모두 포함) 기록에 의하면, 전국적인 개인 기부(국민 소득 중 가처분 소득의 일부분)는 전형적인 전도된 U자형 곡선을 보인다. 개인 기부금은 1929년부터 1964년까지 꾸준히 상승하여 근 두 배가 되었다가 이어 1964년부터 1996년까지는 감소세로 돌아섰다. 1996년부터 2005년까지 10년 동안에, 전국 기부금 규모는 근 3분의 1까지 올라갔다가 그다음 10년 동안에는 같은 수준으로 감소했다. 이런 일시적인 상승은 몇 년 동안 전문가들을 의아하게 만들었다. 그러나 정밀 조사 끝에 그것이 1990년대 중반부터 대침체 사이의 호경기에 이뤄진 몇몇 대규모 기부 때문임이 밝혀졌다. 실질적으로 이 기간 동안 일반 국민들의 기부금 규모는 계속 떨어지고 있었던 것이다. "평균" 기부금의 평가 수준이 소수의 거액 기부자들에 의해 높아진 듯 보였던 것뿐이었다. 이와는 대조적으로, 미국 내 단일 규모로는 최대 자선업체이고 소액 기부금만 받아들이는 "유나이티드 웨이"에 들어오는 기부금은 1961년부터 2017년 사이의 근 60년 동안 꾸준히 감소했고, 1996~2005년의 호경기에 기부금 액수가 늘어났다는 증거도 없다. 요약하면 1960년대 중반 이후 대부분의 미국인이 내놓는 기부금은 꾸준히 감소했다. 신흥 부자들이 내놓는 거액의 기금에 의해 일시적으로 혹은 부분적으로 그런 감소세가 멈추었을 뿐이다.[91]

제1차 도금시대에서도 이와 똑같은 일이 벌어졌다. 가령 거대한 경제적 불평등의 결과로 거대한 부를 획득한 록펠러, 앤드류 카네기 같은 몇몇 부자들이 대규모 기부금 희사를 했던 것이다. 빌 게이츠, 워렌 버핏, 마크 저커버그의 거액 기부를 비판하기는 어렵다. 그렇지만 그들의 개인적 기부 행위가 1960년대에 최고점을 찍은 이후 미국 중산층 사이에서 퍼져나간 자기중심주의를 은폐해주는 가림막이 되어서는 안 된다.[92]

노동자 연대

경제적 불평등을 다룬 제2장에서 우리는 20세기 전반기에 노조가 경제적 단체의 하나로 부상했다가 1960년 이후에는 쇠퇴한 사실을 논의했다. 그러나 노조는 중요한 지위의 최고점을 찍었을 때 분명 사회적 제도였고, 그런 만큼 이 장에서 추가로 다루어볼 만한 가치가 있다.

　제1차 도금시대에 노조원 수가 늘어나는 데는 공유된 정체성이 필요했고, 거기에 노동자 유대를 창조하기 위한 공유된 이해관계가 있어야 했다. 19세기의 노조 활동은 노동자들의 광범위한 저항에 직면했다. 노동자들은 단일 개체의 기능공으로서 생계를 유지할 수 있는 자신의 고유한 지위를 희생하지 않으려 했고 또 역사적인 직업적·인종적 스펙트럼에서 저 먼 곳에 있는 노동자들을 위해 숙련된 노동자라는 자신의 지위를 포기하지 않으려 했다. 왜 폴란드 출신 기관차 기사가 흑인이나 중국인 철도 인부를 위해 자신의 생계를 위태롭게 해야 하는가? 단지 그들이 똑같은 대기업에 근무한다는 이야기로 그런 희생을 요구하는 건 말이 안 된다고 생각했다. 노조 활동은 불가피하게 집단행동의 딜레마를 초래했고 일부 노동자들(노조 파괴자들)을 노조의 대열에서 이탈하도록 유혹했다. 이러한 유혹은 백인의 편견에 의해 노조에서 제외된 흑인들이나 다른 소수 인종들에게 아주 강력하게 작용했다.

그리하여 성공적인 노조활동을 위해 노동자들의 정체성을 새롭게 구축해야 한다는 문제에 봉착했다. 모든 노동자들 사이에서 연대의식을 구축하려는 노조 지도자들의 치열한 노력만이 이런 딜레마를 극복할 수 있었다. 그리하여 노조 활동가인 랠프 채플린은 1913년에 이런 고전적인 가사의 노래를 작사했다.

이 지상에서 단 한 사람의 허약한 힘처럼 더 허약한 게 있을까?

그러나 노동조합은 우리를 강력하게 만들어준다네.

연대여 영원하라, 연대여 영원하라, 연대여 영원하라.

노동조합은 우리를 강하게 만들어주니까.[93]

미국의 노동자들은 유럽적인 의미로 계급 의식적인 사람들은 아니었으나, 자신의 정체를 "노동자 계급"으로 밝히는 것을 자랑스럽게 여겼다.[94] 1930년대와 1940년대의 노조활동이 성공을 거두기 위해서는, 노조 지도자들과 노동자들이 인종적 종족적 딜레마를 극복해야 했다.[95]

이렇게 하여 개인주의를 집단 정체성으로 교체하는 것이 노조 활동의 본질적 부분이 되었다. 경제 역사가 토머스 C. 코크란과 윌리엄 밀러는 1940년대에 노조의 중요성에 대하여 이렇게 썼다.

노조는 조합원들의 사회생활에 중요한 부분이고, 물질적 개선을 얻어내는 수단이다. 뿐만 아니라 노조의 집단행동은 임금과 시간이라는 단순한 문제보다 훨씬 복잡한 뿌리를 갖고 있다……. 노조는 클럽, 지부, 우애 단체 등으로 사회가 대규모적으로 이동해가는 과정에서 나온 한 부분이었다. 노조를 위해 일하고 대의원들에게 사측을 상대로 싸우도록 권한 위임을 하는 것은 개인의 힘을 재확인하는 것이었다. 즉 자신의 환경을 극복할 수 있는 힘인 것이다. 상부상조의 정책은 산업현장의 사고와 계절적 실업에 대비하여 어떤 안전감을 부여하는 것이었다. 또 노조의 사교 행사, 무도회, 피크닉과 강연회 등은 재미있는 여가 활동을 마련해주는 것이었다.[96]

그 당시 노조는 사회적·경제적 생활에서 중요한 기관이 되었고 심지어 미국 문화에 대해서도 영향력을 행사했다. 도표 4.7은 1880년에서 2008년까지 미국 내에서 발간된 모든 책에서 노조가 언급된 빈도를 보여준다. 노조는 장편소설과 탐정소설 그리고 심지어 시 속에서도 등장한다. 이렇게 된 것은 노조가 경제적으로 중요한 단체여서가 아니라 일상생활에서 중요한 요소였기 때문이다. 노조 지부는 의료시설, 리조트, 라디오 지국, 스포츠 팀, 교육 강좌, 비공식 사교활동을 지원하는 다양한 기회 등 여러 가지 편의를 제공했다.[97] 1960년대 노조활동이 최고점을 찍었을 때, 미국 성인 중 3분의 1이 노조에 소속된 사람이었다. 하지만 이 수치는 2018년에 이르러 13퍼센트까지 떨어지게 된다.[98]

우리는 앞의 도표 2.12에서 노조 가입자의 수적 증감을 보여주면서 그런 추세의 경제적 정치적 사회적 요인들을 탐구한 바 있었다. 경제의 구조적 변화는 물론이고, 노조 회원 수를 감소시키고 그 힘을 축소시키려 했던 회사 경영진과 보수적 정치가들의 적극적 캠

도표 4-7 뚜렷한 문화적 현상으로서의 노조, 1880~2008

출처: 엔그램. 이 책의 249쪽과 미주 5.19. 참조. LOESS smoothed: .15.

페인도 알아보았다. 더욱이 노조 회원 수가 줄어들면서, 노조 회원 의 의미는 사회적 유대라는 대의명분에서 집단협상의 대의적 기능 으로 축소되고 말았다. 노조회관의 연대의식은 이제 기껏해야 나이 든 사람의 희미한 추억이 되고 말았다.[99] "연대여, 영원하라"라는 규 범은 부머 개인들이나 그들의 후예에게 그 호소력을 잃어버렸다. 영 스타운에 사는 어떤 나이든 제조업 분야의 해고 노동자는 이런 상 실감을 표현하면서 다른 노조 회원들의 연대감 결여를 비난했다. "그들은 노조의 형제애, 동료애, 상호 이해를 상실했습니다. 그들은 오로지 '나, 나, 나'에 대해서만 관심이 있습니다……. 그 때문에 노조

의 힘이 쇠락하고 있다고 생각합니다."[100]

가정의 형성[101]

지금껏 민간단체에서 교회에 이르는 미국의 주요 공동체 기관들이 지난 1세기 동안 개인주의-공동체주의-개인주의라는 아치형을 그리며 발전해온 과정을 살펴보았다. 그것은 "나"에서 "우리"로 갔다가 다시 "나"로 돌아오는 과정이었다. 그런데 사회의 가장 기본적인 단위인 가정에서도 놀라울 정도로 유사한 리듬을 발견할 수 있다.

　앞의 세 단체(민간단체, 교회, 노조)의 경우에 우리는 양적 추세와 질적 추세를 동시에 검토했다. 그런 단체에 소속된 인원이 얼마나 되며 어떤 성격의 단체인가를 살펴보았다. 우리는 이제 가족 형성의 추세를 검토하면서 동일한 두 가지(양적·질적) 질문을 던지려고 한다. 지난 125년 동안에 얼마나 많은 남녀가 결혼하여 가정을 이루었는가? 그들은 어떤 종류의 가정을 형성했는가? 여러 나라들에서 1세기에 걸쳐 발전해온 가정이라는 복잡한 사회 제도에 대해 간결한 역사를 기술하려고 한다면, 여러 중요하면서도 미묘한 사항들이 등장할 것이다. 그러나 이 장의 앞에 나온 여러 섹션에서와 같이, 우리는 이 시기에 미국의 대부분 가정에 영향을 미친 광범위한 패턴을 찾아낼 수 있었다.

　20세기가 시작되던 시기에, 미국에서 결혼을 하고 아이를 낳아 가족을 형성한다는 것은 결코 모두에게 고루 적용되는 현상이 아니었으며 심지어 연령적으로도 아주 늦게 벌어지는 현상이었다. 그 앞 세대나 그 뒤 세대와 비교해볼 때, 도금시대의 젊은이들은 부모와 함께 살면서 아주 늦은 나이에 결혼을 했다. 많은 젊은이들이 "미혼 남bachelor"과 "독신녀spinster"로 남으면서 결혼을 하지 않았으니 자식도 없었다. 또 결혼을 한다고 하더라도 인종 경계선을 넘어가는 일이 거의 없었다. 물론 그 시대(다른 시대들도 마찬가지만)의 미국인 대부분도 결국에는 결혼을 하고 자녀를 낳았다. 그런데 이 도금시대에는, 놀라울 정도로 많은 수의 미국인이 결혼해서 핵가족을 이룰 시기에는 종교적으로 "무종교"였다.

반면 20세기 전반기에는 젊은 남녀들이 일찍 부모 곁을 떠나 일찍 결혼을 했다. 독신으로 머무는 일은 별로 없었고, 결혼을 하면 인종 경계선을 넘나들었고, 비교적 젊은 나이에 자녀를 두었다. 그리하여 1960년에 이르러 조기 결혼과 자녀 출산은 거의 모든 미국인들에게 일상생활이 되었다.

그러다 20세기 후반에 들어와 미국 청년들은 부모의 집에 오래 머무르기 시작했고 결혼과 자녀 출산을 미루거나 기피했다. 독신인 사람들이 흔해졌고 미국 역사상 그 어느 때보다 그런 현상이 심각했다.[102] 간단히 말해서, 20세기 초와 21세기 초의 두 '나'의 시대에는, 결혼해서 자녀를 두는 사람들이 적었고 결혼을 하더라도 늦게 해서 늦게 아이를 두었다. 반면 20세기 중반의 '우리' 시대에는 거의 모든 미국인들이 핵가족을 이루어 '우리'라는 규범을 실천했다.

지난 수십 년 동안에 단성單性 가족, 동거 가족, "취약한" 가족(외부모 가족) 등 많은 새로운 형태의 가족이 생겨났다. 이러한 현상은 자세히 살펴볼 가치가 있다.[103] 여기서 밝혀둘 것은 우리가 이런 가족들을 불법이라고 치부하지 않는다는 점이다. 그러나 대부분의 경우 이런 비전통적 가족은 20세기 내내 드문 것이었다. 이 가족들에 대한 믿을 만한 자료는 더욱 드물다. 그래서 우리가 21세기의 가족에 대하여 기술할 때 이들 가족에 대해서는 우리가 원하는 만큼 주의를 기울일 수가 없었다.

먼저 지난 도금시대와 우리의 시대 사이에 벌어진 결혼 발생건수와 시기가 어떻게 변화해왔는지 몇몇 기초 데이터로부터 시작하자. 도표 4.8은 1890년에서 2016년 사이 미국 남녀들의 초혼 연령의 변화를 도표로 보여준다. 이걸 보면 결혼 연령이 점점 높아지는 것을 알 수 있다. 20세기의 초와 말의 두 도금시대에 남녀 모두 결혼해서 가족을 만드는 일을 비교적 늦게 시작하고 있다. 1890년에 초혼 연령은 여자 22세에 남자 26세였다. 그러나 20세기 중반에는 결혼이 빨리 시작되어 여자 20세에 남자 23세였다. 1940년 후반에 결혼 연령이 급격히 낮아진 것은 제2차 세계대전 종전 후 제대 병사들의 귀환과 관련이 있다. 그러나 조기 결혼의 추세는 그보다 몇 십 년 전에 이미 시작되었고, 종전 후에도 수십 년 동안 지속되었다. 그러던 것이 2016년에 이르러 초혼 연령은 여자 27세, 남자 30세로 높아졌다. 부머의 부모들은 빨리 결혼했으나 부머 자신들과 그들의 자녀들은 그렇지가 않았다(도표 4.9 참조). 이 도표는 인생 주기의 동일한 단계에서 세대 간 결혼 비율을 보여준다. 오늘날의 결혼 연령은 1960년대에 비해 대략 7년이나 뒤진다. 1세기 전에는 겨우 4년 뒤졌는데 말이다.

이러한 데이터는 한 가지 측면에서 더 큰 곡선형 패턴을 과소평가하는 것이다. 왜냐하면 "초혼 연령"이라는 정의는 아예 결혼하지 않는 사람을 제외한 것이기 때문이다. 도표 4.10은 1900년에서

초혼 평균 연령, 1890~2016

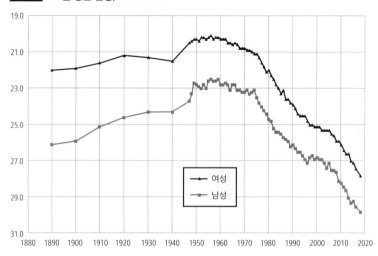

출처: 인구조사국, 10년단위 인구 조사; 1947년부터는 현재인구 조사연구.

도표 4·9 결혼 비율의 세대 간 차이

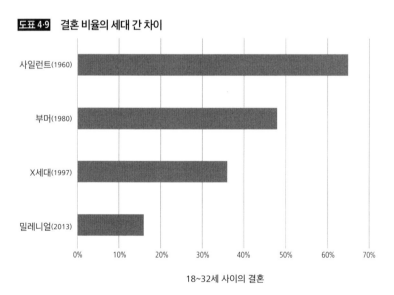

18~32세 사이의 결혼

출처: https://www.pewsocialtrends.org/2014/03/07/millenials-in-adulthood/sdt-next-america-03-07-2014-0-02/.

220

도표 4·10 　결혼의 증감(1880~2017)

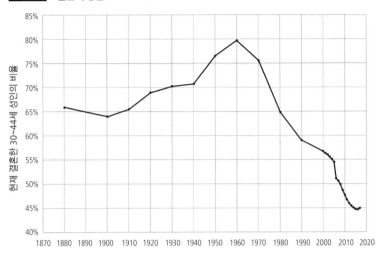

출처 : IPUMS USA : Version 9.0.2019. https://doi.org/10.18128/D010.V.9.0.

2015년 사이에 벌어진 결혼의 증감을 전반적으로 조망한 것이다. 이 도표는 결혼 적령기(30~44세)에 있는 미국인들 가운데 몇 퍼센트가 실제로 결혼하는지 보여준다.[104]

　　이상의 자료를 요약하면, "가정의 단란함"은 1960년에 최고점에 도달했다. 이때 중년(30~44세)의 미국인 80퍼센트가 결혼을 했는데 결혼 평균 연령은 21세였다. 이와는 대조적으로 1900년에는 약 65퍼센트가 평균적으로 24세에 결혼했다. 그리고 2018년에 이르러 45퍼센트가 28세에 결혼했다. 수억 명의 보통 미국인들이 내린 개인적 결정들을 종합해본 결과는 다음과 같다. 지난 125년 동안에 가정을 꾸리는 정도는 민단단체, 종교기관, 노조 등의 결성과 동일한 패턴을 따라 진행되어 왔다.

　　청년이 부모의 곁을 떠나는 시기에 대한 자료도 이와 동일한 경향을 확인해준다. 20세기 초 그리고 20세기 후반에는, 대략 청년 (25~29세) 세 명 중 한 명꼴로 부모와 함께 살면서 가정을 꾸리는 일을 미루었으나, 이 비율은 점점 낮아져 1970년에 이르러서는 10명 중 1명꼴까지 낮아졌다. 이때는 거의 모든 미국 청년들이 20대 후반까지는 결혼을 하고 가정을 꾸렸다(참조 도표 4.11). 시기가 약간씩 달랐을 뿐 청년들 대다수가 결혼을 했던 것이다. 그러나 1970년 이전과 이후의 젊은이들은 가정을 꾸리는 일을 늦추었다.

이 시기에 발전을 본 것은 결혼 건수와 시기만이 아니었다. 결혼이라는 제도 자체도 그와 발맞추어 변화했다. 저명한 가정 사회학자인 앤드류 셜린은 이렇게 설명했다. 19세기 후반에 대부분의 결혼은 남녀가 서로 필요로 하는 것을 제공하는 공리주의적 거래였다.

도표 4·11 **청년들(25~29세)의 독자적 생활의 증감**

출처: https://www.pewresearch.org/wp-content/uploads/sites/3/2010/10/752-multigenerational-families. pdf(1900~2008)and https://www.pewresearch.org/fact-tank/2018/04/05/a-record-64-million-american-live-in-multi-generational-households/(1940~2016).

그 시대에 전형적인 거래 형태는 남자는 물질적 수단을 제공하고, 여자는 자녀와 가정을 돌본다는 것이었다.

셜린은 계속 이런 설명을 한다. 그랬던 것이 진보시대에 들어와 "우애결혼companionate marriage"이라는 새로운 모델이 생겨났다. 이 결혼은 편의와 이기심보다는 낭만적 사랑, 우정, 파트너 관계 등에 기반을 둔 것이었다.[105] 물론 우애결혼이라고 해도 여전히 남성 우위였고 평등한 관계는 아니었다. 비록 빵을 벌어들이는 남자라는 모델이 지속되기는 했지만, 새로운 결혼 모델은 19세기의 편의 결혼과는 크게 다른 것이었다.[106]

20세기 전반기 미국 커플들 사이에서는 우애결혼의 이상이 지배적인 현상이었고 이것은 1950년대에 이르러 최고점을 찍었다. 20세기의 다른 10년대에 비하여 1950년대의 남녀들이 빨리 결혼했고 빨리 자녀를 두었다. 셜린은 이렇게 지적한다. "존경받는 성인의 지위를 획득하는 첩경은 결혼이었다. 사람들은 그 길을 빨리 걸어갔고 여자들의 절반은 스무 살 무렵에 결혼했다."[107]

셜린은 20세기 중반의 가정 개념과 이 장에서 다루어진 다른 추세들이 서로 밀접한 관계가 있다고 말한다. "1950년대의 가정과 1950년대의 교회는 서로 도와주는 관계였다."[108] 셜린은 1950년대의 공동체 단체들을 가정과 교회라는 이 조합에 추가해도 무리가 없었을 것이다. 왜냐하면 PTA 회원 수가 이 시기에 최고점을 찍은 것은 우연한 일이 아니기 때문이다. 1954년에 『맥콜』잡지는 이런 새로운 가정을 묘사하기 위해 "단란함togetherness"이라는 신조어를 만들어냈다. "이 단란함이라는 것은 새롭고 보다 따뜻한 생활 방식으로, 남자도 혼자 있지 않고 여자도 혼자 있지 않으면서, 하나의 가족으로 공통의 체험을 공유하는 것이다."[109]

우애결혼을 그런 식으로 틀 잡는 것은 남자 중심의 가정을 해체시키고, "아버지가 가장 잘 아니까 그것을 털보 아버지에게 맡겨라"라는 문화를 전복했다. 가정의 개념은 이제 개인주의의 방향으로 급격한 방향 전환을 하려하고 있었는데, 그것은 종교 문제에서 개인주의적 방향으로 전환한 것과 궤를 같이하는 것이었다.[110] 다이너 쇼어와 프랭크 시나트라는 1955년에 "사랑과 결혼은 말과 마차처럼 함께 가는 것이다"라고 노래했다. 그리고 12년 뒤에 비틀즈는 "당신에게 필요한 건 사랑뿐"이라고 화답했다.

1970년대와 1980년대에 들어와 대중잡지들은 프라이버시, 자기개발, 개인의 성장, 결혼과 독립되어 있는 정체성 등의 중요성을 강조하기 시작했다. 셜린은 이렇게 설명한다.

> 새로운 스타일의 결혼 제도가 생겨나서 아내와 남편은 각자 독립된 자아를 개발하도록 기대되었다……. 부부는 각자 이런 질문을 던졌다. "나는 이 결혼으로부터 내가 원하는 개인적 만족을 얻고 있는가?" "나는 한 개인으로서 성장하고 있는가?" 그 결과 결혼은 우애결혼으로부터 소위 개인화된 결혼으로 이동해갔다.[111]

이런 문화적 이동은 분명 당시 벌어지던 여성운동(제7장에서 자세히 다룬다)과 관련이 있는 것이다. 하지만 그것은 결혼 제도 내부의 젠더 균형에만 국한된 문제가 아니었다. 결혼 그 자체도 점점 더 선택적이면서 취약한 제도로 변화했다. 개인화된 결혼으로의 문화적 이동은 이혼과 동거의 급격한 증가를 가져왔다.

과 구제를 강조하는 경향이 있었다. 앨스트롬은 도금시대의 이런 개인주의적 경향에 대해 이렇게 주장했다.

> 죄인 개인에 집중하는 것은 필연적으로 지나치게 개인적 죄악에 몰두하게 만든다. 그 결과 나타나는 사회적 윤리의 파괴는 이미 식민지 시대에도 주목되었던 것이었다. 그러나 이런 경향이 온전히 드러난 것은 남북전쟁 이후였다. 그 무렵 대기업이 생겨나서 거의 모든 미국인들의 도덕적 생활을 위태롭게 만들기 시작했다……. 부흥주의는 사회적으로 너무나 사소하고 애매모호하여 중요하지 않은 문제로 여겨지게 되었다. 이 때문에 월터 라우셴부시 같은 경건한 기독교 신자들은 복음주의를 아주 신랄하게 비판하게 되었다.[51]

1백 년의 시간이 흐른 뒤에 "번영 복음"—개인적 신앙이 개인적 번영을 가져온다는 복음주의적 주장—이 급속히 부상하기 전까지, 미국의 종교는 종교적 의미를 이처럼 물질적으로 해석하는 경향이 있었다.[52] 물론 미국에서 종파적 다양성은 아주 오래 진행되어 온 현상이었다. 미국에서 종교 단체들은 균일하거나 단일한 적이 결코 없었다. 따라서 미국의 종교 생활을 일반화하려 할 때, 우리는 그런 다양성에 주목할 필요가 있다.

진보시대가 개막하면서 미국 종교의 주류인 개신교는 개인주의에서 더 폭넓은 공동체 쪽으로 시선을 돌리기 시작했다. 이에 대한 가장 좋은 사례는 사회적 복음 운동이었다. 이것은 진보적인 개신교 지도자들이 조직한 운동으로, 도시의 빈민촌 같은 화급한 사회적 문제를 중산층 교구민들에게 환기시키고 또 개인주의보다는

지 살펴볼 가치가 있다. 최근 몇 십 년 전까지만 해도 라틴계는 전국적 조사연구에 거의 등장하지 않았기 때문에 이들의 종교 활동에 대해 믿을 만한 자료를 얻기 어렵다. 1972년에서 2016년 사이에 교회에 아예 안 가는 백인 미국인들의 비율은 11퍼센트에서 31퍼센트로 세 배로 늘어났다. 흑인들 또한 6퍼센트에서 20퍼센트로 세 배가 늘어났다. 백인들 중 무종교파는 1972년 약 6퍼센트에서 2016년의 24퍼센트로 네 배나 증가했고 흑인들 경우에도 5퍼센트(1972)에서 20퍼센트(2016)로 네 배 증가했다. 요약하면 지난 50년 동안 백인이든 비백인이든 조직 교회로부터 멀어진 비율은 비슷했다. 그렇지만 전체 수로 보면 백인들보다 비백인이 더 종교 활동을 많이 했다.[86]

우리가 이미 논의했던 예전의 전환점들과 마찬가지로, 1990년대의 무종교파 증가는 세대 간 요소들에 의해 크게 추동되었다. 1990년 이후에 성인이 된 미국인들은 그들 보다 앞선 세대에 비해 동성애나 관련 문제에 대하여 좀 더 리버럴했다. 이 젊은 사람들은 종교가 정치에 참여하는 것을 점점 더 크게 거부했고 더 나아가 조직 종교 자체를 거부했다. 그들은 새로운 무종교파에서 가장 큰 세력이었다. 젊은 세대와 나이든 세대 간의 극적인 대비는 제3의 지진을 만들어낸 주요 원인 중 하나였다. 젊은 세대는 도덕적 문제와 생활 스타일의 문제에서 점점 더 자유로워진 반면에 나이든 종교 지도자들은 동성애자 결혼을 반대하며 정치적 투쟁에 몰두했다. 마이클 하우트와 클로드 S. 피셔는 무종교파의 부상을 처음 주목한 공로를 인정받는 학자들이다. 그들은 우리가 여기서 지적한 바와 마찬가지로, 이러한 추세를 정치적 반작용과 세대교체 탓으로 돌리고 있다. 정치적 반작용과 세대 간 차이는 둘 다 1960년대의 문화적 변화

표현적 개인주의는 결혼을 유한 책임 계약으로 규정하면서 "무결점 이혼"으로 얼마든지 해지 가능하다고 틀을 짰다. 무결점 이혼은 "표현적 이혼"이라고 하기도 한다. 지난 1세기 동안에, 미국의 이혼율은 아주 느리지만 꾸준히 상승하는 곡선을 그려왔다. 인구통계 학자인 알랜드 소턴, 윌리엄 G. 액신, 유 시에는 이런 보고를 내놓았다. "이러한 궤적은 아주 지속적인 것이어서 1890년대의 인구조사 연구자들은 근 1백 년 뒤인 1980년의 이혼율을 정확히 예측했다. 중간에 대공황과 전쟁으로 인해 다소 변동이 있기는 했지만 미국의 이혼율은 1860년에서 1960년 사이에 느리지만 꾸준히 증가해왔다."[112] 1950년대와 1960년대(동반 결혼의 전성기)에, 이혼율은 장기적인 추세 밑으로 내려갔지만 그 후 급격히 상승하여 1970년대와 1980년대에는 장기적 현상으로 지속되었다. 부머의 부모들은 이혼을 기피했으나, 부머와 그들의 자녀들 사이에서는 이혼이 아주 이례적일 정도로 흔해졌다.[113]

1960년대 후반에 혼전 섹스에 대한 규범이 급격히 바뀌면서(제8장에서 다루어짐), 미국에서는 남녀 간의 동거가 폭발적으로 늘어났다.[114] 동거하는 커플(20세기 초에 소위 "보통법 결혼"이라고 했던 것)의 비율은 1880년에서 1960년 사이에는 약간 하향추세였고 전체 백분율은 1퍼센트 이하였다. 그러나 2000년에 이르러서는 모든 커플들 중 약 10~15퍼센트가 될 정도로 크게 늘어났다. 2013년에는 19~44세 사이 여성 중 근 3분의 2가 동거를 경험했다.[115] 이때는 미국 성인의 69퍼센트가 이렇게 말했다. "남녀 커플이 결혼을 하지 않는다 하더라도 동거할 수 있다." 반면 53퍼센트는 이렇게 말했다. "동거하는 커플이라도 결국에는 결혼하는 것이 사회에 더 이롭다."[116]

그러나 일부 북유럽 국가들과는 다르게, 현대 미국에서 동거는 "허가증 없는 결혼"이 아니고, 그저 단기간의 남녀관계에 불과하다. 동거 커플의 절반 이상이 2년 안에 헤어졌다.[117] 오늘날 대졸자 동거 커플은 종종 결혼으로 이어지지만, 미국 사회 계층의 하위 3분의 2에 해당하는 동거 커플은 대체로 관계 파탄으로 끝난다. 그리하여 남녀는 새로운 파트너에 옮겨가면서 자녀도 데리고 가는데, 이렇게 하여 복잡하면서도 취약한 가정이 생겨난다. 달리 말해서, 미국의 동거는 대부분 결혼에 비해 불안정한 남녀관계이다.[118]

동거가 어느 경우이든 간에, 셜린은 이렇게 말한다. "동거는 남녀 관계는 어느 한쪽이 불만이면 끝내야 한다는 윤리를 갖고 있다. 이 때문에 사람들은 결혼을 하지 않고 동거를 선택한다……. 결과적으로 동거의 확산은 남녀관계에 대한 개인주의적 관점이 확산되는 것이다. 이런 관점을 갖고 있기 때문에 동거가 정신적으로나 혹은 다른 이유로 불만족스러울 때, 그 관계를 청산할 가능성이 높아진다."[119] 간단히 말해서 "개인적 권리의 향상은 비록 칭송받을 만한 것이지만, 결혼을 덜 필요한 제도로 만들었고, 설사 결혼을 한다 하더라도 덜 안정적인 것으로 만들었다."[120]

21세기 초에 전통적 파트너십에서 벗어나 개인적 생활로 향하는 추세는 동거를 넘어서서 그 이상으로 가속화했다. 그리하여 젊은 청년들 사이에 독신 비율이 급격히 상승했다. 18세와 34세 사이의 미국 젊은이들 중에서, 연애 대상 없이 살아가는 청년들의 수가 2004년 33퍼센트에서 2018년 51퍼센트로 상승했다. 공적 생활뿐만 아니라 사적 생활에서도 나쁘든 좋든 "나"가 "우리"를 대체하기 시작했다.[121]

20세기 초에서 21세기 초에 이르는 시기에 벌어진 문화적·사회적·경제적 변화는 결혼 여부와 결혼 지속 여부에 영향을 미쳤다. 뿐만 아니라 누가 누구와 결혼하는가 하는 문제에도 영향을 주었다. 일반적으로 말해서, 오랫동안 상류층과 중산층 미국인들은 노동계급이나 하류층보다 결혼 비율이 높았다. 이렇게 된 것은 경제적 어려움이 결혼을 지속시키는 것을 어렵게 만들었기 때문이다. 결혼 비율의 계급 간 격차는 경제적 불평등의 변화 정도와 상관관계가 있다(앞의 제2장 참조). 결혼 비율의 계급 간 격차는 1890년에서 1910년 사이에, 그리고 1970년 이후에 가장 높았는데, 이 두 시기는 경제적 불평등이 가장 심했던 시기이기도 하다. 계급 간 격차는 경제적 불평등이 상대적으로 덜 심했던 1920년과 1970년 사이에 최저점을 찍었다.[122]

더욱이 미국인들이 계급의 경계 내에서 하는 결혼 혹은 그 경계를 넘어서서 하는 결혼의 가능성은, 사회학자 로버트 메어에 따르면 사회 내 계급 간 격차가 크고 적음에 따라 달라지는 패턴을 보였다. 이것은 그리 놀라운 일이 아니다. 이종 간 결혼의 높은 비율은 계급의 경계를 넘나들 수 있다는 뜻이고, 반면에 낮은 이종 간 결혼 비율은 높은 계급의 경계를 의미하는 것이기 때문이다. "젊은 부부의 학력 유사 비율은 20세기 초에 가장 높았다. 그 후 낮아지기 시작하여 1950년대에 최저점을 찍었고, 그때부터 급격히 상승하기 시작했다. 대체로 보아 이러한 추세는 20세기 내내 미국 사회에서 벌어졌던 경제적 불평등의 완화와 심화라는 패턴과 평행 관계를 이룬다."[123] 계급 간 통혼을 보여주는 로버트 메어의 곡선은 지금껏 익숙하게 보아온 전도된 U자형 곡선과 정확하게 일치한다. 이런 동일한 패턴이 보여주는 또 다른 사실은 이런 것이다. 19세기 말과 21세기 초의 두 도금시대에서, 미국의 남녀는 결혼할 가능성이 낮고 특히 소속된 사회 계급 바깥의 사람과 결혼할 가능성은 더 낮았다. 반면 1950년대와 1960년대, 가정을 이루는 빈도가 최고점을 찍었던 시기에 미국인 남녀는 결혼할 가능성이 높았고 더 나아가 소속된 사회 계급 바깥의 사람과 결혼할 가능성도 높았다.

지금까지 우리는 결혼의 추세에만 초점을 맞추어왔다. 그런데 부모 역할(자녀 출산)의 추세는 어떤가? 자녀 출산의 추세를 측정하는 것은 아주 복잡한 통계적 과제이다. 아주 장기적인 추세가 단기적 효과와 상호작용하기 때문이다. 장기적 추세라 함은 산업화에 수반되는 높은 출산율에서 낮은 출산율로의 "인구이동"을 가리키는 것이고, 단기적 효과는 전쟁이나 경기 순환 중의 불경기 등에서 오는 출산율의 저하를 가리키는 것이다.[124] 결혼하지 않은 상태의 출산을 제외하고, 낮은 결혼 비율이나 뒤늦은 결혼 비율은 직접적으로 낮은 출산율을 유도한다. 따라서 우리가 이미 검토한 결혼 비율의 증감은 지난 한 세기 동안 미국의 출산율에 어느 정도 영향을 주었을 것으로 예상할 수 있는데, 실제로도 그러했다.

산모의 초산 연령은 당연히 전도된 U자형 곡선을 따라간다. 적어도 1930년대부터 2010년대까지는 그런 현상이 두드러진다. 현재 입수할 수 있는 통계 자료는 불완전하다. 그러나 전후 베이비붐 전성기이던 1950년에 산모의 초산 평균 연령은 21세 이하였던 반면에 그로부터 60년이 지난 2016년에 이르러 그 연령은 근 27세였다. 그리고 대졸자 여성의 경우에는 30세 이상이었다.[125]

이 시기의 출산율에 대한 정설은 장기적인 "인구이동 추세"를 강조한다. 19세기 초에 미국의 출산율은 낮아지기 시작하여 20세기의 효과적인 산아제한으로 더욱 낮아졌다. 이 현상은 1950년대의 베이비붐 때문에 잠정적으로 잠시 중단되었다.[126] 그러나 이 설명은 부부가 자녀를 둘 것인가 말 것인가 결정하는 문제의 추세와는 완벽하게 일치하지 않는다. 사회학자 셜린은 이렇게 말한다. "20세기에 평생에 걸친 자녀 출산의 추세는 하나의 단일한 대규모 파도를 형성한다. 그 파도는 제2차 세계대전 종전 후의 10년 동안에 결혼하여 아이를 낳기 시작한 여자들에 의하여 최고점에 도달한다."[127]

도표 4.12는 20세기 동안 유사 집단의 여성들 사이에서 자녀가 없는 현상에 대한 자료이다. 20세기 내내 여성 중 약 25퍼센트가 무자녀 상태로 남았고, 그 비율은 10년 단위로 커다란 변동이 있었다. 도표 4.12의 두 선의 차이(30세의 무자녀와 45세의 무자녀)는 가임 연령 후

도표 4·12 유사 집단의 여성들 사이 출산 현황, 1900~2010

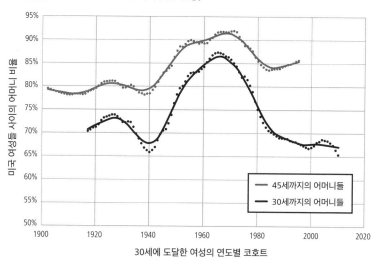

출처: 보건 통계를 위한 전국 센터. 미주 4.128. 참조.

반기까지 아이를 낳지 않은 여자들을 보여준다.[128] 도표 4.12에 의하면, 1910년경에 태어난 여성 중 대략 67퍼센트가 1940년까지 적어도 한 명의 자녀를 낳은 것으로 되어 있다. 그리고 1940년에 아이를 낳지 않은 경우가 대략 33퍼센트였다. 이렇게 된 것은 그들의 통상적인 가임 연령이 대공황이 아주 깊어진 시기와 일치하기 때문이다. 그러나 전후의 경제적 호황이 돌아오자, 그 집단 중 추가로 12퍼센트가 1955년까지 아이를 낳음으로써 베이비붐에 크게 기여했다. 그 결과 동일 집단에서 21퍼센트만이 45세가 될 때까지 아이가 없었다.

우리는 이 도표에서 대공황이 출산율 저하에 미친 영향과 전후의 경제 부흥이 일으킨 베이비붐의 잠정적 영향을 엿볼 수 있다. 뿐만 아니라 가족의 형성에서 나타난, 이제는 익숙한 더 기다란 파도를 증거해준다는 것도 알 수 있다. 이 도표에 나타난 가장 어린 여성은 1980년에 태어나 2010년에 30세가 된 여성이다. 이 밀레니얼 세대의 경우에, 30세 이르러 어머니가 된 여성의 비율(약 65퍼센트)은 상대적으로 낮았고 1910년에 태어나 대공황기를 거쳐 "최저 출산율"을 기록하고 그 후 1940년에 30세가 된 여성 집단의 출산 비율과 동일하다. 도표 4.12는 두 동일 집단의 여성들이 아이가 없을 가능성이 다른 집단에 비해 세 배나 높다는 것을 보여준다. 이 두 집단의 비율은 33퍼센트인데 1960년대 중반에 30세가 되는 동일 여성 집단의 무자식 비율은 약 12퍼센트인 것이다. 이러한 세대 간의 극명한 대조는 지난 한 세기 동안 가족의 형성 과정이 얼마나 달라졌는지 생생하게 보여준다.

이렇게 해서 우리는 미국인들의 자녀 출산에 관련된 여러 결정들이 전도된 U자형 곡선을 따라가고 있음을 보게 되었다. 이 곡선은 앞의 두 장에서 다루어진 경제 불평등과 정치 양극화의 곡선을 그대로 따라가는 것이고, 이 장의 앞부분에서 다루었던 다른 사회 단체들의 패턴을 그대로 답습하는 것이다. 우리 미국은 가족의 형성에 있어서, 개인주의에서 공동체주의로 이동했다가 다시 개인주의로 돌아온 것이다.

가족 형성의 전도된 U자형 곡선은, 20세기 초와 말에는 뒤늦은 결혼에 무자녀 커플이 많았지만, 20세기 중반에는 더 빨리 더 많이 결혼하고 자녀도 많이 두었다라고 요약된다. 이러한 현상을 어떻게 설명할 것인가? 우리가 지금까지 해온 논의는 독자들에게 이러한 추세의 일차적 추동력은 자녀 출산 시기와 여부에 대한 사회적 규범이라는 인상을 주었을 수도 있다. 하지만 그것이 이야기의 전부는 아니다. 또 다른 그럴듯한 설명은 경제적 요인이 아니라 문화적 요인이다. 만약 결혼하여 아이를 낳는 것이 그 둘을 감당할 수 있는 경제적 능력 여부에 달려 있다면, 호경기의 부유한 커플은 일찍 결혼하여 일찍 아이를 낳을 것이고, 반대로 불경기의 가난한 커플은 결혼을 미루거나 결혼을 해도 아이를 낳지 않을 것이라고 예상할 수 있다.

지난 20세기의 특정 시기들에 있어서는, 이런 경제적 설명이 완벽하게 현실과 일치했다. 예를 들어 대공황 시대에 결혼과 출산은 크게 미루어졌는데, 우리는 여러 설명들로부터 경제적 어려움이 그런 현상의 직접적 원인이라는 것을 알 수 있다. 그 당시에 결혼하지 않은 한 시카고 여성은 이렇게 말했다. "만나는 남자들이 직업이 없네요." 다른 여성은 이렇게 말했다. "나는 직업이 있는 남자를 원해요."[129] 반면에 최근의 경험은 어떤 면에서 그런 경제적 설명을 부인

하는 듯하다. 예를 들어 근년에 들어와 중상류층 커플의 전례 없는 경제적 번영에도 불구하고, 그들은 지난 125년 동안의 다른 유사 집단들보다 더 오래 결혼과 출산을 미루고 있는 것이다.

지난 125년 동안 가정 형성의 변화 과정을 충분히 설명하는 것은 이 장의 논의 범위를 벗어나는 것이다.[130] 이렇게 전제를 말해 두기는 했지만, 아무튼 경제적·문화적 설명이 둘 다 필요하고 어느 하나만으로는 가정 형성의 변화를 충분히 설명할 수 없다는 것을 알 수 있다. 첫 번째 도금시대는 경제적 불평등의 시대였지만, 앞의 2장에서 살펴본 바와 같이 전반적으로 볼 때 전례 없는 풍요의 시대였다. 그러나 이 시기에 많은 여성들이 결혼하지 않고 무자녀로 남았으며 특히 높은 교육을 받은 여성들 사이에서 이런 현상이 두드러졌다.[131] 이것은 문화적 요인들이 이 시기에 중요한 역할을 했을 것임을 시사한다. 1930년대에는 경제적 요인들이 분명 지배적이었다. 전후의 이른 결혼, 이른 출산의 패턴은 경제적 번영과 "단란함"(사회학자 앤드류 셜린의 신조어)의 문화로부터 영향을 받았다. 그러나 지난 50년 동안, 경제적 풍요는 뒤늦은 가정 형성이라는 결과를 가져왔다. 반면에 가난하면 결혼을 하기도 전에 아이를 갖거나, 결혼을 했더라도 안정된 상태를 유지하지 못하거나 말로만 결혼이지 실제로는 서로 같이 살지 않는 상태, 즉 "취약한 가정"을 형성하게 되었다.[132*]

---

* 백인이든 흑인이든 남녀가 가난하면 아무 대책 없이 사랑부터 먼저 해서 아이를 갖고, 그 다음에 결혼을 하더라도 그 상태가 불안정하며, 말로만 결혼인 가정, 즉 결손 가정이 된다는 뜻인데, 주로 흑인들을 염두에 둔 지적이다.

우리는 나-우리-나 스토리가 지난 125년 동안의 가정 형성(결혼과 출산)에 나타난 변화를 온전히 다 설명해준다고 주장하지 않는다. 경제와 문화 같은 요인들 이외에, 산아제한에 나타난 변화나, 젠더 역할의 변화(뒤의 제7장에서 논의됨)도 나름 역할을 했을 것이다. 그러나 우리는 여기서 다시 한 번 나-우리-나 곡선이 스토리의 중요한 부분임을 주장하고 싶다.

결혼과 출산 여부와 시기에 대한 결정은 아주 개인적인 문제이다. 늦은 결혼과 출산을 비난하거나 찬양하는 것은 우리의 의도가 아니다. 어린아이는 약간 나이든 부모가 꾸리는 안정된 가정에서 훨씬 더 잘 양육된다는 증거들도 분명 존재한다.[133] 그렇지만 우리의 일차적 목적은 미국인들이 지난 125년 동안에 가정의 형성과 관련하여 내린 놀라운 선택의 변화를 지적하려는 것이었다.

사회적 신뢰

이 장은 사회적 연결망에 초점을 맞추어 논의를 진행해왔다. 왜냐하면 그런 연결망은 공동체의 가시적 근육이고 전반적 상호주의라는 가치 있는 규범을 지탱하기 때문이다. 그 규범은 황금율의 또 다른 규범이다. 철학자 마이클 테일러는 그것을 이렇게 지적한다.

상호주의의 체계 속에서 이루어지는 각각의 개인적 행동은 소위 단기적 이타심과 장기적 이기심의 결합이라는 특징을 갖고 있다. 내가 지금 너를 도와주니 너도 나중에 나를 도와주어야 한다는 막연하고, 불확실

하고, 비계산적인 기대 속에서 그런 행동을 하는 것이다.[134]

토크빌은 19세기 초에 미국을 방문했을 때 미국인들의 행동 방식에 깊은 인상을 받았다. 미국인들은 서로 이용하려는 유혹에 저항하면서 그 대신 이웃들을 보살핀다는 것이다. 이렇게 하는 것은 미국인들이 이타심의 이상주의적 원칙에 복종하기 때문이 아니라, "올바르게 이해된 이기심"을 추구하기 때문이라는 것이다.[135] 전반적인 상호주의라는 효과적 규범 덕분에 미국인은 이기심과 선린의식을 서로 조화시킬 수 있다는 지적이다. 이러한 규범이 효력을 발휘하는 곳에서는, 그 효율성이 전반적인 사회적 신뢰에 의해 구체적으로 드러난다. 정치학자 웬디 M. 란과 존 E. 트랜수는 이런 의견을 피력했다. "사회적 혹은 전반적 신뢰는 대부분의 사람들—심지어 일면식도 없는 사람들—에게 의심의 혜택*을 주려는 하나의 '상시적 결정'이라고 볼 수 있다."[136]

따라서 우리는 지난 1백여 년 동안 미국의 사회적 연대를 검토해온 이 장을, 사회적 신뢰의 추세를 검토하는 것으로 마무리 지으려 한다.[137] 사회적 신뢰는 10년 단위의 미국 인구조사에 의해 측정되지 않으므로, 우리는 미국인들에게 이웃을 신뢰하느냐고 묻는 앙케트 조사에 의존할 수밖에 없다. 이것은 20세기 초의 사회적 신뢰는 직접적으로 측정하지 못한다는 것을 의미한다. 그 시기에 대한 통계 자료가 없기 때문이다.

다행스럽게도 이 주제는 아주 초창기의 몇몇 과학적 여론조사

---

* 법률 용어로서 용의자의 범행을 의심하면서 일단 무죄라고 믿어주는 혜택.

에 의해 측정될 수 있다. 그 조사는 먼저 이런 간단한 질문을 던졌다. "당신은 대부분의 사람들이 신뢰할 수 있는 사람들이라는 얘기에 동의합니까 아니면 동의하지 않습니까?" 이 질문은 1940년대 중반에서 1980년대 중반까지 반복적으로 제기되었다. 그리고 1960년이 되어 사회적 신뢰에 대한 좀 더 균형 잡힌 질문이 제기되었다. 이 무렵 연구 조사자는 이런 질문을 던졌다. "일반적으로 말해서, 당신은 대부분의 사람들이 믿을 만하다고 봅니까, 아니면 사람들을 상대로 할 때 아주 조심해야 한다고 말하겠습니까?" 이런 "두 가지 방향"의 질문은 사회적 신뢰를 측정하는 글로벌 기준이 되었고 그리하여 이 질문은 미국에서는 수백 회 사용되었고, 전 세계적으로는 수천 회 사용되었다. 이렇게 두 개의 옵션을 제시함으로써 이 질문은 "신뢰할 수 있다"라는 대답을 전보다 덜 이끌어냈다. 전에 비해 약 15퍼센트의 차이가 있었다. 두 질문의 버전이 수십 년 동안 같이 사용되었으므로, 근 80년 동안의 미국 사회적 신뢰의 증감에 대한 개략적 그림을 얻을 수 있다(참조 도표 4.13).

가장 믿을 만한 증거에 의하면, 사회적 신뢰는 1940년대 중반에서 1960년대 중반까지 상승하다가 그다음에는 떨어졌다. "대부분의 사람들을 신뢰할 수 있다"라는 동의는 제2차 세계대전 중에 73퍼센트라는 기록적인 고점을 찍었고 그다음 종전 직후의 시대에는 65퍼센트로 내려갔다가, 1957년과 1964년 사이에는 약 77퍼센트로 최고점까지 상승했다가 1966년에는 71퍼센트로 내려앉았고 이어 꾸준히 떨어져서 1983년에는 56퍼센트가 되었다.[138]

한편 균형 잡힌 질문의 버전은 1960년에 처음 등장하여, 사람들을 신뢰한다는 의견이 58퍼센트를 기록했다. 이것은 "두 가지 옵션"의 질문에 의해 기록된 전반적인 사회 신뢰의 최고점이었고 그후 60년 동안 깨지지 않았다. 그리고 2010년대에 이르러 미국의 사회적 신뢰는 33퍼센트까지 주저앉았다. 이를 반올림하여 대략적으로 이야기해보자면, 1960년대 초에는 미국인 중 3분의 2가 이웃을 신뢰한 반면에, 21세기의 첫 20년 동안에 그 수치는 3분의 1로 줄어들었다.

질문의 두 가지 버전은 1960년대 초에 최고점에 도달했다는 점에서 일치하고 이 최고점은 그 후 80년 동안 깨지지 않았다. 이러한 증거를 종합해보면, 사회적 신뢰는 1960년대까지 높았고 또 계속 상승했다. 그러나 1960년대 후반에 이르러, 이런 호혜적 추세는 역전이 되어 사회적 신뢰는 장기간에 걸쳐 중단 없이 쇠퇴했다. 이러한 추세는 여러 학자들에 의해 확인되었다.[139] 요약하면 1960년대에 중년에 도달한 미국인들은 그들이 소년 시대에 비하여 좀 더 서로를 신뢰하는 사회에 살고 있었다. 그들은 또한 그들의 자녀가 물려받을 사회보다 더 이웃 신뢰가 강한 사회에서 살았다.

연구조사자들은 1970년대 이래에 사회적 신뢰의 눈에 띄는 쇠퇴 현상은 부분적으로 세대 간 현상이라고 동의했다. 다시 말해 미국인들의 연이어진 출생 집단이 사회적 신뢰의 서로 다른 수준을 "부여받고" 태어난 듯하다는 것이다. 물론 모든 사람의 신뢰감은 세대 이외에 다른 많은 요인들로부터 영향을 받는다. 그들의 시대, 종족과 사회적 계급, 인생의 개인적 체험 등이 그런 영향이다.[140] 이웃을 더 잘 믿는 나이든 집단이 서서히 덜 믿는 집단들에 의해 대체되면서 미국의 사회적 신뢰의 평균 수준은 낮아졌다.

20세기의 전반부에 태어난 집단들─가령 1920년대에 태어

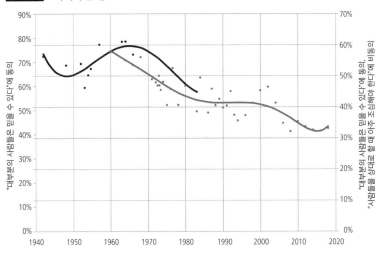

도표 4·13 사회적 신뢰, 1942~2018

출처: 공공 여론 조사를 위한 로퍼 센터

난 집단(1940년대에 성인)이나, 1950년대에 태어난 집단(1970년대에 성인)—은 그들이 성장하던 당시의 사회적 신뢰 수준과 상응하는 신뢰 수준을 보인다. 우리는 이러한 세대별 집단 사이의 차이점을 이용하여 그 전 수십 년 동안의 신뢰 수준을 측정할 수 있다. 이러한 접근 방식은 다소 까다롭다. 세대 간 차이의 분석은 복잡할 뿐만 아니라 어떤 세대가 더 큰 외부 세상으로부터 "영향을 받는" 생애의 특정 단계를 측정해야 하기 때문이다. 그러나 최근 몇 십 년 동안 이 문제에 대하여 주목할 만한 진전이 있었고, 학자들은 사람들의 사회적 태도는 성인에 도달할 무렵 그들 주위의 세상으로부터 결정적인 영향을 받는다고 널리 추정하고 있다.[141]

여기서는 더 이상 확대된 방법론적 설명을 거론하지 않는다. 무엇보다도 그런 설명은 전문적 학술 문헌에서 금방 얻어 볼 수 있기 때문이다.[142] 우리의 현재 목적을 위해서는 이렇게 말해두면 충분하리라 생각한다. 이런 간접적 접근 방식을 사용하여 얻어낸, 세대 간 집단의 사회적 신뢰 수준에 대한 최선의 측정 수치는 도표 4.14에 제시되어 있다. 놀랍게도 도표 4.13의 실시간 분석과 도표 4.14의 세대별 집단 분석은 다음 한 가지 사항에서는 일치한다. 지난 100년 동안 미국의 사회적 신뢰 곡선은 전도된 U자형 패턴을 보인다는 것이다. 1930년대 이전의 시대에는 사회적 신뢰 수준이 낮았다가 1940년부터 높은 수준으로 상승하여 1960년경에 최고점을 찍었고, 그다음에는 방향이 역전되어 1960년대 중반부터 시작하여 21세기 초창기까지 꾸준히 떨어졌다.

우리는 관련 증거의 불가피한 제약 사항 때문에 이러한 추정의 정확성을 과장할 생각은 없다. 그렇지만 장기간에 걸친 사회적 신

도표 4·14 사회적 신뢰의 세대 간 차이, 1910~2010

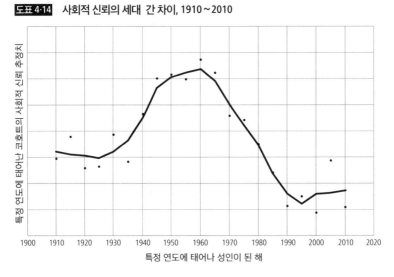

출처: 에이프릴 K. 클라크, 「사회적 자본의 쇠퇴에 대하여 다시 생각하기」, 도표. 4(a) M2.

뢰에 대한 우리의 최선의 추정은 이 장의 앞부분에서 다루었던 사회적 연대의 추세와 거의 일치한다. 진보시대부터 민간단체, 종교적 활동, 가족의 형성이 꾸준히 상승하여 1960년대에 최고점을 찍고, 그다음 50여 년 동안 계속 쇠퇴해온 곡선은 사회적 신뢰의 변화와 동일한 곡선을 보여주는 것이다.[143]

우리는 이 장에서 무엇을 얻었는가? 도표 4.15는 지난 125년 동안 민간활동, 종교, 노조, 가정, 사회적 신뢰 등의 추세를 종합하여 사회적 유대의 광범위한 추세를 요약한다.[144] 이 도표에 의하면, 1920년대와 1939년대 초의 일시적 중단을 제외하고, 미국인들은 1890년대에서 1960년대에 이르기까지 꾸준히 사회적 유대를 강화해왔다. 그러나 우리가 다룬 거의 모든 통계 수치들은 지난 50년 동안 사회적 유대의식이 꾸준히 쇠퇴해왔다는 것을 보여준다. 이 도표

도표 4·15 사회적 유대, 1890~2017

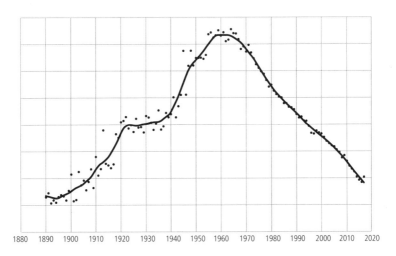

출처: 미주 1.4. 참조. LOESS smoothed : .10.

는 경제, 정치, 문화의 전반적 추세를 보여주는 2장, 3장, 5장의 여러 도표들과 즉각 비교될 수 있을 것이다. 우리는 제8장에서 이런 곡선들이 어떻게 그리고 왜 중복되는지 그 이유를 탐구하게 될 것이다.

제5장

문화:
개인주의 vs
공동체[1]

THE
UPSWING
ROBERT D.
PUTNAM

5
—
CULTURE:
INDIVIDU-
ALISM
VS. COM-
MUNITY

개인과 공동체 사이의 관계는 사회사상에 등장하는 오래된 이원론 중 하나다. 이미 1623년에 영국 시인 존 던은 독창적인 공동체주의에 관해 짧은 풍자시를 썼다. "아무도 저 자신만으로 완전한 섬이 되지는 못한다⋯⋯. 내 친구의 죽음은 곧 나의 한 부분이 떨어져 나가는 것이다. 그러므로 누구를 위하여 종이 울리는지 알아보려 하지 마라. 그것은 곧 너 자신을 위하여 울리는 것이므로."[2]

개인주의와 공동체의 대비는 한쪽 극단에 개인이 있고 다른 한쪽 극단에 공동체가 있는, 완벽한 일차원적 구조는 아니다. 미국 헌법의 권리선언은 그런 미묘함을 포착한다. 권리선언은 개인의 권리를 강조하는데, 개인의 권리는 실제로 모든 미국인이 신봉하는 헌법에서 필수적인 요소이기도 하다. 그렇다면 권리선언이 규정하는 미국은 개인주의적 국가일까, 아니면 공동체주의적 국가일까? 미국의 서부 개척 시대 변경을 예로 들어보자. 미국은 숱한 웨스턴 영화에서 나오는, 혼자 말을 타고 석양 속으로 달려가는 카우보이로 상징되는가, 아니면 서부 정착자들이 상부상조하며 나아가는 역마차 행렬로 상징되는가? 개인주의인가, 공동체주의인가? 이 둘 사이의 지속적인 변증법은 미국 역사의 중요한 특징이었다. 이 장에서 우리는 지난 125년 동안에 이 둘 사이에서 벌어진 요동치는 균형 감각을 추적한다.

문화 연구는 이야기와 뉘앙스를 필요로 한다. 우리는 여기서 지향하는 것도 그것이지만, 동시에 그런 문화적 동요를 측정하기 위하여 예기치 않았던 수량적 자료도 활용한다. 문화 본질주의자들은 "중국 문화"나 "서구 문화"처럼 문화는 한 국가의 고정된 특징이고 동시에 그것이 그 나라의 제도와 행동을 결정한다고 주장한다. 하지만 우리는 다르게 생각한다. 여기서 사용하는 "문화"라는 용어는 어떤 사회와 어떤 시간대를 관통하는 단 하나의 일관된 형태가 아니라, 아주 복합적인 형태이다. 문화는 사회적 변화를 일으키는 원인 없는 제1원인이 결코 아니다. 우리가 제8장에서 살펴보겠지만, 문화는 상호작용하는 경제적·정치적 영향력들의 실타래 중 한 가닥일 뿐이다.

"문화"라는 용어는 많은 학문 분야에서 폭넓게 사용되고 있기 때문에 그 의미는 광범위한 개념적·규정적 논의의 대상이 되어왔다. 특히 문학 연구, 문화 연구, 인류학 등에서 활발한 논의가 벌어졌다. 이러한 논의들은 중요하고 종종 매혹적이기는 하지만, 여기서 취하는 목적은 그보다는 단순하고 또 더 직접적이다. 우리가 문화라고 할 때 이것은 믿음, 가치, 미국 사회의 근본적 양상에 대한 규범을 의미한다. 전통적으로 볼 때, 이렇듯 제한된 의미의 문화를 측정

244

하는 일은 여론조사에 크게 의존한다. 그러나 앞의 여러 장에서 살펴본 바와 같이, 우리가 검토하는 시대의 전반부에 대해서는 근본적으로 여론조사 내용이 존재하지 않는다. 앞의 여러 장들에서 유익하게 활용된 인구통계 자료는 문화적 변화에 대해 직접적인 정보를 별로 제공하지 못한다. 우리의 작업은 그보다는 정신적 문화적 역사의 스토리에 더 많이 의존하고 있고, 거기에 지난 한두 세기 동안의 미국 문헌들을 탐구하게 해주는 새로운 수량 측정 도구도 활용했다. 우리는 문화의 행태 측정 수단들도 발견했는데 이 장에서 그것들을 소개하게 될 것이다. 다행히도 그것들은 우리가 확보한 풍성하지만 "주관적인" 증거들과 완전이 일치한다.

문화 심리학자인 미셸 겔펀드는 이렇게 문화의 힘을 강조한다.

> 문화는……. 대체로 말해서 눈에 보이지 않는다. 우리는 그것이 얼마나 강력한지를 깨닫지 못한다. 우리가 당연시하는 문화의 가장 중요한 측면 중 하나는 사회 규범이다. 우리는 그 규범을 꾸준히 준수하면서도 우리가 그 규범을 얼마나 필요로 하는지 거의 인식하지 못한다. 사회 규범은 우리를 단결시키는 접착제이고, 우리의 정체성을 제공해준다. 또 우리가 놀라운 수준에서 서로 협동하고 협력하게 해준다……. 게다가……. 어떤 집단들은 다른 집단들보다 훨씬 강력한 사회 규범을 갖고 있다. 그 규범은 엄격하다. 어떤 집단들은 좀 약한 규범을 갖고 있다. 그 규범은 느슨하다.[3]

겔펀드는 집단들 사이의 차이점에 가장 관심이 있지만, 우리는 통사적인 차이점에 더 관심을 둔다. 그녀가 말한 "엄격함"과 "느슨함"의 차이는, 우리가 말하는 공동체주의적 규범과 개인주의적 규범의 차이를 가리키는 것이다.

우리가 여기서 사용하는 "문화"라는 용어는 문학평론가 라이오넬 트릴링의 정의를 따른다. 즉, 문화는 언제나 경쟁, 변증, 투쟁을 내포하고 있는 것이다.[4] 미국 역사와 문화는 언제나 개인(카우보이)과 공동체(역마차)의 요소들을 내포하고 있었다. 지성사가 제니퍼 로젠하겐은 이렇게 말했다. "미국 역사에서 사상가들은 이기심과 사회적 의무 사이에서 적절한 균형을 잡는 문제와 언제나 씨름해왔다."[5] 이 두 가지 명제를 면밀히 관찰해보면, 미국 문화에서 개인주의와 공동체주의 중 어느 것에 강조점을 찍을 것인가 하는 문제는 장기간에 걸쳐서 변화해왔다. 사상의 추가 양극단의 한쪽 끝에서 저쪽 끝으로 계속 왔다 갔다 했던 것이다.[6]

하지만 그 사상의 추는 자기 힘으로 움직이는 것이 아니다. 그것은 사회의 행동가들에 의해 움직이는 것이다. 이 행동가들은 사회의 지도자이기도 했고, 종종 대중 운동가들이기도 했다. 추는 그렇게 움직이면서 최근에 학자들이 언급하는 "오버톤 윈도Overton window"를 바꾸어놓았다. 어떤 정책들을 더 유망한 것, 용납할 수 있는 것, 생각해볼 수 있는 것으로 만드는 것이다. "오버톤 윈도는 공공 담론에서 허용될 수 있는 사상의 범위를 말한다. 담론의 창window of dis-course이라는 이름으로도 알려져 있다. 이 용어는 조지프 P. 오버톤의 이름에서 나온 것이다. 오버톤은 어떤 사상의 정치적 생명력은 특정 정치가들의 개인적 선호에 달려 있는 것이 아니라, 이 창문의 범위 안에 들어가 있느냐에 달려 있다고 주장했다."[7] 예를 들어 우리의 문화가 점점 더 개인주의적 성향을 띠게 되면서 "우리는 모두 한

배를 탔다"라는 전제를 깔고 있는 정책들, 가령 재분배 세제 등은 고려의 대상이 되지 못하고, 오히려 탈규제 같은 정책이 더욱 잘 받아들여지게 되는 것이다. 사상의 추가 공동체주의를 향해 이동하면, 이런 정책들의 타당성도 따라서 바뀐다. 이런 이유로 문화는 역사의 물결 위에 떠 있는 표류물도 아니고 유약한 문학자나 대중문화 전문가에게만 관심 있는 사항도 아니다. 그것은 정치적·경제적·사회적 생활의 동력학에서 적극적으로 작동하는 핵심 요소인 것이다.

도금시대/진보시대:
개인주의와 공동체주의의 투쟁(1870~1920)

에이브러햄 링컨은 미국 역사상 가장 혼란스러운 시대에 대통령을 지냈으나, 그 배경과 본성을 두고 볼 때 공동체주의적이고 평등주의적인 휘그당원이었다.[8] 그는 개인적으로나 도덕적으로나 기회의 평등을 강력하게 주장했지만 미국의 헌법을 지켜야 한다는 대의를 더 소중하게 여겼다. 그는 최후의 순간까지 연방을 해체하는 일을 피하려 했다. 남북전쟁이 끝나고 두 번째 임기에 취임하는 연설에서 링컨은 미국이 다시 하나의 공동체로 단결해야 한다고 역설하면서 "그 누구에게도 악의를 품지 않고, 모든 사람에게 자비를"이라는 표어를 내세웠다. 그러나 링컨은 곧 암살당했다. 1877년 남부 재건 사업이 끝나고 이어서 산업혁명이 전속력으로 앞으로 내달렸다. 그리하여 공유된 가치를 중시하는 링컨의 평등주의 사상은 도금시대의 비평등주의적 개인주의에 밀려나고 말았다.

산업의 변화를 축하하는 1893년의 세계박람회에서, 역사가 프레데릭 잭슨 터너는 이런 생각을 했다. 당시 갓 종료된 서부 개척 사업에 의해 진작된 개인주의는 이제 막 생겨나기 시작한 도시의 산업 사회에 의해 완화될 수 있을 것인가?[9] 최근의 연구조사는 서부의 변경 생활은 철저한 자기신뢰와 경제적 재분배에 대한 적개심을 특징으로 삼고 있음을 확인했다. 이러한 영향은 한 세기가 지난 지금에도 느껴진다.[10] 이렇게 해서 서부 변경에서는 역사가 프레데릭 잭슨 터너가 판단한 것처럼 개인주의가 널리 퍼지게 되었다. 그리고 서부 변경 시대의 종료는 바야흐로 그로부터 어느 정도 방향을 틀수 있는 가능성을 열어놓았다. 우리가 이미 말한 것처럼, 서부 변경은 공동체주의적인 역마차와 헛간 모금 행사의 특징도 갖고 있었던 것이다. 그러나 역사가 프레데릭 잭슨 터너와 최근의 연구조사는 서부 변경이 후대에 물려준 아주 지속적인 유산은 개인주의였음을 밝혀냈다.

바로 이 무렵 대서양 건너편에서 서부 변경과는 무관해 보이는 과학 논문이 발표되었는데 바로 찰스 다윈의 『종의 기원』이었다. 이 논문은 예기치 않게 도금시대의 개인주의를 더욱 강화시켰다. 다윈이 그 용어를 싫어했는데도 불구하고 영국인 추종자 허버트 스펜서는 다윈의 원리인 "적자생존"을 바탕으로 하여 "사회적 진화론"이라는 말을 퍼트리기 시작했다.[11] 미국의 저명한 사회학자 윌리엄 그레이엄 섬너는 스펜서의 전례를 따라서 "적자생존"이라는 개념을 인간사회에 적용했다. 섬너는 이렇게 주장했다. "어떤 사람은 다른 사람보다 인생의 경쟁에서 더 뛰어나다……. 더 뛰어난 자들은 야만의 정글에서 기어 나와 그들의 재능을 후손들에게 물려주고 그러면 그들은 더 높이 기어오른다……. 가난한 자의 곤경을 완화시켜 주는 방식으로 진화를 배척하려는 시도는 부도덕하고 경솔한 것이다."[12]

이런 식의 사회적 진화론은 1870년경에 발진하여 1890년에서 1915년 사이에 영향력의 최고점에 도달했다. 이 사상은 도금시대가 진행되면서 미국 지식인층과 중상층 계급을 휩쓸었고, 도금시대가 지나가버리자 퇴조하기 시작했다. 사회적 진화론은 과학적 인종차별주의[13], 우생학, 자유방임 자본주의의 유사 생물학적 옹호 등을 가져왔다. 과학적 인종차별주의는 그 당시 남부 사람들과 그들에 동조하는 자들에게 편리한 이론적 도구를 제공했다. 이들은 소위 "구원의 시대Redemption Era"라는 개념을 내세우며 짐 크로법을 입법하여 해방된 노예들에게 억압과 멸시를 부과하려 들었다. 맨해튼의 어퍼 이스트사이드에 사는 부자들은 추문 폭로자 제이콥 리스의 『다른 반쪽은 어떻게 사는가』(1890)라는 책을 보고서 심란해했다. 그 책은 맨해튼의 로워 이스트사이드 빈민가에 사는 사람들의 참상을 폭로한 것이었다. 사회적 진화론은 부자들에게 그들이 충분히 그런 부를 누릴 자격이 있음을 강력하게 확인해주었다. 많은 사람들이 도금시대의 참상은 진보에 따르는 불가피한 대가라고 생각하게 되었다. 경쟁력을 강조하는 과학은 "각자도생各自圖生"의 원리를 재촉하는 저 오래된 완고함과 섞여들었다. 간단히 말해서 부자들은 그들이 가진 것을 누릴 자격이 있으니, 가난한 자들은 악마에게나 가라는 식이었다. 노골적인 개인주의를 향해 가는 문화적 운동은 그 최고점에 접근했다.

그러나 교육을 받은 다른 중산층 미국인들은 점점 더 그런 견해를 거부하고 나섰다. 역사가 제임스 클로펜버그는 이렇게 말했다.

"역사가들이 너무나 다양한 진보주의의 가닥들을 발견했으므로 어떤 일관된 운동을 꼭 집어서 그 특징을 말하기가 어렵다. 그렇지만 20세기의 첫 20년 동안에 새로운 정치사상과 개혁 방안들이 다양하게 나타났다."[14] 진보주의자들조차도 그들 사이에 의견이 다양했다. 그러나 지나친 개인주의에 반대한다는 점에서는 일치했다. 그들은 개인주의가 미국의 가치를 배반했고, 온 나라를 휩쓸고 있는 경제적·사회적 위기를 촉발시켰다고 주장했다.

진보주의자들은 사회의 도덕적 개선을 가져올 수 있는 과학적 접근방식을 활용하려 했다. 그들은 기질상 과격분자는 아니었고 개혁적이면서 실용적인 사람들로서, 민주적 절차와 좀 더 평등한 사회경제적 결과를 적극적으로 지지했다. 그 중 많은 사람이 인종적 종교적으로 동질적인 소도시에서 성장했고, 새롭게 산업화하는 사회에서 공동체 정신이 정착되기를 소망했다. 그들은 부자와 빈자, 이민자와 원주민을 단결시키는 새롭고 공동체주의적인 근대화 방안을 내놓으려 했다.[15] 그들의 이러한 견해는 차츰 지지 세력을 얻기 시작했다.

동시에 전국의 개혁가들은 적극적인 활동에 나섰다. 그들은 각 지역에서 사회생활을 향상시키는 연결망을 구축했고, 현지 학교들을 지원했으며, 보다 활동적인 "새로운 공민" 교육을 지원했다 또 여성 참정권, 사형제도 폐지, 인종적 평등 같은 화급한 전국적 문제들도 논의했다. 바로 이런 맥락 속에서 무명의 웨스트 버지니아 출신으로 활동적인 진보주의자인 L.J. 하니팬은 1916년에 "사회적 자본social capital"이라는 개념을 도입했다. 그와 그의 동료들은 이 개념을 널리 알리려고 애썼다. 그들은 "이봐 안 돼, 우린 좀 더 사회적이 되어야 해"라고 외치면서 당시의 지배적 문화인 노골적 개인주의에 맞섰다. 공동체주의와 교육 개혁의 제창자인 저 저명한 존 듀이도 하니팬이 "사회적 자본"이라는 신조어를 만들어내는 데 사상적으로나 사실적으로나 영감을 주었다. 이러한 개념이 진보시대에는 만연했으나, 그 용어 자체는 일상 언어에서 사라졌다가, 20세기 말에 다시 등장했다. 과도한 개인주의를 비난한 공동체주의자들이 동원했던 것이다.[16]

20세기의 초창기에 종교관 또한 문화적 변화에 중요한 역할을 했다. 그것은 세속적 사상가들 다수에게도 영향을 미쳤다. 앞장의 후반부에서 살펴본 바와 같이, 19세기 후반의 미국 진보주의는 대체로 개인의 구제에 초점을 맞추었다. 그러나 20세기 초, "사회적 복음"이라는 이름표 아래 좀 더 사회적인 참여 신학이 등장했다. 사회적 복음은 공동체와 평등사상이 기독교 메시지의 핵심이라고 주장했다. 개혁적인 사회 복음가들은 사회적 진화론의 철학을 공격했다. 마르타 쿡과 제임스 핼핀은 이렇게 썼다. "가톨릭 측을 살펴보면, 교회의 회칙 「레룸노바룸」(1891)은 미국 가톨릭 신자들 사이에서 사회적 활동을 펼치는 새로운 세대에게 지적·신학적 기반을 제공했다." 또한 가톨릭 노동자 운동의 창립자인 도로시 데이는 1950년까지 가톨릭 급진주의를 이끌었다.[17]

우리는 이러한 문화적 변화의 역사적 이야기를 인터넷 시대의 놀라운 도구로 만들어낸 증거로 뒷받침할 수 있다. 구글은 16세기로까지 소급되는 영어로 된 책 수백만 권(단어 수로는 0.5조 단어에 해당)을 디지털화했다. 구글 웹사이트 http://books.google.com/ngrams을 이용하면 장기간에 걸쳐서 어떤 단어 혹은 문구들이 자주 활용되었는지 알아낼 수 있다. 이렇게 하여 어떤 단어나 개념의 문화적 빈출 정도와 문화의 추세를 파악할 수 있다. 우리는 1880년(우리의 관심 분야가 시작되는 연도)부터 2009년(관련 아카이브가 제공하는 최근 해)까지 미국에서 발간된 책 정보와 관련해 엔그램을 자주 활용했다.[18] 문화를 역사적으로 연구하기 위해 엔그램을 활용하는 학자들은 그 분야를 "컬처로믹스culturomics"라고 명명했다.[19] 그들은 엔그램 덕분에 문화적 변화를 폭넓게 엄정하게 탐구하고 수량화할 수 있는 좋은 수단을 얻었다고 말한다. 그리하여 문화에 대한 주장들이 단지 주관적 견해에 그치는 한계를 극복하게 되었다.[20]

이러한 방식은 "책은 문화의 가시적 공적 표현물이라는 전제를 바탕에 깔고 있는 것"이다.[21] 물론 작가와 작가의 문장만이 문화적 변화의 유일한 기준이 될 수는 없지만, 그래도 책은 통시적인 유사점과 차이점을 체계적으로 기록하는 장점을 가지고 있다. 구글 아카이브는 아래와 같은 광범위한 장르를 포함한다. 탐정소설, 역사책, 원예책, 아동서, 시, 공공업무에 관한 논평, 자기계발서, 과학 의학 교과서, 여행안내서, 낭만적 소설, 요리책. 그래서 구글 아카이브 사용자가 어떤 장르를 한정해서 그 분야를 살펴볼 수는 없다. 하지만 글을 읽을 줄 아는 미국인들이 특정한 시대에 어떤 글을 쓰고 읽었는지, 폭넓게 윤곽을 제시해준다.[22]

제1차 도금시대에서 오늘날의 제2차 도금시대에 이르기까지 개인주의 대 공동체주의의 현상이 어떤 흥망성쇠를 겪어왔는지 살펴보는 한 가지 유익한 측정 수단은 이런 것이다. 즉, 19세기 후반부에 생겨난 "적자생존"과 "사회적 복음"이라는 두 어구가 상대적으로 어떤 빈출도의 차이를 보이는지 살펴보는 것이다. 도표 5.1은

"사회적 복음"이라는 어구가 1890년 이전에 출간된 책에서는 거의 발견되지 않음을 보여준다. 그러나 같은 시기에 미국인들은 "적자생존"이라는 말을 아주 흔하게 사용했음을 알 수 있다.[23] 그렇지만

도표 5·1 "적자생존"과 "사회적 복음"의 문화적 빈출도

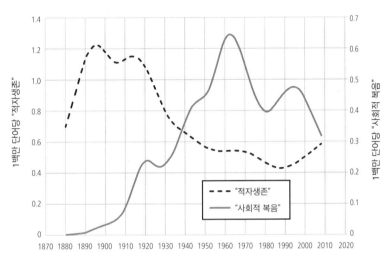

출처: 엔그램, LOESS smoothed : .10.

1920년에 이르러 "사회적 복음"이 급격히 상승하고 "적자생존"은 퇴조하기 시작했다. 도금시대에서 진보시대로의 문화적 이행이 이 지표에는 반영되어 있는 것이다. 이것은 진화론에서 사회적 복음으로의 변화를 객관적으로 측정하게 해준다.

　이야기를 잠시 미래 쪽으로 가져가 본다면, 도표 5.1은 "적자생존"의 문화적 빈출도가 20세기 내내 퇴조하다가 21세기 초에 들어와 겨우 숨 쉴 공간을 얻었음을 보여준다. 그러나 1960년대부터 공동체주의라는 개념은 우리의 문화 환경에서 사라져갔다. 이 장의 나

머지 부분에서 이러한 패턴이 꾸준하게 때로는 더욱 급격하게 나타나는 것을 살펴보게 될 것이다. 먼저 20세기의 첫 65년 동안에 미국의 문화적 논의에서 개인주의 주제가 사라지고, 이와 때를 같이하여 공동체주의적 정서가 상승한다(1920년대에 잠시 정체가 있기는 했다). 그런 다음 1970년대부터 21세기까지 이런 추세들이 급격히 반전했다. 우리가 이미 앞 장들에서 살펴본 나-우리-나의 곡선이다.

개인주의와 공동체주의의 갈등은 19세기의 마지막 몇 십 년과 20세기의 첫 십 년 동안에 공개적으로 논의되었다. 공동체주의는 아직 전국적으로 주도하는 현상이 아니었지만, 진보시대 분위기의 핵심에 자리 잡고 있었다. 시어도어 루스벨트, 제인 애덤스, 그 외 다른 진보주의자들은 공개적으로 개인주의를 거부하고 나섰다. 그들은 자선이나 자비 같은 일방적인 베풀기보다는 애덤스의 말을 빌리자면 "상호 부조의 협동적 이상"을 강조했다. 애덤스의 동료 개혁가들은 자선이나 자비는 우월한 자세를 취하는 형태의 도움이라고 생각했다.[24]

시어도어 루스벨트는 공동체주의적 의무를 더욱 강조했다. 그는 1910년 9월 1일 캔자스 주 오사와토미에 있는 존 브라운 기념 공원을 헌정하는 연설에서 "새로운 민족주의"에 대해 언급했다. 자신의 진보 사상을 뒷받침하는 철학을 구체적으로 언명한 것이다. 남북전쟁 참전 용사들을 향한 그 연설에서, 시어도어 루스벨트는 링컨의 공동체주의와 휘그 사상을 강조했다. 공동체주의와 기회의 평등을 반드시 이루어야 하며 필요하다면 정부가 가진 자에게서 못 가진 자에게로 부를 재분배하는 정책을 적극적으로 수행해야 한다고 역설했다.

건전한 자유를 위한 투쟁의 본질은 어떤 사람 혹은 어떤 계급으로부터, 그 사람 혹은 그 계급이 정당하게 벌어들이지 않은 권력, 부, 지위, 면책의 권리를 박탈하는 것이었고 또 반드시 그런 것이 되어야 한다. 그것이 사람들이 민간 전쟁에서 싸우는 목표이고, 그것이 우리가 현재 달성하려고 노력하는 것이다……. 우리는 어떤 사람이 정당하게 얻은 권력과 지혜를, 이웃들의 복지에 신경 써가며 사용할 때, 전혀 불평을 말하지 않는다……. 우리는 어떤 사람이 명예롭게 얻었고 잘 사용하고 있는, 민간 생활에서의 행운을 불평하지 않는다. 그런 권력과 지위를 공동체에 아무린 피해를 입히지 않고 획득하는 것만으로는 불충분하다. 그러한 획득이 공동체에 혜택을 줄 수 있는 것일 때에만 그런 획득을 용납해야 한다. 이렇게 하자면, 정부는 우리가 지금껏 해왔던 것보다 더 강력하게, 사회적·경제적 조건들에 적극적으로 개입해야 한다.[25]

미국은 남북전쟁 후의 문화적·정치적·경제적 개인주의의 궤적을 방향 전환했고, 공동체적 의무사항들이 새롭게 상급 심판소의 자격을 획득했다.

루스벨트, 애덤스, 그들의 진보주의자 동료들은 자신들이 성취하려고 애쓰는 대체 비전에 대하여 다양한 명칭을 갖고 있었다. "기독교적 사회주의", "선린정신" 그보다 더 현실적인 "공동체" 등의 용어가 흔하게 사용되었다. 그러나 가장 널리 사용된 것은 "단결"(혹은 "단결주의")과 "협력"이었다.[26] 우리는 또 다시 엔그램을 이용하여 이런 개념들의 문화적 빈출도가 어떻게 변화해왔는지 살펴볼 수 있다. 이런 공동체주의적 이상은 20세기의 첫 65년 동안 상승하여 지속되었으나 1970년 이후에 꾸준히 퇴조했다(참조 도표 5.2).[27] 이 도표는

"사회주의"도 포함하고 있다. 사회주의라는 개념은 진보 운동 내의 몇몇 인사들을 매혹시켰으나, 시어도어 루스벨트, 제인 애덤스, 그 외 많은 사람들은 교조적 마르크스주의에 혐오감을 느꼈다. "사회주의"의 이념적·정치적 공명에도 불구하고, "단결"이나 "협력"이 20세기 내내 훨씬 더 빈출도가 높았다. 주의 깊은 독자들은 도표 5.2에서 우리가 앞의 여러 장들에서 소개했던 전도된 U자형 곡선을 발견할 수 있을 것이다.

시어도어 루스벨트의 불무스당은 1912년에 똑같이 진보적인(혹은 거의 같은 수준인) 우드로 윌슨에게 패배했다. 1916년 가을, 우드로 윌슨은 4년 전 시어도어 루스벨트가 얻었던 4백만 표를 끌어당기기 위해 일련의 진보적 법안에 대한 의회의 승인을 받아냈다. 유아노동 금지, 8시간 근무제, 부동산세, 좀 더 진보적인 소득세 제도 등의

도표 5·2 "단결", "협력", "사회주의"의 문화적 빈출도, 1880~2008

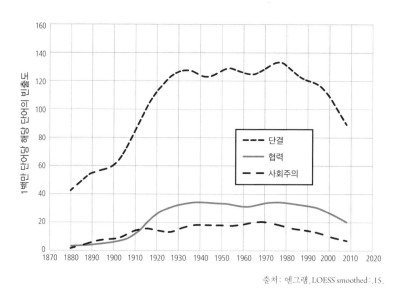

출처: 엔그램. LOESS smoothed: .15.

법안이었다. 오버톤 윈도가 이제 좀 더 진보적인 정책들을 수용하는 쪽으로 전환했는데, 지난 25년간 문화적 변화와 대중적 운동이 최고점을 기록하는 순간이었다.

보통 사람을 위한 팡파르: 1920~1950[28]

제1차 세계대전 이후에 미국의 정치와 문화에서 공동체주의는 광란의 20년대에 밀려나는 듯했다. 광란의 20년대의 현란하고 물질주의적인 막간극은 지금도 '미친 듯이 춤추다flapper dance craze'라는 관용구 속에 남아 있는 "신여성flapper"이라는 단어와 금주령, 갱스터, 증권시장의 급변 등으로 잘 알려져 있다. 이 시대에 지속적인 정책과 지적인 혁신이 있었지만 그런 것은 잘 기억되지 않는 것이다. 월스트리트 금융가들이 지배하는 경제적 번영은 비록 잠시이기는 하지만 기회는 게으른 사람을 제외하고 모두에게 열려 있다는 신화를 다시 살려놓았다.

아이러니하게도 "강건한 개인주의"라는 신조어를 만들어낸 허버트 후버는 광란의 20년대를 종식시킨 증권시장 붕괴를 울적하게 통과해야만 했다. 그렇지만 그는 진보주의적 뿌리를 갖고 있었고 확고한 공동체주의자였다. 널리 칭송받은 책 『미국의 개인주의』(1923)에서 후버는 개인주의와 공동체주의의 혼합이라는 역설적 주장을 폈다.[29] 역사가 제임스 클로펜버그는 이렇게 말한다. "후버는 아주 멋진 진보적 방식으로 자유방임은 무책임하며, 평등한 기회 없는 개인주의는 억압적이라고 주장했다. 가져볼 만한 가치가 있는 유일한 개인주의는 미국식 개인주의이다. 그것은 개인의 주도적 노력과, 공공 서비스와 협력의 중요성을 강조하는 공동체주의가 잘 혼합된 것이어야 한다."³⁰ 후버는 소위 "단결된 국가"를 원했다. 정부가 대기업, 소비자, 노동자, 농부, 중소기업 사업가들의 자발적 협력을 격려하는 그런 국가 말이다.

제3장에서 살펴본 바와 같이, 대통령에 취임한 뒤 후버는 전통적이고 보수적인 경제 정책을 시행했다. 그것은 예전에 그가 옹호했던 진보주의적 사상으로부터 이탈한 것이었는데, 이런 전통적인 경제 정책은 대공황이 시작되면서 실패했다. 그렇지만 1920년대의 후버는 다음 두 가지 중요한 사실을 잘 예증한다. ① 선량한 보수주의자는 공동체주의자가 될 수 있다. 그는 "큰 정부"를 반대하면서도 사회적 부정의를 시정하기 위한 단체 행동을 옹호한다. ② 공동체주의라는 진보시대의 급류는 물이 말라버렸고 그리하여 광란의 20년대 동안에 지하로 스며들었다.

1920년대에 어니스트 헤밍웨이, F.스콧 피츠제럴드, 거트루드 스타인, 에즈라 파운드 등의 작가들은 소위 "잃어버린 세대The Lost Generation"로 알려졌다. 제1차 세계대전 중 수백만 명의 병사들이 참호에서 죽었고 그 후 1918년의 팬데믹 때에도 수백만 명이 죽었다. 이것은 친절과 이타심이 인간의 정상적인 특징이라는 환상을 완전히 파괴해 버렸다. 잃어버린 세대의 작가들은 엄청난 상실, 소외, 절망을 겪었고, 그들이 쓴 책의 주인공들은 내적 힘과 개인주의를 칭송했다. 파격을 강조하는 "힙hip" 서클에서, 광란의 20년대는 개인주의적 시대였고 자유로운 사랑과 인습의 타파를 선호했다. 거기에 대전과 팬데믹은 허무주의를 가져왔다.

1929년의 증권시장 붕괴는 광란의 20년대에 막을 내리게 했다. 일자리가 없는 것이 개인의 성격적 결함 때문이라는 얘기는 대공황의 현실에는 맞지 않는 것이었다. 실업률은 1929년 약 3퍼센트에서 1933년에는 약 25퍼센트로 치솟았다. 개인의 노력으로는 이런 대규모 집단적 문제를 해결할 수가 없었다. 범교파적 주교들의 위원회는 이런 주장을 폈다. "사회가 자율적이고 독립적인 개인들로 구성되어 있다는 사상은 잘못된 것임이 점점 더 분명해지고 있다. 그것은 경제적 사실주의의 관점에서도 그렇고 기독교적 이상주의의 관점에서도 그러하다. 강건한 개인주의에 대한 우리의 근본 철학은 협력 시대의 필요에 부응하기 위하여 수정되어야 한다."[31] 역사가 찰스 비어드도 이런 주장을 펼쳤다. "냉정한 진실은 이런 것이다. 각자도생하고 악마는 낙오자를 잡아간다는 개인주의적 사상이 서구 문명이 직면하고 있는 위기의 주범이다."[32]

문학에서 사회적 양심과 사회적 리얼리즘이 득세하여 존 스타인벡의 『분노의 포도』(1939)에서 정점을 찍었다. 영화 분야에서는 프랭크 카프라가 〈스미스 씨 워싱턴에 가다〉(1939)와 〈멋진 인생〉(1946) 같은 작품에서 공동체 정신을 강조하던 시절이 있었다. 카프라는 이렇게 말했다. "나의 영화는 모든 남자, 여자, 아이들에게 이런 사실을 알리려 하는 것입니다⋯⋯. 평화와 구원은 그들이 서로 사랑할 줄 알게 되면서 비로소 현실이 될 것입니다."[33]

정치 분야에서도 뉴딜정책은 진보시대의 공동체주의를 다시 활성화시켰다. 많은 뉴딜정책 수행자들이 진보 운동이 벌어지던 시대에 성인이 된 사람들이기도 했다. 프랭클린 루스벨트는 1900~1903년의 하버드 대학 시절에 일관되게 공동체주의적 진보주의를 지지했다. 그는 당시 백악관에서 근무하던 먼 사촌 시어도어 루스벨트를 롤모델로 삼으면서 그런 사상을 흡수하게 되었다.

1912년 젊은 주 상원의원으로서 프랭클린 루스벨트는 이런 주장을 폈다. "공동체의 자유를 확립하는 것이 필요하다. 공동체 구성원들에게 특정한 책임을 부과하는 자유 말이다."[34] 뉴딜정책을 지지하는 사람들 중 다수가 사회적 복음 운동과 사회 복지관 활동을 해 본 경력이 있었다. 프랭클린 루스벨트의 최측근 고문관인 해리 홉킨스, 재무장관 헨리 모겐소 주니어, 초대 노동부 장관 프랜시스 퍼킨스, 영부인 엘리너 등은 진보시대에 청년으로서 진보적 이상을 갖게 된 이들이었다.[35]

정치적으로나 문화적으로 20세기의 전반적 관점에서 살펴볼 때, 뉴딜은 진보시대의 계속이었다. 1920년대에 잠시 중단되었을 뿐이었다. 대공황과 공동체에 대한 관심은 오버톤 윈도를 다시 한 번 이동시켜서 대규모 정부 개입을 가져왔고 다시 한 번 자유방임 정책을 덜 신임하게 만들었다.

1930년대에는 뉴딜정책을 포함하여 여러 분야에 공동체주의가 스며들었다. 1931년 1월에 이르러, 의회는 전쟁 정책 위원회의 설립을 승인했고 후버 대통령은 소속 인사들을 임명했다. 이 위원회는 미래에 전쟁이 발생하면 그 부담을 전 국민이 고루 짊어지게 만든다는 임무를 띠고 있었다. 위원회의 상근 서기는 드와이트 아이젠하워라는 장래가 촉망되는 젊은 육군 장교였다. 당시 대중들 사이에는 "죽음의 상인들"이 제1차 세계대전으로부터 막대한 혜택을 보았다는 의혹이 널리 퍼져 있었고 위원회의 보고서에 대한 반응은 양당이 모두 지지한다는 초당적인 것이었다. 달리 말해서, "우리는 모두

한 배를 탔다"라는 생각이 미국의 제2차 세계대전 참전 근 10년 전
부터 널리 공유되었던 것이다.[36]

20세기 중반의 미국에서 거의 국가國歌의 수준으로 유명해진 음
악은 1942년에 작곡가 아론 코플런드가 작곡한 〈보통 사람을 위한
팡파르〉였다. 코플런드는 그보다 1년 전인 1941년에 부통령 헨리 A.
월리스의 연설로부터 영감을 받았는데, 그 연설에서 월리스는 "보
통 사람의 세기"가 개막되었다고 선언했던 것이다. 도표 5.3이 보여
주듯이, "보통 사람"이라는 용어는 진보시대의 미국 문헌들에서 등
장하여 20세기 전반기에 자주 사용되었다(단 1920년대의 휴지기는 제외).
이 용어의 사용 빈도는 1945년에 최고점에 도달했다가 20세기 후
반에는 문화적 빈출도가 쇠퇴했는데 특히 1960년대 이후에 눈에 띌
정도로 가속화되었다. 1942년에 이르러 "보통 사람"은 국가적 유대,

도표 5·3 "보통 사람"의 문화적 빈출도, 1880~2008

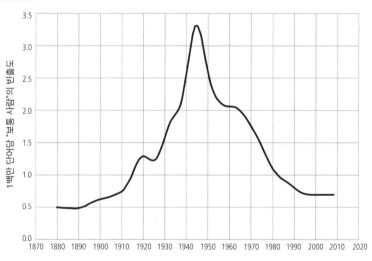

출처: 엔그램. LOESS smoothed : .15.

사회적 평등, 공동체주의(윌리스와 코플런드가 지지한 것)를 표방하는 강력한 문화적 상징이 되었다.[37]

　제2차 세계대전 종전 후 25년 동안 거의 중단 없는 호경기와 경제적 번영이 계속되었다. 1945년에서 1975년 사이에 가난은 거의 절반 수준으로 떨어졌다. 전후의 호경기도 도움이 되었고, 그 시대에 빈곤층과 노동자 계급이 성장의 더 큰 몫을 가져갔다는 것도 도움이 되었다(제2장 참조). 한편 사회보장 연금을 받는 가정의 수는 450만 가구로, 1950년에서 1960년까지 근 다섯 배나 증가했다. 전반적인 복지 지출도 9억 6천만 달러에서 10억 7천만 달러로 늘어났다. 1960년대 초에 이르러, 주요 노조 합의 중 50퍼센트가 생활비 연동 조정을 보장하는 문구를 담게 되었다.[38]

　뉴딜에서 제2차 세계대전을 거쳐 전후의 번영 시대로 이행하는 동안에 공유된 가치, 사회적 연대, 미국 중산층의 생활 방식에 대한 찬양이 점점 더 높아졌다. 당시 상품 광고들은 이런 문화적 특징들을 찬양했다. 전례 없는 여가 시간을 즐기는 행복한 백인 핵가족, 누구나 알아보는 좋은 브랜드의 소비자 상품, 미소 짓는 어머니는 미국 표준 스테이크를 굽고 있고, 솜씨 좋은 아버지는 선외船外 엔진을 고치고 있는 풍경 등이 그런 것이었다. 이런 특징들은 물론 과장된 것이지만, 그 안에 진실의 핵을 갖고 있었다. 전례 없는 경제적 호황이 전보다 더 폭넓게 이런 생활 스타일을 가능하게 만들었던 것이다. 미술 분야에서도, 『새터데이 이브닝 포스트』에 실리는 노먼 록웰의 중산층 그림들이 20세기 중반의 도덕적·문화적 합의를 반영하고 강화했다.

　전후의 경제적 풍요와 낙관론에 결합된 문화는 "너무 부드럽다"

라는 비난을 받을 만하지만, 그렇다고 해서 민간 사회에서 가치가 모두 배제된 물질주의를 지향하는 것은 아니었다. "아메리칸드림"이라는 용어는 제임스 트러슬로 애덤스가 1931년에 널리 유행시킨 것이었다. 그는 이 용어를 이렇게 설명했다. "이것은 자동차와 높은 임금을 받겠다는 꿈을 가리키는 것이 아니다. 모든 남자와 여자가 자신의 내적 능력에 따라 성취할 수 있는 것을 모두 성취할 수 있는 사회 질서에 대한 꿈을 말하는 것이다. 그들이 어떤 환경에서 태어났든 간에 그들 자신의 본질적 가치를 남들로부터 인정받으려는 꿈을 말한다."[39]

"아메리칸드림"의 고상한 인식은 1960년대까지 지속되었다. 노벨 경제상을 받은 경제학자 로버트 쉴러는 이렇게 말한다. "그것은 자유, 상호 존중, 그리고 기회의 평등을 의미한다. 그것은 물질적 성공보다는 도덕과 더 관련이 있다." 아메리칸드림에 대한 얘기가 1960년대에는 흔하게 나오게 되었다. 또 마틴 루터 킹의 "내게는 꿈이 있습니다"(1963)라는 연설도 많이 인용되었다고 쉴러는 지적한다. 킹은 그 연설에서 아메리칸드림에 깊이 뿌리 내린 비전을 말했던 것이다. 킹은 편견이 사라지고 공동체 정신이 강화되는 그런 사회를 꿈꾸었다……. 그러나 정작 그 용어가 흔하게 사용되면서, 그와 관련된 평등과 공동체 개념은 퇴조했다. 1970년대와 1980년대에 주택 건설업자들은 그 문구를 광고에 폭넓게 활용했는데, 아마도 소비가 곧 애국이라는 생각을 널리 퍼트리기 위해서였을 것이다.[40]

쉴러는 계속해서 이렇게 주장한다. 1960년대 이후 수십 년 동안 정치가들과 보통 시민들이 사용하는 "아메리칸드림"은 주택 소유 등 개인의 물질적 성공의 상징으로 꾸준히 변질되어 왔다. 이러한 변질은 다음의 사실을 일깨워준다. 즉, 밑바탕이 되는 문화가 바뀔 때는 동일한 용어도 상당히 다른 이상을 상징하게 된다는 것이다. 1950년대를 온화한 시대로 명명할 수 있을지 모르지만, 공유된 시민 정신과 평등주의적 가치는 그 당시의 미국 문화에서 주도적인 역할을 했다. 그리고 우리가 뒤의 두 장에서 살펴보겠지만 1950년대는 장기적인 인종과 젠더의 편견에 사로잡혀 있던 시기이기도 했다.

나치 독일과 공산주의 러시아라는 두 개의 극단적 이념에 맞서서, 20세기 중반의 미국 사상가들은 비이념적·비극단적 중도주의를 강조했다. 아더 슐레징어 주니어는 그의 베스트셀러 『핵심적 중도』(1949)라는 책에서 공산주의와 파시즘의 전체주의에 대항하여 자유민주주의와 국가 규제의 시장 경제를 옹호했다. 그는 "개인과 공동체 사이에 균형을 회복시키려 한 것"이었다.[41]

인종을 뛰어넘는 사회적 유대는 1960년대 초 지도자들 사이에서는 지배적 이상으로 자리 잡았다. 심지어 논쟁적 대의를 옹호하는 자들도 근본적인 가치라고 하면서 여기에 동참했다. 1963년 4월, 공유된 도덕을 바탕으로 자유를 주장해왔던 마틴 루터 킹은 버밍햄의 감옥에서 그의 비판자들(남부의 백인 목사들)에게 이런 편지를 보냈다. "우리는 상호주의의 연결망이라는 피할 수 없는 그물에 갇혀 있고 운명이라는 하나의 옷에 묶여 있습니다."[42] 마틴 루터 킹의 시민권 운동은 공동체주의적 가치와 공동체 건설의 이상에 뿌리를 내리고 있는 것이었다. 킹이 버밍햄 편지를 보낸 지 두 달 후에 존 F. 케네디 대통령은 동일한 어조로 대답했다(그리고 그 자신은 5개월 후 댈러스에서 암살당했다).

한 사람의 권리가 위협받을 때 모든 사람의 권리가 축소되는 것이
다……. 우리는 근본적으로 도덕적 문제에 직면해 있다. 그것은 성경처
럼 오래되었고 미국 헌법처럼 분명하다. 문제의 핵심은 모든 미국인에
게 동등한 권리와 동등한 기회가 부여될 것인가, 우리 자신이 대접받고
싶은 것처럼 동료 미국인들을 대접할 것인가 하는 점이다.[43]

킹의 편지는 현지의 비판가들을 조금도 납득시키지 못했다. 그
러나 국가적 문화를 충실히 반영한 그 호소는 사상 처음으로 민권
운동에 대한 전국적 지지의 물결을 일으켰다. 마틴 루터 킹은 「출
애굽기」에 나오는 망치 같은 말, "내 민족을 해방하라!"를 꺼내들어
인종 간·종교 간 장벽에 일격을 가했다. 킹은 공유된 가치를 바탕으
로 짐 크로 흑백 분리법의 족쇄를 깨트렸다.[44] 불 코너가 동원한 소
화용 소방 호스와 경찰견들*은 북부의 백인들 사이에서 강력하게
여론을 환기시켰다. 그런 소행은 공유된 가치를 깨트리는 것이었기
때문이다.

물론 시민권 운동가들은 종종 남부의 백인들과 그들의 북부 지
지자들에게 공유된 가치를 파괴한다는 비난을 받았다. 심지어 남부
의 백인들은 종종 흑백 통합에 저항하기 위한 구실로 "공동체의 기
준들"을 소환했다. 그래서 공유된 가치의 실제적 가치는 논쟁의 대
상이 되었다. 그러나 그런 기준이 존재한다는 것은 그런 투쟁이 도
덕적·문화적 바탕 위에서 전개되는 것임을 일깨워주는 것이다. 이
것은 흑백 통합을 지지하는 사람들에게 중대한 합법성을 부여해주

---

* 　당시 불 코너는 이런 방식으로 시위를 무자비하게 진압했다.

었다.

간단히 말해 이 시대에 아무리 정치적 견해가 다양하다 할지라
도, 미국인들은 대체로 공통적인 도덕의 담론을 공유했다. 이러한
현실은 그 후 50년 동안 그것이 사라졌을 때 더욱 눈에 띠게 되었
다. 일치단결, 합의, 타협 같은 개념들은 1920년대에서 1960년대 사
이에 국가적 담론에서 점점 더 흔해지게 되었다(도판 5.4 참조). 하지만

도표 5·4 **"합의", "타협", "일치단결"의 문화적 빈출도**

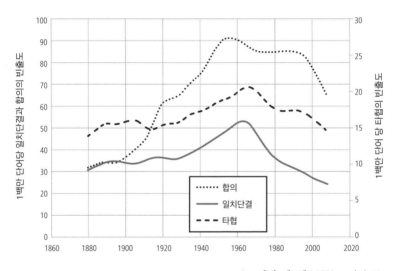

출처: 엔그램, LOESS smoothed : .15.

1960년 이후의 50년 동안에 갑자기 퇴조했다. 그리하여 통계 자료
들은 말 그대로 1950년대와 1960년대의 미국 문화에서 공동체주의
적 가치가 지속적으로 상승했음을 보여준다.

반발의 으르렁거리는 소리: 1950년대

지금까지 우리는 1910년대부터 1950년대까지, 경제적 평등, 정치적 공동체주의, 사회적 연대 등 칭송할 만한 사회적 변화의 패턴에 초점을 맞추었다. 하지만 좋은 것들은 한 번에 대량으로 가질 수는 없는 것처럼 보인다. 문화의 스토리는 아주 복잡하다. 왜냐하면 문화의 영역에서는 전도된(뒤집어진) U자형 곡선이 너무나 뚜렷하게 나타나지만, 많은 합리적인 미국인들이 여기서 규범적 양극성을 내세우기 때문이다. 예를 들어 눈에 띠게 공동체주의적인 문화가 어떤 사람들에게는 억압적 순응주의의 등장으로 보일 수 있는 것이다. 실제로 1960년대에 공동체주의에서 벗어난 사람들의 미덕 중 하나는 다양성, 인종과 젠더평등에 대한 엄청난 관용 정신이다(이에 대해서는 뒤의 두 장에서 다루어짐). 그러나 1960년대 이후의 관용은 대체로 나도 살고 너도 살자식의 주고받기 관용이었다. 그것은 마틴 루터 킹의 "사랑스러운 공동체"의 도덕적 연대를 포용하는 폭넓은 관용은 아니었고 정치적 반대자들까지 포용하는 그런 것도 아니었다(앞의 제 3 장 참조).

공동체주의의 어두운 측면은 1950년대 초 조지프 매카시 상원의원의 "체제전복주의자들"에 대한 공격에서 가시적으로 드러났다. 관용적인 아이젠하워는 매카시와 매카시주의를 경멸했지만, 그런 그조차도 정부 관리들 중에서 "일탈자"들을 솎아내려 했다.[45] 적색공포(그리고 당시의 동성애를 공격했던 라벤더 공포)는 서서히 퇴조했지만, 균형이 너무 "순응주의" 쪽으로 기울어졌다는 우려가 지식인들 사이에 널리 퍼져나갔다. 유럽에서 제2차 세계대전 전에 파시즘을 겪었던 사회심리학자 마리 자호다는 1956년에 이런 말을 했다. "미국의 민권 자유가 현재 위기를 맞이했다고 보는 많은 관찰자들은 그런 현상의 한 가지 측면, 즉 순응주의가 점증하고 있다는 사실에는 동의한다……. 중간층 사람들이나 평범한 사람들이 그런 순응주의에서 일탈하는 것을 엄격하게 감시하면서 잘 관용하지 못한다."**[46]**

이러한 분위기의 문화적 반영은, 1950년대와 1960년대에 "전복"과 "일탈"이라는 용어에 대한 논평이 점점 많아지는 것이었다. 전복과 일탈은 널리 공유된 공동체의 기준들로부터 이탈하는 것으로 규정되었다(참조 도표 5.5). 그러나 놀랍게도 그 후 10년 혹은 20년 사이

도표 5·5 "전복"과 "일탈"의 문화적 빈출도, 1880~2008

출처: 엔그램. LOESS smoothed : .10.

에 전복과 일탈에 대한 논의는 갑자기 온 것처럼 갑자기 사라졌다. 1970년대부터 그리고 그 이후까지는 문화적 개인주의가 부상했다.

반항에 대한 우려는 장차 닥쳐올 문화적 변화의 선행적이면서도 일시적인 지표였다.

표면적으로 1950년대의 미국 사회는 전례 없는 합의가 특징인 것처럼 보인다. 그러나 외양은 사람을 속일 수 있다. 예리한 관찰자는 표면 아래에서 어른거리는 문화적·정신적 반발의 심층적 표시들을 읽어낸다. 곧 관습, 억압, 소비자주의에 대한 문화적 반항이 등장한다. 1950년대에 문학 분야에서는 J.D.샐린저의 『호밀밭의 파수꾼』, 윌리엄 골딩의 『파리대왕』, 잭 케루악의 『노상에서』, 그밖에 20세기 중반의 순응주의에 반항하는 다른 책들이 나왔다. 영화에서 이러한 추세는 제임스 딘의 히트 영화 〈이유 없는 반항〉(1955)에 잘 반영되었다. 딘은 23세에 교통사고로 사망했고 사후에 아카데미상 후보로 지명되었다. 제임스 딘은 일약 문화의 아이콘으로 떠오르면서 1950년대의 젊은이들이 느끼는 정신적 환멸과 사회적 소외를 대변했다. 1950년대의 가장 훌륭한 소설들은 청년들이 느끼는 불안을 어둡게 반영한 것이었고 장차 닥쳐올 지진 같은 문화적 변화를 예고했다.

1950년대 후반과 1960년대 초반의 점점 많은 학자와 지식인들이 점증하는 "우리 현상we-ness"에 우려를 표시했고 순응주의로 향해 가는 추세를 비난했다. 데이비드 리스먼의 베스트셀러 『고독한 대중』(1950)은 20세기 중반의 "외부 지향적인" 미국인을 19세기의 "내부 지향적인" 미국인과 비교하면서 비우호적으로 묘사했다.[47] "내부 지향적"인 성격은 개인의 정력, 주도권, 경쟁을 강조하는 반면에, "외부 지향적인" 성격은 친구, 상급자, 동료들의 조언을 받으면서 "남들과 함께 어울려 살아가려 한다". 외부 지향적인 사람의 장점은 개인적 정력이나 혁신성이 아니라 자신의 온화한 성격으로 어필하면서 남들과 잘 어울리려 한다는 것이다. 수백만 명에 달하는 젊은 미국인들이 볼 때, 리스만의 양극성은 도덕적 함의가 내포된 것이었다. 외부 지향적인 사람은 나쁘고 내부 지향적인 사람은 좋다는 얘기였다.『고독한 대중』에서 리스먼은 도덕주의자가 아니라 중립적 관찰자의 입장을 취했지만,『재고해본 개인주의』(1954)에서 리스먼은 미국인들에게 "사회의 주도적 윤리에 휘둘리지 말고 자기 자신이 되는 방법을 찾아내라"라고 주문했다.[48] 그의 젊은 독자들은 열광했다.

윌리엄 H.화이트의 사회 논평서『조직의 사람』(1956)과 슬론 윌슨의 장편소설『회색 플란넬 양복을 입은 신사』(1957) 등은『고독한 군중』과 같은 장르의 고전이다.『조직의 사람』은 "함께 있음", "소속감", "사교성", 순응주의, 계급 무시, "사회적 윤리"를 비판한다. 화이트는 이런 것들을 가리켜 "개인에 대한 사회의 압력을 합법화시키

도표 5·6 순응주의

GREGORY

"물론, 나는 무리를 따라 가지. 내 말해 두겠는데, 이건 생각 없는 복종심에서 그렇게 하는 게 아니야. 공동체주의라는 사상에 대한 지속적인 깊은 존경심에서 그렇게 하는 거야."

출처: 알렉스 그레고리,『뉴요커』, 2003년 6월 30일. 전재 허가를 얻음.

는 사상의 덩어리들"이라고 규정했다. 하이트가 볼 때 사회적 윤리의 결점은 개인이 사회에 대하여 의무가 있다고 주장하는 게 아니다. 오히려 사람들의 잘못된 믿음이 문제라는 것이다. 사람들은 사회의 필요와 개인의 필요가 서로 같은 것이라고 믿으면서, 사회에 대한 불만을 토로하는 사람을 심리적으로 부적응자라고 잘못 생각한다는 것이다.[49]

이런 두꺼운 책들이 예기치 않게 베스트셀러가 되었다는 사실은 수백만 미국인 독자들 사이에 그런 우려가 널리 퍼져 있다는 증거였다. 이런 책들의 불평불만은 순응주의 문화—1950년대 후반에 급속히 퍼져서 1960년대 중반에 최고점에 도달한 현상—로부터 곧 방향 전환이 이루어지는 추세를 구체화한 것이다. 미국 사회가 1960년대 후반에 "우리"에서 "나"로 방향 전환을 하면서, 과도한 "우리 정신"에 대한 불평불만은 퇴조하더니 1970년대 후반에 들어와 완전히 사라지게 된다. 그들이 제기한 문제점이 개인주의적 미국에서 사라지기 시작하면서 그런 불평불만은 더는 논평서나 장편소설에서 나오지 않게 되었다. 수력학자들은 "댐은 터지기 전에 금이 가기 시작한다"라고 말한다.[50] 실제로 이러한 문화적 지표는 사상의 추가 공동체 정신에서 개인의 안락함 쪽으로 움직이고 있다는 조기 경보였다.

순응주의는 공동체의 어두운 쌍둥이이다. 공동체주의는 그 본질상 규범 순응에 대한 사회적 압박을 전제하기 때문이다. 만약 공동체주의의 "우리"를 너무 비좁게 정의한다면, 사회적 규범에 대한 순응주의는 정치적·성적·인종적 반발자와 이탈자를 무자비하게 처벌할 것이다. 이런 무자비한 처벌은 17세기 세일럼*에서 그랬던 것

"순응주의"의 문화적 빈출도, 1880~2008

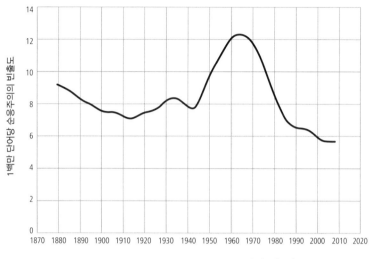

출처: 엔그램. LOESS smoothed : .10.

처럼 20세기 중반에서도 벌어진 일이었다. 극작가 아서 밀러가 『시련』(1953)이라는 희곡에서 그 둘의 유사성을 지적한 건 결코 우연이 아니었다.

20세기 전반기 동안에 이런 공동체의 잠재적 부작용에 대해서는 사실상 논의되지 않았다. 1950년대에 나-우리-나의 사상적 추가 위를 향해 가는 동안에, 미국인들은 갑자기 공동체주의의 어두운 측면을 인식하게 되었다. 우리가 좋은 것을 너무 과도하게 밀어붙인다는 각성은 "순응주의"의 부작용을 다룬 책들의 발간이 증가한다는 현실에 반영되어 있다(참조 도표 5.7). 1960년대에 들어와 "우리"에서 "나"로 전환하면서― 이 전환에 대해서는 8장에서 다루어

  ＊   미국의 마녀사냥으로 여자들을 처형했던 일이 이곳에서 벌어졌다.

짐―순응주의에 대한 관심은 급격히 왔던 것처럼 급격히 사라졌다. 그런 문화적 변화가 1960년대 방향 전환의 원인인지 아니면 그저 기존 현상의 반영인지는 결정하기 어려운 문제인데 이는 뒤의 8장에서 다루어진다.

왜 우리는 1950년대에 나타난 개인주의적 반발에 이토록 주목하는가? 이미 주장한 바 있듯이, 그런 반발은 곧 닥쳐올 문화적 변화의 예고편이기 때문이다. 그러나 우리의 논의에 중요한 또 다른 점은, 그런 반발이 전후 미국은 "외부 지향적"이고 공동체주의적인 나라임을 보여주는 반증이라는 것이다. 순응주의가 널리 퍼져 있기 때문에 그에 대한 반발이 나오는 것이 아니겠는가? 그런데 지금껏 우리의 순응주의 논의는 문학적 증거에만 의존하는 것이었다. 우리는 사람들이 1950년대에 순응주의에 대하여 많이 쓰고 읽었다는 것을 알고 있다. 하지만 1950년대의 미국인들이 지금보다 더 순응주의적이고 "외부 지향적"이었는가? 다행스럽게도 우리는 이 점에 대해 아주 강력한 실험 증거를 가지고 있다.

1950년 사회 심리학자 솔로몬 애쉬는 시지각視知覺에 대한 간단한 실험을 수행했는데 그 결과는 심리학자들과 일반 대중을 놀라게 만들었다.[51] 애쉬는 실험 참가자들에게 세 개의 비교 대상 선線을 제시하면서 그 중 어떤 것이 기준으로 제시한 선의 길이와 가장 일치하는지 결정하도록 요청했다. 주목할 만한 점은, 다른 참가자들이 보는 데서 이런 판단을 내리도록 주문했다는 것이다. 그런데 실험 참가자 중 단 한 사람만이 사전 모의가 없는 진짜 참가자였고, 나머지 참가자들은 모두 애쉬의 모의에 동참하여 틀린 대답을 내놓도록 사전 조작된 사람들이었다. 이들의 대답은 진짜 실험 참가자들이 볼 때 터무니없을 정도로 엉터리였지만(실험 후 인터뷰에서 밝혀짐), 계속된 실험에서 진짜 참가자들 중 3분의 1이 그런 엉터리 대답에 동조했다. 달리 말해 사람들은 집단 합의에 순응하기 위해 빤히 눈에 보이는 직접적 증거도 무시해버리는 경향이 있다는 것이다. 많은 관찰자들이 볼 때, 이러한 실험 결과는 개인주의와 자율성의 땅이라는 미국의 이미지를 위협하는 것이었다. 이 실험은 즉각 고전이 되었고 그 후 1950년대와 1960년대 초에 걸쳐 여러 번 반복 수행되었다. 그리고 미국인들에게 사회적 압력 때문에 자신들의 개인적 판단을 억압하려는 경향이 있음을 보여주었다.

그러나 유사하게 설계된 실험이 1970년대와 1980년대까지 계속 되면서 애쉬 효과는 축소되었다가 이윽고 사라졌다. 그리하여 연구조사자들은 최소 수준의 순응주의도 발견하지 못하게 되었다. 이들은 이런 결론을 내렸다. "애쉬의 실험 결과는 1950년대의 산물일 뿐이다. 그 시대는 '외부 지향'의 시대였고 이런 특징은 데이비드 리스먼에 의해 잘 알려져 있었다."[52] 애쉬도 후에 그런 판단에 동의했다. 20세기 중반에는 순응주의에 대한 문화적 사회적 압력이 그런 실험 결과에 기여했고, 나중에 그런 결과가 이어지지 않은 것은 실험 자체에 실패요소가 있는 것이 아니라 진정한 사회적 변화가 발생했음을 보여주는 것이라고 말이다. "역사적 상황은 이런 아주 단단했다고 생각되었던 조건도 바꾸어놓을 수 있다."[53]

달리 말해 1950년대에서 1960년대에 이르는 동안 미국에서 최고점에 도달했던 공동체와 순응주의의 문화는 사회 비판가들의 상상력에서 나온 게 아니라, 보통 미국인들의 실제 행동으로 구체화된 것이었다. "애쉬의 사회적 압력 효과"가 수용되고 거부되는 역사는 무엇을 말해주는가? 그것은 변화하는 실험 결과가 과학적 무능의 증거가 아니라, 오히려 폭넓은 사회적·문화적 변화의 증거임을 보여주는 것이다.

요약하면 1950년대의 개혁가들은 개인주의를 억압하는 순응주의와, 인종과 젠더의 불평등(6장과 7장에서 검토 예정)에 대하여 타당한 우려를 했다. 이런 폭발력 높은 관심사는 1960년대의 사회적 관심에 의해 불붙었다가 20세기의 첫 65년 동안 근본적 추세를 역전시켜, 미국이 정반대 방향으로 나아가게 했다. 새로운 방향은 더 많은 문화적 자유와 다양성을 가져왔다. 이것은 공동체주의의 가치를 손상시켰는데 그에 따른 대가에 대해서는 20세기에서 21세기로 나아가는 동안에 거의 주목되지 않았다.

1960년대와 그 이후 개인주의의 부상

J.D.샐린저, 제임스 딘, 데이비드 리스먼, 윌리엄 화이트 등 1950년대의 날카로운 비판자들의 비판에는 사회-심리적 배경이 있었다. 이들은 자신들의 불평불만을 정치적 이념의 틀에 가두지 않았다. 리스먼의 책에는 "변화하는 미국적 특성의 연구"라는 부제가 붙어 있었고, 제임스 딘의 유명한 "반항"은 아무런 "이유"가 없는 것이었다. 문화 비판가들이 우려한 것은 미국 사회의 제약과 미국 정신의 억압이었을 뿐 미국의 시장에서 벌어지는 제약이나 미국의 정치에서 벌어지는 억압에 항의한 것은 아니었다. 그렇지만 거의 같은 시간대에 1950년대의 미국 비판을 정치적 이념의 영역으로 확대시킨 독립

적인 움직임도 있었다. 이런 움직임은 우파와 좌파에서 동시에 발생하여 뉴라이트와 뉴레프트의 부상을 가져왔다.

우파 쪽에서는 그 움직임이 에인 랜드와 프리드리히 하이에크로부터 시작하여 종국에는 밀턴 프리드먼 같은 정통 경제학 교수를 포함하게 되었다. 자칭 "자유주의자"인 이들은 젊은 보수주의자들에게 어필하기 시작했다. 지루하고 식상한 "큰 정부"의 시대에 그들의 아이디어는 신선하고 매력적으로 보였던 것이다. 하에이크의 『예종에의 길』(1944)*과 랜드의 『수원』(1943), 『떨쳐내는 아틀라스』(1957)**는 공산주의와 나치즘의 지배 아래 잘못되어버린 "집산주의collectivism"에 강하게 반발했다. 두 사람 중 하이에크는 더 좋은 사상가였지만 랜드는 더 좋은 소설가였다. 『떨쳐내는 아틀라스』는 20세기에 성경 다음으로 많이 읽힌 책이라는 얘기도 나돌았다.[54]

랜드는 인용하기 좋고 논쟁적인 경구를 잘 만들어내는 재능이 있었다. "그 누구도 자기가 형제의 지킴이가 되어야 하는 이유를 제시하지 못했다." "이타심은 자유와는 양립할 수 없으며, 자본주의와 개인적 권리와도 양립하지 못한다."[55] 영화 〈월스트리트〉(1987)에 나오는 등장인물 고든 게코의 "탐욕은 좋은 것이다"라는 대사는 랜드의 사상을 그대로 공명한 것이다. 랜드의 자유주의는 너무나 이해하기 쉬운 것이어서 대를 이어가며 보수적 정치 지도자들의 성경이 되어주었다. 마가렛 대처, 로날드 레이건, 앨런 그리스펀, 전 하원의

---

* 한국에서는 "노예의 길: 사회주의 계획경제의 진실"이라는 제목으로 자유기업원에서 출간되었다.
** 한국에서는 각각 "파운틴 헤드: 오직 나만이 나의 근원이다"와 "아틀라스"라는 제목으로 휴머니스트에서 재출간되었다.

장 폴 라이언 등은 모두 그녀의 추종자였다.

『떨쳐내는 아틀라스』는 우파 밈meme***의 원천이 되었고, 21세기에도 통용될 듯하다. 이를테면 "만드는 사람makers"과 "가져가는 사람takers"이라는 밈인데, 랜드 자신은 "생산자producers"와 "약탈자looters"라는 용어를 썼다. 이 밈에 의하면 사회는 두 계급의 사람들로 구성된다. 물건을 만들어내는 사람과 그 물건을 가져가는 사람이다. 가져가는 사람은 대체로 정부의 권력을 이용하여 만드는 사람으로부터 물건을 가져간다. 그리하여 만드는 사람은 소설 제목이기도 한 신화 속 아틀라스처럼 사회의 부담을 모두 짊어지게 된다. 사회의 자유와 번영을 구가하기 위해서는 아틀라스가 이런 무모한 약탈자를 떨쳐내야 한다. 『떨쳐내는 아틀라스』와 50년 후 밋 롬니의 악명 높은 발언과는 직접적 연관 관계가 있다. 롬니는 2012년 선거 캠페인에서 이런 말을 했다. "미국 국민 중 47퍼센트는 연방정부의 세수에 아무것도 기여하지 않는 소비하는 계급이면서도, 보건과 식량과 주택 등에서 각종 혜택을 받을 자격이 있다고 생각하는 사람들이다."[56]

랜드의 사상적 영향은 특히 실리콘밸리에서 두드러지게 나타난다. 그녀는 1964년 『플레이보이』지 인터뷰에서 이렇게 말했다. "인간은 자기 자신을 위해 존재한다. 자신의 행복을 추구하는 것은 그 자신의 최고로 도덕적인 목적이다. 그는 남들을 위해서 자신을

*** 리처드 도킨스의 『이기적 유전자』에서 처음 제시된 단어로, 유전자가 자기복제를 통해 전파되어 세대를 이어가듯, 문화적 요소 역시 자기복제를 통해 이어진다는 주장에서 나왔다. 인터넷 등에서 2차 창작, 패러디 등을 통해 복제되어 유행하는 요소를 밈이라 부르기도 한다.

희생시켜서는 안 되고 반대로 자신의 이익을 위해 남들을 희생시켜서도 안 된다."⁵⁷ 랜드의 이러한 철학은 자수성가한 사업가들에게는 크게 매력적인 소리였다. 2016년 『배니티 페어』는 그녀가 테크놀로지 산업에서 스티브 잡스를 능가하는 최고로 영향력이 큰 인물이라고 서술했다.⁵⁸

랜드의 극단적 자유주의에 영감을 받은 뉴라이트는 개인주의, 제약 없는 자본주의, 평등주의와 단체주의에 맞서는 개인 간 불평등을 강조했다. 이런 점에서 "적자생존"이라는 용어(참조 도표 5.1)가 21세기에 들어와 부활한 것은 결코 놀라운 일이 아니다. 이것은 이미 과거 첫 번째 도금시대에 자유주의자들이 선택한 슬로건이었던 것이다.

그리하여 개인의 "선택"은 모든 보수주의자들의 기준이 되었다. 폴 라이언은 이렇게 설명했다. "우리는 이곳 의사당에서 모든 싸움에 관여하고 있다……. 그것은 결국 개인주의 대 집단주의의 싸움으로 귀결된다."⁵⁹ 물론 자유주의가 강조하는 자유시장 근본주의가 1960년대 이후의 보수주의자들이 추종한 유일한 노선은 아니었다. 다른 보수주의자들은 법치, 인종차별주의, 복음적 기독교 등의 노선도 탐구했다. 오늘날 트럼프의 세상을 맞이하여 보수주의라고 하는 것이 많이 바뀌고 있지만, 1960년에서 2016년까지 반세기 동안 보수주의는 1950년대 공화당의 연대와 동감(나중에 "이름뿐인 공화주의"라고 매도된 것)에서 크게 방향을 전환하여 자유주의적 개인주의 쪽으로 옮겨갔다.

이러한 문화적 변화의 영향은 정치 분야 너머로 파급되었다. 예를 들어 "나" 시대가 아닌 "우리we" 시대의 주도적 기업 경영 철학

(조지 롬니*로 대표되는 것)은 이런 것이었다. 기업의 결정은 고용인, 고객, 협력업체 등 넓은 범위의 지지 세력을 고려해야 한다는 것이다. 이런 지지 세력들은 나중에 "이해관계자stakeholders"라는 명칭을 얻게 되었다. 그러나 1970년대의 새로운 자유주의적 철학은 기업 경영을 단 하나의 집단— 회사 주식의 소유자들—에 초점을 맞추었고 경영자들의 소득을 주가와 연계시켰다. "주주 가치"(즉 주식의 가격)는 기업 경영의 성공을 측정하는 단 하나의 기준이 되었다. 엔그램에 의하면 이 용어는 1976년에 처음 등장했고 1980년 이후에는 폭발적으로 사용되었다. 1981년부터 2001년까지 제너럴일렉트릭 사의 CEO를 지낸 잭 웰치가 이 이론상의 용어를 기업 문화의 핵심으로 탈바꿈시켰고, 1999년에 웰치는『포천』지에 의해 "20세기의 경영자"로 지명되었다.

한편 같은 해에, 스펙트럼의 왼쪽 끝에서도 우파와는 정반대되는 진화가 서서히 이루어지고 있었다. 이 시기에 올드레프트가 뉴레프트에 의해 대체되었는데 이 새로운 세력은 제도화된 연대를 개인적 자유로 대체하려고 했다. 뉴라이트가 자본주의 기업가들로부터 족쇄를 제거하려는 동안에, 뉴레프트는 사람들을 억압적인 공동체의 구속으로부터 해방시키려 했다. 프랜시스 후쿠야마는『대붕괴 신질서』(1999)라는 책에서 좌파와 우파가 사람들을 제약으로부터 해방시키는 것을 그들의 중심적 목표로 삼고 있다고 강조했다. 좌파가 제거하고 싶은 제약은 생활 스타일에 관한 것이었고 우파는 돈에

---

*   앞에 나온 밋 롬니의 아버지인데, 두 사람 모두 공화당 소속이면서도 정치 성향은 서로 달랐다.

대한 것이었다.[60]

1950년대 후반과 1960년대 초반의 좌파 사상가와 행동가들은 고도로 조직화된 엘리트들에게 등을 돌림으로써 참여 민주주의의 이상을 추구했다. C. 라이트 밀스는 "뉴레프트"의 동원을 목적으로 『파워 엘리트』(1956)라는 책을 썼다. 그의 사상은 좀 더 추상적인 사상가들에 의해 공명되었다. 가령 허버트 마르쿠제는 『일차원적 인간』(1964)에서 이런 주장을 폈던 것이다. "기술적 이성"의 정치적 승리는 "미국 사회 내의 편안하고, 원만하고, 합리적이고, 민주적인 부자유"를 가져왔다. 기업 경영의 기술은 "사상의 독립, 자율성, 정치권 권리"를 희생으로 삼아 "결핍으로부터의 자유"를 성취했기 때문이다.[61]

치음부터 극단적 개인주의를 선호하며 연대를 공격했던 뉴라이트와는 다르게, 뉴레프트는 초창기에 그 철학이나 전략에 있어서 공동체주의를 지향했다. 톰 헤이든이 초안을 작성한 「민주사회를 위한 학생들의 포트 휴런 선언」(1962)은 1960년대 내내 대학 캠퍼스에서 널리 읽혔다. 이 선언은 참여 민주주의, 인종평등, 경제적 정의, 평화를 좌파의 길잡이로 삼는다고 주장했다. 역사적 관점에서 보자면, 「포트 휴런 선언」은 좌파에게 중요한 변곡점이 되었다. 이것은 공동체주의의 하이라이트로서 "이기주의적 개인주의"를 비난하고, 순응주의에 반발하는 개인적 자기표현을 찬양했다.[62]

1960년대의 후반부에는 뉴레프트의 반문화에 개인주의적 가닥들이 더욱 분명하게 드러났다. 엔그램에 의하면, "뉴레프트"라는 용어는 1963년에서 1968년 사이에 폭발적으로 널리 사용되었다. 뉴레프트는 뉴라이트보다 더 이질적이고 분열적이었다. 그러나 일반적으로 말해서 뉴레프트의 구성원들은 국가에 대한 환멸을 공유했고, 억압적 제도의 해체와 자율성의 확신을 강조했다. 정치 이외에 분야에서, "그게 좋은 느낌이 들면 그걸 해치워 버려"라는 자유주의적인 히피 슬로건이 1960년대 좌파들의 표어가 되었다(이 주제는 8장에서 다룰 예정).

올드레프트에서 좀 더 개인주의적인 뉴레프트로의 이동은 캠퍼스 반전 시위의 일환으로 버클리에서 열렸던 대규모 미팅(1966)이 잘 보여준다. 그것은 좌파의 미래를 보여주는 소우주였다. (1) 노조와 민권운동에서 크게 영향을 받은 원래의 좌파. (2) 점증 하는 히피 문화와 뉴레프트 하부 문화. 토드 기틀린은 (1)과 (2)의 합병에서 누가 승자가 되었는지 자신의 자전적 기록에서 다음과 같이 보여주고 있다.

1966년 12월, 버클리의 반전 시위자들은 해군 징병 요원들을 학생회에서 축출하려 했다. 경찰이 개입했다. 그 후 캠퍼스 파업을 논의하는 대규모 모임에서, 옛 노조의 구호인 〈연대여 영원하라〉를 부르기 시작했다. 목소리들이 뒤엉켰다. 그 노래의 가사를 알고 있는 학생들은 별로 없었다. 그러다가 누군가가 비틀즈의 〈옐로 서브마린〉을 부르기 시작했다. 그러자 회의실에 모인 모든 사람이 동참했고 계속해서 그 노래를 불렀다. 약간만 애를 쓰면 비틀즈의 노래는 하나의 상징이 될 수 있었다. 히피와 행동가, 학생과 비 학생, 그 누구를 막론하고 단결된 공동체에 대한 사랑을 그 노래로 표현할 수 있었다. 하지만 그들은 〈옐로 서브마린〉이 자신들의 작은 유토피아에서 안락함을 느끼는 소수의 행복한 자들의 대표곡이 될 수도 있다는 사실을 전혀 생각하지 못했다.[63]

1960년대에 대한 해석들은 대부분 좌파와 우파의 정치적 갈등이라는 프레임을 갖고 있다. 이 갈등에서 좌파는 "위대한 사회"와 "시민권 혁명" 등으로 처음에는 승리를 거두었으나 곧 이어 보수주의자들의 반발을 가져와 우파의 집권을 도왔다. 그리고 우파가 그때 이후 대체로 미국 정치를 주름잡아 왔다. 제3장에서 이미 서술되었던 이야기다. 그러나 우리는 공동체주의에서 개인주의로의 이동이라는 좀 더 지속적이면서 일관된 추세에 대해서도 언급했다. 이러한 추세는 좌파-우파 스펙트럼으로부터 개념적으로나 경험적으로 뚜렷이 구분되는 것이었다. 1960년대의 변동은 좌파에서 우파로(혹은 그 반대)라기보다는 우리에서 나로의 이동이라고 보아야 한다. 좌파든 우파든 불문하고 그런 이동이 발생했다. 그러니까 올드라이트는 뉴라이트에게 자리를 내주고 올드레프트는 뉴레프트에게 자리를 내주었던 것이다. 뉴라이트와 뉴레프트는 신선하고 매력적으로 보인 반면, 공동체주의의 이상들은 진부하고 답답하게 보였다.

대부분의 경우 뉴라이트는 뉴레프트보다 더 장기적인 성공을 거두었다. 2018년의 공화당은 1950년의 뉴라이트를 더 닮았다. 2018년의 민주당이 1960년대의 뉴레프트를 닮은 정도를 능가했다. 오로지 한 분야에서만 뉴레프트의 유산이 뒤에 남아서 21세기까지 흘러들어왔는데 바로 "정체성identity"이라는 개념이었다.

이 정체성의 분야에서도, 문화적 혁신은 정치가 아니라 사회심리학에서 먼저 시작했다. 1958년 심리학자 에릭 에릭슨은 "정체성 위기"라는 용어를 미국 어휘에 도입하여 인간 발달의 공통적 단계를 서술했다.[64] 이 신조어는 미국 내에 커다란 반향을 일으켰다. 수백만 명의 젊은 청년들이 독립을 열망하면서 개인의 정체성을 만들어내려고 애를 쓰고 있었기 때문이다. "정체성 위기"라는 용어는 그다음 20년 동안 전국적으로 널리 퍼져나갔다가 점차 시야에서 사라지기 시작했다. 그러나 그 무렵 "정체성"이라는 개념은 발달 심리학의 영역을 벗어나서 1970년대에는 젠더 정체성과 인종 정체성으로 확대되었고 마침내 1990년대에 이르러서는 정체성 정치로까지 퍼져나갔다.[65]

20세기 중반 이후에 "정체성"이라는 개념은 미국 문화에서 중요한 주제로 자리 잡았다. 이 점에 대해서는 우리가 신뢰하는 엔그램이 아주 분명하게 그 단어의 빈출도를 보여주고 있다. 미국 문학에서 "정체성"이라는 단어의 빈출도는 20세기 후반부에 들어와 무려 다섯 배나 증가했다(도표 5.8 참조). 물론 정체성은 "우리 민주당원들" "우리 백인들" "우리 여성들"처럼 복수를 가리킬 수도 있으나 이 기간 동안에 정체성은 그에 못지않게 개인의 정체성을 가리키는 것이기도 했다. 도표 5.8에 나오는 "정체성" 표시들 중에서, "정체성 정치" "젠더 정체성" "인종 정체성" "흑인 정체성" "백인 정체성" "계급 정체성" 그 외 다른 인구통계학적 정체성을 모두 합쳐봐야 전체의 3퍼센트도 되지 않는다. 요약하면 이 시기에 미국 문화 내에서의 점증하는 정체성의 빈출도는, 미국 청년들의 경우 인종, 젠더, 계급, 정치와는 별 상관이 없는 것이다. 정체성은 이런 영역들(인종, 젠더, 계급, 정치)에서 반영되기는 했지만 그 핵심은 "나"에 대한 강조인 것이다.

1960년대 중반 미국인들은 개인과 공동체라는 서로 경쟁하는 주장에 대해 상황에 따라 변경된 가중치를 부여해왔다. 그러다가 권리와 책임 사이에 균형을 이루어야 한다는 주장이 나왔다. 물론 개인의 권리 중시는 국가 창건을 전후하여 미국의 정치 문화에 깊숙한 뿌리를 내렸다. "권리선언"에 대한 범국가적 헌신은 헌법 비준 이전의 필수 조건으로 각 주들이 요구한 바 있었다. 그러나 역사적으로 볼 때 미국에서 개인 권리 중시는 공민의 책임에 대한 강력한

도표 5·8 "정체성"의 문화적 빈출도, 1880~2008

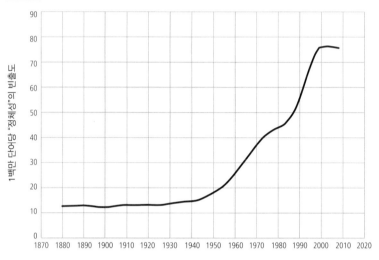

출처 : 엔그램. LOESS smoothed : .10.

헌신 요구 덕분에 상호 균형을 이루었다. 새로운 시민들에게 고하길, "시민권은 많은 혜택을 부여하지만 동시에 중요한 책임을 부과합니다. [이 팸플릿의] 아래에서 당신은 모든 시민이 행사하고 존중해야 하는 여러 가지 권리와 책임을 발견하게 될 것입니다."[66]

따라서 우리는 미국 문학 내에서 "권리"와 "책임" 사이의 문화적 균형이 어떻게 변화해왔는지를 살펴봄으로써 개인주의와 공동체주의 사이의 변화하는 균형을 측정할 수 있다(도표 5.9 참조).[67] 전반

284

적으로 볼 때, 미국 영어 내에서 "권리"는 "책임"보다 더 흔하게 사용되는 단어다. 그러나 시간이 경과하면서 빈출도는 크게 변화했다. 도금시대부터 1960년경까지 미국 작가들은 점점 더 "책임"을("권리"에 비해 더) 강조했다. 그저 시민의 책임뿐 아니라 가정의 책임, 종교적 책임 등 여러 책임을 강조했다. 도금시대에는 미국 간행물에서 "책임" 대 "권리"의 비율이 1900년에는 1대 4였다. 도금 시대에 "책임"이라는 말은 비교적 드물게 사용되는 단어였다. 그런 비율이 1960년에는 4대 5로 증가했다. 다시 말해 1960년에는 "책임"이 거의 "권리" 못지않게 흔하게 사용되는 말이 되었던 것이다. 이와는 대조적으로 1960년에서 2008년 사이에는 "책임"이라는 말은 드물게 사용된 반면에 "권리"라는 말은 더욱 흔하게 되었고, 그리하여 책임 대 권리의 비율은 1대 3으로 떨어졌다.

1960년대의 초창기부터 "권리 얘기"(철학자 메리 앤 글렌던이 이 현상을 이렇게 적절히 명명했다[68])가 점점 더 많이 나오게 되었다. 공동체주의를 강조하는 헌법 학자들은 규범적 관점에서 "권리 혁명"을 비판해왔다. 그러나 이러한 변화가 좋은 것인지 혹은 나쁜 것인지는 여기서 그리 중요한 문제가 아니다. 오히려 그보다는 그런 사실 혹은 그 변화의 타이밍이 더 중요한 것이다. 지난 50년 동안, 개인 권리—시민의 권리, 여성의 권리, 동성애자 권리, 소비자 권리, 아동 권리 등—에 대한 강조는 꾸준히 확대되어 왔고 지금도 줄어들 기미를 보이지 않는다. 처음에는 진보적 가치로 규정되었지만, "권리"는 곧 정치의 전 스펙트럼에서 받아들여지는 규범적 프레임이 되었다. 가령 "태어나지 않는 아이들의 권리", "총포 권리", 심지어 "백인 권리" 등이 그런 것이다.[69] 도표 5.9는 그 동안 미국 문화 내에서 벌

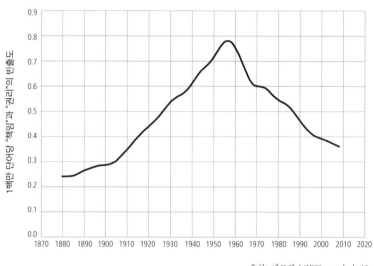

도표 5·9 "책임"과 "권리"의 상대적인 문화적 빈출도, 1880~2008

출처: 엔그램. LOESS smoothed : .10.

어진 사상의 추의 이동을 분명하게 보여준다. 1900년에서 1960년대까지는 개인주의에서 공동체주의로 이동했다가 그 후에는 개인주의로 되돌아가 오늘날까지 그런 추세가 지속되고 있다.

1960년대 이후에 미국에서 벌어진 문화적 변화는 우리가 이 장에서 제시한 엔그램 자료들로 생생하게 알 수 있다. 거의 모든 경우에 개인주의를 강조하는 사상과 주제가 빈번히 출현해서 그 반대편의 사상과 주제—일치, 합의, 단결, 협력, 타협, 순응주의—를 대체하고 있다. 그러나 지난 50년 동안 가장 현저한 몇몇 증거는 세대간 변화에 관한 것이다. 1960년대에 혹은 그 후에 성년이 된 세대들은 개인의 자율성보다는 사교성을 더 강조한다. 이 기간에 부모가 자식을 어떻게 키웠는가를 연구한 조사들은 이런 결과를 보여주었다. 즉 부모들의 가치는 순응주의에서 자율성과 자기표현 쪽으로 이

286

동했던 것이다.[70]

일화적 증거anecdotal evidence는 미국인들이 전보다 더 자기중심적이 되었음을 강력하게 보여준다. "자기계발서"의 판매가 1960년대와 1970년대에 급등했다.[71] "셀피"가 우리의 사진 찍기를 지배하게 되었고 우리는 이제 "셀피를 공유한다"라는 말을 한다. 비록 "공유하다"라는 동사의 의미가 미묘하게 바뀌기는 했지만 말이다. 공유는 과거에 외부를 향하는 행동을 가리켰고, 오래 전에 나온 사전의 정의에 의하면 "어떤 것의 일부를 남에게 나주어주다"라는 뜻이었다. 그러나 최근에 들어와 공유는 "내부 지향적"인 것이 되었다. 온라인 메리엄 웹스터 사전의 정의에 의하면, "자신의 생각, 느낌, 체험을 다른 사람들과 얘기하다"로 나와 있다.[72] 많은 미국 젊은이들 사이에서 온라인상에 "큐레이트한 자기소개curated self"를 제시하는 것이 필수가 되었다. 1979년에 이르러 크리스토퍼 래쉬 같은 사회 관찰자들은 미국인들이 점점 더 나르시스가 되어가고 있다고 주장했다.[73]

이러한 추세에 대한 실질적이면서도 수량적인 증거를 사회 심리학자 진 트웬지가 수집했다. 그녀는 그 자료들을 『나르시시즘 전염병』(W. 키스 캠벨과 공저, 2009)과 『나 세대Generation Me』(2014)라는 두 권의 책*으로 발표했다. 그녀는 이보다 전에 나온 연구조사에서 이런 놀라운 사실도 밝혔다. 1950년에는 미국 학생들 중 12퍼센트가 "나는 아주 중요한 사람이다"라는 진술에 동의했다.[74] 트웬지의 관심은 임상적으로 규정된 인성의 특징에 있는 것이 아니라, 그보다

* 앞의 책은 "나는 왜 나를 사랑하는가"라는 제목으로 우리나라에 소개되었다.

제5장 문화: 개인주의 vs 공동체

더 폭넓은 사회적·문화적 변화에 있다. "1960년대의 공동선을 위한 투쟁은 1980년대에 이르러 넘버원을 향한 투쟁이 되었다."[75] 당초 트웬지의 개척자적 연구는 방법론적 관점에서 비판을 받았다. 그러나 그녀가 증거의 범위를 꾸준히 향상시키면서 과학계는 그녀의 연구에 대한 의견을 수정했고 이제는 전반적으로 지지하고 있다. 그녀의 최근 연구는 미국 청년들의 자기중심성이 장기적으로 증가하고 있다고 제시한다. "단 하나의 사건이 나르시시즘 전염병을 퍼트린 것은 아니다. 미국의 핵심적 문화 사상은 천천히 자기 존중과 자기표현에 초점을 맞추어 왔다. 그와 동시에 집단행동이나 정부의 위력에 대한 미국인들의 믿음은 사라졌다."[76] 그녀와 다른 학자들은 1960년 이래에 자기 집중의 일방적 증가 현상에 대하여 풍부한 증거를 가지고 있다. 그들의 증거는 문화적 변화에 대한 우리의 이야기와 일치한다. 하지만 이 분석을 20세기 전반으로 확대한 학자는 없었다. 이렇게 된 것은 대체로 말해서 1960년대 이전에는 체계적 연구 조사 자료가 없었기 때문이다.

이처럼 초창기 자료들이 부재하기 때문에 우리는 개인주의와 공동체 사이의 사상적 추의 이동을 추적하기 위해 개인들의 일화나 엔그램에 주로 의존해야 했다. 그런데 한 세기에 걸친 아주 객관적인 행동 측정 기준이 아주 간단한 선택으로부터 마련되었다. 그 선택은 이런 저런 때에 우리 모두가 겪었던 것이기도 하다. 즉 우리의 신생아에게 어떤 이름을 지어줄 것인가 하는 선택이 그것이다.

어린 아이의 이름을 지을 때 소수의 이름에만 집중한 것은 그런 적절한 이름을 작명하라는 아주 엄격한 사회적 제약을 암시하는 것이다. 반면에 부모가 아이의 이름을 폭넓게 선택한다면 그것은 개성을 표현하고 싶은 의욕을 드러내는 것이다. 개인주의를 강조하는 부모는 자녀들에게 흔한 이름보다는 튀는 이름을 붙여준다. 선진국들의 경우, 독특한 이름을 가진 사람들이 문화적 개인주의를 보여주는 호프스테드 지표에서 상위를 차지한다. "이것은 느슨한 사회 조직을 선호하는 태도를 보여주는 것인데, 그런 조직에서 개인들은 그들 자신과 직계 가족만 보살피도록 기대된다."[77] 우리는 진 트웬지를 포함하여 사회 심리학자들로부터 아기 이름을 개인주의 측량 수단으로 삼는다는 아이디어를 빌려왔다. 이 측량 지표는 경제학자, 사회학자, 심리학자들이 다른 맥락에서 개인주의를 드러내는 대리물과 긴밀한 상관관계를 갖고 있다.[78]

이 측정 수단의 이점은 이런 것이다. 이것은 미국의 영향력 높은 작가들이 등장인물에게 부여한 이름을 기준으로 삼은 것이 아니라, 대대로 미국 부모들이 그들의 자녀에게 지어준 이름의 실제 선택에 기반하고 있는 것이다. 놀랍게도, 문화적 변화의 객관적 지표는 엔그램의 단어 수 카운트에 반영된 변화와 놀라울 정도로 공조하고 있다.

1879년 이래 연도별 신생아 작명 자료는 미국 사회보장국으로부터 즉시 얻어 볼 수 있다.[79] 제한된 수의 이름에 부모 선택이 집중되는 현상에 대한, 가장 믿을 만하고 단단한 평가 기준은 통계적 분산을 보여주는 지표인 지니 지수이다.[80] UCLA의 개브리얼 로스맨은 이렇게 썼다. "지니는 높은 백분율과 낮은 백분율의 비율을 감안하는 더 좋은 버전이다. 만약 똑같은 재산을 가진 똑같은 두 사람이 있다면(혹은 똑같은 숫자를 가진 똑같은 이름이 있다고 하면), 그건 아주 낮은 지니 지수가 된다."[81] 가령 지니 지수가 높게 나오는 차트에서는, 더 많은 아이들이 존, 데이비드, 수잔, 메리 같은 흔한 이름을 부여받게 된다. 지니 지수가 낮으면 많은 아이들이 실라스, 제이든, 하퍼, 모드 같은 특이한 이름을 얻게 된다. 어린아이 작명의 이러한 추세는 이민이나 "외국" 이름들의 변수를 감안해도 여전히 지속된다.[82] 도표 5.10은 공동체 정신과 개인주의를 측정하는 이 이례적인 평가 수단이 지난 125년 동안의 나-우리-나 곡선과 거의 완벽하게 일치하는 것을 보여준다(심지어 1920년대의 일시적 "정지" 현상을 포함해도 그러하다). 또한 1920년대 이래 남자아이는 여자아이보다 더 전통적인 이름을 부여받았고, 이러한 젠더 구분은 그 후 수십 년 동안에 더욱 심화되었음을 보여준다. 그렇지만 특이한 이름에서 전통적 이름으로 다시 특이한 이름으로의 이동 추는, 문화의 이동을 보여주는 다른 문학적 지표들과 마찬가지로 똑같은 패턴을 따라가고 있는 것이다.

대명사의 사용

사회심리학자 제임스 페니베이커는 『대명사의 은밀한 일생』(2011)* 이라는 흥미로운 책에서 미국인들의 1인칭 복수("우리")와 1인칭 단수("나") 사용 방식이 아주 많은 것을 보여준다고 설명했다. 예를 들어 결혼 생활이 군건한 부부와 단합된 모임의 경우에는 "우리"라는 단어의 사용이 훨씬 더 흔하다는 것이다. 마찬가지로 목전의 일에 집중하는 지위가 높고 자신감 넘치는 사람들도 "나"라는 대명사를 남

---

* 우리나라에는 "단어의 사생활"이라는 제목으로 소개되었다.

신생아 작명에서의 전통주의 대 개인주의, 1890-2017

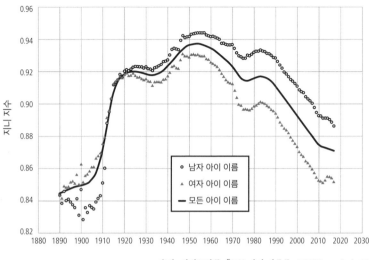

출처: 사회보장국, 「모든 아이 이름들」, LOESS smoothed : .10.

들보다 덜 사용한다. "나"라는 대명사의 빈번한 사용은 우울증, 자살과 관련이 있다. 실제로 연구조사자들은 "슬픔" 같은 부정적 정서의 어휘보다는 대명사의 사용 빈도가 우울증을 파악하는 데 더 믿을 만하다고 보고한다. 연구조사자들은 이런 발견 결과를 보고한다. 9/11 사태, 다이애나 비의 죽음, 캠퍼스 내의 대규모 총격 사건 등 공동체 트라우마의 후유증으로, "나"의 사용은 줄어들고, "우리"의 사용이 늘어났다는 것이다. "나"의 빈번한 사용은 개인적 고립의 신호인 반면에, "우리"는 연대와 집단 정체성의 전형적인 표시이다.[83]

페니베이커는 "우리"가 여러 가지 의미를 갖고 있다고 지적한다. 그는 최소한 다섯 가지의 의미를 파악해냈다. 첫째, 우리는 "나의 친구들과 나"를 의미하고 당신은 의미하지는 않는다. 둘째, 로열위royal we로서 "우리는 즐겁지 않다we are not amused"의 뜻이다. 셋째, 지상의 모든 사람을 의미한다. 가령 "우리는 글로벌 대재앙에 직면하고 있다". 넷째, 우리는 때때로 당신을 의미하기도 한다. 가령 "오늘 우리는 기분이 어때? how are we feeling today?". 다섯째, 우리는 전통적 의미의 "너와 나"를 의미한다. 이와는 대조적으로 "나"에는 다중적 의미가 없다. 그래서 이것은 심리적·문화적 초점을 분명하게 보여주는 지표이다.[84] 일정한 시간에 걸쳐서 "나"와 "우리"를 비교하는 것은 개인과 공동체의 두드러진 현상을 분명하게 보여주는 예기치 못한 지표이다.

근년에 들어와, 학자들은 엔그램에서 일정한 시간과 공간에 걸쳐서 "나"와 "우리"의 빈번한 사용을 탐구하여, 그것을 개인주의를 측정하는 도구로 삼았다. 패트리셔 그린필드[85]와 진 트웬지와 동료들[86]은 언어에 대한 장기적인 추세를 독립적으로 연구하여, 지난 2세기 동안 "개인주의적이고 물질주의적인 가치들"에 대한 집중이 더욱 강해졌다는 증거를 발견했다. 반면 두 연구 팀은 "우리"는 무시하고 "나"에만 집중했다. 또 두 팀은 이 책에서 우리가 전면적으로 다룬 125년의 세월에 대해서는 집중하지 않았다. 두 팀은 근대화 같은 일방적 추세만 살펴보았고 그 추세의 증감은 조사하지 않았다. 특히 트웬지는 연구 범위를 1960년 이전으로 확대하지 않았다.

실제로 1900년에서 1965년까지 65년 동안에 "나"라는 단어는 미국 간행물들에서 점점 더 나타나지 않게 되었으나, 1965년 이후에는(그린필드와 트웬지가 보고한 바와 같이) 이 추세가 역전되어, 자기중심주의의 마비 현상 속에서 "나"라는 단어는 더욱 빈번하게 사용되었다. 모든 미국 책들에서 "나"라는 단어의 빈도는 1965년과 2008년 사이에 실제로 두 배가 되었다. "우리"는 일반적으로 덜 사용되었고,

시간이 흐르면서 나타난 그러한 변화들은 덜 주목을 받았다. 도표 5.11은 1875년에서 2008년까지 미국의 각종 문헌들에 나타난 "우리"와 "나"의 사용 비율을 종합한 것이다.

이러한 장기적인 시간 구도에 의하여 우리는 1875~1900년의 도금시대에 개인주의가 가속화하면서 링컨 시대의 공동체주의를 대체하는 것을 발견할 수 있었다. 그런 다음 진보시대에 들어와 공동체주의로의 반전이 벌어졌다. 이렇게 하여 1900년부터 1916년까지 "우리"가 많이 사용되었고, 1920년대에 잠시 주춤하다가 대공황 때와 그 후의 제2차 세계대전 때에 "우리"를 강조하는 단합 정신이 새롭게 활성화되었고 1950년대와 1960년대 초에 눈에 띠게 증가했다. 그러다가 1967년에 급격한 반전이 왔다. 이렇게 하여 톰 울프가 말한 "미 디케이드Me Decade*"가 뒤를 이었다.[87] 마지막으로 우리는 지난 50년 동안 전보다 더 강렬한 개인주의 쪽으로 추세가 급속히 이동하는 것을 발견했다. 이 도표는 지성사가知性史家와 문화사가文化史家들이 20세기에 대해 말하는 맥락과 긴밀하게 일치한다. 이런 서로 독립된 증거들이 이처럼 한 지점으로 수렴한다는 것 때문에 우리는 이 책에서 꾸준히 제시해온 나-우리-나의 곡선에 대하여 상당한 자신감을 갖게 되었다.[88]

우리가 지금껏 각각의 분산 렌즈에 대하여 그렇게 했던 것처럼, 이 장에서 발견한 주된 경험적 발견들을 단 하나의 그래프로 요약할 수 있다. 도표 5.12는 미국 문화의 복합 지표가 1880년에서

---

* 1970년대의 특징을 설명한 단어로, "자기중심주의의 시대"라는 말로 종종 번역된다.

제5장 문화: 개인주의 vs 공동체

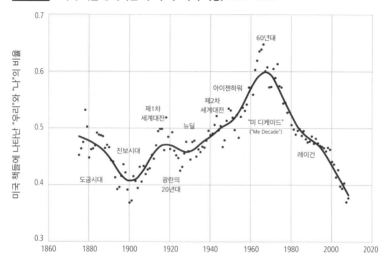

출처: 엔그램. LOESS smoothed : .20.

2017년 동안 공동체-개인의 스펙트럼에서 어떻게 변해왔는지를 보여준다. 이 곡선은 우리가 이 장에서 살펴보았던 모든 주요 곡선들의 가중치가 부여된 평균적 곡선이다.[89] 이 도표는 이제 독자들도 익히 알고 있는 패턴을 보여준다. 우리가 통계 수치를 더 깊이 있게 분석해본 결과, 이 10개의 문화 지표들의 소란스럽고 혼란스러운 연도별 변동(지난 125년 동안의 변동) 중 70퍼센트는 나-우리-나의 변동 추 탓으로 돌릴 수가 있다.[90] 달리 말해서 공동체주의의 지표들은 그 세월 동안에 인상적인 고정된 패턴을 따라 변동해왔다.

그러나 앞에서도 지적한 바와 같이 "우리"가 포착하기 쉽지 않은 대명사라는 사실을 무시해서는 안 된다. 그 가능성은 도표 5.11과 5.12의 사례에서 아주 생생하게 드러난다. 1950년대와 1960년대의 미국의 "우리"는 진정으로 전국적인 "우리"일까, 아니면 흑인, 여성,

문화: 공동체 vs 개인주의, 1890~2017

출처: 미주 1, 4. 참조. LOESS smoothed : .10.

빈자를 제외한 백인, 부자, 남성 위주의 "우리"일까? 이런 광범위하고 근본적인 질문에 대해, 우리는 다음 두 장(6장과 7장)에서 답변하게 될 것이다.

제6장

인종 문제와
미국적
"우리"

6
—
RACE
AND THE
AMERICAN
"WE"

앞의 여러 장을 통해 우리는 경제적 평등, 정치적 공동체주의, 사회 화합, 문화 공동체주의를 향한 미국의 궤적이 다양한 방식으로 결합하여 20세기의 첫 65년 동안에 명백한 향상을 가져오고, 이어 나머지 35년 동안에 갑자기 방향을 바꾼 걸 간략히 서술했다. 우리가 여태껏 검토한 서로 관련된 현상들은 놀라울 정도로 단 하나의 통계 경향으로 요약된다. 즉 나–우리–나의 곡선이 그것이다.

하지만 미국이 60년 이상 더욱 공평하고, 화합하고, 광범위한 "우리"를 향해 움직이고 있다는 주장은 또한 "우리"라는 바로 그 개념의 논쟁적 본질을 고려해야 한다. 그런 개념이 얼마나 광범위한 것인가? 국가 발전 중에 우리가 건설하려 했던 미국 공동체는 어떤 부류였는가? 우리 미국의 "화합"이 어떤 집단의 배제와 희생을 바탕으로 이루어진 것이었나? 유색 인종[1]과 여자의 경험에 향상이 어떻게 반영되었나, 혹은 반영되지 않았나?

제도적 유색 인종차별

1903년 미국에서 가장 영향력 있는 학자이자 운동가 중 한 사람인 W. E. B. 듀보이스는 이런 글을 남겼다. "20세기의 문제는 유색 인종에 대한 제도적 차별의 문제이다."[2] 국가가 더욱 광범위한 "우리"를 향한 업스윙의 60년을 시작하려고 할 때 듀보이스는 이런 경고를 내놓았다. 미국의 공동체적 이상에 대한 가장 험난한 도전들—가장 지속적인 예외사항들— 중 하나가 될 이 문제(인종 문제)에 주의를 기울여야 한다는 것이었다.

남북전쟁과 노예제 폐지 직후의 재건 시대에 많은 아프리카계 미국인은 평등을 향해 놀라운 행보를 보였다. 마침내 그들은 토지소유권을 얻기 위해 노력할 수 있게 되었고, 오래 품어온 문자 해득과 지식의 욕구를 채울 수 있게 되었으며, 지역 단체를 조직할 수 있게 되었고, 남부 여러 주의 주 헌법을 개정할 수 있었다. 그들은 또 투표권을 행사할 수도, 선출직에 오를 수도 있었다. 그들은 누구보다도 진지하게 이 모든 일을 해냈다. 실제로 재건 시대 동안 2천여 명의 흑인이 보안관과 시장을 위시하여 미국 상하원의원에 이르기까지 다양한 관직에 진출했다.[3]

하지만 19세기 말에 이르자 재건 시대가 가져다줄 것으로 기대된 인종평등의 희망은 쓰라린 기억에 지나지 않게 되었다. 남부의 구원이라는 미명 아래 흑인들에 대한 맹렬한 압제가 남부에서 급속히 확산했고, 흑인들이 자신의 새 권리를 주장하며 맞설 때마다 백인들의 압제는 더욱 심화되었다. 1868년과 1871년 사이에만 400여 명의 흑인이 린치를 당했다.[4] 폭력으로 백인의 지배를 되찾는다는 전략은 1870년대, 1880년대, 1890년대에 미국 남부에서 더욱 심화되었다. 제한적인 흑인 구속법 제정, 인두세, 식자 시험, 선거 사기를 통한 아프리카계 미국인의 시민권 박탈 등 온갖 기묘한 조치가 흑인들을 더욱 옥죄었다.[5] 북부 공화당원들은 재건 시대를 진지하게 지속시킬 만한 백인의 지지를 충분히 결집시키지 못했다.[6] 남부의 백인들이 법적 체계를 조작하고, 막후 정치 거래를 연이어 자행함으로써 재건 시대는 실패의 길을 걸었다. 제1차 도금시대를 거치면서 북부 사람들은 8백만이 넘는 흑인들이 소속 주에서 승인한 폭력적이고 강제적인 형태의 2등 시민으로 전락하는 걸 모르는 척했다.[7] "분리하지만 평등하다separate but equal"는 흑백 차별 주의가 1896년 연방 대법원에서 "플레시 대 퍼거슨" 판결을 통해 확립되었고, 그 결과 유색 인종이 진정 평등한 권리와 자유를 누릴 수 있는 희망은 결정타를 맞고 비틀거렸다. 19세기가 끝나갈 무렵 흑인들의 인생 전망은 실로 암담했다.

새로운 세기인 20세기가 열리면서 여전히 압도적으로 남부에 집중된 미국 흑인들의 일상생활은 짐 크로 법의 규제를 받았다. 짐 크로 법은 차별과 불이익을 제도화한 법, 관습, 그리고 규칙 등 흑백 차별의 체계를 통칭하는 것이었다. 삭막한 흑백 분리와 사회적 배제는 일반적 현상이 되었다. 화장실, 공중 교통수단, 학교를 포함한 모든 공적 편의 시설과 제도는 철저히 분리되었고, 비참할 정도로 흑백 간에 불평등이 존재했다. 치안 당국이 방조하는 백인들의 폭력과 만행은 진짜건 상상이건 흑인들의 가장 사소한 범죄에도 사정없이 가해지는 처벌이었다. 재소자 임대 제도는 흑인의 노동을 착취하여 철도 하청업자, 광산 회사, 대농장 주인뿐만 아니라 재소자를 임대하여 후한 세입을 얻은 여러 주의 수익을 늘려주었다.[8] 흑인들의 경제적 전망은 암울했는데, 대다수 흑인 노동자가 악랄한 소작제도에 얽매여 토지 소유는 전혀 가망이 없고, 절망적인 빈곤에서 빠져 나갈 길도 없었다.[9]

이와 같이 20세기 초 첫 10년 동안에 거의 모든 기준에서 볼 때, 미국에서 흑백 격차는 엄청났다. 1900년 유색 인종의 기대 수명은 백인의 47.6세에 비해 고작 33세에 불과했다.[10] 학교에 입학하는 흑인 아이는 백인 아이의 절반밖에 되지 않았으며[11], 흑인 아이가 다니는 학교는 울적할 정도로 재원이 마련되지 못했고, 학생도 과밀 학급에 시달렸다. 노예제의 유산은 이런 현상과 결합하여 흑인 문자 해득율이 고작 55.5퍼센트라는 결과를 가져왔다. 이에 비해 백인 문자해득율은 93.8퍼센트였다.[12] 1900년엔 아프리카계 미국인 세대주 가운데 약 5분의 1만 자기 집을 소유했는데, 이는 백인에 비해 절반에도 채 미치지 못하는 것이었다.[13] 미국에는 명백한 불평등의 역사가 있었는데 인구 조사는 1940년이 될 때까지 인종별 노동 수입을 기록하지 않았다. 그 때문에 피터 린더트와 제프리 윌리엄슨은 흑백 차별에 대한 새로운 그림을 제공하기 위해 다른 데이터를 사용했으며, 20세기의 초창기에 흑인이 백인의 절반에 못 미치는 수입을 올렸을 것이라고 추정했다.[14]

2장에서 언급한 것처럼 흑인과 백인의 절대적인 지위는 이후 125년 동안 전반적으로 향상되었지만, 이런 사실은 인종 불평등에 대해서는 거의 알려주는 것이 없다. 따라서 20세기가 흐르는 동안 어떻게 인종적 평등이 발달했는지 이해하기 위해, 이 장에서는 흑인의 절대적인 지위보다는 흑인과 백인이 누리는 복지에 대하여 상대적 비교를 할 것이다. 흑인의 상대적 지위가 향상되었다면 이는 백인보다 흑인이 더 발전해왔다는 것이므로 인종 간 격차는 좁혀진 것이다. 반대로 흑인의 상대적 지위가 향상되지 못했다면 이는 절대적인 측면에서 백인과 마찬가지로 흑인들이 이전보다 더 나아졌음에도 불구하고 인종 간 격차는 좁혀지지 않았음을 나타낸다.

20세기 첫 65년 동안에 대다수 흑인에게 삶의 본질적 의미를 규정하는 경험이었던 짐 크로 법은 아주 예외적인 사례였다. 미국이 더욱 광범위한 미국적 "우리"를 향해 움직이던 시절에 그 움직임에 제동을 거는 것이었다. 그런 이유로 20세기가 흐르는 동안 인종적 평등의 추세를 논한다고 하면, 1960년대 중반 벼락처럼 빠른 변화가 있기 전까지는 차별, 배제, 그리고 불평등이 흑백 차별 역사의 전부였다. 이는 일종의 "하키 막대기"형 곡선으로 묘사될 수 있는데, 우리에게 익숙한 뒤집힌 U자형 곡선과는 다른 현상이다. 그러니까 20세기의 첫 65년 동안에는 사실상 전혀 향상이 없는 직선을 그리다가 20세기 중반 이후에 급격하고 극적인 상승을 나타내는 대조적인 양상을 보이는 것이다.

여러모로 "하키 막대기" 이미지는 정확하다. 노예제 폐지 이후에 백인 주류 사회가 유색 인종을 꾸준하게 배제한 건 미국 역사에서 지울 수 없는 얼룩이다. 하지만 실제 사연은 보이는 것 이상으로 복잡하다. 20세기에 걸친 다양한 기준을 면밀히 살펴보면 두 가지 놀라운 점이 나타났다. 첫째, 흑인의 평등을 향한 진전은 1965년에 시작되지 않았다. 많은 평가 기준으로 살펴볼 때, 흑인은 짐 크로 법으로 강요된 제약에도 불구하고 시민권 혁명 승리보다 훨씬 이전부터 백인과의 동등한 지위를 얻기 위해 그 쪽으로 움직여 왔다. 둘째, 시민권 운동 이후에 인종적 평등을 향한 오랜 세월에 걸친 발전의 추세는 느려졌고, 멈췄고, 심지어 역행했다. "하키 막대기" 이미지와는 달리 이런 추세는 지나치게 느렸지만 명백히 몇 십 년에 걸친 평등을 향한 움직임이었다. 하지만 그 이후는 미국인이 집단으로 "가속 페달에서 발을 떼는" 시기였고, 그래서 진전은 느려지고 심지어 몇몇 경우 역행하기까지 했다.[15] 이하에서는 네 가지 주요 분야인 보건, 교육, 경제, 투표에서 인종적 평등의 장기적 추세를 검토한다.[16]

보건

환경 요인, 빈곤, 차별, 그리고 의료 서비스 접근 부족 등이 거의 모든 아프리카계 미국인에게 영향을 주었다. 그리하여 20세기가 시작될 때 흑인 인구와 백인 인구 사이에는 상당한 보건 격차가 있었다. 흑인의 기대수명은 백인 기대수명의 69퍼센트밖에 되지 않았고, 흑인의 사망률은 백인보다 1.4배가 높았으며, 흑인 영아는 백인 영아보다 1.8배 더 많이 사망했으며, 흑인 산모는 출산 시 백인 산모보다 1.8배 더 많이 사망했다. 하지만 이런 흑백 격차는 20세기 전반과 첫 65년 동안에 비록 고르지는 않아도 꾸준하게 좁혀졌다. 도표 6.1은 20세기 동안 흑인 대 백인의 상대적 기대수명을 도표로 나타낸 것이다. 1900년부터 1950년대 후반까지 인종 간 평등을 향한 진전은 계속되었다.[17] 이 시기에 백인의 기대수명은 우리가 2장에서 설명한 것처럼 꾸준히 상승했지만, 흑인의 기대수명은 그보다 훨씬 빠르게 상승했다. 확실히 이 시기 전체를 통틀어 흑인의 기대수명이 더 짧다는 건 분명하지만, 1900년부터 1960년까지 인종 격차가 꾸준히 좁혀졌다는 건 예상치 못한 중요한 사건이다.

 기대수명, 흑백 비율, 1900~2017

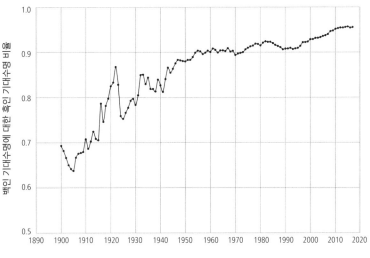

출처: 국립 의료 통계 센터, 「출생 시 사망률과 기대수명」

흑인 미국인이 20세기의 첫 65년 동안에 중요한 혜택을 얻었음에도 불구하고 그 후에는 신분 향상이 사실상 멈췄다. 1995년이 되자 기대수명 비율(백인이 흑인보다 10퍼센트 더 오래 살았다)은 35년 전과 정확히 똑같아졌다. 그때 이후로 20년 동안 비교적 진전이 있었음(백인의 기대 수명은 평균적으로 흑인의 그것보다 5퍼센트 정도만 길었는데, 이는 부분적으로 백인 노동자 계급에서 요절天折이 놀라울 정도로 늘어났기 때문이다)에도 불구하고, 이것은 분명 "가속 페달에서 발을 뗀" 현상이라 할 수 있다.[18]

20세기 동안에, 인종 집단 사이의 상대적 보건 평가 기준은 이

제6장 인종 문제와 미국적 "우리"

런 패턴을 그대로 따른다. 전국적으로 볼 때 흑백 연령 대비 사망률의 비율은 20세기 전반 동안 두드러지게 좋아졌으나, 1955년과 2000년 사이에는 꾸준히 나빠졌다. 흑인과 백인 사이의 영아 사망률 격차는 1915년부터 1945년까지 급격히 좁혀졌으며, 1945년부터 1956년까지 다소 격차가 벌어졌다가 1970년까지 급격히 줄어들었고, 이후에 인종적 평등으로의 진전이 갑자기 멈추어 섰다. 오늘날 흑인 영아는 백인 영아에 비해 태어나 한 살이 되기도 전에 죽는 경우가 두 배를 넘는데, 이것은 1960년대 초와 같은 수치이다.[19]

종합적으로 보아, 20세기 전체의 전국적 데이터는 흑백 보건 격차가 1900년부터 1960년대 후반까지 크게 좁혀진 것을 보여주지만, 그 이후에는 그 격차가 조금도 줄어들지 않았다. 이러한 침체의 타이밍은 놀랄 정도로 "우리"에서 "나"로 나아가는 사회 현상과 밀접하게 부합한다. 이런 현상은 이미 이 책의 앞부분에서 여러 번 살펴본 바 있다. 흑인이 시민권을 갖기 이전 시기에 백인과의 불평등 격차는 왜 그리고 어떻게 좁혀가던 중이었는가? 왜 그 이후에 그런 과정이 둔화되고 심지어 멈추기까지 했는가? 우리는 이 장의 뒷부분에서 이런 수수께끼와 그와 비슷한 다른 수수께끼들을 분석하게 될 것이다.

교육

보건과 의료 서비스처럼, 20세기 초기에 흑인은 백인과 비교했을 때 교육 분야에서 엄청난 차별을 받았다. 교육의 결과와 혜택 양면에서 모두 그러했다. (1900년에 남부에 살던 아프리카계 미국인 90퍼센트 이상을 떠올려보라.) 흑인 초등학생 대다수와 그보다 더 나이가 많은 흑인 학생 절반 정도가 어떤 형태의 교육도 받지 못했고, 기존에 있던 흑인 학교는 인종적으로 흑백 분리되었고, 백인 학생을 가르치는 학교에 비하면 교육의 질이 훨씬 떨어졌다. 하지만 20세기 말이 되자 교육 투자와 결과에 관한 절대 평가에서 인종 격차는 극적으로 좁혀졌고, 학교의 흑백 분리는 특히 남부에서 크게 해소되었다. 하지만 보건 결과와 마찬가지로 20세기 내내 교육적 평등을 향한 특정 추세는 몇 가지 놀라운 점을 드러낸다.

　20세기 전반에 교육적 혜택에 관한 인종적 평등은 상당한 향상이 있었다. 이에 대해서는 학교 출석률이 하나의 사례를 제공한다.

도표 6·2　연령과 인종에 따른 남부 초등학교 취학률, 1900년과 1940년

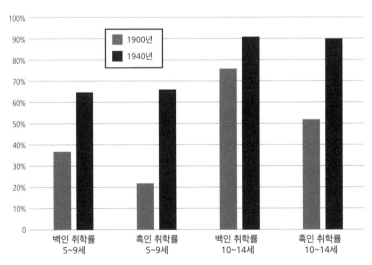

출처: 앤더슨, 『남부에서의 흑인 교육』, 151, 182.

교육학 학자 제임스 D. 앤더슨에 따르면 남부에서 흑인과 백인 사이의 초등학교 출석 격차는 사실상 1900년과 1940년 사이에 사라졌으며, 이는 도표 6.2에서 확인된다.[20] 확실히, 기존의 학교 교육은 인종적으로 분리되었으며, 질적 측면에서 무척 불평등했다. 이는 미국 연방 대법원이 뒤늦게 1954년 "브라운 대 교육 위원회" 판결에서 인정하게 되는 현실이었다.

교육 혜택에서의 평등은 고등학교 취학률에선 그 정도까지 성취되지 못했지만, 인종 간 격차는 같은 시기에 상당히 좁혀졌다. 1890년 남부 고등학교 취학률은 백인 학생의 경우 4퍼센트, 흑인은 고작 0.39퍼센트로 거의 10:1 비율이었고, 1933년엔 백인은 45퍼센트, 흑인은 18퍼센트로 3:1 비율이었다.[21] 1960년이 되자 남부 고등학교 취학률은 백인 학생의 경우 82퍼센트, 흑인 학생의 경우 69퍼센트로 1.2:1의 비율이 되었다.[22] 경제학자 로버트 A. 마고는 연령 집단 전체(5세에서 20세까지)에서 인종과 성별에 의한 남부 학교 취학률을 살펴보면 학교 등급에 상관없이 1890년과 1950년 사이 인종적 취학 격차가 비슷하게 좁혀지고 있다는 걸 발견했다.[23] 우리는 흑백 간의 대학 진학 비율에 관한 비슷한 데이터를 찾지 못했지만, 남부에서 흑인 학생의 절대적인 입학 수를 파악했다. 같은 시기 이 수치는 극적으로 상승했다. 1900년에 2,168명, 1935년엔 29,269명[24], 1952년엔 63,000명[25]이 대학에 입학했다.

20세기 전반기에, 북부 여러 주에서 인종별 학교 입학과 출석의 비교 데이터를 얻기는 더욱 힘들다. 하지만 흑인 대이동(우리가 이후 상세히 논하게 되는 사회적 현상)의 결과로, 북부 여러 주에서 절대적인 흑인 입학이 늘어난 것처럼 보이며, 전국적으로 진학 격차를 좁혔다. 가령 역사가 빈센트 P. 프랭클린은 흑인 대이동의 주된 목적지인 필라델피아에서 흑인 교육을 연구 대상으로 삼았다. 그 사례 연구에서 해당 도시 흑인 공립학교의 수가 1910년 아홉 곳에서 1937년 열다섯 곳으로 늘어났다는 게 확인되었다. 1910년과 1950년 사이 필라델피아의 모든 공립학교에서 흑인 학생 입학은 677퍼센트 증가했다.[26]

교육 평등에 관해 약간 다른 평가 기준은 학업의 성취도이다. 이는 얼마나 많은 학교가 존재하는지 혹은 얼마나 많은 학생이 그런 학교에 입학하는지가 아니라, 얼마나 많은 개인이 학위를 취득했는지 여부이다. 이런 기준에서 믿을 만한 전국적 데이터는 훨씬 쉽게 입수 가능하다. 취학률에서와 마찬가지로 1970년 이전에 고등학교 졸업에서 흑인과 백인 사이의 평등을 향한 진전은 빠르고 극적으로 전개되었다. 그러나 이 경우, 도표 6.3이 보여주는 것처럼 진전은 다소 늦게 시작되었다. 하지만 1970년 이후는 사정이 다르다. 대학을 졸업하는 흑인의 상대적인 비율이 떨어졌고, 그 뒤에도 나아지지 않았으며, 이전의 상승하는 궤적을 회복하지 못했다. 실제로 오늘날 흑인은 1970년보다도 백인에 비해 더 낮은 비율로 대학을 졸업하고 있다. 아프리카계 미국인이 고등학교를 마치는 상대적인 비율은 이보다는 덜하지만, 여전히 시민 평등권 혁명 이전보다 두드러지게 둔화되었다. 그리고 오늘날에도 흑백 간의 교육 평등을 달성하지 못하고 있다.

2장에서 살펴봤던 것처럼 흑인과 백인의 전반적인 교육 수준은 대략 1900년부터 1965년까지 미국 청년 집단들 사이에서 꾸준히 상승했다. 그러나 이 장에서 우리는 그런 배경에 대한 인종적 차이에 초점을 맞추고 있고, 따라서 백인보다는 흑인의 상대적인 지위에 더 집중하고 있다. 완전한 평등은 1.0의 비율을 보여야 한다. 도표 6.3은 백인의 학업 성취도가 이 시기 내내 상승 중이었다는 사실에도 불구하고 1940년과 1970년 사이에 흑인의 학업 성취도가 훨씬 더 빠르게 상승했다는 걸 보여준다. 따라서 흑인과 백인 간의 격차는 흑인이 백인을 따라잡기 시작했기에 좁혀지고 있었다. 하지만 1970년 이후에 그런 "추격" 과정은 철저히 둔화되었고(고등학교의 경우) 실제로 끝나버리기까지 했다(대학의 경우). 이는 인종평등이 성취되기 훨씬 이전부터 벌어졌던 일이다.

도표 6·3 학업 성취도에서의 인종평등, 1920~2018

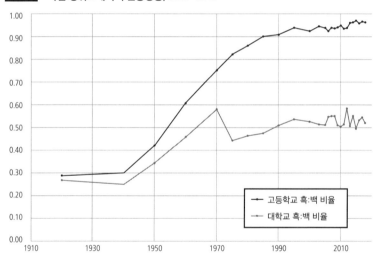

출처: 국가 교육 통계 센터, 표 104.20: 현재 인구 보고, P-20 시리즈, 다양한 해:
현재 인구 조사, 1970~2018.

물론 교육의 양이 늘어났다고 해서 질도 함께 늘어나는 것은 아니다. 교육적 평등에서 인종 간 차이는 20세기가 시작될 때 아주 두

드러졌다. 실제로 재건 시대 직후에 학생 1인당 지출에서 흑백 비율, 그리고 학년 기간에서의 흑백 비율 같은 평가기준으로 살펴보면 흑백 차이는 크게 악화되었다. 하지만 그런 여러 추세조차도 20세기 초, 즉 1910년 근방에 역전되기 시작했다.[27] 린더트와 윌리엄슨에 따르면 학생 1인당 지출과 교사-학생 비율에 의해 흑인들이 경험하는 교육의 질은 남부 내부에서 1910년부터 1950년까지 완만하게 향상되었다.[28] 더욱이 1940년부터 1954년 사이 남부에서 흑인 학교에 지출하는 총액이 288퍼센트 증가했는데, 이는 백인 학교의 38퍼센트와 비교하면 엄청 높은 수준이었다.[29] 남부에서 교사 봉급도 비슷하게 흑백 간에 통합이 되었는데, 흑인 교육자는 1940년보다 1950년에 85퍼센트를 더 벌었다. 그리하여 흑백 교사의 수입 비율은 23퍼센트 차이로 줄어들었다.[30] 남부의 흑인 교육 시설은 전반적으로 수준 이하의 상태였지만[31], 짐 크로 법에도 불구하고 전반적으로 그런 불평등은 줄어들고 있었다.

이와 같이 흑인 미국인이 이용할 수 있는 교육의 양과 질은 20세기 전반에서 극적으로 확장되었는데, 놀라운 사실은 이런 현상이 미국 사회가 "나"에서 "우리"로 돌아서고 있다는 더 큰 스토리에 부합한다는 점이다. 그러나 20세기 전반에 대다수 학교는 인종적으로 분리되어 있었다. 남부에서는 법으로 흑백을 구분했고, 북부에서도 실제로는 자주 구분했다.[32] 학교의 흑백분리는 인종평등에 특히 해로운 효과를 끼쳤는데, 재원에서도 차이가 났을 뿐 아니라 20세기 대부분 백인 학교가 통상적으로 교양 과목의 교육 과정을 제공하는 데 비해 흑인 학교는 일반적으로 직업에 관련된 교육만 제공했다. 이 때문에 아프리카계 미국인은 질 낮은 직업에 종사하게 되었고, 이런 사실은

그들의 삶에 평생 동안 영향을 끼치는 결과가 되었다.[33]

그럼에도 불구하고 20세기 동안 학교의 흑백 통합을 향한 국가적 추세를 살펴보면 변화는 종종 생각되었던 것보다 훨씬 이르게 시작되었다.[34] 학교 통합은 20세기 초 무척 낮은 수준에서 시작하여 1960년까지 더 높은(하지만 여전히 부적합한) 수준으로 올라간 것처럼 보이는데, 흑인들이 완전히 흑백 분리된 남부에서 다소 인종차별이 덜한 북부로 대이동을 했기 때문이었다. 이어 다음 10년 동안 그런 길고 느린 증가는 급격히 가속화되었는데, 주로 연방 대법원의 "브라운 대 교육 위원회"(1954) 판결이 남부에 영향을 미쳤기 때문이었다.*

그러나 "브라운 대 교육 위원회" 판결 이후에 학교의 흑백 통합을 향한 급격한 상승추세조차도 재분리를 향한 신중한 추세가 시작된 이후로 현저히 잠잠해지게 되었다.[35] 이와 같이 교육의 양과 질이라는 기준에서 거의 한 세기를 지속해온 인종적 통합의 추세가 멈춰 서자, 때를 같이하여 인종차별 폐지라는 국가적 계획도 침체되고, 심지어 역행하기 시작했다. 백인이 다수인 학교와 흑인이 다수인 학교 사이의 골치 아픈 격차(교실 크기, 학생 1인당 지출, 교사 봉급, 교육 과정 방향)는 오늘날까지도 지속되고 있다.[36]

따라서 교육의 양, 질, 통합에서 인종적 평등을 향한 추진력의 평가기준 역시 명백하게 "가속 페달에서 발을 떼는" 패턴을 보이며,

---

* 이 판결이 나오기 전까지만 해도 미국은 흑백은 분리되어야 하고 서로 동등하지 않다는 것이 불문율이었다. 그러나 이 판결은 흑백 분리가 불법이라고 규정함으로써 시민권 운동을 촉발시켰다. 브라운은 아프리카계 미국인이었는데 자신의 초등학교 3학년 딸이 바로 동네에 있는 백인 공립학교에 가지 못하고, 몇 마일을 걸어서 흑인 학교에 가야 하는 것이 부당하다고 소송을 제기하여 승소했다.

20세기의 첫 65년 동안에 나타난 진전은 대략 1970년대에 들어와 침체하기 시작했다. 이는 미국이 "우리"에서 "나"로 하향하는 추세와 시기적으로 일치한다.

경제적 결과

전반적으로 아프리카계 미국인의 수입은 20세기 첫 65년 동안 백인의 수입에 비례하여 상승했다. 1900년과 1940년 사이 인종별 경제적 결과를 검토하는 문헌은 거의 없지만, 이 시기에 수입의 측면에서 인종적 평등을 향한 상당한 진전을 보여주는 데이터는 존재한다.[37] 대다수 학자들은 인종별 수입 수준이 1940년과 1970년 사이에 가장 큰 비율로 흑백 통합되었다고 동의한다.[38] 경제학자 토머스 N. 멀로니에 따르면 남성 흑백 간 임금 비율은 1940년대 동안 48퍼센트에서 61퍼센트로 급등했다. 이 당시가 짐 크로 법이 적용되던 시기라는 걸 감안하면[39] 27퍼센트의 인상은 놀랄 만한 것이었다. 하지만 이 시기에 가속화되던 남부에서 북부로의 흑인 대이동에 의해서도 설명될 수 있는 것이다.[40]

수입 평등에서 인종적 통합에 관한 가장 최근의 학문적 연구는 이 몇 십 년 동안 흑인이 이득을 본 주된 원인을 밝혀낸다. 그것은 우리가 2장에서 논했던 대통합Great Convergence이었다. 이 당시 미국 경제 전반에서 수입 평등화에 기여한 여러 요인들은 흑백 노동자 사이의 평등화에도 기여했다. 특히 흑인 노동자가 더 나은 일자리에 접근할 수 있는 여러 곳으로 이동해갔기에 더욱 그런 결과가 나타났다. 사실 대통합은 흑인들 배제시키기는 것이 아니라, 오히려 불균형적으로 그들에게 혜택을 주었고(부분적으로는 그들이 이익을 보게 되는 여러 근거들이 있기 때문이었다), 따라서 수입에서 인종적 격차는 미국이 "우리"를 강조했던 몇 십 년 동안에 크게 좁혀졌다.

정반대로 사회학자 로버트 맨두카에 따르면 "2018년 나타나는 미국에서의 흑백 간 가정 수입 차이는 1968년 상황과 거의 정확히 같으며, 끊임없이 지속되는 인종적 수입 격차의 인식되지 않은 핵심 동인은 늘어나는 수입 불평등의 국가적 추세였다."[41] 달리 말하면 수입에서 인종적 차이는 미국이 "우리" 시대에 있는 동안 좁혀졌고, 미국이 "나" 시대에 있는 동안에는 좁혀지지 않았다.

물론 절대적 흑백 평등은 과거에도 막연한 목표로 남았고, 지금도 그러하다. 우리가 많은 다른 평가기준에서 살펴본 바와 같이, 실제로 흑인과 백인 사이의 수입 평등을 향한 진전은, 도표 6.4(그 외의 많은 데이터)가 보여주는 것처럼 1970년대 말 이후 나아지지 않거나 혹은 명백하게 퇴행했다.[42] 로버트 A. 마고가 저술했듯이, 1940년과 1970년 사이에 흑백 수입 비율은 평균 7.7퍼센트 향상되었다. 이는 결코 충분히 빠른 통합은 아니지만, 이런 비율의 변화가 계속되었더라면 수입의 흑백 간 비율은 "2010년에 실제 0.64의 값 대신 0.88의 값을 갖게 되었을 것이다."[43]* 미국이 "나"를 강조하던 몇 십 년 동안에 국가적인 수입 격차가 좁아지기보다 오히려 더 벌어졌다. 그 결과 오늘날 흑인과 백인의 수입 중앙값 간의 차이는 "1950년만큼이나 크다".[44]

---

*　　1.0은 완전 평등의 값이다.

더욱이 아프리카계 미국인들의 노동력 인구 비율은 계속 줄어들었고, 흑인 청년 구금률은 최근 몇 십 년 사이 폭발적으로 늘어났다. 많은 학자들은 이런 요인이 흑백 간 수입 비율의 격차에 기여한다고 보았다. 이것이 무슨 뜻인가 하면, 1970년 이후 침체의 현실이 겉보기보다 더 심각했다는 뜻이다. 많은 경제학들이 이런 요인들을 감안하면서, 1970년과 2010년 사이에 흑인에게 상대적인 경제적 향상은 본질적으로 없었다고 주장했다. 향상은커녕 암울한 상황이었다는 것이다.[45]

도표 6·4 흑백 간 수입 평등, 1870~2010

출처: 국가 교육 통계 센터, 표 104.20: 현재 인구 보고, P-20 시리즈, 다양한 해;
현재 인구 조사, 1970~2018.

그러나 한 가지 흑백 격차를 상쇄하는 현상이 있었다. 그것은 20세기 마지막 30년 동안에 아프리카계 미국인이 고용되는 직업적

제6장 인종 문제와 미국적 "우리"

분야에서 소득이 늘어났다는 것인데, 이는 인종차별 반대와 교육적 유동성의 증가로 남부에 집중된 향상이었다. 하지만 그런 결과로 발생한 신분 상승을 지향하는 흑인 중산층과 동시에 생겨난 게 있었다. 그것은 신분이 갈수록 낮아지는 흑인 "최하층"이었고, 이들의 빈곤은 점점 심각해졌다. 이로 인해 가장 부유한 아프리카계 미국인과 가장 가난한 아프리카계 미국인 사이에 엄청난 동종간同種間 분열이 생겨났다. 이런 대분산divergence의 의미에 관하여, 정치적 의견은 크게 엇갈린다. 그럼에도 불구하고 흑인 중산층의 성장을 계산에 넣더라도 흑인 미국인은 평균적으로 20세기 마지막 30년 동안 경제적 유동성에 변동이 없거나 혹은 쇠퇴하였다.[46]

이와 같이 미국의 더욱 큰 경제적 평등을 향한 전진은 평균 잡아 볼 때 불균형적으로 아프리카계 미국인에게 유익했고, 더 큰 경제적 불평등으로 추락하는 침체 국면은 불균형적으로 흑인들에게 해로웠다.

재산은 수입 및 직업과 큰 관련이 있으므로, 주택 보유에 있어서도 인종적 평등의 평가 기준이 소득과 비슷한 궤적을 그리는 것은 그리 놀라운 일이 아니다(도표 6.5 참조). 흑인 주택 보유와 백인 주택 보유의 비율이 보여주는 것처럼, 상대적인 주택 보유 비율에서 처음으로 주목할 만한 증가가 발생한 건 1900년과 1910년 사이의 일이다. 또한 이런 증가는 주로 남부에서 흑인 농부가 소작농에서 벗어나 자기 농장을 갖게 된 것이 원인인데, 이는 본질적으로 짐 크로 법의 적대적인 분위기에도 불구하고 모든 역경을 극복한 현상이었다.[47] 하지만 이런 비율 역시 1930년과 1970년 사이에 크게 향상되는데[48], 흑인이 북쪽으로 이주하면서 (아래에서 상세하게 논의됨) 그들이 점점 이전에 백인이 점거하던 값싼 주택을 획득하게 되었기 때문이다. 백인은 특히 1940년 이후 다수가 교외로 이주해갔다.[49] 물론 흑인이 은행 대출을 얻고 더 바람직한 동네에 진출한 건 그 몇십 년 동안에 시행된 각종 규제의 범위 내에서 벌어진 일이었다. 하지만 인종을 근거로 돈 빌려주는 걸 차별하는 대출 기관과 부동산 업자의 관행이 불법으로 간주되어 단속되자, 흑인의 주택 보유는 답보 상태에 빠졌고, 이어 천천히 감소되다가 마침내 2008년 경제 위기 때에는 크게 폭락했다.* 2017년 주택 보유에서 흑백 간 불평등은 1950년 그랬던 것처럼 아주 높다.

도표 6·5 흑백 간 주택 보유 비율, 1900~2017

출처: 1900~1970, 통합 공용 미세 데이터 총서(IPUMS), 1973~2017, 현재 인구 조사. 미주 6.47. 참조.

---

*   대출 기관과 부동산업자가 백인에게는 낮은 이자로 돈을 빌려주고 흑인에게는

제6장   인종 문제와 미국적 "우리"

얄궂게도 1970년대에 저소득자의 주택 보유를 장려한 여러 정책은 악용되었다. 그러니까 흑인의 주택 보유를 억압하기 위해 부동산 업계가 인종차별주의 관행을 부당하게 이용한 것이었다. 이것은 주택 보유 수 침체를 설명하는 하나의 원인이 되었다.[50] 그보다 뒤인 1990년대에 서브프라임subprime* 대출 기관은 불균형하게 흑인 미국인을 대출 대상으로 삼았다. 이 때문에 흑인들은 약탈적인 채무 조건으로 돈을 빌리거나 주택을 구매해야 했다. 2008년에 금융 거품이 터졌을 때 많은 흑인들이 그런 금융 조건으로 사들인 주택을 압류당했다. 그것은 최근에 나타난 주택 보유의 하락세에 반영되었다(도표 6.5 참조).[51] 요컨대 주택 보유가 평범한 미국인의 재산 대부분이었던 시대 이래로, 흑백 사이의 빈부 격차는 엄청난 상태로 지속되고 있다.[52]

또 다시 지난 125년에 동안에, 물질적 복지의 흑-백 비율에서 예상하지 못한 변화의 패턴이 나타났다. 1970년 이전의 반세기 동안에 인종적 평등을 향한 불완전하지만 상당한 진전이 이루어졌지만, 그 뒤의 반세기 동안에는 그 진전이 놀랍게도 멈추어 버리고 마는 그런 패턴이 다시 나타난 것이다.

높은 이자로 돈을 빌려주었는데, 흑인은 이런 차별 대우나마 감수하고 돈을 빌려야 했다. 그러나 당국에서 그걸 차별 대출이라며 불법으로 단속하자 흑인은 그나마도 돈을 빌리기가 어려워졌다.
* 최우대 금리보다 낮은 금리.

투표

20세기가 시작될 때 흑인들의 정치 참여는 사실상 어떠한 기준으로 살펴보아도 아주 낮았다. 남부에서 정치적 권리 박탈은 백인 우월주의와 짐 크로 법의 핵심 주춧돌이었다.[53] 1867년과 1908년 사이 거의 62만 명의 흑인 유권자가 남부 유권자 명단에서 제외되었고 그리하여 유권자 등록율은 84.5퍼센트로 낮아졌다.[54] 1910년 흑인의 거의 9할이 남부에 살았던 점을 생각하면[55], 이런 선거권 박탈의 지역적 패턴은 20세기 첫 20년 동안 전국적 현상이었다.

하지만 1920년부터 1956년 사이에 남부에서 흑인 등록 유권자의 수가 놀라울 정도로 늘었고, 인종차별로 인한 투표 제약도 줄어들어 흑인과 백인 사이의 정치 참여에 관한 한 더 큰 평등으로의 지역적 발전이 있었다. 학자들은 이런 발전이 미국 흑인 지위 향상 협회NAACP의 여러 합법적 운동, 도시 연맹의 흑인 유권자 등록 촉구, 가난한 백인 남부 사람들의 반대로 인한 광범위한 인두세 철회 등이 잘 어우러진 결과라고 보았다.[56] 1940년대엔 흑인 등록 유권자 수가 크게 늘어났는데, 이는 부분적으로 1943년 선거권 취득 연령이 낮아지고, 백인 예비 선거를 금지한 1944년 연방 대법원의 "스미스 대 올라이트" 판결 덕분이었다. 이 판결로 인해 등록된 남부 흑인 유권자의 수는 1940년부터 1956년까지 일곱 배 이상 증가되었다. 새로운 유권자들은 남부 흑인 인구의 4분의 1 정도였지만, 평등을 향한 진전은 20세기 중반에 상승세를 타고 있었다.

인종 때문에 투표권이 박탈되는 일은 남부 이외의 지역에서는 훨씬 덜 흔한 일이었고, 1915년 이후 흑인들의 대규모 북부 이주는 이미 남부에서 진척 중인 더욱 큰 정치적 참여의 추세를 강화시켰을 가능성이 크다. 예를 들면 정치학자 다이앤 핀더휴즈는 시카고에서의 정치 참여에 관한 사례 연구를 수행하여, 1920년과 1940년 사이에 흑인 주민들이 무척 높은 수준의 대선 유권자 등록과 대선 유권자 투표율을 기록했음을 확인했다. 이런 상승세는 다른 토박이와 이주민 집단과 비교하더라도 여전히 그러했다.[57] 흑인 등록 유권자 사이에서 대선 투표율은 1936년 70퍼센트를 넘기며 절정에 달했다.[58] 핀더휴즈는 이런 높은 수준의 흑인 투표 참여 원인을 이렇게 설명했다. 흑인 교회 네트워크가 주도한 인력 동원, 짐 크로 법이 지배하던 남부의 옛 주민에게 홍보한 정치적 참여의 상징적 중요성, 그리고 대공황으로 인한 정치적 재조정 사이에서 정치인을 위한 경쟁적인 자극 등이 원인이라는 것이었다.[59] 이 모든 점을 미루어 보면, 20세기 전반에 흑인 유권자들의 투표가 전국적으로 상당히 증가했음을 알 수 있다.

20세기 중반에 흑인들의 전국적인 정치 참여와 대의원 선발은 백인에 비하면 여전히 뒤떨어져 있지만, 그래도 엄청난 진전이 있었다. 더욱 빠른 향상은 1965년 이후 일어났다. 1965년의 획기적인 투표권법보다 훨씬 전에도 흑인의 정치적 참여에는 진전이 있었지만, 투표권법의 역사적 승리가 워낙 혁혁해서 그런 진전은 자주 가려진다. 이제 아주 낯익은 패턴이 펼쳐지는데, 도표 6.6에서 보는 것처럼 투표권법 이후 흑인 유권자 등록은 사실상 나아지지 않았지만, 1970년 이후에는 대략 55퍼센트와 65퍼센트 사이에서 변동을 거듭했다. 실제로 2018년 남부에서 흑인 유권자 등록은 1970년(66퍼센트)보다 조금 낮았다(65퍼센트).[60]

도표 6·6 남부 흑인 유권자 등록률, 1940~2018

출처: 유권자 교육 계획, 현재 인구 조사, 미주 6,60. 참조.

20세기 동안에, 인종별 전국 유권자 투표율은 더욱 추적하기 어렵고 특히 1948년 이전이라면 더욱 그러하다. 하지만 각종 데이터는 다음과 같은 사실을 보여준다. 즉, 유권자 투표율에서 평등을 향한 거의 모든 증가가 투표권법 통과 이전인 1952년과 1964년 사이에 발생했으며, 소소한 증가가 1964년부터 1968년까지 있다가 20세기 나머지 기간 동안 거의 전적으로 멈췄다. 이런 충격적인 사실은 우리가 관찰했던 "가속 페달에서 발을 떼는" 다른 현상들, 그리고 이젠 익숙한 미국 사회의 "우리"에서 "나"로의 방향 전환과 완전 일치한다.

보건, 교육, 경제적 결과, 그리고 투표를 향한 흑인들의 진전에서 나타나는 이런 여러 추세들 중 두드러지는 건 이런 것이다. 그런 추세들은 서로 아주 비슷하게 보인다는 것, 그리고 20세기 인종 역사에 관한 논의에서 종종 추정되는 "하키 막대기"의 관점에서 보면 그런 추세들이 아주 다르게 보인다는 것 등이다. 실제로 1960년대 민권 혁명 이전에 흑인과 백인 사이에 평등을 향한 부정할 수 없는 아주 중요한 진전이 있었다. 미국인 대부분이 "우리"라는 더욱 강한 공동체의식을 향해 나아갈 때, 흑인들 역시 중요한 측면에서 그런 "우리"를 향해 움직여 갔다.[61] 이런 예기치 못한 패턴을 설명해주는 요인은 무엇인가? 그런 요인에 대하여 어느 정도까지 흑인들이 기여했는가?

이 두 가지 질문에 대해서 우리는 곧 다루게 될 것이다. 그렇지만 먼저 인종평등을 향한 흑인들의 전진에서 드러난 아주 분명한 제약에 대해서 먼저 살펴보기로 하자.

끊임없이 지속되는 배제의 현실

우리가 막 살펴본 20세기 첫 65년 동안의 진전 상황은 인종 간 사회적·정치적 접근의 지속적인 불평등을 은폐한다. 그 시기 동안에 백인과의 평등을 향해 나아가던 흑인들의 수많은 진전은 서로 다른 불평등 영역들에서 벌어졌다. 그리하여 평등화는 흑인 포용을 적절히 담아내는 표시가 되지 못한다. 왜냐하면 미국이 구축하던 "우리"라는 공동체주의가 그 시기에는 여전히 매우 인종차별적이었기 때문이다.

흑인들의 불평등한 지위는 그들의 늘어나는 정치적 참여에도 불구하고 흑인 대의원들의 부족 현상에서 명백하게 드러났다. 그것은 의회 내 흑인 의원 수에도 분명하게 알 수 있는데, 도표 6.7이 나타내는 것처럼 흑인 의원들의 수는 1965년 이후까지 크게 증가하지 않았고, 변화의 "하키 막대기" 패턴을 잘 보여준다.[62]

흑인들이 주류에서 배제된 현상은 역사가 헨리 루이스 게이츠 주니어가 자신의 책『돌들이 많이 깔린 길: 재건 시대, 백인 우월주의, 그리고 짐 크로 법의 출현 』(2019)에서 생생하게 자세히 기록한 것처럼 폭넓은 백인 우월주의 문화가 만들어낸 결과물이었다. 이에 대한 가장 두드러진 사례는 영화〈국가의 탄생〉에 대응하여 1915년 KKK가 부활한 것이다. 과학적 인종차별주의, 즉 비 백인이 생물학적으로 열등하다는 신념은 재건 시대 이전과 이후 몇 십 년 동안 미국 학회와 대중문화에 속속들이 스며들었다. 연예물과 광고에서 나타나는 아프리카계 미국인에 대한 인종차별적인 묘사, 흑인 남자를

도표 6·7　미국 의회에서의 흑인, 1883~2019

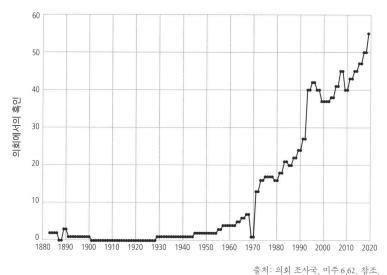

출처: 의회 조사국. 미주 6.62. 참조.

　　　　　제6장　인종 문제와 미국적 "우리"

성적 포식자로 묘사하는 행위, 린치행위를 숭상하는 소름끼치는 엽서 등은 20세기 대부분 동안 남부에서 흔했을 뿐만 아니라 북부에서도 흔했다.[63] 오로지 1970년대에 들어서면서, 언론 매체에서 유색인종의 묘사가 1950년대와 1960년대의 사악한 인종차별주의적 전형과 단절되었다.[64] 다른 인종과의 결혼은 우려되고 매도되었으며, 심지어 많은 주에서는 금지되기까지 했다. 그러다가 연방 대법원이 1967년 그런 법적 제한이 헌법에 위배된다고 판결을 내림으로써 오랫동안 지연되어왔던 변화를 촉발시켰다.

인종적 배제의 또 다른 중요한 사례는 고용의 질과 고용 안전성의 사례이다. 제2차 세계대전 종전 후에 경기 활성이 고용의 전망과 모든 노동자의 임금을 향상시켜 백인은 노동조합이 결성되어 있는 더 안정적인 일자리로 움직여갔다. 이런 때조차도 흑인은 역사학자 토머스 J. 서그루가 말한 바, "가장 힘들고 지저분한" 일에 주로 고용되었는데, 이는 여러 다른 요인들 중에서도 고용주의 인종차별과 지역 노동조합의 흑인 배제 때문에 그렇게 된 것이었다. 이런 일자리는 경제적인 쇼크에 더욱 취약하고, 장기적 취업 안정도 제공하지 못하기에 20세기가 진행되는 동안에 흑인들은 더 힘든 경제적 시기를 겪을 가능성이 높았고, 실제로도 그렇게 되었다.[65]

하지만 단연코 가장 중대한 인종적 배제 형태가 하나 있는데, 바로 거주였다. 흑인 이주자는 새로운 도시에 도착하면 주요 흑인 거주지에 정착하는 경향을 보였다. 이것은 20세기의 첫 30년 동안에 대다수 소수 민족이 보여주는 전형적 모습이었다. 그로 인해 북부 주에 속한 여러 도시에서 흑인 정착 지역들이 생겨나게 되었다. 하지만 20세기가 진행되면서, 다양한 백인 거주지가 독특한 종족적 특성을 잃어버리자 그 대신에 인종적 분리가 심화되었다. 흑인들의 주택 보유는 도표 6.5에서 보는 것처럼 이 시기 동안 늘어났다.

그런데 흑인 가정이 백인 거주지에 주택을 구매하려고 하면 막대한 저항에 직면했다. 백인 주민들은 자기 거주지의 인종적 특성을 보존하고 흑인들의 거주를 빈민가로 변한 소수 민족 동네에 국한시키려 했다. 그래서 제한적인 주택 계약, 폭력, 흑인에 대한 백인 거주지 매물 은폐와 같은 부동산 관행 등 다양한 수단을 동원하여 흑인들의 전입을 가로막았다. 흑인 주민이 어떻게든 성공하여 백인 동네로 전입해오면, 블록버스팅*과 백인의 교외 이주가 이어졌으며, 거주지 전체의 인종적 구성이 아주 짧은 시간에 완전 뒤집히게 되었다. 이런 과정은 1920년과 1940년 사이 체계적인 주거 분리의 확장을 가져왔다. 실제로 흑백 분리의 더욱 세밀한 기준을 활용한 최근 몇몇 연구는 북부와 남부, 도시와 시골을 가리지 않고 모든 지역에서 흑백 분리가 1880년부터 1940년까지 전국적으로 두 배나 심화되었다고 보고했다.[66]

하지만 거주의 흑백 분리가 진정으로 가속화되고 강화된 시기는 1940년과 1970년 사이였다. 그렇게 된 이유로는, 중복되는 연방 정책[67], 부동산업자의 여러 차별적인 관행, 흑인의 제2차 대이동에 대하여 백인이 보인 조직적인 저항(학자들이 "집단행동적인 인종차별"[68]이라고 칭한 현상) 등이 있다. 그러는 과정에서 재정적 고려의 문제도 있었다. 백인들은 집값이 떨어진다면서 더욱 거세게 흑백 통합에 반대

---

* blockbusting. 흑인, 소수 민족 등을 전입시켜 백인 거주자에게 불안감을 주어 부동산을 싸게 팔게 하는 투기꾼의 수법.

했다. 백인들은 달리 인종적 적의를 품지 않았을 때조차도 거주지의 흑백 통합을 반대했다. 한 백인 주민은 자신이 거주하는 구역으로 이사 온 첫 흑인 가정의 집 바깥에서 피켓 시위를 벌이며 이렇게 말했다. "그 사람은 훌륭할지 모르죠. 하지만 내가 그 사람을 볼 때마다 내 집값이 2천 달러씩 떨어지는 게 생각납니다."

1970년이 되자 평균적인 대도시 지역에서 인종적으로 통합된 동네를 만들어내려면 80퍼센트라는 믿기 힘든 비율로 흑인들이 다른 국세 조사 표준 지역(인구 조사를 위해 미국 조사국이 쓰는 대도시의 일정한 표준 지역)으로 이사 가야 할 판이었다.[69] 그 결과, 백인들은 점점 교외에 고품질 주택을 사서 이사해나가고, 흑인들은 불균형일 정도로 도심의 낡은 주택에 그대로 머물러 있게 되었다.[70]

그러는 사이 20세기 대부분 동안 흑인 남성의 구금률이 점점

도표 6·8 흑백 간 구금 비율, 1926~2017

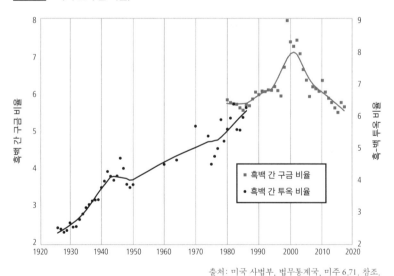

출처: 미국 사법부, 법무통계국, 미주 6.71. 참조.

높아졌다. 이러한 현실은 주거의 흑백 분리처럼 아프리카계 미국인 공동체에 파괴적인 결과를 가져왔다. 도표 6.8이 보여주는 것처럼 구금 분야의 인종적 불평등은 1926년부터 2000년까지 꾸준히 올라갔고, 특히 마약과의 전쟁 중에 구금률이 높아졌다. 이러한 현상은 이 시기에 국한된 것은 아니었다.[71] 구금률은 20세기 전반에 비해 오늘날이 훨씬 높지만, 지난 20년 동안 진행된 교도소 개혁은 점차 이런 불평등 격차를 해소했다. 달리 말해 구금은 우리가 검토했던 다른 여러 추세들, 즉 20세기 내내 거의 연속적으로 상승한 인종적 불평등의 추세와는 무척 다른 것이다.

이와 같이 흑인이 보건, 교육, 수입, 그리고 투표에서 백인과의 평등을 향해 진전하는 중일 때도(이것은 미국의 인종 스토리에서 충분히 강조되지 않은 놀라운 사실이다), 흑인들은 많은 측면에서 동등한 기회, 동등한 접근, 그리고 문화적 주류로부터의 체계적 배제 등으로 고통을 받았다. 하지만 평등화를 향한 여러 추세에서의 놀라운 일치는 우리에게 다음과 질문을 던지게 한다. 지속적인(그리고 빈번히 혹독한) 흑백 분리와 배제가 특징이었던 시기에, 어떻게 흑인은 평등을 향한 주목할 만한 진전을 달성했는가?

흑인의 대이동

이 질문에 대한 첫 번째 답은 미국 역사에서 가장 극적인 인구 통계적 이동에서 찾아볼 수 있다. 1915년경에 시작되어 대략 1970년까지 지속된 흑인의 대이동에서, 6백만 명 이상(흑인 인구 중에서도 상당히 큰 부분이다)이 짐 크로 법이 지배하는 남부의 난폭한 억압에서 도망쳐 비교적 자유롭고 안전한 북부 여러 산업 도시와 서부로 이동해 갔다. 1915년에는 남부 이외의 지역에 사는 아프리카계 미국인이 고작 10퍼센트였지만, 1970년이 되자 그 수는 47퍼센트로 증가했다.[72] 이런 엄청난 외부로의 이동은 남부의 여러 지역 단위에서 백인 테러에 의해 자주 촉발되었지만, 다른 요인들도 작용했다. 가령 시간이 흐르면서 남부에서의 홍수 범람과 흉작, 제1차 세계대전 이후 북부 여러 공장에서의 노동력 부족, 남부의 목화 경제에서 발생한 여러 커다란 변화, 그리고 남부 바깥에 더 나은 삶이 기다리고 있다고 흑인들에게 확신을 준 흑인 언론 등이 그런 이주를 재촉했다. 결과적으로 북부 여러 도시에서 흑인 주민 수의 증가는 아주 빠르고 극적이었다. 전형적인 사례를 하나 들자면 클리블랜드에서 흑인의 수는 1910년 8,500명도 되지 않았지만, 1920년이 되자 거의 35,000명으로 뛰어올랐고, 1930년이 되자 거의 72,000명에 도달했다.[73]

북부 여러 도시에서 흑인의 전망은 절대 백인과 동등하지 않았지만, 이주한 흑인들에게는 남부 시골과의 차이가 극명하게 느껴졌다. 흑인 대이동 중에 노스캐롤라이나에서 뉴욕으로 이주한 프라이스 데이비스의 경우를 살펴보자.

모든 게 변했다. 분위기 전체가 변했다. 나는 워싱턴 D. C.에 도착해 버스를 갈아탔는데 한 흑인 여자가 내게 와서 이렇게 말했다. "버스 어디든 원하는 곳에 앉을 수 있어요." 내가 물었다. "그럴 수 있다고요?" 그녀가 답했다. "그럼요." 나는 앞으로 움직이지 않았지만, 뒤에 앉지도 않았다. 나는 중간 자리로 움직였다. 뉴욕에 도착했을 때 택시를 타고

할렘에 내려서 주변을 둘러봤다. 한 흑인 경찰관이 교통정리를 하고 있었다. 나는 이렇게 말했다. "아아, 세상에, 바로 이곳이 약속의 땅이구나!"[74]

물론 북부는 여러 면에서 "약속의 땅"이 아니었다. 많은 북부 도시에서 짐 크로 법은 문화적으로 승인된 현실이었고, 종종 폭력과 함께 강요되었다. 엿새 동안 지속되고 28명의 사망자를 낸 1919년의 시카고 인종 폭동이 바로 그런 사례 중 하나였다. 최근의 연구서들은 현실적으로 북부에서 흑백 분리가 합법화되는 여러 가지 방식을 기록했다.[75] 하지만 끈질긴 인종차별주의와 계속되는 불평등에도 불구하고 북부에서는 흑인들이 비교적 평화롭고 안락한 삶을 살 수 있었고, 더 나은 교육 기회에 접근할 수 있었으며, 자기 사업체를 소유할 수 있었고, 투표장에 나가서 투표하고 선출직에 오를 수 있었다.

흑인 대이동은 어떤 측면에서 이중의 이주였다. 흑인이 아주 인종차별적인 짐 크로 법의 남부에서 다소 덜 인종차별적인 북부로 움직였을 뿐만 아니라, 빈곤하고 심지어 원시적인 시골 지역에서 현대적인 생활편의시설이 있는 대도시 지역으로 이동한 것도 있었기 때문이다. 달리 말하면 흑인이 남부와 북부를 가리지 않고 농장에서 도시로 이동하면서 자신이 2등 시민 대접을 받던 곳을 벗어났을 뿐만 아니라 공공 기반 시설이 있는 곳으로 이동했다는 뜻이다. 여전히 흑백이 분리되어 있지만, 그래도 흑인들이 공공 병원과 공립학교 같은 기관에의 전반적인 접근할 수 있는 기회는 북부로 이주했을 때 극적으로 증가했다.

흑인 미국인의 수입도 크게 향상되었다. 전쟁 지원 때문에 처음 발생한 노동 수요는 유럽 노동자의 유입을 극적으로 둔화시킨 1924년의 이민법으로 인해 더욱 높아졌고, 흑인들이 북부 여러 산업 도시에서 일자리를 찾을 기회를 널리 개방했다. 실제로 많은 북부 공장이 흑인 노동자를 고용하고자 남부 여러 주로 선발대를 보냈다. 1915년 북부 도시의 공장 임금은 흑인이 남부 시골에서 벌 수 있는 임금보다 보통 두 배, 혹은 세 배가 높았다. 임금의 차이는 가까스로 전문적인 사업이나 직업에 발을 들인 흑인 소수들에겐 더욱 크게 벌어졌다.[76]

더욱이 더 많은 아프리카계 미국인들이 북부로 이주하면서, 1940년부터 1970년까지 발생했던 전례 없는 국가적 경제성장뿐만 아니라 극적으로 임금이 상승하는 시기에 더 큰 혜택을 얻을 수 있게 되었다. 이런 현상은 우리가 이미 앞의 2장에서 상세하게 다루고 논의한 바 있다. 흑백 대통합은 우선 가장 비참한 삶을 사는 사람, 특히 아프리카계 미국인에게 불균형하게 높은 소득을 안겨주는 형태로 이어졌다.[77] 실제로 이 시기 동안 상대적 소득 변화는 흑인 남자보다 흑인 여자에게 훨씬 더 극적이었다. 흑인 여자들은 1970년이 되자 실제로 백인 여자보다 훨씬 더 높은 평균 소득을 달성했다.[78]

백인 주류에서 대체로 분리되어 있지만, 흑인 예술가, 사업가, 학교, 극장, 나이트클럽, 문학회, 교회, 그리고 자발적 민간단체는 흑인들이 이주한 곳에서 빠르게 확산되었으며, 그리하여 강력한 흑인 정체성, 공동체의식을 제공했고, 또한 낯선 여러 도시에서 새롭게 시작하는 수백만 흑인 인구를 배후 지원했다. 이런 식으로 흑인은 우리가 4장에서 논의한 것처럼 20세기 전반 동안에 민간단체의 결

성과 확대에 상당히 이바지했다.[79]

요약하면 흑백 간 불평등 격차를 좁히는 건 흑인 이주민들의 간절한 의도였으며, 그리하여 그 의도를 어느 정도 달성했다. 하지만 20세기 전반기 동안에 흑인들의 상대적인 복지 향상은 북부 도시에서 이주민이 접하게 된 더욱 온건한 환경 때문만이 아니고, 나아가 전후 경제 활황 때문만도 아니었다. 그것은 남부에서의 완만하지만 눈에 띄는 여러 변화에 의해서도 촉진된 측면이 있었다. 북부로의 이주가 남부 경제에 미친 경제적 압박 때문에 처음에 남부 백인들은 북쪽으로 도망치는 필수적인 흑인 노동력을 유지하고자 평소대로 협박과 폭력을 쓰는 전술에 기댔으나 실패했다.

그러자 그들은 흑인들의 이주에 대응하여 현지에 머무르는 흑인들을 장려하고, 남부에서의 삶을 더욱 살 만하게 만드는 여러 방법을 탐구하기 시작했다.[80] 한 가지 구체적 사례를 들자면 남부인 조지아, 미시시피, 사우스캐롤라이나, 루이지애나, 노스캐롤라이나주에는 1916년에 4년제 흑인 고등학교가 전무했다. 하지만 1926년이 되자 모든 주요 남부 도시마다 흑인 학생이 다닐 수 있는 공립 고등학교가 적어도 하나 이상 들어섰다.[81] 흑인 대이동의 주요 연대기 저자 이저벨 윌커슨은 그런 남부의 변화를 이렇게 논평했다. "예전의 남부 연합은, 희생을 각오하고 남부를 떠난 흑인들의 압력 때문에 전보다 더 살 만한 곳이 되었다."[82]

흑인 대이동은 20세기에 이루어진, 인종의 재편성에 관한 "말해지지 않은" 빅 스토리였다. 왜 "말해지지 않았다"라고 했을까? 수많은 흑인 이주민들이 그들의 자식에게는 짐 크로 법 치하의 삶(혹은 그것으로부터 탈출하기 위한 자신의 영웅적인 노력)을 말해주지 않았기 때문이었다. 흑인들은 차라리 몇 세기에 걸쳐 지속된 트라우마로부터 깨끗이 벗어나는 쪽을 더 선호했다. 이런 이유로 자식들에게는 차마 그 트라우마에 대해서 말할 수 없었던 것이다.[83] 게다가 그런 말해지지 않은 스토리는, 역사가들이 1964년 시민권법의 획기적인 승리와 그것을 토대로 한 이후의 입법과 연방 차원의 계획을 중시했던 탓에, 충분히 강조되지 않았다.[84] 그럼에도 불구하고 그 스토리의 영향력은 아무리 강조해도 지나치지 않다. 윌커슨은 그 중요성을 이렇게 서술했다.

아프리카계 미국인의 역사는 종종 두 가지 시대로 압축된다. 하나는 남북전쟁 후에 종료된 246년의 노예화 시대이고, 다른 하나는 시민권 운동 중 시위에 나서던 극적인 시대이다. 하지만 남북전쟁에서 시민권까지의 중심축은 우리가 예속에 대항하여 저항한 한 세기의 체험과 평범한 사람의 인간적인 이야기를 건너뛰게 만드는 경향이 있다. 흑인들의 희망은 노예해방으로 고양되었으나, 재건 시대가 끝났을 때 그 희망은 무참히 깨어졌고 짐 크로 법에 의해 더욱 짓밟혔다. 그러다가 마침내 아주 오랜 시간이 흐른 뒤에 흑인들은 그들의 내면에 속박을 떨치고 자유롭게 될 수 있는 용기를 발견하면서, 그 희망이 다시 부활했다.[85]

실제로 수백만에 이르는 흑인들의 시민권 운동이 "우리"라는 공동체를 강조하는 미국 내에서 그들의 자리를 요구하는 데 열중하면서, 20세기 전반기 동안에 백인과 흑인 사이의 평등을 향한 느리지만 꾸준한 경향을 촉진시키는 데 중요한 역할을 맡았다. 이것은 앞에서 제공한 수치에서도 잘 드러난다. 비록 완벽한 것은 아니지만 남부 이외의 지역에서 흑인들의 삶은 거의 모든 측면에서 전보다 더 나아졌다.[86] 북부와 서부에서 흑인들은 상부상조에 더욱 힘쓸 수 있었다. 협동조합을 결성하고, 사회적·교육적·경제적 발전을 가져올 기관을 조직하고, 예술, 문학, 그리고 행동주의를 통해 강력한 목소리를 내고, 정치적인 힘을 키우고, 변화를 지지할 수 있게 된 것이다.[87] 다른 무엇보다 용기와 인내의 행동들이 그 무엇보다도 지금까지 서술해온 흑인 지위의 발전을 잘 설명해준다.

요약하면 운명을 개선할 기회를 놓치지 않기 위해 수백만 흑인들이 삶의 터전을 완전히 바꾸어서 대이동에 나섰다. 비록 다시 정착한 곳에서 흑인의 대우가 여전히 백인들에 비해 동등한 것은 아니었지만, 흑인의 대이동은 인종적 차이를 좁히는 데 강력한 힘이 되었다.

여러 공적·사적 계획들

20세기 전반기에 흑인들이 평등을 향해 내딛은 놀라운 걸음에 대한 두 번째 설명은 백인 지배층이 시행한 여러 가지 개입 정책에서 찾아볼 수 있다. 20세기 초 여러 자선 재단은 흑인을 돕는 여러 기관에 기부를 했다. 이런 기관들은 흑인 간호학교에 자금을 대고, 흑인 병원 시설을 개선하고, 공공 의료 부문에 고용된 흑인 의사의 봉급을 지급하고, 질병 퇴치를 위한 높은 효율의 계획을 개시하고, 환자 치료에 보조금을 댔다.[88]

1914년부터 1932년까지 시카고를 근거지로 하는 로젠월드 재단이 진행하는 학교 건설 프로그램은 여러 흑인 공동체와 협력하여 시골 흑인 청소년을 위해 4,977개의 학교를 건설하는 걸 지원해서, 15개의 남부 주에서 883개의 카운티에 초등교육을 확장했다.[89] 프로그램이 종료되었을 때는 학령 아동 36퍼센트가 이런 학교들에 입학했을 것으로 추측된다. 이 프로그램만으로도 교육 기간의 이수에서 인종 간 격차를 좁히는 데 무척 효과적이었다. 1910년부터 1925년 사이에 태어난 집단의 경우, 그러한 진전의 약 40퍼센트는 로젠월드 학교 덕분에 이루어진 것이었다. 해당 프로그램은 또한 남부 시골 흑인들의 문자 해득과 인지 능력 테스트의 점수를 높이는 데 아주 긍정적 영향을 미쳤다.[90]

몇몇 역사가들은 이런 주장을 폈다. 백인 엘리트들은 그런 계획을 이기적인 이유로 수행했으므로, 그것이 단순히 흑백 통합의 윤리에 의해 추진된 것이라고 보기 어렵다는 것이었다.[91] 그럼에도 불구하고 그들의 노력은 아프리카계 미국인의 기대 수명, 영아 사망률, 입학률, 그리고 학업 성취도를 크게 향상시켰고, 전반적 복지 분야에서 인종적 격차를 좁혔다.

연방정부의 개입 역시 20세기의 첫 65년 동안 인종 간 평등을 크게 촉진했다. 진보시대의 초창기에 북부 개혁가들은 여태껏 가장 부당한 대접을 받은 흑인들의 의료와 복지에 불균형적으로 긍정적인 영향을 미친 여러 공적 계획을 옹호했다. 몇 가지 사례를 들어보자면, 상하수도 체계를 개선하는 프로그램,[92] 교육 제공과 결핵 같은 질병의 치료[93], 그리고 시골 지역에 의료 서비스 제공[94] 등이 그런 사례들이다. 더욱이 역사학자들은 19세기에서 20세기로 넘어가던 때를 공교육의 "황금기"라고 규정했다. 이 시기는 보통 진보 개혁가들이 학교 재원의 확장 책임을 맡던 때였는데, 이런 현상은 특히 흑인들이 이주해오던 북부 여러 도시에서 두드러지게 나타났던 것으로 20세기 초에 학교 입학률 증가의 원인이 되었다.[95]

역사가 에드워드 비어즐리 역시 제1차 세계대전이 연방정부의 남부 개입을 늘리게 되는 핵심적인 전환점이었음을 보여준다. 모병 과정에서 지역적으로 보건의 차이가 상당히 크다는 것이 널리 알려졌다. 그리하여 연방 재정의 전시 국방비 지출은 남부 흑인에게 혜택이 돌아가게 하는 공공 보건 계획의 수립에 정치적 배경이 되어주었다. 연방 자금이 남부에 도착하여 말라리아를 옮기는 모기의 서식지인 습지를 준설하고, 성병 검사 프로그램을 의무적으로 실시하고, 아동 위생 부서를 설립하고, 결핵 요양원을 세우는 걸 지원했다. 이 모든 것이 흑인의 건강을 크게 향상시켰다.[96]

뉴딜정책 역시 시골의 보건 협동조합이 흑인 농업 노동자에게까지 치료를 확장할 수 있도록 지원하고, 위생 시설 계획을 진행하도록 밀어주었다. 또한 공공산업진흥국은 학교 점검에 자금을 대고 아동 영양 계획을 진행했다.[97] 연방정부의 투자는 제2차 세계대전 중에 병력 동원 활동의 일환으로 더 확대되었는데, 여기엔 흑인 의과 대학에까지 막대한 보조금을 지급하는 계획도 포함되었다. 1946년엔 힐-버튼 계획이 병원을 건설하는 여러 주에 그때그때 필요에 따라 7천 5백만 달러의 보조금을 제공했다. 주로 남부의 시골 지역에 가장 많은 금액이 집중되었다.[98]

몇몇 학자들은 여러 연방 계획들이 흑인의 복지에 미친 영향을 회의적인 시각으로 바라본다. 많은 흑인이 체계적으로 혜택을 받지 못했다는 것이었다. 예를 들어 1935년 사회보장법은 산모/영아를 보살피고, 딸린 자식들을 지원하는 보조금을 제공했지만, 농업과 가사에 종사하는 노동자는 배제했다. 심지어 이 노동자 범주에는 모든 흑인의 3분의 2가 해당되었다.[99] 게다가 남부 주들의 보건 공무원들은 지원 대상이 되는 흑인 대상자들을 찾아가려 하지 않았다. 가령 에드워드 비어즐리가 계산한 바로는, 뉴딜정책에 의거하여 조지아 주에서 장애 아동에게 지출한 재정은 유자격 백인에겐 40퍼센트가 지불되었지만, 유자격 흑인의 경우 2퍼센트에 그쳤다.[100]

장기간 지속된 시민권 운동

위에서 우리는 더 나은 환경으로의 이주, 산업 일자리 개방, 환경 개선을 위한 남부 여러 주를 상대로 한 압박, 개인 자선가와 공공 개혁가의 노력, 현대 복지국가의 창조, 그리고 전쟁 준비와 전후 활황 등의 요인을 언급했다. 이런 요인들이 모두 합쳐진 결과로 흑인들은 20세기 전반기에 상대적인 복지에서 느리지만 꾸준한 향상을 보게 되었다.

하지만 긍정적 변화를 위한 가장 중대한 힘은 흑인 자체를 위한 조직과 지지였다. 먼저 인종적 평등을 향한 상승추세가 있었다. 그와 동시에 20세기의 첫 65년 동안에, 미국 주류에서의 끊임없는 흑인 배제는 흑인들로 하여금 그러한 압제에 저항하게 만들었고, 진정한 평등과 온전한 흑백 통합을 요구하는 행동주의를 부채질했다. 더 많은 흑인이 남부에서 북부로 이주하면서 북부의 흑인 기관들, 즉 교회, 대학, 지지 집단, 그리고 정치 조직은 그 힘과 영향력이 배가되었다. 이러한 기관들은 문화적, 정치적 담화에 집중하고, 공동체 활동을 조직하고, 백인 협력자와 제휴하고, 인종적 정의에 맞춰 행동주의를 촉발하면서 민권 운동을 전개했다. 그 유명한 간이식당 연좌 농성lunch counter sit-ins과 1950년대의 법적 투쟁, 혹은 1963년 워싱턴 행진보다 훨씬 오래 전부터 이런 움직임을 보여 왔다.

시민권 운동의 역사를 이야기할 때 1954년 "브라운 대 교육 위원회" 판결에서 시작하여 1964년 시민권법 그리고 1965년 투표권법에 이르는 10년에 집중하는 게 보통이다. 하지만 20세기 미국에서 인종적 정의에 관한 최근 설명은 더 다양해졌다. 20세기 전반기에 벌어졌던 인종적 통합을 위한 중대한 운동, 그리고 그것을 향한 진전을 강조하게 되었다.[101] "오래 지속된 시민권 운동long Civil Rights movement"[102]이라는 용어는 북쪽으로 이주했을 뿐만 아니라 짐 크로 법의 장기간 압제 아래 인종차별에 맹렬하게 항의했던 두 세대에 걸친 흑인들의 운동을 묘사할 때 쓰는 용어이다. 그들의 단호한 노력은 흑인을 배제하는 미국의 사회적·정치적·법적 구조에 균열을 일으키기에 충분했고, 1960년대의 극적인 변화를 촉진시켰다. 이런 변화는 본질적으로 더는 버틸 수 없는 댐에서 터져 나오는 물살 같은 것이었다.

오래 지속된 시민권 운동에 관한 상세한 설명으로도 충분히 지면을 채울 수 있을 것이다. 하지만 여기선 몇 가지 핵심 행동과 승리를 강조하는 게 유용하다. 그러한 행동과 승리는 분수령적 변화와 관련되는 시기 훨씬 이전에도 있었고, 또 인종적 평등을 향해 나아간 느리지만 꾸준한 운동과도 시기적으로 일치한다.

미국 흑인 지위 향상 협회NAACP는 변화를 주장하는 백인 진보주의자들과 협력한 W. E. B. 듀보이스의 지도 아래 1909년 설립된, 인종적 정의를 위해 싸우는 가장 영향력이 큰 조직 중 하나였다. 이 새로운 조직은 1915년 인종차별적인 영화 〈국가의 탄생〉에 대한 보이콧을 공개 지지하여 절반의 성공을 거두었다.[103] 1917년 48명의 사망자를 낸 잔혹한 세인트루이스 인종 폭동 이후에 미국 흑인 지위 향상 협회는 1만여 명의 흑인을 동원하여 인종 폭력에 항의하는 침묵시위를 뉴욕 5번가에서 벌였다.[104] 이는 그런 부류로서는 최초의 대규모 시위였다.[105] 1919년 미국 흑인 지위 향상 협회는 하원의원 다이어가 제출한 반反린치 법안을 지지했다. 이 법안은 이후 대통령 워렌 하딩이 지지하여 1922년 다수의 찬성을 받아 하원에서 통과되었지만, 상원에서 남부 민주당 의원들의 필리버스터 때문에 통과되지 못했다.[106] 이 시대에 인종적 정의를 위한 법적 승리는 극소수에 불과했지만, 민권 운동가들이 그들 나름의 영향력을 얻고 또 널리 알려지기 시작하는 국가적 운동에 통합되던 때였다. 백인 협력자들은 주로 진보적 개혁자 계층에서 나왔다.

1929년 주식 시장이 붕괴되고 대공황이 이어지면서 아프리카계 미국인은 가장 먼저 일자리를 잃었고, 궁극적으로 가장 큰 피해를 입었다. 앞서 언급한 것처럼 소득은 여전히 불충분하고 불공평하게 분배되었지만, 어느 모로 보나 루스벨트의 뉴딜정책은 재건 시대 이후 그 어떤 때보다도 아프리카계 미국인에게 연방 차원에서 더 많은 경제적 지원을 제공했다.[107] 뉴딜정책은 흑인 미국인에게 민간 보전단, 공공산업진흥국, 그리고 공공사업국 차원에서 일자리를 제공했고, 부서별 공무원 중 많은 수가 "흑인 문제"를 담당하는 고문 역할을 맡았다. 이런 고문 중 가장 유명한 사람이 메리 머클라우드 베순으로, 미국 청년 협회가 흑인을 위한 일자리와 직업 교육을 제공하도록 감독했다.[108] 그런 발전에 힘입어 수적으로 늘어나는 아프리카계 미국인은 루스벨트와 그의 뉴딜정책을 가장 큰 정치적 희망이라고 생각하게 되었고, 기록적인 인원이 공화당을 떠나 민주당을 지지하며 1936년 루스벨트의 재선에 이바지했다.

실제로 여러 학자들은 미국 정당의 인종적 재편성이 더 점진적으로 진행되었고, 일반 예상보다 더 민중 조직과 변화하는 이데올로기에 의해 촉진된다고 주장했다. 1940년대 초부터 북부 민주당원들은 시민권 법률 제정을 옹호하기 시작했고, 몇몇 학자는 이런 행동이 나중에 민주당의 승리를 가져온 "시범 운행"이었다고 생각한다. 역사적인 관점에서 이런 발전은 흑인 대이동에서 나온 정치적 결과였는데, 백인 민주당원이 주민들 사이에서 늘어나는 흑인 유권자들에게 적절히 대응한 결과였다. 이 시기에 제안된 법안은 정치적 평등(인두세 금지, 군인 투표 연방화)과 경제적 평등(공정한 고용 관행 지시, 인종차별 금지 조치에 주가 순응하여 학교 급식 자금을 조건부로 함으로써 교육에서의 차별 종결)에 모두 대응하는 것이었다.[109] 이미 3장에서 언급한 것처럼 그런 계획에 보내는 지지는 때로 민주당보다 공화당에서 더 강력했다.

아프리카계 미국인의 행동주의 성장과 백인 지배층의 동등한 권리 지지는 모두 제2차 세계대전에 의해 가속화되었다. 그 전쟁은 근본적으로 미국에서 흑백 간 평등과 인종적 통합에 관한 얘기의 성질을 바꾸어놓았다. 민주주의 원칙을 위한 싸움을 성공적으로 수행하고 고향으로 돌아온 흑인 군인들에게는, 고향에서 나타나는 비민주적인 현실에 굴복하려는 뜻이 별로 없었다. 그들은 남부를 떠날

뿐만 아니라 변화를 위한 정치적 노력에 가담하려는 동기가 점점 강해졌다. 그리하여 흑인들 다수가 정치적 활동에 참여하게 되었다. 그런 이유로 흑인 지위 향상 협회 회원은 제2차 세계대전 동안 5만 명에서 45만 명으로 급증했고[110], 1940년대에는 지방과 전국 단위에서 더 많은 개혁의 여론이 환기되었다.

수많은 사례 중 하나는 전역 해군인 오티스 핑커트의 행동이었다. 그는 전쟁 동안 세 번 진급했지만, 고향으로 돌아오는 기차에서 강제로 흑백분리가 된 객차에 앉아야 했다. 고향인 앨러배마 주 터스키기에 도착했을 때 그는 흑인들에게 주로 물건을 팔지만, 백인만 고용하는 가게 앞에서 피켓을 들고 시위를 벌임으로써 흑백 차별에 대한 분노를 표출했다. 그는 그 가게가 손님이 안 와서 셔터를 내리게 만들었고, 그 가게가 흑인 매니저를 둔다는 조건으로 시위를 끝냈다.[111] 귀국한 흑인 군인들은 주로 남부에서 이와 비슷한 노력을 하며 투표 등록과 투표를 독려했다. 그들은 또 자신들이 국가와 세계를 위해 싸웠는데 정작 고향에서는 위협과 폭력을 목격해야 하다니, 그들의 과거 복무에 대하여 조금이나마 존중을 표시해달라고 요구했다.[112] 핑커트의 승리 사례는 서서히 더 흔한 것이 되었고, 계속 "우리"라는 공동체 정신을 강조하는 미국의 문을 두드렸던 동료 흑인들의 용기와 확신을 크게 자극했다.

군대 내의 인종차별 폐지는 제2차 세계대전 동안 행동주의자들에게 또 다른 핵심 사업이 되었다. 1941년 흑인 조합원이 대부분인 "침대차 승무원 노동조합"의 설립자 A. 필립 랜돌프는 군대에서 인종 분리가 지속되어야 한다는 루스벨트 행정부의 결정에 크게 실망하여, 워싱턴에서 10만 명의 아프리카계 미국인이 행진하겠다고 위협했다. 이런 사태를 피하고자 루스벨트는 대통령령 8802호를 통해 연방 기관과 전쟁 활동에 관여한 방위 산업에서 인종차별을 금지했다.[113]

제2차 세계대전은 흑인과 백인 모두에게 전쟁 참전이 인종적 정의를 위한 싸움의 전환점이 될 거라는 기대를 높여주었다. 학계에 침투하여 인종차별의 토대를 제공했던 과학적 인종차별사상은 유대인을 학살한 홀로코스트가 벌어지자 신빙성을 잃었다.[114] 시민권 운동 지도자와 국제 언론들은 미국 국내에서 인종차별을 허용하면서 해외에서 인권을 위해 싸운다고 선전하는 건 위선이 아니냐고 지적했다.[115] 이와 같은 대외 정책 압력은 전후와 냉전 시대에 미국 행정부가 시민권을 지지하게 된 주된 동기가 되었다. 1948년 해리 트루먼은 재선에 성공했다. 아프리카계 미국인에게 구애하며 지지층으로 끌어들이려는 노력을 계속하고 그런 차원에서 민주당 공약에서 시민권에 대한 강력한 강령을 유지한 것이 재선 성공의 부분적 이유였다. 그는 대통령 직속의 시민권 위원회를 설립하며 선기 기간 중의 약속을 지켰다. 그 위원회는 최종적으로 전면적 개혁을 옹호하는 178페이지에 이르는 보고서를 작성했다. 그 결과 트루먼은 흑인들이 오랜 세월 기다려온 군대에서의 흑백분리 금지를 공표했다.[116]

1944년 스웨덴 경제학자 군나르 뮈르달은 카네기 재단의 요청에 따라 인종 관계를 연구한 뒤『미국의 딜레마』라는 제목으로 인종차별을 가차 없이 폭로한 책을 출판했다. 이 책이 강조하는 메시지는 지금이야말로 미국이 인종차별의 현실과 민주주의적 평등의 "미국적 신념" 사이에 존재하는 간극을 해소할 적기라는 것이었다.

뮈르달은 이렇게 낙관적으로 말했다. "재건 시대 이후 지금만큼 미국 인종 관계에서 근본적인 변화를 기대할 만한 때도 없다. 그 변화는 당연히 미국의 이상을 향한 발전을 포함해야 한다."[117] 그의 책은 베스트셀러가 되었고, 그의 분석은 흑인과 백인 지식인들에게 잘 받아들여졌다.

역사가 제임스 패터슨은 이런 글을 남겼다. "뮈르달의 메시지를 거의 만장일치로 지지한다는 건 전쟁이 종결되는 상황에서 인종적, 민족적 진보를 향한 진보주의자들의 높아지는 기대를 반영한 것이다."[118] 이런 낙관주의는 우리가 3장에서 자세히 논한 전후 시대의 전례 없는 정치적 공동체주의에 의해 활력을 얻었다. 진보주의자의 일치된 의견은 시민권 행동주의자들에게 즉각적인 반응을 보여야 한다는 것이었다. 행동주의자들은 인종적 평등을 확보하기 위해 더욱 선제적인 절차를 밟아야 할 시기가 되었다고 주장했다.

시민권에 정치적 초점이 점점 맞추어지는 것 이외에도, 인종적 관용에 관해 점점 늘어나는 문화적 집중 역시 20세기 중반의 주된 화두였다. 이를 나타내는 한 가지 사례는 반명예훼손 연맹Anti-Defamation League의 분파인 미국 민주주의 협회가 학생에게 나눠준 책의 표지이다. 이 표지에는 DC 코믹스의 슈퍼맨이 인종차별에 반대하며 어린이들에게 조언하는 내용이 담겨 있었다.

"소년, 소녀들아 기억하렴. 너희 학교는 다른 많은 인종, 종교, 태생을 지닌 미국인들로 이뤄져 있단다. 네가 만약 종교, 인종, 태생 때문에 학교 친구나 다른 사람에 대해 누군가 안 좋은 이야기를 하는 걸 들으면 주저해선 안 돼. 그 사람에게 그런 말은 '미국인답지 않다'고 하렴!"[119]

이 표지는 "미국적 신념"에 관한 뮈르달의 이상을 홍보하는 전형적 사례다. 그것은 20세기 중반 미국을 특징짓던 진보적 반인종차별 낙관주의를 잘 보여준다.

과장되긴 했지만 낙관주의는 그래도 사법적, 입법적 성공을 거뒀다. 1950년 주립 대학에서 흑백분리를 폐지하라는 연방 대법원의 결정은 변화를 향한 진로를 열었다. 그러자 선구적인 아프리카계 미국인 변호사 서굿 마셜은 분리된 초중등 교육의 문제를 거론할 구체적 소송 건수를 찾아 나섰다. 그리고 1954년 "브라운 대 교육 위원회" 소송은 획기적인 판결로 이어졌다.[120] 물론 연방 대법원의 "신중한 속도"로 학교에서 인종차별을 폐지하라는 명령이 상당히 지체될 여지를 남기긴 했다. 아이젠하워 대통령은 브라운의 소송을 그리 열정적으로 옹호하지 않았다. 하지만 그 이후 곧 연방 의회는 재건 시대 이후 첫 연방 시민권법을 제정했다. 이것이 1957년의 시민권법으로서, 당시 『뉴욕 타임스』는 "이번 세기 연방 의회에서 해낸 가장 중요하고 빼어난 국내 문제의 해결안"[121]이라고 보도했다. 이 법은 주로 그 시점에 상당한 혜택을 봤음에도 불구하고 겨우 20퍼센트의 흑인만이 투표 등록을 했다는 사실을 개선하는 걸 목표로 했다. 흑인 투표라는 한정적인 영향만을 미쳤을 뿐이지만[122], 그 법은 미국 시민권 위원회를 설립했고, 여론 변화에 기여했던 여러 활동과 보고를 정착시켰으며, 더 나아가 이후 여러 차례 입법에서 승리하도록 길을 열었다.

마틴 루터 킹 주니어 목사는 1950년대 후반 강력한 시민권 운동 지도자로 부상했다. 그는 이제 미국의 위선을 끝장내야 한다고 강력하면서도 유창하게 요청하기 시작했다. 킹이 가장 존경받는 시민권 운동 지도자로 활동하고 있었지만, 엘라 베이커와 패니 루 해머 같은 다른 흑인 지도자들도 비폭력 학생 협력 위원회SNCC, 남부 기독교 리더십 컨퍼런스SCLC를 포함한 많은 흑인 조직의 노력과 더불어 전례가 없는 여러 항의 운동을 전개했다. 이런 항의로는 1960년 시작된 남부 인종차별 간이식당에서의 비폭력 연좌 농성, 1961년 인종이 뒤섞인 여러 학생 팀이 주간 교통 체계의 통합을 촉구하는 법의 시행을 요구하는 프리덤 라이드Freedom Rides*, 30만여 명의 시민권 운동 지지자가 즉각적인 연방 행동을 촉구하며 모인 1963년의 워싱턴 행진, 아프리카계 미국인에게 투표 등록을 독려하고자 1964년 흑인과 백인 운동가들이 힘을 합쳐 전개한 운동인 프리덤 서머Freedom Summer 등이 있다.

존 F. 케네디는 이런 행동주의의 물결이 정점에 달했을 때 대통령에 당선되었다. 하지만 케네디는 시민권을 우선적으로 처리하는 일에 속도를 내지 않았고, 그 대신 냉전 절정기의 국가 안보에 더욱 집중했다.[123] 그럼에도 불구하고 케네디는 이내 적극적으로 민주당을 민권 운동과 동일시하기 시작했고, 더 많은 흑인을 연방정부에 임명하려 했으며, 투표권 소송을 처리하는 데 법무부가 더욱 능동적인 역할을 해줄 것을 요청했다. 케네디가 미완으로 남겨놓은 국내 여러 문제와 "여러 꿈들"에 대하여, 후임자 린든 존슨은 빠르게 시민권을 핵심 의제로 설정했다. 남부 출신이자 동맹 세력 구축의 달인인 존슨은 중대한 1964년 시민권법, 1965년의 투표권법, 그리고 1968년의 공정주거권법을 통과시켰을 뿐만 아니라 수많은 위대한

---

*   남부 대중교통 기관의 인종차별 철폐를 위해 남부로 여행을 떠났던 운동.

사회 프로그램을 통해 모든 미국인, 특히 흑인을 빈곤에서 벗어나게 하는 데 주력했다. 그는 또한 1967년 서굿 마셜을 연방 대법원 대법관으로 임명했는데, 이는 최초로 아프리카계 미국인이 연방 대법원 대법관에 임명된 것으로 인종 통합의 또 다른 획기적 쾌거였다.

이러한 승리는 극도로 느리고 뭔가 시도할 때마다 저항을 받았지만, 1950년대와 1960년대의 혁명적인 큰 발전을 위한 기초 작업은 미국이 이기적이고 분열된 "나" 사회에서 더욱 이타적이고 화합하는 "우리" 사회로 상승하는 내내 수행되었다. 물론 미국의 "우리" 공동체주의에 흑인을 포함시키라고 요구한 건 주로 아프리카계 미국인의 행동주의였다. 존슨 대통령은 그 요구를 잘 알고 있었다. 그래서 1965년 의회 연설에서 이렇게 말했다. "이 싸움의 진정한 영웅은 미국 흑인입니다. 이들은 우리에게 미국의 약속을 이행하라고 요구했습니다. 이들의 꾸준한 용기와 미국 민주주의에 대한 신뢰가 아니었더라면 우리 중 누가 오늘날과 같은 전진을 볼 것이라고 말할 수 있었겠습니까?"[124] 오래 지속된 시민권 운동의 중대한 영향, 그리고 그것을 자극한 흑인들의 대이동이 가져온 핵심적 영향은 이런 것이었다. 즉, 미국은 이제 모든 국민을 위한 평등과 통합을 달성해야 한다는 것이었다.

변화하는 백인의 태도

시민권 혁명은 20세기 내내 아프리카계 미국인의 평등과 통합을 향해 운동해온 많은 세력들이 도달한 최고점이었다. 여기에 또 다른 지원 세력은 20세기 첫 65년 동안 백인들의 인종차별적 태도가 뚜렷이 퇴조했다는 것이었다.

여론을 연구하는 학자들은 이렇게 동의한다. 흑인 대이동과 오랜 시민권 운동과 동시에 20세기 중반 훨씬 이전부터 명백한, 혹은 "전통적인" 인종차별이 크게 감소하여 이런 현상이 1980년대까지 계속되었다는 것이다.[125] 가장 초창기의 여론 조사는 1942년에 시작되었다. 인종적 평등을 지지하는 변화는 몇 가지를 사례를 들자면 (도표 6.9 참고) 학교, 운송, 공공시설, 주거 선택, 흑인 대통령 후보, 그리고 인종 간 결혼 등의 영역에서 눈에 띠게 드러났다. 1960년대 중반에 학자들의 연구서는 인종적 평등 원칙에 대한 백인들의 지지는 더 젊고 고등 교육을 받은 성인 사이에서 가장 높다는 걸 보여줬다. 즉, 베이비붐 세대의 부모에서 가장 높다는 점을 적시한 것이다.

도표 6·9 선택된 인종적 평등 원칙에 대한 백인의 지지, 1942~2011

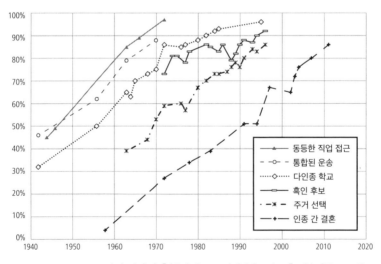

출처: 슈먼 외, 『인종적 태도』, 크라이전과 모버그, 『묘사』, 미주 6.125 참조.

1990년대가 되자 백인 성인 사이에서 인종적 평등 원칙 지지는 거의 보편적인 것이 되었고, 여론 조사원은 인종 간 결혼이라는 항목을 제외하고 관련 질문을 묻는 것을 그만뒀다. 해당 질문에 대한 응답은 인종적 평등을 지지하는 오래된 추세가 21세기에도 지속되는 걸 보여준다.

이런 추세는 특히 집단 데이터를 검토하면 더욱 분명하게 드러난다. 이 데이터는 시간이 흐르면서 발생하는 세대별 변화를 추적한다. 20세기 초에 성장한 여러 세대에서 시작하여 20세기 중반에 성장한 여러 세대에 이르기까지, 예전보다 편견을 점점 없애는 쪽으로 꾸준한 진전이 있어 왔다. 각 세대는 인종 관계에 관한 더욱 진보적이고 통합적인 견해를 받아들였다. 백인 중 가장 편견이 심한 코호트cohort*가 20세기 초기 몇 십 년 동안 사회화되었으므로 우리는 이렇게 확신할 수 있다. 이런 내재적인 흐름은 이미 존재하고 있었다. 그러니까 현대적 의미의 여론 조사 방식이 적용되기 이전에도 말이다.

이와 같이 편견이 심한 코호트가 자취를 감추고 편견이 덜한 집단이 성년이 되면서 코호트로서의 백인 성인이 여론 조사원에게 흑인이 선천적으로 혹은 생물학적으로 열등하다고 대답할 가능성은 훨씬 줄어들었고, 통합된 사회적 공간과 기관을 최소한 원론적으로라도 지지한다는 답을 할 가능성은 크게 높아졌다. 모든 세대별 변화에서 그런 것처럼, 이런 현상은 마음을 바꾸는 것보다 성인 인구의 세대별 구성을 바꾸는 것으로 더욱 분명하게 드러난다.

*   동일한 범주의 집단.

인종적 평등 원칙에 관한 백인의 태도에서 생겨난 이런 엄청난 변화는 역사의 발전에서 중요한 사건이었고, 시민권 운동과 미국의 발전에 중요한 배경이 되었다. 다른 한편으로 시민권 운동이 앞으로 나아가며 정부 정책으로 그런 여러 원칙, 즉 차별 시정 조치 같은 것을 실행하는 문제가 표면화되었고, 그런 문제에 대한 백인 저항은 무척 거세면서도 변화에 대한 저항도 더욱 완강했다(이에 대해서는 뒤이어 알아보게 된다). 인종적 평등 원칙에 대한 백인의 지지는 20세기가 끝나면서 다소 느슨해졌다. 이렇게 된 건 부분적으로 제2차 세계대전 이전에 활동했던 여러 세대가 사망하면서, 코호트 교체의 동력이 누적적 진전을 발생시킬 정도가 되지 못했기 때문이었다.

달리 말하면 세대 간 태도 변화가 1960년대 이후에 느려졌다. 베이비붐 세대의 부모는 그들의 부모에 비해 인종 문제에서 훨씬 더 진보적이었다. 그러나 베이비붐 세대가 그들의 부모보다 썩 진보적인 것은 아니었다. 그리하여 베이비붐 세대와 그들의 자식 세대의 차이는 베이비붐 세대와 그 앞 세대의 차이보다 훨씬 적었다. 백인의 인종적 태도에서 세대 간 변화의 원동력은 둔화되었고, 그런 둔화는 일정한 시차를 두면서 백인들 사이에서 전반적인 변화 속도가 느려지는 중에 나타난 것이었다.

이처럼 20세기 동안 나타났던 전통적인 백인들의 인종차별이 서서히 사라지는 현상은 대부분 1970년대 이전에 발생한 것이었다. 그리하여 미국의 "우리" 공동체주의가 확대되어 나갈 때조차도 백인들의 인종차별적 태도가 둔화되었다는 주장을 뒷받침한다. 실제로 1964년 갤럽 여론 조사는 미국인이 거의 2대 1 차이로(58퍼센트 대 31퍼센트) 시민권법을 선호한다는 걸 보여주었고, 1965년 4월엔 76퍼센트가 다가올 투표권법에 지지를 표시했다.[126] 이 흑백 통합의 원칙은 흑인의 대이동과 오래 지속된 시민권 운동의 여러 활동에 영향을 받았고, 또 제정하는 데도 몇 십 년이 걸렸다. 이 원칙의 점진적인 수용은 존슨 대통령이 법적 흑백분리를 종식시키는 데 있어서 아주 중요한 요소였다.

투표권법을 통과시켜야 하는 중대한 시기에 존슨 대통령은 의회에서 연설하며 미국에서 인종적 평등과 통합을 온전히 확보하는 목표 앞에 험난한 길이 예상된다고 말했다. 그는 "설혹 이 법안이 통과되더라도 전투는 끝나지 않을 것"이라고 경고했지만, 그래도 "극복해나갈 것we will overcome"이라고 결론을 내렸다. 이는 시민권 시위 참가자들이 즐겨 부르는 노래인 "we will overcome"를 결연하게 수용한 것이다. 그렇게 하는 과정에서 그는 수사적으로나 입법적으로나 "우리"로서의 미국인이 "우리"로서의 흑인을 끌어안게 했다. 그건 전례 없는 일이었다. 이런 행동은 백인들의 완화된 태도에 기대는 것이었다. 그건 마틴 루터 킹 주니어의 "꿈"에다 존슨의 기대를 얹은 것이었다. 그리고 마틴 루터 킹의 꿈은 결국 "우리" 공동체주의의 힘을 더욱 넓히자는 것이었다.[127]

백인의 반발

흑인 평등을 위한 백인의 지지는 20세기 전반에 상당 부분 일어났다. 그런 진전은 동시대의 여론 조사와 세대별 분석에서 뚜렷하게 드러난다. 하지만 여러 상황이 좋지 않게 돌아가자 많은 백인들은

제6장 인종 문제와 미국적 "우리"

그런 원칙에 맞춰 행동하는 걸 주저했다. 그리하여 라로슈푸코가 말했던 것처럼 "위선은 악덕이 미덕에 바치는 세금이 되었다". 20세기가 지나가는 동안에 인종적 평등 원칙을 수용하는 백인들 사이에서 엄청난 변화가 있었다. 이런 사실을 잊어버리는 건 잘못이겠지만, 그런 태도 변화가 곧바로 실천에 옮겨졌다고 추정하는 것 역시 잘못이다.

안타깝게도, 시민권 운동이 큰 성공을 거두기 시작하고 정부가 통합을 위해 차별 철폐 조치를 취하는 바로 그 때에, 변화의 기반인 취약한 국민적 합의가 침식되기 시작했다. 평등과 통합이 원론적으로는 멋지게 들렸지만, 백인들은 재빨리 변화의 속도에 대해 우려의 목소리를 내기 시작했다. 분명 미국인 대다수가 1964년 시민권법을 지지하긴 했지만, 법이 통과된 직후 시행된 전국 여론 조사는 미국인 68퍼센트가 온건한 법 집행을 바란다는 결과를 보여주었다. 실제로 많은 사람이 존슨 행정부가 흑백통합을 이행함에 있어 지나치게 빠르게 움직인다고 느꼈다. 주목할 만한 점은 이런 견해를 표현한 여론 조사 응답자 비율이 1965년 3월 34퍼센트에서 1965년 투표권법이 연방 의회에서 진행되던 5월 45퍼센트로 늘어났다는 것이다.[128]

새롭게 제정된 법을 정부에서 시행하는 일 역시 점점 불만을 품은 백인의 조직적 저항과 맹렬한 반발에 부딪쳤다. 사회학자 더그 머캐덤과 카리나 클루스는 이를 "백인 저항 운동"이라 명명했다. 이 운동은 1960년대 초에 남부에서 처음 발전했으며, 1960년대 중반부터 후반까지 나머지 미국 지역에 퍼졌다. 이런 현상은 "전통적인 시민권에 대항하여 흑인들의 자유 투쟁과 점점 위협적인 "흑인 권력" 구체화에 반대하여" 생겨난 것이었다.[129]

"백인 저항"은 맹렬했고, 종종 난폭했다. 1965년엔 "피의 일요일" 사건이 있었다. 주 경찰관들이 앨러배마 주의 셀마부터 몽고메리까지 행진을 시도하는 흑인 시위 참가자들을 공격하고, 채찍으로 때리고, 몽둥이를 휘두르고, 최루 가스를 뿌렸다. 이후 1968년 사랑, 비폭력, 상호 이해를 요구하며 흑인들에게 전례 없는 여러 승리를 안긴 킹 목사가 총탄에 쓰러져서 침묵하게 되었다. 마틴 루터 킹 주니어는 1950년대와 1960년대 인종적 정의를 지지하는 목소리를 비폭력을 통해 전달하다 살해된 메드거 에버스, 지미 리 잭슨 등 수십 명과 똑같은 최후를 맞았다.[130] 미국은 전국 130개 이상의 도시에서 발생한 폭동으로 슬픔, 분노, 더 많은 폭력을 경험하게 되었다.[131]

흑인의 반발은 남부에만 국한되지 않았고, 이런 현상은 단순한 집단 폭력에 그치는 것이 아니었다. 이런 현상은 정치 후보들에게도 만만찮은 영향을 줬다. 머캐덤과 클루스에 따르면 1960년 중반에 "미국에서의 인종적 양극화 정도가 너무 심각해져 후보자가 흑인 표를 얻고자 환심을 사려고 하면 자신의 백인 유권자가 엄청나게 이탈한다고 공공연하게 말하는 지경에 이르렀다". 이런 백인 유권자는 점점 인종적 렌즈를 통하여 존슨 대통령의 "위대한 사회" 정책을 되돌아보게 되었다.[132]

디트로이트와 뉴어크에서 발생한 폭동 이후인 1967년 7월에 존슨 대통령은 커너 위원회를 임명했다. 커너 위원회는 1968년 2월 폭동의 원인을 이렇게 보고했다. 만연한 인종차별, 경찰의 만행, 피할 수 없는 빈곤에 대한 흑인들의 정당한 분노 등이 만들어낸 현상이라는 것이다. 하지만 존슨은 아프리카계 미국인의 슬럼화를 끝내고 빈곤 완화에 대한 연방 재정 투자를 증가시키는 전면적인 개혁을 실시하라는 위원회의 권고를 거부했다. 자신의 미세 조정된 정치적 민감성이 위원회 설립 이후 일곱 달 동안 백인의 태도에서 상전벽해와 같은 변화가 일어났음을 감지했다는 것이 거부의 사유였다.[133]

실제로 1968년 킹 목사가 살해된 뒤 채 몇 달 지나지 않아 앨라배마 주지사 조지 월리스(고작 3년 전에 피의 일요일을 관장했던 백인)가 대통령에 도전해서 13.5퍼센트를 득표했다. 남부 여러 주에서 거의 1천만에 이르는 미국인이 노골적인 흑백 분리주의자(월리스)를 미국 최고위 선출직에 두려고 투표했고[134], 이는 20세기 첫 65년을 특징 짓는 모든 승리에 먹구름을 드리웠다. 이런 놀라운 성취를 이뤘음에도 불구하고 모든 사람에게 시민권의 온전한 권리와 특권을 확장하려는 미국인의 의무 사항이 크게 손상되었던 것이다.

월리스가 공화당 유권자의 상당 부분을 흡수했음에도 불구하고, 리처드 닉슨은 머캐덤과 클루스가 말한 "인종적 반발의 정치politics of racial reaction"를 기민하게 이용하여 1968년 대선에서 승리했다. 두 사회학자는 닉슨의 "야단법석을 떠는 '남부 전략'은 그가 제시하는 대담하고 새로운 방향보다 더욱 정확하게 그 당시의 역학 관계를 반영하는 것이었다"라는 글을 남겼다. 두 학자는 이어 월리스의 놀라운 성공이 "양당 정치 전략가에게 계시나 마찬가지"였다고 했으며, 그때부터 양당의 정치가들은 권력의 중대한 균형을 잡으려면 증가하는 백인의 반발을 잘 달래야 한다는 것을 이해했다. 그런 이유로 닉슨 대통령은 인종적으로 보수적 입장으로 수사법을 바꾸기 시작했고, 여러 시민권 승리를 역행시켰던 보수적인 판사들을 법원에 임명했다. 그는 이렇게 하여 성공적으로 월리스 지지자를 끌어들였고, 모든 남부 주에서 승리를 얻어 1972년 재선에서 압승했다.

3장에서 언급한 것처럼 이는 정당 양극화의 U자형 곡선에서 주된 전환점이었다.[135]

　1970년대가 흘러가면서 미국인들은 흑인들의 완만하고, 꾸준하고, 개별적인 전진을 기대했다. 그런 발전에는 권력 구조 재조직, 자원 재분배, 문화 규범 개혁, 진정한 통합의 요구가 따를 것이고 그에 따라 반발이 생겨날 수 있었다. 이런 점을 정치인들은 점점 더 잘 알게 되었다. 이런 반발은 정부 명령에 의거하여 강제 버스 수송에 의한 학교 내 흑백 통합의 논란에서 가장 명백하게 드러났다. 백인들은 이 통합에 격렬하게 저항했다. 하지만 백인들의 반발은 동네의 흑백통합을 피하고자 교외로 도망친 백인들의 행동에서도 뚜렷하게 나타났다. 이러한 현상은 1968년 공정주거권법으로 인해 더욱 조장되었다.

　실제로 인종적 평등을 확립하려는 정책(종종 줄여서 "인종적 정책"으로 불린다)을 향한 백인들의 태도를 검토할 때, 학자들은 백인 응답자가 크게 통합에 반대한다는 걸 확인했을 뿐만 아니라 통합에 대한 백인의 지지가 일반적으로 1970년 이후에 하향추세라는 것도 알아챘다. 학교, 공공시설, 그리고 일자리 분야에서 인종차별과 흑백 분리를 금지하는 여러 정책에 대한 백인의 지지는 1970년대 초부터 퇴조하기 시작했다.[136] 또 흑인들에게 주어지는 보상적인 정부 지원이나 우대를 제공하는 차별 철폐 조치 프로그램에 대하여, 백인의 지지는 정부 재원 직접 지출, 정부 지원, 입학, 혹은 고용 관행 중 어떤 것을 물어봐도 1970년 이래로 무척 낮아졌다.[137]

　마찬가지로 시민권 시대 이후 백인 응답자는 소수의 개인 흑인이 관여되었을 때(즉, 통합된 학교의 "소수" 흑인 아이나 옆집 흑인 가정이 관련되었을 때만) 통합 지지의 수준이 높아졌지만, 개인 흑인 대다수가 관련되었을 때는 훨씬 덜 지지하는 모습을 보였다. 이것은 백인들이 인종적 관용에 어느 정도 한계를 두고 있음을 보여주는 것이었다.[138]

인종적 불평등의 원인을 물었을 때 20세기 말에 극소수 백인 응답자만이 여전히 흑인들의 "저조한 능력"을 언급했다. 백인 대다수가 내놓은 응답은 인종차별도, 부족한 기회도 아니었다(이런 응답은 20세기 마지막 몇 십 년 동안 줄어들었다). 이들은 흑백 불평등의 원인을 "열성의 부족"으로 설명했다. 이것은 인종차별적인 태도를 선천적인 것에서 선천적이지 않은 토대로 바꾸어서 보는 시각이었다.[139] 전통적인 백인 인종차별의 기준은 보통 한 세기에 걸친 세대별 감소를 보이지만, 집단 분석은 이런 과정이 최근 몇 십 년 사이에 둔화되고 있음을 보인다.

이처럼 20세기의 첫 65년 동안에, 인종적 통합을 위한 실질적 자유화 추세에도 불구하고 이런 진전에는 상당한 백인의 반발이 뒤따르고 있다. 백인들은 흑백통합을 실현시키는 데 필요한 여러 조치들에 사실상 반대하는 것이다.

가속 페달에서 발을 떼는 미국

그럼에도 불구하고 1963년과 1966년 사이 획기적인 여러 사법적·입법적 승리 이후에, 흑인들은 사회적·법적·정치적 흑백 통합을 향해 전에 없을 정도로 더욱 빠르게 움직였다. 이러한 움직임은 정치적 대변, 인종 간 결혼, 공공장소와 기관, 그리고 매체의 인종 통합, 흑인 미국인의 전문학교 입학과 중상위 계층 직업의 취득 등의 영역에서 특히 해당되는 말이었다.

우리가 앞서 논한 것처럼 흑인은 1960년대 중반까지 평등을 성취하지 못했지만, 보건, 학업 성취, 수입, 주택 보유, 그리고 심지어 투표권에서도 백인과의 평등을 향한 진전이 이미 몇 십 년 동안 진행 중이었다. 따라서 흑인을 배제하는 법률이 바뀌고 온전한 흑백통합에 반대하는 더 많은 장벽이 무너지고, 인종 간 평등화를 향한 기존 추세가 계속되거나 혹은 심지어 가속화될 것이라고 합리적인 예측을 할 수 있다. 하지만 20세기 마지막 30년 동안에 나타난 실망스러운 현실은 진전 속도의 뚜렷한 둔화였고, 몇몇 경우에는 심지어 역진하기까지 했다.

20세기를 마무리하는 몇 십 년 동안 벌어진 일은 다음과 같다.

- 흑인 미국인의 상대적인 기대 수명에서 나타나는 개선은 침체되었고, 21세기가 시작할 때만 다시 향상되기 시작했다.[140]
- 영아 사망률에서 흑백 격차의 좁혀짐이 정체되었고, 최근 몇 년 동안 흑인 미국인 영아 사망률이 늘어났다.[141]
- 고등학교와 대학교 학업 성취도에서 흑/백 비율이 거의 향상이 없거나 아예 향상이 없었다.
- 인종 간 소득 평등을 향한 진전이 역행하였으며, 전체적으로 흑백 간 소득 격차가 크게 벌어졌다.[142]
- 상대적인 흑인 주택 보유 비율이 정체됐고, 심지어 감소했다.
- 여러 학교가 다시 흑백분리를 하기 시작했다.[143]

- 백인들의 세대별 자유화(흑백통합 허용) 추세가 둔화되었다.

여러 평가 기준으로 볼 때, 긍정적 변화 비율은 실제로 시민권 혁명 이후 몇 십 년보다 그 이전의 몇 십 년 동안에 훨씬 빨랐다. 많은 경우 진전은 시민권 혁명 이후에 멈추거나 역진했다.

40여 년 전에 앨라배마 주 학교 인종 분리 사건을 맡아 전례를 세운 흑인 변호사 U. W. 클레먼은 최근 같은 주에서 놀라울 정도로 유사한 법적 소송을 맡았는데, 그는 이렇게 말했다. "1971년에 이겼다고 생각했던 것과 본질적으로 똑같은 싸움을 2017년에 다시 하게 될 거라곤 상상도 못했습니다."[144]

왜 미국이 평등, 통합, 그리고 더 포괄적인 "우리"를 향해 계속 밀고 나아가지 않고 "가속 페달에서 발을 뗐을까?" 이에 대한 한 가지 설명은 단순하게 말하자면 백인들이 강경하게, 그리고 종종 맹렬하게 그런 전진에 필요한 여러 조치에 반대했기 때문이다. 그러는 동안에 많은 흑인들 역시 진보적인 지배층의 여러 약속, 그리고 너무 느리게 진행되는 통합 계획에 대한 신뢰를 잃기 시작했다. 1978년 『뉴욕 타임스』는 이런 여론 조사 데이터를 보도했다. 대다수 흑인들이 대체로 백인 이웃의 자유화 지지 태도를 알고 있지만, 44퍼센트의 흑인들은 백인이 "흑인들의 더 나은 혜택"을 지원하는 일에 "별로 신경 쓰지 않는다."라고 생각했다.[145]

이처럼 1960년대 중반 "우리"에서 "나"로의 문화적 변화는 시민권 혁명에 대한 백인의 반발과 관련이 있다. 또 짐 크로 법 인종차별에서 때로 "자유방임 인종차별"로 불리는 새로운 부류의 백인 인종차별로 변화한 것도 "우리"에서 "나"로 바뀐 현상과 밀접한 관련이 있다. 1997년 로런스 보보와 그의 동료들은 이렇게 주장했다. "흑백 분리 지지, 인종 간 결혼에 대한 혐오, 그리고 흑인의 선천적 열등함에 대한 믿음은, 짐 크로 법 시대의 이념적 주춧돌이었다. 새로운 자유방임적 인종차별 시대의 중심에는 집단적인 인종적 적개심이 있다."[146] 도널드 킨더와 하워드 슈먼은 2004년 이런 현상을 관찰하며 메리 잭먼의 말을 인용했다. "백인은 개인주의의 이념을 옹호하게 되었다. 그것이 흑인들을 돕는 여러 정책을 반대하는 데 있어서, 원칙에 입각한 중립적 정당화를 제공하기 때문이다."[147]

앞선 네 장에서 기록한 경제, 정치, 사회, 문화에서 "우리"로부터 "나"로의 광범위한 전국적 변화는 명백히 백인만큼 흑인에게도 해가 되었고, 그 이상일수도 있다. 개인주의적 미국은 공공동체주의 미국만큼이나 여러 소수 인종에 친절하지 않으며, 때로는 그보다 못하기도 하다.

인종과 나-우리-나 곡선

20세기 첫 65년 동안에 미국이 보여준 "나"에서 "우리"로의 광범위한 변화에 대해서는 이런 해석이 가능하다. 그런 현상이 짐 크로 법의 냉혹한 인종차별 및 흑인배제와 동시에 일어났기에 "우리" 공동체로서의 미국은 아프리카계 미국인을 희생하여 구축되었다는 것이다. 일부 인사들은 그건 백인 남자 위주의 "우리"를 구축한 것이었다고 무척 간단하게 주장할지도 모른다. 즉, 이런 "우리"는 다른 누구에게도 여유를 제공하지 않고, 그 힘이 궁극적으로 배타성에서 나오는 것이라는 주장이다.

하지만 이런 견해는 똑같은 시기에 흑인이 백인과 함께 평등을 향해 움직이고 있었고, 오랜 시민권 운동으로 거둔 느린 속도의 여러 큰 승리들을 감안하지 않은 것이었다. 백인 지배층은 이런 운동에 설득되어 몇 십 년 동안 중요하기는 하지만 궁극적으로는 불충분한 여러 방법으로 "우리" 공동체주의를 확장했다. 어떤 작가는 미국의 인종 관계를 고찰하고 이렇게 말했다. "이러한 변화들은 이 세상의 모든 차이는 물론이고 단 하나의 차이를 만들어내기에도 충분하지 못했다."[148] 1960년대 말이 되자 공동체주의를 넓혀나가는 작업은 완벽하기에는 턱없이 부족했지만, 그래도 미국은 역사상 전례 없는 포괄적인 "우리" 공동체에 더 가까워졌다.

실제로 미국에서 법적 인종 관계를 영구적으로 변화시킬 획기적인 시민권법이 나–우리–나 곡선이 절정일 때 통과되었다. 이 사실은 확장되는 "우리"라는 의식(우리가 주장했던 것은 1960년대를 준비하는 동안에 많은 측면에서 강력해지는 중이었다)은 사실 "흑인 차별" 해체의 전제 조건이기도 했다. 역사학자 브루스 슐먼이 "광범위하고 보편적인 비전"이라 부르는 것이 없었더라면[149] 미국에서 이전 몇 십 년 동안 구축되어 오던 그런 중대한 변화(그리고 그토록 오래 맹렬한 저항을 받은 변화)가 가능하리라고는 생각하기 어려웠다.

더욱이 이미 언급했던 "가속 페달에서 발을 떼는" 현상, 즉 대략 1970년 이전에 더욱 빠르게 진행되었다가 이어 둔화되고, 멈추고, 역진했던 인종적 평등에 관한 수많은 조치를 향한 과정은, 주로 폭을 넓히는 "우리"에서 다시 폭을 좁히는 "나"로 향하는 미국의 방향전환과 거의 같은 시간에 발생한다. 인종적 통합을 향한 오래 지체된 움직임은 더 나은 향상을 향한 기대를 높였지만, 그런 기대는 미국이 이전보다 못한 방향으로 전환하면서 물거품이 되었다. 이처럼 인종적 전진을 위해 길을 닦기 위해 소위 백인들 위주의 "우리"가 해체되어야 했다는 생각은 20세기의 전체적 관점에서 봤을 때 데이터에 의해 뒷받침되지 않는다. 그런 "우리" 공동체가 무너졌을 때 수많은 중요 영역에서 인종적 전진이 아예 멈췄기 때문이다.

물론 흑인 해방에 반대하는 실질적인 백인 반발은 어떻게, 왜 미국이 "우리"에서 돌아서서 "나"로 돌아갔는지에 관한 이야기를 구성하는 중요한 부분이다. 사실 중요한 여러 측면에서 "나"로 향하는 미국의 더욱 큰 전환은 어떻게 생겨났는가? 그것은 역사에 깊이 새겨져 있고, 아직 해결이 안 된 인종차별의 배경에 대한 더 다양하고 다인종적인 "우리"를 지속하는 최종적인 도전에 대한 반응이었다. 예를 들어 경제학자 찰스 밸러드는 "시민권 운동에 대해 오래 지속된 반발"은 지난 50년 동안 더욱 일반적인 반反 평등주의의 확산을 일으키는 데 결정적 역할을 했다고 주장한다.[150] 사회학자 더그 머캐덤과 카리나 클루스는 인종적 적개심이 정치적 진보주의와 "큰 정부big government"에 반발하게 만든 효과에 대하여 그와 비슷한 주장을 제기했다.[151] 게다가 역사학자 브루스 슐먼에 의하면, 우리가 앞의 제5장에서 논했던 1970년대에서 나타나는 정체성 정치와 문화의 수용이, 공적 광장에서의 경쟁 정신의 증가와 광범위한 협력적 윤리의 포기를 자극했다. 슐먼은 시민권의 개념이 균열되면서 그런 결과가 왔다고 생각했다. 즉 폭넓은 공동체주의는 멀리하고, 그 대신에 협량한 집단 정체성과 관련된 권리와 특권을 더욱 요구하는 시민권 개념이 생겨났다는 것이었다.[152]

불평등 증가, 사회적 자본 감소, 마비될 정도의 정치적 양극화, 치솟는 문화적 자아도취, 그리고 균열된 공익의 개념(미국의 "나"를 향한 광범위한 전환을 분명히 보여주는 요소들)이 흑백 평등을 마침내 달성하기 위해 치러야 하는 필연적인 대가라면 몇몇 사람들은 그런 것들에 감당해야 할 가치가 있었다고 말할지도 모른다. 그러나 사실을 털어놓고 말해보자면, 그런 평등이 "우리"에서 "나"로 변화했음에도 불구하고 아직 실현되지 않았다는 것이다. 그리고 그런 변화는 그 누구보다도 아프리카계 미국인에게 많은(혹은 더 많은) 피해를 입혔다. 더욱이 평등을 향한 20세기의 진전 대부분은 미국의 분열된 "나" 시대에 발생한 것이 아니라, 불완전하지만 그럼에도 불구하고 더욱 광범위한 "우리"를 향해 나아갔던, 그 이전의 시대에 발생했다.

W. E. B. 듀보이스가 20세기의 분명한 문제로 "흑인 차별"을 처음으로 언급하고 42년이 지난 1945년, 아프리카계 사회학자 세인트 클레어 드레이크와 호러스 R. 케이튼은 『흑인 대도시』라는 책을 펴냈다. 이 책은 흑인 대이동이 한창 진행 중일 때 시카고 남부의 삶에서 나타나는 모순과 복잡성에 관하여 신기원을 이룬 개척자적 연구서였다. 두 학자는 완전히 흑백 분리된 미국 도시의 한 구석에서 나타나는 비참한 삶을 생생하게 그려냈다. 그럼에도 불구하고 그 동네에는 이전엔 절대 불가능했던 방식으로 아메리칸드림을 추구하고, 또 참여하는 사람들로 가득했다. 주류 미국에서의 흑인 배제가 여전히 20세기 중반 흑인의 경험을 규정했지만, 여러 커다란 변화들이 착착 진행 중이었다. 두 저자는 이런 결론을 내렸다. "흑백 구분선color-line은 고정된 것이 아니며, 오히려 굽고, 찌그러지고, 때로는 부서진다."[153]

20세기 미국에서 복잡한 인종 역사가 전하는 하나의 교훈은 간단히 말하면 다음과 같다. "우리"는 더욱 포괄적이거나 배타적인 측면으로 정의될 수 있고, 그런 포괄성은 시간이 흐름에 따라 점차 변화할 수 있다. 하지만 이기적이고 분열된 "나" 사회는 인종적 평등을 달성하기에는 그리 호의적인 환경이 아니다. 게다가 온전히 포괄적이지 않고, 온전히 평등주의적이지 않고, 진정으로 차이를 수용하지 않는 "우리"로서의 미국을 만들려는 모든 시도는 그런 시도를 파멸로 이끄는 씨앗을 그 내부에 포함하게 될 것이다. 마틴 루터 킹 주니어가 강조한 "사랑하는 공동체"의 비전, 즉 진정으로 다인종적이고 다문화적인 "우리"의 비전을 성취하는 새롭고 포괄적인 여러 방법을 찾는 일은 여전히 시급한 과제이다. 그런 방법을 찾는 것이야말로, 미국의 현재 하향추세를 역진시켜서 또 다른 업스윙을 가져오게 하는 데 아주 중요한 대응 방식이다.

제7장

젠더와
미국적
"우리"

THE
UPSWING

ROBERT D.
PUTNAM

앞선 장에서 우리는 흑인들의 경험이 어떻게 20세기의 업스윙과 연결되는지 살펴보았다. 또 미국이 "우리"의 공동체주의를 지향했던 몇 십 년이 과연 유색 인종의 희생을 바탕으로 가능했던 것인지 질문하면서 그 증거를 찾아보았다. 이 장에서 우리는 여성의 사례에 관하여 같은 질문을 다룬다. 그 질문은 이런 것이다. 젠더의 렌즈를 통해 20세기를 바라보는 것이 어떻게 20세기 미국의 나-우리-나 곡선을 확인하고, 부정하고, 또 복잡하게 만드는가?

아프리카계 미국인을 검토하면서 우리가 확인한 것처럼, 미국 내부의 다양한 하위 집단에 관하여 전체적인 글을 쓰는 일은 무척 위험하다. 그런 글쓰기는 중요한 지리적, 경제적, 문화적, 특이적 경험의 차이를 필연적으로 모호하게 만들기 때문이다. 그런 위험성은 우리가 고려하는 집단이 대략 인구 절반을 차지하는 "여성"일 때 더욱 그러하다. 더욱이 우리가 관심을 갖고 있는 그런 광범위한 집단을 정의함에 있어 우리는 다음의 사실을 인정해야 한다. 즉, 여성 집단은 상호교차성intersectionality의 문제가 제기되는 사회에서 소외된 다른 집단을 그 내부에 담고 있다. 그리하여 여러 층으로 구성된 차별은 한 가지 범주 형태로 활용하는 데이터로 온전히 파악할 수 없으며, 여러 사례와 결과가 나타날 수 있는 것이다.[1] 이 연구는 일종의 거시사巨視史이며, 그렇기에 필연적으로 복잡한 이야기의 단순화를 포함한다. 우리는 이런 점을 독자에게 상기시키면서 이제는 친숙한 전도된 U자형 곡선이 어떻게 젠더를 반영하고 굴절하는지, 핵심적인 설명을 제시할 것이다.[2]

20세기 초엽의 미국 여성들

미국인들이 자신들의 공화국을 창건한 이후에도 여성들이 평등과 포함equality and inclusion을 요구했지만,[3] 미국 여성운동의 발족은 1848년 세니커폴스 시에서 시작된 것으로 널리 알려져 있다. 여성의 권리를 논하는 첫 전국 모임이었다. 뉴욕 주 북부의 한 교회에 거의 3백 명이 모여서 "여성의 현실과 권리"를 논했고, 재산 소유, 교육, 일자리 접근, 공적 분야에 참여하는 능력, 그리고 (가장 논란이 되었던) 투표권을 포함해 사회의 열두 분야에서 동등한 권리를 요청하는 결의안을 채택했다.[4] 이렇게 하여 세니커폴스는 돌이켜보면 소위 미국 여성운동의 "첫 물결"을 개시했다.[5]

역사학자 크리스틴 스탠셀에 따르면 1900년이 되자 "세니커폴스에서 제기된 요구들 중 다수가 잠정적으로 쟁취되었는데, 여기엔 대학 교육, 직업에의 접근, 완화된 재산권 제약, 자녀 양육권 등이 포함되었다".[6] 물론 변화의 혜택은 여성 중에서도 가장 많은 특권을 누리는 여성들에게만 주로 돌아갔고, 당시 진행 중이던 인종적, 민족적 차별에 대한 대응과는 무관했다. 더욱이 당시 여성은 부인과 어머니로서의 제한적 역할을 완수하는 사람으로만 기대 받았고, 결혼과 취업은 함께 갈 수 없는 것으로 간주되었다. 그럼에도 불구하고 20세기가 시작하고 몇 십 년 동안 결혼하지 않는 것은 고등 교육을 받은 중산층 "신여성"에게 점점 매력적인 선택이 되었다. 그들은 자신이 받은 교육을 집 밖에서 활용하고 그렇게 하여 생겨나는 여러 기회를 어떻게든 활용하고 싶어 했다.

하지만 전체적으로 볼 때 20세기 초창기에는 여성 중 약 20퍼센트만 공식적인 노동력으로 참여할 수 있었다.[7] 그것도 미혼에다가 제대로 교육도 받지 못했으며, 저소득 가정 출신이라 부득이하게 삯일을 하는 여성들이 대다수였다.[8] 극도로 불리한 작업 환경에서 일해야 했던 이 여성들의 경험은 더 많은 특권을 누리는 여성의 그것과는 뚜렷하게 구분되었다. 이런 정황은 1911년 뉴욕시 트라이앵글 셔츠웨이스트 공장에서 일어난 처참한 화재 사건으로 잘 알 수 있다. 이 사고로 146명이 사망했는데, 대다수가 이민 온 여성과 소녀였다. 여성운동 초창기에는 노동 계급 여성을 위해 더 나은 봉급과 환경을 쟁취하려는 투쟁이 여성 행동주의의 중요한 요소였다.

하지만 트라이앵글 화재 같은 여러 비극적 사건들은 중산층 여성 개혁가로 구성된 새로운 세대에게 충격과 자극을 주었다. 여성 개혁가들은 더 많은 여성이 산업 경제로 들어오면서 노동, 빈곤, 계층의 문제가 여성 해방에서 결정적 의제가 될 것이라고 주장하기 시작했다. 많은 여성운동가들은 진보주의 운동의 공동체주의적 이상에 영감을 받아 현재 진행 중인 여성 참정권 획득을 위한 싸움을 새롭게 규정했다. 그들은 여성 참정권이 광범위한 미국의 "우리" 공동체주의와 결코 분리될 수 없는 문제라고 주장했다.[9]

그러나 많은 여성 개혁가들이 옹호했던 진보주의적 비전과 그들의 더 페미니스트적인 자매들이 수행해온 권리 쟁취의 스토리는 무척 인종차별적인 스토리였다. 20세기 초 여성운동을 특징짓는 인종차별은 특히 주목되는 부분이다. 많은 초기 페미니스트들이 노예 상태에 빠진 흑인 여성들에게서 공통된 대의명분을 찾고, 남북전쟁 이전의 노예제 폐지 운동가들에게서 동지들을 발견했다. 그럼에도 불구하고 그들이 인종차별적 태도를 취했다는 것은 놀라운 일이다. 하지만 1870년 법적으로 흑인 남성에게 투표권을 허락한 15차 개헌이 비준되자 흑인 남성 투표권 문제와 함께 흑인 여성에게도 투표권을 부여하자는 요구가 터져 나왔다. 그런데 이렇게 왕성한 논의가 이루어지는 도중에도 정작 "젠더" 문제는 개헌 논의의 범주에서 대놓고 제외되어 있었다. 이런 사실은 몇몇 백인 여성 참정권자를 분노하게 했고, 인종적 정의와 젠더평등을 위한 운동이 서로 분열되는 결과를 낳았다. 더 나아가 여성 참정권자 사이에서 균열이 일어나기까지 했다.[10] 이처럼 20세기 초 여성운동은 다양하고 다면적이었으며, 시간이 흐르면서 행동주의와 의제가 다양하게 모이고 구분되는 수많은 다른 하위 집단을 파생시켰다.

그러나 현실의 또 다른 사례로는 이런 것이 있었다. 20세기가 시작될 때 더 젊고 더 활발한 페미니스트 세대가 여성 참정 운동 대열을 채우기 시작했다. 이들은 대의를 홍보하기 위해 더욱 논쟁적이고 더욱 대결적인 전술의 활용도 마다하지 않았다. 이들은 72년 동안 계속된 투쟁이 성공하도록 도왔고, 그리하여 여성에게 투표권을 승인하는 19차 개헌이 마침내 1920년에 비준되었다.[11] 이 획기적인 승리는 진보적인 아동 노동법, 여성 노동자를 보호하기 위한 여러 법, 여성 노동자의 노동조합화 증가, 교육과 직업에 관련된 새로운 기회 개방, 그리고 천천히 변화하는 남녀 구별과 여성의 기질에 관한 문화적 관념과 더불어 많은 미국 여성이 젠더의 미래에 관해 새로운 낙관주의를 느꼈다는 걸 뜻했다. 스탠셀은 이런 글을 남겼다. "20세기는 유토피아까지는 아니더라도 남성과 여성 사이의 동등한 권리를 보장해주는 뭔가 웅장하게 빛나는 미래를 가져다 줄 것으로 기대되었다. 여기에 멋진 페미니즘이 있었다. 남성의 열렬한 후원을 받아가며 눈부신 미래로 나아가는 것을 약속하는 페미니즘이었다."[12]

온전히 조화로운 젠더평등의 목표는 여전히 달성하기 힘든 것이지만, 그 후 20세기 동안에 여성들은 적지 않은 성과를 얻었다. 사회에서 여성의 역할은 광대하게 재구성·재고되었으며, 권리와 기회는 크게 확장되었다. 노동 인구에서 여성의 참여는 세 배가 되었고, 더욱 안전하고 공정한 작업 환경을 위한 많은 싸움에서 승리했다. 이전에 여성에게 닫혀 있던 직업 범주가 개방되었고, 학업 성취와 투표율에서는 여성이 남성을 능가하기까지 했다. 이런 성과는 여성 집단의 범주에 따라 지극히 불공평하게 분포되었지만, 경제사학자 클라우디아 골딘은 이러한 추세와 20세기 내내 벌어진 다른 추세들을 합쳐 "젠더의 대통합a grand gender convergence"[13]이라고 규정했다.

그렇다면 정확히 어떻게 이런 과정이 전개되었는가? 20세기 젠더평등의 전진에 관한 일반적인 역사적 서술은 보통 다음 두 가지 형태 중 하나다.

- 페미니스트 행동주의의 "첫 물결"은 여러 커다란 성과를 얻었고, 그 중에서도 가장 큰 것은 투표권이었다. 하지만 이 스토리에 따르면 이런 성과 뒤로는 여성운동의 침체, 심지어 축소가 찾아오는 한 세기가 이어졌고, 그리하여 젠더평등은 1960년 시작된 여성운동의 "두 번째 물결"을 필요로 하게 되었다. 이 스토리에 의하면, 1960년대와 1970년대의 "페미니스트 혁명"은 마침내 우리가 오늘 보는 광범위한 진전을 가능하게 했다. 이런 스토리와 연관은 있지만 조금 다른 설명은 20세기 초 여성운동의 성취를 경시하는 것이다. 이 설명은, 대다수 여성의 삶은 이전과 거의 차이가 없었고, 여성의 평등과 참여를 향한 거의 모든 주목할 만한 진전이 오로지 1960년대 여성운동 덕분이라고 주장한다.

- 우리가 더 설득력 있다고 생각하는 두 번째 스토리는 평등과 참여를 향한 여성의 투쟁 스토리가, 자주 반복되는 첫 번째 스토리보다 더 복잡하다는 걸 보여준다. 몇몇 지표는 오래 지연된 여권 신장에 관한 스토리에 부합하지만, 많은 다른 평가 기준들은 여성들이 실은 20세기 내내 평등과 참여를 향해 꾸준하게 진전해왔다는 걸 보여준다. 즉, 여권의 진전이 여성운동의 두 물결(20세기 초와 1960년대) 사이에서 침체되지도 않았고, 1960년대까지 저지되지도 않았다는 것이다. 젠더평등이 아직 수많은 차원에서 성취되지 못했다는 사실에도 불구하고 우리가 인종 문제에서 거듭하여 살펴본 현상과는 다르게, 최근 몇 십 년 동안 여권의 진전이 주목할 만큼 둔화된 적은 거의 없었다. 오히려 그와 반대로 20세기 초창기든 한참 뒤이든 일단 여자가 교육적, 경제적, 정치적 평등을 향해 움직이기 시작하면 그 과정은 대체로 조금도 위축되지 않은 채 계속되었다.[14]

이처럼 한 세기에 걸친 젠더평등의 여러 다른 실증적인 기준들을 면밀히 살펴보면 하나의 단순한 이야기만 드러나지 않는다. 위에서 제시한 두 가지 스토리는 여성운동의 속도와 시기에 대한 기존의 몇몇 흔한 오해사항들을 바로 잡아줄 것이다. 여성들은 "우리" 공동체로서의 미국에 대한 온전하고 동등한 참여를 얻기 위해 놀랍지만 여전히 불완전한 전진을 계속해왔던 것이다.

교육 분야에서 살펴본 여성

2장에서 논한 것처럼 1900년대 초에 자유로운 고등학교 교육 이용의 가능성은 전국적으로 크게 확대되었다. 그것은 도표 7.1의 전반적인 졸업율의 급증이 잘 보여준다.[15] 입학률과 졸업율은 소년보다 소녀에게서 더 높았고, 특히 20세기 초 몇 십 년 동안에는 더욱 여초女超 현상이 강했다. 1900년 고등학교 졸업생 중 무려 60퍼센트가 여성이었다. 경제사학자 수잔 B. 카터와 마크 프러스에 따르면, 취학에 관한 한 "20세기 두 번째 십 년 동안 여성은 백인의 경우 남성에 비해 4 대 3 이상으로 우세했고, 흑인의 경우 남성에 비해 3 대 2로 우세했다."[16]

많은 젊은 남자가 급성장하는 산업 영역에 어린 나이부터 매력을 느꼈다. 그리하여 학교를 중도에서 그만두었기에 20세기 초 여성이 졸업율에서 우위를 차지하게 되었다. 하지만 20세기 초 몇 십 년 동안 그토록 많은 소녀가 고등학교에 입학한 또 다른 이유는 빠르게 확장하는 사무직 영역이 깨끗하고, 점잖고, 육체적으로

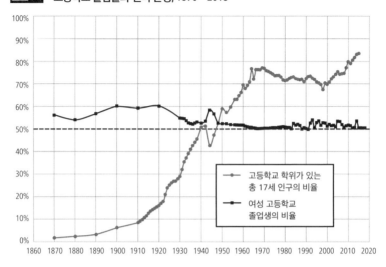

도표 7·1 고등학교 졸업률과 젠더 균형, 1870~2018

출처: 미국의 역사적 통계, 국립 교육 통계 센터

덜 피곤한 일자리를 고졸 여성들에게 제공했기 때문이었다. 실제로 1930년대 사무직 직업 대부분은 고등학교 졸업장을 요구했고, 중등 교육 수료가 필요하다는 경제적 동기를 만들어주었다. 이처럼 경제의 구조적인 변화는 천천히 교육열을 높였고, 특히 백인 여성들은 향학열이 높았다.[17]

대공황이 많은 젊은 남성들을 일자리에서 쫓아냈을 때, 쫓겨난 이들 다수가 학교로 돌아왔고, 여학생 수는 줄어들기 시작했다. 남녀 격차는 젊은 남성이 참전 중인 제2차 세계대전 중에 급등했는데, 이후 장기적인 균형 상태로 돌아왔다. 도표 7.1이 보여주는 것처럼 20세기 나머지 기간 동안 고등학교 졸업생 중 여성이 절반을 약간 넘었다. 이러한 상태는 오늘날에도 여전하다. 20세기 내내 고교 졸업생 수가 크게(그렇지만 다소 들쭉날쭉하게) 늘어났지만, 고등학교 졸업생 사이의 양성 비율은 20세기 동안 안정적으로 지속되었다. 1880년대와 1890년대에는 절반을 약간 넘는 고등학교 졸업생이 여성이었는데, 이때는 미국 청소년 중 고작 5퍼센트만이 고등학교를 졸업했다. 오늘날에도 고졸 학생 중 절반을 약간 상회하는 학생이 여성이지만, 미국 청소년 중 거의 90퍼센트가 고등학교를 졸업한다. 이렇게 볼 때 미국 고등학교 교육에서의 젠더평등은 지난 한 세기 반 동안 변함없었다.

하지만 대학 교육이라면 이야기는 무척 달라지는데, 이는 도표 7.2에도 나타나는 바이다. 남성이 여성보다 뚜렷한 우위를 차지하

도표 7·2 새로운 대학 졸업생 사이의 젠더 균형, 1870~2017

출처: 미국 인구조사국, 현재 인구 조사, 국립 교육 통계 센터

며 20세기를 시작했다. 여성에게는 대학 입학 기회가 드물고 무척 한정적이었던 것이다. 1900년 대학 졸업생 중 여성은 20퍼센트에

제7장 젠더와 미국적 "우리"

도 못 미쳤지만, 이 비율은 20세기 내내 서서히 상승했다. 결과적으로 대학 교육에서 양성 격차는 20세기 동안 대체로 좁혀졌다. 눈에 띄는 예외가 있다면 일시적으로 양성 격차가 벌어졌던 1950년대이다. 이때는 남성들의 대학 입학이 급증했는데, 제대 군인 원호법GI Bill의 후원 덕분이었다. 그러는 사이 많은 여성이 가정생활을 시작하기 위해(베이비붐) 대학을 포기하거나 연기했다.[18] 여기에 더해 몇몇 학자들은 제대 군인 원호법이 남성에게 고등 교육의 특권을 주는 결과를 낳았다는 걸 사실로 받아들였고, 또한 전쟁 참전 용사에게 자리를 내어주기 위해 여성의 자리가 일시적으로 제한된 여러 사례를 언급했다.[19]

이와 같이 1950년대에는 대학생 비율에서 여성이 다소 줄어들었고, 고등 교육 분야의 젠더평등을 향한 진전에서 여성들의 일시적인 저하 현상이 생겼다. 하지만 이런 후퇴는 일시적인 것으로 드러났다. 1980년대가 되자 여성은 대학 졸업생 비율에서 남성을 따라잡았으며, 이후 능가하기 시작했다. 여성은 현재 남성보다 학사 학위를 취득할 가능성이 훨씬 높다. 아시아계 미국인을 제외하면 모든 인종적, 민족적 집단에 적용되는 사실이다.[20] 젠더평등은 대학원 교육에서 더욱 지체되었지만, 도표 7.3에서 나타나는 것처럼 20세기 후반에 빠른 진전을 보였다.

요컨대 여성은 19세기 말 대학과 대학원 교육 모두에서 남성보다 한참 뒤처진 위치에서 시작했고, 1900년경에서 1930년/1940년경까지 젠더평등을 향해 엄청난 진전을 보였다. 20세기 중반에 제2차 세계대전과 그 여파로 지장을 받기는 했지만, 이후 전적인 젠더평등을 향한 진전은 학사와 석사 학위에선 1950년경에, 박사 학위에

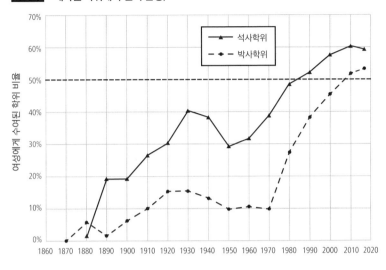

출처: 미국 인구조사국, 현재 인구 조사, 국립 교육 통계 센터

선 1970년경에 다시 시작되었고, 가속화되었다. 2017년이 되자 여성은 학사 학위에서 57퍼센트, 석사 학위에서 59퍼센트, 그리고 박사학위에서 53퍼센트를 차지했다.[21]

법률과 의학 같은 전문 분야의 학위에서도, 위에서 말한 것과 똑같은 패턴이 적용된다. 젠더평등을 향한 전진은 오래 지체되다 20세기 마지막 30년에 급속한 진전을 보인다. 1970년 이후의 극적인 상승을 설명하기 위해 클라우디아 고딘은 여성들에게 고등 교육을 추구하도록 장려했던 여러 요소를 확인하면서 여성들이 특히 경력 지향적인 교육에 더 집중했다는 것을 발견했다. 이렇게 된 데에는, 독립적인 사고방식을 권장한 1960년대 이후의 페미니즘의 영향, 이혼율의 증가와 그 결과 여성이 느낀 경제적으로 가족을 부양할 필요성, 출산을 미루는 걸 허용한 경구 피임약의 출현, 어릴 때 자신

보다 나이 많은 여성이 엄청난 규모로 노동 인구에 편입되어 오래 직장에 다닌 걸 본 경험 등의 요소들이 작용했다. 이어 고딘은 다음과 같이 결론을 내렸다.

> 그 결과 젊은 여성들은 공식 교육에 더 많은 노력을 들였고, 경력 지향적인 과목을 전공했고, 훨씬 더 많은 수가 전문적인 학교와 대학원에 계속 진학했다. 그들은 이전 세대보다 더욱 장기적인 시야를 지녔고, 그들의 정체성을 스스로 바꿨다. 그들은 경력을 우선하거나 아니면 남녀 동등한 지위로 결혼하는 것을 중시했다.[22]

따라서 20세기 동안 발생한 교육적 평등의 경우, 석사와 박사 같은 상위 학위에 대해서는 오래 지연된 진전의 명백한 사례라 할 수 있다. 하지만 더욱 놀라운 건 중등 교육과 대학 교육의 성취도에서 여성이 본질적으로 20세기 내내 꾸준히 진전을 보았다는 것이다. 이러한 추세는 20세기 말에 나타나는 남녀 간 경제적 평등의 중요한 토대를 놓았다.[23]

젠더평등의 경제학

고등학교, 대학교, 대학원 학업 성취도에서 남성을 심지어 능가하기까지 한 교육적 동등을 향한 여성의 진전은 경제적 결과에 어떻게 반영되었는가?

20세기 페미니즘을 돌아봤을 때 마음속에 떠오르는 가장 흔한 이미지 중 하나는 베티 프리단이 묘사한 불행하고 성취감을 느끼지 못하는 주부의 모습이다. 프리단은 1963년 『여성성의 신화』를 출판했을 때 주부가 여전히 모성과 가정 노예의 상태에 갇혀 있다고 설명했다. 20세기 양성 담론에서 이런 여성의 이미지가 두드러지기는 했지만, 실제 현실 속 여성들은 도표 7.4에 나와 있는 것처럼 이미 1860년대부터 꾸준히 직장에 다니기 시작했다.[24] 우리는 여성의 노동 인구 참여가 실제로 1920년부터 1990년까지 꾸준히 성장하는 걸 봤고(1950년 이후로는 어느 정도 가속화되었다), 20세기에 걸쳐 취업에서 양성 격차를 계속하여 줄여온 것도 확인했다. 흥미롭게도 이런 평가 기준은 1965년부터 1975년까지 여성운동이 전반적인 여자의 노동 인구 참여에 아무런 영향도 미치지 못했음을 보여준다.[25]

20세기가 흘러가는 동안 더욱더 많은 여성이 집밖에서 일했

도표 7·4 **여성 노동 인구 참여율, 1860~2016**

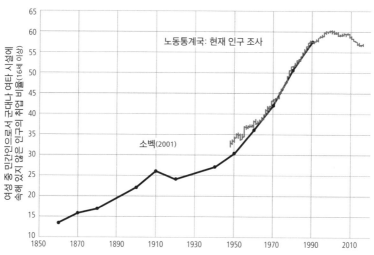

출처: 매슈 소벡, 「미국 노동 인구에 관한 새로운 통계, 1850~1990」, 『사적 방법』 34호 (2001): 71~87쪽, 현재 인구 조사. 1860년 데이터에서는 노예가 배제되었음.

고, 오늘날에는 여성이 임금 노동자 중 대략 47퍼센트를 차지하면서 임금 노동 인구에서 어느 때보다도 높은 비율을 차지하게 되었다.[26] 도표 7.4가 보여주는 것처럼, 여성의 노동 인구 진입은 21세기가 시작되면서 차츰 감소하기 시작했는데, 학자들은 주로 이런 감소가 첫째, 가정 친화적 노동 정책의 결여와 저렴한 공적 보육 선택권의 결여, 둘째, 최근 나타난, 남자는 생계비를 벌고 여자는 가사를 한다는 전통적인 태도의 부활 등에서 그 원인을 찾는다. 이 두 가지 사항에 관해서는 나중에 살펴보게 될 것이다. 여성들이 입은 피해와 특정 시기의 침체된 경제 등에 대한 문헌들이 많이 나와 있지만, 이 문헌들은 젠더평등의 약화는 언급하지 않았다. 이 시기에 남성들의 노동 인구 참여율 역시 감소하여, 남녀 공히 노동 참여율이 내려간 사실을 감안했기 때문이다.

도표 7·5 남녀 노동 인구 참여율, 1890~2018

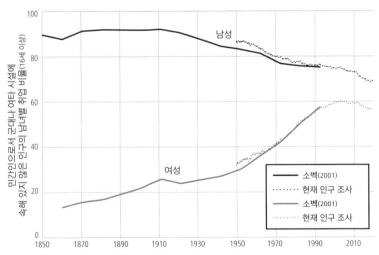

출처: 매슈 소벡, 「미국 노동 인구에 관한 새로운 통계 1850~1990」, 『사적 방법』 34호 (2001): 71~87쪽, 현재 인구 조사. 1860년 데이터에서는 노예가 배제되었음.

실제로 20세기 동안 유급 노동에서 남성과 여성의 참여를 나란히 표시해보면(도표 7.5) 거의 아무런 중단 없이 양성 격차가 꾸준히 좁혀지는 현상이 분명하게 보인다. 남녀평등을 향한 이런 추세는 55세 이상 여성이라는 중대한 예외 사항을 제외하면 모든 민족 집단과 연령대에 그대로 해당한다. 하지만 정확히 언제, 그리고 어떻게 다른 여러 인종의 여성이 노동 인구로 진입했는지는 다소 다른 문제이다.[27] 이런 상승추세는 가정 소득의 수준에서도 그대로 적용된다. 그런데 20세기에서 노동 인구 참여는 저소득 가정보다 고소득 가정에서 훨씬 빠르게 증가했다. 이는 주로 사무, 영업, 그리고 서비스 부문에서 교육을 받은 여성에게 사무 노동을 하는 일자리가 개방되었기 때문이다. 이런 상승추세는 결혼 상태에서도 적용되며, 특히 기혼 여성들의 취업률이 가장 크게 늘어났다.[28]

이렇듯 여러 추세들은 남녀 간 노동 평등이 꾸준히 상승했음을 보여준다. 이러한 현상은 미국이 더 광범위한 "우리" 공동체주의를 향해 더 높이 올라가기 전에 시작되었고 그 이후로도 오래 계속되었다. 하지만 노동 인구 참여에 관한 데이터는 그저 얼마나 많은 여성이 직업을 갖고 있는지를 나타내는 양의 기준이지, 얼마나 많은 여성이 종사하는 일에서 적절한 보상을 받고, 대우를 받고, 만족을 느끼는지를 나타내는 질의 기준이 아니다. 실제로 프리단의 여성 궐기 요구에서 중대한 요소는 집 밖에서 유의미한 일자리를 달라는 요구였다.

꾸준히 증가하는 여성 노동 인구 참여를 보면서 생각나는 한 가지 의문은 이런 것이다. 왜 이렇게 점점 더 많은 여성이 노동 인구로 진입했을까? 정말로 충족감과 삶의 의미를 추구한 것인가, 아니면 늘어나는 경제적 필요성 때문인가? 온전한 한 세기의 데이터는 없지만, 1978년부터 1999년 사이에 수행된 DDB 니덤 생활 방식 조사는 이에 대하여 여성들에게 앙케트를 했다. 그들의 대답은 도표 7,6에 나타나 있다. 신기하게도 프리단의 여성 궐기 요구의 여파로, 해당 기간 동안에 자신이 원하기 때문에 일한다고 답한 여성의 수는 그대로였지만, 해야 하기 때문에 일한다고 답한 여성의 수는 거의 두 배가 되었다. 이런 대조는 2장에서 상세하게 기록했던 1970년대 이후, 즉 "나" 개인주의로서의 미국이 계속된 몇 십 년 동안에 미국의 노동자 계급이 더욱더 많이 접했던 경제적 문제와 더불어, 제4장에서 논했던 바, 같은 시기에 외부모 가정이 크게 늘어났다는 사실을 반영한다.

일반적으로 말하면 여성 취업의 광범위한 여러 추세들에 관한 논의들은 증가하는 노동 인력 참여에 대해 젠더평등을 향한 반

도표 7·6 필요나 선택에 의해 일하는 미국 여성, 1978~1999

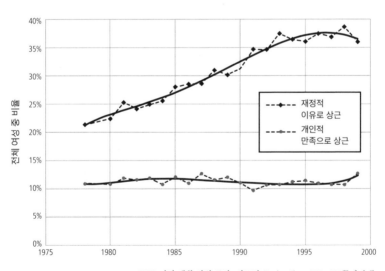

DDB 니덤 생활 방식 조사, 퍼트넘, *Bowling Alone*, 196~198쪽에 수록.

가운 진전의 표시라고 해석한다. 하지만 도표 7.6의 미묘하지만 중요한 암시는 도표 7.4와 7.5에서 보이는 것처럼 1970년대, 1980년대, 1990년대에 여성이 임금 노동 인력에 꾸준히 진입하는 움직임이 실제로 점점 더 충만한 삶으로 향하는 표시가 맞는지를 묻고 있다. 점점 더 많은 여성이 전문적인 직장에서 개인적, 경제적 성과를 누릴수 있다면 분명 젠더평등의 플러스 측면이 될 것이다. 하지만 소수 공동체 출신의 빈곤한 여자가 1990년대의 여러 복지 개혁 덕분에 많은 사람들이 그랬던 것처럼 차츰 자식에게서 벗어나 노동 시장으로 들어가는 일을 젠더평등의 플러스 측면으로 인정해야 할까? 그것은 그리 분명하지 않다. 오히려 그와 반대로 경제적 평등에 관해 2장에서 검토했던 여러 추세와 유사한, 계급 차별이 더 심화한 현상으로 볼 수 있을 것이다.

더욱이 노동 인력 참여에서 양성평등을 향한 움직임이 한 세기 동안 지속되었음에도 불구하고, 동등한 임금을 향한 움직임은 그에 비해 그리 간단하지 않았다. 1890년과 1955년 사이 여성의 소득은 실제로 꾸준히 향상되었고, 이는 도표 7.7에서 나타나는 것처럼 임금 평등에서 큰 상승세로 이어졌다. (세로축은 1960년대에 여성이 "0.61" 달러를 받은 것에 비해 2012년 "0.77" 달러를 받은 것으로 쉽게 해석할 수 있다.) 하지만 이 추세는 본질적으로 그 뒤 30년 동안 역전됐다. 1980년대에 들어와서야 비로소 여성이 다시 임금 평등을 향한 유의미한 진전을 시작하게 되었지만, 최근 몇 년 동안 이런 진전은 또 다시 침체되었다.[29]

소득의 경우 소위 페미니즘의 "두 번째 물결"과 1964년 시민권법 제7조Title VII 통과가 지체된 영향은 무척 분명하다. 제7조는 공식

제7장 젠더와 미국적 "우리"

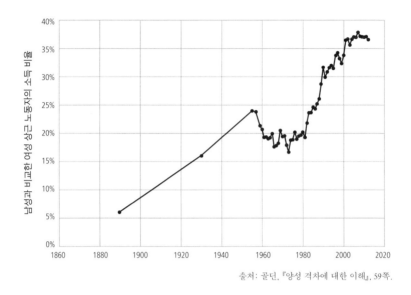

도표 7-7 연중 상근 노동자 중 여성 대 남성 소득 비율, 1890~2012

출처: 골딘, 『양성 격차에 대한 이해』, 59쪽.

적으로 임금과 보상의 양면에서 성차별을 금지했다. 하지만 이런 법 개정의 궁극적인 영향은 위의 도표가 보여주는 것처럼 천천히 다가 왔다. 관련법의 시행이 남녀 차별을 주장하는 여성들의 소송 결과에 달려 있었고, 그 판결이 나오는 데는 몇 년이나 걸렸기 때문이었다. 게다가 1969년 고용 기회 평등 위원회EEOC는 성차별에 관한 신고를 5만 건 넘게 받아서, 이것들을 모두 조사하느라고 아주 바빴다.[30] 하 지만 입법부와 사법부에서 여러 승리를 거두고 10년이 넘는 시간이 흘러 1980년이 되자 마침내 여성의 임금 평등을 향한 가파른 전진 이 시작되었다. 남녀 차별이 줄어드는 것에 더하여 20세기 말 몇 십 년에서 임금 격차가 줄어드는 것은 여성들의 교육 혜택이 점점 많 아지는 현실을 반영하는 것이었다. 여성들은 더 수익성이 좋은 일로 인도하는 교육적 진로를 점점 더 많이 선택했고, 또 전통적으로 남

성이 맡던 직업에 진입하고자 하는 야심찬 경력 추구를 하게 되었다.[31]

하지만 2017년 일반적인 여성 노동자는 여전히 일반적인 남성 노동자가 1달러를 벌어들일 때 84센트밖에 얻지 못해 16퍼센트의 젠더 노동 격차가 있었다.[32] 여성 정책 연구소에 따르면 "지난 50년 동안 그랬던 것처럼 똑같이 느린 속도로 변화가 계속되면 여자가 최종적으로 임금 평등에 도달하는 데 42년이 걸린다. 현재부터 계산해보면 2059년이 될 것이다".[33] 취업 상황은 유색 인종 여성에게 더욱 비참한데, 이들은 여성 노동자의 평균 임금인 84센트(남자 노동자가 1달러라고 볼 때)보다 훨씬 벌이가 적고, 임금 평등을 향한 진전 속도가 크게 느리다.

현재 속도라면 "흑인 여성의 연간 소득 중앙값이 백인 남자와 동등해지려면 2119년이 되어야 하고, 히스패닉 여성과 동등해지려면 2224년이 되어야 한다."[34] 게다가 여성이 남성과 교육적 평등을 성취하고, 심지어 남성을 능가한 사실은 여전히 임금을 평등하게 하는 결과를 낳지 못했다. 조지타운 대학 교육 및 노동력 센터가 보고한 것처럼 "교육적 성취도의 모든 수준에서 여성은 평균적으로 남자보다 25퍼센트를 덜 벌어들인다. 여성이 학사 학위를 취득한 남성과 동등한 수입을 벌어들이려 한다면 대체로 박사 학위는 가지고 있어야 한다."[35] 이처럼 20세기의 마지막 30년 동안에 그 어느 때보다도 더욱 빠른 향상을 보였음에도 불구하고 남녀 양성의 임금 평등은 여전히 달성하기 힘든 목표로 남아 있다.

놀라울 정도로 많은 수가 노동 인구에 진입했음에도 불구하고 여성은 여전히 남성보다 훨씬 더 많은 몫의 가사와 보육을 부담

한다.[36] 몇몇 관찰자들은 이런 불균형, 그리고 이 불균형이 오랜 시간 일할 수 있는 여자의 능력에 가하는 제약과 아이나 노인을 돌보기 위해 일과 경력을 중단해야 하는 빈도 등이 임금 격차를 고질적으로 지속시키는 주된 이유로 꼽는다.[37] 몇몇 임금 격차는 명백히 차별 때문인데, 여성이 진급이나 임금 인상을 거부당했기 때문이다. 오늘날 직장에서 이런 차별을 겪는다고 신고하는 여성은 남성의 약 두 배이며, 경제학자들은 양성 임금 격차가 특정한 비율로 유지되는 것을 주목하면서 그것은 남녀 차별 이외의 어떤 요소로도 "설명되지 못한다"라고 말한다.[38]

하지만 비록 좁혀지고 있어도 여전히 상당한 남녀 간 임금 격차에서 단연코 가장 큰 이유는 직업적 남녀 분리였다. 직업적 분리는 상위相違 지수Index of Dissimilarity라고 하는 기준을 활용하여 추적되는데, 이 지수는 특정 직업 범주에서 남성과 여성 사이에 어느 정도 균등하게 일자리가 배분되는지 계산한 것이다. 오늘날 여성이 총 노동 인구의 47퍼센트를 구성한다고 하는데 이것은 상위 지수상 무슨 뜻인가? 그것은 간호, 공학, 소매업, 재무 계획 등 다양한 직업에서 피고용자 47퍼센트가 여성, 53퍼센트가 남성이라는 뜻이다. 하지만 도표 7.8에서 나타나는 것처럼 1900년에 상위 지수는 거의 70이었고, 이는 직업적 평등을 달성하려면 70퍼센트의 여성이 남성이 우세한 직업으로 이동할 필요가 있음을 보여준다(혹은 그 반대도 가능하다). 이처럼 미국 노동 인구에서 젠더의 직업적 분리 비율은 20세기 초기에 아주 높았다.

하지만 이러한 장기적 추세는 1960년이 될 때까지 거의 변화가 없었고, 이후 천천히 개선이 되다 1970년대 이후에야 뚜렷한 개선이 있었다.[39] 1960년대 페미니스트 혁명이 중대한 영향을 미친 또 다른 사례인데, 마침내 오랫동안 여성에게 닫혀 있던 수많은 직업 범주를 개방하도록 유도했기 때문이었다.[40] 그럼에도 불구하고 오늘날에도 여전히 직업별 젠더평등을 성취하려면 모든 노동자 중 거의 절반이 참여하는 직업적 범주를 개편해야 할 것이다.[41] 이런 사실은 임금 격차에 관해 중요한 영향을 미쳤는데, 대체로 남성이 우세한 직업 범주가 여성이 우세한 직업 범주보다 훨씬 더 많은 봉급을 받기 때문이다. 이처럼 여성들이 남성보다 소득이 적은 주된 이유는 여성의 취업이 대체로 임금이 더 낮은 직업에 집중됐기 때문이다.[42]

어떻게 해서 직업적 남녀 분리가 미국 경제의 지속적인 특징이 되었을까? 19세기 말 철강, 벌목, 채광, 그리고 기계 같은 급성장하는 여러 미국 산업들에는 여성 노동에 대한 수요가 거의 없었고, 집 밖에서 일을 찾는 여성은 직물, 의복, 그리고 통조림을 생산하는 공장에서 일을 하게 되었다. 여성들은 전형적으로 진입에 아무런 자격이 없는 대신 승진 기회도 없고, 건당 품삯을 받는 일자리에만 진출하는 형편이었다.[43] 하지만 20세기가 시작될 때 기업들의 규모가 아주 커지기 시작했다. 소매점도 전보다 상당히 더 커졌고, 언론 출판과 공익사업 같은 분야도 극적으로 확장되었다. 경제의 구조적 변화는 사무직 노동자를 더욱 많이 필요로 했고, 이런 수요의 대부분은 여성들이 채웠다. 1900년에 여성은 사무직 노동자의 18.5퍼센트를 차지했지만, 1930년이 되자 그 수가 거의 두 배인 33.2퍼센트로 높아졌다. 비슷하게 1900년 여성은 서기와 판촉 일자리에서 20.2퍼센트를 차지했지만, 1930년이 되자 두 배인 40.4퍼센트를 차지했다.[44] 여성, 특히 교육을 받은 여성은 더는 빨래를 하거나 하숙을 치는 비공식적 일자리에 머무르지 않았으며, 공식적으로 고용이 되더라도 고생스러운 저급 수준의 산업 일자리로 제한받지 않았다.

하지만 클라우디아 골딘이 말한 것처럼 여성의 일자리에서 발생한 이 "극적인" 변화는 다른 부작용을 가져왔다. 여성의 승진과

도표 7·8 직업적 분리, 1900~2017

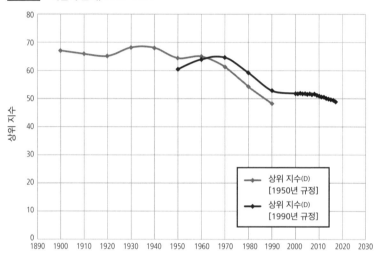

출처: 미국 인구 조사, 통합 공용 미세 데이터 총서, 미국 공동체 조사. 미주 7.39. 참조.

임금에 차별적인 제한을 만든, 직장에서의 젠더 구분이라는 오래 지속되는 관행을 발생시킨 것이다. 여성이 점점 더 많이 남성과 같은 공장과 가게와 기업에서 일하고 있다는 사실에도 불구하고 여성들에겐 특정 직업 범주로의 진입이 제한되었다. 더 낮은 초봉을 받고 고용되었으며, 승진이 없는 자리에 "주저앉게" 되었다. 게다가 심지어 역량과 경력을 늘려 승진이 가능해진 순간에도, 승진한 뒤 여성의 임금 상승은 비슷한 경우의 남자보다 훨씬 느렸고, 특히 사무

직과 전문직, 기업의 일자리에서 더욱 이런 차별이 있었다.[45] 이 시기 동안 더 많은 여자가 결혼 이후에도 계속 일자리에 머무르기는 했지만, 많은 회사가 "결혼 빗장marriage bars" 정책을 유지했다. 이는 기혼 여성을 특정 지위에 두지 않거나 여성이 결혼했을 때는 퇴직 혹은 강등시키는 정책이었다.

제2차 세계대전 동안 여성을 대상으로 한 직업적 분리와 차별은 종종 생산의 압박에 밀려서 사라졌다. 그러나 중공업 분야에서 이러한 여성의 혜택은 길게 유지되지 못했다. 역사학자 제임스 패터슨에 따르면 전쟁이 끝났을 때 "가장 큰 손해를 본 사람은 전쟁 중에 산업에서 일자리를 찾은 여성이었는데, 이런 일자리는 병사들의 제대 급증에 의해 사라지거나 민간인으로 복귀한 참전 용사에게 돌아갔다."[46] 리벳공 로지(여성)는 전쟁 중에 더 나은 일자리와 임금을 찾을 수 있었다. 이런 사정은 평화 시라면 그런 일을 할 수 없었던 여성들에게 큰 매력이었고, 전반적인 평등에 대한 기대를 높였다. 하지만 전쟁이 끝나 남성들에게 중공업과 제조업의 일자리를 돌려주어야 하자, 그런 일이 여성에게 "너무 힘들다"는 낡은 이야기가 되살아났다. 그리하여 여성은 다시 남녀 분리된 산업과 예전의 하찮은 지위로 돌아가게 되었다.

하지만 전쟁이 끝나고 평화가 찾아왔다고 해서, 전시의 직업적 이득이 모두 사라진 건 아니었다. 1950년대에 여성 고용에 관한 논쟁은 여성, 혹은 심지어 기혼 여성과 어머니까지 일해야 하는가 하는 문제에서 떠나, 그들의 일자리 환경 쪽으로 옮겨갔다. 여성은 무척 높은 비율로 전문직에 진입했다. 사무직은 크게 증가했고, 초등학교 교사는 특히 베이비붐으로 인해 수요가 많았다. 1950년대에는 육체노동에 종사하는 여성도 몇몇 새로운 분야로 움직였는데, 번성하는 경제에서 노동 수요가 남성 노동자의 공급을 능가했기에 특히 더욱 쉽게 전직을 할 수 있었다. 결혼 빗장은 1940년대에 줄어들기 시작했고, 1950년이 되자 사실상 제거되었다.[47] 제2차 세계대전 이후 파트타임(시간제) 노동은 점점 더 많이 구할 수 있게 되었고, 여성은 일과 가정에 대한 책임을 더 쉽게 병행할 수 있었다.

이렇게 해서 남자들의 제대에도 불구하고, 여성 고용을 향한 확고한 추세는 계속되었다. 또 다시 불평등한 임금에다 남녀가 분리되는 일자리였지만 그래도 여성들의 고용은 늘어났다. 이때 여성 노동 지도자들은 주로 기혼 여성이 일할 권리, 출산 수당, 전쟁으로 인해 생겨난 공공 보육 제공의 복원을 강력히 주장했다.[48] 이들은 일반적으로 성별에 의한 노동의 구분에 이의를 제기하지 않았다. 대신 비교 가능한 일에서 동등 임금을 요구하는 것에 집중했다. 이것은 남녀 구분 경제에서 대다수 여성이 정확히 남성과 같은 일을 하지 않는다는 현실을 감안한 것이었다.[49] 제2차 세계대전 이후 시대는 모든 여성 노동자가 집으로 돌아가야 하는 시대가 아니었고, 여성의 행동주의와 평등 주장이 활동을 중지한 시대도 아니었다. 그러나 종종 현실과 반대되는 주장이 나오기도 한다.

전쟁이 끝나자, 수백만에 이르는 여성이 오히려 전쟁으로 얻은 일자리를 자발적으로 그만뒀다. 그 이유를 조사해보니 절반 정도가 "가정에 대한 책임"을 이유로 들었다.[50] 하지만 이런 여자들 중 다수가 결혼과 출산을 하고 나서 다시 일자리로 돌아올 것을 기대했을 가능성이 있다. 계속되는 직업적 분리, 임금 불평등, 전시에 주어졌던 기회의 상실 등은 제2차 세계대전 이후에 많은 여자가 경력을 이어나가는 걸 단념하도록 유도했다.[51] 게다가 전후 몇 년 동안 육아와 가정생활 유지에 부여하는 문화적인 가치가 증대되었다. 하지만 20세기 그 시점에서 장기적 추세는 점점 더 많은 여자들이 집 밖에서 일하는 것이었다. 그중 대다수가 프리단의 "이름 없는 문제(존재의 이유에 대한 회의)"보다 노동 조건에 훨씬 더 관심이 많았다. 그럼에도 불구하고 전후 여성 세대는 가정을 지키거나 보수가 적고 젠더에 따라 분리되며, 승진은 없는 일자리에서 성취감을 찾으라는 강한 문화적 기대에 직면하자 격한 환멸을 느꼈다. 그것은 베이비붐 세대를 가져온 원인인 전례 없는 출생률을 부채질했고, 『여성성의 신화』 같은 비평서들이 나오는 데 기여한 요소였다.

더욱이 경력과 가사를 모두 챙기려고 했던 여성은 20세기 중반에도 여전히 고통스러운 싸움에 직면했다.[52] 앞서 언급한 것처럼 20세기 동안 더 많은 여성이 직장에서 일했음에도 불구하고 가사와 보육이 여자의 주된 책임이라는 기대는 기본적으로 변하지 않은 채로 남았다. 그리하여 많은 사람이 "2부제"라고 하는 것, 즉 여자가 본질적으로 두 가지 직업에서 일하는 상황을 만들어냈다. 다시 말해 집 밖에서는 유급 고용 상태이고, 집 안에서는 무급 고용 상태인 셈이었다.

직장에서 여성의 선택, 보상, 성취감에 제약을 줬던 다양한 형태의 차별, 그리고 성희롱도 오랜 세월 지속되어 온 문제이다. 직장에서 원치 않는 성적 접근과, 승진의 대가로 성적인 부탁을 하는 요구는 여권 지지자가 오래 걱정하던 바였다. 법학자 재닛 핼리, 캐더린 매키넌, 그리고 리바 시겔에 따르면 "초기 페미니스트 운동과 노동 운동에서 여성은 우리가 '성희롱'으로 부르게 된 여러 관행에 지

제7장 젠더와 미국적 "우리"

속적인 비판을 단 한 번도 제대로 하지 못했지만, 그래도 1970년대 현대 페미니스트 운동과 노동 운동에서 많이 비판한 성희롱 관행의 폐단을 분명하게 지적했다." 해당 문제가 주목을 받게 된 건 초기 페미니스트의 노력 덕분이었고, 마침내 법적으로 금지되었다. 1964년 시민권법 제7조에도 포함되었다. 하지만 여성들의 이야기를 폭로하고, 성희롱의 정의를 명확하게 규정하며, 해당 개념을 재판소에서 적용하도록 측면 지원한 이들은 1970년대 선구적인 여성 변호사, 지지자, 이론가였다.[53]

실제로 시민권 운동이 가장 뚜렷하고 성공적인 단계에 들어서자, 1960년대에 활력을 얻은 여성운동이 새롭게 탄생했다. 그리하여 경제 분야에서 여성이 직면한 차별적인 여러 현실에 관한 자각도 커지기 시작했다. 앞서 언급한 것처럼 획기적인 법이 마침내 여성에 대한 경제적 차별은 불법이라고 규정했지만, 직장 차별, 남녀 간 임금 불평등, 직업적 남녀 분리, 그리고 성희롱에서 진정한 변화가 나타나 체감하기까지는 10년 이상의 법적 행동과 지지가 필요했다. 시민권법 제9조로 생겨난 새로운 의무적인 교육 평등 덕분에 여자가 그 결실을 느끼는 것도 시간이 걸리는 일이었다. 이런 변화의 영향은 여러 다른 범주의 여자들 사이에서 불평등하게 나타났지만, 그 영향이 확립된 곳에서는 실제로 극적인 효과를 거두었다.

하지만 주로 빈곤층 여성과 유색 인종 여성 사이에서 그 영향은 확고히 자리 잡지 못했고, 오늘날에도 이들 중 다수가 오랫동안 "여자의 일"로 간주된 서비스업 구성원을 채우고 있다. 그 때문에 계속 진행 중인 양성 간 임금 격차, 그리고 인종 간 임금 격차가 유지되는 것이다.[54] 이처럼 페미니즘의 두 번째 물결이 가져온 경제적 변화의 모든 스토리는 상류층 백인 여성의 사례에 가장 잘 들어맞는다. 게다가 여전히 계속되는 알맞은 공공 보육과 노인 돌봄 선택권의 결여, 그리고 계속되는 가사와 돌봄 노동 젠더 구분으로 인하여, 고임금 직업에 진입하는 여성은 가사와 보육을 주로 빈곤층 여성과 유색 인종 여성에게 맡겨야 했다. 이것은 계급 불평등이 직장에서의 젠더평등 확장을 크게 뒷받침한다는 의미이다.[55]

제2장에서 지난 50년 동안 전반적으로 경제 분야에서 계급 구분의 점증하는 중요성을 보여준 것처럼, 몇몇 증거들은 이것(계급에 따른 임금 격차)이 여성들에게도 그대로 적용된다는 걸 보여준다. 하지만 이 특정한 문제의 해결책은 더욱 광범위한 사회적 재고를 요구한다. 그것은 여성들이 오랫동안 혼자서 맡아온 육아 문제를 어떻게 집단적으로 관리할 것인가 하는 문제이다. 이런 문제를 해결해야만, 더는 계급 격차를 넓히는 일 없이 온전한 직업 선택의 자유를 여성에게 허용할 수 있는 것이다.

이렇게 볼 때, 20세기 동안 남성과 여성 사이의 경제적 평등을 향한 진전의 모습에는 좋은 점도 있고 나쁜 점도 있다. 젠더평등을 향한 움직임은 평가 기준, 해당(여성의) 하위 집단 등에 따라 서로 다른 비율과 속도로 발전해왔다. 그럼에도 불구하고 20세기 전반기에 여성은 여러 방식으로 남성과의 평등을 향해 움직여 왔고, 그 이후에 그러한 진전은 가속화되었다. 하지만 20세기의 "젠더의 대통합"은 아직 완료되지 않았고, 장차 처리해야 할 미완의 중요한 과제로 남아 있다.[56]

공적 광장에서의 여성

19세기 여성들은 노예제 폐지, 금주, 소비자 보호, 빈곤층과 노동자 계층을 위한 개선된 환경 등의 대의를 내세운 공공 캠페인에서 적극적인 역할을 했다. 그럼에도 불구하고 투표권과 공직을 맡을 기회를 단호하게 거부당했다.

그러므로 1920년 여성 참정권이 채택된 이후에 첫 선거에서 여성의 투표율이 남자보다 32퍼센트 낮은 건 놀라운 일이 아니었다. 그러나 그 몇 년 뒤에는 도표 7.9가 보여주는 것처럼 빠르게 그 격차를 좁히기 시작했다. 이처럼 여성들은 1960년대 여성운동보다 훨씬 전에도 유권자로서 정치적인 목소리를 내기 시작했다. 투표에서 양성 격차가 좁아지는 모습은 20세기 내내 지속되었다. 1965년 이후 약간 속도가 느려지긴 했는데 이는 다소 예상치 못한 것이다. 짐 크로 법 시대에 투표권이 사실상 거부된 유색 인종 여성에게까지 참정권을 확장한 중대한 시기였는데도 그처럼 속도가 느려진 것이었다. 하지만 전반적으로 볼 때, 투표에서 남녀 격차는 수정헌법 19조의 비준 이후에 꾸준히 좁혀졌고, 오늘날 유권자 전체에서는 명백하게 여성이 우위에 있다. 이제는 여성이 남성보다 대략 4퍼센트 높은 비율로 투표하기 때문에 선거 결과에 중대한 영향을 미친다.[57]

투표장에서 영향력을 꾸준히 늘린 것 말고도, 여성들은 더 큰 젠더평등을 가져오는 작업에 오랫동안 관여해왔다. 20세기 동안 여성의 정치적 행동주의 형태를 묘사하기 위해 소위 "물결" 비유가 널리 활용되었으나 이러한 프레임은 점점 더 논쟁의 대상이 되었다.[58] 1920년부터 1965년까지 여성 평등을 위한 입법적, 사법적 승리는

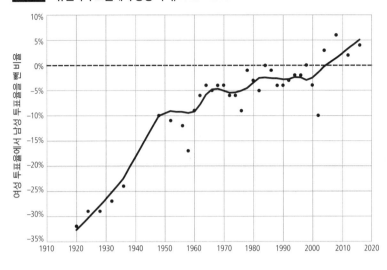

출처: 코더와 올브랙트, 미국 선거 연구, 미주 7.57. 참조.

별로 없었지만, 그렇다고 해서 아무런 활동도 없는 휴지기는 절대 아니었다. 이 시기 동안 여성은 사적 영역으로 물러났다. 이들은 다양한 목표를 추구하고 이전에 남성이 우세했던 여러 정당에 들어가 영향력을 확대하기 위해 선거 운동원, 선거 운동 보좌관, 전당 대회 연설자, 심지어 소수이긴 했어도 대의원으로 활동했다.[59]

더욱이 유색 인종 여성과 노동자 계급 여성, 즉 자신의 스토리가 주류 역사학적 설명에서 빈번히 제외된 여성들은 특히 이 시기에 능동적이었고, 더 나은 노동 환경, 더 나은 임금, 노동조합 대변, 인종적 정의를 옹호했다. 실제로 시민권법에 직업상의 성차별 금지가 추가되어야 한다고 주장했던 사람은 선구적인 흑인 변호사 파울리 머리였다. 정치학자 크리스틴 A. 고스는 이런 미약했던 여성운동의 단계를 가리켜 "물결들 사이의 휴지기休止期"라고 명명했다. 그녀는 이런 글을 남겼다. "거의 모든 평가 기준으로도 투표권 이후 몇 년간은 여성 조직이 대유행했다. 여성 집단의 수가 증가했고, 회원도 늘어났고, 정책 연합도 계속 형성되었다. 연방 의회는 점점 여성들의 의견을 구했다. 한 여성 집단이 시야에서 사라지더라도 다른 하나가 그 자리를 차지했다."[60]

여성 단체들이 많이 생겨났다는 것은 여성운동이 하나의 의제를 가진 단일한 현상이 절대 아니라는 것을 강조한다. 실제로 20세기 대부분 동안 여성 단체들은 구체적으로 여성을 보호하는 법을 추구할 것인지(이것은 진보주의 시대 개혁자들과 1920년 설립된 노동부 여성국의 초창기 활동 중 지배적인 목표였다), 혹은 동등한 권리를 노리는 젠더평등의 법을 추구할 것인지, 의견이 엇갈렸다. 몇몇 여성 단체들은 열렬히 남녀평등 헌법 개정안을 지지했고(이 법안은 1923년 의회에 제출되었다), 다른 몇몇은 그것이 여성을 보호하는 기존의 노동법을 약화시킬 것이며, 여성 노동자에게 득보다는 해가 될 것으로 생각했다. 하지만 1940년대에 들어오자 여성을 보호하는 노동법에서 벗어나는 움직임이 명백하게 나타났다. 여성 보호의 노동법 다수가 전쟁 중의 생산 증가를 위해 포기되었다. 설사 그런 법이 사라진다고 해도 남녀평등 헌법 개정안을 추진하는 데 장애가 되지 않았다. 남녀평등 헌법 개정안을 지지하는 여성 집단의 수는 늘어났고, 곧 민주·공화 양당의 공약에는 여성에게 동등한 권리와 동등한 임금을 보장하겠다는 약속이 포함되었다.

공화당은 남녀평등 헌법 개정안을 먼저 지지했다. 이 당은 엄격한 젠더평등이 관련된 문제에 대하여 초창기부터 선도적인 역할을 했다. 반면 여성 지지자들이 현저히 많은 민주당은 여성(그리고 더욱 일반적으로 노동자)의 건강, 안전, 경제적 복지를 보호하는 여러 법들을 더 지지했다.[61] 여성에 대한 특별한 보호와 동등한 권리를 놓고 어떤 것을 더 우선시하느냐 하는 논쟁은 심지어 1960년대까지 현저하게 이어졌지만, 그 이후 두드러지게 동등한 권리 쪽으로 균형이 기울었다. 고스의 주장에 따르면 오직 이때에만 여성운동이 여성의 정체성과 여성의 문제에 대해 다소 비좁게 그 의미를 규정하는 모습을 보였다.[62] 권리를 주장하고, 여성의 정체성 확립을 향해 나아가는 이러한 변화를 만들어낸 일들은 분명 남녀평등에 관한 여러 문제에 획기적인 변화를 가져왔을 뿐 아니라 좋든 싫든 근본적으로 정책 입안에 미치는 여성의 영향력을 크게 향상시켰다.

미국에서 20세기에 펼쳐진 젠더평등을 향한 투쟁에서 가장 중요한 발전 중 하나는 케네디 대통령이 1961년 여성 지위에 관한 대통령 자문위원회를 설립한 것이다. 여성 혁명이 조직적 기반을 찾기 5년 전의 일이었다. 처음에 엘리너 루스벨트가 위원장을 맡은 이 위원회는 1963년 보고서를 제출하여 젠더차별 문제의 심각성을 폭로했다. 그 결과 1963년 동일임금법이 통과되었으며, 1964년에는 "성sex"을 보호되는 범주로 포함시킨 시민권법이 통과되었다. 역사학자 도로시 수 코블은 이런 초창기의 여러 승리가 여성들이 "약 25년간 펼쳐 온 정치 운동의 최고점이었다"라고 주장했다.[63] 위원회의 보고서는 여전히 극명하게 젠더가 구분되고 종종 불평등한 삶의 조건이 분명 존재한다고 폭로했다. 하지만 여성 지위가 "두 번째 페미니즘 물결"이 출현하기 전에 중요한 국가적 문제였다는 사실은 미국의 더 확대되는 "우리" 공동체주의가 이미, 그리고 점점 더 여성의 동참에 민감하게 반응했다는 걸 뚜렷이 보여준다.

그렇긴 하지만 이 기간 동안에 극소수 여성만이 공직에 진출했다. 실제로 여러 주가 여성 참정권 확립에 따라 여성이 공직을 맡을 수 있다는 사실을 인정하길 거부했고, 1940년대까지도 계속 그러했다.[64] 그래서 여성 선출직 공무원의 수가 늘어나는 속도는 그리 빠르지 않았다. 도표 7.10은 미국 연방 의회에서 일하는 여성의 수를 도표화한 것인데, 1970년까지 거의 변화가 없음을 보여준다. 주 의회 상황을 보여주는 도표도 똑같은 모습을 드러낸다.[65] 첫 여성 주지사는 1974년이 되어서야 나왔고, 판사직 임명도 똑같이 속도가 느렸다. 샌드러 데이 오코너가 연방 대법원 대법관으로 합류한 때는 1981년이었다. 이런 여러 가지 진전은 카터 대통령이 1974년 양성 불균형을 바로잡는 차별 철폐 프로그램을 개시한 뒤 더욱 수월하게 이뤄졌다. 2003년이 되자 연방 법원 판사 중 21퍼센트가, 주 대법

도표 7·10　미국 연방 의회에서의 여성, 1917~2019

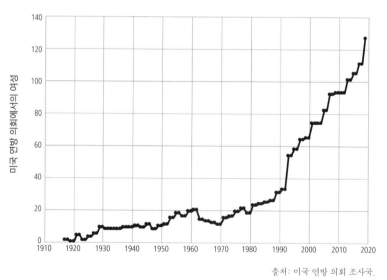

출처: 미국 연방 의회 조사국.

원 판사 중 29퍼센트가 여성이었다.[66] 2018년 선출된 116대 의회에서는 여성이 24퍼센트였는데, 미국 역사상 가장 높은 비율이었으며 그 앞의 해보다 크게 올라간 것이었다. 이제는 미국 상원의원 1백 명 중 25명이 여성이다.[67]

이처럼 20세기 내내 여성이 더 큰 비율로 투표했음에도(결국에는 유권자 투표율에서 남성을 넘어섰음에도)불구하고, 선출직 지도자 자리에서 여성들의 존재는 상당히 미미했다. 부분적으로는 남녀차별이 그 원인이었다. 심지어 상황이 가장 좋을 때도 의원들의 남녀 배분 비율을 보면 여성에게 돌아가야 할 몫의 겨우 절반 정도를 차지했을 뿐이다. 그럼에도 불구하고 참정권 획득 이전과 이후에도 여성은 단체를 구성하여 자신들의 관심사를 옹호했고, 이들의 관심사는 점점 양당의 정책 수립에서 우선사항이 되었다. 하지만 여성 관련 이슈들은 결코 단일하지 않다. 여성은 거대하고 다양한 유권자 층이며, 모든 여성이 자신의 대의를 내세우는 법, 혹은 어떤 문제를 우선시해야 하는지 등의 생각을 하지는 않는다. 이런 사실은 젠더평등의 입법적 보장 추구를 때로 복잡하게 만들었고, 심지어 많은 여성들을 관련 대화에서 제외시켰다.

젠더평등에 대하여 바뀌는 태도

20세기 여성 해방에 관해 자주 반복되는 또 다른 이야기는 이런 것이다. 20세기 대부분 기간 동안 광범위한 반평등주의 개념에 의해 여성이 지속적으로 압박받았다는 이야기와, 남녀 양성의 역할에 관한 이런 보수적인 태도가 1960년대 여성운동 이후에야 크게 변화하기 시작했다는 이야기가 그것이다. 이런 주장을 하는 역사학자들은 20세기 중반에 수행된 한두 개의 여론 조사를 주장의 토대로 삼는 경우가 많다. 이들의 해석에 따르면, 이런 여론 조사는 페미니즘에 대한 강한 반대를 나타내고, 여성에 관한 전통적인 남존여비 사상에 지속적인 지지를 보낸다는 것이다. 하지만 어느 한 순간의 단편적인 정보로는 시간이 흐르며 나타나는 변화를 담아낼 수 없고, 이런 여론 조사에 관한 일반적인 해석은 응답자 반응의 실제 뉘앙스를 반영하지 못한다.[68] 여성 문제에 관한 태도 변화가 특히 1970년부터 1990년까지 급속하게 이루어진 건 사실이지만, 젠더평등과 여성의 역할에 관한 생각이 1970년대까지 정지되어 있었다는 견해는 전혀 데이터로 입증되지 않는다. 우리 분석은 실제로 그보다 앞서는 몇 십 년 동안에도 젠더평등에 호의적인 태도에 큰 개선이 있었다는 것을 보여준다.

앞선 여러 장에서 이미 지적된 것처럼, 어떤 태도에서 나타나는 장기적인 변화를 확정하는 데 있어서 난제 중 하나는 이렇다. 1970년대 초에는 정기적이 된 여론 조사이지만, 그 이전에는 조사 데이터가 드물거나 존재하지 않는다는 점이다. 하지만 그럼에도 불구하고 20세기 후반 여론 조사 데이터를 출생 집단으로 분해하여 20세기 초의 태도에 관한 "화석 기록fossil record"을 어느 정도 재구성할 수 있다. 이는 사회 규범에 관한 개인의 태도가 주로 인생 초기에 발생하는 사회화로 결정되며, 개인의 생활 주기 내내 상당히 꾸준하다는 걸 학자들이 반복적으로 증명했기 때문이다.[69] 이처럼 20세기를 시작하는 몇 십 년 동안에 태어난 사람이 1970년에 젠더평등에 관한 의견에 대하여 질문을 받았다면 대체로 그 의견은 조사 받는 그 순간의 사회적 규범보다는 그들의 젊은 시절에 통용된 사회 규범을 더 반영한다고 추정하는 게 타당하다.

그런데도 1970년에 조사했더니 특정 비율의 미국인이 특정한 견해를 보였다고만 보고해버리면 이와 같은 뉘앙스가 반영되지 않는다. 통계 아래에는 필연적으로 커다란 세대별 의견 차이가 있다. 그러므로 1970년 이후에 특정 태도를 지닌 미국인 비율이 변했다고 보고되었다면 그것은 생각이 변했다기보다 사람이 바뀌었기 때문에 (나이 많은 세대가 더 젊은 세대로 대체되기에 때문에) 그런 것이다. 우리는 이런 "코호트 교체cohort replacement" 현상에 관한 증거를 앞의 6장에서 인종적 평등에 관한 태도 변화를 검토할 때 확인했다. 또한 시간이 흐르며 생긴 젠더평등에 관한 태도의 변화를 관찰할 때에도 우리는 유사한 추세를 발견했다.

도표 7.11은 1970년대부터 21세기 초까지 양성 역할에 대한 태도가 어떻게 변화했는지를 나타내는데, 다음 다섯 가지 여론 조사 항목을 기준으로 작성된 것이다.

① 지지 정당이 대선 후보로 여자를 내세웠고 그녀가 대통령을 맡을 자격이 있다면 그녀에게 투표할 것인가? ·· (예)
② 여자는 가사를 돌보는 일에 신경 쓰고, 나라를 운영하는 일은 남자에게 맡겨야 한다. ·· (동의하지 않음)
③ 자신을 부양할 능력이 있는 남편이 있을 때 기혼 여자가 사업이나 산업에서 돈을 버는 것에 찬성 혹은 반대? ································· (찬성)
④ 대다수 남자는 대다수 여자보다 정서적으로 정치에 더 적합하다.

⑤ 남자가 집밖에서 더 많은 걸 성취하고, 여자가 가정과 가족을 돌보는
게 관련된 모든 사람에게 훨씬 더 낫다. ······························ (부정)

언뜻 보기에 이런 도표는 다음의 사실을 보여주는 듯하다. 즉
1960년대의 여성 혁명은, 이런 질문들에 관해 사람들의 생각을 많
이 변화시켰다.

도표 7·11 젠더평등 지지, 1972∼2014

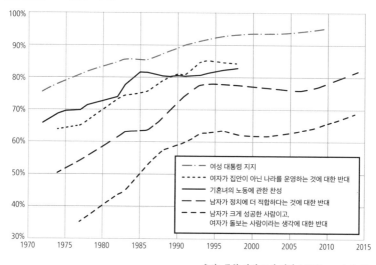

출처: 종합 사회 조사 기관. LOESS smoothed : .33.

하지만 똑같은 데이터가 출생 코호트(동류 집단)로 분해되었을
때 (그리고 논의의 편의를 위해 하나의 지표로 결합되었을 때) 아래 도표 7.12에
서처럼 세대 간 의견 차이가 있고, 그것도 상당한 차이라는 게 명백
해진다.[70] 20세기 초 몇 십 년 동안 태어나고 사회화된 남녀는 (도표

7.12에서 최저점을 찍는다) 심지어 50년 뒤에 인터뷰했음에도 제2차 세계대전 직전에 태어나고 사회화된 (최저선 위 두 개의 선) 남녀보다 젠더 역할의 견해에서 훨씬 더 전통적인 모습을 드러낸다. 차례차례 그 집단은 (광범위하게 말하자면, 베이비붐 세대의 부모는) 베이비붐 세대보다 (아래에서 네 번째와 다섯 번째 선) 더욱 전통적인 면을 보여준다. 하지만 베이비붐 세대와 그 자식들 사이의 차이는 훨씬 적다. 달리 말해 1950년대와 1960년대에 성장한 베이비붐 세대는 1920년대와 1930년대에 성장한 부모 세대보다 양성 역할 관점에서 훨씬 더 평등주의를 지향했다. 또한 베이비붐 세대의 부모 세대는 20세기 초창기에 성장한 그들의 부모 세대보다 훨씬 더 평등주의적이었다.

이것이 의미하는 바는 이런 것이다. 연속되는 여러 세대의 사회화 환경 측면에서, 전통적인 남녀 노동 구분을 거부하는 태도는 대부분 1970년대 이후가 아니라 그 이전에 발생했다. 정반대로 도표 7.12는 다음과 같은 놀라운 사실을 보여준다. 평균적인 밀레니얼 세대(대략적으로 말하면 1980년대에 태어난 세대)는 베이비붐 세대 (대략적으로 말하면 1950년대에 태어난 세대)만큼이나 젠더평등을 지지하지 않는다. 왜냐하면 이들을 나타내는 두 선이 20세기 동안에 전적으로 중복되기 때문이다. 실제로 나무의 나이테가 이전 몇 십 년에 나타난 기후변화를 반영하여 여러 차이를 보이는 것처럼(두툼한 나이테는 빠른 성장 시기를 나타냄), 도표 7.12에서 연속되는 곡선들은 연속되는 이전 몇 십 년에 나타난 사회적 기상도氣象圖의 차이를 반영한다. 격차의 간격이 더 넓을수록 빠른 변화의 시기를 보여주는 것이다.

자주 다르게 보고되기는 하지만, 이런 형태의 분석은 1970년대부터 젠더평등에 관한 태도 변화 대부분이 실은 뺄셈으로 인한 것

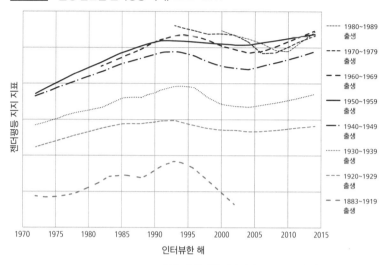

도표 7·12 출생 집단별 젠더평등 지지, 1972~2014

범례:
- 1980~1989 출생
- 1970~1979 출생
- 1960~1969 출생
- 1950~1959 출생
- 1940~1949 출생
- 1930~1939 출생
- 1920~1929 출생
- 1883~1919 출생

(세로축) 젠더평등 지지 지표
(가로축) 인터뷰한 해

출처: 종합 사회 조사 기관. LOESS smoothed : .5.

임을 보여준다. 즉, 20세기 첫 25년 동안에 성인이 된 사람들은 그들 이후에 성인이 된 사람보다 남녀 양성의 평등을 훨씬 덜 지지한다(사회화의 세대 차이를 반영한다). 이것은 페미니즘이 점진적이지만 꾸준하게 20세기 전반기에 수용되었다는 점을 보여준다. 1960년대에 성인이 된 사람은 부모보다 젠더평등을 훨씬 더 지지했으며, 이 부모도 같은 나이 시절의 자기 부모보다 훨씬 더 젠더평등을 지지했다. 그런 나이 많은 세대가 1970년대와 1990년대 사이에 세상을 떠나면서, 남아 있는 미국인들은 자연스럽게, 즉, 어느 개인이 자기 생각을 바꿀 필요 없이 젠더를 향한 태도가 계속 더 진보적으로 되어간다는 걸 뜻한다. 달리 말해 "음울한 수확자Grim Reaper"인 죽음이 20세기 끝 무렵의 몇 십 년 동안 미국인들이 점점 더 여성 해방을 지지하도록 하는 데 있어서 많은 일을 한 것이다.

역사학자들은 20세기 초 몇 십 년 동안 젠더 사회화에 나타난 여러 변화에 주목했고, 그런 현상을 보여주는 몇몇 흥미로운 사례와 그 현상에 대한 설명을 제공했다. 그런 것엔 육아에 관한 변화하는 여러 생각, 여자의 성취를 권장한 걸 스카우트 같은 단체의 출현(진보시대에 발명된 것이다), 연애결혼의 증가(4장에서 논의했다), 소가족 선호 증가, 그리고 행동주의를 통한 여성(그리고 남성)의 정치적 사회화 등이 있다. 1930년대, 1940년대, 1950년대에 여성이 젠더평등에 점점 더 헌신하게 된 또 다른 설명은 정치학자 로버타 시겔의 소위 "상대적 박탈relative deprivation"이라는 이론이다. 본질적으로 여성이 자신의 능력과 포부를 더 의식할수록 점점 더 사회 규범으로 부당한 대우를 받는다는 느낌을 얻고, 그 결과 자신들의 생각을 바꾸기 시작한다. 시겔은 구체적으로 1980년대 여성을 놓고 이런 주장을 한 것이지만, 20세기의 모든 여성에게 적용해도 무방할 것이다.[71]

물론 출생 코호트 이외에 많은 사항들이 최근 몇 십 년 동안 젠더를 향한 태도에 영향을 미쳤다. 그런 사항으로는 많은 남녀가 의식 함양을 통해 관점을 바꾼 것도 포함된다. 많은 사람들이 20세기 후반기에 실제로 더욱 평등주의적인 방향으로 생각을 바꾸었다. 이런 "시기 영향period effect"은 평행 곡선들의 형태로 나타나는데, 만약 사람들의 생각이 바뀌지 않았다면 이 선은 그냥 평평했을 것이다. 페미니즘의 두 번째 물결이 진행되면서 각 집단 내부에서 상당한 수의 사람이 관련 앙케트에 더 평등주의적인 반응을 보였다. 이런 변화는 도표 7.12에 나타난다. 1970년 중반과 1990년 중반 사이의 각 출생 집단 내부에서 젠더평등 지지가 완만하게 오르고 있다. 이처럼 1970년대와 1980년대에서 젠더평등 지지의 누적 성장을 설명하는 두 번째 것은 여성운동의 영향이다. 여성운동은 문화 규범에서 광범위한 변화를 만들어낸 것처럼 보인다. 하지만 이 시기의 영향만 유독 강조하는 건 20세기 초 몇 십 년 동안에 시작된 좀 더 실질적인 변화의 놀라우면서도 명백한 증거를 무시하는 것이다.

마지막으로 위의 여러 도표는 태도의 자유화를 향한 변화 속도가 21세기가 도래하며 극적으로 둔화되었다는 걸 보여준다. 밀레니얼 세대와 X세대 사이의 젠더 역할에 관한 관점 차이는 미미하며 일관성이 없다. 실제로 베이비붐 이후 세대 사이에서 평등주의적 태도는 심지어 다소 후퇴한 것처럼 보이며, 이는 X세대와 밀레니얼 세대를 대상으로 진행한 여론 조사로도 확인된다. 그것은 인종 문제에서 여러 차례 반복하여 살펴본 "가속 페달에서 발을 떼는" 현상을 보여주는 젠더 바탕의 평가 기준이다.[72]

우리는 지난 1백 년 동안 젠더 태도의 변화 타이밍에 대한 우리의 기본적 발견 사항을 이렇게 요약할 수 있다. 즉, 평균 잡아볼 때, 연속적인 여러 집단의 태도가 서로 달라졌다는 것이다. 이 점은 도표 7.13이 잘 보여주는데, 도표 7.12와 같은 데이터를 드러내지만, 약간 단순화된 것이다. 여기서는 위에 서술된 네 가지 현상이 명백하게 드러난다. 그 네 가지는 이러하다. 첫째, 젠더에 관한 태도를 자유화하는 한 세기 동안 유지된 꾸준히 유지되어온 추세, 둘째, 1960년대 동안 성인이 된 미국인 사이에서 약간 증가한 자유화 속도, 셋째, 베이비붐 이후 집단이 성인으로 진입하며 1970년 이후 점진적으로 둔화되는 자유화 속도, 넷째, 최근 몇 년 동안에 벌어진 경미하면서도 놀라운 역진이다.[73] 도표 7.13은 지난 1백 년 동안 젠더 평등에 보내는 미국인의 지지에서 대부분의 진전이 1970년 이전 사회화된 미국인 사이에서 발생했음을 보여준다. 사실상 여성운동은 이미 잘 보존된 불쏘시개용 나무토막에 성냥불을 들이댄 것처럼 보인다.

젠더 역할과 평등주의적 태도에 관한 다양한 질문에 고등학교 3학년이 보인 응답을 추적하는 40년 넘은 조사 데이터에 관한 최근 연구가 나와 있다. 이 연구는 여성이 동등한 일자리의 기회를 받는 것에 관하여 청소년이 점점 더 평등주의적인 태도를 취하고, 대략 1970년부터 1990년까지 그런 태도가 두드러졌다가 그 뒤 보합 상태가 되었음을 보여준다. 가족 간의 젠더 역학力學에 관해 말해보자면 거의 20년 동안 젠더 자유화가 된 이후 젊은 사람들의 생각은 대략 1995년 이후에 뚜렷하게 더 전통적이 되었고, 남자가 생계비를 벌면서 집안의 결정권자가 되어야 한다는 생각의 비율이 늘어나는 현

도표 7·13 젠더평등 지지에서 추정되는 세대 차이

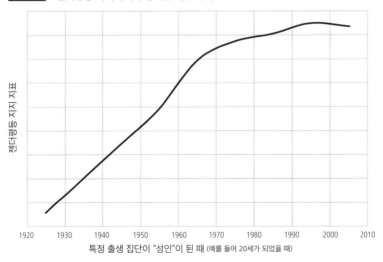

특정 출생 집단이 "성인"이 된 때 (예를 들어 20세가 되었을 때)

출처: 종합 사회 조사 기관. LOESS smoothed : .33.

상도 함께 나타났다.[74] 밀레니얼 세대의 남자들은 X세대나 베이비붐 세대 남자들 못지않게 사회가 이미 직장에서 젠더평등을 이룩할 정도로 충분히 바뀌었다고 말할 가능성이 높다.[75]

최근 몇 십 년 동안 젠더 자유화의 둔화 현상은 특히 젊은 미국인 사이에서 무척 분명하다. 그렇지만 왜 이런 상황이 벌어졌는지에 관한 설명은 전적으로 일관성을 갖추지 못했다. 몇몇 학자들은 이런 현상이 벌어진 이유를 이렇게 설명한다. 그것은 젊은 여성들의 새로운 문화적 틀을 반영하는 것이다. 이런 틀은 선택에 관한 페미니스트 수사법을 타당하게 확대하는 것이라면서 전업 주부를 명실상부 "페미니스트"의 목록에 포함시킨다. 이 이론은 1970년대와 1980년대에 흔했던 "동등한 기회"의 틀을 다른 것으로 대체한다. 그러니까 여자가 일과 모성을 병행하는 걸 옹호하면서, 오늘날 여성운동에서 더욱 흔하게 발견되는 "직장과 가정의 조화"라는 수사법으로 "동등한 기회"라는 틀을 대체하는 것이다.[76] 다른 관찰자들은 베이비붐 이후 세대의 여성들이 더 개인주의적이 되었으며, 따라서 평등을 달성하거나 차별을 극복하는 방법으로서의 집단행동이나 여성운동에 신경을 덜 쓴다고 주장한다.[77] 여전히 다른 사람들은 이러한 변화(젠더평등에 대한 무관심)가 맞벌이 가정에서 부모가 직면하는 실질적인 어려움, 특히 직장과 가정 사이의 균형을 지원하는 공공 정책의 결여 때문이라고 지적한다.[78] 마지막으로 1990년대 이후 남자들은 "새로운 성차별주의(역차별)"를 주장한다고 보고하는 연구서도 나와 있다.[79]

이처럼 아주 다양한 설명에도 불구하고 다음과 같은 합의가 점점 더 힘을 얻고 있다. 즉, 1990년대 중반은 남녀 역할에 관해 전통주의가 되살아난 시기였다. 특히 가정에서 자녀의 육아 문제는 여성이 맡아야 한다고 생각했다. 이러한 전통적 생각이 여자의 동등한 업무 수행 능력과, 생계비를 벌어들이는 동일한 권리를 주장하는 페미니스트 사상과 공존하게 되었다. 하지만 이런 전통적 생각이 정확히 어떻게, 그리고 왜 생겨나게 되었는지에 대해서는 여전히 불분명한 상태이다.[80] 그리고 미투 운동 같은 페미니즘의 최근 형태가 앞으로 어떤 영향을 미칠 것인지는 두고 봐야 한다.

전통주의를 지향하는 요즘 세대의 추세는 다소 어리둥절한 것이지만, 집단으로 분해된 태도에 관한 데이터를 봤을 때 가장 놀라운 것은 대부분의 젠더 자유화가 1970년대 이전에 실제로 발생했다는 뚜렷한 증거가 발견된다는 것이다. 이런 사실은 여성의 자유화가 20세기의 마지막 30년 동안에만 만개했다는 아주 단순한 이야기를 복잡하게 만든다. 놀랍게도 미국 주류가 젠더평등의 태도를 수용한 대부분의 발전은 1960년대 여성운동으로 시작된 것이 아니며, 이후에도 크게 가속화하지도 않았다는 것이다.[81]

진화에서 혁명으로

여성들이 꾸준히 직장으로 들어가고, 어느 때보다도 높은 비율로 고등학교와 대학교를 다니고, 더욱더 공적 분야에 참여하고, 남성 우월주의적인 태도가 20세기 내내 무척 꾸준한 비율로 점차 사라지는 걸 확인했다면 왜 1960년대 페미니스트 혁명이 그토록 화급한 것으로 생각되었을까? 여성들이 새로운 지원 단체를 설립하고, 대규모 시위를 조직하고, 자유를 요구하며 거리에 나오도록 자극했던 건 무엇일까?

첫 번째 답변은 이렇다. 아프리카계 미국인의 사례에서 본 것처럼, 젠더평등화라는 유의미하지만 종종 과소평가된 추세가 20세기 첫 65년 동안의 특징이었지만, 그래도 여성들은 여전히 제약과 배제를 경험한다는 것이다. 앞서 개략적으로 서술되었듯이, 1960년대에 여성들의 전문적인 학교와 전문직 진출에는 거의 진전이 없었고, 여성 투표율이 무척 높은 수준임에도 불구하고 공직을 맡는 여성들은 극소수였다. 직업적 분리, 임금 불평등, 성희롱, 그리고 임신으로 인한 실직은 어느 때보다 더 많은 여성 노동자들이 날마다 직면하는 지속적 현실이었다. 게다가 주류 언론 매체들은 주로 결혼, 가정, 가족에만 한정하여 여성들을 다루었다. 더욱이 여성의 개인적 자유와 자기 결정권에 대하여 많은 제약이 계속되었다. 1960년에 여성은 미혼은 물론 심지어 기혼이더라도 남편의 서명 없이 신용 거래를 틀 수 없었다. 많은 주에서 여성은 사실상 (그리고 몇몇 경우에는 법률상) 배심원 의무에서도 배제되었다. 그리고 다른 주들에서, 여성들은 과실 책임을 따지지 않는 이혼이나 합법적인 피임의 기회를 얻을 수 없었다. 낙태는 금지되었고, 공공연하게 여성 성욕을 논의하는 건 대체로 금기시되었다. 여성은 사관학교에 입학할 수 없었고, 많은 스포츠 경기에도 참여할 수 없었다. 남녀평등 헌법 개정안은 40년 동안 논쟁 중이었고, 아직 비준도 되지 않았다. 많은 영역에서 벌어지는 노골적인 젠더차별은 여전히 합법적이었고, 널리 수용되었고, 광범위하게 시행되었다. 실제로 많은 측면에서 이런 불평등한 현실에 대한 점증하는 불만족을 부채질한 건 1960년대 이전에 여성들이 이룩했던 바로 그 진전이었다. 어느 때보다도 많은 여성들이 교육을 받고, 포부를 품고, 독립적인 태도를 지닌 채 성인이 되어가고 있었지만, 자신들의 능력과 선택이 인위적으로 축소된 현실과 직면해야 했다.[82]

여성 불만에 대한 두 번째 답변은 이런 것이다. 여성을 향한 태도는 20세기 전반기에 점점 자유화하는 쪽으로 나아가고 있었다. 그러나 종전 이후에(20세기 후반에), 중산층의 교외로의 이동, 주류 언론 매체와 광고에 의해 널리 홍보되는 가정 우선주의, 문화적 순응에의 광범위한 요구 등은 여성성에 대한 새로운 이미지와 기대감을 만들어냈다. 그런 이미지나 기대감은 여러 면에서, 20세기 전반기에 여성의 평등을 향해 나아가던 점진적이지만 유의미한 전진과 모순되는 것들이었다.

1950년대는 문화적 자유화를 향해 나아갈 수도 있었으나 그렇게 되지 못했고 그리하여 상당한 여성 자유화가 정지되거나 더 나아가 축소되던 시기였다. 베티 프리단의 비판은 이러한 문화적 기대에 즉각 반응한 것이었을 뿐만 아니라 교육적 형평과 임금 형평에서의 실질적인 (하지만 일시적인) 퇴보, 전후 직업적 분리의 부활, 공적 보육 제공에서의 반전 등에도 즉각 반발하는 것이었다. 이런 모든 차별적 현상이 그녀의 책이 출판되기 직전에 벌어졌던 것이다.

또 다른 중요한 이유는 이러하다. 여성들은 인종적 평등과 통합을 위한 행동주의(19세기에 있었던 것)를 곧 젠더평등과 참여를 추구하는 영감이자 모델로 봤다. 1950년대와 1960년대에 시민권 운동이 세력을 얻고 여러 중요한 승리를 거두면서 페미니스트들은 그들의 대의를 강조하는 일에서 격려를 받았고 또 대담해졌다. 온 국민이 더욱 그들의 권리를 자각하게 되었다. 또 시위 문화가 전국을 휩쓸면서 시민권을 위한 투쟁의 맥락에서 젠더 권리를 요구할 수 있는 더 많은 공간이 열렸다.

곧 전미 여성 연맹이 형성되어 여성들을 시위운동에 동원하고 고용주에게 차별 금지 조치를 따르라고 압력을 넣었으며, 연방정부에도 그런 조치를 집행하라고 압박했다. 또한 낙태와 출산 보건 접근법, 여자에 대한 폭력, 레즈비언 권리를 포함한 더 폭넓은 여성 문제에 사람들의 관심을 환기시켰다. 전미 여성 연맹의 조직적 행동 중 가장 가시적인 것은 제19조 헌법 개정안 비준 15년을 기념하여 진행한 젠더평등을 위한 전국 여성 파업(1970)이었다. 이 파업은 1만 명의 여성들을 동원하여 전국에서 "파업이 한창일 때 다림질을 하지 말라"는 구호와 함께 결집하고, 행진하고, 연좌 농성을 벌였다.

전미 여성 연맹이 형성된 이후에 여성운동이 거둔 가장 의미심장한 몇몇 법적 승리는 다음과 같다.

- 대통령령 11246호, 1967년 여성에게 온전한 차별 철폐 조치 권리 확대
- 1972년 평등 고용 기회법
- 1972년 연방 지원을 받는 교육에서 보호 계층으로 양성을 포함하는 고등 교육법을 위해 미국 헌법 수정 조항에 더해진 제9조
- 교육에서 젠더차별에 대한 연방 보호를 약술한 여성 교육 형평법(1974)
- 1973년 낙태를 합법화한 "로 대 웨이드" 판결
- 1974년 신용 기회 균등법
- 1978년 임신 차별 금지법
- 1975년 사관학교에 여성 입학을 요구하는 법 통과

- 부부 사이 강간의 불법화와 과실 책임을 따지지 않는 이혼의 합법화

하지만 20세기 마지막 30년 동안 젠더 행동주의의 가장 널리 홍보된 승리는 여성에 대한 문화 규범과 사회적 태도의 변화일 것이다. 페미니스트 이론이 이때 폭발적으로 늘어났고, 권력 구조와 가부장제에 관한 혁명적인 여러 논쟁을 촉발했다. 이런 논쟁 다수는 페미니즘 운동의 슬로건인 "개인적인 것이 정치적인 것이다the personal is political"를 간결하게 담아냈다. 이런 격동하는 시기를 겪은 많은 여성들은 어떻게 "제2의 성"이 인식되고, 어떤 나아갈 길이 있는지 탐구하면서 완전한 변화를 체험했다.[83] 그럼에도 불구하고 앞서 제시된 여론 데이터가 명백히 보여주는 것처럼, 이런 변화는 마른 하늘에 날벼락처럼 다가왔다기보다는 몇 십 년을 통해 느리지만 꾸준하게 진전된 것이었다. 페미니즘 운동의 활력 대부분은 나이가 많은 전통주의 세대가 무대에서 사라진 결과로 주어졌다. 게다가 입법 승리와 여성을 향한 태도 변화는 끈덕진 여성 활동주의에 바탕을 둔 것이었고, 나아가 여성의 경제적, 교육적, 그리고 정치적 지위에서 완만하고도 꾸준한 변화가 있었기 때문에 가능했다. 이 모든 것은 실제로 20세기 몇 십 년 동안에 진행되어 왔다.

경제사학자 클라우디아 골딘은 미국 사회에서 여성 역할의 변화가 네 가지 단계로 발생했다고 봤다. 앞선 세 가지 단계는 그녀가 세운 틀에서 19세기 후반부터 1970년대 말까지를 포함하며, 그녀가 "진화적 단계"라 부르는 것이었고, 1970년대 말부터 시작되고 오늘날까지 지속되는 네 번째 단계는 "혁명적 단계"라고 지칭한 것이었다. 그녀는 이렇게 썼다. "진화적인 단계는 천천히 혁명적인 단계

로 이어졌다. 진전의 혁명적인 부분은 다른 많은 혁명처럼 필수적이지만, 충분하지는 않았던 근본적이고, 장기적이고, 진화적인 변화가 그 앞에서 벌어졌기에 가능했다."[84] 여기서 그녀는 주로 경제적인 지표를 언급하지만, 그녀의 지적은 여성의 교육적, 정치적 참여 추구부터 젠더평등 문제에 관한 법적 변화와 태도 변화 등까지 더 폭넓게 적용될 수 있다. 20세기 전반기에 나타난 변화는 비록 불충분했어도 실재하는 조용한 변화였고, 여성이 "우리"로서의 미국에서 언제, 그리고 어떻게 더욱 폭넓고 깊은 형태의 참여를 달성했는지 보여주는 스토리의 중요한 부분이었다.

여성과 나-우리-나 곡선

이 책 내내 우리는 1925년부터 1965년까지의 시기가 아주 여러 측면에서 "우리" 공동체로서의 미국을 구축한 시기였다고 주장했다. 그 시기에는 평등주의적 가치가 승리를 거두고, 예절과 단결이 향상되고, 관용과 연대의 윤리가 보급되고, 공익을 향해 공동으로 헌신했다. 그러나 인종에 관해서는 얘기가 달라진다. 인종을 다룬 앞 장에서 언급한 것처럼, 20세기 첫 65년 동안 구체화된 "우리" 공동체주의는 본질적으로 백인 남성만 포함했다. 이것에 주목하는 것이 아주 중요하다. 왜냐하면 아프리카계 미국인, 여성, 그리고 많은 다른 집단은 지난 1백 년 동안(실제로는 그보다 훨씬 오랫동안), 심지어 기본적인 수준의 평등과 통합을 얻기 위해 맹렬하게 싸워온 것이다. 그 때문에 20세기에 구축된 이른바 "우리"는 본질적으로 인종차별적이고 남성우월주의적이었다고 추정해도 무방하다.

하지만 인종 사례에서 본 것처럼 20세기가 흐르는 동안 젠더평등에서 장기간에 걸친 경험적 추세를 살펴볼 때, 20세기 말까지 여성들이 전적으로 "우리"에서 제외되었다거나 혹은 완고한 남성 중심 개념(젠더평등을 위해 해체되어야 할 개념)에 의해 완전히 뒤에 남겨졌다고 주장하기는 어렵다. 젠더평등에서 나타나는 추세는 분명 나-우리-나 곡선을 반영하지 않는다. 우리는 20세기 말까지 여성의 평등과 참여가 제지되었다는 걸 지나칠 정도로 많은 사례를 들면서 지적했다. 그럼에도 불구하고 20세기의 젠더평등 스토리가 우리의 더 일반적인 결론에서 벗어나는 것이라고 보지 않는다. 우리는 미국의 업스윙 동안에, 여성들이 평등과 참여를 향해 꾸준하고 주목할 만한 진전을 해온 많은 사례들을 발굴했다. 1960년대와 1970년대 아프리카계 미국인과 함께 여성들이 경험한 획기적인 변화는 몇 십 년에 걸쳐 형성된 진전의 최고점으로서만 가능했다. 게다가 늘어나는 경제적 불평등, 늘어나는 여성 가장家長의 비율, 그리고 이와 동시에 발생한 최근 몇 십 년에 나타나는 느린 임금 평등의 진전 등이 복합된 "나" 개인주의 현상은 특히 여성들을 힘들게 했다. 이는 같은 시기 아프리카계 미국인의 사례에서 발견된 "가속 페달에서 발을 떼는" 현상을 어느 정도 상기시키는 현실이었다.

전반적으로 볼 때, 20세기 미국의 "우리"는 오늘날에도 그런 것처럼 절대로 충분히 포괄적인 것은 아니었다. 하지만 젠더평등에서 나타나는 장기적인 추세는 인종평등에서 나타나는 경향보다 약간 더 낙관적인 상황이다. 여성은 대체로 다양한 차원의 불이익을 경험하는 아프리카계 미국인이나 아프리카계 미국인 여성보다 "우리" 공동체주의에 참여하는 일에서 더 크고 더 오래 지속되는 성공을 거뒀고, 또 그런 혜택으로 더 많은 이익을 누렸다.[85] 실제로 여성이 미국의 발전 계획에 온전히 기여하기 위해 해야 할 일은 여전히 많다. 그리고 미래로 나아가는 길에는 여러 가지 위험들이 도사리고 있다.

1965년 케네디 대통령의 위원회가 만든 여성 지위에 관한 보고서는 대중들에게 널리 읽히는 책이 되었다. 이 책에는 저명 인류학자 마거릿 미드가 적은 서문과 후기가 적혀 있다. 그녀는 보고서와 보고서의 권고가 두 가지 핵심 문제를 미제로 남겨뒀다고 말했다. 첫째, 여성이 직장에서 동등한 참여를 성취하게 되면 누가 "가정생활의 가장 중요한 여러 측면"을 처리할 것인가. 둘째, 교육 받은 여성의 출세와, 그들을 위해 가정부로 일하는 여성의 가난과 정체停滯 사이의 간극을 어떻게 할 것인가. "집에서, 직장에서, 실험실에서 가난한 사람의 도움을 받아 자기가 하고 싶은 일을 무척 열심히 하는 사람이 있는 것이다." 미드는 제대로 예견했다.[86]

미드의 관찰은 무척 선견지명이 있는 것이었다. 위원회의 보고서가 여러 측면에서 평등과 참여를 향해 여자들이 벌인 투쟁의 끝을 알리는 것이었지만, 그 보고서는 이런 시점에서 나왔다. 그 시점은 미국이 역사의 벼랑에 걸터앉았을 때, 즉 몇몇 집단의 필요와 이익을 다른 이들의 그것과 점점 더 대립시키고, 종국에 가서는 훨씬 더 분열된 국가를 만들지도 모르는 내리막에 들어선 시점이었던 것이다. 유감스럽게도 완전한 평등을 향한 여성들의 진전이 "나" 중심의 미국 개인주의에 의해 가속화되었다는 증거는 거의 없다. 모든 사람의 기여를 소중하게 여기고, 누구의 기회도 제약하지 않고, 편견 없이 번영을 제공하는 공동체를 만드는 것, 이것이야말로 미국의 민주주의를 지속적으로 새롭게 하는 것이다. 그런 일은 평등과 통합을 위해 여전히 싸우고 있는 유색 인종에게, 여성에게, 그리고 다른 과소평가된 사회 집단에게 고루 혜택이 돌아가게 할 것이다. 아니, 우리 모두에게 혜택을 가져올 것이다.

제8장

20세기의 아크㈇

THE
UPSWING
ROBERT D'
ROBERT
PUTNAM

8
—
THE ARC
OF THE
TWENTIETH
CENTURY

넓은 각도에서의 역사

이번 장에서 우리는 단순히 나무와 잎사귀만이 아닌 숲을 보려고 한다. 우리는 공통 주제를 다룬 네 개의 장─경제(2장), 정치(3장), 사회(4장), 문화(5장)─에 활력을 불어넣은 폭넓은 변화를 요약하면서 시작할 것이다. 그리고 개인과 공동체 사이의 균형 측면에서 지난 125년 동안 어떻게 미국이 변했는지 묻기 위한 구체적인 주제, 구체적인 변수, 구체적 서술에서 한 발짝 뒤로 물러날 것이다. 이렇게 넓은 각도의 개요를 설정함으로써 이 시기 몇 십 년 동안 나타나는 하나의 명백한 중심점을 포착할 것이다. 폭넓게 정의하면 그건 바로 1960년대로 좁힐 수 있다. 따라서 이번 장 후반에서 정확히 언제, 어떻게, 그리고 왜 이런 중심점이 발생했는지 상세하게 관찰한다.

이 책에서 탐구한 대다수 주제는 근년에 다른 책들에 의해서도 적극적으로 연구되었다. 그런 책 중에는 『나 홀로 볼링』(2000)도 있다. 그런데 이 책 『업스윙』으로 우리가 기여하는 건 두 가지 측면에서 이전의 연구들과는 다르다. 첫째, 단순히 지난 10년, 혹은 지난 50년 만이 아니라 지난 125년을 탐구한다. 둘째, 네 가지 사회적 변화의 광범위한 차원을 한 번에 하나씩 다루지 않고, 한꺼번에 탐구한다.

이런 넓은 각도, 장기간의 시간 흐름으로 접근하는 방법의 혜택은 자연 과학에선 익숙한 것이다. 초기 천문학은 한때 망원경으로 밤하늘을 보면서 가시광선으로 우주를 연구했다. 나중에 천문학자들은 더 장기적으로 하늘을 연구했는데, 적외선 천문학, X선 천문학 등에 힘입어 전자기 스펙트럼electromagnetic spectrum 전체를 측정했다. 적외선 천문학과 X선 천문학은 비교적 최근에 출현했는데, 별개의 여러 스펙트럼에서 나온 이미지를 통합하여 더욱 오랜 기간을 관찰할 수 있게 되었다. 예를 들어 초신성들에 관해 지금 우리가 알고 있는 지식은 시간의 흐름에 따라 수집한 다중 스펙트럼 이미지들multi-spectral images에 기초한 것이다.[1]

이와 마찬가지로, 현저하게 긴 기간을 두고 동시에 다차원(경제적, 정치적, 사회적, 문화적)에서 발생한 사회적 변화를 측정함으로써 이전에 간과된 여러 패턴을 발견하고 조사할 수 있다. 우리는 기간과 범위가 한정되어 있는 연구, 가령 대침체Great Recession, 2007~2009 이후의 경제적 불평등에 관한 연구나 1970년대 남부 재편성 이후 정당 양극화에 관한 연구, 혹은 지난 몇 십 년 동안 노동자 계층 백인 사이의 가족 형성에 관한 연구 등을 아주 가치 있게 여기며 이 연구들의 결과에 크게 의존하고 있다. 하지만 우리는 더 넓은 맥락에서 그런 연구의 틀을 잡고자 한다.

이전 여러 장에서 겉보기엔 전혀 관련이 없는 것처럼 보이는 다양한 역사적 패턴들을 언급했다. 가령 임금, 분리 투표, 아기 작명, 클럽 회원 자격, 자선 활동, 혼인율, 의원 투표, 노동조합화, 그리고 심지어 대명사 용법 등이 그런 것이었다. 이 책의 집필 목적은 20세기 전반기의 대중적 역사학자 프레더릭 루이스 앨런에 의해 틀이 잘 잡혔다.

> 때로 역사학자는 한 번에 여러 이야기를 쓸 수 있기를 원한다. 그런 얘기들을 평행하게 제시하고, 사람의 뇌가 현기증을 느끼지 않으면서 그 모든 이야기를 따라와 시간의 물길을 따라 이런 무수한 사건의 흐름을 더 생생한 감각으로 받아들일 수 있도록 그 얘기들을 잘 구성할 수 있기를 바란다.[2]

도표 8.1에 요약한 것처럼, 우리는 지난 125년 동안 네 가지 무척 다른 영역에서 나타난 예기치 못한 놀라운 동시성을 발견했다. 그 네 가지 개별적인 그래프는 해당 장의 끝부분에서 제시되었고 또 검토되었다. 여기서 네 가지 영역을 단 하나의 도표로 만들자 네 분야의 추세가 얼마나 비슷한지를 살펴볼 수 있었다.

이렇게 합쳐 놓고 보니, 도표 8.1의 여러 곡선들은 지난 125년 동안 미국 경제, 정치, 사회, 그리고 문화의 광범위하면서도 간략한 스토리를 보여준다.[3] 제1차 도금시대는 미국에 엄청난 물질적 진보를 가져왔지만, 더불어 불평등, 양극화, 사회 혼란, 그리고 문화적 이기주의도 함께 가져왔다. 이어 10~20년이 지나 20세기가 시작되었고, 진보 운동이 이어지면서 역사의 진로를 새로운 방향으로 재

도표 8·1 경제, 정치, 사회, 문화의 추세, 1895~2015

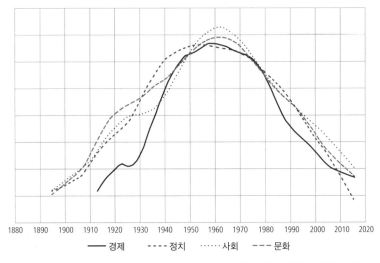

경제 ——— 정치 ----- 사회 ⋯⋯⋯ 문화 –––

출처: 미주 1,4, 참조, LOESS smoothed .2.

조정하는 정책이 시행되었다. 그런데 진보 운동은 비록 그 정치, 인구 구성, 이데올로기 등이 다양하기는 했지만, 철학적 일관성이라고는 공동체를 향한 헌신뿐이었다.

대략 50년 동안 이런 별개 "사건의 흐름streams of events"은 때로는 함께 앞으로 달려가기도 하고, 때로는 서로 경쟁하고, 가끔 역류에 걸려 정체되어 멈추기도 하면서 새로운 미국을 만들어냈다. 도금시대의 미국보다 더 평등하고, 덜 논쟁을 벌이고, 더 연결되어 있고, 더 공유된 가치를 의식하는 미국이었다. 하지만 사전 경고가 없었던 건 아니지만 예기치 못하게 다양한 흐름이 동시에 역행했고, 1960년대 이후 미국은 꾸준히 덜 평등하고, 더 양극화되고, 더 파편화되고, 더 개인주의적이 되어 제2차 도금시대a second Gilded Age를 맞이하게 되었다.

이것이 여태까지 이 책에서 이야기해온 핵심적인 스토리이다. 뒤집어진 U자형 곡선은 명백히 125년에 대한 간략한 거시사라 할 수 있으며, 이는 잠재적으로 많은 논란을 일으킬 수 있다. 왜냐하면 무엇보다도 우리는 이전 두 개의 장에서 논했던 인종과 젠더에 관한 중요한 곡선들, 미묘한 차이가 있고 복잡한 여러 곡선을 많이 누락했기 때문이다. 동시에 이런 단순화는 현재 미국의 침체가 생겨나게 한 여러 추세를 강조해준다. 이번 장과 다음 장에서 우리는 뒤로 한 걸음 물러나 그런 추세들이 미국에 어떤 의미가 있었는지, 그리고 앞으로 어떤 의미가 있을 것인지 물어볼 것이다.

수량적 분석은 다음과 같은 사실을 확인해준다. 즉, 이 책에서 제시된 경제, 정치, 사회, 문화, 네 분야의 변화에 관한 연속적인 도표들은 놀라울 정도로 우리가 약칭 "나-우리-나 곡선"이라고 명명한 단일 패턴을 일관되게 확인해준다. 이런 모든 다양한 변수는 시간이 흐르면서 무척 밀접하게 상호 연관되었다. 많은 다른 변수들의 이면에는 기본적으로 나-우리-나 곡선이라는 단일한 잠재 변수a single latent variable가 있는 것으로 보인다.[4]

확실히 이런 잠재 변수가 어떤 특정 지표에 영향을 주는 유일한 요소는 아니다. 개인적인 경제적, 정치적, 사회적, 그리고 문화적 지표의 연간 통계는 다른 많은 동인들로부터 영향을 받는다. 예를 들어 최저임금의 실질 가치는 연방 의회가 그것을 상향 조정하기로 했을 때 영향을 받고, 당론 투표는 특정한 해에 어떤 후보자가 입후보했는가에 따라 영향을 받는다. 하지만 놀라운 사실은 수없이 다양한 지표가 무수한 특정 동인들로부터 영향을 받는다 해도 이 지표들은 결국 기본적인 U자형 곡선을 보여준다는 것이다. 이런 공통성이 의미하는 것은, 나-우리-나 곡선이 지난 125년간 미국에서 벌어진 사회적 변화를 가장 잘 보여주는 근본적인 아크(전도된 U자형 곡선)라는 것이다. 이 아크의 영향력은 미국인의 생활 구석구석에 스며들어가 있다.

그렇다면 한 가지 큰 의문이 떠오른다. 무엇이 이런 패턴을 만들어냈는가?

우리는 앞서 이런 다양한 기준들 사이의 체계적인 차이를 주의 깊게 살폈다. 몇몇 변수가 "선도하는leading" 혹은 "뒤처진lagging" 지표였는가? 만약 그렇다고 한다면 그 변수는 무슨 일이 진행 중인지에 대해 귀중한 단서를 제공할 수 있을 것이다. 하지만 이런 여러 변화들의 동시성은 사실상 무엇이 무엇을 유발할 수 있는지를 구분하는 걸 불가능하게 만든다. 비유적으로 말해보자면, 뭉쳐 날아가면서 동시에 방향을 바꾸는 새 무리에서 어떤 새가 그런 변화를 주도하고 있는지 구분하기 어려운 것이다.

우리가 판단했던 많은 변수들 사이에서 사실상 주된 지표는 없다. 우리가 최첨단 계량 경제 분석을 활용하여 발견했던 유일한 체계적 차이는 뜻밖에도 다른 추세들을 뒤쳐지게 하는 경제적 불평등, 특히 부의 불평등의 미세한 추세였다. 처음에는 경제적 불평등이 이런 연계된 여러 추세들의 주된 동인이라고 짐작했지만, 통계적 증거는 경제적 불평등이 오히려 사회적 변화를 이끄는 기관차가 아니라 거기에 딸린 부속 차량일 가능성이 더 높다는 걸 보여준다.[5]

정치가 나-우리-나 곡선의 핵심이라고 주장할 수도 없다. 탈양극화에 관한 한두 가지 실증적인 지표는 다른 곡선들에 앞서 정점에 올랐지만, 20세기 내내 양극화에 관한 우리의 최고 단일 기준

424

인 의원 투표는 이런 주장—정치적 양극화는 우리가 논의한 다른 요소들 가령 경제, 사회, 문화에 선행한다는 주장—과 일치하지 않는다.

사회·경제적 변화의 물결에서 문화는 단순히 거품이라는 흔한 생각—마르크스주의에서 유래한 것—과는 정반대로, 몇몇 증거는 오히려 문화적인 변화가 사회·경제적 변화를 선도한다는 것을 보여준다. 경제적 결정론과는 다르게, 사회적 진화론으로부터의 이탈은 더 큰 경제적 평등을 향한 추세가 굳건히 확립되기 몇 십 년 전부터 이미 시작되었다. 반대로 1950년대의 문화적 동요가 공동체로부터의 이탈을 예고하던 바로 그 때에도, 불평등의 심화는 여전히 몇 십 년은 더 뒤의 일이었다. 이런 몇몇 증거들은 비록 흥미를 불러일으키는 것이긴 하지만, 너무 근거가 박약하여 어떤 명확한 주장을 뒷받침하지 못한다.

요컨대 이 단계에서 활용할 수 있는 증거는 나-우리-나 행동 패턴의 "원인 없는 제1원인uncasued first cause"의 지표를 제공하지 못한다. 한 무리에 소속된 모든 새들이 거의 동시에 방향을 바꾸면 겉보기엔 그 새떼에는 지도자가 없어 보인다. 이것은 인과분석의 시도를 아주 복잡하게 만든다.

간단한 인과분석의 경우에 또 다른 장애물은 우리의 스토리에는 폭넓은 여러 지표들이 포함된다는 사실이다. "X에서 Y로"라는 식의 단순한 주장은 범위가 넓고 다양한 여러 Y들과 충돌한다. Y1(가령 소득 불평등)에 작용할 수 있는 어떤 구체적인 설명(우리의 기호로는 X)은 Y2(클럽 회원 자격), Y3(교차 투표), Y4(갓난아기의 이름 짓기) 등 우리가 검토했던 수십 가지의 Y를 제대로 설명해주지 못한다. 곧 이런 인과관계 문제들을 살펴볼 것이지만, 얼핏 보기에도 단순히 "X에서 Y로"식의 사례가 될 가능성은 낮다.

이 책은 평등, 양극화, 사회적 연대, 개인주의에서 나타나는 변화와 전환점 등 역동적 사항을 다루는 데 집중하지, 어떤 정체된 고정적인 수준을 다루지 않는다. 전환점에서 변하는 것은 변화의 방향이지 즉각적인 변화의 수준은 아니다. 가속 페달을 밟자마자 자동차가 당장 최고 속도에 도달하지 않으며, 브레이크를 밟을 때 차의 가속도는 줄어들지만, 속도가 곧바로 0으로 떨어지는 게 아니다. 사회의 움직임 또한 마찬가지다. 사회적 관성 때문에 변화는 좀처럼 곧바로 나타나지 않는다.

예를 들어 진보시대는 제1차 도금시대의 점증하는 불평등, 양극화, 사회 분열을 극복하고 평등, 예절, 공동체주의로 나아가는 상전벽해 수준의 변화를 이루었다. 그렇지만, 평등, 예절, 그리고 공동체주의의 수준은 하룻밤 사이에 바뀌지 않았다. 1920년의 평등과 공동체의식은 근본적 추세가 많이 호전된 1960년의 기준으로 보면 여전히 저조했다. 1900년부터 1920년 시기에 실제로 변화한 것은 변화의 방향이었고, 장기적으로 볼 때 그것은 근본적인 사항이었다.

마찬가지로 1960년대는 "우리"에서 벗어나 "나"로 향하는 전환점에 도달했다(이 장의 후반부에서 검토된다). 그러나 평등, 양극화, 혼인율 등의 관점에서 살펴보면 1970년은 1960년과 극적으로 달라지지 않았다. 1960년대에 극적으로 변화한 것은 미국의 추진력 방향이고, 앞으로 살펴보겠지만 그런 방향 전환은 당시 미국인들에게 완벽하게 가시적인 것이었다.[6] "변화의 방향의 변화change in direction of change"는 난해한 얘기처럼 들리지만, 어떤 전환점은 실시간으로 감지하는

게 더 쉬울지도 모른다. 여러 전환점들 사이에 있는, 점진적이면서
도 한 해에서 다음 해로 넘어가면서 생겨나는 변화들은 잘 감지되
지 않는 것이다.

우리 이야기의 핵심인 전도된 U자형 곡선은 완벽히 매끄럽거
나 대칭적이지는 않다. 특히 20세기 전반기의 추세는 거의 변화가
없긴 했지만, 엄밀히 말해서 직선 모양이 아니었다. 하지만 그것은
하나의 단일한 기조를 유지했다. 늘 향상되거나 정체하거나 둘 중
하나였고, 역진하거나 역진이 장기간 지속되는 경우는 단 한 번도
없었다. "우리"를 향한 가장 큰 변화는 대략 1920년 전에 발생했고,
이후 다시 대략 1935년 이후에 발생했으며, 1920년대 중반에 뚜렷
한 정지기가 있어서 전후 시기와 구분이 된다. 광란의 20년대 동안,
혹은 그 직후의 정체는 경제적 평등, 양극화, 종교 참여, 클럽 회원
자격, 가족 형성, 공공 정책, 심지어 아기 작명에 관한 곡선들에서도
발견할 수 있다. 달리 말해 우리가 1930년대 초 시점에서 미국을 분
석하는 걸 중단했더라면 여러 장기적 추세들을 그리 분명하게 밝혀
내지 못하거나 예측할 수 없었을 것이다.[7]

20세기 미국사에 관한 전통적인 설명에서 뉴딜정책과 제2차
세계대전은 20세기를 "이전"과 "이후"로 나누는 가장 중요한 분기
점이다. 여러 목적에 부합하게도 이러한 전통적인 설명은 미국사의
중요한 특징을 잘 담아내는데, 특히 외교 정책 분야가 그러하다. 하
지만 이 책에서 제시한 관점에서는 20세기 미국사의 핵심이 우리
가 앞의 여러 장에서 반복해서 살펴본 것처럼 1940년대가 아니라
1960년대다.

공동체의식과 개인주의 사이의 긴장을 생각하면 양극 사이에

서 이리저리 흔들리는 추의 비유를 활용하는 게 자연스럽다. 추가 한 방향으로 꾸준히 움직이면 대항하는 힘이 점점 커지기 시작하고, 결국 추는 역진한다. 역진 이후에는 반대 방향으로의 움직임이 가속화되지만, 반대편 극을 향해 움직이는 동안 균형을 잡으려는 힘이 작용하여 속도가 느려지며, 이런 상황이 추가 다른 극에 도달하여 다시 역진할 때까지 계속된다. 추의 비유는 자연스럽게 균형을 잡으려는 힘을 연상시키게 되는데, 특히 추가 어느 한쪽 극에 가까워질수록 균형에 대한 요구는 더 강해진다. 어떤 사건이 현재의 제도와 행동 패턴에 대한 확신을 흔들어놓는가? 어떤 사건이 우리를 분열시키거나 결합시키는가? 어떤 생각이 구식처럼 보이게 되고, 어떤 생각이 새롭고 더 매력적으로 보이게 되며, 그렇게 되는 이유는 무엇인가? 1960년대에 발생한 것은 이런 현상들이다. 이 장의 뒷부분에서 우리는 그런 문제들을 탐구할 것이다.

추의 비유를 활용했지만, 이런 비유가 미국사의 몇몇 예리한 관찰자에 의해 활용되는 건 그리 놀라운 일이 아니다. 경제학자 앨버트 O. 허쉬먼은 자신의 책 『변화하는 관여』라는 책에서 "개인적 관심"과 "공적 행동"의 주기에 관한 글을 썼는데, 이 둘의 차이는 정확히 같지는 않아도 개인주의와 공동체의식 사이의 차이와 비슷하다.[8] 전자는 사람들이 개인의 이익에 가장 큰 신경을 쓰고, 공동체주의에 부합하거나 공적인 행동을 하는 걸 꺼리는 시기이다. 후자는 집단주의적, 친정부적 생각과 행동을 강조하는 시기이다. 허쉬먼은 추의 비유와 같은 경향이 존재하려면 개인적 관심/공적 행동의 틀 외부에서 어떤 "외재적 변수exogenous variable"가 반드시 그 틀에 변화를 유발해야 한다고 지적했다. 그가 찾아낸 외재적 변수는 사람들의 실망이었다. 실망 때문에 둘 중 어느 사고방식에 대한 환상이 깨져서 다른 사고방식으로 움직이게 된다는 주장이다. 어느 순간 한쪽 사고방식의 악덕과 다른 쪽 사고방식의 미덕 사이에 불균형이 늘어나 티핑포인트*에 도달하고, 이 지점에서 모래 알갱이라도 하나 더 보태지면 균형이 어느 한쪽으로 기울어지는 것이다. 추의 역진은 이전 시기의 과도함에 대한 반발처럼 보일 수 있다. 우리가 살펴본 바로는, 1960년대에 이르러 공동체주의적 견해는 상투적이고 한물 간 것처럼 보였고, 그에 반해 좌파와 우파를 막론하고 개인주의적 견해는 창의적인 것으로 보였다. 이렇듯 반대쪽에 힘이 실리는 현상은 5장에서 언급한 1950년대의 순응에 대한 비판적 태도의 급증 사례에서 찾아볼 수 있다.[9]

다른 한편으로 추의 비유에는 우리의 목적에 부합하지 않는 여러 심각한 약점이 있다. 인간의 사회생활에는 자연계와는 다르게, 기계적 평형이라는 게 없다. 자연계에 속한 추는 중력 법칙에 따라 아주 일정한 속도로 움직인다. 그에 반해 경제, 정치, 사회, 문화의 네 가지 영역에서 우리가 검토했던 곡선들은 급발진의 시기, 빠른 변화의 시기, 그 사이의 정체하는 막간극 시기를 보인다. 더 중요한 건 사실상 모든 장들에서 논의했던 것처럼 사람의 작용과 리더십이 결정적 변수가 된다. 추의 움직임은 더 나은 쪽이든 혹은 더 나쁜 쪽이든 역사적으로 필연적인 현상이 아니다. 추의 비유는 몇몇 역사 순환 이론처럼 1900년대와 1960년대(그리고 2020년대)에 나타난 변화의 핵심들이 미리 예정되어 있다고 암시하지만, 우리는 그걸 믿지

---

*   tipping point. 균형을 깨뜨리는 극적인 변화의 시작점.

않는다. 역사의 추는 사람의 힘으로 움직인다. 그러므로 추의 비유가 암시하는 것처럼 1960년대의 전환점이 필연적이었다는 주장은 받아들이기 어렵다. 단지 미국이 그 시대에 "우리" 공동체주의의 꼭짓점에 이르렀다는 사실만으로도 그 전부터 이미 필연적으로 예정되었다고 주장한다는 것은 의심스러운 것이다.[10]

인과관계

우리는 인과관계에 대해 모르는 것이 많다. 여러 곡선들이 무척 밀접하게 뒤얽혀 있고, 인과분석에 사용되는 전통적인 수단, 가령 선도하는 지표와 뒤처진 지표를 지켜보는 방식이 우리에게 도움을 주지 못했기 때문이다. 게다가 각 실증적 요소마다 각자 다른 인과적인 배경이 있고, 또 똑같이 복잡한 피드백 순환이 있기 때문이다. 예를 들어 어떤 단계에서는 경제적 불평등이 양극화를 자극할 수 있을지 모르지만, 그다음 단계에서는 전혀 자극하지 못한다.[11] 이런 불규칙한 피드백의 순환 고리는 단순한 인과관계 스토리조차 만들어내지 못한다. 게다가 과학 분야에서 인과관계 조사는 사물 이해의 첫 번째 단계가 아니라, 마지막 단계다. 특히 천문학과 대부분의 사회과학 등 진정한 실험이 불가능한 분야에서 인과관계 조사는 나중으로 밀리게 된다. 그보다는 현상을 묘사하고 그 원인을 추측하는 것이 중요한 작업이며, 우리가 이 책에서 시도하려는 것이다. 미래 연구자들이 우리의 현상 묘사와 추측을 그럴듯하다고 생각한다면 그들은 틀림없이 인과관계의 이해에 진전을 보일 것이다.

사회과학자와 역사학자들이 설명에 접근하는 방식은 서로 다르다. 나–우리–나 곡선에 관해 양적연구를 수행하는 사회과학자들에게 말해보면, 그들은 종종 우리가 곡선의 "원인"을 확인하는 것이 가능하다면 우리의 이야기를 온전히 믿어주겠다고 한다. 하지만 역사학자들은 다르다. 그들은 우리가 곡선의 "원인"을 실제로 확인했다고 말해줘도 "역사는 늘 그것보다 더 복잡한 것이므로" 우리의 이야기를 믿지 않겠다고 한다. 요약하면 사회과학자들은 인과분석을 선호하는 경향이 있는 반면, 대다수 역사학자는 인과분석보다는 그것을 둘러싼 상황과 맥락이 제시되는 스토리를 더 선호한다.[12]

　　노벨상 수상 경제학자 로버트 쉴러는 최근 주장하기를 사회과학자들이 주목할 만한 것을 역사학자들이 발견할 가능성이 있다고 했다. 쉴러의 책 『내러티브 경제학』은 그가 학부생 시절에 깨달음을 얻었던 역사 강의를 추억하는 것으로 시작한다. 그는 이 강의에서 우연하게도 "시간의 물길을 따라 나란히 흐르는 사건의 흐름"이라는 이미지를 제시한 역사학자 프레더릭 루이스 앨런의 1920년대 설명을 읽게 되었다(프레더릭 루이스 앨런은 이 장의 앞부분에서 우리가 이미 인용한 바 있다). 쉴러는 대공황 원인에 관해 그 강의에서 자신이 배웠던 것이, 일반적인 계량경제학 설명보다 그런 경제적·재정적 혼란기를 이해하는 데 훨씬 더 유용했다고 회상했다.[13]

　　마찬가지로 『업스윙』은 주로 미국 사회의 추세와 스토리에 관한 책이지, 검증 불가능한 원인을 다룬 책이 아니다. 우리가 발견한 다양한 추세는 상호 인과관계에 의해 엮여 있고, 따라서 원인과 결과를 알아내는 건 어렵고 심지어 혼란을 주기까지 한다. 20세기에 미국의 국가적 실험은 사회적 연대를 강조하다가 이어 개인주의가

431

늘어나는 기다란 아크를 그렸다. 그런 추세의 아크는 평등, 정치, 사회적 자본, 문화에 영향을 미쳤다. 이것은 점점 제로섬 게임에 부족적tribal 사회관으로 이어졌고, 결국엔 트럼프주의로 발전하게 되었다. 경제, 정치, 사회, 그리고 문화에서의 여러 추세는 긴밀하게 연결되어 있지만 그럼에도 해석 가능한 실타래를 이루고 있다.

그래서 이런 일련의 현상이 궁극적으로 문화적 동력학, 즉 나–우리–나 때문이라고 말하고 싶어진다. 그렇다면 무엇이 그 문화를 설명해주는가? 물질적 생활 조건? 구조적 변화? 사회적 운동? 정치? 사람들의 생각이 변화를 추진시키는가, 아니면 그런 변화에 대응하는가? 지난 이백 년 동안 뛰어난 사회 이론가로 평가되는 막스 베버는 문화를 하나의 역사적 과정으로 봤다. 문화가 때로 사회적 변화를 이끌고, 때로 그런 변화를 강화한다는 것이다. 베버에 따르면 사람들은 물질적 이익으로 크게 동기부여가 된다. 하지만 그는 문화가 철도의 신호기처럼 작용할 수 있다는 놀라운 비유를 했다. "사람의 행동을 직접 좌우하는 건 관념이 아닌 물질적, 구체적 이익이다. 그럼에도 불구하고 무척 흔히 '관념'에 의해 창조된 '세상의 이미지'는 마치 철도의 신호기처럼 인간의 행동이 이익의 동력학을 따라서 나아가야 할 길을 바꾸어놓는다."[14]

방금 제시한 여러 이유로 이 책에서 나–우리–나 곡선에 대해 폭넓은 인과적 해석을 시도하지는 않겠지만, 다른 연구자들이 가장 빈번하게 제안했던 몇몇 원인을 간단히 요약하는 건 유익하리라 생각한다. 이런 요소들은 전도된 U자형 곡선 전체를 아우르는 단 하나의 원인으로서는 타당해 보이지 않지만, 좀 더 복잡한 해석의 한 가지 요소는 될 수 있다.

- 전문가들이 요즘 왜 미국의 정치가 그토록 양극화되었는지, 혹은 왜 우리 경제가 그토록 편향되었는지, 혹은 왜 우리 가정이 그토록 약화되었는지, 혹은 왜 우리 교회가 그토록 공허한지, 혹은 왜 우리 문화가 그토록 이기적인지 숙고할 때 가장 흔히 인용하는 원인 중 두 가지는 무엇인가? 그것은 "오늘날의 젊은이"와 인터넷이다. 하지만 이 장에서 우리가 검토하는 여러 뒤엉킨 원인들 중에서 한 가지는 지극히 분명하다. 밀레니얼 세대나 트위터, 페이스북은 나−우리−나 곡선을 만들어낸 주체가 아니다. 우리의 장기간에 걸친 연구는 그런 용의자들에게 완벽한 알리바이를 제공한다. 20세기 후반에 미국이 겪고 있는 여러 쇠퇴 현상은 밀레니얼 세대와 인터넷보다 수십 년은 앞선 것이다. 젊은이와 SNS는 문제가 아니라 오히려 해결책의 일부가 될 수도 있다. 우리는 다음 장에서 그 가능성을 살펴볼 것이다.

- 지난 50년 동안 정치적, 경제적, 사회적, 문화적 쇠퇴에 관한 많은 설명은 1950년대의 더욱 화합·단결하는 미국에서 시작해서 왜 상황이 악화되었는지를 묻는다.[15] 그것이 베이비붐 세대 때문인가? 일하는 여자 때문인가? 복지국가 때문인가? 피임약 때문인가? 텔레비전 때문인가? 이런 설명들은 나름 통찰력을 담고 있다. 하지만 전후 시대의 얘기를 해야만, 인과적인 문제에 관한 기본적 틀을 짤 수가 있다. (예를 들어 사회적 자본의 축소에 미치는 텔레비전의 영향은 이 책의 장기적 관점을 생각하면 20년 전 『나 홀로 볼링』을 썼을 때보다 덜 중요하다.) 이 때문에 나−우리−나 곡선의 흥망성쇠를 개괄적으로 설명해주는 단일 "원인"을 찾는 건 더욱 어려운 일이다.

- 연방 관료제도의 확산과 공적 복지 프로그램 팽창을 강조하는 중앙집권의 큰 정부는 때로 시민 사회의 중재하는 기관을 약화시키고, 개인들의

관용하는 마음을 "몰아내고", 개인의 주도권을 차츰 무너뜨린다는 말을 듣는다. 이는 1960년대에 우리에서 나로의 역진을 가리켜 복지국가 탓이라고 하는 보수주의 평론가들의 공통적 설명이다.[16] "몰아내기"에 대한 실증적 증거는 미국 모든 주와 세상 모든 나라에서 별로 많지 않다. 또 큰 정부와 사회적 유대 사이의 연관성은 부정적인 것이 아니라 오히려 다소 긍정적이다.[17]

- 게다가 원인은 큰 정부라는 설명에는 근본적인 문제가 있다. 대다수 평가 기준으로 볼 때(가령 모든 지출, 혹은 실제 1인당 측면에서 복지국가 지출, 혹은 국내총생산 부분으로서의 지출, 공무원의 수), 정부의 규모는 나-우리-나 곡선보다 몇 십 년 뒤쳐져서 나타난다. 연방정부 지출과 공무원의 수는 1900년부터 1970년까지 나-우리-나 곡선과 함께 꾸준히 증가했고, 1980년대 이후 곡선의 변동이 없게 될 때까지 계속 상승했다. 이는 큰 정부가 시민 사회를 끝장냈다고 할 때 나타나야 하는 패턴과는 정반대이다. 실제로 실증적 증거는 다른 이야기를 하고 있다. 정부의 규모는 나-우리-나 곡선의 원인이 아니라 결과라는 것이다. 이에 대해 가장 큰 증거는 이렇다. 정부의 규모는 우리 모두 한 배를 탔다는 미국인들의 의식 변화에 반응하여 생겨난 것일 뿐, 개인주의의 만연을 유발한 원인이 아니라는 것이다.[18] 자유주의자들이라면 하나의 철학적 문제로서 증가된 개인주의를 선호할 수도 있겠지만, 무엇이 무엇을 유발했는지에 관한 그들의 이론은 정확하지 않다.

- 그렇다면 전쟁이 원인이었을까? 1897년 프랑스 사회학자 에밀 뒤르켐은 사회적 유대가 전쟁 중에 증가하고, 구체적으로 자살률을 낮춘다는 걸 발견했다.[19] 그로부터 10년 뒤 미국 사회학자 윌리엄 그레이엄 섬너는 이렇게 주장했다. "외부인과의 전쟁이라는 긴급 사태가 내부 평화를

가져온다…… 집단에의 충성, 집단을 위한 희생, 외부인을 향한 증오와 경멸, 내부의 형제애, 밖을 향한 호전성은 모두 증가한다. 이것이 전쟁 상황의 공통된 결과물이다."[20]

- 분명 제2차 세계대전으로 인해 미국인들은 고통을 분담하고, 국가적인 유대도 생겼다. "함께하면 우리는 할 수 있다"는 미국의 전쟁 중 구호가 되었고, 동시에 엄청난 민간 전시지원 프로그램이 운영되었다. 할리우드의 유명한 다민족 공용 대피소 같이 인종 간 차이를 메우는 걸 강조하는 홍보전도 실시되었다.[21] 제2차 세계대전은 분명 나-우리-나 곡선 형성에 이바지했다. 하지만 앞선 여러 장에서 언급했던 것처럼 경제적 평등, 정치적 공동체주의, 시민 참여, 가족 형성, 자선 활동, 문화적 유대는 제2차 세계대전보다 몇 십 년 전부터 시작되었으며, 이후로도 몇 십 년 동안 계속되었으니 전쟁은 전도된 U자 곡선의 주된 원인이 아니다.

- 경제적 불평등   의료, 정치적 양극화, 사회 통합, 그리고 사회적 신뢰에 집중했던 많은 평론가들이 타당한 증거도 없이 단순히 경제의 객관적 사실이 정치, 사회, 그리고 문화의 주관적 사실에 드라이브를 건다고 추정한다.[22] 우리는 경제적 불평등이 인과관계로 얽인 나-우리-나 형태에서 핵심 줄기라는 걸 전혀 의심하지 않으며, 실제로 핵심 줄기라고 주장한다. 하지만 이미 살펴본 것처럼, 경제적 불평등은 오히려 시기적으로 뒤처지는 지표인 듯하다. 따라서 그것은 나-우리-나 곡선의 주된 원인이 될 수가 없다.

- 물질적 풍요나 물질적 역경이 개인주의에 집중하는 것을 촉진했는가? 호경기나 힘든 시기가 사회적 유대를 장려하는가? 이런 이론적인 한 쌍은 각자 설득력 있는 옹호자들을 가지고 있다.

몇몇 사람은 그런 풍족함이 "우리" 공동체주의에 집중하는 것을 장려하는 반면에 어려운 시기는 "나"에게 집중하도록 한다고 주장한다. 제2차 세계대전 이후 호황기가 한창일 때 널리 읽힌 역사학자 데이비드 포터의 책 『풍요로운 사람들』(1954)은 물질적 풍요가 미국 사회에서 소비자 중심주의 여론의 근본적 요소라고 강조했다.[23] 그보다 최근에 타일러 코언은 이런 주장을 폈다. 1973년 이전 경제적 활력은 평등주의 정책을 가능하게 했고, 정반대로 1970년대 이후 경기 침체는 불평등과 정치적 기능부전을 가져왔다. 침체 현상은 높은 혁신과 생산성 증가의 오랜 시기(1880~1940)가 끝나면서 찾아온 것이다.[24]

이 주장에 의하면 사람들은 풍족하고 만족할 때 다른 사람에게 더욱 관대해지는 여유가 생긴다는 것이다. 그러나 이런 손쉬운 결과물을 내놓지 못하면 정치는 전보다 더 논쟁적이 되어버린다. 내핍 생활을 하는 시기에 가정과 정부의 예산에 가해지는 제약은 사람들로 하여금 늘어나는 불확실성에 대비해 자녀들을 보호하고 자신을 안전하게 지키는 쪽을 지향하게 한다. 물질적 제약이 줄어들 때 사람은 더 관대해지는 반면에 물질적 제약이 더욱 엄격해지면 사람은 이전의 태도를 고수하고 목전의 개인적 욕심에 매달리게 된다.

이런 주장은 최근 실험적 미시경제학에서 센딜 멀레이너선과 엘더 샤퍼가 낸 책으로 강화되었다. 이 두 사람의 책은 물자 부족이 사람들의 주의력 결핍에 미치는 영향을 탐구한 것이다.[25] 이들의 보편적인 전제는 이런 것이다. 재원이 부족한 사람은 좁은 시야를 갖기 쉬우며, 관심을 당면한 필요성 쪽으로 돌린다. 좁은 시야 이외의 것은 보지 못한다는 것이다. 정반대로 물질적 풍요는 이타주의를 더 쉽게 받아들인다.

† 다른 한편으로, 어떤 관찰자들은 이런 주장을 편다. 대공황에서 높은 실직 상태와 경제적 불안정이 나타나는 시기는 시민 사회와 공공 정책에서 "우리는 한 배에 탔다"는 의식이 등장한 시기와 일치한다. 마찬가지 맥락에서 경제사학자 에릭 홉스봄은 이런 주장을 폈다. 전후의 풍요로움과 경제적 안정이 "절대적으로 자기중심적인 개인주의"의 발생, 즉 "자기만족만을 추구하는 이기적인 개인들로 구성된 사회"의 탄생을 가져왔다는 것이다. 풍요로움은 집단의 제도를 약화시켰고, 도덕규범을 서서히 무너뜨렸으며, 자기 자신을 우선시하며 사회에는 반대하는 시대를 가져왔다.[26] 비슷한 맥락에서 정치학자 로널드 잉글하트는 이런 주장을 폈다. 전후 호황기의 "탈 물질주의적" 아이들(대공황 중에 성장한 부모와는 달랐던 아이들)은 개인의 자율성과 자아실현을 중요하게 여겼다.[27] 전후 물질적 풍요의 최고점에서 나온 잉글하트의 판단은, 물질적 제약이 느슨해지면 사람들은 자신의 물질적 요구를 채우고 다른 사람들과 잘 지낼 뿐만 아니라 자기 발전과 개성에 더욱 자유롭게 집중한다는 것이었다. 이런 이론에서도 경제적 호경기는 "우리" 공동체주의가 아니라 오히려 "나" 사회를 만들어내는 것이다.

† 사실 우리는 호경기/불경기와 나-우리-나 곡선의 사이에서 긍정적이든 부정적이던 일관된 연관성을 발견할 수 없었다. 대공황과 오랜 전후 호황기 내내 공동체주의가 발생했지만, 개인주의는 1890년과 1970년대의 경제적 곤경은 물론 1980년대와 1990년대, 그리고 2010년대의 호황기 중에도 위력을 떨쳤다. 더 구체적으로 나-우리-나 곡선과 실업률 사이의 연도별 상관관계는 이렇게 해도 저렇게 해도 도저히 찾을 수가 없었다.

- 젠더 해방과 인종 해방에 대한 반발backlash 3장, 6장, 7장에서 논한 것처럼 우리는 1960년대 여러 시민권 혁명 이후 나–우리–나 곡선의 역진을 설명하면서 반발의 증거를 찾아냈다. 그러나 우리가 판단하기에 인종과 젠더를 곡선의 "주된 원인"이라고 하는 건 너무 지나친 주장이다. 왜냐하면 여성과 아프리카계 미국인은 열심히 노력하여 "우리"의 오랫동안 상승하는 곡선 내내 신분상의 진전을 보였지만, 이에 대한 반발 또한 1960년대 이후 곡선의 역진을 설명하는 핵심 부분이기 때문이다. 이 경우 피드백 순환 고리는 논의를 더욱 복잡하게 만들지만, 인과관계와 나–우리–나 곡선은 인종과 젠더를 제외하고는 논할 수가 없다. 이것은 미국사의 다른 주제를 다룰 때도 마찬가지다.

- 마지막으로, 20세기 후반기에 나타난 공동체의 쇠퇴에 관한 일반적인 해석은 그 현상이 국제 무역과 이민 등 세계화 때문이라고 본다. (이런 해석은 "미국을 다시 위대하게" 만들자는 트럼프 대통령 정책의 밑바탕을 이룬다.)

  † 사실 미국 전체 경제 가운데 국제 무역의 비중과, 미국 전체 인구 중 이민자 수를 보여주는 여러 곡선은 나–우리–나 곡선을 상당히 근접하게 따라간다.

  ‡ 미국 국내총생산 중 수출입 비중은 1900년 11퍼센트, 1920년 15퍼센트에서 1930년부터 1969년까지 약 5~7퍼센트로 급격히 감소했다. 이는 대공황 시기 무역 전쟁과 제2차 세계대전이 세계 무역 붕괴를 유발했기 때문이었다. 하지만 1970년 이후 50년 동안 세계화는 미국 경제 가운데 국제 무역의 규모를 약 7퍼센트에서 약 27퍼센트까지 급증시켰다.

  ‡ 미국 인구 가운데 이민자 시민은 1910년 약 15퍼센트를 차지할 정

도로 많았지만, 1965년엔 약 5퍼센트로 떨어졌는데 이런 감소는 1924년 이민법이 도입되어 이민자 한도를 엄격히 제한했기 때문에 생겼다. 1965년의 이민국적법은 다시 이민자에게 문을 열게 했고, 이민자의 비중(합법과 불법을 모두 합친 것)은 다음 50년 동안 5퍼센트에서 약 14퍼센트로 꾸준히 상승했다.[28]

† 따라서 단순히 여러 곡선을 연결시키는 것으로만 판단하면 상품과 사람의 세계적 흐름은 나–우리–나 곡선과 밀접한 관련이 있다. 하지만 이런 투박한 숫자 나열의 이면을 살펴보면, 국제 무역이나 이민이 나–우리–나 곡선을 "초래했다"는 가설은 별로 근거가 없어 보인다. 국제 무역에 관한 대부분의 구체적인 연구는 수입의 분배에 무역이 어떤 영향을 미치는 데 대해 엇갈리는 증거를 제공한다. 그러니 이 가설은 오로지 무역과 경제적 불평등 사이의 연결고리만 생각한 결과다. 늘어나는 무역 흐름을 다른 문제들과 연결시키는 것, 가령 사람들이 늦은 결혼을 하게 되고, 교회에 덜 참석하게 되고, 아이에게 특이한 이름을 지어주고, 혹은 1인칭 단수를 더욱 자주 사용하는 것 등과의 관계를 살펴보는 건 쉽지 않은 일이기 때문이다.

† 이민이 이기주의를 권장한다는 주장은 언뜻 보기에 더욱 반박하기 어려워 보인다. 실제로 우리 공저자 중 한 사람은 민족적 다양성이 사람들로 하여금 이전의 태도를 고수하도록 한다고 주장하여 악평을 받았다. 그래도 그 연구서는 이러한 연결 관계가 오로지 단기적으로만 작동한다는 걸 덧붙였다.[29] 우리는 장기적으로 볼 때 적합한 여러 정책들이 함께 어우러지면 사회 분열이 중지되어 결국 "새롭고, 더욱 포용력 있는 '우리'라는 의식"을 만드는 "더욱 많은 것을 아우르는 동질감"으로 대체될 것이라고 주장했다.

† 실제로 이민이 차단된 1924년과 이민 개혁으로 미국의 이민 문호가 다시 열린 1965년 사이의 40년 동안 미국에서는 이와 비슷한 일이 벌어졌다.[30] 나-우리-나 곡선의 오랜 업스윙 동안에 미국인은 점점 민족적 다양성에 편안함을 느끼게 되었고, 점점 이민 개혁에 개방적인 태도를 취했다. 나-우리-나 곡선의 최고점에서 1965년의 초당파적인 이민국적법이 연방 의회에서 통과된 것은 결코 우연이 아니다. 법이 통과되던 순간에, 미국인 70퍼센트가 자신의 정치 노선과 무관하게 그 법을 지지했다.[31] 이민이 사회적, 문화적 유대의 발생을 가로막은 것이 아니라, 오히려 정반대로 그런 유대를 더욱 강화했다. 사회의 연대의식이 높아질수록, 그 사회는 이민과 다양성에 더욱 개방적이 된다.

† 경제적 불평등의 경우 이민의 역할이 엄청나게 논의되었지만, 장기적으로 이민이 불평등을 초래한다는 주장은 그리 강력하게 주장되지 않았다. 앤 케이스와 앵거스 디턴이 최근 실증적 증거를 요약한 것처럼 "이민은 비록 엄청난 관심을 끌었지만, 노동자 계급 임금의 장기 침체나 중산층 진입의 사다리 치우기의 주된 원인이 될 수 없었다……. 미국 학술원은 2017년 이민에 관한 보고에서 임금에 관한 검토를 다음과 같은 말로 마무리했다. '특히 10년 혹은 그 이상의 기간 동안 측정했을 때 이민이 전반적으로 원주민들의 임금에 미친 영향은 미미하거나 거의 제로에 가깝다고 할 수 있다'".[32]

우리는 여기서 세계화가 나-우리-나 곡선에 유의미한 영향을 주는 사례가 분명 있었다는 주장을 하려는 게 아니다. 오히려 우리가 주장하는 건 세계화가 주된 원인이라는 주장—현재 백인 민족주의 단체들의 주장─은 결코 타당하지 않다는 것이다.

이번 장에서는, 19세기 말 남북전쟁 이후 첫 번째 도금시대와 21세기가 시작되었을 때 나타난 두 번째 도금시대 사이에 미국에서 벌어진 일들에 대해 포괄적인 그림을 제시하기 위하여 넓은 각도의 렌즈를 사용해왔다. 그런 그림 덕분에 우리는 개인과 공동체 사이에서 균형이 변화하는 전환점을 명확하게 포착할 수 있었다. 이 장의 뒷부분에서는 줌 렌즈를 그 전환점이 발생한 십 년─구체적으로 그 십 년 동안의 몇 년─에 들이대면서 집중적으로 그 시대를 파고든다. 미국은 1960년대에 "우리" 공동체주의 국가로 들어섰다가 그 후에 "나" 개인주의 국가로 방향을 전환하게 되었다. 어떻게 그런 일이 발생했을까?

20세기의 전환점으로서의 1960년대

1960년대는 미국사에서 가장 논의가 많은 시대 중 하나다. 하지만 모든 학자가 사실상 동의하는 한 가지가 있다면 그것은 미국이 그 단기간에 극적으로 변했다는 것이다. 대중음악, 패션, 예술, 인종 관계, 성 규범, 양성 역할, 마약 사용, 정치적 제도, 종교 활동, 소비 습관 등 무척 다양한 영역에서 빠르고 지극히 뚜렷한 변화가 1960년대에 발생했던 것이다. 대략 1960년부터 1975년 사이에 나타난 미국의 변모는 너무나 아찔할 정도여서 대다수 사람에게 손에 잡히듯 구체적으로 다가왔다.[33]

여러 커다란 역사적 추세를 이해하기 위한 이정표로, 보통은 제2차 세계대전이나 대공황 같은 거대한 역사적 사건을 제시한다. 하지만 많은 추세들이 동시대 관찰자에게는 잘 보이지 않는 느린 패턴으로 천천히 움직인다. 그래서 몇몇 고대 유적처럼 3만 걸음은 떨어진 관찰자에게만 뚜렷하게 보인다. 1900년부터 1960년대까지 평등주의 공동체에서의 오랜 상승세가 바로 그런 것이었으며, 최근에야 1970년 이후 오랜 하향세가 동시대인에게 명백하게 보이게 된 것이었다. 하지만 1960년대에는 실제 전환점이 동시대 사람들의 눈에도 분명하게 보였다.

정치 철학자 마크 릴라는 이와 동일한 시대적 전과 후의 대비를 구분해냈다. 하지만 대비의 틀을 폭넓은 사회적 추세들이 아니라 대통령의 리더십이라는 측면에 국한시켰다.

> 루스벨트 체제는 위험, 고난, 그리고 기본권의 거부에 대항하여 서로를 지키는 집단적인 계획에 시민이 관여하는 미국을 제시했다. 이 체제의 좌우명은 유대, 기회, 공공의 의무였다. 레이건 체제는 가족과 작은 공동체와 사업체가 정부의 제약에서 풀려나면 번영할 것이라는 더욱 개인주의적인 미국을 지향했다. 레이건 체제의 좌우명은 자립과 최소 정부였다.[34]

우리는 1930년대와 1980년대의 정치적 문화에 차이가 있다는 릴라의 주장에 동의한다. 하지만 우리가 이 책에서 제시하는 증거는 미국 사회의 전환점이 1960년대였다는 사실을 아주 분명하게 보여준다.

1960년대를 어떻게 평가할지는 역사학자들 사이에서 논쟁거리다. 그런데 논쟁이 생기는 이유는 주로 그 이전의 시대에 대해 의견 충돌이 있기 때문이다. 1950년대를 순응적이고 압제적이라고 보는 역사학자들은 1960년대의 해방과 개인주의를 환영하는 반면, "20세기 중반의 일치된 의견"의 성취를 소중하게 여기는 역사학자들은 1960년대의 혼돈을 규탄한다. (1960년대에서 시간적으로 멀어질수록 역사학자들의 논쟁은 이런 단순한 이분법보다 훨씬 미묘한 차이가 있는 복잡한 양상을 보인다.) 하지만 1960년대에 관해 역사학자들 사이에 합의된 여러 사항들 역시 중요하다.[35] 그 합의 사항들로는 다음과 같은 것들이 있다.

- 거의 모든 역사학자가 주요 역사적 전환점이 1968년과 1974년 사이 발생했다는 데 동의한다. 이런 전환점은 "혁명", "르네상스", "균열", "충격파"이며, 이 시점 이후 "모든 것이 변화했고", "새로운 미국"이 만들어졌다.[36] 예를 들어 모리스 아이서먼과 마이클 케이진은 1960년대가 남북전쟁만큼이나 역사적인 균열을 가져오는 순간이었으며, 이로 인해 20세기가 1960년대 이전과 이후의 세상으로 분리되었고, 이런 변화는 "1865년 이후 남북전쟁 이전 남부의 잃어버린 세상이 회복될 수 없는 것처럼 되돌릴 수 없다"고 주장했다.[37]
- 대다수 역사학자는 1960년대 전반과 후반 사이의 중요한 차이에 대해서도 마찬가지로 동의한다. 토드 기틀린은 이런 차이에 관해 "희망의 몇 년"과 "분노의 나날"이라는 유명한 말을 남겼다.[38] 폭넓게 공유된 번영, 시민권 운동(1964년 시민권법과 1965년 투표권법으로 최고조에 달했다), 그리고 평등, 민주주의, 관용을 향한 진전(1964~1965년의 위대한 사회와 1965년 이민 개혁으로 상징된다)은 "희망의 몇 년"을 대표했다. 그에 반해 베트남 전쟁 반대 시위(1966~1970), 도시 불안(1965~1969), 흑표당

출현(1966~1968), "법과 질서"의 반격(1968~1972), 1968년의 여러 격변, 1970년대의 경기 침체와 악의에 찬 가스관 관련 문제는 "분노의 나날"을 대표했다. 1960년대 전반기에는 다양한 좌익 개혁 운동이 "운동"으로 합쳐진 반면, 후반기에는 "운동"이 성마른 여러 분파로 쪼개졌다. 그러는 사이 1960년대 후반 동안 우익에선 "조용한 다수"가 진보적 기득권, 즉 인종에 관한 것이든, 증세 정책에 관한 것이든, 범죄에 관한 것이든, 문화적 다원주의에 관한 것이든 상관없이 그런 기득권에 대한 반발을 부채질했다. 요약하면 하나가 아닌 두 개의 "1960년대"가 있었고, 두 번째 것은 1970년대 초기까지 흘러넘쳐 들어갔다.[39]

- 대다수 학자는 1960년대 이후의 시기를 미국 정치, 문화, 지적 생활이 점점 개인을 우선시하고 사회에 반대한다는 점에서 개인주의적인 시기로 묘사한다. 예를 들어 역사학자 에릭 홉스봄은 이런 주장을 폈다. "20세기 후기의 문화적 혁명은 사회에 대한 개인의 승리로 잘 이해될 수 있고 또 과거에 인간을 사회적 구조 속으로 엮어 넣었던 여러 씨줄과 날줄들의 타파로 가장 잘 이해될 수 있다."[40] 그 결과 정부에서 종교까지, 노동조합부터 가정까지 사실상 모든 사회적 제도에서 권위의 위기가 찾아와 환멸과 이탈로 이어졌다. 이런 유턴을 인정하든 하지 않든 당시 대다수 관찰자와 실제로 대다수 미국인은 그런 획기적 변화의 상황을 인식했다.[41]

달리 말하면 주류 미국은 점점 공동체, 공유된 가치, 인종적·경제적 평등을 향한 가속화 노력과 함께 "우리" 형태로 1960년대에 들어와 점점 더 "나" 형태를 취하게 되었다. 미국은 "권리", 문화 전쟁, 1970년대의 "나의 10년"으로 거의 즉시 별칭이 붙게 될 현상에 집중하면서 1960년대를 마무리했다. 수영 선수가 플립 턴*을 하는 것처럼 미국인은 공동체를 향해 움직이면서 1960년대에 들어왔지만, 20세기 중간에 갑자기 방향을 바꿔 개인주의를 향해 움직이며 1960년대를 빠져나갔다. 우리는 그런 빠른 전환점을 지금 이 장의 후반부에서 기술하고 있다.

1960년대가 문화적 갈등, 정치적 양극화, 그리고 경제적 불안이라는 역사적 기억과 암울한 연관이 있기에 우리는 먼저 60년대 초반의 낙관주의를 기억할 필요가 있다. 또 1960년대 초기에는 역사학자 제임스 패터슨이 말한바, 풍요를 가속화시키는 "커다란 기대감"이라는 것도 있었다. 그러한 낙관론과 기대감의 배경은 전후 번영이었고, 이는 1960년대 경기 호황으로 더욱 속도가 붙었다. 사실상 중단되지 않고, 보편적으로 가속화되고, 널리 공유된 경제 호황은 제2차 세계대전 이후 25년간 가장 중요한 특징이었으며, 사람들의 열망과 기대를 높였다. 중위 가정 소득은 1960년대 동안 30퍼센트 상승했고, 빈곤률은 1959년 22퍼센트에서 1973년 11퍼센트로 떨어졌다.[42]

경제만이 1960년대에 번창하던 건 아니었다. 1950년대의 베이비붐이 큰 변화 없이 지속되고, 국가적인 낙관주의가 강화되면서 나이가 앞서는 베이비붐 세대는 대학으로 몰려들었다. 2장에서 살펴본 것처럼 이렇듯 빠르게 늘어나는 청소년 풀의 급속한 성장이 이미 포화상태인 대학으로 몰려들었다. 1960년대 후반에 영향을 미칠지도 모르는 불길한 조짐이었다. 종합해보면, 이런 경제적·인구

* 갑자기 반대쪽으로 방향을 획 바꾸는 것.

통계적 붐은 미국의 엄청난 기대감을 크게 높였다.

더구나 1960년대로 들어오면서 미국은 여전히 제2차 세계대전에서의 혁혁한 승리에 도취되어 있었다. 이 전쟁은 군사적, 경제적, 문화적, 외교적 측면에서 대단한 전쟁이었다. 무적 미국의 국력이 파시즘을 물리치고 미국 정부가 민주주의를 전파한다는 가장 고귀한 국가적 이상이 서로 결합된 "훌륭한 전쟁good war"이었다. 대다수 미국인은 자국을 자랑스럽게 여기고 자국의 국가 제도에 확신을 가졌다. (우리가 3장에서 검토한 정부 신뢰도에 관한 증거를 상기하라.) 지평선 너머를 볼 수 있는 사람은 없었고, 우리가 추락을 향해 무모하게 달려가고 있다고 생각하는 이도 거의 없었다.

확실히 냉전과 수소 폭탄 전쟁의 위협은 1950년대 내내 우리 뇌리에서 떠나지 않았고, 우리의 자신감에 그림자를 드리웠다. 하지만 1960년 존 F. 케네디의 선거 운동 레토릭(수사법)은 낙관주의에 뿌리를 내리고 있었다. 다소 무기력한 아이젠하워 시절 이후 케네디는 민주당 전당 대회 수락 연설에서 새로운 세대가 "다시 나라를 움직일 수 있다"고 주장했다.[43] 새로운 행정부의 출현과 그들이 내세우는 뉴프런티어 정책은 미국의 국력은 뭐든지 이룰 수 있다는 자신감을 갖게 했다. 10년 안에 달에 가고, 오래 지속되는 세계 평화를 달성하고, 심지어 지난 한 세기 동안 지속되어 온 인종차별주의의 유산도 없앨 수 있을 것으로 기대되었다.

1958년 존 F. 케네디를 보좌했던 경제학자 존 케니스 갤브레이스는 자신의 책 『풍요로운 사회』에서 제2차 세계대전 이후의 미국을 가리켜 비록 사적 영역에서는 번창했지만, 공적 영역은 빈곤하다고 묘사했다. 그 이유로는 사회적, 물리적 공공 기반 시설이 충분하지 않았고, 소득 격차가 계속되었다는 점을 들었다. 설혹 우리가 지금 1950년대 말 미국을 공유된 풍요의 최고점에 가깝게 갔다고 보더라도 갤브레이스의 책은 거기서 그치지 않고 그 이상의 진보를 희망하고, "우리" 공동체주의에 집중했던 미국의 충족되지 않은 염원을 표현했다. 그것은 평등주의적 낙관주의가 최고점에 이른 시기였다.[44] 1960년대 전반에 증대되는 국가적 자신감과 결합된, 점점 많은 사람을 아우르는 이런 "우리"라는 의식은 여러 사회적 운동을 연달아 만들어내는 힘이 되었다. 이 운동들이 정확히 어떤 결과로 이어질지는 아무도 아직 알 수 없었지만 말이다.

1962년 3월과 1963년 2월 사이에 최소 네 가지 획기적인 베스트셀러가 미국의 여러 심각한 사회 문제를 지적하면서 당장 시정해야 한다고 주장했다. 각각의 책은 21세기에까지 훌륭한 반향을 일으킬 주요한 지적·사회적 운동을 촉발시키는 데 일조했다.

- 마이클 해링턴의 『또 다른 미국: 미국에서의 빈곤』(1962년 3월 출판)은 위대한 사회가 시작되도록 도움을 줬다.
- 레이첼 카슨의 『침묵의 봄』(1962년 9월 출판)은 이후 50년 동안 환경 보호주의가 생겨나게 했다.
- 제임스 볼드윈의 『더 파이어 넥스트 타임』(1963년 1월 출판)은 미국인에게 "흑인 문제"를 초월하자고 감명 깊게 탄원했으며, 향후 50년 동안의 암울한 인종적 긴장을 예견했다.*[45]

---

* 한국에서는 "단지 흑인이라서, 다른 이유는 없다"라는 제목으로 출간되었다. 원래 제목인 "The fire next time"은 홍수 다음에는 불로 심판이 이루어질 것이라는 성경 속 문구에서 따왔다.

- 베티 프리단의 『여성성의 신화』(1963년 2월 출판)는 다음 50년 동안 발전할 새로운 페미니즘에 영감을 주었지만, 페미니즘 운동이 언제나 프리단이 갈채를 보낼 만한 방식으로 행동한 건 아니었다.

이 저자들(두 명은 여자, 두 명은 남자, 한 명은 아프리카계 미국인, 나머지 세 명은 백인)과 그 책은 20세기 전반 동안 높아진 "우리" 공동체주의의 산물이다. (저자 네 사람 중 셋은 1921년과 1928년 사이에 출생했고, 카슨만 1907년에 태어나 조금 더 나이가 많은 세대였다.) 자신들이 성장했던 환경의 습속과 부합하게도 이들은 모두 공유된 공공 문제를 다루기 위한 집단행동에 찬성했다.[46] 이들은 급진주의자였지 냉소가가 아니었다. 이들은 20세기 중반의 미국을 강렬하게 비판했지만, 20세기 중반의 미국인들이 이들의 대의 아래 함께 집결할 수 있다고 보았다. 이들은 미국이 국가의 이상에 미치지 못하는 여러 상황에 집중했지만, 그런 이상이 현재 파산했다고 보거나 공유된 목표를 포기하지도 않았다.

이런 높은 열망은 또한 높은 기대를 담은 것이었다. 미국은 여러 심각한 문제들이 있었지만, 그것을 바로잡을 수 있다, 더욱 진전할 준비가 되어 있다라고 생각했다. 하지만 그런 기대는 과도한 것으로 판명되었고 미국인들은 항해에서 사나운 물결을 만났다. 그리하여 미국인들은 자기도 모르는 사이에 악의 가득한 환멸로 나아가게 되었다. 이런 운명과 분위기의 역진은 1963년에 사람들이 생각할 수 있었던 것 이상으로 빠르게 발생했다. 위에 인용된 베스트셀러에서 강조된 네 가지 문제, 즉 불평등, 환경, 인종, 그리고 젠더는 거의 60년 뒤에도 미국 정치에서 핵심 문제로 남았고, "나" 개인주의로 돌아선 이후에도 충족되지 않은 의제가 되었다. 이건 결코 우연이 아니다.

　1963년에 지평선 바로 너머에 도사리고 있던 변화는 그것을 겪어야 할 사람들에게 무척 획기적인 것이었고 역사는 거의 하룻밤 사이에 방향을 급선회한 것처럼 보였다. 이 10년이 얼마나 운명적인 10년이었는지 보여주는 흥미로운 양적 평가 기준이 있다. 그것은 역사학자들이 1960년대에 집중하여 많은 책을 썼다는 사실이다. 때로는 20세기의 다른 10년 시기들을 모두 합친 것보다 1960년대에 집중한 책들이 더 많은 것처럼 보인다. 실제로 1964년과 1974년 사이 거의 매년(심지어 거의 매 달)을 다룬 중요한 책들이 발간되었다. 그 책들은 그 해가(혹은 그 달이) "미국을 변화시켰다"거나, "영원히 미국을 변화시켰다"거나, "세상을 뒤흔들었다"거나, 아니면 단순히 "모든 걸 변화시켰다"고 주장했다.

- 존 마골리스, 『마지막 무고한 해: 1964년의 미국』
- 제임스 패터슨, 『파멸의 전야: 어떻게 1965년이 미국을 변화시켰나』
- 존 새비지, 『1966: 10년이 폭파된 해』
- 빅터 브룩스 『1967: 불과 얼음의 해』
- 마크 커랜스키, 『1968: 세상이 뒤흔들린 해』
- 롭 커크패트릭, 『1969: 모든 것이 변했던 해』
- 앤드리어스 킬렌, 『1973 신경쇠약: 워터게이트, 워홀, 그리고 1960년대 이후 미국의 탄생』
- 짐 로브널트, 『1973년 1월: 워터게이트, 로 대 웨이드 판결, 베트남, 그리고 미국을 영원히 변화시킨 한 달』

미국사의 여러 사건들 중에서 미국 헌법 제정과 남북전쟁만이 1960년대와 같은 수준의 집중 조명을 받고 있는 것처럼 보인다.

나, 나에게, 나의 것

우리는 흔히 정치적 측면에서 1960년대의 격변을 생각하지만, 변화가 가장 뚜렷한 곳은 문화, 특히 대중 문화였다. 앞에서 언급한 것처럼 1960년대의 문화적 혁명은 해방과 개인주의를 선호하여 젊은이들이 1950년대의 질식할 것 같은 "우리"를 거부하는 형태를 취했다. 로널드 잉글하트는 1960년대의 물질적 풍요가 젊은 세대를 자유롭게 하여 "자아실현"으로 나아가게 했다고 주장했다. "사람은 빵만으로 살지 않으며, 특히 빵을 충분히 가지고 있을 때는 더욱 그렇다"는 게 잉글하트가 요약한 논지였다.[47] 게다가 자아실현에서 자아도취로 나아가는 것은 한 달음에 지나지 않는다. 찰스 라이크의 베스트셀러 『미국의 재생』은 혁명적인 새로운 "세 번째 의식", "사회, 공익, 기본 현실로서의 제도"의 거부, 그리고 "유일한 진정한 현실로서의 개별적 자아"의 수용을 명시했다.[48]

이런 변화는 대중문화의 세계에서 가장 분명하게 드러났다. 여기서는 "우리"에서 "나"로의 선회가 무척 뚜렷하고 빨라서 거의 달의 단위까지 그것을 추정할 수 있을 정도다. 1960년대 중반 락 밴드 버팔로 스프링필드는 "뭔가 여기서 일어나고 있어/그게 뭔지는 그리 분명하지 않아"라는 노랫말을 부르며 이미 변화를 포착했다. 이 중대한 10년 동안 가장 영향력 큰 아티스트 중 하나가 밥 딜런이었다. 그의 뿌리는 어쿠스틱 기타와 포크 음악에 있었는데 그것은 초기 히트곡인 〈바람에 실려〉(1963)와 〈그들이 변하는 시간〉(1964)으로 예증된다. 밥 딜런과 동시대에 활동하고 공동으로 작업한 아티스트로는 조안 바에즈, 우디 거스리, 피트 시거, 피터 폴 앤 메리가 있는데, 이 뮤지션들은 모두 사회 비판으로 세계적인 유명세를 떨쳤고, 동포애를 요구했다. 이런 동료 가수들처럼 초창기의 딜런도 사회 정의를 부르짖는 발라드 가수였다.

하지만 1965년 7월 뉴포트 포크 축제에서 딜런이 콘서트 중간에 지금까지 어쿠스틱으로 연주하던 곡을 돌연 일렉트릭 락으로 연주했던 유명한 사건은 강력한 (그리고 거의 부정적인) 반응을 일으켰다. 이런 반응을 보인 사람들 중에는 그의 동료 음악가들도 있었다. 그럼에도 불구하고 이어지는 몇 년 동안 딜런은 공동체 구축과 사회적 항의를 격려하는 것에서 자신의 개성을 표현하는 쪽으로 옮겨갔다. 이렇게 하여 딜런의 인기는 "나" 시기에도 오래 지속된 반면, 이런 더 폭넓은 문화적 전환을 따르지 않았던 그의 동료들의 인기는 시들어버렸다. 이건은 시대의 흐름상 그리 놀라운 일이 아니다.[49]

비틀즈는 음악보다 훨씬 큰 것을 담은 또 다른 대중음악 현상이다. 그들은 성인이 된 세대를 상징했다.[50] 딜런처럼 비틀즈는 1960년대 초 연대감과 조화를 이룬 노래를 불렀다. 〈그대 손을 잡고 싶어요〉(1963), 〈사랑만 있으면 돼〉(1967), 〈친구의 작은 도움으로〉(1967) 같은 노래가 그렇다. 하지만 1966년이 되자 그들은 개인의 분리와 소외에 더 초점을 맞추었고 〈엘리너 릭비와 맥켄지 신부〉라는 노래를 작곡했다. "외로운 모든 사람들/그들은 모두 어디에서 온 걸까요?"

1970년이 되자 비틀즈는 갈라서서 저마다의 길을 걸어가기 시작했다. 함께 음악을 만들던 팀을 해체하고 각자 자아 발견의 항해를 떠난 개인들로 변한 것이다. 밴드로서 녹음을 마친 마지막 곡은 조지 해리슨이 쓴 것인데, 이 곡의 가사는 밴드 내의 괴팍한 관계에 대한 개인적 항의와 "우리"에서 "나"로 1960년대가 폭넓게 전환한 것에 관해 놀라울 정도로 정확하게 묘사하고 있다.[51]

온통 들리는 소리는 나, 나에게, 나의 것/나, 나에게, 나의 것. 나, 나에게, 나의 것

여섯 달 뒤 존 레넌은 자신의 솔로 히트곡 〈신GOD〉에서 이런 답변을 내놓았다.

나는 비틀즈를 믿지 않아/나는 그저 나를 믿을 뿐이야

자기애를 악덕이 아닌 미덕으로 여긴다는 개념은 1960년대 말과 1970년대에 새로운 시대의 "생각"이 되었다. "너 자신을 사랑하는 걸 배우는 건 모든 것 중에 가장 큰 사랑이야"라는 후렴은 본래 1977년 무하마드 알리 전기 영화 〈최고The Greatest〉에 쓸 노래로 녹음된 것이었다. (나중에 이 후렴은 휘트니 휴스턴과 올리비아 뉴턴 존의 대히트곡에서 다시 등장한다.) 이런 가사는 개인주의로 향하는 문화적 전환의 특징을 잘 보여준다. 냇 "킹" 콜이나 엘라 피츠제럴드나 엘비스 프레슬리가 자기애에 관해 열광적으로 이야기하는 건 상상할 수 없는 일이다.

역설적으로 무하마드 알리는 자기애의 옹호자가 아니었다. 오히려 그 반대였다. 그는 1975년 하버드 대학 학생들에게 연설하면

서 역사상 가장 짧을지 모르는 시를 읊었다. "나? 우리!"[52] 그는 그런 말을 할 때 사실 단어와 문장부호의 순서를 역진시킬 상전벽해 수준의 변화가 미국 문화에서 진행 중이었다는 걸 알지 못했을 것이다.

연쇄적으로 중첩된 위기들

1960년대는 문화적 전환점일 뿐만 아니라 다차원적이고 무관한 여러 공적 위기들이 오래 끓고 있던 갈등을 표면화시킨 시기였다.

- 존 F. 케네디, 로버트 F. 케네디, 마틴 루터 킹 주니어의 암살
- 베트남 전쟁
- 학생 시위
- 시민권 혁명
- 도시의 위기와 도시 폭동
- 국내 테러리즘과 허무주의 폭력
- 여성운동
- 피임약과 성 혁명
- 반체제와 마약의 유행
- 전통적인 종교적 가치와 가족 가치에 대한 전례 없는 의문 제기
- 연속된 환경 위기
- 워터게이트 추문과 닉슨의 사임
- 스태그플레이션과 석유 부족, 그리고 경제적 불안

근본적인 의미에서 이들은 대체로 독립적이고 서로 관련 없는 현상이었다. 피임약을 "가져온" 것이 무엇이든 그것이 베트남 전쟁을 "불러온" 것은 아니었고, 마약 유행을 "가져온" 것이 무엇이든 그것이 석유 부족을 "불러온" 것은 아니었다. 하지만 이런 다양한 위기들이 상승효과를 일으켜 국가적 신경쇠약 비슷한 것을 일으켰다. 그건 궁극적으로 여러 좋지 못한 것들이 동시에 일어나는 최악의 상황이었다. 그 결과 문화와 정치의 측면에서 엄청난 방향 전환이 발생했다.

어떤 사람들이 볼 때, 그 모든 것은 1963년 11월 22일에 시작되었다. 그날 존 F. 케네디가 댈러스에서 총격에 쓰러졌다. 그는 1960년대 초 국가적 낙관주의를 구현한 사람이었고, 그의 암살은 무의미한 비극으로 미국 국민들의 순진함을 뿌리째 뒤흔들어놓았다. 하지만 이것도 1960년대에 미국을 뒤흔들 여러 암살 사건 중 첫 번째 것일 뿐이었다.

다음 암살은 1968년 4월 4일 마틴 루터 킹 주니어에게 닥쳤다. 킹은 등골이 오싹한 예견을 한 적이 있는데, 그것은 자신이 그토록 오래 힘겹게 싸운 목적인 약속된 땅을 보기 전에 죽을 것 같다는 내용이었다. 약속된 땅을 보지 못하고 그렇게 비극을 당하자 국민들의 상실감은 더욱 깊어졌다. 국민 대다수는 킹을 빛나는 희망의 봉화로 여겼었다. 지저분하고 폭력적인 싸움들 사이에서 흑인 공동체에 정의를 세울 충실한 평화의 지지자로 보았던 것이다.[53] 킹의 죽음 이후 시민권 운동을 덮친 분열과 환멸은 옳은 것을 위해 힘겹게 싸우려는 집단적인 결의를 크게 뒤흔들어놓았다.

두 달 뒤인 6월 8일 로버트 F. 케네디가 한창 대선 출마를 위해

바쁘게 뛰던 중에 암살되었다. 그는 1960년대 중반에 개인주의의 급속한 변화를 알려주는 무척 흥미로운 실례實例였다.[54] 로버트 케네디는 1950년대에는 조 매카시에게 충실하게 봉사하면서 공동체의 편협하고 어두운 면을 대표했지만, 1963년 형 존 F. 케네디의 암살에 큰 충격을 받았다. 이후 로버트는 인종적·경제적 정의를 향해 전향하고 베트남 전쟁에 반대하면서 짓밟힌 사람들을 위해 개혁에 나서는 투사이자 더 많은 사람을 아우르는 "우리"를 요구하는 킹의 목소리를 상기시키는 대표적 목소리가 되었다. 그는 암살되기 직전에 인종, 계층, 세대, 심지어 이데올로기마저 초월하는 통합의 국가 정책을 지향했다. "그렇게 되었을지도 모르는 일"은 증거가 되지 못하지만, 그의 사례는 유능한 리더십이 추의 역행을 연기하거나 심지어 막을 수 있을지 모른다는 중요하면서 결정적인 문제를 제기한다. 로버트 케네디의 죽음은 점점 엷어지는 미국의 희망과 기대를 강타했다.

1960년대가 흘러가면서 폭력은 점점 유행이 되어갔다. 미국에서 최초로 텔레비전으로 방송된 전쟁인 베트남 전쟁은 거듭하여 유혈 낭자한 이야기를 끝없이 보도했다. 대규모 반대 시위는 대통령이 바뀌어도 전과 다름없이 무시당했고, 사람들의 좌절감은 깊어졌다. 1968년 민주당 시카고 전당 대회에서의 시위는 내부에서 뉴딜정책 참전 용사가 항의하고, 외부에서 젊은 운동가가 항의하는 양상이었다. 그들의 시위는 노동자 계급 출신의 경찰에게 공격을 받았다. 베트남 전쟁의 쓰라린 패배는 위대한 미국이라는 믿음을 크게 뒤흔들어놓았다.

베이비붐은 1960년대와 1970년대 내내 사회에서 성인 대 아이의 비율을 표준적인 인구 피라미드보다 극적으로 더 낮추었다. 그것은 윌리엄 골딩의 소설 『파리대왕』에서처럼, 특정 인구 집단이 사회를 주도하여 아주 난폭한 결과로 나아가는 길이었다.[55] 젊고 교육받은 백인들은 그들 자신과 억압받는 소수 계층을 위하여 더 큰 통합을 요구하고 나섰다. 이들이 주도하는 폭력적인 시위는 전통적인 권력 구조를 지배하려는 대규모 투쟁이 되었고, 미국 제도에 대한 믿음을 강타했다.

동시에 미국 도심의 빈민촌은 폭력으로 파열되는 중이었다. 1965년부터 1969년까지 치솟은 도시 폭동은 1백 년 동안 미국에서 벌어진 것 중 최악이었다. 그 폭동은 소수 인종들이 사회적 변화의 속도, 그리고 시민권법에서 약속한 것을 제대로 이행하지 못하는 미국의 모습에 대한 조바심을 매섭게 표현한 것이었다. 폭동을 진압해야 하는 백인과 법을 집행하는 공무원들은 흑백 차별 철폐와 백인 우위의 상실에 대해 느껴왔던 잠재된 분노를 폭발시킬 좋은 기회라고 생각했다. 텔레비전으로 지켜보는 사람들에게 그런 폭동은 모든 측면에서 인간 본성의 최악을 보여주는 것이었다. 잔혹하고, 흉악한 허무주의의 광적인 5년간의 발작이 뒤따랐고, 이는 신문 헤드라인을 장식했던 흉악범 찰스 맨슨 패밀리의 살인 사건들(1969), 웨더맨 폭탄 테러(1969~1974), 패티 허스트와 심비어니즈 해방군의 폭력 행위(1974~1975) 등이 잘 보여준다. 그런 무의미한 폭력은 치안과 법의 지배에 관한 우리의 확신을 크게 강타했다.

그러는 사이 또 다른 더욱 교묘한 형태의 봉기가 나라를 휩쓸었다. 여성운동은 오래 미뤄진 평등의 문제를 제기했지만, 그 운동이 핵가족에 미치는 영향에 대해 격렬한 논쟁을 발생시켰다. 동시에

성 혁명은 대중문화와 법적 개혁을 통하여 기존의 행동 규범에 이의를 제기했다. 미국 식품의약국은 1960년 피임용으로 경구 피임약을 승인했고, 1965년 미국 연방 대법원은 부부의 경구 피임약 사용을 금지한 여러 주의 조치가 위헌이라고 판결했다. 대체로 그리고 점점 실제적으로 경구 피임약은 결혼과 섹스를 상호 분리했다.

성적 관습의 변화는 깜짝 놀랄 정도의 속도로 다가왔다. 혼전 섹스가 "잘못이 아니다"라고 믿는 미국인 비율은 1969년 24퍼센트에서 고작 4년 만인 1973년 47퍼센트로 거의 두 배나 늘어났다. 이것은 세대 변화의 전형적인 경우인데, 5분의 4가 혼전 섹스를 받아들이는 청년 집단이 5분의 4는 그런 생각을 거절하는 노인 인구를 밀어냈기 때문이다. 이런 현상은 도덕관의 혁명을 초래했다.[56] 많은 사람이 보기에 여성 해방과 성 혁명은 사회의 가장 기본적 단위(가정)를 크게 공격했다.

여성 해방과 함께 반문화가 왔다. 히피 운동은 1967년 사랑의 여름 중에 절정에 도달했다. 하지만 처음에 "자유연애", 공동생활, 정신적 초월에 집중하자고 한 운동은, 이내 점점 쾌락주의적 착취, 중독성 마약, 그리고 "네가 하고 싶은 걸 하라"는 자유방임으로 변모했다. 1960년대 봄철 햇볕 아래 구축된 한때 무척 낙관주의적이었던 공동체는 1970년대 겨울비 속에서 붕괴되었다. 그 뒤 거의 필연적으로 따라온 것은 1960년대 초의 실패한 이상에 대한 늘어나는 환멸이었다. 토드 기틀린은 이를 "공유된 꿈의 황혼기The Twilight of Common Dreams"라고 부르게 된다.[57] 반문화의 기존 현상 거부는 기존에 형성된 문화적 여론을 깊숙이 공격했다. 그것이 차후 50년 동안 이어질 "문화 전쟁"의 기초를 놓았고, 미국의 성인 세대 전체가 "미국의 정신 바로 그것이 위태롭게 되었다"[58]라고 느끼게 되었다.

부모와 전문가가 미국의 도덕적 붕괴를 우려하는 동안 환경적 붕괴가 미국 전역에 걸쳐 점점 분명하게 드러났다. 이전 몇 십 년 동안 경솔하게 화학 물질과 기계를 안정성 검사도 충분히 하지 않고 남용한 사실이 1960년대에 드러났다. 그것은 사람의 건강과 환경에 장기적으로 파괴적인 영향을 끼칠 터였다. 『침묵의 봄』은 뒤퐁 화학 회사가 1950년대 동안 자랑했던, "화학을 통한 더 나은 삶"의 소박한 희망을 공격하면서 크게 뒤흔들어놓았다.

이런 소란스러운 시대의 여러 무질서하고 불안한 사건들이 병발하는 와중에 워터게이트 사건이 터졌다. 미국 정치의 어두운 이면은 심야의 불법침입, 협박, 정적 리스트, 은밀한 감시, "입막음 돈"에 관한 이야기로 드러나 대중에게 큰 충격을 안겼고, 몇 달씩이나 계속하여 신문의 헤드라인을 장식했다. 가슴 아픈 10년의 재앙적인 결말인 워터게이트는 미국 국민들을 아연하게 만들었고, 명예로운 리더십에 관한 미국 국민들의 믿음을 강타하여 산산조각 냈다.[59]

1960년대가 끝나면서 번영에 관한 미국의 약속도 마찬가지로 물거품이 될 것처럼 보였다. 높아진 대중의 불만을 감안하고 또 베트남 전쟁에 대한 불평을 고려하여 존슨과 닉슨은 세금을 인상하지 않았고, 군사와 민생 중에 양자택일하지도 않았다. 이런 비겁한 정책은 높은 인플레이션과 높은 실업으로 연결되었다. 그때까지 이런 현상이 경제적으로 나타나본 적이 없었으므로 이 현상을 지칭하기 위해 새로운 용어와 기준이 발명되어야 했다. 그 용어는 "스태그플레이션"이었고, 기준은 "고통 지수"였다. 스태그플레이션은 석유 금수 조치와 그 결과로 생긴 1970년대의 가스관 문제로 더욱 악화되었다. 경제적 고통은 1960년대 말에 가속화되기 시작했고, 1970년대엔 대공황(1920년대 후반)의 어려움과 맞먹게 되었고, 먼 훗날의 얘기인 2008~2009년의 대침체의 괴로움을 능가했다. 이런 경제 위기는 1960년대 말부터 1970년대 중반까지를 지칭하는 별칭인 "오래 지속된 60년대"를 만들어냈다. 이 위기는 미국의 자신감을 강타했고, 전후의 번영에 종식을 가져왔다. 나-우리-나 곡선은 이미 방향을 전환했으나, 경제적 불안이 그것을 더욱 공고하게 만들었다.

이런 다양하고 상호 교차되는 위기들은 1950년대의 명백한 경제적, 정치적, 사회적, 문화적 통합을 분열시켰다. 궁극적으로 미국을 엄습한 이런 변화의 속도와 철저함은 그 시대를 살던 미국인 모두를 놀라게 했다. 1965년 베트남으로 떠나 1972년 미국으로 돌아온 한 전쟁 포로의 말을 빌려보자. "우리는 무척 다른 세상이 되어버린 고향으로 돌아왔다. 마치 립 밴 윙클이 거의 6년이 지나서야 포로수용소에서 깨어나 돌아온 것 같았다. 우리 문화가 그 정도로 변했다는 건 믿기 어려웠다."[60]

많은 평론가들이 20세기 중반의 합의(공동체주의)가 가져오는 제약을 우려했지만, 불과 몇 년 안에 미국의 조화가 불협화음으로 대체될 것이라는 점을 예견할 수 있는 사람은 거의 없었다. 오래 지속된 1960년대는 앞선 시대의 합의가 바야흐로 막다른 길로 들어섰다는 걸 확인한 듯했다. 모든 게 통제 불능이고, 뚜렷하게 정의되지 않는 불화의 느낌이 광범위하게 퍼져 있었다.[61]

"소외", "사회적 무질서", "불화", 그리고 "불안" 등의 단어들은 오래 지속된 60년대 동안 엔그램 유행어에서 급증하는 양상을 보였다. 이런 분위기는 1979년 지미 카터 대통령이 텔레비전을 통해 미국 전역에 방송한 연설에 요약되어 있다. 그 요약은 사실상 우리가 이 섹션에서 묘사한 모든 사건과 추세를 망라한 것이다. 대통령은 당초 연설 제목을 "확신의 위기"로 지었지만, 적절하게도 "불안에 관한 연설"로 더빙되었다. 전체적으로 1960년대 후반의 위기들은 1960년대 전반의 국가적인 자신감을 약화시켰고, 우리의 집단적이고 평등주의적인 열망을 저하시켰다.

1970년대에는 톰 울프가 1976년 발표한 멋진 에세이에서 "나 개인주의의 10년The Me Decade"이라는 유명한 별칭이 붙었다.[62] 울프는 폭발적으로 증가하는 자립 운동의 인기와 새로운 시대의 정신적 기풍을 상세히 알리면서, 앞선 시절의 아찔한 현기증 직후에 나타난 내부로의 전국적인 전환을 발견했다. 미국인은 커다란 문제에 대한 대규모 시위를 포기하고 그 대신 사람들이 개인적으로 무엇이 잘못되었는지에 초점을 맞추는 심리 치료사와 종교 지도자 쪽으로 시선을 돌렸다. 요약하면 1970년대는 사람들이 사회를 바로잡으려는 열망을 접고 그 대신 자신을 바로잡으려고 생각한 10년이었다.

역사학자 제임스 패터슨은 이 시기를 이렇게 요약했다.

1970년대 중반과 그 이후에 미국의 본질을 찾으려던 소위 토크빌풍의 학자들 다수는 "상황이 앞으로 악화될 것이라고 말하기 이전에 이미 악화되어 있다"라는 헤드라인을 쓴 사람만큼이나 미국 사회에 대해 비관적이었다. 그 학자들은 이렇게 말했다. 미국인들은 방향 감각을 잃고, 성마르고, 소외되고, 지역, 젠더, 나이, 종교, 민족성, 그리고 인종 등을 기준으로 삼아서 그들 자신을 더욱 편협하게 나누는 전보다 더 자의식 강한 집단으로 나뉘게 되었다.[63]

베이비붐 세대는 이상주의적 연대감을 갖고 1960년대에 진입했으나 성미 까다로운 이기심을 갖고 1970년대를 나왔다. 철학자 리처드 로티는 자신의 책『우리 조국 이루기』(1998)에서 이렇게 썼다. "1980년 무렵에, 대공황을 헤쳐오고 교외로 이사 갔던 사람의 자녀들이 퇴각을 차단하는 도개교跳開橋를 들어올리기로 결정한 듯했다."**64** 그런 중대한 방향 전환의 온전한 결과는 너무나 분명해졌다. 그것은 이제 21세기의 관점에서 그 몇 십 년을 살펴보면서 확인되었다.

1960년대 전환점이 주는 교훈

우리는 앞에서, 오래 지속된 1960년대에 벌어진 "우리"에서 "나"로의 방향 전환에 대해 단일한 원인을 찾는 건 무익하다는 걸 살펴봤다. 이 책에서 서술했던 다양한 경제적, 정치적, 사회적, 그리고 문화적 추세들은 몇 십 년 동안 자기 강화적인 평형에 갇혀 있었지만, 그런 평형 자체는 위에 서술한 1960년대의 혼란으로 완전히 뒤집혔다. "우리"를 확장하는 방향으로 나아가던 운동의 여러 요소 사이들의 도덕적인 순환은 갑자기 역진하여 악순환이 되어버렸다. 증대되는 양극화는 증대되는 개인주의를 초래했고, 차례로 늘어나는 불평등, 늘어나는 사회적 고립, 더욱 심한 양극화, 그리고 끝없이 하향하는 악순환으로 이어졌다.

하지만 앞에서 강조했던 것처럼, 전환점은 상황과 위기 이상의 의미를 갖고 있다. 그런 위기들에 대응하여 행사되는 인간의 힘은 핵심적인 역할을 수행했다. 역사학자 브루스 슐먼은 이와 관련하여 이런 글을 썼다.

> 1940년대부터 1970년대까지 전후 시대 전체 동안 개혁가들은······ "우리"의 집단을 확장하는 방향으로 나아가는 걸 독려했고, 차이를 경시하고 "우리"에 더 많은 사람을 포함시키려 했다······ 하지만 1970년대 초창기에 미국인은 그런 포괄적이고 보편적인 비전에서 물러났다. "우리"를 확장하는 것이 아니라, 수많은 더 편협한 단위로 뭉친 한 덩어리로 미국 사회 자체를 재건했다.[65]

앞의 여러 장에서 강조했던 것처럼, 1960년대의 개혁가들에게는 개인 권리를 확장해야 할 이유가 있었다. 실제로 1960년대에 개인 권리의 영역에서 많은 것이 성취되고 시행되었다. 그래서 해당 10년을 이렇게 보기가 쉽다. 억압과 순응의 굴레가 마침내 파괴되고, 개인이 자유로이 자기 자신이 되고자 했고, 미국은 법에 의해 자유와 평등을 보장하지 못한다면 책임을 져야 하는 시대였다고 말이다. 하지만 앞의 여러 장에서 살펴본 것처럼 이런 진보적인 여러 점진적 운동의 순수 효과는 종종 광범위하게 공유된 공동체주의적 가치를 희생하며 개인주의와 개인의 권리를 강조한 것이었다. 많은 경우에 개인을 "해방한" 1960년대의 운동은 예기치 않게도 이기주의를 증가시키는 부작용을 낳았다. 개혁가와 혁명가는 통합을 추구했지만, 그것을 추구하는 과정에서 소외 현상을 가져왔다. 이처럼 1960년대는 오늘날 우리의 깊은 관심을 받을 만하다. 그래야 우리가 그 개혁가 세대의 노력에서 배울 수 있고, 또 더 나은 미래를 위하여 공유된 열망의 추구가 또 다른 악의에 불타는 "공유된 꿈의 황혼기"로 끝나지 않을 것이기 때문이다.

　1950년대의 개혁가들은 체제 순응이 개인주의에 가하는 제약을 우려했고 더 나아가 인종 불평등과 젠더 불평등의 지속에 대해서도 제대로 염려했다. 그들은 20세기 중반 "우리"의 범주에 누가 실제로 포함되는지 의문을 가졌고, 그런 우리가 대표하는 "합의"의 특정 형태에 어떤 교환 조건이 요구되는지 궁금해 했다. 1960년대의 불꽃에 의해 촉발된 이런 휘발성 강한 관심사들은 20세기의 첫 65년 동안 전개되어온 근본적 추세들의 방향을 역진시켰고 미국을 전적으로 다른 경로로 나아가게 만들었다. 이 새로운 경로는 실제로 더욱 많은 개인주의를 가져왔지만, 이전 가치관을 희생한 것이었다. 하지만 이 사실은 아주 오래 무시되어 왔다.

　20세기 중반에 대한 사려 깊은 회고는 그 시절의 결점을 명확하게 밝혀준다. 1950년대의 미국 사회는 사람들의 개성과 다양성을 경시하고 한심할 정도로 인종 정의와 젠더 정의에 무관심했던 사회였다. 그럼에도 불구하고 이 책에서 우리가 수집한 실증적 증거들 역시 우리가 1960년대의 방향 전환에 큰 대가를 치렀음을 분명히 보여준다. 그런 대가는 구체적으로 무엇인가? 제2차 도금시대의 변명할 여지가 없는 경제적 불평등, 민주주의를 약화시키고 위험에 빠뜨린 정치적 양극화, 동료 의식에 관한 인간의 기본적인 욕구를 무시하는 사회적 분열과 고립, 그리고 가장 근본적으로 미국의 국가적 경로를 바꾸는 데 필요한 목적의 통합을 무척 어렵게 만드는 이기심 등을 들 수 있다.

　우리가 "정상"으로 여기는 건 우리 자신이 개인적으로 어떤 스토리에 등장할 수 있는 경우에 한정된다. 그러나 오늘날 미국의 업스윙 시대를 거치고 이어 앞에서 약술한 놀라운 방향전환을 목격한 노인 세대의 미국인들이 볼 때, 극단적인 불평등, 양극화, 사회적 분열, 그리고 오늘날의 나르시시즘(심지어 이 나라의 고위직들조차 그런 모습을 나타낸다) 등은 절대로 "정상"의 범주에 들어가지 않는다. 당연히 노인들은 그런 현상을 정상으로 여기지 않고 또 싫어한다.

반면 X세대, 밀레니얼 세대, 그리고 그보다 더 젊은 미국인에게 심화되는 불평등, 양극화, 고립, 그리고 나르시시즘은 평범한 것, 혹은 정상적인 것처럼 보일 수 있는데 이는 그들이 태어난 미국 사회가 이미 그렇게 되어 있었기 때문이다. 하향추세가 그들이 경험한 유일한 현실이고, 오늘날의 "정상"이 실제로 얼마나 역사적으로 특이한지 온전히 깨닫지 못하는 것이다. 하지만 우리가 앞에서 풍성하게 기록한 것처럼, 나이든 사람들의 생생한 기억 속에서 이런 혼란스러운 현실은 사실상 퇴조하고 있는 것처럼 보이는 것이다.

우리가 이 책에서 바라는 건 "오케이 부머들"의 세대 간 차이를 좁히는 데 도움을 주는 것이다. 20세기 전체의 흥망성쇠를 아우르는 새로운 증거로 뒷받침되는 새로운 스토리들을 소개함으로써 앞으로 나아갈 수 있는 선택의 분명한 의제를 제공하려는 것이다. 이런 세대 간 차이를 메우는 일은 국가 장래의 새롭게 공유된 비전을 구축하는 데 아주 중요한 요소이다. 어떻게 모든 미국인이 또 다른 업스윙을 만들어내기 위해 함께 일할 수 있을 것인가? 그것은 이 책의 마지막 장의 주제이다.

제9장

표류와
통제

THE UPSWING

ROBERT D. PUTNAM

9
—
DRIFT
AND
MASTERY

1888년에 미국의 진보주의자 에드워드 벨러미는 『뒤돌아보며, 2000~1887』라는 베스트셀러 소설을 썼다. 소설 속에서 주인공 줄리언 웨스트는 1887년에 잠들었다가 미래인 2000년에 깨어나 자신이 알던 미국이 완전히 변했음을 발견한다. 제1차 도금시대의 극악무도한 경쟁은 협동으로 대체되었고, 개인주의적인 "승자독식" 사고방식은 상호 책임과 상호 지원을 중시하는 강한 책임감으로 대체되었다. 웨스트는 경이로운 느낌으로 그 사회를 여행한다. 그것은 민주적 주민들이 공유된 운명을 밑바탕으로 온갖 조직 체계를 세운 사회로서 희망찬 가능성이 가득한 사회였다.

우리는 벨러미가 "되돌아보며"라는 방식으로 상상했던 113년보다 더 많은 세월을 지나 현재에 이르렀다. 하지만 그 소설의 주인공이 오늘날 미국 거리를 걷게 된다면 안타까운 일이지만 그는 무척 익숙한 느낌을 받을 것이다. 21세기의 미국은 그가 상상했던 유토피아보다는 그가 살았던 제1차 도금시대와 더 비슷할 것이기 때문이다. 제1차 도금시대가 그러했듯이, 21세기 미국의 유례없는 번영은 엄청난 빈부격차, 공공 분야의 정체, 허물어지는 사회 구조, 광범위한 원자화와 나르시시즘의 제2차 도금시대를 가져왔다.[1]

미국의 실제 현실이 벨러미의 유토피아적 공상과 불일치하는 건 놀라운 일이 아니다. 상상력을 통해 생겨난 소설 작품은 종종 시사해주는 바가 많지만, 예언적인 경우는 드물다. 그래도 놀라운 건 벨러미의 소설이 출판된 이후 50년 동안은 미국이 그 이전 어느 때보다도 그런 이상적인 사회를 향해 천천히 움직였다는 점이다. 미국 사회는 눈에 띌 정도로 더 평등해졌고, 더 기꺼이 함께 일하고 타협하려 했으며, 성가신 문제에 대한 혁신적인 해결책을 더 많이 제시했고, 공익에 더 많이 신경 썼다. 이어 미국은 급격하게 발전의 경로를 후퇴시켰고, 그런 여러 분야에서 이루어진 진보의 몇 십 년을 원래 상태로 되돌려 놓았다. 그런 다음 미국은 벨러미의 도금시대와 비슷한 세상을 다시 만들어냈다.

미국의 제1차 도금시대와 오늘날 사이에 놀랄만한 유사점이 있다는 사실은 수많은 평론가들이 언급했다. 그럼에도 불구하고 『업스윙』이 일관되게 서술해온 바와 같이―우리는 광대한 경제적, 사회적, 정치적, 문화적 현상의 여러 분야에 걸친 무수한 객관적 평가 기준들을 살펴보았다―그 두 사회의 유사점은 많은 사람들이 제기했던 것 이상으로 더 넓고 깊다. 오늘날 우리는 다시 한 번 위기의 순간을 맞이하고 있다. 거의 모든 측면에서 엄청난 도전에 직면하여 국가적인 하향추세로 더욱 깊숙이 빠져들어 가고 있다. 하지만 우리는 또한 예전에 벨러미가 그랬던 것처럼 더 밝은 미래를 상상하고 싶을 뿐만 아니라, 우리와 무척 비슷했던 시기(제1차 도금시대) 다음에 어떤 진보적인 시기가 뒤따라왔는지 살펴볼 수 있다.

지금까지 이 책은 각 분야별 발전 사항을 살펴보았다. 크게 불평등하고, 양극화되고, 사회적으로 단절되고, 문화적으로 자기 이익에만 몰두하는 19세기 후반의 미국 사회가 20세기가 열리면서 평등, 포용, 우애, 연결, 그리고 이타심을 향해 괄목할 만한 발전을 이루었다는 것을 밝혀냈다. 실제로 미국의 역사에서 아주 극적이고 다면적인 전환점을 구성하는 이런 현상들의 놀라운 결집은 20세기를 이해하는 새로운 렌즈를 제공한다. 하지만 우리의 이야기를 그런 정도로 끝마치는 건 역사의 교훈을 온전히 활용하지 못하는 것이다. 그러므로 이 마지막 장에서는, 미국의 지난번 업스윙(상승추세)이 어떻게 발생하게 되었는지, 어떻게 하면 그런 업스윙을 오늘날 또 다시 만들어낼 것인지를 주로 살펴볼 것이다.

표류에서 통제로

벨러미가 『뒤돌아보며』를 완성하고 몇 년 뒤 또 다른 미국 진보주의자이자 당시 갓 이십오 세의 월터 리프먼이 『표류와 통제Drift and Mastery』(1914)라는 제목의 작은 책을 출판했다. 리프먼은 선배들이 빠져들었던 "유토피아를 구축하는 일"을 삼가면서 그 대신에 "현재의 사회적 불안을 진단하고 민주주의가 무엇을 뜻하는지 그 의미를 파악하는 일"에 몰두했다.[2]

20세기 초에 미국은 완전히 새로운 세상, 즉 도시화, 산업화, 점점 더 커지는 임금 노동에의 의존, 온갖 종류의 회사와 통합체의 급증, 사회적 규범과 관습의 재확립, 빠르게 늘어나고 다양해지는 인구 등의 문제에 직면하고 있었다. 이런 여러 문제들을 감당하는 데 있어서 개인, 제도, 그리고 정부는 어떤 역할을 맡아야 하는지 격렬한 논쟁이 벌어졌다. 이와 같은 세상에서 민주적 제도 아래의 시민들은 무엇을 해야 하는가?

미국 민주주의가 엄청난 절망의 "표류"로 고통 받고 있을 때 리프먼은 적극적이고, 창의적이고, 잘 단련된 시민들이 역사를 "통제"할 것을 요구했다. 표류하는 국면에서 벗어나는 업스윙의 가능성에 관해 그는 이렇게 주장했다. "그것은 몇몇 현명하고 우월한 사람이 아니라, 미국인 모두가 해야 하는 일이다. 어떤 한 사람이, 어떤 한 집단이 모든 걸 해낼 수는 없다. 그것은 엄청난 공동 작업이 되어야 한다."**3** 다시 말해 미국인은 "나"를 강조하는 파괴적이고 냉소적인 추락을 멈추고 "우리" 공동체주의의 잠재력과 약속을 재발견해야 한다는 것이다.

벨러미의 충족되지 못한 꿈과는 다르게, 리프먼의 처방은 미국이 새로운 세기로 이행하면서 실제로 벌어졌던 현상과 아주 밀접하게 부합했다. 도금시대를 진보시대로 바꾸어놓은 개혁가들은 이주민과 엘리트, 여자와 남자, 흑인과 백인, 주부와 직업 정치인, 노동조합주의자와 자본주의자, 대학 졸업생과 공장 노동자, 상의하달 방식 관료와 하의상달 방식 운동가, 공화당원과 민주당원, 그리고 중도 무소속 등 거의 모든 사람을 끌어들였다. 그러한 진보로의 이동은 무척 다양하여 일관성이 별로 없는 것처럼 보일 정도였고, 여러 모순적 충동들을 낳았지만, 전체적으로 "진보주의자"라는 초당적 입장을 자처한 미국인들은 결국 놀랍도록 다양하고 광범위한 개혁과 혁신을 달성했다. 이 발전 사항들 중 많은 것이 오늘날 우리가 알고 있는 미국 사회의 기초를 형성했다.

비밀 투표, 직접 예비 선거 체계, 보통 선거에 의한 상원의원 선출, 주민 법안 발의, 국민 투표, 선출직 공직자 해임 투표, 여성 참정권, 새로운 형태의 시정市政, 연방 소득세, 연방준비제도, 보호적 노동법, 최저임금, 독과점금지법, 보호된 공유지와 공공 자원, 식품의약 규정, 공공 위생 기반 시설, 공익 기업체, 시민단체와 자원봉사단체의 급증, 노동조합, 미국 시민 자유 연합, 미국 흑인 지위 향상 협회 같은 새로운 옹호 단체, 무상 공립 고등학교 교육의 광범위한 제공, 심지어 공원, 도서관, 놀이터의 확산까지. 이 모든 것들이 진보주의 개혁자들로 구성된 다양한 집단의 노력에 의해 탄생했다.

평균적으로 볼 때 권리선언* 이후 헌법 개정은 13년마다 한 번씩 비준되었다. 진보시대의 혁신이 얼마나 기념비적이었는지를 보여주는 흔적으로서 1913년과 1920년 사이에 비준을 가로막는 장애물 가득한 길을 돌파한 네 번의 헌법 수정안이 있었다. 이 개헌들은 권리선언 이후 가장 중대한 사건들이었는데, 이에 버금갈 만한 것은 남북전쟁 이후 노예제를 손본 세 건의 헌법 수정안뿐이다.

오늘날 많은 관찰자들은 이런 개헌의 역사적 중요성을 이해하려는 시도로 진보시대의 세 가지 중요한 사건을 거론한다. 그것은 시어도어 루즈벨트의 공평 정책 국내 어젠다(1910), 진보당 창당(1912), 광범위한 연방법의 통과(1913~1920)다. 관찰자들은 이런 조치들이 연방정부의 규모, 범위, 권한을 확장하는 조직적인 정치 계획이라고

* 1791년 헌법 수정 조항 1~10조의 기본 인권 선언.

결론을 내린다.[4] 하지만 이런 설명은 진보주의자가 백악관에 입성하기 훨씬 전부터 시작되었던 문화 비평, 열정적인 정치적 시위, 시민 주도 개혁의 광범위한 여러 업스윙을 설명하지 못한다.

역사학자 리처드 호프스태터에 의하면 진보주의 운동은 "1900년 이후 어디에서나 무척 뚜렷했던 비판과 변화를 향한 폭넓은 충동"이 주된 특징이다. 호프스태터의 이런 해석은 무척 놀라울 정도로 우리가 이 책에서 주장해온 바와 일치한다. 전체적으로 보았을 때 우리가 이 책에 기록한 1900년 부근에 시작된 미국의 전반적인 궤적의 명백한 변화를 보여주는 폭넓은 사회적, 경제적, 문화적, 정치적 업스윙의 순간을 지적하고 있는 것이다. 호프스태터는 계속하여 이런 말도 했다.

> 모든 관찰력 있는 동시대인이 깨달은 것처럼, 이런 커다란 의미의 진보주의는 진보당에 국한되지 않을 뿐만 아니라 모든 주요 정당과 군소 정당, 그리고 모든 정치 생활의 분위기에 영향을 미쳤다……. 진보주의는 특정한 사회적 불만이라는 추진력이 없었더라면 불가능했을지도 모른다……. 그것은 사회의 대부분 사람들이 보여준 광범위하고 두드러진 온화한 노력이었다. 비록 명확하게 규정되지는 않지만 자기 개혁을 성취하려는 목적을 갖고 있었다.[5]

비록 그들의 초기 목표가 늘 분명하거나 일관성 있었던 건 아니었지만, 진보주의자들에게는 두 가지 공통된 면이 있었다. 하나는 미국의 하향추세를 거부하려는 강력한 욕구이고, 다른 하나는 평범한 시민의 힘으로 업스윙을 이룰 수 있다는 신념이었다. 그들의 다

양한 이야기에서—구체적인 정치, 정책, 혹은 프로그램에서 더욱
이야기가 다양하다—우리는 오늘날 그와 비슷한 전환점을 만들어
내는 방법상의 청사진을 찾을 수도 있을 것이다.[6]

특권에서 열정으로

프랜시스 퍼킨스는 1880년 매사추세츠 주 보스턴에서 교육을 가치
있게 생각하고 식민지 시대부터 살아온 가문의 역사에 자긍심을 갖
는 중산층 뉴잉글랜드 가문에서 태어났다. 마운트홀리요크 대학 학
부생이던 그녀는 한 교수의 인도로 진보 정치를 접하게 되었다. 그
는 학생들에게 공장을 방문하여 노동자와 근무 환경에 관한 인터뷰
를 하라는 과제를 냈던 것이다. 졸업 후 퍼킨스는 시카고 지역 한 여
학교에서 교사로 일하기 시작했고, 제인 애덤스의 헐 하우스*에서
자원봉사자로 일하며 계속하여 빈곤 노동자의 곤경에 대해 알아가
게 되었다.

　헐 하우스에서 그녀는 영향력 있는 진보주의자로 구성된 인상
깊은 집단과 어울렸으며, 이전에는 주로 책에서만 접하던 사회적
문제를 직접 목격했다. 그녀는 맹렬한 노동 연설과 진지한 생각을
유발하는 강의를 들었고, 현실과 동떨어지고 보수적인 부모의 정치
적 사상에 의문을 품게 되었으며, 탄압받는 사람의 권리를 위한 싸
움에 점점 마음이 끌리게 되었다.

＊　　Hull House. 사회봉사가 제인 애덤스에 의해 1889년 시카고에 설립된 복지 시설.

퍼킨스는 교사로서 존중 받는 경력을 계속 추구하기보다는, 불법적인 직업소개소와 하숙집에서 여성 이민자와 아프리카계 미국인이 당하는 성적 착취를 조사하는 직업을 얻었다. 그녀는 자신이 하는 일을 일부러 가족에게 자세히 알리지 않았다. 그녀는 와튼 스쿨에서 경제학을 공부했고, 이어 뉴욕으로 가서 컬럼비아 대학에서 정치학 석사를 취득했다. 뉴욕에 있을 때 그녀는 여성 참정권 운동에 투신했고, 시위에 참여하고 길모퉁이에서 유인물을 배부했다. 그녀는 또한 뉴욕 소비자 연맹의 책임자로서 노동자 권리를 옹호하는 일을 계속했다.

1911년 퍼킨스는 워싱턴스퀘어에서 조금 떨어진 아파트에서 사교계 여자들과 함께하는 다과회에 참석하다가, 거리 바로 아래에서 대소동이 벌어지는 소리를 들었다. 다과회 참석자들은 황급히 바깥으로 달려 나갔고, 광장 바로 건너편 트라이앵글 셔츠웨이스트 공장이 불길에 휩싸인 걸 보게 되었다. 퍼킨스는 도움을 주겠다는 희망으로 공장으로 달려갔으나 헛된 일이었다. 수백 명의 여공들이 탈출할 방법도 없이 내부에 갇혔고, 속수무책인 수십 명의 여자와 소녀가 뛰어내리다 죽는 소름끼치는 장면이 펼쳐졌다. 고작 2년 전에 바로 이 여공들이 좀 더 인도적인 노동 환경과 안전상 이런 화재를 우려하여 해결책을 요구하는 파업을 벌였는데도 이런 참사가 벌어진 것이었다.

트라이앵글 셔츠웨이스트 화재는 프랜시스 퍼킨스의 도덕적 가치관 형성에 있어 커다란 전환점이 되었고, 그녀는 개혁을 위한 싸움이 화급하다는 걸 깨달았다. 헐 하우스에서의 경험은 정신을 번쩍 들게 하는 것이긴 했지만, 뉴욕으로 와서 다시 한 번 동부 엘리트들 사이를 돌아다니는 동안 그녀는 개혁가가 아니라 결혼을 잘한 독지가의 미래를 꿈꾸고 있었다. 하지만 저 섬뜩한 화재는 공장주의 탐욕과 입법가의 무관심이 146명의 무고한 목숨을 빼앗아갔다는 현실을 분명하게 보여주었다. 또 단순히 자선 행위만 해서는 이런 참사를 절대 바로잡을 수 없다는 사실도 분명해졌다. 그녀는 즉시 고상한 삶을 살려고 했던 비전을 버리고 노동자 권리를 위해 싸우는 것을 자신의 "소명"으로 삼았다.

퍼킨스는 남자가 지배하고 윤리적으로 문제 많은 정치계에 뛰어들자 도덕적 분노만으로는 개혁을 얻기 충분치 않다는 걸 빠르게 배웠다. 진보주의자인 민주당 주지사 앨 스미스의 지도 아래 그녀는 빈틈없는 정치인이 됐고, 뉴욕 주 정부에서 여러 직책을 맡으면서 뉴욕 주를 입법 개혁의 최전선에 서게 했다. 그녀는 더욱 포괄적인 공장 점검, 더욱 안전한 여성 노동자 근무 환경, 감소된 노동 시간, 그리고 미성년자 노동 금지를 위한 싸움에 나서 성공을 거뒀고, 또한 최저임금과 실업 보험의 기반을 놓았다. 퍼킨스는 1933년 루스벨트 대통령에 의해 노동부 장관으로 임명되었을 때 미국 역사에서 최초로 내각의 각료 지위를 얻은 여성이 되었고, 그녀의 전문 지식과 끊임없는 노동자 옹호는 뉴딜정책의 계획과 실행에 큰 도움을 주었다.[7]

프랜시스 퍼킨스는 도시의 개탄스러운 경제적, 사회적 상황에 직면했을 때 자극을 받고, 심지어는 급진적으로 변해 행동에 나서던 수천 명의 중산층 미국인(그중 대다수는 교육받은 여성이다) 중 한 사람이었다. 제인 애덤스는 미국 사회복지관 운동을 일으키고 이민자와 도시 빈민을 소리 높여 옹호했다. 플로렌스 켈리는 노동 개혁, 미성

년 권리, 인종적 평등을 위해 지칠 줄 모르고 일했고, 릴리언 월드는 인권을 위해 싸우고 뉴욕 빈민가 공동주택 거주자가 의료 서비스를 받을 수 있도록 지원했다. 존 듀이는 교육이 예약된 민주적 시민권을 준비하는 방식이 되어야 한다면서 교육을 새롭게 규정했다. 이들은 인도적이고 열정적인 당시의 진보 정신을 나타내는 전형적 사례다. 이들 모두 개인적으로는 시민에 불과했으나, 양심과 정치적 권리를 의식하고, 계층 간의 연합을 구축하고, 민중을 조직하고, 정치적 옹호에 관한 무수한 행동에 관여했다. 그들은 함께 힘을 합쳐서 대규모 행동주의의 밑바탕을 구축했다. 그런 배후 지원 덕분에 미국의 진취적인 정치인들은 "우리" 공동체주의의 몇 십 년을 뒷받침하는 프로그램과 정책에 민중의 지원을 끌어들일 수 있었다.

고립에서 유대로

폴 해리스는 1896년 시카고로 왔을 때, 바쁘고 혼잡한 도시생활의 익명성과, 자신이 자란 버몬트 주 월링퍼드의 공동체적인 소도시 사이의 위화감에 놀라움을 금치 못했다. 최근 아이오와 대학에서 법학 학위를 받은 해리스는 새로운 도시에서 삶을 막 시작한 수천 명의 진취적인 청년 중 하나였다. 그는 어느 순간 이런 궁금증을 느꼈다. "내가 그랬던 것처럼 다른 사람들도 유대감을 갈망한다면 그 사람들을 서로 결합시켜 보면 어떨까?"[8]

해리스는 곧 친구 및 사업 동료와 지역 전문가를 위한 조직을 형성하는 데 대하여 의견을 나누기 시작했다. 1905년 그와 세 명의 다른 청년들은 시카고 시내의 한 사무실에 모여 로타리라는 새로운 클럽의 첫 회의를 진행했다. 로타리라는 이름은 회원의 사무실에서 돌아가며 회의를 하던 클럽의 초기 관행에서 따왔다. 클럽의 초기 비전은 단순히 도시의 사업가들에게 "유대감과 우정"을 제공하는 것이었는데, 그러다 결국 전문직 종사자의 일정에 맞춘 정오 "오찬회의" 전통으로 발전하게 되었다.

해리스가 1907년 클럽의 세 번째 회장으로 선출되었을 때 그는 조직의 임무에 봉사를 포함시켜 임무의 범위를 확대했다. 그들의 첫 계획은 시카고에 공중 화장실을 세우는 일이었다.

회원들은 회의에서 자기 사업 얘기를 하는 것은 철저히 금지되었다. 클럽은 상업과 경쟁의 끈질긴 압박에 맞서서 문화적 평형추를 제공하는 것이 목적이었다. 해리스는 사업 얘기 대신에, 사교, 봉사, 상호 협력 등 공동체주의에 집중하는 걸 권장했다. 클럽의 소식지 『전국 로타리인』이 처음으로 출판되었을 때 해리스는 다음 같은 글을 남겼다. "우리의 이 로타리 클럽이 앞으로 일과성 이상의 사건이 될 운명이라면 그건 여러분과 제가 서로의 결점을 참아내는 힘, 즉 관용의 가치를 배웠기 때문일 것입니다."[9]

경상비와 관리 부담에 우려를 표시하는 동료 설립자들의 반대에도 불구하고 해리스는 클럽이 다른 도시들로도 확장되어야 한다고 고집했고, 1910년 미국 전역에 약 열다섯 개의 새로운 클럽이 설립되었다. 그해 8월 전국 총회가 시카고에서 열렸고, 그곳에서 다양한 지부의 대표들이 모여서 로타리 클럽 전국 협회를 창설하는 데 동의했다. 1911년 조직은 "가장 잘 봉사하는 사람이 가장 큰 이익을 보는 사람이다"라는 모토를 채택했고, 1950년엔 두 번째 모토인 "자

아를 초월한 봉사"를 채택했다.[10]

결국 로타리 클럽의 조직은 국제적으로 확장되었고, 해리스가 1947년 사망할 무렵에는 공동체를 위한 봉사에 전문가들을 연결하려는 해리스의 겸손한 노력 덕분에 75개국에서 20만 명이 넘는 회원을 포함하는 거대 조직으로 성장했다. 1백 년이 넘도록 로타리 클럽은 각종 자선기금에 수십억 달러를 제공하는 정보 센터의 역할을 했고, 그 기금은 무수한 인도주의적 계획에 사용되었다. 1987년 미국 연방 대법원의 판결에 의해 로타리 클럽에 남자만 가입할 수 있다는 규정이 폐지되어, 여자도 마침내 온전한 회원권을 인정받게 되었다. 조직은 여전히 활동 중이며, 오늘날에도 계속 성장하여 120만 회원이 활동한다.

폴 해리스의 로타리 클럽은 진보시대에 시작된 수백 개가 넘는 비슷한 조직과 협회 중 하나다. 이런 각 단체는 원자화와 개인주의에서 벗어나 "유대"와 공동체주의를 향한 폭넓은 문화적 전환이 만들어낸 결과물이었다. 가톨릭의 콜럼버스 기사수도회 같은 우애 조합에서 "노르웨이의 아들들" 같은 문화 조직까지, 그리고 전미 광부 노동조합 같은 노동조합부터 하다사 같은 여성 단체에 이르기까지, 진보주의자와 그들의 동시대인이 형성한 클럽과 단체의 범위는 아주 대규모였다. 로타리처럼 이런 조직들은 흔히 사회적인 여가 집단으로 시작했지만, 대다수는 결국 그들의 활동을 인도주의적 활동, 공동체 문제, 그리고 심지어 정치적 활동주의를 향해 맞춰나갔다. 이런 단체들과 그 단체들의 광범위한 회원은 놀라울 정도로 오래 지속되었다. 그리하여 미국에서 나타난 몇 십 년간의 진보적 업스윙에 활력을 불어넣은 막대한 사회적 자본이 되었다.

어둠에서 빛으로

1862년 노예로 태어나 남북전쟁 중 노예해방선언으로 자유민이 된 아이다 B. 웰스는 부모를 질병으로 잃었고 형제들과 헤어지지 않기 위해 열심히 일을 하며 가족을 부양하는 젊은 시절을 보냈다. 초등학교에서 교사 일자리를 구했고, 일하지 않을 때엔 멤피스의 흑인 전용 대학에 다녔다. 1884년 열차 차장이 그녀에게 1등차의 좌석을 포기하라고 지시했다. 그녀는 공공시설에서 인종차별을 금지한 1875년 시민권법을 내세우며 그 지시를 거부했지만, 결국 기차에서 끌려 나왔다. 철도 회사를 고소했지만 아무런 성과가 없었다. 그녀는 이 경험을 담은 격정적인 글을 썼고, 사람들에게 널리 읽혔다. 이로 인해 인종적 불평등, 분리, 그리고 짐 크로 법*들이 만연하는 현실을 끊임없이 비판하는 저널리스트 경력을 시작하게 되었다.

곧 웰스는 멤피스 지역 언론인 『언론 자유와 전조등*The Free Speech and Headlight*』지의 편집자이자 공동 소유주가 되었다. 그로부터 얼마 지나지 않아 그녀는 자신의 친구들(마찬가지로 멤피스에서 사업을 하는 사람들)이 가게 밖에서 일어난 구슬치기를 두고 다투다가 집단 린치를 당했다는 소식을 들었다. 웰스는 이에 자극을 받아 그 사건을 조사하려고 나섰다. 그녀는 잔혹 행위에 관련된 사람들을 인터뷰하고, 이 야만 행위의 이면에 도사린 진짜 이유를 폭로했다. 그리고 린치

---

*   Jim Crow laws. 흑인을 백인과 분리시켜야 한다는 법들의 통칭. 1876년부터 시행되어 시민권법을 무력화시켰다. 공공장소, 학교, 대중교통에서의 인종차별과 투표권 및 기본권의 제한 등을 담고 있었다.

라는 "남부의 공포"를 매도하는 글, 소책자, 통계 보고를 작성했다. 웰스는 또한 흑인들에게 신변 안전과 더 나은 미래를 위해 남부에서 도망쳐 북부로 갈 것을 권유했고, 자신도 1894년 시카고로 이주했다.

웰스는 해외로 널리 여행하며 강연을 했고, 수많은 외국인이 그녀가 펼치는 미국의 반反 린치 운동을 지지했다. 부커 T. 워싱턴과 W. E. B. 듀보이스를 비롯해 미국에서 그녀와 비슷한 일을 하는 몇몇 사람들은 그녀가 너무 급진적이어서 별로 효과를 거두지 못할 거라고 생각했다. 하지만 프레더릭 더글러스는 남부 흑인의 진정한 처지를 대담하게 폭로하는 그녀의 획기적 활동에 찬사를 보냈다. 비록 백인들을 설득하여 린치 관행을 불법화시키는 일에선 단 한 번도 성공을 거두지 못했지만, 린치가 일어나는 횟수는 1892년 절정에 도달한 후 줄어들기 시작했고, 1920년대 중반이 되자 90퍼센트가 감소했다. 웰스의 의식 제고 활동이 부분적이나마 효과를 거둔 셈이었다.[11]

웰스는 또한 시민권을 위해 싸웠고, 아프리카계 미국인 사이에 연대를 조직하고, 교육하고, 구축하려고 열심히 노력했다. 그녀는 1893년 만국 박람회 보이콧을 성공적으로 완수시켰고, 미국 흑인 지위 향상 협회NAACP의 설립에도 중요한 역할을 했다. 그녀는 또한 흑인 사회복지관을 열었는데, 아프리카계 미국인 이주민에게 사회 복지 사업을 제공하는 곳이었다. 유색 인종 여성 클럽 전국 협회는 오늘날에도 여전히 활동 중인데, 이곳의 공동 설립자가 웰스였다. 그녀는 또한 여성 참정권론자였다. 일리노이 주가 제한적인 투표권을 여자에게 부여하자 일리노이 주 상원의원으로 입후보하기도 했다. 하지만 인종차별과 린치에 대해 강경한 입장을 취하는 바람에 여성 참정권 운동을 이끌던 많은 백인 지도자와 사이가 틀어졌고, 이렇게 사이가 틀어진 지도자들 중에는 기독교 여성 금주 동맹의 회장인 프랜시스 윌러드도 있었다. 웰스는 그녀와 공공연하게 갈등을 빚는 모습을 보였고, 우드로 윌슨 대통령의 연방정부 인종 재분리 정책에 직접 이의를 제기하기도 했다. 웰스는 지칠 줄 모르고 인종차별에 저항하는 연설과 행동을 꾸준히 진행했다.[12]

아이다 B. 웰스의 글은 흑인과 백인이 분리된 미국의 생활 현실을 비판하면서 정직과 투명성을 일관되게 요구했다. 또한 짐 크로 법 시행 하에서 흑인 미국인에게 가해진 부정과 폭력에 대한 도덕적이고 법적인 해명을 강경하게 요구했다. 이런 과정에서 그녀는 미국의 양심처럼 행동했고, 장기간 지속된 시민권 운동을 시작하는 데 도움을 주었으며, 흑인과 여성 모두 더욱 큰 평등을 성취하는 기틀을 놓았다.

당시 백인이 운영하는 진보주의 잡지에는 그녀의 글이 단 한 편도 실리지 않았지만, 웰스는 도금시대의 위선과 잔인성을 폭로하는 데 진력한 수많은 진보주의 저널리스트 대열에 합류했다. 링컨 스테펀스는 도시 정치에서 걷잡을 수 없이 번지는 부패를 폭로했고, 제이콥 리스는 사진 보도를 활용하여 도시 공동주택 거주민의 비인도적인 생활 상태를 들췄으며, 아이다 타벨은 존 D. 록펠러의 독점 기업 스탠다드 오일의 월권행위를 폭로했고, 업튼 싱클레어는 고기 도축 산업의 비리 행위를 다뤘으며, 레이 스태너드 베이커는 남부의 파업 노동자에게 가해지는 잔혹한 탄압과 인종차별을 취재하여 보도했다. "추문 폭로자"로 알려진 이 작가들은 착취적이고 부당한 체계에서의 인간 희생을 생생하게 묘사했고, 무수한 운동가와 개혁가에게 영감을 준 도덕적 각성에 활력을 불어넣었으며, 대중으로 하여금 당시 가장 화급한 문제에 대해 행동에 나서도록 자극했다.

재계 거물에서 변화의 지도자로

남북전쟁으로 집안이 몰락한 남부동맹 군인의 아들인 톰 존슨은 가족을 부양하기 위해 무척 어린 나이부터 버지니아 주 철도에서 신문을 팔았다. 정규 교육은 1년밖에 못 받았지만, 나중에는 가문의 연줄을 통해 뒤퐁 가문이 소유한 루이빌 시내 전차 회사의 사무원으로 고용되었다.

열심히 일하고 재주가 많은 존슨은 빠르게 승진했다. 기계학에 관한 뛰어난 이해와 발명 재주로 여러 특허권을 획득했고, 그런 권리에서 나오는 사용료를 통해 자기 사업체를 사들일 수 있게 되었다. 존슨은 이내 자신이 "가난뱅이에서 거부가 된" 다른 악덕 자본가들을 뒤따르고 있음을 깨닫게 되었다. 1890년대가 되자 그는 클리블랜드, 세인트루이스, 브루클린, 디트로이트, 인디애나폴리스 시내 전철 회사의 대주주가 되었고, 철강 산업에도 엄청난 돈을 투자하여 오하이오와 펜실베이니아 주에 여러 개의 철강 공장을 지었다. 이 공장들은 그가 소유한 수많은 시내 전철 회사에 철도용 철강을 공급했다. 하지만 한 열차의 차장으로부터 헨리 조지의 『사회 문제』(1883)를 읽어볼 것을 권유받아 완독하고 나서 톰 존슨은 자본주의 체제에 대한 급진적인 비평에 공감하게 되었다.

헨리 조지는 정치 철학자로 1879년에 첫 책 『진보와 빈곤』을 펴내어 엄청난 상업적 성공을 거뒀다. 1890년대에 이 책의 판매량은 성경을 제외한 다른 모든 책을 능가했으며, 진보주의자들에게 커다란 영향을 미쳤다. 그들 중 대다수가 조지의 견해를 접한 뒤 사회적, 정치적 개혁을 향해 자기 삶의 방향을 바꿨다고 했다. 조지는 독점 사업의 천문학적인 부를 단속하고, 파괴적이면서 호경기-불경기의 순환 주기를 가져오는 주범인 독점 사업체들의 영향력을 통제하는 기구를 만들어야 한다고 간절하게 호소했다. 톰 존슨은 헨리 조지의 부와 빈곤에 관한 급진적인 사고방식에 매혹되었고, 재산 대부분을 조지의 생각을 확산시켜 실행시키는 데 사용했다.

존슨은 마을 전체가 휩쓸려 나가 2,200명 이상의 주민이 사망한 1889년의 존스타운 홍수를 목격하고 더욱 극적으로 변모했다. 이 인명 참사는 헨리 클레이 프릭과 다른 실업계 거물이 소유한 개인 호수의 유지에 사용된 댐이 터지면서 생겨난 것이었다. 댐은 부주의하게 건설되었고, 불충분하게 관리되었지만, 추후 여러 차례 소송에도 불구하고 프릭과 그의 동료들은 단 한 번도 유죄 판결을 받지 않았다. 존슨은 개인적으로 피해자들에게 구호품을 제공하면서도, 광범위한 제도의 실패로 유발된 문제에 대해 자선 활동이 크게 효과를 발휘하지 못한다는 것을 알고서 가슴 아파했다. 존슨은 존스타운의 참상을 회고하며 이런 글을 남겼다. "자선을 필요하게 하는 원인을 찾을 수 있을 만큼 우리가 현명하다면 어느 정도 희망이 있을 것이다."[13]

존슨은 새로 얻은 정치적 의식에 따라 행동하면서 공직에 출마해서 하원의원으로 두 번, 클리블랜드 시장으로 네 번 임기를 지냈다. 클리블랜드에서 독점적 시내 전철 사업의 거물들을 상대로 벌인 싸움이 주목을 받을 때 그는 전철 사업에서 자신의 지분을 매각하며 전철의 완전 공유화를 주장했다. 존슨은 공적 생활에서 그의 예전 사업 동료들이 과도한 영향력을 발휘하는 것에 맞서서 치열하게 싸웠고, 끊임없는 열정으로 사회의 부패를 근절시켰다. 그는 주택 환경, 위생, 치안 유지 활동을 향상시켰다. 공원, 시민회관, 노인과 빈민을 위한 집도 건설했다. 공유화를 통해 공익사업의 비용을 낮추는 데 성공했고, 미국에서 최초로 포괄적인 공공건물 규정을 확립했다.

1905년 추문 폭로자 링컨 스테펀스는 『매클루어스 매거진』에 기고한 글에서 이렇게 언급했다. "톰 존슨은 개혁을 지향하는 사업가이다……. 그는 자신을 먼저 개혁했고, 그 뒤 정치적 개혁에 착수했다. 그의 정치적 개혁은 자기 계층의 개혁과 함께 시작되었다." 스테펀스는 이어 존슨이 "미국에서 가장 훌륭하게 운영되는 도시의 가장 뛰어난 시장"이라고 선언했다.[14] 존슨의 생각 중 다수가 당시 진정으로 혁신적이었으며, 새로운 형태의 시정市政을 확립했고, 여전히 다른 많은 존슨의 아이디어를 미국 전역의 개혁 성향 시장들이 따라하고 있다.

존슨은 권력 중심부에 진보주의적 개혁 대의를 들여온 카리스마 있는 정치인 세대의 전형적 사례였다. 위스콘신 주지사이자 주의원 로버트 라 폴레트, 디트로이트 시장 헤이즌 핑그리, 톨레도 시장 "황금률" 샘 존스 같은 혁신적인 지도자들을 포함한 여러 정치적 사업가들은 시와 주의 개혁의 효능을 실험하고 증명했다. 이것이 하나의 모델이 되어 다른 도시, 주, 심지어 연방정부까지 파급 효과를 미치게 되었다. 시어도어 루스벨트 같은 진보주의 지도자들을 유명하게 만든 연방 정책과 프로그램들은 아래로부터 올라온 지역적 혁신이 만들어낸 아주 놀라운 결과였다.

양심의 문제

이런 모든 이야기들이 실증하는 것처럼, 다른 무엇보다 진보주의 운동은 도덕적 각성을 일깨운 운동이었다. 미쳐 날뛰는 사회, 경제, 정치에 대한 추문 폭로자들의 폭로에 의해 자극을 받고, 사회적 진화론과 자유방임 경제에 대한 사회 복음주의자들의 맹렬한 비난에 설득된 모든 사회 계층의 미국인들은 도금시대의 이기적이고 초개인주의적인 신념을 거부하기 시작했다. 사회 복음주의 운동의 초기 지도자 워싱턴 글래든은 이런 글을 남겼다. "우리 정부 조직 혹은 우리 산업 조직에서 나타나는 변화가 평화를 가져올 거라고 생각하는 건 나태하다. 문제는 우리의 기본적인 생각 깊숙한 곳에 있다. 진정한 민주주의를 바란다면 우리는 지금까지와는 종류가 다른 남녀가 되어야 한다. 권리보다 의무가 더 많고, 특권보다 봉사를 더 소중하게 여기는 남녀가 되어야 하는 것이다."[15]

하지만 19세기 진보주의자들은 진정한 도덕적, 문화적 개혁이 필연적으로 "우리" 공동체주의의 노력이 되어야 한다고 보았다. 나태한 부자나 타락한 정치 조직에 손가락질하는 것만으로는 충분치 않았다. 진보주의자들은 사회에 악영향을 끼치는 존재를 확인하고 추방하는 것 이상의 변화가 필요하다는 걸 깨달았다. 역사학자 리처

제9장 표류와 통제

드 호프스태터는 이런 글을 남겼다. "이 시대의 도덕적 분노는 절대전적으로 다른 사람을 향한 것이 아니었다. 그것은 개인의 내부를 향했다. 동시대인들은 개혁 운동을 양심의 문제로 파악했고 그것은 잘못 판단한 게 아니었다."[16] 이런 개혁가들이 자아 성찰을 한 결과, 그들 자신의 파괴적인 개인주의를 발견해냈고, 그들 자신도 착취적 제도를 만들어내는 데 공모했음을 파악했다. 이런 깨달음은 사회의 잘못을 시정하려는 열정적 노력에 활력을 불어넣었다.

이런 자아 성찰은 목사와 신학자들에 의해 더욱 영감을 받았다. 그들은 개인들에게 변화를 권장했을 뿐 아니라 종교 기관에 더욱 적극적으로 시대의 "사회적 죄악"을 비판해야 한다고 요청했다. 월터 라우센부시 같은 사회복음주의자는 기독교 자체를 하나의 사회적 운동으로 재규정했다. 기독교가 더욱 정의로운 사회를 구축하기 위한 청사진이 되어야 한다는 것이었다.

오늘날 우리는 부패를 적발하고, 착취를 폭로하고, 우리가 현재 살고 있는 "나" 사회의 어두운 이면을 발가벗기려는 진보시대와 비슷한 드라이브를 목격하고 있다. 또한 우리는 점점 화급하고 도덕적인 어조로 개혁을 요청하는 목소리도 듣고 있다. "우리의 삶을 위한 2018년 행진"은 총기 폭력과 학교 총격에 항의하며 미국과 전 세계에서 880건이 넘는 행사에 120만 명을 결집시켰다. 이것은 진보적 운동의 한 가지 사례일 뿐이다. 트럼프 행정부가 국경 구금 시설에서 이민자에 대해 행하는 비인도적인 대우를 그만둘 것을 촉구한 "가족은 함께해야 한다" 계획도 그런 사례들 중 하나다. 개인적, 제도적 책임에 대한 분명한 메시지인 SNS 주도의 미투#MeToo 운동 또한 오늘날 미국에서 폭넓게 번지는 도덕적 각성 중 일부다. 윌리엄

바버 목사가 주도하는 빈민 운동은 체계적인 인종차별과 세대 간 빈곤에 맞서 싸우는 운동을 "전국적인 도덕적 부흥을 위한 전국적 요구"로 규정한다.[17]

진보주의자들의 유산은 도덕적 메시지의 힘을 지적한다. 그뿐만 아니라 우리 사회의 특정 요소를 침묵시키거나 축출하는 일, 범죄자를 처벌하는 일, 혹은 한 당파의 지배를 다른 당파로 교체하는 일이 미국의 도덕적, 문화적 건강을 회복시킬 것이라는 생각에 도전하라고 요구한다. 우리는 공유된 가치의 재평가에 나서야 한다. 공익을 위해 자신이 기꺼이 포기할 수 있는 개인적 특권과 권리에 대해 자기 자신에게 질문을 던지고, 미국의 미래를 결정하게 될 공유된 계획에서 우리 자신이 어떤 역할을 맡을 것인지 스스로 물어야 한다.

시민 정신의 부활

진보주의자의 이야기 중 또 다른 명백한 특징은 다음과 같은 변화를 가져온다는 것이다. 이들은 엄청난 분노와 도덕적 각성을 승화시켜 적극적 시민 정신으로 바꾸어놓는다. 도금시대 내내 미국의 경제적·사회적·정치적 삶은 아주 복잡한 수준에 도달했다. 이는 평균적인 사람들이 간신히 이해할 수 있는 수준이었고, 그 결과 많은 사람이 극심한 통제 상실을 느꼈으며, 불만이 생겨났다. 역사학자 리처드 화이트는 이렇게 썼다. "1870년대 중반이 되자 미국인은 잘 이해하지 못할 급진적인 경제적, 정치적 불안정의 시기에 들어섰다."[18]

진보시대의 혁신들은 이런 현실에 대한 아주 분명한 대응이었다. 개인의 힘을 되찾고, 압도적인 불안을 극복하는 유일한 믿을 만한 해결책으로서 민주주의 시민권을 되살리려 했다. 그것이 변화하는 현실에 대한 대응 방안이었다.

진보주의 개혁가들은 절망에 직면하자 희망을 소환했고, 다양한 문제들에 집중하면서 믿기 어려울 정도로 많은 수의 새롭고 창의적인 해결책을 제시했다. 이런 해결책은 동시에 미국의 업스윙을 추동했다. 하지만 놀랍게도 이 해결책 중 초기의 것들에는 국가적 청사진이 포함되어 있지 않았다. 20세기 초창기에 그 수를 불렸던 사회주의라는 교조적인 이데올로기의 지지자들과는 다르게 진보주의 개혁가들은 아주 실용적이었고, 여러 다른 해결책들의 이점을 실험하는 새로운 사회과학의 방법을 활용했다. 그러한 방법은 월터 리프먼이 주장한 바에 의하면 통제의 핵심 수단이 될 것이었다. 실제로 진정한 혁신은 이데올로기적 신념을 전제로 하지 않는 실험을 적극적으로 받아들여야 한다. 정체된 좌/우 체계 내부에서의 논쟁들을 구조화하는 것은, 지난번에 업스윙을 만들어내어 초당적으로 미국인에게 호소하는 해결책을 만들어냈던 높은 창의성을 가로막는 것이다.

이에 대한 가장 분명한 사례가 우리가 앞의 여러 장에서 지적했던 고등학교 설립 운동이다. 20세기 초 몇 십 년 동안 소도시들에 설립된 무상 공립 고등학교는 대부분 거의 전적으로 지역의 혁신 사업이었다. 물론 하버드 대학 같은 곳의 교수들이 19세기 말에 무상 학교를 설립하자고 주장했지만 소수 의견이었다. 그 당시 "공립 초등학교" 이상의 더 높은 교육을 받고 싶은 학생들은 보통 개인 교습을 받으면서 보수를 지급해야 했다. 몇몇 도시에 "보스턴 라틴" 같은 선별적 중등학교가 있었지만, 몹시 재능 있는 청소년에게만 개방되는 학교였다. 하지만 미국 중서부의 몇몇 공동체들은 급변하는 경제 상황에서 더 높은 교육을 받은 노동자의 수요가 늘어나는 걸 인식하고, 모든 주민에게 무상 중등 교육을 제공하는 운동에 주민들을 결집시키기 시작했다. 세금으로 비용을 부담할 수 있는 도시들은 공립 고등학교를 설립했다. 교육에 의해 늘어나는 경제적 수익이 고려되면서 무상 학교 설립 운동은 미국 전역에 들불처럼 퍼져 나갔다. 좀 더 동시대적인 비유를 해보자면, 그야말로 널리 입소문을 타면서 화제가 되었다. 이런 이유로 미국의 대통합을 밀어주는 강력한 뒷심이 되었다. 업스윙하는 가운데 세계화하는 미국 경제에서 다른 나라를 능가하는 힘이 된 건 높은 교육을 받은 미국의 노동력이었다. 놀랍게도 그것은 거의 전적으로 바텀업 방식*으로 이루어졌다.

진보주의자들의 또 다른 핵심적 특징은 그들이 동시에 다양하고 폭넓은 문제를 떠안았다는 점이다. 운동의 상당 부분을 시민들의 행동이 떠맡았기 때문에 진보주의는 어떤 특정 유형의 개혁을 다른 것보다 우선시할 필요가 없었다. 그 대신에 진보주의는 하부에서 시작된 사회의 통합적 재조직화를 시도했으며, 공유된 가치의 활성화를 강조했다. 그 결과 진보주의자들이 옹호했던 해결책은 무상 공립 고등학교 설립에서부터 여성 권리와 반독점 운동까지 범위가 확대되었고, 그런 문제들 사이에 있는 여러 잡다한 문제들도 포함했다.

---

*　　bottom up. 하의상달 방식.

8장에서 논한 것처럼 미국의 최근 하향추세는 다양한 경제적, 사회적, 정치적, 그리고 문화적 난제에 공통되는 것이었고, 그중 그 어떤 것도 다른 모든 것들의 "원인"으로 분명하게 확인되지 않는다. 우리가 현재 겪는 문제들은 서로 상승 작용을 일으키는 경향이 있으며, 그 문제에 대한 해결책도 마찬가지로 상승 작용을 일으키는 것이어야 한다. 그러므로 오늘날의 개혁가와 정책 입안자는 진보주의 선배들이 보여준 모범을 따라야 한다. 또 다른 미국의 업스윙을 성공적으로 계획하려면 과거의 개혁 사례를 축적해놓는 것에 그쳐서는 안 되고, 리프먼과 그의 동시대인들이 성취했던 "대규모 공동 작업"을 서둘러야 한다.

1901년 시어도어 루스벨트는 이런 글을 남겼다. "그런 일(개혁)을 반드시 해내기 위한 방법으로 엄격하게 지켜야 하는 규칙을 정할 수는 없다. 하지만 가장 분명한 건 자기 위치가 어디에 있든 모든 사람이 개혁을 해내려고 노력해야 한다는 점이다. 어떤 방식이든, 어느 정도가 되었든."[19] 또 다른 업스윙을 달성하기 위해 어떻게 해야 하는지, 과거의 진보주의자들이 우리에게 분명한 청사진을 제공해주지는 못한다. 고등학교의 확산이나 우애 조직의 활성화는 분명 오늘날의 문제에 대한 해결책이 아니다. 하지만 20세기 초창기에 발생했던 업스윙의 성공 사례들은 기념비적인 변화를 달성하는 방법에 대한 중요한 교훈을 제공한다. 그 교훈은 먼저 우리 자신의 공동체부터 그런 변화를 일으키라는 것이다. 그런 다음에 단지 항의하기 위해 집단행동의 잠재력을 발견하는 것이 아니라, 새로운 모습의 미국을 만들 수 있는 기초를 놓으라는 것이다.

시위의 급증

20세기 내내 이웃, 도시, 그리고 주에서 발생한 개인과 집단행동이 개혁 운동 뒤에서 활력의 원천이 되어주었다. 하지만 진보주의자들은 이내 지역적 해결책이 구조적인 문제를 해결하거나 도시와 주 경계를 넘어가는 문제를 다루기에는 불충분하다는 걸 깨닫게 되었다.

『헐 하우스에서의 20년』(1910)의 저자 제인 애덤스는 빈곤 노동자들의 옹호자로 일하던 시절 초창기에 겪은 경험을 하나 들려줬다. 부주의로 두 명의 소년을 다치게 하고, 다른 한 명은 죽게 만든 공장주와 직접 협상하고자 하면서 그녀는 순진하게도 공장주의 양심에 직접 호소하면 상황이 해결될 것으로 믿었다. 하지만 공장주가 아무것도 하지 않겠다며 버티자 그녀는 충격을 받았다. 변화를 만들어가는 사람으로서의 경력이 쌓여가면서, 애덤스 같은 진보주의자들은 무언가 다른 종류의 압박이 필요하다는 현실을 깨달아갔다. 공정과 안전 공익을 위해서는 정부의 개입이 필요하다는 현실이었다.

하지만 사회와 경제에 대규모로 정부가 개입한다는 발상은 20세기 초창기에는 여전히 새롭고 논쟁적인 개념이었다. 이것을 입법화로 실현시키기 위해서는 우선 거대한 규모로 민중을 조직화할 필요가 있었다. 애덤스는 빈민 구제를 위한 자신의 노력을 미국 전역의 다른 사회 복지 사업 봉사자들의 노력과 연결시키기 시작했다. 이들의 연합은 더욱 크고 더욱 많은 효과적인 파업을 초래하고자 조화롭게 움직이기 시작했고, 온갖 부류의 자발적인 집단이 연합된 지부로서 광범위한 시위를 벌일 수 있는 힘을 활용했으며, 여성 참정권자들은 주와 연방 단위에서 연합의 구축에 나섰다. 개인, 지역 집단, 그리고 시와 주의 관련자가 최선의 실천을 공유하고, 상호보완적인 하의상달과 상의하달 전략에 관여하고, 서로 공동의 대의를 찾을 때 그들이 갖고 있는 힘은 온전히 발휘되기 시작했다.

오늘날 사회사업가들도 폭넓은 문제들에 대응하여 수많은 조직과 계획을 만들었지만, 종종 편협하게 특정 집단이나 대의를 이롭게 하는 우선권과 제안에 집중했다. 그것은 시민 행동주의의 강화가 아니라, 오히려 그 운동을 "'우리의' 전쟁"과 비슷한 것으로 만들어버렸다. 어떤 구체적 문제에만 노력을 집중하기 때문에, 더 큰 규모의 개혁을 위해 시민의 주도 아래 그런 노력들을 결집시키는 진정으로 초당파적인 운동은 아직 나오지 못하고 있다. 이렇게 노력을 결집시키려면 모금, 비영리 프로그램, 길거리 시위, 혹은 운동 기반 조직화보다 더 많은 것을 해내야 한다. 그러니까 미국 전역으로 퍼져나가는 단체들의 한결같고 조화된 노력을 포함시켜야 할 것이다. 또한 새로운 스토리가 필요하다. 미국의 비전 가득한 미래를 위하여 또 평균적 미국인 시민 정신을 재교육하고 재변혁하기 위하여, 기존의 여러 개혁 노력들을 한 곳으로 결집시키는 그런 이야기가 필요할 것이다.[20]

오늘날 대중 운동가가 직면하는 또 다른 문제는 현대 미국의 사회적·정치적 환경에서 인터넷과 SNS이 큰 역할을 한다는 것이다. 이렇듯 비교적 새로운 기술의 폭넓은 영향력은 여전히 사회학자들에 의해 연구되고 논쟁 중이며, 그런 것들이 어떻게 우리의 공동체와 다양한 사회적 자본에 영향을 미치는지는 대부분 명확하게 판명이 나지 않은 상태이다.[21] 정치적 동원의 문제에 관한 한, 온라인 동

492

원이 모든 현대적 운동의 필수이다. 하지만 몇몇 연구들은 가상 네트워크에 대한 지나친 의존은 시민운동이 폭넓은 목표를 성취하는 데 오히려 방해가 된다는 사실을 보여준다.[22] 그리하여 인터넷의 추진력을 활용하려는 몇몇 유망한 노력은 메시지를 퍼뜨리는 데 SNS에 의존하지만, 동시에 메시지 전파를 위해 대면 접촉과 온라인 네트워크의 새로운 "합금"을 시도한다. 이렇게 해야 시민 행동을 뒷받침하는 대인 관계와 기량이 더욱 단단하게 구축되는 것이다.

사회학자 데이나 피셔의 연구에 따르면 오늘날의 "저항" 운동들에는 이런 합금의 특성을 띠는 걸 보여주는 징후가 있다고 한다. 그녀는 트럼프 시대에서 첫 대규모 시위인 2017년 1월 21일 여성 행진 이후 시위자들이 참여하는 다양한 행진, 운동, 파업, 연합에서 중대한 공통분모가 있었음을 보여줬다. 시위 참여는 자주 온라인 조직화를 통해 홍보되고, 또한 운동가가 된 시민이 공동체로 돌아올 때 더욱 지역화한 행동의 기폭제가 된다. 그리고 지금까지 이런 인터넷 운동은 많은 다른 운동들처럼 극좌파 정치 숙련자에 의해 주도되지 않았고, 오히려 자기 삶에 핵심이 되는 문제를 처리하려는 평범한 사람들이 떠맡았다.[23] 이런 점이 특히 놀라울 정도로 미국의 지난번 업스윙을 상기시키는데, 그때는 주로 중산층, 중년, 대학 교육을 받은 여자들이 그런 개혁 운동을 주도했다.[24]

사회학자 리어 고스, 정치학자 테다 스콕폴, 그리고 역사학자 라라 퍼트넘 등은 이런 사실을 발견했다. 여성 행진에서 시작해서 반트럼프 집회, 중간 선거의 투표자 동원에 이르기까지 점증하는 "저항" 운동들은, 온갖 규모의 도시와 마을에서 수천 명의 대중 집단에 의해 활발하게 유지되고 있으며, 전통적인 형태의 조직화와 활발한 온라인 네트워킹을 서로 결합시켰다.[25] 오늘날의 이런 집단들이 변화를 위한 더 넓은 의제를 만들어내고, 개선하고, 지속시키는 데 성공할 수 있겠는지는 앞으로 더 지켜볼 문제이다.

정치적 대응

진보주의자들의 민중 조직화는 그 규모와 문제 삼은 이슈의 수, 다가올 몇 십 년 동안 미국의 모습을 진정으로 변화시켰던 입법을 위한 성공적인 시위 측면 등에서 아주 인상적이었다. 하지만 진보주의 운동에서 주목할 중대한 사실은 이런 폭발적 행동주의를 정치 지도자들이 적극적으로 수용하고 나섰다는 점이었다. 민중 봉기를 효과적으로 초당적인 지지로 연결시키는 정책과 계획을 내놓았던 시어도어 루스벨트와 우드로 윌슨 같이 추진력 있는 정치 지도자가 없었다면 민중 운동의 유산은 훨씬 단명했을 것이다.

하지만 폭발적 시민운동을 적절히 활용했던 건 진보주의자 대통령들만은 아니었다. 진보시대가 끝나고 한참 뒤에 권력을 잡은 프랭클린 루스벨트조차도 노련한 진보주의 개혁가들을 자신의 행정부에 보임했고, 더 나아가 광란의 20년대의 퇴보 이후에 다시 미국에 업스윙을 가져오기 위해 그들이 만들어낸 공동체주의의 스토리와 민중 하부 조직을 활용했다.

진보주의자들의 운동은 처음에는 대부분 성과를 거두지 못했고, 개혁의 기치 아래 통과되었던 법 대부분도 비효율적인 것으로 판명되었다. 하지만 정치 평론가 E. J. 디온은 이렇게 썼다. "민주주

494

의는 장기적으로 계속되는 시합이다. 그것은 개혁에 저항하는 이들에게 압력을 넣는 걸 수반하며……. 미래 유권자가 결국 지지할 수있는 제안을 제공한다."[26] 뉴딜정책의 많은 특징적 프로그램은 노동자, 조합 지도자, 전문 기술자 관리자, 사회 복지관 노동자, 중산층 사업가, 여성운동가, 잘못을 깨달은 엘리트, 그리고 많은 다른 이로 구성된 잡다한 연합체가 몇 십 년 동안 조직화하며 달성하고자했던 걸 마침내 실현했다. 뉴딜정책의 유산을 이해하는 요체는 오래지속되고 광범위하게 퍼진 시민 관여가 있은 이후에야 이렇듯 전국적이고 정치적인 리더십이 비로소 나타났다는 걸 인지하는 것이다.

오늘날의 개혁가들은 선배들로부터 배워야 한다. 정치적 후보들을 키워주는 일뿐만 아니라 대중적이고 특정 이슈를 중심으로 하는 운동을 구축해야 한다. 그렇게 해야 그들과 미래의 지도자들이그 운동에 힘입어 오래 지속되는 변화를 가져올 수 있는 것이다.

청년 주도의 비전

오늘날의 문제에 도움이 되는 진보주의 운동의 마지막 특징은 젊음이다. 이번 장에서 다루거나 소개한 개혁가와 작가들은 변화를 요구하는 힘찬 목소리를 냈을 때 대개 삼십대이거나 그보다 더 젊었다. 시어도어 루스벨트는 마흔두 살에 미국 역사상 최연소 대통령이 되었다.

지금과 마찬가지로 당시 변화를 일으키던 청년들은 부모가 자라난 미국과 자신이 태어난 미국은 완전 다른 나라라고 느꼈다. 그들은 지나간 시대의 논리가 확연히 달라진 미국의 문제들을 해결해 주지 못한다고 확신했다. 많은 경우에 그들이 옳았다. 또한 미국이 할 수 있는 것과 해야 하는 것에 관한 새로운 생각은 미국을 완전히 다른 발전의 경로로 나아가게 했다.

오늘날의 난관도 과거와 마찬가지로 해결하기가 쉽지 않다. 따라서 문제 극복을 위한 젊은 용기, 활력, 창의력이 그만큼 더 필요하다. 또한 미국의 운명은 베이비붐 세대 이후 세대들의 손에 크게 달려 있다. 현재의 젊은이가 오늘날의 문제를 만들어내지는 않았다. 하지만 125년 전 선배들처럼 청년들은 반드시 표류의 냉소주의를 내버리고 사태 장악을 위한 통제의 희망을 가져야 한다.

그래도 지나간 시대의 개혁가들과는 달리 오늘날 우리는 방대할 정도로 많은 도구와 자원을 지니고 있다. 그 덕분에 과거의 국가 상태가 어떠했는지, 과거에 한 번 업스윙 하면서 무엇에 성공했었는지, 그리고 이전 세대들이 미해결로 남겨둔 문제들이 무엇인지 더욱 명확하게 파악할 수 있다. 그런 도구와 자원을 활용하여 『업스윙』은 뚜렷한 나−우리−나 곡선을 보여준다. 그리하여 오늘날의 세대 격차를 메우고 원기 왕성한 "우리"로서의 미국을 재건하는 필수적인 요소가 될 더욱 유익한 전국적 대화에 기여하기를 바란다.

물론 현대 미국의 업스윙을 만들어낼 정도로 중대한 개혁안은 어떤 사람에겐 급진적으로 보이는 중대한 변화를 요구할 것이다. 이러한 사정은 한 세기 전에도 마찬가지였다. 3장에서 지적했듯이, 진보주의 시대 동안 국가적 의제로 떠오른 문제들은 오늘날 논쟁 중인 것과 놀라울 정도로 유사하다. 보편적 건강 보험, 노인, 실업자, 장애인을 위한 안전망, 누진소득세와 상속세, 환경 규제, 노동 개혁,

과도한 대기업 독점에 대한 제한, 젠더평등, 선거 자금 개혁 등이 그런 문제들이다. 진보주의자들은 실용주의적이었지만, 그럼에도 불구하고 근본적으로 미국을 다시 만들고 업스윙을 위한 계획과 정책을 추구함에 있어선 결코 타협하지 않았다. 함께 단결하여 공통된 대의를 찾고, 공통점을 확립하고, 공익에 관한 공유된 비전을 발전시키는 것이 절대로 필요하다. 하지만, "겉치레뿐인 '우리' 공동체주의"는 만연한 경제적 불평등을 개선하지 못하고, 절망으로 인한 죽음을 억제하지 못하고, 인종차별과 성차별을 종식시키지도 못할 것이다.

우리는 진보주의 시대의 전략적 교훈을 종합적으로 보아야 한다. 가령 가장 두드러지는 "우리" 이슈인 기후 변화에 관한 행동주의에서 그런 태도가 발견된다. 환경 운동가들은 아무런 행동도 취하지 않으면 엄청난 대가를 치르게 된다는 사실을 알아달라며 도덕적 각성을 간청하고 있다. 시민, 시 당국, 각 주는 환경 악화의 영향을 제한하기 위하여 급진적인 혁신, 규정, 그리고 법률을 지역 단위에서 실험하고 있다. 운동가들은 인터넷을 기반으로 하는 기법과 대면 기법을 두루 활용하여 대규모 시위를 조직하고 있다. 그리고 청년들은 화급하고 열정적인 행동을 실천하는 데 앞장서고 있다.

우리는 이런 간절한 태도를 현재 미국이 직면하는 모든 문제들에 대해서도 유지할 수 있을 것인가? 이런 것들이 모두 합쳐져서 미국의 새로운 업스윙을 위한 촉매제가 될 것인가?

497

경고성 이야기

이 책은 역사적 분석과 통계적 증거를 통해 진보주의 시대가 미국 역사상 하나의 명백한 전환점이었다고 주장해왔다. 진보주의자들은 분명 도금시대의 모든 문제점들을 해결하지 못했지만, 그래도 시간이 흐르면서 가속도가 붙은 업스윙을 만들어내는 데 성공했다. 그들이 활성화시킨 변화들은 번영의 열매가 더욱 공평하게 공유되고, 시민이 더욱 국가 정책에 관여하며 서로 연결되고, 정치인들이 더욱 타협할 수 있고, 문화가 더욱 공통된 목적을 지향하는 미국 사회를 만들어냈다. 그럼에도 불구하고 이런 개혁가들의 이야기가 오로지 고결한 영웅적 행위와 이타심으로만 구성된 건 아니다. 그들의 이야기는 오늘날 우리가 미국에서 비슷한 전환점을 만들어내는 걸 기대할 때 반드시 주목해야 할, 다음과 같은 중요한 경고성 이야기를 전해준다.

첫째, 지나치게 현상을 수정하려는 유혹을 피하라는 것이다.

진보주의는 포퓰리즘의 뒤를 이어 발생하면서 사회주의와 직접적으로 경쟁했다. 포퓰리즘과 사회주의도 진보주의와 동일한 여러 대의를 옹호했지만, 목표를 이루지 못했다. 그 이유는 무엇보다도 전방위적인 미국적 가치에 호소를 못 했기 때문이었다. 대조적으로 진보주의자들은 혁명의 대안으로 완만하고 꾸준한 개혁을 만들어냈다. 진보주의 개혁가들은 성공하기 위해 타협해야 한다는 걸 빠르게 배웠다. 즉, 사적 재산, 개인 자유, 경제성장을 공동체주의적 이상, 약자 보호와 같은 수준에 두는 방법을 찾았고, 기존 체계 내부에서 변화를 일으키려고 노력했다.[27]

498

하지만 그들이라고 늘 현명한 건 아니었다. 금주를 확립한 수정헌법 제18조는 대다수 미국인이 기대했던 것 이상으로 개인 자유를 훨씬 크게 침탈한 것이었고, 금주를 보다 온건하게 지지하는 이들이 몇 십 년 동안 요구한 자발적인 금주 요청과는 전혀 다른 성질의 것이었다. 해당 법률은 당초 의도와는 다르게, 밀조密造, 대담해진 조직범죄, 그리고 광범위한 반대라는 의도치 않은 결과를 야기했다. 마침내 1933년 폐지되어 금주법은 헌법 개정 조항들 중 유일하게 전체가 철회된 수정 헌법이 되었다.

금주법은 당초에 여성, 어린이, 그리고 가난한 사람을 보호하기 위해 선의의 개혁가들이 내놓은 법이었으나 사회적 통제가 도를 넘은 것이었다. 해당 법률은 아주 실질적인 문제를 건드린 것이었지만, 궁극적으로 미국인이 참아줄 수 없고, 그렇게 할 의사도 없는 과도한 입법이었다. 이는 1950년대에 발생하게 되는 비슷한 현상의 전조였을지도 모른다. 1950년대에 서서히 진행되는 집단주의와 순응에 대한 압박이 나중에는 너무 지나쳐서 분노를 유발하는 원천이자 문화적, 정치적 반발의 온상이 되었다. 지나친 개인주의에 대한 해결책은 지나친 공동체주의가 되어서는 안 되며, 자유와 자결 같은 미국의 중요한 가치를 부인하는 것이 되어서도 안 된다. 오래 지속되고 광범위하게 호소하는 해결책을 만들어내기 위해서는 반드시 총체적인 미국적 이상을 존중하는 것이 되어야 한다.

둘째, 이게 더 중요한 것인데, 평등과 통합에 대해서는 절대 타협하지 말아야 한다. 과학적 인종차별을 근거로 삼는 인종 분리주의와 백인 민족주의가 많은 진보주의자의 사고에 현저한 정도로 스며들었다. 그리하여 옹호해야 마땅한 탄압받은 사람들과 "우리"라는 확장된 사회에 누가 속하는지에 관한 이해를 제약했다. 진보주의 시대는 짐 크로 법이 부상하던 시기와 일치했다. 우드로 윌슨은 백악관을 차지한 대통령 중 가장 공개적으로 인종차별을 시행했던 지도자들 중 한 사람이었고, 프랭클린 델라노 루스벨트의 뉴딜정책 또한 대부분 유색 인종과 여자를 차별하는 것이었다. 단지 몇 가지 사례만 들었는데도 이정도이다. 반면 아이다 B. 웰스와 W. E. B. 듀보이스의 작업은 제인 애덤스와 플로렌스 켈리 같은 백인 진보주의자의 작업과 밀접하게 관련되었다. 애덤스와 켈리는 미국 흑인 지위 향상 협회를 설립하는 일에 협력했으며 더욱 포괄적인 진보주의 어젠다에 대하여 아주 적극적이고 명료한 귀감이었다.

무척 다양한 진보적 운동을 평가하는 일관적 스토리를 작성하는 건 거의 불가능하지만, 대다수 학자는 인종차별이 미국 사회의 표준이었고, 진보주의 개혁자들 사이에서도 예외가 아니었다는 사실에 동의한다. 믿을 수 없을 정도로 다원론적인 운동이었지만, 그래도 진보주의는 주로 백인 중산층이 주도하고 실행했다. 그들은 자신들의 개혁으로 혜택을 볼 사람들을 결정했을 뿐만 아니라 개조된 미국이 어떤 형태를 취해야 할 것인지도 결정했다. 이런 상황은 문제가 있는 것으로 드러났는데, 왜냐하면 어떤 형태로든 흑인이나 소수자 배제는 미국의 건국이념에 배치되기 때문이다. 뿐만 아니라 미국의 나-우리-나 이야기가 가르쳐줬던 것처럼, 흑백 통합을 온전하게 하지 못하면 미국의 "우리" 공동체주의의 수십 년은 그 진실성을 훼손당한다. 이는 궁극적으로 미국 사회에 하향추세의 씨앗을 뿌리는 것이다.

이렇게 하여, 우리가 과거에 "나"에서 "우리"로 방향을 돌렸을 때를 주의 깊게 읽어내면 우리가 어떻게 다시 미국을 업스윙의 경로로 올려놓을 수 있는지, 중요한 교훈을 얻을 수 있다. 하지만 그 교훈은 우리에게 개인적 자유에 관한 충실함을 지키지 않고, 평등과 통합에의 확고한 헌신 없이 행동한다면 궁극적으로 우리의 최선의 노력도 크게 피해를 보게 될 거라고 경고한다. 따라서 진보주의 시대가 제공하는 도덕적 각성, 시민 정신의 부활, 사상의 상호 교류, 민중 동원, 예리한 정치적 리더십, 청년 동원 등의 사례를 면밀히 살펴보아야 한다. 동시에 그 운동의 실패 사항들에도 면밀한 주의를 기울여, 시정 방안을 추가하면서 발전의 방향을 전환하도록 해야 한다.

20세기 초창기 미국 사회에 업스윙을 가져온 건 어떤 하나의 정당도, 하나의 정책이나 공약도, 한 명의 카리스마 넘치는 지도자도 아니었다. 그것은 무수한 시민들이 자신이 영향력을 발휘할 수 있는 영역에 관여하고, 힘을 합쳐 비판과 변화의 광대한 소동을 일으킨 것에서 생겨난 결과다. 이른바 "나" 개인주의에서 "우리" 공동체주의로의 진정한 변화였다. 19세기 말 격변하는 몇 십 년을 살았던 미국인들에게 그런 방향전환은 절대로 필연적이거나 심지어 예상 가능한 것이 아니었다. 그럼에도 불구하고 그런 방향전환이 분명하고 꾸준하게 발생했다. 우리는 그 현상을 이 책에서 생생한 세부 사항을 제시하며 예증했다. 양심을 자극하고 애국심을 결집시키면서 나타난 이데올로기적으로 다양한 진보주의 개혁가 세대는 공동주택, 이웃, 구區, 그리고 노동조합에서 변화를 실험하고, 혁신하고, 조직하고, 일했으며, 이런 것이 주 의회, 연방 의회, 대법원, 그리고 백악관까지 파급 효과를 미치게 했다. 역사가들은 그들의 동기와 방법에 대해 다양하게 논쟁하지만, 진보주의자들의 유산은 아주 분명하게 드러난다. 경제적 평등, 정치적 공동체주의, 사회적 결합, 문

제9장 표류와 통제

화적 이타주의에 관한 여러 객관적 평가 기준에서, 그들은 20세기 첫 65년 동안에 벌어진 진정한 업스윙에 활력을 불어넣었다. 월터 리프먼은 업스윙에 들어선 14년차에 희망찬 결론을 내렸다. "우리는 현실이 우리 목적의식에 따라 모습을 바꾸는 것을 느꼈다. 우리는 이러한 진보주의자들의 유산으로부터 그런 확신을 얻는다."[28]

우리가 오늘날 마주하는 환경과 특유한 난관은 종종 불가사의하게 친숙한 과거의 반복이긴 하지만 미국인이 제1차 도금시대에 마주했던 난관과는 중대한 측면에서 좀 다르다. 그런 이유로 우리가 따라가야 할 길과 우리가 만들 해결책은 필연적으로 다르게 될 것이다. 하지만 20세기 초 개혁가가 활용했던 사고방식, 수단, 방책을 더 잘 이해하기 위해 과거를 회고하는 일은 우리가 당면한 현재의 표류를 극복하고 고유한 통제의 형태를 성취하고, 우리의 경로를 뒤바꾸는 정보와 힘을 주어, 궁극적으로 미국 역사의 새로운 장을 열 수 있도록 해줄 것이다. 하지만 새로운 미국의 업스윙을 꾀함에 있어, 과거의 선배들이 그랬던 것 이상으로 우리의 눈높이를 높여야 한다. 그리하여 미국의 "우리" 공동체주의—흑백 통합이기 때문에 지속가능한 공동체 정신—라는 가치 있는 프로젝트를 달성하겠다고 단단히 각오해야 한다. 그렇게 하여 새로운 미국을 만드는 어렵지만 가치 있는 계획에 맹렬히 헌신해야 한다.

개인주의와 공동체주의 사이의 적절한 균형?

한편으로 개인의 이익, 권리, 그리고 자율성을 지키면서 다른 한편으로 강력한 일체감, 공유된 목적, 공통된 운명을 유지하는 것. 이 둘 사이에서 적절한 균형은 무엇일까? 앞서 언급한 진보시대와 그 시대의 현대적 반복에 관한 논의가 분명하게 보여주듯이, 그 균형은 20세기가 시작될 때에도 화급한 문제였지만, 오늘날에도 역시 중대한 문제가 되었다.[29]

미국의 많은 정치학자들은 이런 두 가지 가치가 본질적으로 서로 경쟁한다고 주장해왔다. 사회적 연대, 평등, 공유된 이익, 공유된 운명, 상호 간 의무, 그리고 공유된 가치 등에 맞서서 개인의 권리, 다양성, 자유, "엄격한" 개인주의, 그리고 자기 방식으로 살아야 한다는 관용 등이 서로 경쟁한다는 것이다. 극단적으로 단순화한 나/우리의 이원주의를 용인한다면 그것은 공동체주의적 평등과 개인주의적 자유 사이의 제로섬 균형이 되어버린다. 비록 우리가 이런 끝이 없는 긴장을 인정하고 있긴 하지만, 어느 한쪽을 반드시 선택해야 한다거나, 혹은 모든 미덕이 한쪽에 있다고 생각하지 않는다.

더욱 중요한 건, 나–우리 연속체는 친숙한 좌우 스펙트럼과는 개념적으로나 경험적으로나 전혀 다르다는 사실이다.[30] 개인주의자와 공동체주의자 모두 정치적 스펙트럼 양쪽에서 발견될 수 있는데, 왜냐하면 개인주의와 공동체의식은 미국의 기본적 이상을 떠받치는 두 기둥이기 때문이다.

정치 철학자 대니엘 앨런은 최근 이렇게 말했다.

정치 철학자들은 평등과 자유가 필연적으로 서로에게 긴장을 일으킨다는 견해를 만들어냈다……. 우리 일반 대중은 이런 주장을 통째로 받아들였다. 우리는 자유와 평등 사이에서 선택하라는 요구를 받은 것으로

제9장 표류와 통제

생각한다. 최근 우리의 선택은 자유를 향해 기울어졌다. 자유론의 전반적인 영향으로 양당은 우리의 「독립 선언문」 정신을 포기했고, 우리의 유산을 경멸했다. 그런 선택은 위험하다. 평등을 버리면 우리는 저 단일한 유대관계를 잃어버리게 된다. 우리를 공동체로 만들고, 우리를 애초에 집단적으로, 그리고 개인적으로 자유로울 수 있게 하는 능력을 갖춘 사람들로 만드는 단일한 유대 관계 말이다.[31]

앨런처럼 우리는 더욱 많은 자유가 필연적으로 평등과 공동체의식을 배척한다는 생각을 거부한다. 그 이유는 "올바르게 이해된" 개인주의는 공동체주의 및 평등과 완벽하게 양립할 수 있다는 알렉시스 드 토크빌의 말을 믿기 때문이다.[32]

6장부터 8장까지 논의한 것처럼, 몇몇 관점에서 살펴보자면 1960년대 이후의 추세는 환영받을 만하다. 오늘날 미국이 20세기 중반에 비해 근본적으로 더 다양하고, 관대하고, 공개적인 사회가 되었기 때문이다. 하지만 다른 관점에서 보면 1960년대 이후의 추세는 미국을 막다른 골목으로 인도하여 아주 실망스럽다. 2장에서 우리는 20세기 첫 65년 동안에 미국인이 빠른 경제성장과 더욱 큰 평등과 공동체의식을 함께 누렸지만(두 분야에서 최고) 1960년대 이후에는 느린 경제성장과 더 열악한 평등과 공동체의식을 함께 겪어야 했다(두 분야에서 최악)는 점을 알아보았다.

이 책 내내 우리는 20세기 전반기에, 미국의 "우리" 공동체주의가 점진적으로 더욱 포용력 있게 되었지만, 인종, 젠더 불평등을 바로잡는 오랜 역사적 과업을 계속하면서 1960년(그리고 지금도 여전히)에 그런 공동체주의의 차원으로부터 아주 멀리 떨어진 상태가 되었다고 주장했다. 미국인은 더 큰 평등을 향해 나아갈 수 있었고, 그렇게 되도록 밀어붙여야 했는데 그렇게 하지 못했다. 따라서 나-우리-나의 패턴을 보여주는 20세기에서 우리가 얻어낼 수 있는 역사의 교훈은 다음 두 가지이다. 첫째, 우리는 전에 한 번 지금과 같은 엉망진창의 혼란스러운 상태에서 빠져나온 적이 있다는 것을 알았다. 둘째, 최초의 진보주의 시대와 그 뒤로 이어진 몇 십 년 동안, 미국은 "우리" 공동체주의가 정말로 이룩할 수 있었던 것을 달성할 만큼 충분히 높은 목표를 설정하지 못했고, 또 온전한 통합의 난제를 충분히 진지하게 고려하지 않았다. 따라서 우리가 현재 직면한 문제는 역사의 물결을 되돌릴 수 있는가, 혹은 되돌려야 하는가가 아니다. 우리가 개인의 자유 측면에서 이룩했던 진전을 후퇴시키지 않는 방식으로 예전의 공동체주의 미덕을 되살릴 수 있는가, 그게 중요한 문제인 것이다. 개인과 공동체는 미국적인 가치이므로, 양자의 균형과 통합을 반드시 이루어야 한다.

이런 과업은 쉽지 않을 것이고, 이런 미국적 실험의 성공이야말로 아주 중대한 문제이다. 우리는 불확실한 미래를 바라보면서 나-우리-나의 20세기가 우리 미국에게 안겨준 가장 큰 교훈을 명심해야 한다. 시어도어 루스벨트는 그 교훈을 이렇게 말한 바 있다. "우리 국민 생활의 근본적인 규칙, 즉 모든 다른 규칙의 기저가 되는 규칙은 이런 것이다. 우리는 전체적으로 또 장기적인 관점에서 상승할 때든, 하락할 때든, 반드시 함께 가야만 한다."[33]

감사의 글

이 책은 약간 특이한 역사를 갖고 있다. 여러 이해하기 힘든 데이터 모음을 취미 삼아 만지작거리다가, 로버트 퍼트넘은 뜻밖에도 여러 역사적 패턴이 일치한다는 것을 발견하게 됐다. 그리고 오랜 세월 자신을 지지한 부인 로즈메리와 한 약속, 『우리 아이들』(2015)이 마지막 책이 될 거라고 한 약속을 어기고 싶어졌다. 그래서 이토록 많은 증거를 멋진 스토리로 만들어내는 작업이 필요해졌을 때, 그는 셰일린 롬니 가렛에게 의지하게 되었다. 가렛은 진보주의 시대 개혁자들의 사회적 행동주의에 오랜 세월 매료되어 온 옛 제자이자, 공동연구자이자, 친구이자, 놀라운 저자였다.

상호 간에 느끼는 기쁨은 파트너십을 더욱 돈독하게 했고, 친분과 상호 존중도 더욱 커졌다. 처음에는 각자 개별 장의 초안을 작성했고, 그 뒤에는 함께 모든 페이지를 철저하게 논의했다. 따라서 우리조차 누가 이 책에 아이디어를 제공했는지 이제 와서는 말하기가 어렵다. 그래도 이 책이 세대와 배경이 다른 두 사람 간의 파트너십 덕분에 더 좋은 책이 되었다는 건 의심할 여지가 없다.

이 책에 들어간 모든 이야기를 준비하는 데 있어 가장 중요한 역할을 한 건 재능 넘치고 부지런한 연구 동료들로 구성된 팀이다. 그들은 이 계획을 위해 우리의 주제에 맞는 광범위한 이전 연구들을 살피며 3년 넘게 집단 작업을 해왔다. 참고한 연구들은 1백 년이 넘는 기간에 걸친 것들이었고, 사실상 모든 사회과학을 다룬 것이었다. 팀원들은 아주 멀리 떨어진 곳에 있는 역사 기록 보관소들을 끈질기게 추적하는 일도 마다하지 않았다. 활약한 팀원들은 다음과 같다. 로러 험 델가도, 메레디스 도스트, 리어 다우니, 알리 하킴, 조지 키내스턴, 알렉스 미어키-자트와니키, 노아 퍼트넘, 대리어 로즈, 애얼 새처, 캐롤라인 터보, 애나 밸류에브. 몇몇 팀원은 폭넓게 이바지하였기에 따로 언급해야 하는데, 에이던 콘노튼, 찰스 켈시, 에이미 레이크먼, 제프 메츠거, 조너선 윌리엄스. 다음의 두 팀원은 책이 완성을 향해 빠르게 다가설 때 결정적인 역할을 했다. 케이시 볼렌은 1960년대와 인종평등사에 대해 아주 소중한 도움을 주었다. 조너 한은 처음에는 점차 연구 보조원이었으나 계획의 모든 측면에 관한 온전한 파트너로 발전했으며 또한 우리의 IT 컨설턴트가 되었다. 우리는 조너가 찾아낸 무수한 자료와 인용문에 감사하며, 결론을 도출하는 중에 그가 해준 비판적인 피드백과 예리한 분석을 아주 소중하게 여긴다.

하버드 대학은 우리의 이전 작업에서도 그랬던 것처럼 이 연구 계획의 주된 후원자 역할을 했다. 특히 하버드 케네디 스쿨과 그곳의 학장 더글러스 엘멘도프에게 감사한다. 규모가 큰 다른 대학처럼 하버드 역시 학문 분야 사이의 간격이 무척 세분화되어 장애물이 될 수도 있었지만, 그럼에도 불구하고 우리에게 기꺼이 시간을 내어주고 학문과 조직 경계에 걸쳐 전문 지식을 제공할 훌륭한 동료를 무한히 제공해주었다. 여기서 우리는 우리 연구를 도운 수많은 동료들의 이름을 적어 깊은 감사를 표하지만, 그들 중 누구도 우리 결론에는 책임을 지지 않는다. 리저베스 코언, 매슈 데스먼드, 데이빗 엘우드, 리처드 프리먼, 제프리 프리던, 스티븐 골드스미스, 피터 A. 홀, 조너선 핸슨, 너새니얼 헨드렌, 개리 킹, 미셸 러먼트, 스캇 메인위링, 로버트 맨두카, 로버트 J. 샘슨, 마리오 스몰, 제임스 H. 스탁, 로런스 H. 서머스, 모시크 템킨, 메리 C. 워터스, 안 웨스태드.

하버드 동료들에 더하여 이 책의 특정 장을 비평적으로 읽고 관련된 양질의 증거를 제공하는 도움을 준 수많은 조직과 학문 분야의 동료와 친구에게도 큰 신세를 졌다. 조얼 애버백, 데일 벨, 조이스 에브렉 버크먼, 리오 브로디, 앤드루 셜린, 에이프릴 클라크, 마일스 코랙, 하이디 하트먼, 대니얼 J. 홉킨스, 폴 O. 젠킨스, 데이빗 M. 케네디, 피터 H. 린더트, 앤-머리 리빙스턴, 테일러 맨, 로버트 메어, 앤드루 매커피, 키스 뉴번, 폴 피어슨, 조너선 F. 퍼트넘, 필립 오리오풀로스, 리사 테트롤트, 대니얼 와서먼, 해리 윌런드, 제프리 G. 윌리엄슨, 스캇 윈십, 그리고 개빈 라이트. 늘 그런 것처럼 우리 공저자만이 혹시 있을지 모르는 오류에 대하여 전적으로 책임을 진다.

관대하게도 여러 가지 조언을 해준 너그러운 많은 친구들에게도 감사하고 싶다. 자비어 드 수사 브릭스, 데이빗 브룩스, 피터 데이비스, 앵거스 디턴, 로버트 O. 키어헤인, 마이클 미로폴. 특히 버너드 배닛. 버너드은 따로 언급할 만한데, 사실상 3년 넘게 매일 우리 관심사 범위 전체에 관련된 신문 스크랩과 학문 연구를 끊임없이 보내줬다. 이건 정말 대단한 우호적 행위였다. 하지만 혹시 있을

지 모르는 오류는 전적으로 우리의 책임이다.

우리는 모두 각자 다른 방식으로 제임스 T. 클로펜버그 교수에게 감사한다. 그는 우리 공저자에게 처음으로 진보주의자와 20세기 미국사의 발달을 소개해줬다. 셰일린은 클로펜버그 교수의 사상사 과정을 하버드에서 학부생일 때 들었고, 사회 복지관 운동의 사회적, 정치적 유산과 제인 애덤스, 존 듀이, 그리고 그들의 동시대인의 삶과 작업에 관한 학사 학위 논문을 썼다. 우연히도 20년 뒤에 클로펜버그 교수는 로버트 퍼트넘과 격의 없는 점심을 먹으며 로버트가 자신의 학문적 안전지대 밖으로 벗어나 이 책으로 결실을 맺은 계획을 수행하도록 격려했다. 이 책은 제임스 교수의 영향이 없었더라면 집필되지 못했을 것이다. 그의 동료 역사학자들에게 간청하는 바인데, 이 책에서 가치 있게 보이는 건 무엇이든 제임스 교수 덕분이라는 걸 알아주기 바란다. 하지만 혹시 어떤 오류가 있다면 그건 전부 우리의 책임이고, 그와는 아무런 관련이 없다.

이런 긴 시간과 복잡성을 지닌 계획은 지극히 우수한 직원의 도움을 필요로 한다. 우리는 리사 맥피, 그리고 그녀의 재능 있는 선배들인 카일 시겔, 루이즈 케네디 컨버스, 톰 샌더, 그리고 학부생 조교인 사이러스 모태냐의 도움에 감사를 표시한다.

우리는 또한 노련한 편집자인 밥 벤더와 그의 재능 있는 공동 편집자 조해나 리, 그리고 평소의 민첩한 수완으로 이 계획을 인도하고, 동시에 우리의 집필 계획에서 여러 예상치 못한 지연을 참고 기다려준 사이먼 앤 슈스터 직원들에게도 감사한다.

셰일린 롬니 가렛이 추가한 감사의 글

무엇보다 나는 오랜 시간 내 멘토인 로버트 퍼트넘이 나를 이 계획에서 파트너로 초청해준 것에 감사한다. 그가 처음 내게 아이디어를 언급했을 때를 지금도 생생히 기억한다. 그는 발견했던 여러 추세들에 대해 눈을 동그랗게 뜨며 놀라움을 금치 못했다. 이런 중요한 이야기를 발표하는 자리에서 내가 무언가 역할을 맡을 거라는 생각은 거의 하지 못했다. 이 책을 위한 연구는 내가 팀에 합류할 때 거의 완성되었고, 조사에 투입된 무수한 시간과 그것이 제시하는 분석 앞에서 나는 겸허해졌다. 믿기 힘들 정도의 광범위한 이야기 집합에 일관성을 부여하는 법과 나-우리-나 스토리에 틀을 형성하는 법을 생각해내는 걸 돕는 일은 흥미로운 도전이었다. 나는 이 일에 기여하는 한편 많은 것을 배웠다. 로버트는 글을 쓰는 과정 내내 엄청나게 너그럽고 협력적이었다. 우리가 서로를 안 지 이제 20년이 되었는데, 그의 계획에서 내가 맡았던 모든 다양한 역할을 통해, 그리고 우리가 협력했던 두 권의 책을 통해 그는 내 직업적 삶에서 가장 중대한 영향력을 준 사람 중 하나가 되었다. 그와 그의 부인 로즈메리는 품위 있고, 관대하고, 상냥한 사람으로서 탁월한 모범을 보였다.

나는 또한 애스펀 기관의 위브에 소속된 데이빗 브룩스와 그의 팀에게도 신세를 졌다. 사회 구조 프로젝트는 이 책을 쓰는 동안 내게 미국 전역을 여행할 기회를 제공했다. 그리하여 직접 오늘날 미국의 공동체가 마주하고 있는 여러 난관과 미국 곳곳에서 훌륭하게 진행 중인 무수한 민중 해결책을 직접 확인할 수 있었다. 나는 또한 작가인 내게 조언해준 데이빗에게 감사하다는 말을 하고 싶다. 그는 스토리텔링에 대한 내 열정에 다시 불을 붙였고, 나만의 목소리를 찾을 수 있도록 용기를 주었다.

루이즈 나이트, 론다 잭슨, 애쉴리 쾌쿠, 에이프릴 로슨, 제이크 개럿, 애나 컬과 다른 많은 사람은 이 책의 몇몇 핵심 요소에 관해 생각하는 법에 대한 결론을 내릴 수 있게 지원해주었고, 나는 그에 대하여 감사하는 마음이다.

이 계획이 좀 더 어려운 몇몇 순간을 지나는 동안에 도움을 아끼지 않고 또 먹을 것을 제공한 나만의 작은 "우리"인 내 가족, 친구, 이웃, 그리고 교회 형제자매에게도 진심으로 감사한다. 부모님인 론과 페기 롬니, 그리고 인척인 번과 내니트 개럿, 마리아 보슬루, 글로리아 언레인, 질 펫솜푸, 서미라 그린핼프, 제시카 개럿, 엘리저베스 개럿, 내가 가장 도움이 필요할 때 나와 내 딸을 사랑해주고 신경 써줬던 모든 이에게 특별한 감사를 표시한다. 이 계획 내내 내가 건강하고, 분별력 있고, 집중하는 데 필요했던 신체적, 정서적, 그리고 정신적 지원을 아낌없이 제공하고 재능을 공유해준 홀리 월에게도 감사한다.

우리 귀여운 소피아 이브, 엄마가 이 책에 끊임없이 기운을 쏟을 수 있게 해주고, 모든 이정표를 함께 축하해주고, 여섯 살밖에 되지 않는데도 최대한 진지하게 돕고 격려해줘서 고마워. 네가 엄마가 그랬던 것처럼 너만의 열정을 찾고, 지혜, 용기, 그리고 신념으로 세상을 더 나은 곳으로 만들겠다는 꿈을 추구할 수 있는 축복을 받기를!

이런 글을 적고 있을 때 나는 곧 세상에 와줄 아들을 기다리는 중이었다. 큰 불편 없이 이 계획을 완수할 수 있게 해준 그 아이에게 감사한다. 내가 진정으로 바라는 건 이 아이가 업스윙 쪽으로 방향을 트는 미국에 태어나고, 내 아이들의 세대가 힘든 세상에 빛과 희망의 원천이 되는 것이다.

내 마지막, 그리고 진심 어린 감사는 내게 있어 최고의 친구이자 남편인 제임스 가렛에게 표하고 싶다. 그는 이 계획 내내 나를 격려해주고 믿어줬다. 그의 사랑, 지지, 그리고 인내심이 없었다면 오늘날의 내가 될 수 없었을 것이다. 우리가 이 책을 마무리할 때 쓴 말을 그에게 전하고자 한다. "우리…… 생활의 근본적인 규칙, 즉 모든 다른 규칙의 기저가 되는 규칙은 이런 것이다. 우리는 전체적으로 또 장기적인 관점에서 상승할 때든, 하락할 때든, 반드시 함께 가야만 한다."

로버트 D. 퍼트넘이 추가한 감사의 글

나는 학문적 경력을 통해 오래 알아온 친구, 예전 학생, 동료로부터 많은 도움을 받았다. 이전에 우리 공저자가 공동으로 감사를 표시한 동료와 주석자에 더해 나는 래리 M. 바텔스, 데이빗 캠벨, 러셀 J. 댈턴, 서지오 파브리니, 모리스 P. 피오리나, 캐롤린과 노먼 플레처, 크리스틴 A. 고스, 데이빗 핼펀, 제니퍼 혹쉴드, 로널드 잉글하트, 캐롤 레저, 임채윤, 제드 라코프, 제니퍼 루빈, 테더 스콕폴, 그리고 폴 솔먼 등에게 감사하고 싶다.

무엇보다 이 맥락에서 로버트 액설로드에게 평생 지적인 신세를 졌음을 말하고자 한다. 로버트와 나는 1964년 가을 예일 대학원에 다니던 첫날부터 절친하게 지냈다. 수년간 우리는 거의 여름마다 우리 각자의 지적 관심사의 발전에 관한 솔직하고 비판적인 생각을 교환하며 함께 며칠을 보내는 습관을 붙였다. 같은 세대 중 가장 창의적인 사회과학자 중 한 사람으로 널리 인정되는 사람과 이런 부류의 협력을 하는 건 헤아릴 수 없이 귀중하고 즐거운 일이었다.

미국의 유수한 지식인인 미셸 알렉산더와 내널 키어헤인은 인종과 젠더에 관한 나의 초기 발상에 날카로운 비평을 해주었다. 우리 공저자의 수정된 발상에 대해 두 사람이 어떤 생각을 갖고 있는지 알지 못하지만, 두 사람에게 신세를 졌음을 기록하고자 한다. 그들의 솔직함은 어떤 인종과 젠더의 정의가 필요한지 더 깊이 생각할 수 있도록 해주었다.

하버드 대학에 더해 나는 이 계획에 따뜻한 환대와 관대한 지원을 제공했던 여러 다른 기관에 감사의 말을 할 수 있게 되어 기쁘다.

- 텍사스A&M 대학, 특히 고등학문을 위한 해글러 기관, 기관장 존 L. 정킨스, 교양 학문 학장 패멀러 매슈스, 텍사스A&M 대학 정치학부의 뛰어난 두 사람 가이 휘튼과 폴 켈스테트, 능숙한 박사 학위 연구 조교 두 사람인 재니카 매갓과 플래비오 수사, 정치학부 직원들. 텍사스A&M 대학에 "뿔에 밧줄을 거는hook'em horns(텍사스A&M 대학의 구호이자 수신호를 뜻하기도 한다)" 방문을 했기에 이 책에서 제시한 곡선들을 뒷받침하는 몇몇 진보된 통계 기법을 통해 중요한 도움을 받았고, 그 과정에서 큰 기쁨을 누릴 수 있었다.

- 옥스퍼드 대학, 특히 너필드 대학과 그곳의 탁월한 워든 앤드루 딜넛, 그리고 그의 뛰어난 연구원. 옥스퍼드 교수들인 조너선 저셔니, 앤서니 히스, 대니 돌링, 그리고 당시 옥스퍼드의 시간 활용 연구 센터 내의 영국 학술원 박사 과정 이후 연구 회원인 에브림 앨틴타스. 내 경력 이전 여러 순간에 그랬던 것처럼 열정적이면서도 동시에 느긋한 너필드의 독특한 분위기는 여러 "큰" 문제를 창의적으로 해결하는 훌륭한 환경을 제공했다.

- 20년도 넘게 나는 뉴햄프셔 자선재단의 여러 비범한 리더와 함께 가장 유익한 공동 작업을 해냈다. 특히 루 펠드스타인은 오랜 세월 그 재단의 회장을 지냈는데 나의 소중한 친구이기도 하다. 이 책은 재단의 뛰어난 회장이자 CEO인 딕 오버와 그의 직원과의 계속된 협력으로 진행되었는데, 특히 직원 중 케이티 메로는 인종과 젠더의 문제에 대하여 아주 건설적이고 비판적인 원탁회의를 조직해주었다.

이 책의 집필에 도움을 준 두 사람이 있는데, 그들은 내가 오래 알고 지낸 직업적 친구이자 동료이다. 한 사람은 립 랩슨이고 나머지 한 사람은 레이프 새겔린이다.

1990년대 중반부터 내가 나아가는 길은 반복하여 립 랩슨이라는 미니애폴리스 부시장의 그것과 교차하기 시작했다. 립이 당시 처음으로 학문적 경력을 쌓고 이어 자선 단체 경력을 쌓다가 결국 크리스거 재단의 책임자가 되는 동안에 우리는 계속 친구로 연락을 하며 지냈다. 2016년 어느 날 저녁 식사를 하던 중 립은 내게 무엇을 작업하는 중인지 물었다. 나는 은퇴를 생각 중이라고 답했지만, 우연히 발견하게 된 작은 수수께끼에 매료된 상태였다. 디저트가 나오기도 전에 립은 자진하여 자신도 똑같이 매력적으로 생각하는 수수께끼를 찾았는데, 크리스거 재단이 도울 수 있다면 말만 하라고 했다. 그의 신뢰에 힘입어 나는 가치 있는 뭔가를 찾아낼 수 있었다. 크레스거 재단은 유일하게 4년 동안 이 계획을 지지했으며, 내게 한 번도 의문을 표하지 않은 건 물론이고 심지어는 마감에 대해서 물어본 적도 없었다. 나는 『업스윙』에 관해 보내준 립의 신뢰와 격려에 깊이 감사하며, 내 가장 큰 희망은 이 책이 그를 실망시키지 않으면 좋겠다는 것이다.

레이프 새갤린은 25년 동안 내 좋은 친구이자 저작권 대리인이고, 그는 항상 자기 일을 무척 훌륭하게 해낸다. 특히 이 계획의 경우 그는 유례가 없을 정도로 도움을 주었으며, 구상부터 실행, 그리고 제목까지 그의 손이 미치지 않은 곳이 없다. 처음에 내가 여전히 나의 통계적 곡선들이 가치가 있는 가설인지 확신하지 못할 때 그의 열의는 계속 인내심을 갖고 추진하도록 격려했다. 내가 구상했던 것보다 계획이 훨씬 큰 것으로 드러나서 계획을 마무리해야 할지 말아야 할지를 확신하지 못하게 되었을 때도 레이프는 셰일린과의 협업을 격려하고 계속 지지했다. 우리가 제목에 관해서도 결론을 내리지 못하고 있을 때 레이프와 그의 동료 브랜던 카워드는 우리 모두가 이제 아주 좋다고 동의한 제목을 제안했다. 지난 25년 동안 저술가로서 거둔 나의 성공이 무엇이든 간에 레이프 새갤린은 그 이유의 중대한 부분을 차지한다.

물론 이 책에서 내가 직업적으로 가장 큰 신세를 진 사람은 셰일린 롬니 가렛이다. 그녀는 지난 50년 동안 가르쳐서 즐거웠던 수천 명의 학생 중에서도 최고 반열에 드는 제자이다. 또한 내가 운 좋게도 함께 작업한 공동 저자 중에서도 최고 중 한 사람이다. 20년 전 내 수업에서 그녀가 처음 제출한 논문은 진보시대와 그 영향에 관한 것이었고, 따라서 이 책에서 그녀가 본래의 주제로 돌아간 건 우연이 아니다. 하버드를 졸업하고 5년 뒤 그녀는 연구자로 돌아왔고, 저자로서 나, 그리고 데이빗 캠벨과 함께 『아메리칸 그레이스』를 썼다. 『업스윙』에 그녀는 재능 있는 저자로서 기여했는데, 그것은 아주 중대하고 이지적인 것이 되었다. 진보시대에 관한 중대한 전문 지식 덕분에 그녀는 도금시대/진보시대와 오늘날 우리가 직면하는 여러 난관 사이의 유사점들을 강조하는 서론과 결론 부분을 포함하여, 우리의 전반적 스토리 구성에 도움을 주었다. 셰일린은 저자와 전기 집필자로서 앞날이 밝으며, 나는 우리가 쌓은 우정을 자랑스럽게 여긴다.

이전 모든 글에서처럼 나는 아내 로즈메리와 두 아이(조녀선과 라라, 이젠 둘 다 자력으로 저명한 저자가 되었다), 그리고 우리 일곱 손주(미리엄, 그레이, 게이브리얼, 노아, 알론소, 기디언, 엘러너, 몇몇은 저자로서 전도유망한 경력을 시작했다)에게 계속 큰 신세를 지고 있다. 과거에도 그랬던 것처럼 내 가족은 이 책에 중대한 기여를 했고, 특히 내가 할 수 있는 것 이상으로 이 시대에 더 잘 어울리는 감성을 불어넣어 주었다.

로즈메리는 내가 펴낸 글의 모든 단어를 읽고 모든 페이지를 비평한 유일한 사람이다. 모두가 절친한 친구를 필요로 하지만, 나는 그녀와 결혼하여 얻은 비범한 혜택을 오랫동안 누려왔다. 로즈메리는 내가 가르치는 세미나마다 쿠키를 구워줬고, 내가 쓴 모든 책의 모든 파일을 관리했고, 우리 아이와 손주를 길렀고, 모든 옛 친구의 이름을 기억했고, 특수 교육에서의 저명한 전문가와 진정한 사회 자본주의자로서 경력을 수행하는 도중 침울할 때마다 나를 격려하고 도와주어 내가 온전하게 버틸 수 있도록 해줬다. 그리고 이 모든 건 사실상 사람들의 눈에 띄지 않는 것이었다. 이런 놀라운 사람과 평생을 함께한 건 내게 벌어진 일 중 가장 운 좋은 일이었으며, 내가 한 일 중 가장 현명한 일이었다. 몇몇 친구는 때때로 그걸 의아하게 여기지만, 우리 부부를 잘 아는 사람들은 우리의 관계에서 로즈메리가 더 윗사람이라는 걸 잘 안다. 그건 더 강조할 필요가 없는 일이다.

§

미주
찾아보기

THE UPSWING
ROBERT D. PUTNAM

NOTES
INDEX

미주

독자를 위한 첨언

이 책에서 사용된 엔그램 자료는 2019년 말 기준으로 최신 정보에 바탕을 둔 것이다. 2020년 7월, 제5장에서 인용된 엔그램 웹사이트가 수정되어서 약간 다른 방법을 근거로 수집된 자료들도 포함하고 있다.

제1장　과거는 하나의 서곡이다

1　Alexis de Tocqueville, *Democracy in America*, 2nd ed., vol.2(Cambridge, MA: Sever & Francis, 1863), chap.8. 몇 장 뒤에서 그는 집단 이익이 개인의 권리에 의해 압도당하면 민주 제도에 위험이 닥쳐온다고 경고했다. Jonathan M. Hansen, *The Last Promise of Patriotism: Debating American Identity, 1890~1920*(Chicago: University of Chicago Press, 2003), 189~90을 보라.

2　다음 사실을 주목하는 것이 중요하다. 토크빌의 관찰은 상류층 백인 남자라는 그의 배경을 반영하는 것이고 또 그의 미국 사회 묘사는 오로지 백인 사회에만 해당되는 것이다. 그렇지만 그는 노예 제도의 해악을 알고 있었고 그 제도가 신생 공화국과 그 이상에 큰 문제를 제기한다는 사실도 인식했다. Alexis de Tocqueville, *Democracy in America*, 2nd ed., vol.2(Cambridge, MA: Sever & Francis, 1863, chap. 10)를 보라. 학자들은 토크빌의 미국 노예 제도에 대한 견해가 그의 미국 민주제 분석과 어떻게 연결이 되는지 상세히 논의했다. 이 문제에 대해서는 다음 자료를 참조하라. Sally Gershman, "Alexis de Tocqueville and Slavery," *French Historical Studies* 9, no. 3(1976):

467~83, doi:10.2307/286232; Richard W. Resh, "Alexis De Tocqueville and the Negro: Democracy in America Reconsidered," *The Journal of Negro History* 48, no. 4 (n.d.): 251 - 59, doi:10.2307/2716328, and Barbara Allen, "An Undertow of Race Prejudice in the Current of Democratic Transformation: Tocqueville on the 'Three Races' of North America," in *Tocqueville's Voyages: The Evolution of His Ideas and Their Journey Beyond His Time*, ed. Christine Dunn Henderson (Indianapolis: Liberty Fund, 2014), 244~77.

3   우리는 이 책에서 도금시대와 진보시대를 자주 언급하고 있다. 그러나 우리는 물론이고 대부분의 학자들이 언제 도금시대가 끝나고 진보시대가 되었는지 그 정확한 연대에 대해서는 의견이 일치하지 않는다. 대체로 말해서, "도금시대"는 1870~1900년을 가리키고, "진보시대"는 1900~1915년을 가리킨다. 다른 역사적 시기 구분과 마찬가지로 이러한 구분은 엄격한 것이 아니다. 진보 운동과 관련 있는 발전사항들은 그 이전 시대에도 전례가 있었고 또 도금시대와 관련된 발전사항들은 그 후대까지도 지속되었기 때문이다.

4   도표 1.1의 복합적인 요약 곡선과 뒤의 장들에서 나오는 유사한 요약 곡선들은 다음과 같은 방식으로 작성되었다. 각 곡선에서 우리는 두 개의 독립적인 요인 분석 방법을 사용했다. 하나는 제임스 스팀슨의 다이어드 알고리즘 방법이고, 다른 하나는 제임스 스톡과 M.W.왓슨의 기대-극대화 방법이다. 스톡과 왓슨의 방법에 대해서는 다음 자료를 참조하라. James H. Stock and Mark W. Watson, "Dynamic Factor Model," in *The Oxford Handbook of Economic Forecasting*, eds. Michael P. Clements and David F. Hendry (New York: Oxford University Press, 2011), and James H. Stock and Mark W. Watson, "Dynamic Factor Models, Factor-Augmented Vector Autoregressions, and Structural Vector Autoregressions in Macroeconomics," in *Handbook of Macroeconomics*, vol. 2 (Amsterdam: Elsevier, 2016), 415~525. 스팀슨 방법에 대해서는 다음 책을 참조하라. James A. Stimson, "The Dyad Ratios Algorithm for Estimating Latent Public Opinion: Estimation, Testing, and Comparison to Other Approaches," *Bulletin de Methodologie Sociologique* 137~38, no. 1 (2018): 201~8, doi:10.1177/0759106318761614; 출간 도서는 아니지만 입문용으로는 다음 자료도 좋다. http:// stimson.web.unc.edu/ software/. 스팀슨 방법의 확장된 활용법에 관해서는 James A. Stimson, *Public Opinion in America: Moods, Cycles, and Swings*, 2nd ed. (London: Routledge, 2019)을 참조하라. 스톡-왓슨 방식이 계량경제학자들에게는 더 익숙하다. 반면 스팀슨 방식은 정치학자들에게 더 익숙하다. 스팀슨 방법은 실종된 데이터를 다루는 데 더 좋은 방법이다. 가령 대통령 선거에서 교차 투표에 대한 데이터를 얻을 수 없는 해들(years)을 다루어야 할 때에는 스팀슨 방식을 쓰는 것이다. 이 책 전편을 통해 요인 점수들을 계산할 때는 스팀슨 방식에 의존했다. 그러나 우리가 데이터를 산출할 때는 이 두 서로

다른 방식이 아주 중요한 요인에 대해서는 본질적으로 동일한 결과를 보여주었다. 다른 요인들은 이 중요한 요인에 크게 의존하고 있다.

도표 1.1의 곡선은 네 개의 핵심 변수에 대하여 스팀슨 방식의 요인 분석을 반영한 것이다. 4개의 핵심 변수는 각각 2장, 3장, 4장, 5장에서 다루어지는데 곧 경제, 정치, 사회, 문화 분야다. 각 곡선이 담당하는 시간대는 곡선을 밑받침하는 데이터의 시간대에 따라 약간 달라진다. 우리는 밑받침 변수들의 상당 부분에 증거 데이터가 있는 해들만 포함시켰다. 도표 2.2의 요약 곡선은 4대 분야를 종합하는 별도의 스팀슨 방식 요인 분석을 바탕으로 작성되었다. 데이터상의 점수는 표준 요인 점수이다. 이 점수는 특정 곡선의 시간대를 기준으로 비교해볼 수도 있고, 아니면 특정한 한 해의 곡선을 기준으로 비교해볼 수도 있다. 하지만 이 점수가 즉각 해석 가능한 수적 의미를 갖고 있는 것은 아니다(가령 퍼센티지나 달러).

프로젝트의 이 부분과 관련하여 우리를 도와준 텍사스 A&M 대학의 가이 디 히튼, 폴 켈스테드, 제임스 마갓, 플라비오 수자 등에게 감사드린다. 하지만 우리가 이 작업의 결과를 해석하여 제시한 방법에 대하여 이들은 아무런 책임도 없다.

5 One exception is Peter Turchin, *Ages of Discord: A Structural-Demographic Analysis of American History* (Chaplin, CT: Beresta Books, 2016).

6 "Bush Hits New Low as 'Wrong Track' Rises," (ABC News, May 12, 2008), http://abcnews.go.com/images/PollingUnit/1064a1Bush-Track.pdf; http://www.pollingreport.com/right.htm.https://www.thedailybeast.com/weve-been-on-the-wrong-track-since-1972.

7 Kim Parker, Rich Morin, and Juliana Menasce Horowitz, "Looking to the Future, Public Sees an America in Decline on Many Fronts," (Pew Research Center, March 21, 2019), https://www.pewsocialtrends.org/2019/03/21/public-sees-an-america-in-decline-on-many-fronts/.

8 "Stress in America: The State of Our Nation" (American Psychological Association, November 1, 2017), https://www.apa.org/news/press/releases/stress/2017/state-nation.pdf.

9 "OK 부머"는 2019년 인터넷상에서 급속히 퍼져나가는 밈이 되어 젊은이들 사이에서 인기를 얻었다. 이 밈은 베이비부머 세대의 것으로 인정되는 전형적인 태도들을 조롱하는 하나의 수단이 되었다. 다음 자료를 참조하라. Karen Heller, "It Was the Year of 'OK Boomer,' and the Generations Were at Each Other's Throats," *The Washington Post*, December 24, 2019, https://www.washingtonpost.com/lifestyle/it-was-the-year-of-ok-boomer-and-the-generations-were-at-each-others-throats/2019/12/24/a2c2b586-1792-11ea-8406-df3c54b3253e_story.html.

10 Rebecca Edwards, *New Spirits: Americans in the Gilded Age, 1865~1905* (New York: Oxford University Press, 2006), 242.

11 Alfred North Whitehead, *The Concept of Nature: Tarner Lectures Delivered in Trinity College, November, 1919*, Tarner Lectures 1919 (Cambridge: University Press, 1920), 143.

12 진보시대에 대한 학자들의 문헌은 아주 많다. 미국 역사상의 이 시대에 대한 설명은 다음 자료를 참조하라. Lewis L. Gould, *America in the Progressive Era, 1890~1914*, Seminar Studies in History(Harlow, UK: Longman, 2001); Nell Irvin Painter, *Standing at Armageddon: The United States, 1877~1919* (New York: W. W. Norton, 2008); Richard McCormick, "Public Life in Industrial America," in *The New American History*(Philadelphia: Temple University Press, 1997); John Chambers and Vincent Carosso, *The Tyranny of Change: America in the Progressive Era, 1900~1917*(New York: St. Martin's Press, 1980); Richard Hofstadter, *The Age of Reform: From Bryan to F.D.R*, 1st ed. (New York: Vintage, 1955); Sean Dennis Cashman, *America in the Gilded Age: From the Death of Lincoln to the Rise of Theodore Roosevelt*, 3rd ed. (New York: New York University Press, 1993); Steven J. Diner, *A Very Different Age: Americans of the Progressive Era* (New York: Hill & Wang, 1998); Samuel P. Hays, *The Response to Industrialism, 1885~1914*, 2nd ed., The Chicago History of American Civilization (Chicago: University of Chicago Press, 1995); Robert H. Wiebe, *The Search for Order, 1877~1920*, 1st ed. (New York: Hill & Wang, 1966); Paul Boyer, *Urban Masses and Moral Order in America, 1820~1920* (Cambridge, MA: Harvard University Press, 1992); Edwards, *New Spirits*; Benjamin Parke De Witt, *The Progressive Movement: A Non-Partisan Comprehensive Discussion of Current Tendencies in American Politics*(New Brunswick, NJ: Transaction Publishers, 2013); Elizabeth Sanders, *Roots of Reform: Farmers, Workers, and the American State, 1877~1917*, American Politics and Political Economy (Chicago: University of Chicago Press, 1999); Allen Freeman Davis, *Spearheads for Reform: The Social Settlements and the Progressive Movement, 1890~1914* (New Brunswick, NJ: Rutgers University Press, 1984); Michael E. McGerr, *A Fierce Discontent: The Rise and Fall of the Progressive Movement in America, 1870~1920* (New York: Free Press, 2003).

제2장 경제: 평등의 흥망성쇠

1 Steven Pinker, *Enlightenment Now: The Case for Reason, Science, Humanism, and Progress* (New York: Viking, 2018). 미국의 기술적 변화와 경제적 발전을 다룬, 균형 잡힌 표준

적 저서는 Robert J. Gordon, *The Rise and Fall of American Growth: The U. S. Standard of Living Since the Civil* War (Princeton: Princeton University Press, 2016).

2   Charles I. Jones, "The Facts of Economic Growth," in *Handbook of Macroeconomics*, eds. John B. Taylor and Harald Uhlig, vol. 2A (Amsterdam: Elsevier, 2016), 3~69. 1929년 부터 현재까지의 자료는 NIPA 표 7.1, Line 10에서 나온 것이다. 1870년에서 1928년 까지의 자료는 미국 1인당 GDP를 사용한 rgdnapc 변수를 사용한 매디슨 프로젝트 데이터베이스에서 나온 것이다. 다음 자료를 참조하라. Louis Johnston and Samuel H. Williamson, "What Was the U.S. GDP Then?," accessed November 25, 2019, https://www.measuringworth.com/datasets/usgdp/.

3   Jones, "Facts of Economic Growth."

4   Nicholas Kaldor, "Capital Accumulation and Economic Growth," in *The Theory of Capital*, ed. Douglas Hague (London: Palgrave Macmillan, 1961), 177~222, https://doi.org/10.1007/978-1-349-08452-4 10. 칼도는 이렇게 쓰고 있다. "이론적 모델의 구축을 위하여 'stylized facts'를 사용하라고 권하고 싶다. 그 이론적 모델은 생산 총량의 꾸준한 증가와 일정한 추세를 보이는 노동 생산성이다. 생산성 증가가 하락하는 추세에 대해서는 기록된 증거가 없다."

5   Angus Deaton, *The Great Escape: Health, Wealth, and the Origins of Inequality* (Princeton: Princeton University Press, 2013) and Robert J. Gordon, *The Rise and Fall of American Growth*. 이 자료는 1970년 이후에 장기적 연간 성장 비율의 하락에 대하여 풍부한 증거를 제시한다.

6   Maria Cecilia P. Moura, Steven J. Smith, and David B. Belzer, "120 Years of U.S. Residential Housing Stock and Floor Space," August 11, 2015, PLOSONE 10.1371/journal.pone.0134135; Stanley Lebergott, *The American Economy: Income, Wealth and Want* (Princeton: Princeton University Press, 2015); Sue Bowden and Avner Offer, "Household Appliances and the Use of Time: The United States and Britain Since the 1920s," *Economic History Review* 47, no. 4 (1994): 725~48.

7   Transportation Energy Data Book, Edition 36, Office of Energy Efficiency and Renewable Energy, U.S. Department of Energy, Table 3.6, https://cta.ornl.gov/data/chapter3.shtml. 환경오염, 지구 온난화, 출퇴근 교통 적체 등을 감안할 때, 자동차 수의 증가를 모든 사람이 긍정적으로 여기지는 않는다. 그러나 미국인들은 그것을 물질적 발전의 상징으로 여기는 듯하다.

8   다음을 참조하라. Derek Thompson, "The 100-Year March of Technology in 1 Graph," *The Atlantic*, April 7, 2012, https://www.theatlantic.com/technology/archive/2012/04/the-100-year-march-of-technology-in-1-graph/255573/.

9 이 화제에 관한 문헌들은 방대하다. 유익한 3건의 개관은 다음과 같다. David M. Cutler and Grant Miller, "The Role of Public Health Improvements in Health Advances: The Twentieth-Century United States," *Demography* 42, no. 1 (February 2005): 1~22; "Mortality in the United States: Past, Present, and Future," Penn Wharton Budget Model, June 27, 2016, https://budget model.wharton.upenn.edu/issues/2016/1/25/mortality-in-the-united-states-past-present-and-future; and Maryaline Catillon, David Cutler, and Thomas Getzen, "Two Hundred Years of Health and Medical Care: The Importance of Medical Care for Life Expectancy Gains," Working Paper 25330 (National Bureau of Economic Research, December 2018), https://doi.org/10.3386/w25330.

10 S. H. Woolf, and H. Schoomaker, "Life Expectancy and Mortality Rates in the United States, 1959~2017," JAMA 322, no. 20 (2019): 1996~2016. Doi:https://doi.org/10.1001/jama.2019.16932; Gina Kolata and Sabrina Tavernise, "It's Not Just Poor White People Driving a Decline in Life Expectancy," *New York Times*, November 26, 2019, https://www.nytimes.com/2019/11/26/health/life-expectancy-rate-usa.html; Olga Khazan, "Poor Americans Really Are in Despair," *The Atlantic*, June 19, 2018, https://www.theatlantic.com/health/archive/2018/06/poor-americans-really-are-in-despair/563105/.

11 자살 증가에 대해서는 다음 자료를 참조하라. Holly Hedegaard, Sally C. Curtin, and Margaret Warner, "Suicide Mortality in the United States, 1999~2017"(Hyattsville, MD: National Center for Health Statistics, 2018), https://www.cdc.gov/nchs/products/databriefs/db330.htm. 약물 남용에 대해서는 다음 자료를 참조하라. Holly Hedegaard, Margaret Warner, and Arialdi M. Minino, "Drug Overdose Deaths in the United States, 1999~2016" (Hyattsville, MD: National Center for Health Statistics, 2017), https://www .cdc.gov/nchs/products /databriefs/db294.htm. 간경화로 인한 사망률에 대한 자료는 Elliot B. Tapper and Neehar D. Parikh, "Mortality Due to Cirrhosis and Liver Cancer in the United States, 1999~2016: Observational Study," BMJ, July 18, 2018, k2817, https://doi .org/10.1136/bmj.k2817.

12 Anne Case and Angus Deaton, *Deaths of Despair and the Future of Capitalism*(Princeton: Princeton University Press, 2020).

13 Julia Haskins, "Suicide, Opioids Tied to Ongoing Fall in US Life Expectancy: Third Year of Drop," *The Nation's Health*, vol. 49 (March 2019): 1~10.

14 Noreen Goldman, Dana A. Glei, and Maxine Weinstein, "Declining Mental Health Among Disadvantaged Americans," *Proceedings of the National Academy of Sciences* 115, no. 28 (July 10, 2018): 7290~95, https://doi.org/10.1073/pnas.1722023115. 비록 "절망

의 죽음"은 대학 졸업장이 없는 가난한 중년의 백인들에 집중되어 있지만 모든 인종, 종족 집단과 남녀를 구분할 것 없이 자살율은 1999년부터 올라갔다. 약물 남용 비율이 도시-농촌 사이에 차이가 난다는 CDC 보고서는 이런 점을 보여준다. 옥시코돈 같은 오피오이드(합성 진통·마취제)는 농촌 지역에서 더 높은 비율로 남용되고 있다. 다음 자료를 참조하라. Holly Hedegaard, Arialdi M. Minino, and Margaret Warner, "Urban−Rural Differences in Drug Overdose Death Rates, by Sex, Age, and Type of Drugs Involved, 2017," NCHS Data Brief No. 345, August 2019(Hyattsville, MD: National Center for Health Statistics, 2019), https://www.cdc.gov/nchs/products/data-briefs/db345.htm.

15 Mark Strauss, "Four-in-Ten Americans Credit Technology with Improving Life Most in the Past 50 Years," *Fact Tank—News in the Numbers* (blog), October 12, 2017, https://www.pewresearch.org/fact-tank/2017/10/12/four-in-ten-ameri cans-credit-technology-with-improving-life-most-in-the-past-50-years/.

16 노예해방령 이전에 흑인들은 거의 공식적인 학교 교육을 받지 못했다. 남부 재건 시대에 흑인 아동의 학교 취학률은 급속히 상승하여 3분의 1 정도로 높아졌으나 20년 뒤인 1900년(남부 재건 시대가 끝난 해)에 이 수치는 불변이었다. Robert A. Margo, *Race and Schooling the South: 1880~1950: An Economic History* (Chicago: University of Chicago Press, 1990).

17 단기적으로 볼 때 고등학교 수의 급속한 증가는 인종 격차를 더 벌려 놓았다. 왜냐하면 흑인들이 다니는 학교들(특히 남부에 있는 것)은 천천히 발전했기 때문이다. Claudia Goldin, "America's Graduation from High School: The Evolution and Spread of Secondary Schooling in the Twentieth Century," *The Journal of Economic History* 58, no. 2 (June 1998): 345~74, https://doi.org/10.1017/S0022050700020544. 우리는 결론의 장에서 고등학교 투자의 건을 아주 길게 다루었다.

18 고등학교 혁명과 그 결과에 대한 문헌은 방대하나, 핵심저작은 이것이다. Claudia Goldin and Lawrence F. Katz, *The Race Between Education and Technology* (Cambridge, MA: The Belknap Press of Harvard University Press, 2008). 장기적인 교육 변화의 통계적 증거를 개관하기 위해서는 다음 자료를 참조하라. Claudia Goldin, "Education," in chapter Bc, ed. Susan B. Carter et al., *Historical Statistics of the United States, Earliest Times to the Present: Millennial Edition*, ed. Susan B. Carter et al. (New York: Cambridge University Press, 2006), https://doi.org/10.1017/ISBN-9780511132971.Bc.ESS.01.

19 Historical Statistics of the United States, Millennial Edition Bc258-264, http://dx.doi.org/10.1017/ISBN-9780511132971; Trends in High School Dropout and Completion Rates in the United States: 2014 (National Center for Educational Statistics, US

Department of Education, 2018), https://nces.ed.gov/pubs2018/2018117.pdf; James J. Heckman and Paul A. LaFontaine, "The American High School Graduation Rate: Trends and Levels," *Review of Economics and Statistics* 92, no. 2 (May 2010): 244‑62, https://doi.org/10.1162/rest.2010.12366. 베이비부머들이 이 십 년 동안에 성장했으므로, 절대적 학교 취학률은 최고점에 도달했다. 그러나 도표 2.6은 절대적 수치가 아니라 비율을 보여주고 있다. 그래서 고등학교 졸업생의 장기적 상승률 정체(停滯)는 어떤 단 하나의 인구 추세 탓으로 돌릴 수 없다. 오히려 등록 학생의 절대적 수가 줄어들면서, 그로 인해 새로 생긴 빈 교실을 채우기 위해, 그 비율은 높아질 수도 있을 것으로 기대할 수 있다.

20 이러한 최근의 상승의 뒷배경은 무엇인지 그 이유가 명확히 확립되지 않았다. 다음 자료를 참조하라. Richard J Murnane, "U.S. High School Graduation Rates: Patterns and Explanations," *Journal of Economic Literature* 51, no. 2 (June 2013): 370~422, https://doi.org/10.1257/jel.51.2.370, and Mark Dynarski, "What We Don't Know About High Schools Can Hurt Us" (Washington, DC: The Brookings Institution, May 18, 2017), https://www.brookings.edu/research/what-we-dont-know-about-high-schools-can-hurt-us/ and the sources cited there.

21 1980년대와 1990년대에 교육적 혜택의 "정지"는 다음 학자들에 의해 주목된 바 있다. Peter H. Lindert and Jeffrey G. Williamson, *Unequal Gains: American Growth and Inequality Since 1700* (Princeton: Princeton University Press, 2016), 213; 230~32, and Goldin and Katz, *The Race Between Education and Technology*. 그러나 이런 학자들은 교육 받은 성인들의 "수"에 일차적으로 집중하는 반면에 우리는 졸업생들의 "흐름"에 더 집중했다. 그러한 정지(slowdown)가 언제 발생했는지 그 시점을 정확히 짚어내기 위해서였다.

22 1944년 GI Bill(제대군인 우대법)을 서명하면서 루스벨트 대통령은 그 혜택을 이렇게 요약했다. 매 학년당 수업료로 500달러와 월별 용돈을 지급한다. 1945년에 펜실베이니아 대학의 수업료는 400달러 그리고 일반 비용이 20달러였다. 다음 자료를 참조하라. U.S. Department of Veterans Affairs, "Education and Training," About GI Bill: History and Timeline, November 21, 2013, https://www.benefits.va.gov/gibill/history.asp, and Mark Frazier Lloyd, "Tuition and Mandated Fees, Room and Board, and Other Educational Costs at Penn, 1940~1949," 2003, https://archives.upenn.edu/exhibits/penn-history/tuition/tuition-1940-1949.

23 교육 분야의 성취에 대한 젠더별, 인종별 차이에 대해서는 6장과 7장에서 논의한다.

24 이 장을 작성하는 데 있어서 우리는 다음과 같은 중요한 저서들로부터 혜택을 받았다. Charles L. Ballard, "The Fall and Rise of Income Inequality in the United States:

Economic Trends and Political-Economy Explanations," in *Inequality and Democracy in America*, ed. Tobin Craig, Steven Kautz, and Arthur Melzer (Philadelphia: University of Pennsylvania Press, forthcoming).

25 Lindert and Williamson, *Unequal Gains*, see chaps. 6 and 7, esp. 173.

26 20세기 전반기 동안에 빈자와 부자 사이의 소득 격차가 좁혀진 현상은 이제 "대통합" "대평준화" "대압축" 등의 다양한 용어로 불리워지고 있다. 우리는 대통합을 선호하지만 이 세 용어는 동일한 현상을 지칭한다. 이 용어는 다음 저서에 의해 널리 알려졌다. Timothy Noah, *The Great Divergence: America's Growing Inequality Crisis and What We Can Do About It* (New York: Bloomsbury Press, 2017), 그리고 Paul R. Krugman, *The Conscience of a Liberal* (New York: W. W. Norton, 2007).

27 Lindert and Williamson, *Unequal Gains*, esp. 194.

28 같은 책, 196. 그리고 Claudia Goldin and Lawrence F. Katz, "Decreasing (and Then Increasing) Inequality in America: A Tale of Two Half Centuries," in *The Causes and Consequences of Increasing Inequality*, ed. Finis Welch (Chicago: University of Chicago Press, 2001), 37~82.

29 도표 2.8은 상위 1퍼센트 가정에서 발생하는 총수입의 점유율에 집중한다. 이 도표는 지난 1백 년 동안에 있었던 소득 분배(자본 소득, 비과세 건강·특수 혜택, 주세와 지방세 포함)에 관한 최신의 포괄적 자료에 바탕을 둔 것이다. Thomas Piketty, Emmanuel Saez, and Gabriel Zucman, "Distributional National Accounts: Methods and Estimates for the United States," *The Quarterly Journal of Economics* 133, no. 2 (May 2018): 553~609, https://doi.org/10.1093/qje/qjx043. 이러한 추세를 편집하는 데 따르는 여러 가지 방법론적 문제를 논의하기 위해서는 동일한 자료를 참고할 것. 이러한 접근 방법을 뒷받침하는 전제는 경제학자들 사이에서 논쟁의 대상이 되어 있지만, 대체적이면서 전통적인 접근방식은 유사한 전도된 U자형 곡선을 산출하고 있다. Thomas Piketty and Emmanuel Saez, "Income Inequality in the United States, 1913~1998," *The Quarterly Journal of Economics* 118, no. 1 (February 2003): 1~39, https://doi.org/10.1162/00335530360535135. 소득 불평등에 대한 역사적 추세를 탐구하는 최근의 다양한 독립적인 통계적 접근 방식은 도표 2.8에 나타난 전도된 U자형 곡선을 확증해주고 있다. Chad Stone et al., "A Guide to Statistics on Historical Trends in Income Inequality" (Washington, DC: Center on Budget and Policy Priorities, August 21, 2019). 일반적으로 말해서 보수적인 분석가들은 이런 주장을 펴고 있다. 불평등에 대한 주류 측 평가는 아주 높게 나온다. 그러나 우리가 여기서 초점을 맞추는 부분은 불평등의 절대적 수준이 아니라, 장기적인 추세이다. 즉 곡선의 올라감과 내려감, 기본적인 전도된 U자형 곡선 등이다. 이런 것들은 소득과 부의 불평등

이 본질적으로 모든 당파의 전문가들에 의해 인정되고 있음을 보여준다.

30 Lindert and Williamson, *Unequal Gains*, 194~95.

31 Goldin and Katz, "Decreasing (and then Increasing) Inequality in America," 37~82.

32 부의 장기적인 추세에 관해서는 다음 자료를 참조하라. Edward N. Wolff, *A Century of Wealth in America* (Cambridge, MA: Belknap Press of Harvard University Press, 2017).

33 Emmanuel Saez, "Income and Wealth Inequality: Evidence and Policy Implications," *Contemporary Economic Policy* 35, no. 1 (2017), 8.

34 Piketty, Saez, and Zucman, "Distributional National Accounts." See also Emmanuel Saez and Gabriel Zucman, "Wealth Inequality in the United States Since 1913: Evidence from Capitalized Income Tax Data," *The Quarterly Journal of Economics* 131, no. 2 (May 2016): 519~78, https://doi.org/10.1093/qje/qjw004.

35 약간 다른 시간 시리즈를 사용함으로써 에드워드 N. 울프는 이런 사실을 보여주었다. 예를 들어 상위 1퍼센트가 소유한 주식에 의해 측정된 부의 분배는 2013년에서 2016년 사이에 상당히 상승했다. Edward N. Wolff, "Household Wealth Trends in the United States, 1962 to 2016: Has Middle Class Wealth Recovered?," Working Paper 24085 (National Bureau of Economic Research, November 2017), https://doi.org/10.3386/w24085.

36 Saez, "Income and Wealth Inequality," 13. Gabriel Zucman, "Global Wealth Inequality," *Annual Review of Economics* 11, no. 1 (August 2, 2019): 109~38, https://doi.org/10.1146/annurev-economics-080218-025852, demonstrates. 이 자료는 상위 0.01퍼센트가 전체 부의 거의 10퍼센트를 소유하고 있음을 보여준다.

37 Saez, "Income and Wealth Inequality," 14~15; Chad Stone et al., "A Guide to Statistics."

38 Saez and Zucman, "Wealth Inequality in the United States Since 1913," 523.

39 Piketty, Saez, and Zucman, "Distributional National Accounts."

40 Saez, "Income and Wealth Inequality," 16.

41 Goldin and Katz, "Decreasing (and then Increasing) Inequality in America." 우리는 1920년대에 진보운동이 "정지"한 현상에 대하여 제3장과 제5장에서 길게 다룰 것이다.

42 Emile Durkheim, *Suicide: A Study in Sociology* (New York: Free Press, 1951); Bruce P. Dohrenwend, "Egoism, Altruism, Anomie, and Fatalism: A Conceptual Analysis of Durkheim's Types," *American Sociological Review* 24, no. 4(August 1959): 466~73, https://doi.org/10.2307/2089533; Walter Scheidel, *The Great Leveler: Violence and the History of Inequality from the Stone Age to the Twenty-First Century*, Princeton Economic

History of the Western World(Princeton: Princeton University Press, 2017).

43 Douglas S. Massey, *Categorically Unequal: The American Stratification System*(New York: Russell Sage Foundation, 2007), 5.

44 Piketty, Saez, and Zucman, "Distributional National Accounts," 577~78.

45 Lindert and Williamson, *Unequal Gains*, 221.

46 Piketty, Saez, and Zucman, "Distributional National Accounts," 577~79.

47 David Leonhardt, "How the Upper Middle Class Is Really Doing," *New York Times*, February 24, 2019, https://www.nytimes.com/2019/02/24/opinion/in come-inequality-upper-middle-class.html; Matthew Stewart, "The 9.9 Percent Is the New American Aristocracy," *The Atlantic*, June 2018, https://www.theatlantic.com/magazine/archive/2018/06/the-birth-of-a-new-american-aristocracy/559130/.

48 Jessica L. Semega, Kayla R. Fontenot, and Melissa A. Kollar, "Income and Poverty in the United States: 2016," *Current Population Reports* (Washington, DC: United States Census Bureau, September 2017), Table A-2. 상위 1퍼센트와 0.1퍼센트를 다룬 데이터는 Piketty, Saez, and Zucman, "Distributional National Accounts," Tables B10 and B11 of Appendix II. 이 수치들은 인플레이션이 감안된 세전, 공과금 공제 이전의 수치이다. 상위 1퍼센트와 0.1퍼센트를 다룬 PSZ 데이터는 약간 다른 인플레 조정과 약간 다른 연간 소득 추정치를 사용하고 있지만, 이 텍스트 상에서의 폭넓은 비교는 본질적으로 영향을 받지 않는다.

49 Ballard, "The Fall and Rise of Income Inequality in the United States," 4.

50 David Card, Ciprian Domnisoru, and Lowell Taylor, "The Intergenerational Transmission of Human Capital: Evidence from the Golden Age of Upward Mobility," Working Paper 25000 (National Bureau of Economic Research, September 2018), https://doi.org/10.3386/w25000. 공저자들은 20세기 전반기에 고품질 공공 교육이 여러 세대를 걸쳐서 기회의 평등을 개선했다는 것을 발견했다. 하지만 이 스토리가 전적으로 좋기만 한 것은 아니다. 학교의 품질은 인과적으로 교육에서의 상향 이동성을 결정한다. 이 때문에 인종과 지역에 따라 신분상승 비율이 체계적으로 달라진다. 교육 분야에서의 인종 분리 정책은 아프리카계 미국인 자녀들에게 상당한 불이익을 가져왔다.

51 Raj Chetty et al., "The Fading American Dream: Trends in Absolute Income Mobility Since 1940," *Science* 356, no. 6336 (April 28, 2017): 398~406, https://doi.org/10.1126/science.aal4617. Nathaniel G Hilger, "The Great Escape: Intergenerational Mobility in the United States Since 1940," Working Paper 21217 (National Bureau of Economic Research, May 2015), https://doi.org/10.3386/w21217; and Michael Hout and Alexander Janus, "Educational Mobility in the United States Since the 1930s," in *Whither Op-*

portunity?: Rising Inequality, Schools, and Children's Life Chances, eds. Greg J. Duncan and Richard J. Murnane (New York: Russell Sage Foundation, 2011), 165~85. 이 자료들은 절대적 교육 이동성에서 유사한 패턴이 발견된다. 대략 1975년까지는 올라갔다가 그다음에는 떨어졌다. Robert M. Hauser et al., "Occupational Status, Education, and Social Mobility in the Meritocracy," in *Meritocracy and Economic Inequality*, eds. Kenneth Arrow, Samuel Bowles, and Steven Durlauf (Princeton: Princeton University Press, 2000), 179~229 find a similar pattern for absolute mobility in occupational status. 직업적 지위의 절대적 이동성과 관련하여 유사한 패턴이 발견된다. 세대 간 신분상승의 상대성에 대하여 유사한 전환점이 있었는가 하는 점에 대해서는 연구조사마다 의견이 엇갈린다. Hilger, Hout, Janus는 이런 사실을 발견한다. 상대적 교육 이동성(수입 이동성과 밀접한 관계가 있는 것)은 대략 1940년에서 대략 1970년 사이에 증가했고 그러다가 수평 안정이 되었다가 약간 하향세로 돌아섰다. James J. Feigenbaum et al., "The American Dream in the Great Depression: US Absolute Income Mobility, 1915~1940"(unpublished manuscript, 2019). 이 자료는 절대적 이동성이 1940년부터 1965년까지 상승했음을 보여준다. 그리하여 이 변수에 대하여 전형적인 U곡선이 산출되었다. 이 곡선은 1965년에 성인 소득 수준에 도달한 코호트가 최고점에 도달했음을 보여준다. 우리는 경제학자들 사이의 표준 관행을 따랐다. 즉, 어떤 특정 코호트의 개인들이 나이 30세에 도달하면서 소득 위계구도 내에서 상대적으로 안정된 위치에 도달했다고 추정하는 것이다. 왜냐하면 그 나이 이전의 소득 수준은 인위적으로 낮은 소득을 신고하는 학생들이나 청년들에 의해 왜곡되기 때문이다. 이와는 대조적으로 우리는 뒤의 장들에서 세대 간 태도(가령 신임, 인종적 태도, 젠더 관련 태도) 차이를 논의할 때 사회 심리학자들의 관행을 따랐다. 즉, 사람들의 태도가 대략 18~21세 사이에 굳어진다고 보는 관행을 받아들인 것이다. 경제학자들과 사회 심리학자들이 인생 사이클의 여러 단계에 대하여 이런 서로 다른 전제조건을 유지하는 데에 타당한 이유가 있다.

52 Yonatan Berman, "The Long Run Evolution of Absolute Intergenera-tional Mobility," (unpublished manuscript, 2018), Table 3, 40~41, https://static.wixstatic.com/ugd/4a2bc3_0d734d65a96b419abacbffe261d85b5d.pdf. 입수 가능한 증거는 1917년 출생 코호트에까지 거슬러 올라간다. 그러나 그들이 30세에 도달할 때까지, 그들이 같은 연령대(30세)의 아버지와 비교하여 어떠한 행동을 했는지 알 수가 없다. 그리하여 신분상승을 측정하는 이 척도는 1947년부터 겨우 시작되었다.

53 이 시기의 연대는 정확하지 않다. Cutler and Miller, "The Role of Public Health Improvements in Health Advances" and Dora L. Costa, "Health and the Economy in the United States from 1750 to the Present," *Journal of Economic Literature* 53, no. 3 (September 2015): 503~70.

54 Lindert and Williamson, Unequal Gains, 7. 다음도 참조하라. Michael R. Haines, "Inequality and Infant and Childhood Mortality in the United States in the Twentieth Century," *Explorations in Economic History 48*, no. 3 (2011): 418~28, and Aaron Antonovsky, "Social Class, Life Expectancy and Overall Mortality," *The Milbank Memorial Fund Quarterly 45*, no. 2 (April 1967): 31~73, https:// doi.org/10.2307/3348839.

55 Jacob Bor, Gregory H Cohen, and Sandro Galea, "Population Health in an Era of Rising Income Inequality: USA, 1980~2015," *The Lancet 389*, no. 10077 (April 8, 2017): 1475~90, https://doi.org/10.1016/S0140-6736(17)30571-8.

56 National Academies of Sciences, Engineering, and Medicine, *The Growing Gap in Life Expectancy by Income: Implications for Federal Programs and Policy Responses* (Washington, DC: The National Academies Press, 2015), 63. 연구조사자들은 2019년에 CDC의 연간 건강 서베이(1991~2017)라는 방대한 자료를 활용하여 이런 결과를 보고했다. 건강 분야에서는 소득에 따라 대분산이 벌어졌다. 그러나 인종별로는 그런 대분산이 쇠퇴했다. Frederick J. Zimmerman and Nathaniel W. Anderson, "Trends in Health Equity in the United States by Race/Ethnicity, Sex, and Income, 1993~2017," *JAMA Network* Open 2, no. 6 (June 28, 2019): e196386, https://doi.org/10.1001/jamanetworkopen.2019.6386. 이 자료는 부자인 사람들의 건강 결과는 안정적이라는 것을 발견했다. 그러나 최하 소득 집단의 건강은 "시간이 흘러가면서 크게 쇠퇴했다."

57 Case and Deaton, *Deaths of Despair and the Future of Capitalism*.

58 Office of Senator Mike Lee, "Long-Term Trends in Deaths of Despair," SCP Report 4-19, Social Capital Project (Washington, DC: United States Congress Joint Economic Committee, September 5, 2019), https://www.jec.senate.gov/public/index.cfm/republicans/analysis?ID=B29A7E54-0E13-4C4D-83AA-6A49105F0F43.

59 지역적 통합의 시기에 대한 최고의 자료는 다음을 참조하라. Robert J. Barro et al., "Convergence Across States and Regions," *Brookings Papers on Economic Activity 22*, no. 1 (1991): 107~82, https://doi.org/10.2307/2534639. On the impact of federal policies, see Bruce J. Schulman, *From Cotton Belt to Sunbelt: Federal Policy, Economic Development, and the Transformation of the South, 1938~1980* (Durham, NC: Duke University Press, 1994) and Gavin Wright, *Sharing the Prize: The Economics of the Civil Rights Revolution in the American South* (Cambridge, MA: Belknap Press of Harvard University Press, 2013).

60 C. Cindy Fan and Emilio Casetti, "The Spatial and Temporal Dynamics of US Regional Income Inequality, 1950~1989," *The Annals of Regional Science 28*, no. 2 (June 1994): 177~96, https://doi.org/10.1007/BF01581768; David J. Peters, "American

Income Inequality Across Economic and Geographic Space, 1970~2010," *Social Science Research* 42, no. 6 (November 1, 2013): 1490~1504, https://doi.org/10.1016/j.ssresearch.2013.06.009; Orley M. Amos, "Evidence of Increasing Regional Income Variation in the United States: 1969~2006," *Modern Economy* 5 (January 1, 2014): 520~32, https://doi.org/10.4236/me.2014.55049; Peter Ganong and Daniel Shoag, "Why Has Regional Income Convergence in the U.S. Declined?" *Journal of Urban Economics* 102 (November 1, 2017): 76~90; Clara Hendrickson, Mark Muro, and William A. Galston, "Countering the Geography of Discontent: Strategies for Left-Behind Places" (The Brookings Institution, November 2018), https://www.brookings.edu/research/countering-the-geography-of-dis content-strategies-for-left-behind-places/; and Robert A. Manduca, "The Contribution of National Income Inequality to Regional Economic Divergence," *Social Forces* 90 (December 2019): 622~48, https://doi.org/10.1093/sf/soz013.

61 경제적 불평등의 U자형 곡선의 원인들은 경제학자들에 의해 많이 논의되었다. 하지만 대통합보다는 대분산을 더 주안점으로 삼았다. 다음은 몇몇 주요 학자들의 견해이다. Lindert and Williamson, *Unequal Gains*, 206~18 and 221~41는 정치적 충격을 원인으로 제시했다. 전쟁, 노동 공급의 완만함(제약적인 이민과 소수 가정), 대규모 교육의 등장과 느린 기술 발전, 경제 부문의 환경 변화, 엘리트들 사이의 반(反) 빈자 감정, 무역 환경 등. Noah, *The Great Divergence*는 교육/기술 격차, 이민, 무역, 최저임금 정책, 노조의 쇠퇴, 엘리트들 사이의 반(反) 빈자 감정 등을 강조했다. Anthony B. Atkinson, *Inequality: What Can Be Done?* (Cambridge, MA: Harvard University Press, 2015), 그리고 Peter A. Diamond, "Addressing the Forces Driving Inequality in the United States," *Contemporary Economic Policy* 34, no. 3 (July 2016): 403~11, https://doi.org/10.1111/coep.12184는 글로벌화, 기술의 변화, 금융 특화, 노조, 변화하는 임금 규범, 세금과 정부의 공과금 등을 강조했다. 또 다른 유익한 개관은 다음 자료 참조. Stone et al., "A Guide to Statistics on Historical Trends in Income Inequality."
다른 요인들에 더하여 앵거스 디턴은 가정 형성과 붕괴의 중요성을 강조한다. 결혼 덕분에 부부는 각자의 소득을 합쳐서 가정의 수입으로 잡을 수 있다. 이것은 지난 50년 동안에 상위 소득 그룹에게 엄청나게 큰 혜택을 안겨주었다. 왜냐하면 결혼은 하위 소득 그룹들 사이에서는 크게 퇴조했기 때문이다. 우리는 이것을 제4장에서 살펴볼 것이다. 따라서 개인 소득의 차이는 두 벌이 가정과 싱글 마더 가정 사이의 차이를 포착하지 못한다. 현재의 장에서 우리는 이런 복잡한 문제들을 제쳐놓는다.

62 제8장에서 우리는 글로벌화의 역할을 다룬다. 이것은 경제적 불평등의 곡선뿐만 아니라 나-우리-나의 곡선을 설명해준다.

63 Ronald Findlay and Kevin H. O'Rourke, *Power and Plenty: Trade, War, and the World Economy in the Second Millennium* (Princeton: Princeton University Press, 2007), particularly chaps. 7~10; Kevin H. O'Rourke and Jeffrey G. Williamson, *Globalization and History: The Evolution of a Nineteenth-Century Atlantic Economy* (Cambridge, MA: MIT Press, 1999), particularly chapters on the globalization backlash and international capital flows, both of which follow the U-shaped arc; and Jeffrey G. Williamson, *Winners and Losers over Two Centuries of Globalization*, WIDER Annual Lectures 6 (Helsinki: World Institute for Development Economics Research, 2002). 이러한 자료들은 1900년 이전의 몇 십 년 동안에 벌어진 이민 제한의 지표에서 발생한 변화들을 생생하게 보여준다. Piketty, Saez, and Gabriel, "Distributional National Accounts," 604는 이런 주장을 펴고 있다. 미국 하위 50퍼센트의 붕괴는 다른 선진 개방 경제국가들(가령 프랑스)보다 훨씬 대규모여서, 국내 요인들이 아주 중요하다는 것을 보여준다.

64 이민이 불평등에 미친 영향에 대하여 학자들의 논의를 살펴보기 위해서는 다음 자료를 참조하라. Goldin and Katz, "Decreasing (and then Increasing) Inequality in America"; David Card, "Immigration and Inequality," *American Economic Review* 99, no. 2 (May 2009): 1~21, https://doi.org/10.1257/aer.99.2.1; Giovanni Peri, "Immigration, Native Poverty, and the Labor Market," in *Immigration, Poverty, and Socioeconomic Inequality*, eds. David Card and Steven Raphael (New York: Russell Sage Foundation, 2013), 29~59; and George J. Borjas, *Immigration Economics* (Cambridge, MA: Harvard University Press, 2014).

65 무역이 복지 총량을 증가시키지만 동시에 불평등도 증가시킨다는 주장에 대해서는 Hartmut Egger and Udo Kreickemeier, "Fairness, Trade, and Inequality," *Journal of International Economics* 86, no. 2 (March 2012): 184~96, https://doi.org/10.1016/j.jinteco.2011.10.002. 무역이 1970년대 불평등의 원인이지만 1980년대와 1990년대에는 원인이 아니라는 주장에 대해서는 Bernardo S. Blum, "Trade, Technology, and the Rise of the Service Sector: The Effects on US Wage Inequality," *Journal of International Economics* 74, no. 2 (March 2008): 441~58, https://doi.org/10.1016/j.jinteco.2007.06.003. 저임금 개발도상국의 수입품들이 미국 노동자들의 임금을 낮추지 않는다는 주장에 대해서는 Lawrence Edwards and Robert Lawrence, "US Trade and Wages: The Misleading Implications of Conventional Trade Theory," Working Paper 16106 (Cambridge, MA: National Bureau of Economic Research, June 2010), https:// doi.org/10.3386/w16106. 무역 자유화가 그 자체로 불평등을 낮춘다는 주장에 대해서는 Florence Jaumotte, Subir Lall, and Chris Papageorgiou, "Rising Income Inequality: Technology, or Trade and Financial Globalization?," International Monetary Fund Working Paper, 2008. "무

역은 임금 불평등을 증가시키는 데 상당한 역할을 했다. 그러나 글로벌화는 여러 나라들 사이에서 임금 불평등이 증가한 현상을 충분히 설명하지 못한다." 이러한 주장에 우리는 대체로 동의하는데 이 주장에 대해서는 Elhanan Helpman, "Globalization and Wage Inequality," Working Paper 22944 (National Bureau of Economic Research, December 2016), https://doi.org/10.3386/w22944.

66 물론 진보시대의 많은 개혁 노력들(노동조합과 반독점 법률)이 그 이전 도금시대에 뿌리를 두고 있다. 하지만 그런 노력들은 새로운 세기인 20세기에 들어와 동력과 힘을 얻었다.

67 아주 유사한 주장으로는 다음 자료를 참조하라. Piketty, Saez, and Zucman, "Distributional National Accounts," 604~5.

68 Goldin and Katz, *The Race Between Education and Technology*.

69 같은 책. 그들은 고교 졸업자의 공급이 이 시기에 연간 약 1퍼센트씩 공급을 초과했다고 추산한다.

70 모든 경제 이론이 그러하듯이, SBTC 이론은 비판자들이 있다. 현재 이 분야를 지배하고 있는 이 이론의 힘이 앞으로 지속될 것인지는 불분명하다. 예를 들어 Jaison R. Abel, Richard Deitz, and Yaquin Su, "Are Recent College Graduates Finding Good Jobs?," *Current Issues in Economics and Finance* 20, no. 1 (2014): 1~8, and Jonathan Horowitz, "Relative Education and the Advantage of a College Degree," *American Sociological Review* 83, no. 4 (August 2018): 771~801, https://doi.org/10.1177/0003122418785371.

71 Claudia Goldin, "Egalitarianism and the Returns to Education During the Great Transformation of American Education," *Journal of Political Economy* 107, no. S6 (December 1999): S65–S94, https://doi.org/10.1086/250104.

72 이 섹션에서 우리는 노동조합을 근본적으로 경제현상으로 파악한다. 그러나 제4장에서 우리는 노동조합을 사회적 · 공동체적 현상으로 파악한다. 사실 노동조합은 경제현상이면서 사회현상이다.

73 Michael E. McGerr, *A Fierce Discontent: The Rise and Fall of the Progressive Movement in America, 1870~1920* (New York: Free Press, 2003), esp. chap. 4.

74 Nell Irvin Painter, *Standing at Armageddon: The United States, 1877~1919* (New York: W. W. Norton, 1987): 44, 95, *et passim*; Leo Troy, *Trade Union Membership, 1897~1962* (New York: National Bureau of Economic Research, 1965): 2. 회원수는 1905년에서 1909년 사이에 줄어들었다가 다시 그 성장을 회복했다.

75 Philip Taft and Philip Ross, "American Labor Violence: Its Causes, Character, and Outcome," in *The History of Violence in America: A Report to the National Commission on* the Causes and Prevention of Violence, eds. Hugh Davis Graham and Ted Robert Gurr, 1969, http://www.ditext.com/taft/violence.html.

76   Nelson Lichtenstein, *State of the Union: A Century of American Labor*, revised and expanded ed. (Princeton: Princeton University Press, 2013). 일부 산업가들은 "복지 자본주의"의 사상을 신봉한다. 이것은 기업 소유주들이 그들의 노동자들에 대하여 의무가 있다고 보는 사상이다. 그러나 실제 현장에서 회사 주도의 프로그램은 종종 가부장적이면서 노동자의 권리를 억압하는 것으로 드러났다. Lizabeth Cohen, *Making a New Deal: Industrial Workers in Chicago, 1919~1939* (Cambridge: Cambridge University Press, 1990).

77   Richard Freeman, "Spurts in Union Growth: Defining Moments and Social Processes," in *The Defining Moment: The Great Depression and the American Economy in the Twentieth Century*, eds. Michael Bordo, Claudia Goldin, and Eugene White (Chicago: University of Chicago Press, 1998), 265~95.

78   August Meier and Elliott Rudwick, *Black Detroit and the Rise of the UAW* (Ann Arbor: University of Michigan Press, 2007), https://doi.org/10.3998/mpub.99863.

79   Gallup Inc., "Labor Unions," Gallup.com, accessed August 26, 2018, http://www.gallup.com/poll/12751/Labor-Unions.aspx.

80   On Figure 2.12 and the growth and decline of unions, see Richard Freeman, "Spurts in Union Growth," esp. 1890~1994; Barry T. Hirsch and David A. Macpherson, "Unionstats.com—Union Membership and Coverage Database from the CPS," Unionstats.com, 2017, http://unionstats.com/, esp. 1995~2015; and Richard Freeman, "Do Workers Still Want Unions? More Than Ever," Briefing Paper 182, Agenda for Shared Prosperity (Washington, DC: Economic Policy Institute, February 22, 2007), http://www.sharedprosperity.org/bp182/bp182.pdf; and Lichtenstein, State of the Union.

81   Gary N. Chaison and Joseph B. Rose, "The Macrodeterminants of Union Growth and Decline," in *The State of the Unions*, Industrial Relations Research Association Series, ed. George Strauss, Daniel G. Gallagher, and Jack Fiorita (Madison, WI: IRRA, 1991), 3~45, esp. 33.

82   G. William Domhoff, "The Rise and Fall of Labor Unions in the U.S.: From the 1830s Until 2012 (but Mostly the 1930s~1980s)," *Who Rules America?*, February 2013, https://whorulesamerica.ucsc.edu/power/history_of_labor_unions.html.

83   Lichtenstein, *State of the Union*.

84   Robert D. Putnam, *Bowling Alone: The Collapse and Revival of American Community* (New York: Simon & Schuster, 2000), 80~82.

85 노조 회원수를 상위 10퍼센트에게 돌아가는 소득 점유율과 연관시킨 증거에 대해서
는 Celine McNicholas, Samantha Sanders, and Heidi Shierholz, "First Day Fairness:
An Agenda to Build Worker Power and Ensure Job Quality" (Economic Policy Insti-
tute, August 22, 2018), FIGURE A: "Union membership and share of income going to
the top 10 percent, 1917~2015," https://www.epi.org/publication/first-day-fairness-an-
agenda-to-build-worker-power-and-ensure-job-quality/.

86 Lichtenstein, *State of the Union*; Cohen, *Making a New Deal*; Domhoff, "Who Rules
America."

87 Henry S. Farber et al., "Unions and Inequality over the Twentieth Century: New Ev-
idence from Survey Data," Working Paper 24587 (National Bureau of Economic Re-
search, May 2018), https://doi.org/10.3386/w24587.

88 Richard B. Freeman and James L. Medoff, *What Do Unions Do?* (New York: Basic
Books, 1984). 이 획기적인 연구서의 결론은 최근의 많은 연구서들에게 영향을 미쳤
고 또 기본적으로 이 연구들에 의해 뒷받침되었다. 즉 노동조합이 불평등을 줄여준
다는 결론 말이다. McKinley L. Blackburn, David E. Bloom, and Richard B. Freeman,
"The Declining Economic Position of Less Skilled American Men," in *A Future of
Lousy Jobs?: The Changing Structure of U.S. Wages*, ed. Gary Burtless (Washington, DC:
Brookings Institution, 1990); John DiNardo, Nicole M. Fortin, and Thomas Lemieux,
"Labor Market Institutions and the Distribution of Wages, 1973~1992: A Semipara-
metric Approach," *Econometrica* 64, no. 5 (September 1996): 1001~44, https://doi.
org/10.2307/2171954; Dierk Herzer, "Unions and Income Inequality: A Panel Cointe-
gration and Causality Analysis for the United States," *Economic Development Quarterly* 30,
no. 3 (2016): 267~74, https://doi.org/10.1177/0891242416634852.

89 Jake Rosenfeld, *What Unions No Longer Do* (Cambridge, MA: Harvard University Press,
2014).

90 Jake Rosenfeld, Patrick Denice, and Jennifer Laird, "Union Decline Lowers Wages of
Nonunion Workers: The Overlooked Reason Why Wages Are Stuck and Inequality
Is Growing" (Washington, DC: Economic Policy Institute, August 30, 2016), https://
www.epi.org/publication/union-decline-lowers-wages-of-nonunion-workers-the-over-
looked-reason-why-wages-are-stuck-and-inequality-is-growing/.

91 Bruce Western and Jake Rosenfeld, "Unions, Norms, and the Rise in U.S. Wage
Inequality," *American Sociological Review* 76, no. 4 (2011): 513~37, https://doi.
org/10.1177/0003122411414817; Tom VanHeuvelen, "Moral Economies or Hidden
Talents? A Longitudinal Analysis of Union Decline and Wage Inequality, 1973~2015,"

Social Forces 97, no. 2 (2018): 495~529.

92 Carola Frydman and Raven Molloy, "Pay Cuts for the Boss: Executive Compensation in the 1940s," *The Journal of Economic History* 72, no. 1 (March 12, 2012): 225~51, https://doi.org/10.1017/S002205071100249X.

93 DiNardo, Fortin, and Lemieux, "Labor Market Institutions and the Distribution of Wages"; David Card, "The Effect of Unions on Wage Inequality in the U.S. Labor Market," *ILR Review* 54, no. 2 (January 2001): 296~315, https://doi.org/10.1177/001979390105400206; Farber et al., "Unions and Inequality over the Twentieth Century.

94 물론 교육과 노동조합은 공공 정책으로부터 크게 영향을 받았다.

95 Kenneth F. Scheve and David Stasavage, *Taxing the Rich: A History of Fiscal Fairness in the United States and Europe* (Princeton: Princeton University Press, 2016); Piketty, Saez, and Zucman, "Distributional National Accounts."

96 McGerr, *A Fierce Discontent*, 98.

97 연방 소득세 비율에 대한 자료의 출처는 다음과 같다. Tax Policy Center, http://www.taxpolicy center.org/taxfacts/displayafact.cfm?Docid=543]. Source for total tax rate: Piketty, Saez, and Zucman, "Distributional National Accounts," Appendix Table II-G2: Distributional Series. The correlation between the two smoothed time series is r=.9.

98 Piketty, Saez, and Zucman, "Distributional National Accounts," 599~601.

99 표 2.14의 자료의 출처는 Tax Foundation, "Federal Corporate Income Tax Rates, Income Years 1909~2012," taxfoundation.org; World Tax Database, Office of Tax Policy Research; Internal Revenue Service, Instructions for Form 1120. 법인세의 추세에 대한 대체 측정 수단은 전체 국민 소득의 일정 퍼센티지로서의 법인세 총액이 있다. 이 측정 수단에 의하면 동일한 기본적 U자형 곡선이 1930년대 중반에서 1950년대 중반까지 상승하다가 그다음에는 하강하는 것을 보여준다. Corporate tax revenue data from U.S. Bureau of Economic Analysis, federal government current tax receipts: Taxes on corporate income [B075RC1Q027SBEA], retrieved from FRED, Federal Reserve Bank of St. Louis, https://fred.stlouisfed.org/series/B075RC1Q027S BEA, November 25, 2019. National income data from U.S. Department of Commerce, Bureau of Economic Analysis, National Data GDP and Personal Income, https://apps.bea.gov/iTable/iTable.cfm?reqid=19&step=2#reqid=19 &step=2&isuri=1&1921=survey.

100 Andrew Carnegie, "Wealth," *North American Review* 148, no. 391 (June 1889): 653~64.

101 이 주제에 대하여 미발간 자료를 이용하게 해주신 브루킹스 연구소의 엘리너 크라우스와 이사벨 소힐에게 감사드린다. 그 자료는 도표 2.15에 반영되어 있다. 그들의

소스는 다음과 같다. Darien B. Jacobson, Brian G. Raub, and Barry W. Johnson, "The Estate Tax: Ninety Years and Counting," Internal Revenue Service (2007), https://www. irs.gov/pub/irs-soi/ninetyestate.pdf; USDA Economic Research Service, "Federal estate taxes," https://www.ers.usda.gov/topics/farm-economy/federal-tax-issues/fed-eral-estate-taxes.aspx. 노트: 모든 도시 소비자들을 위해서는(9월-그다음 해 8월 연간 평균) CPI를 사용함으로써 인플레 예외 수준을 반영했다. 2011년 이래에, 인플레 대비 효과적인 예외 비율이 반영되었다. 2011년 당시 그 비율은 5백만 달러였다.

102 Kenneth Whyte, *Hoover: An Extraordinary Life in Extraordinary Times* (New York: Alfred A. Knopf, 2017), chap. 15.

103 Piketty and Saez, "Income Inequality in the United States, 1913~1998," quotation at 23.

104 Thomas Piketty, Emmanuel Saez, and Stefanie Stantcheva, "Optimal Taxation of Top Labor Incomes: A Tale of Three Elasticities," Working Paper 17616 (National Bureau of Economic Research, November 2011), https://doi.org/10.3386/w17616.

105 Piketty, Saez, and Zucman, "Distributional National Accounts," 583.

106 Michael Harrington, *The Other America: Poverty in the United States* (New York: Macmillan, 1962), chap. 6.

107 Piketty, Saez, and Zucman, "Distributional National Accounts," 601~3.

108 Robert Sahr, "Using Inflation-Adjusted Dollars in Analyzing Political Developments," *PS: Political Science and Politics* 37, no. 2 (April 2004): 273~84, https://doi.org/10.1017/S1049096504004226. Monthly Benefits for AFDC-TANF Family and Social Security Retired Worker and Wife, Selected Years 1936 to 2001, in Constant (2003) Dollars. Source of currentdollar data: Social Security Bulletin Annual Statistical Supplement, 2002, Tables 5.H1 and 9.G1, https://www.ssa.gov/policy/docs/statcomps/supplement/2002/index.html.

109 AFDC/TANE 는 통칭 "복지"라고 하는 데, 가난한 미국인들을 위한 정부 보조 프로그램이다. 그뿐만 아니라, 1970년 이후에 노인 빈자에 대한 지원과 비 노인 빈자에 대한 지원이 어떻게 갈라졌는지 보여주는 지표이다.

110 Richard White, *Railroaded: The Transcontinentals and the Making of Modern America* (New York: W. W. Norton, 2011), especially chaps. 5 and 9.

111 Lindert and Williamson, *Unequal Gains*, 217.

112 Thomas Philippon and Ariell Reshef, "Wages and Human Capital in the U.S. Finance Industry: 1909~2006," *The Quarterly Journal of Economics* 127, no. 4 (2012): 1551~1609, https://doi.org/10.1093/qje/qjs030. See also Lindert and Williamson, *Unequal Gains*, 201.

113 Jonathan Tepper with Denise Hearn, *The Myth of Capitalism: Monopolies and the Death of Competition* (Hoboken, NJ: John Wiley & Sons, 2018).

114 Vivien Hart, *Bound by Our Constitution: Women, Workers, and the Minimum Wage* (Princeton: Princeton University Press, 1994).

115 Sources for Figure 2.18: 1938~2009: Department of Labor, "History of Federal Minimum Wage Rates Under the Fair Labor Standards Act, 1938– 2009," https://www.dol.gov/whd/minwage/chart.htm; 1968~2020: Federal Reserve Economic Data (FRED), https://fred.stlouisfed.org/series/STT MINWGFG; CPI data from FRED https://fred.stlouisfed.org/series/CW UR0000SA0#0. 많은 주와 지방 자치단체들이 최근에 최저임금을 전국 수준보다 더 높였다. 이러한 사실은 전국적인 인구 가중치 최저임금이 지난 10년 동안 더 빠르게 상승했다는 것을 보여준다. 이것은 도표 2.18에 나타난다.

116 연방 최저임금의 등락은 50/20 임금 비율과 긴밀한 상호 관계가 있다. 이 비율은 저임금 집단과 중간 임금 집단 사이의 차이를 반영한다. 다음 자료 역시 참조하라. David H. Autor, Alan Manning, and Christopher L. Smith, "The Contribution of the Minimum Wage to US Wage Inequality over Three Decades: A Reassessment," *American Economic Journal: Applied Economics* 8, no. 1 (January 2016): 58~99, https://doi.org/10.1257/app.20140073, as well as "The Effects of a Minimum-Wage Increase on Employment and Family Income" (Washington, DC: Congressional Budget Office, February 18, 2014), https://www.cbo.gov/publication/44995.

117 Piketty, Saez, and Zucman, "Distributional National Accounts," 604~5.

118 한 중요한 연구서는 1970년대에 기업을 정치적으로 동원한 것을 대분산의 한 가지 사유로 설명하고 있다. Jacob S. Hacker and Paul Pierson, *Winner-Take-All Politics: How Washington Made the Rich Richer—and Turned Its Back on the Middle Class* (New York: Simon & Schuster, 2010).

119 Piketty and Saez, "Income Inequality in the United States, 1913~1998"; Paul Krugman, "For Richer," *New York Times Magazine*, October 20, 2002, https://www.nytimes.com/2002/10/20/magazine/for-richer.html; Atkinson, *Inequality: What Can Be Done?*; Diamond, "Addressing the Forces Driving Inequality in the United States."

120 대통령 임기 동안에 후버가 견지했던 소신과 정책에 대해서는 제3장을 참조할 것.

121 Sam Pizzigati, *The Rich Don't Always Win: The Forgotten Triumph over Plutocracy That Created the American Middle Class, 1900~1970* (New York: Seven Stories Press, 2012); Krugman, *The Conscience of a Liberal*, 145~47.

122 David Leonhardt, "When the Rich Said No to Getting Richer," *New York Times*, September 5, 2017, https://www.nytimes.com/2017/09/05/opinion/rich-getting-richer-tax-es.html; Matt Miller, "What Mitt Romney's Father Could Teach Him About Economic Fairness," *Washington Post*, January 18, 2012, https://www.washingtonpost.com/opin-ions/what-mitt-romneys-father-could-teach-him-about-economic-fairness/2012/01/18/glQAB3Wj7P_story.html. See also T. George Harris, *Romney's Way: A Man and an Idea* (Englewood Cliffs, NJ: Prentice-Hall, 1968), where George Romney refers to rugged individualism as "nothing but a political banner to cover up greed."

123 Huma Khan, "Mitt Romney Made $22 Million, Paid Less Than 14 Percent in Taxes," *ABC News*, January 24, 2012, https://abcnews.go.com/Politics/OTUS/mitt-romney-made-42-million-paid-14-percent/story?id=15423615; David Corn, "Secret Video: Romney Tells Millionaire Donors What He Really Thinks of Obama Voters," *Mother Jones*, September 17, 2012, https://www.motherjones.com/politics/2012/09/secret-vid-eo-romney-private-fund raiser/; Leonhardt, "When the Rich Said No to Getting Richer." See also Jacob S. Hacker and Paul Pierson, *American Amnesia: How the War on Government Led Us to Forget What Made America Prosper* (New York: Simon & Schuster, 2016), 15~18.

124 주 1.4 참조.

제3장 정치: 부족주의에서 공동체주의로 그리고 원상복귀

1 이 장에서 사용된 다양한 학자들의 문헌을 탐구하고 이해하는 데 있어서 우리는 Amy Lakeman의 도움을 받았고 그것을 감사하게 여긴다. 의회 양극화의 표준 차트는 다음 자료의 도움을 받았다. Nolan McCarty, Keith T. Poole, and Howard Rosen-thal, *Polarized America: The Dance of Ideology and Unequal Riches*, 2nd ed. (Cambridge: MIT Press, 2016). 우리는 이 차트를 다음 자료의 도움을 받아서 업데이트했다. Jef-frey B. Lewis, Keith Poole, Howard Rosenthal, Adam Boche, Aaron Rudkin, and Luke Sonnet, *Voteview: Congressional Roll-Call Votes Database* (2019), https://voteview.com/. 당초의 차트에서 "up"은 양극화가 더 심해지는 것을 의미했으나, 우리는 그 차트를 뒤집어서 사용했다. 이러한 변경은 추세의 전반적 윤곽에 아무런 효과를 미치지 못한다. 하원과 상원에 해당하는 두 개의 별도 곡선들은 긴밀히 조정되어 있다. 이 때문에 도표 3.1은 두 곡선의 평균에 대한 기본적이면서도 조정된 추세를 보여준다. 방법론자들은 이 차트의 세부사항을 논의해왔다. 예를 들어 투표 숫자는 당의 연대성을 과장되게 추정하는 경향이 있다. 왜냐하면 당 지도자들은 표 대결로 당을 분열시

킬 수 있는 문제들을 피하려 들기 때문이다. 우리는 이 장의 후반부에서 양극화에 대한 대체적 평가 수단을 제시할 것이다. 이 수단은 이런 곡선의 기본적 형태를 확인해준다. 최근 놀란 맥카티는 그의 걸작 *Polarization*(New York: Oxford University Press, 2019), 30~38에서 이런 주장을 폈다. "궁극적으로 볼 때, 이런 다른 평가 기준들을 사용한다고 해서 그것들이 미국의 입법 양극화라는 기본 스토리에 별로 영향을 미치지 못한다……. 어떤 단일한 기준은 많은 경고와 비난을 받겠지만, 다양한 데이터를 광범위하게 수집해보면 지난 40년 동안에 입법부의 점점 심해지는 양극화 현상에 대하여 기본적으로 같은 스토리를 말해주고 있음을 알 수 있다."

2 지난 50년 동안 입법 양극화의 시작점에 대하여 정확한 날짜를 부여하는 것은 다소 임의적인 것이다. 왜냐하면 그 곡선은 조정이 되었기 때문이다. 그러나 놀란 맥카티는 그의 걸작 *Polarization*에서 일반적인 합의를 말해주고 있다. 그 합의는 시작점의 연대를 1970년대부터라고 잡고 있는 것이다. 우리는 이 장의 후반부에서 이 타이밍 문제를 다시 거론하게 될 것이다.

3 도표 3.1의 작성자인 Polarized America의 공저자 맥카티, 풀, 로즌솔 등은 1차적 차원을 경제적 재분배의 달성으로 보고 있다. 그러나 다른 사람들은 그것을 당파적 불일치의 문제로 보고 있다. 각 당파의 사람들이 불일치를 보이는 내재적 문제들이 어떠한 것인지는 관계없다고 본다. John H. Aldrich, Jacob M. Montgomery, and David B. Sparks, "Polarization and Ideology: Partisan Sources of Low Dimensionality in Scaled Roll Call Analyses," *Political Analysis* 22, no. 4 (Autumn 2014): 435~56, doi:10.1093/pan/mpt048.

4 Helmut Norpoth, "The American Voter in 1932: Evidence from a Confidential Survey," *PS, Political Science & Politics* 52, no. 1 (2019): 14~19, doi:10.1017/S1049096518001014.

5 Sara N. Chatfield, Jeffery A. Jenkins, and Charles Stewart III, "Polarization Lost: Exploring the Decline of Ideological Voting After the Gilded Age," SSRN Scholarly Paper (Rochester, NY: Social Science Research Network, January 12, 2015), https://papers.ssrn.com/abstract=2548551.

6 Michael Kazin, *A Godly Hero: The Life of William Jennings Bryan* (New York: Alfred A. Knopf, 2006), 61.

7 David W. Brady, *Congressional Voting in a Partisan Era: A Study of the McKinley Houses and a Comparison to the Modern House of Representatives* (Lawrence: University Press of Kansas, 1973), chap. 3, as cited in Morris P. Fiorina, *Unstable Majorities: Polarization, Party Sorting, and Political Stalemate* (Chicago: Hoover Institution Press, 2017), 163.

8 B. Dan Wood and Soren Jordan, *Party Polarization in America: The War over Two Social Contracts* (Cambridge: Cambridge University Press, 2017), Fig. 3.3, pp.84-85의 민간

파업과 민간 소요에 대한 도표 3.3. 특히 1877년에서 1919 사이의 민간 파업과 민간 소요.

9 Douglas Eckberg, "Crime and Victimization," in *Historical Statistics of the United States: Earliest Times to the Present*, ed. Susan B. Carter, millennial ed. (Cambridge: Cambridge University Press, 2006), Table Ec251-253. On race during this period, see Henry Louis Gates, Jr., *Stony the Road: Reconstruction, White Supremacy, and the Rise of Jim Crow* (New York: Penguin, 2019).

10 인종 정치의 탄압, 1910~1960년에 대해서는 다음 자료. Steven Levitsky and Daniel Ziblatt, *How Democracies Die* (New York: Crown, 2018). Edward G. Carmines and James A. Stimson, *Issue Evolution: Race and the Transformation of American Politics* (Princeton: Princeton University Press, 1989). 이 책은 이런 주장을 펴고 있다. 남부 재건 시대가 끝나자 인종 문제는 국가적 어젠다에서 밀려나기 시작했다. 재건 시대가 끝나자 의회는 1957년까지 민권 관련 법안을 고려하지 않았다. 그리고 1948년 트루먼 대통령 시절까지 그 어떤 대통령도 주요 민권 프로그램을 제안하지 않았다. 반면에 에릭 쉬클러는 다음과 같은 주장을 폈다. 아마도 1930년대에 이르러 아프리카계 미국인들과 그 동맹 세력은 북부의 여러 주에서 주의 정당들에게 인종 불평등을 시정하라고 압박했을 것이다. Eric Schickler, *Racial Realignment: The Transformation of American Liberalism, 1932~1965*, Princeton Studies in American Politics (Princeton: Princeton University Press, 2016).

11 Edmund Morris, *Theodore Rex*, 1st ed. (New York: Random House, 2001); Sidney Milkis, *Theodore Roosevelt, the Progressive Party, and the Transformation of American Democracy* (Lawrence: University Press of Kansas, 2009); Lewis L. Gould, *America in the Progressive Era, 1890~1914*, Seminar Studies in History (London: Routledge, 2001); Lewis L. Gould, *The Presidency of Theodore Roosevelt*, 2nd ed., revised and expanded, American Presidency Series (Lawrence: University Press of Kansas, 2011); George E. Mowry, *The Era of Theodore Roosevelt, 1900~1912*, The New American Nation Series (New York: Harper, 1958).

12 Hans Noel, *Political Ideologies and Political Parties in America*, Cambridge Studies in Public Opinion and Political Psychology (New York: Cambridge University Press, 2013), 141.

13 http://teachingamericanhistory.org/library/document/progressive-platform-of-1912/.

14 1913년 이전에 백악관은 진보적인 공화당원들이 장악했다. 그리고 1913년 이후에는 진보적인 민주당원이 장악했다. 텍스트 속의 수치들은 양당과 모든 핵심 투표사항들을 망라하여 평균치를 구한 것이다. https://www.govtrack.us/congress/votes.

15 Erik Olssen, "The Progressive Group in Congress, 1922~1929," *Historian* 42, no. 2 (1980): 244~63, doi:10.1111/j.1540-6563.1980.tb00581.x, as cited in Chatfield, Jenkins, and Stewart III, "Polarization Lost."

16 Jean Edward Smith, *FDR* (New York: Random House, 2007), 177.

17 예외적인 인물들은 1904년의 민주당 지명자 앨턴 파커(낙선), 1920년의 공화당 지명자 워렌 하딩, 1924년의 공화당 지명자 존 데이비스(낙선)였다. 윌리엄 맥킨리도 예외 인물인데, 1896년에 당선되었으나, 1900년 두 번째 임기를 위한 선거에서 재선되었으나 그 직후 암살되었다. 1944년과 1948년에 공화당 대통령 후보였던 해리 트루먼과 존 듀이는 너무 어려서 진보시대에 적극적 정치 활동을 벌일 수가 없었다. 그러나 트루먼은 진보적인 뉴딜러로 전국 무대의 정계에 나섰고, 듀이는 진보적인 주지사 허버트 레만과 진보적 시장 피오렐로 라 가르디아의 후원을 받아서 뉴욕의 정계에 입문했다. 20세기 전반기의 다른 공화당 지명자들—시어도어 루스벨트, 윌리엄 하워드 태프트, 찰스 에반스 휴스, 캘빈 쿨리지, 허버트 후버, 앨프 랜던, 웬델 윌키—은 진보 운동의 일원으로서 정계에 입문했다. 그러나 쿨리지는 대통령으로 당선된 이후에 좀 더 보수적인 인물이 되었고, 후버는 1932년 패배 이후에 아주 적극적인 보수적 인사로 변신했다.

18 하딩의 전기에 대해서는 Andrew Sinclair, *The Available Man: The Life Behind the Masks of Warren Gamaliel Harding* (New York: Macmillan, 1965); and Robert K. Murray, *The Harding Era: Warren G. Harding and His Administration* (Minneapolis: University of Minnesota Press, 1969). For biographies of Coolidge, see Amity Shlaes, *Coolidge* (New York: Harper, 2013); Donald R. McCoy, *Calvin Coolidge: The Quiet President* (Lawrence: University Press of Kansas, 1988); Claude Moore Fuess, *Calvin Coolidge: the Man from Vermont* (Westport, CT: Greenwood Press, 1976); and Robert Sobel, *Coolidge: An American Enigma* (Washington, DC: Regnery, 1998).

19 Kenneth Whyte, *Hoover: An Extraordinary Life in Extraordinary Times* (New York: Alfred A. Knopf, 2017), quotation at p. 205.

20 David M. Kennedy, *Freedom from Fear: The American People in Depression and War, 1929~1945, The Oxford History of the United States*, vol. 9 (New York: Oxford University Press, 1999), 11~12, 45~48.

21 H. W. Brands, *Traitor to His Class: The Privileged Life and Radical Presidency of Franklin Delano Roosevelt* (New York: Doubleday, 2008).

22 1920년대에서 1940년대까지의 정당 정치에 대해서는 Kennedy, *Freedom from Fear*.

23 Frederick Lewis Allen, *Since Yesterday: The 1930s in America, September 3, 1929 – September 3, 1939* (New York: Harper & Brothers, 1940), 189. 이 책자는 이런 주장을 펴고 있

다. "화성에서 온 방문객이, 비난 사항이나 자랑 사항이 아니라 양당의 적극적 추천 사항에 집중하면서 1936년의 양당 강령을 검토한다면 그 방문객은 양당 사람들이 왜 선거에서 그처럼 상대방에 대하여 적개심을 품고 있는지 이해하기 어려웠을 것이다."

24 Hendrik Meijer, *Arthur Vandenberg: The Man in the Middle of the American Century* (Chicago: University of Chicago Press, 2017), 162.

25 Kennedy, *Freedom from Fear*, chap. 11, esp. 341~43; and Eric Schickler, "New Deal Liberalism and Racial Liberalism in the Mass Public, 1937~1968," *Perspectives on Politics* 11, no. 1 (March 2013): 75~98, doi:10.1017/S1537592712003659. "뉴딜의 경제 프로그램과 인종적 자유주의를 대하는 태도 사이에는 연결 관계가 있었다. 그것은 국가의 정당 엘리트들이 민권에 대하여 명확한 입장을 취하기 전이었다. 뉴딜 자유주의의 이념적 의미는 1930년대 후반에 더욱 강화되었다. 루스벨트의 프로그램을 지지하는 집단들이 바뀌었고 또 1937~38년 사이에 뉴딜러들 사이에 벌어진 논쟁 때문이었다."

26 텍스트 속의 수치는 의회 내 양당 간의 핵심 투표사항들의 평균치를 구한 것이다. https://www.govtrack.us/congress/votes and https://library.cqpress.com/cqresearcher/.

27 David Levering Lewis, *The Improbable Wendell Willkie: The Businessman Who Saved the Republican Party and His Country, and Conceived a New World Order*, 1st ed. (New York: Liveright, 2018). 1940년의 정당 정강에 대해서는 Gerhard Peters and John T. Woolley, "Republican/Democratic Party Platform of 1940 Online," The American Presidency Project, https://www.presidency.ucsb.edu/node/273387. 민주당은 1944년까지 ERA를 지지하지 않았고 린치 행위나 동등 투표권에 대해서도 언급하지 않았다.

28 흑인들 사이의 정당지지 추세에 대해서는 Philip Bump, "When Did Black Americans Start Voting So Heavily Democratic?," *Washington Post*, July 7, 2015, https://www.washingtonpost.com/news/the-fix/wp/2015/07/07/when-did-black-americans-start-voting-so-heavily-demo cratic/. 물론 대부분의 아프리카계 미국인들은 1960년대 후반까지 자유롭게 투표할 수가 없었다. 우리는 이 문제를 6장에서 자세히 논의할 것이다.

29 Paul F. Boller, *Presidential Campaigns* (New York: Oxford University Press, 1984), 259~61. "공화당 강령은 루스벨트의 대내외 정책들을 대부분 받아들였으나, 민주당보다 그 정책들을 더 잘 관리하겠다고 약속했다. 그리고 평소와 마찬가지로 기업에 대한 정부의 과도한 개입을 비난했다."

30 우리는 취임 연설 보고서와 관련하여 도움을 준 다리아 로즈에게 감사드린다.

31 아이젠하워 시대에 대해서는 William I. Hitchcock, *The Age of Eisenhower: America and the World in the 1950s* (New York: Simon & Schuster, 2018). Quotation from letter to his brother: https://teachingamericanhistory.org/library/document/letter-to-edgar-newton-eisenhower/.

32 James T. Patterson, *Grand Expectations: The United States, 1945~1974*, *The Oxford History of the United States*, vol. 10 (New York: Oxford University Press, 1996), chap. 10.

33 Hitchcock, *The Age of Eisenhower*.

34 Patterson, *Grand Expectations*, chaps. 8~10.

35 As quoted in Sam Rosenfeld, *The Polarizers: Postwar Architects of Our Partisan Era* (Chicago: University of Chicago Press, 2018), 64.

36 James L. Sundquist, *Politics and Policy: The Eisenhower, Kennedy, and Johnson Years* (Washington, DC: Brookings Institution, 1968), 479.

37 John Morton Blum, *Years of Discord: American Politics and Society, 1961~1974*(New York: W. W. Norton, 1991), 161.

38 이러한 대비는 다음 사실에 의해 더욱 강조된다. 민권법과 투표권법은 민주당보다 공화당이 약간 더 많이 지지했다. 왜냐하면 북부의 공화당원들은 진보적이었고 남부의 민주당원들은 보수적이었기 때문이다. 그러나 모든 다른 문제들(가난과의 전쟁, 메디케어/메디케이드, 이민, 교육)에 대해서 공화당원의 47퍼센트가 린든 존슨의 정책들에 지지를 표시했다. 텍스트 속의 수치는 의회 내 양당 간의 핵심 투표사항들의 평균치를 구한 것이다. https://www.govtrack.us/congress/votes and https://library.cqpress.com/cqresearcher/.

39 Patterson, *Grand Expectations*, 719.

40 같은 책, 740.

41 John Stoehr, "The Real Romney Legacy," *The American Conservative*, January 28, 2016, https://www.theamericanconservative.com/articles/the-real-romney-legacy/.

42 Patterson, *Grand Expectations*, 762.

43 David S. Broder, "The Party's Over," *The Atlantic*, March 1972, https://www.theatlantic.com/magazine/archive/1972/03/the-partys-over/307016/.

44 Evron Kirkpatrick, "'Toward a More Responsible Two-Party System': Political Science, Policy Science, or Pseudo-Science?," *The American Political Science Review* 65, no. 4 (December 1971): 965~90.

45 1964년 민권법을 서명한 후에 린든 존슨 대통령은 이런 탄식을 했다고 전해진다. "민주당은 앞으로 한 세대 동안 남부 표를 얻지 못하겠군." 이 말은 널리 인용되고 있지만 그에 대한 분명한 출처는 발견되지 않았다.

46 닉슨의 정치 전략가인 케빈 필립스는 "남부 전략"이라는 용어를 널리 대중화시켰다. Kevin Phillips, *The Emerging Republican Majority* (New Rochelle, NY: Arlington House,

1969).

47 "우리 국민은 신봉할 만한 대의를 찾고 있다. 우리가 필요로 하는 것은 제3당인가? 흐릿한 파스텔 톤의 색깔이 아니라 선명한 색깔의 기치를 내거는 새롭게 활성화된 제2당인가? 그렇게 하여 우리를 괴롭히는 모든 문제들에 대하여 우리가 어떤 입장을 취하고 있는지 분명하게 보여주는 그런 당인가?" Ronald Reagan, "Let Them Go Their Way 1975," in *Reagan at CPAC: The Words That Continue to Inspire a Revolution*, ed. Matt Schlapp (Washington, DC: Regnery, 2019), 39~40.

48 보수적 이념이 이 시기 동안에 공화당 어젠다와 정당 양극화에 미친 영향에 대해서는 제5장 참조.

49 공화당이 "큰 정부"를 반대하는 태도는 그들의 실제 정책보다는 연설에 더 많이 등장했다. 레이건은 규제를 철폐하지도 세금을 삭감하지도 않았다. 그 대신에 군사비 지출을 높였고 그가 약속한 만큼 국내 지출을 줄이지도 못했다. 공화당은 "세금과 지출" 정책을 반대한다고 소리 높여 외쳤지만 지출보다 수입에 더 많은 관심을 보이면서 관련 정책을 추진했다.

50 https://www.reaganfoundation.org/ronald-reagan/reagan-quotes-speeches/inaugural-address-2/.

51 Jonathan Freedland, "The Contender Ain't Down Yet; Twice a Presidential Candidate, Twice Defeated, the Rev. Jesse Jackson Is Still Fighting—For Civil Rights and Against the 'Whitelash,'" *The Guardian* (London), June 3, 1995.

52 이 책 전편을 통하여 church(교회)라는 용어는 기독교 조직뿐만 아니라 모든 종교의 조직을 가리키는 약어로 사용되었다.

53 어떤 정당의 지지가 유권자의 투표 성향에 영향을 미치는 혹은 그 반대로 투표 성향이 정당 지지로 이어지는지에 대해서는 정치학자들 사이에서도 의견이 엇갈리는 논쟁적인 문제이다. 정당 지지를 굳건히 지키면서 개인들이 정책의 문제나 이념적 입장을 바꾸는 문제에 대해서는 Matthew Levendusky, *The Partisan Sort: How Liberals Became Democrats and Conservatives Became Republicans* (Chicago: University of Chicago Press, 2009), chap. 6; Geoffrey C. Layman and Thomas M. Carsey, "Party Polarization and Party Structuring of Policy Attitudes: A Comparison of Three NES Panel Studies," *Political Behavior* 24, no. 3 (2002): 199~236; and Geoffrey Layman and Thomas Carsey, "Party Polarization and 'Conflict Extension' in the American Electorate," *American Journal of Political Science* 46, no. 4 (October 2002): 786~802. 그러나 낙태 문제는 그에 대한 사람들의 입장을 바꾼다기보다 정당을 바꾸도록 하는 것 같다. Mitchell Killian and Clyde Wilcox, "Do Abortion Attitudes Lead to Party Switching?," *Political Research Quarterly* 61, no. 4 (2008): 561~73. 최근의 연구 성과는 이런 사실을 보여주고 있

다. 게이(동성애자)의 권리는 낙태 문제와 함께 정당 지지에 대하여, 그 반대의 경우 (정당 지지가 낙태문제에 미치는 영향)에 보다는 더 큰 영향을 미치는 듯하다. Paul Goren and Christopher Chapp, "Moral Power: How Public Opinion on Culture War Issues Shapes Partisan Predispositions and Religious Orientations," *American Political Science Review*, 111, no. 1 (2017): 110~28. Most recently, see Michele F. Margolis, *From Politics to the Pews: How Partisanship and the Political Environment Shape Religious Identity* (Chicago: University of Chicago Press, 2018).

54   P. David Pearson, "The Reading Wars," *Educational Policy* 18, no. 1 (2004): 216~52. 확실히 많은 민주당원들이 공립학교와 사립학교의 중간인 독립학교(교육위원회의 통제를 받지 않는 학교)를 선호했다.

55   양극화의 기원과 타이밍에 있어서 인종 정치가 수행한 역할의 해석에 대해서는 McCarty, *Polarization*, chap. 5. We return to the issue of race and polarization in Chapter 6.

56   이 여섯 개의 핵심 표결건은 오바마의 경기부양책, 도드–프랭크 금융 규제, 릴리 레드베터 젠더 보수 평등, 오바마케어(처음에 만들어냈다가 나중에 뒤집은 것), 2017년 트럼프 감세 조치다.

57   Jane Mayer, *Dark Money: The Hidden History of the Billionaires Behind the Rise of the Radical Right* (New York: Doubleday, 2016); Theda Skocpol and Alexander Hertel-Fernandez, "The Koch Network and Republican Party Extremism," 14, no. 3 (September 2016): 681~99, doi:10.1017/S1537592716001122; and https://en.wikipedia.org/wiki/Lewis_F._Powell_Jr.#Powell_Memorandum.

58   McCarty, *Polarization*, 3. Thomas E. Mann and Norman J. Ornstein, *It's Even Worse than It Looks: How the American Constitutional System Collided with the New Politics of Extremism*, new and expanded edition (New York: Basic Books, 2016). 이 책 또한 최근의 양극화의 불균형을 강조한다. 비교적 안정되어 있는 민주당원들의 유일한 예외(사소한 것이기는 하지만)는, 여성과 소수 입법가들의 노력으로 약간 왼쪽으로 전향한 것이다. 하지만 이런 제약에도 불구하고 전반적인 양극화는 크게 불균형한 것이다.

59   Marina Azzimonti, "Partisan Conflict and Private Investment," *Journal of Monetary Economics* 93 (January 2018): 114~31, doi:10.1016/j.jmoneco.2017.10.007. 이 평가 기준은 5대 주요 디지털 신문들에 들어 있는 기사들의 한 부분이다. 이 기사들은 선출된 관리들 사이의 의견 불일치를 묘사한다. 표준화는 1990=100.

60   의회의 양극화는 근년에 들어와 각 주의 정치에서도 메아리치고 있다. Boris Shor and Nolan McCarty, "The Ideological Mapping of American Legislatures," *American Political Science Review* 105, no. 3 (August 2011): 530~51, doi:10.1017/S0003055411000153. 양극화는 1980년 이래에 입법부와 대법원에도 영향을 미치

고 있다. 입법부의 인사 임명과 비준 투표는 점점 당파적 이념에 집중하고 있고, 판사들도 점점 더 그들을 임명한 정당의 입장을 반영하고 있다. Richard L. Hasen, "Polarization and the Judiciary," *Annual Review of Political Science* 22, no. 1 (May 11, 2019): 261~76, doi:10.1146/annurev-polisci-051317-125141; Neal Devins and Lawrence Baum, "Split Definitive: How Party Polarization Turned the Supreme Court into a Partisan Court," *Supreme Court Review* (2016): 301~65; Corey Ditslear and Lawrence Baum, "Selection of Law Clerks and Polarization in the U.S. Supreme Court," *The Journal of Politics* 63, no. 3 (August 2001): 869~85, doi:10.1111/0022-3816.00091; and Amanda Frost, "Hasen on Political Polarization and the Supreme Court," SCOTUSblog (Nov. 14, 2018, 10:01 AM), https://www.scotusblog.com/2018/11/aca demic-high-light-hasen-on-political-polarization-and-the-supreme-court/. 그러나 우리는 1980년 이전의 각 주 정치나 의회 정치에 대해서는 체계적인 증거가 없다.

61 Fiorina, *Unstable Majorities*, chap. 7. See also Daniel J. Hopkins, *The Increasingly United States: How and Why American Political Behavior Nationalized*, Chicago Studies in American Politics (Chicago: University of Chicago Press, 2018).

62 1953년에서 2001년에 이르는 시기를 커버하는 양극화 평가 기준에 대해서는 Gary C. Jacobson, "Partisan Polarization in Presidential Support: The Electoral Connection," *Congress & the Presidency* 30, no. 1 (2003): 1~36, doi:10.1080/07343460309507855. 우리는 갤럽 아카이브에서 나온 비분석 여론조사에 의존하여 이 분석을 1930년대 후반까지 확대했고, 다음 자료에서 나온 최근 정보를 가지고 2019년까지 확대 해석했다. https://news.gallup.com/poll/203198/presidential-approval-ratings-donald-trump.aspx.

63 1989년과 2002년의 대통령 조치에 대한 양당의 승인은 두 건의 걸프 전쟁이 발발하면서 "깃발 아래 한데 뭉친" 효과에서 나온 것이었다. 그러나 그 전쟁들에 대한 당파적 논쟁이 시작되면서 그런 효과는 재빨리 사라졌다.

64 Joseph Bafumi and Robert Y. Shapiro, "A New Partisan Voter," *The Journal of Politics* 71, no. 1 (January 2009): 1~24, doi:10.1017/S0022381608090014.

65 Larry Bartels, "Partisanship and Voting Behavior, 1952~1996," *American Journal of Political Science* 44, no. 1 (January 2000): 35~50, doi:10.2307/2669291; Bafumi and Shapiro, "A New Partisan Voter."

66 이 방법론적으로 복잡한 문제에 대해서는 Fiorina, *Unstable Majorities*, chap. 6. See also Jean M. Twenge et al., "More Polarized but More Independent: Political Party Identification and Ideological Self-Categorization Among U.S. Adults, College Students, and Late Adolescents, 1970~2015," *Personality and Social Psychology Bulletin* 42, no. 10

(2016): 1364~1383, doi:10.1177/0146167216660058; and Bartels, "Partisanship and Voting Behavior, 1952~1996."

67 Bafumi and Shapiro, "A New Partisan Voter," 3, 18.

68 같은 책, 8.

69 몇몇 연구자들은 이런 관점에 대해 논쟁하기도 한다. Stephen Ansolabehere, Jonathan Rodden, and James Snyder, "The Strength of Issues: Using Multiple Measures to Gauge Preference Stability, Ideological Constraint, and Issue Voting," *American Political Science Review* 102 (May 1, 2008): 215~32, doi:10.1017/S0003055408080210.

70 John Zaller, "What Nature and Origins Leaves Out," *Critical Review* 24, no. 4 (December 1, 2012): 569~642, doi:10.1080/08913811.2012.807648.

71 Christopher H. Achen and Larry M. Bartels, *Democracy for Realists: Why Elections Do Not Produce Responsive Government*, Princeton Studies in Political Behavior (Princeton: Princeton University Press, 2016). Morris P. Fiorina, "Identities for Realists," *Critical Review* 30, no. 1~2 (2018): 49~56, doi:10.1080/08913811.2018.1448513. 이 자료는 이런 주장을 펴고 있다. 즉 아이덴티티(정체성)는 유권자들에게 잠정적인 학습수단을 제공한다. 그리하여 Achen이나 Bartels가 주장하는 것처럼 그리 근거 없는 것은 아닐지 모른다.

72 Michael Barber and Jeremy Pope, "Does Party Trump Ideology? Disentangling Party and Ideology in America," *The American Political Science Review* 113, no. 1 (2019): 38~54, doi:10.1017/S0003055418000795. 다음 자료도 참조하라. Thomas B. Edsall, "Trump Says Jump. His Supporters Ask, How High?," *New York Times*, September 14, 2017.

73 Marc Hetherington, Meri Long, and Thomas Rudolph, "Revisiting the Myth: New Evidence of a Polarized Electorate," *Public Opinion Quarterly* 80, no. S1 (2016): 321~50, doi:10.1093/poq/nfw003.

74 Bafumi and Shapiro, "A New Partisan Voter," 7~8.

75 Shanto Iyengar, Tobias Konitzer, and Kent Tedin, "The Home as a Political Fortress: Family Agreement in an Era of Polarization," *The Journal of Politics* 80, no. 4 (October 2018): 1326~38, doi:10.1086/698929.

76 이 문단에 대해서는 Robert D. Putnam, *Bowling Alone: The Collapse and Revival of American Community* (New York: Simon & Schuster, 2000), 342. 독자들은 이 양극화의 시기에 점점 더 많은 숫자의 미국인들이 그들 자신을 가리켜 이념적으로 "온건파"라고 지칭하는 것에 놀랄지 모른다. 그러나 이 패턴은 정당 지지와 관련하여 "무소속"의 숫자가 증가하고 있다는 것을 반영한다. 이 두 경우에서 온건파, 혹은 무소속을 자임하는 미국인들은 점점 더 혐오스럽게 생각하는 정치로부터 그들 자신을 떼어놓으

려는 생각이다. 다른 증거를 사용하면서 Alan Abramowitz는 이런 주장을 폈다. 정치에 깊숙이 관여하는 유권자들은 비교적 극단적인 입장을 취하면서 지지 정당과 자신을 동일시하는 경향이 있다. Alan I. Abramowitz, *The Disappearing Center: Engaged Citizens, Polarization, and American Democracy* (New Haven: Yale University Press, 2010).

77 Bartels, "Partisanship and Voting Behavior, 1952~1996"; Bill Bishop, *The Big Sort: Why the Clustering of like-Minded America Is Tearing Us Apart* (Boston: Houghton Mifflin, 2008); Edward L. Glaeser and Bryce A. Ward, "Myths and Realities of American Political Geography," *Journal of Economic Perspectives* 20, no. 2 (Spring 2006): 119~44, doi:10.1257/jep.20.2.119; Bafumi and Shapiro, "A New Partisan Voter"; Samuel J. Abrams and Morris P. Fiorina, "'The Big Sort' That Wasn't: A Skeptical Reexamination," *PS: Political Science & Politics* 45, no. 2 (April 2012): 203~10, doi:10.1017/S1049096512000017; Ron Johnston, Kelvyn Jones, and David Manley, "The Growing Spatial Polarization of Presidential Voting in the United States, 1992~2012: Myth or Reality?" 49, no. 4 (October 2016): 766~70, doi:10.1017/S1049096516001487; and Ryan Enos, "Partisan Segregation," https://scholar.harvard.edu/files/renos/files/brownenos.pdf. 마지막 두 연구서는 정치적 분리와 공간적 양극화를 발견하는 데 있어서 전반적으로 비숍과 쿠싱 편을 들면서 에이브램스, 피오리나, 글레서, 워드 등에는 동의하지 않는다.

78 최근의 사례로는 다음 자료 참조. "The Partisan Divide on Political Values Grows Even Wider," Pew Research Center, October 5, 2017, http://www.people-press.org/2017/10/05/the-partisan-divide-on-political-values-grows-even-wider/#overview; "Extending Political Polarization in the American Public," Pew Research Center, June 12, 2014, http://www.people-press.org/2014/06/12/political-polarization-in-the-american-public/; and http://www.people-press.org/interactives/political-polarization-1994-2017/, Pew Research Center, October 20, 2017;

79 Lilliana Mason, *Uncivil Agreement: How Politics Became Our Identity* (Chicago: University of Chicago Press, 2018).

80 Ross Butters and Christopher Hare, "Three-fourths of Americans Regularly Talk Politics Only with Members of Their Own Political Tribe," *Washington Post*, May 1, 2017.

81 Yphtach Lelkes, "Mass Polarization: Manifestations and Measurements," *Public Opinion Quarterly* 80, no. S1 (2016): 392~410, doi:10.1093/poq/nfw005; and Marc Hetherington and Jonathan Weiler, *Prius or Pickup?: How the Answers to Four Simple Questions Explain America's Great Divide* (New York: Houghton Mifflin Harcourt, 2018). 마크 헤더링턴과 그 동료들은 정서적인 유대(구체적 문제나 이념보다는)가 양극화를 발견

할 수 있는 영역이라고 주장한다. Marc J. Hetherington and Thomas J. Rudolph, *Why Washington Won't Work: Polarization, Political Trust, and the Governing Crisis*, Chicago Studies in American Politics (Chicago: University of Chicago Press, 2015).

82   Pew Research Center, "Partisanship and Political Animosity in 2016," June 22, 2016, http://www.people-press.org/2016/06/22/partisanship-and-political-animosity-in-2016/.

83   Lelkes, "Mass Polarization"; Gaurav Sood and Shanto Iyengar, "Coming to Dislike Your Opponents: The Polarizing Impact of Political Campaigns," *SSRN Electronic Journal*, 2016, doi:10.2139/ssrn.2840225; Shanto Iyengar, Gaurav Sood, and Yphtac Lelkes, "Affect, Not Ideology: A Social Identity Perspective on Polarization," *Public Opinion Quarterly* 76, no. 3 (Fall 2012): 405~31, doi:10.1093/poq/nfs038. "Political Polarization in the American Public," *Pew Research Center for the People and the Press*, June 12, 2014, https:// www.people-press.org/2014/06/12/political-polarization-in-the-american-public/; Emily Badger and Niraj Chokshi, "How We Became Bitter Political Enemies," *New York Times*, June 15, 2017, The Upshot, https://www.nytimes.com/2017/06/15/upshot/how-we-became-bitter-political-enemies.html.

84   Iyengar, Sood, and Lelkes, "Affect, Not Ideology," 413.

85   같은 책, 416.

86   Shanto Iyengar and Sean J. Westwood, "Fear and Loathing Across Party Lines: New Evidence on Group Polarization," *American Journal of Political Science* 59, no. 3 (2015): 690~707, doi:10.1111/ajps.12152. 이엔가와 웨스트우드는 암묵적 연상 테스트(Implicit Association Test, IAT)을 만들어냈다. 이 테스트는 내부 그룹과 외부 그룹이 적극적 혹은 부정적 특징을 연상하는 데 걸리는 시간을 측정하여, 당파적 정서를 조사하려는 테스트이다. 명시적 자기보고 연구 작업과는 다르게, 암묵적 측정 기준은 피실험자의 진정한 감정을 더 정확하게 파악하는 것으로 이해된다. 왜냐하면 그 기준은 인지적 과정을 생략하기 때문이다. 이엔가와 웨스트우드는 암묵적 인종 편견이 상당하다는 것을 발견했다. 상당한 격차에도 불구하고, "인종에 대한 정서적 효과는 정당한 대한 유사한 효과와 거의 같을 정도로 강력했다."

87   Iyengar, Konitzer, and Tedin, "The Home as a Political Fortress," quotation at 1326.

88   Iyengar, Sood, and Lelkes, "Affect, Not Ideology," 421~27. 이 정서적 양극화는 이념적 분산에 의해 추동되지 않는 것으로 보인다. 하지만 치열한 정치적 캠페인에 의해서는 약간 높아지는 것으로 보인다.

89   같은 책, 417~18. 정치학자 린 배브렉은 독립적인 증거를 사용하면서 이렇게 말했다. 1958년에 미국인의 30퍼센트 미만이 자녀들의 결혼 선택과 관련하여 정당 지지

를 따졌으나 2016년에 들어서는 60퍼센트가 따지게 되었다. Lynn Vavreck, "A Measure of Identity: Are You Wedded to Your Party?," *New York Times*, January 31, 2017.

90 결혼의 정당 양극화에 대해서는 Iyengar, Konitzer, and Tedin, "The Home as a Political Fortress," and other work cited there. 다음 사항을 주목할 필요가 있다. 이엔가의 연구서는 1960년대 중반(양극화가 심하지 않은 시절)의 결혼과, 2010년대 중반의 결혼을 비교하고 있다. 그보다 전 시대에 신혼 부부들은 약 절반 정도가 정치적으로 동의했으나, 오늘날의 신혼 부부는 약 4분의 3이 정치적으로 동의하고 있다. 배우자 선택의 중요성을 강조하면서, 이엔가르와 공저자들은 결혼 후의 점진적 통합이나 종교나 교육 같은 것에 의한 인위적 통합을 무시했다. 온라인 데이트에 대해서는 Gregory A. Huber and Neil Malhotra, "Political Homophily in Social Relationships: Evidence from Online Dating Behavior," *The Journal of Politics* 79, no. 1 (January 2017): 269~83, doi:10.1086/687533.

91 Robert D. Putnam and David E. Campbell, *American Grace: How Religion Divides and Unites Us* (New York: Simon & Schuster, 2012), 148~54.

92 Eitan Hersh and Yair Ghitza, "Mixed Partisan Households and Electoral Participation in the United States," *PLOS ONE* 13, no. 10 (October 10, 2018): e0203997, doi:10.1371/journal.pone.0203997. 이 자료는 80세 넘은 부부는 30세에 결혼한 부부보다 하나의 정당을 지지할 확률이 66퍼센트 더 높다는 것을 증명한다. https://fivethirtyeight.com/features/how-many-republicans-marry-democrats/.

93 이 수십 년 동안의 종교간 통혼이나 종교간 호감도의 증가에 대해서는 Putnam and Campbell, *American Grace*, 148~59, 521~40.

94 1970년 이후의 양극화 원인에 대한 최근의 포괄적 개관(그렇지만 우리가 강조한 20세기 첫 65년 동안의 탈극화 원인에 대한 탐구는 소홀함)은 McCarty, *Polarization*, chaps. 5~6.

95 G. C. Layman, T. M. Carsey, and J. M. Horowitz, "Party Polarization in American Politics: Characteristics, Causes, and Consequences," *Annual Review of Political Science* 9, no. 1 (2006): 83~110, doi:10.1146/annurev. polisci.9.070204.105138; Marc J. Hetherington, "Review Article: Putting Polarization in Perspective," *British Journal of Political Science* 39, no. 2 (2009): 413~48, doi:10.1017/S0007123408000501; Levendusky, *The Partisan Sort*; James Druckman, Erik Peterson, and Rune Slothuus, "How Elite Partisan Polarization Affects Public Opinion Formation," *The American Political Science Review* 107, no. 1 (2013): 57~79, doi:10.1017/S0003055412000500; Hetherington and Rudolph, *Why Washington Won't Work*; Ryan L. Claassen and Benjamin Highton, "Policy Polarization Among Party Elites and the Significance of Political

Awareness in the Mass Public," *Political Research Quarterly* 62, no. 3 (2009): 538~51, doi:10.1177/1065912908322415; and Zaller, "What Nature and Origins Leaves Out."

96 일부 학자들 특히 피오리나는 "분류"를 양극화의 한 형태로 보기를 주저한다. 엘리 트와 대중 양극화 사이의 문제에 대해서는 McCarty, *Polarization*, chap. 4.

97 John Zaller, *The Nature and Origins of Mass Opinion* (Cambridge: Cambridge University Press, 1992); Achen and Bartels, *Democracy for Realists*, 258~64.

98 Greg Adams, "Abortion: Evidence of an Issue Evolution," *American Journal of Political Science* 41, no. 3 (1997): 718, doi:10.2307/2111673.

99 Noel, *Political Ideologies and Political Parties in America*. 이 책은 정치적 이념과 정당 간 의 유대관계를 형성하는 데 있어서 학자들과 공공 지식인들의 역할을 강조한다.

100 McCarty, *Polarized America*.

101 Bryan J. Dettrey and James E. Campbell, "Has Growing Income Inequality Polarized the American Electorate? Class, Party, and Ideological Polarization," *Social Science Quarterly* 94, no. 4 (December 2013): 1062~83, doi:10.1111/ssqu.12026; John V. Duca and Jason L. Saving, "Income Inequality and Political Polarization: Time Series Evidence over Nine Decades," *Review of Income and Wealth* 62, no. 3 (September 2016): 445~66, doi:10.1111/roiw.12162. 타이밍이 그의 당초 가설(불평등이 양극화의 원인)과 일치하 지 않는다는 맥카티의 최근 인식에 대해서는 McCarty, *Polarization*, 78~81.

102 McCarty, *Polarization*, chap. 6. 이 책은 양극화의 원인으로 추정되는 게리맨더링, 예 비 선거, 캠페인 금융 규칙 등의 역할을 자세히 검토하면서 이런 결론을 내린다. "이 증거는……이런 제도적 특징들이 점증하는 양극화의 원인이라는 생각을 대체로 거부 한다."(p.5). 그는 또 당의 지도자들이 양극화를 일으키는 배후라는 아이디어도 낮게 평가한다.(pp. 81~84).

103 소셜 미디어를 포함하여 미디어의 인과적 역할에 대한 여러 증거들의 유익한 요약 에 대해서는, 같은 책, 88~97.

104 이 이론의 창시자는 Joseph A. Schumpeter, *Capitalism, Socialism, and Democracy* (New York: Harper & Brothers, 1942), chaps. 21~22.

105 William H. Haltom Jr., *The Other Fellow May Be Right: The Civility of Howard Baker* (Tennessee Bar Association Press, 2017).

106 Danielle Allen, "An Inspiring Conversation About Democracy," *Ezra Klein Show*, September 30, 2019, https://www.stitcher.com/podcast/the-ezra-klein-show/e/64250447?autoplay=true.

107 McCarty, *Polarization*, chap. 7.

108 Frances E. Lee, *Insecure Majorities: Congress and the Perpetual Campaign* (Chicago: University of Chicago Press, 2016) 이 책은 다음과 같은 설득력 높은 주장을 펴고 있다. 양극화와 불안정한 다수는 경험적 문제로서 상호 긴밀한 관계가 있다. 따라서 정치의 정체(停滯)와 관련하여, 이 두 요인들 중 어떤 것이 더 상대적 책임이 있는지 구분하기가 쉽지 않다.

109 레이건 행정부의 6가지 입법 주도는 3개의 세제·지출 법, 저축과 대출에 대한 규제 해제, 범죄 입법, 이민 개혁이다. 이 법들은 의회에서 공화당 74퍼센트, 민주당 64퍼센트의 지지를 받았다. 린든 존스 대통령 때와 마찬가지로, 레이건의 일부 법들은 여당보다 야당의 지지를 더 받았다.

110 Hetherington and Rudolph, Why Washington Won't Work, 4. Figure 3.8 is based on Pew Research Center (April 11, 2019), Public Trust in Government: 1958~2019, https://www.people-press.org/2019/04/11/public-trust-in-government-1958-2019/. Pew 아카이브는 지난 60년 동안 National Election Study, CBS/New York Times, Gallup, ABC/Washington Post, Pew 등이 연구 조사한 결과를 편찬한다.

111 도표 3.10은 정치적 효율성의 복합 지수를 구축하기 위하여 두 개의 서베이 아카이브에 의존한다. 내셔널 일렉션 스타디는 앙케트 대상자들에게 지속적으로 다음 두 문항에 동의 혹은 부동의 여부를 물었다. ① 국민들은 정부에 발언권이 있다. ② 공무원들은 국민의 생각에 대하여 신경 쓴다. 해리스 폴은 앙케트 대상자들에게 지속적으로 다음 다섯 문항에 동의 혹은 부동의 여부를 물었다. ① 빈익빈이고 부익부이다. ② 당신의 생각은 별로 중요하지 않다. ③ 권력을 가지고 있는 대부분의 사람들은 당신처럼 평범한 국민을 이용하려 든다. ④ 국가를 운영하는 사람들은 당신에게 벌어지는 일을 별로 신경 쓰지 않는다. ⑤ 당신은 당신 주위에서 벌어지는 일로부터 배제되고 있다. 각 문항에서 "동의"는 곧 정치적 냉소주의를 표시하는 것이었다. 각 지수의 아이템들은 서로 긴밀하게 연결되어 있어서 그것들이 하나의 중심 차원에 연결되어 있다는 걸 보여준다. 위의 7개 문항은 시간대별로 기본적 패턴을 보여준다. Harris poll: https://theharrispoll.com/wp-content/uploads/2017/12/Harris-Interactive-Poll-Research-ALIENATION-1982-02.pdf and https://theharrispoll.com/in-the-midst-of-the-contentious-presidential-primary-elections-the-har ris-poll-measured-how-alienated-americans-feel-as-part-of-a-long-term-trend-the-last-time-alienation-was-measured-was-in-novemb/.

112 Steven Levitsky and Daniel Ziblatt, "How Wobbly Is Our Democracy?," *New York Times*, January 27, 2018, https://www.nytimes.com/2018/01/27/opinion/sunday/democracy-polarization.html.

113 양당 교차 투표는 동일한 추세를 따라간다. 하지만 약 10년의 뒤늦은 시차를 두고 있다. 이렇게 된 것은 정당의 강령이 의회의 지명 대회까지 흘러내려 가는 데 시간이

걸리기 때문이다.

114 주 1.4 참조.

제4장 사회: 고립과 연대 사이에서

1 Alexis de Tocqueville, *Democracy in America* (Garden City, NY: Doubleday, 1969), 506; Wilson C. McWilliams, *The Idea of Fraternity in America* (Berkeley: University of California Press, 1973); Thomas Bender, *Community and Social Change in America* (New Brunswick, NJ: Rutgers University Press, 1978).

2 이 장에서 사용된 다양한 학자들의 문헌을 탐구하고 이해하는 데 있어서 우리는 Amy Lakeman의 도움을 받았고 그것을 감사하게 여긴다. 이 장에서 우리는 다음 자료의 축약된 언어와 증거에 많이 의존했다. Robert D. Putnam, *Bowling Alone: The Collapse and Revival of American Community* (New York: Simon & Schuster, 2000), esp. chaps. 3, 7, 8, and 23.

3 Walter Lippmann, *Drift and Mastery* (Englewood Cliffs, NJ: Prentice Hall, 1961 [1914]), 92.

4 William Allen White, *The Old Order Changeth: A View of American Democracy*(New York: Macmillan, 1910), 250~52.

5 John Dewey, "The Democratic State," in *The Political Writings*, eds. Debra Morris and Ian Shapiro (Indianapolis: Hackett Publishing Company, 1993), 180.

6 Jean B. Quandt, *From the Small Town to the Great Community: The Social Thought of Progressive Intellectuals* (New Brunswick, NJ: Rutgers University Press, 1970), 44~45, quoting Mary Parker Follett, *The New State, Group Organization the Solution of Popular Government* (New York: Longmans, Green, 1918), 251.

7 Robert Ezra Park, *Society: Collective Behavior, News and Opinion, Sociology and Modern Society*, Robert Ezra Park, 1864~1944, *Collected Papers*, vol. 3 (Glencoe, IL: Free Press, 1955), 147, as quoted in Quandt, *From the Small Town to the Great Community*, 146.

8 Theda Skocpol et al., "How Americans Became Civic," in *Civic Engagement in American Democracy*, eds. Theda Skocpol and Morris P. Fiorina (Washington, DC: Brookings Institution Press, 1999), 27~80.

9 Theda Skocpol, "United States: From Membership to Advocacy," in *Democracies in Flux: The Evolution of Social Capital in Contemporary Society*, ed. Robert D. Putnam (New York: Oxford University Press, 2002); Mark Wahlgren Summers, *The Gilded Age, or,*

The Hazard of New Functions (Upper Saddle River, NJ: Prentice-Hall, 1997), 49.

10   Gerald Gamm and Robert D. Putnam, "The Growth of Voluntary Associations in America, 1840 ·1940," *Journal of Interdisciplinary History* 29, no. 4 (Spring 1999): 511~57.

11   Skocpol et al., "How Americans Became Civic." 그 정도로 큰 규모의 단체 비율은 58 중에 29였다. 이런 대규모 회원을 확보한 조직들 중 아직도 절반 이상이 남아 있는 데(비록 규모가 줄어들기는 했지만), 이 조직들은 1870~1920년 시대에 창립된 것들이다. 그 비율은 43 중 24이다.

12   Theda Skocpol, *Diminished Democracy: From Membership to Management in American Civic Life*, The Julian J. Rothbaum Distinguished Lecture Series, vol. 8 (Norman: University of Oklahoma Press, 2003), 23~24. 그녀는 이렇게 강조한다. "이 그룹들은 계급을 구분하지 않고 시민들을 한데 모은 단체들이다. 동시에 수천 개의 현지 그룹들을 서로 연결시키고 또 주 단위 활동과 국가 단위 활동의 중심부에 연결되어 있다."

13   이 장에서 사용된 수단을 포함하여, 우리가 이 책에서 동원한 대부분의 다른 측정 수단들에 있어서, 사회경제적, 정치적 연대의 밑바닥은 20세기 초에 발생했다. 그러나 우리가 여기서 토론하고 있는 민간단체들의 상승추세는 19세기 후반에 시작되었다.

14   Putnam, *Bowling Alone*, 386~87.

15   W. S. Harwood, "Secret Societies in America," *The North American Review* 164, no. 486 (1897): 617~20; and David T. Beito, *From Mutual Aid to the Welfare State: Fraternal Societies and Social Services, 1890~1967* (Chapel Hill: University of North Carolina Press, 2000), quotations at 14, 10, 3, 27. 베이토는 다음 사실을 분명하게 밝히고 있다. 우애 조직의 한 가지 핵심 기능은 생명과 건강을 사고보험을 제공하는 것이다. 그러나 이런 기능들이 1920년대와 30년대에 민간 회사와 정부가 맡아 하게 되면서, 우애 조직들은 중요한 존립 근거를 잃어버렸다.

16   Skocpol, *Diminished Democracy*, esp. 56~59 and 107~9.

17   Richard L. McCormick, "Public Life in Industrial America, 1877~1917," in Eric Foner, ed.,*The New American History* (Philadelphia: Temple University Press, 1990): 93~117; Theda Skocpol, *Protecting Soldiers and Mothers: The Political Origins of Social Policy in the United States* (Cambridge, MA: Harvard University Press, 1995), chap. 6; Nell Irvin Painter, *Standing at Armageddon: The United States, 1877~1919* (New York: W. W. Norton, 1989), esp. 105.

18   Theodora Penny Martin, *The Sound of Our Own Voices: Women's Study Clubs, 1860~1910* (Boston: Beacon Press, 1987), quotation at 172.

19   Daniel Okrent, *Last Call: The Rise and Fall of Prohibition* (New York: Scribner, 2010).

20   Howard Husock, "Elks Clubs, Settlement Houses, Labor Unions and the Anti-Saloon League: Nineteenth and Early Twentieth-Century America Copes with Change" (Harvard University, January 1, 1997), 8, https://case.hks.harvard.edu/elks-clubs-settlement-houses-labor-unions-and-the-anti-saloon-league-nineteenth-and-early-twentieth-century-america-copes-with-change/; Marvin Lazerson, "Urban Reform and the Schools: Kindergartens in Massachusetts, 1870~1915," *History of Education Quarterly* 11, no. 2 (Summer 1971): 115~42, doi:10.2307/367590; Michael Steven Shapiro, *Child's Garden: The Kindergarten Movement from Froebel to Dewey* (University Park: Penn State University Press, 1983); Skocpol, *Protecting Soldiers and Mothers*.

21   Elizabeth Anne Payne, *Reform, Labor, and Feminism: Margaret Dreier Robins and the Women's Trade Union League*, Women in American History (Urbana: University of Illinois Press, 1988); Annelise Orleck, *Common Sense & a Little Fire: Women and Working-Class Politics in the United States, 1900~1965* (Chapel Hill: University of North Carolina Press, 1995); David Von Drehle, *Triangle: The Fire That Changed America* (New York: Atlantic Monthly Press, 2003), chap. 3.

22   Rowland Berthoff, *An Unsettled People: Social Order and Disorder in American History* (New York: Harper & Row, 1971), 273; Steven J. Diner, *A Very Different Age: Americans of the Progressive Era* (New York: Hill & Wang, 1998), 91.

23   Theda Skocpol, Ariane Liazos, and Marshall Ganz, *What a Mighty Power We Can Be: African American Fraternal Groups and the Struggle for Racial Equality*, Princeton Studies in American Politics (Princeton: Princeton University Press, 2006); W. E. B. Du Bois, *The Philadelphia Negro: A Social Study* (Philadelphia: University of Pennsylvania Press, 1996), 224~33, as cited in Loretta J. Williams, *Black Freemasonry and Middle-Class Realities*, University of Missouri Studies (1926) 69 (Columbia: University of Missouri Press, 1980), 85; Jesse Thomas Moore, Jr., *A Search for Equality: The National Urban League, 1910~1961* (University Park: Penn State University Press, 1981); Ralph Watkins, "A Reappraisal of the Role of Volunteer Associations in the African American Community," *Afro-Americans in New York Life and History* 14, no. 2 (July 31, 1990): 51~60; Evelyn Brooks Higginbotham, *Righteous Discontent: The Women's Movement in the Black Baptist Church, 1880~1920* (Cambridge, MA: Harvard University Press, 1993); Anne Firor Scott, "Most Invisible of All: Black Women's Voluntary Associations," *The Journal of Southern History* 56, no. 1 (February 1990): 3~22; Diner, *A Very Different Age*, 141~47; Summers, *The Gilded Age*, 288.

24 Boyer, *Urban Masses and Moral Order*; LeRoy Ashby, *Saving the Waifs: Reformers and Dependent Children, 1890~1917* (Philadelphia: Temple University Press, 1984); Dominick Cavallo, *Muscles and Morals: Organized Playgrounds and Urban Reform, 1880~1920* (Philadelphia: University of Pennsylvania Press, 1981); Michael B. Katz, "Child-Saving," *History of Education Quarterly* 26, no. 3 (Autumn 1986): 413~24; David I. Macleod, *Building Character in the American Boy: The Boy Scouts, YMCA, and Their Forerunners, 1870~1920* (Madison: University of Wisconsin Press, 1983); Franklin M. Reck, *The 4-H Story: A History of 4-H Club Work* (Ames: Iowa State College Press, 1957); Michael Rosenthal, *The Character Factory: Baden-Powell and the Origins of the Boy Scout Movement* (New York: Pantheon, 1986).

25 Skocpol et al., "How Americans Became Civic," 61. 이러한 성장의 패턴은 다음 자료에서 서술된 프로젝트에서 나온 미발간 증거에 의해 증명되었다. Gamm and Putnam, "The Growth of Voluntary Associations."

26 Jeffrey A. Charles, *Service Clubs in American Society: Rotary, Kiwanis, and Lions*(Urbana: University of Illinois Press, 1993), esp. 1~33.

27 많은 사례들을 참조할 것. 이것은 서비스 클럽에서 나온 것에 국한되지 않는다. 같은 책, chap.1.

28 도표 4.2는 30개 이상의 별도 조직들의 체험을 대충 요약한 것이다. 이 문제에 대하여 관심이 있는 독자는 퍼트남, 『나 홀로 볼링』의 첨부 III에 제시된 각 조직의 별도 차트를 참조하기 바란다. 회원수가 무려 1세기에 걸친 것이기 때문에 자연 불확실성이 제기될 수 있고 또 어떤 집단을 주변부 집단으로 포함시킬 것인가 하는 문제는 불가피하게 자의적인 것일 수밖에 없으므로, 도표 4.2의 자세한 승강부침은 과도하게 해석되어서는 안 된다. 우리는 대략 1910년부터 2010년까지 전국에 지부를 둔 민간 조직들만 포함시키기로 했다. 그 외에 하다사, NAACP, 옵티미스트, 4-H같은 소규모 "틈새" 단체들도 포함시켰다. 그러나 노동조합과 전문협회는 이 차트에서 제외했다. 이런 단체들이 이 장의 후반부에서 다루어지고 또 『나 홀로 볼링』에서도 다루어진다. 도표 4.2는 폭넓은 단체들을 포함하고 있기 때문에 우리는 이 도표가 이런 단체들의 회원수에서 발견되는 역사적 추세를 잘 반영한다고 자신한다. 도표 4.2를 우리의 가설-20세기의 마지막 30년 동안에 회원수가 줄어들었다-에 맞추기 위하여 우리는 레드맨 우애 그룹 등 20세기 초에 사라져버린 여러 개의 대규모 단체들을 제외했다. 그러나 오드 펠로 회 등 제2차 세계대전 이후에도 여전히 강세를 유지하는 소수의 단체들은 포함시켰다. 이러한 포함과 제외는 120년에 걸친 도표 4.2의 프로필을 크게 바꾸어놓지 않을 것이다. 『나 홀로 볼링』의 첨부 III에 열거된 각 조직에 대하여, 우리는 그들의 연간 회원수를 해당 인구의 일부분으로 계산했다. 그러니까

자녀딸린 1천 가정 당 PTA 회원수, 1천명의 제대 군인 당 아메리컨 리전(미국 재향 군인회)의 회원수, 유대인 여성 1천명 당 하다사 회원수, 이런 식으로 계산했다. 데이터가 없는 연도에 대해서는, 우리는 인근 연도들에서 나온 숫자로 추산했다. 조직 규모나 시장 점유율과 상관없이, 이러한 조직들에게 동일한 가산치를 주기 위하여 우리는 각 조직의 "표준 점수"를 계산하여, 어떤 특정 연도의 그 조직 시장 점유율을 1세기 전체의 평균 시장 점유율과 비교했다. 그런 다음에 특정 연도의 모든 조직들의 표준 점수들의 평균치를 구했다. 이런 표준화 방법 때문에 수직 축은 절대적 회원 비율을 측정하는 것이 아니라 1세기 평균치와 관련된 추세를 측정한다. 1998년부터 2016년까지 이 차트를 업데이트한 테일러 맨(Pine Capital, Brownsboro, Texas 75756, Taylor@Pinecapitalpartners.com)은 이와 동일한 절차를 따라간 것으로 보인다. 그러나 그는 원래의 정체성을 잃어버린 몇몇 미국 여성 단체들의 현재 회원수는 찾아내지 못했다. 젠더가 통합된 21세기 미국에서는 그런 정체성을 잃어버린 단체들이 있었던 것이다. 가령 사업가·전문직 여성, 여성 볼링 동우회, 걸 스카우트 등이 그런 경우이다. 2000년 이후에 이런 단체들을 제외한 것은 21세기의 회원수 쇠퇴를 다소 저평가하게 만들었다. 우리는 자신의 데이터를 너그럽게 공유해준 맨 씨에게 감사드린다. 우리는 테다 스콕폴 교수에게도 감사드린다. 그녀는 미국 민간단체들의 역사에 대하여 많은 유익한 조언을 해주었을 뿐만 아니라 이 주제에 대하여 그녀가 수행해온 연구조사에서 수집된 데이터를 관대하게 우리에게 제공해주었다. 그러나 이 책에 제시된 증거와 결론에 대한 책임은 온전히 우리 공저자의 것이다. Skocpol et al., "How Americans Became Civic," 27~80; and Skocpol, *Diminished Democracy*.

29　*The Encyclopedia of Associations* (Detroit: Gale Research Company, various years); Kay Lehman Schlozman, John T. Tierney, *Organized Interests and American Democracy* (New York: Harper & Row, 1986); Jack L. Walker, *Mobilizing Interest Groups in America: Patrons, Professions, and Social Movements* (Ann Arbor: University of Michigan Press, 1991); Frank R. Baumgartner and Beth L. Leech, *Basic Interests: The Importance of Groups in Politics and in Political Science* (Princeton: Princeton University Press, 1998), esp. 102~6.

30　David Horton Smith, "National Nonprofit, Voluntary Associations: Some Parameters," *Nonprofit and Voluntary Sector Quarterly* 21, no. 1 (1992): 81~94. 우리는 스미스의 발견 사항들을 재확인했다. 2백 개 단체들의 무작위 샘플을, The Encyclopedia of Associations(1956, 1968, 1978, 1988, 그리고 1998)의 여러 판본들에서 나온 개인 회원수와 비교했던 것이다.

31　Skocpol, *Diminished Democracy*, 13, 138, 219, 159~63, *et passim*.

32　Christopher J. Bosso and Burdett A. Loomis, "The Color of Money: Environmental Groups and Pathologies of Fund Raising," in *Interest Group Politics*, 4th ed., eds. Allan

J. Cigler and Burdett A. Loomis (Washington, DC: CQ Press, 1995), 101~30, esp. 117; interviews with Greenpeace staff members.

33 Frank R. Baumgartner and Jack L. Walker, "Survey Research and Membership in Vol untary Associations," *American Journal of Political Science* 32, no. 4 (November 1988): 908~28; Tom W. Smith, "Trends in Voluntary Group Membership: Comments on Baumgartner and Walker," *American Journal of Political Science* 34, no. 3 (August 1990): 646~61; Joseph Veroff, Elizabeth Douvan, and Richard A Kulka, *The Inner American: A Self-Portrait from 1957 to 1976* (New York: Basic Books, 1981).

34 이런 조사연구 아카이브들은 각각 『나 홀로 볼링』의 첨부 I에 자세히 서술되어 있다. 이 자료는 Roper Center for Public Opinion Research을 통하여 얻어 볼 수 있다.

35 1987년 제너럴 소셜 서베이에 의하면, 1987년에 모든 단체 회원들의 61퍼센트가 이런 저런 시간대에 위원회에 근무했고, 46퍼센트가 임원으로 봉사했다. 루이스 해리 서베이(study number 2343 at the University of North Carolina Institute for Research 는 모든 조직 회원들의 48퍼센트가 클럽 임원으로 근무했다는 것을 발견했다. 사실 상 제너럴 소셜 서베이의 수치와 동일하다.

36 Putnam, *Bowling Alone*, Fig. 10, p. 60

37 우디 알렌의 인용문은 종종 "인생"에 대한 인용으로 취급된다. 하지만 그는 "성공" 에 대하여 그런 말을 했다고 회상한 것을 부인했다(https:// en.wikiquote.org/wiki/ Woody_Allen).

38 DBB Needham Life Style surveys as cited in Putnam, *Bowling Alone*, Fig. 11, p. 61 and pp. 420~24, updated here for 1999~2005. See Appendix I of *Bowling Alone* for methodological details

39 American's Use of Time 아카이브를 우리에게 공유해주신 로빈슨 교수와, 데이터를 면밀하게 분석해준 댄 데브로이에게 감사드린다. 우리의 결과는 로빈슨과 고드베이 가 보고한 것들과는 약간 다르다. 왜냐하면 우리는 ① 1965년 조사의 샘플링 예외를 보정하고 ② 일주일의 모든 날에 평등한 가중치를 주기 위해 데이터에 고루 가중치 를 부여했기 때문이다. 이러한 조정사항들 중 가장 중요한 것은 다음 사실을 보정한 것이다. 1965년 샘플은 인구수 3만 5천 이하의 공동체나 모든 주민이 은퇴자인 공동 체는 제외했다.

40 Putnam, *Bowling Alone*, 61~62. 다소 놀랍게도, 노동 시간의 쇠퇴는 남자뿐만 아 니라 여자에게도 적용된다. Robinson and Godbey, *Time for Life*, and Suzanne M. Bianchi, Melissa A. Milkie, Liana C. Sayer, and John P. Robinson, "Is Anyone Doing the Housework? Trends in the Gender Division of Household Labor," *Social Forces* 79 (2000): 191~228.

41 여기에 보고된 시간 사용의 모든 추세들은 통계적 관점에서 아주 유의미하다. 『나 홀로 볼링』이 발간된 지 6년 후에, 이런 쇠퇴의 기본 패턴은 다음 자료들에 의해 확인되었다. Robert Andersen, James Curtis, and Edward Grabb, "Trends in Civic Association Activity in Four Democracies: The Special Case of Women in the United States," *American Sociological Review* 71, no. 3 (June 2006): 376~400.

42 부분적인 예외 사항들은 자기 계발 지원 그룹들과, 현지 정치 개혁 그룹들(2016년 이래에)을 포함한다. 특히 대졸자 여성들 사이에서 결성된 그룹들. Lara Putnam, "Middle America Reboots Democracy: The Emergence and Rapid Electoral Turn of the New Grassroots," in *Upending American Politics: Polarizing Parties, Ideological Elites, and Citizen Activists from the Tea Party to the AntiTrump Resistance*, eds. Theda Skocpol and Caroline Tervo (New York: Oxford University Press, forthcoming).

43 이하의 섹션은 다음 자료들에 많이 의존했다. Putnam, *Bowling Alone*, chap. 4, and Robert D. Putnam and David E. Campbell, *American Grace: How Religion Divides and Unites Us* (New York: Simon & Schuster, 2012), chaps. 3~4.

44 Church와 Churchgoers는 주로 기독교적 관점에서 사용되나, 논의의 편의를 위하여 우리는 모든 종교 단체와 신자들에게 이 용어들을 사용했다.

45 앞의 두 문단의 일반화를 지지하는 증거로는 Putnam and Campbell, *American Grace*, chap. 13.

46 Roger Finke and Rodney Stark, *The Churching of America, 1776~2005: Winners and Losers in Our Religious Economy*, rev. ed. (New Brunswick, NJ: Rutgers University Press, 2005).

47 같은 책, 22~23; Peter Dobkin Hall, *A Historical Overview of Philanthropy, Voluntary Associations, and Nonprofit Organizations in the United States, 1600~2000* (New Haven: Yale University Press, 2006); Walter W. Powell and Richard Steinberg, eds., *The Nonprofit Sector: A Research Handbook* (New Haven: Yale University Press, 2006), 36.

48 Elizabeth Drescher, "Nones by Many Other Names: The Religiously Unaffiliated in the News, 18th to 20th Century," in *Oxford Handbooks Online*, December 5, 2014, https://www.oxfordhandbooks.com/view/10.1093/oxfordhb/9780199935420.001.0001/oxfordhb-9780199935420-e-16.

49 Ray Stannard Baker, *The Spiritual Unrest* (New York: Frederick A. Stokes Company, 1910), 56, as cited in Drescher, "Nones by Many Other Names."

50 Sydney E. Ahlstrom, *A Religious History of the American People*, 2nd ed. (New Haven: Yale University Press, 2004), 952. "Church Members in Population: They Would Fill the White States, and Unchurched Would Fill Dark States," *Washington Post*, September 12, 1909, cited by Drescher, "Nones by Many Other Names." 이러한 수치들은 그 분모 속에 어린아이들을 포함함으로써 성인 인구의 일부분으로서의 교회 회원수를 약간 히항 조정한다.

51 Ahlstrom, *Religious History of the American People*, 844.

52 번영 복음의 저명한 사례는 Joel Osteen, *Your Best Life Now: 7 Steps to Living at Your Full Potential* (New York: Faithwords, 2004).

53 사회 복음 운동과 진보 운동과의 연계는 결코 간단하지 않다. 더 자세한 내용은 Ahlstrom, *A Religious History of the American People*, and Martin E. Marty, *Modern American Religion*, vol. 1: *The Irony of It All, 1893~1919* (Chicago: University of Chicago Press, 1986).

54 Walter Rauschenbusch, *A Theology for the Social Gospel* (New York: Macmillan, 1917).

55 Charles M. Sheldon, *In His Steps: "What Would Jesus Do?,"* author's revised ed. (New York: H. M. Caldwell Company, 1899), 11~12.

56 E. Brooks Holifield, "Toward a History of American Congregations," in *American Congregations*, vol. 2, eds. James P. Wind and James W. Lewis (Chicago: University of Chicago Press, 1994), 23~53, quotation at 39~41.

57 Bruce Duncan, *The Church's Social Teaching: From Rerum Novarum to 1931*(North Blackburn, Australia: Collins Dove, 1991), 48ff.

58 Higginbotham, *Righteous Discontent*, 7.

59 Arthur S. Link and Richard L. McCormick, *Progressivism* (Wheeling, IL: Harlan Davidson, 1983), 23; Cashman, *America in the Gilded Age*, 370; McWilliams, *Idea of Fraternity*, 479~81.

60 측정의 관점에서 볼 때 교회 참석자 수와 교회 회원 수를 구분해야 한다. 개인이나 전체의 레벨에서 볼 때, 이 둘은 서로 연계되나 그래도 뚜렷하게 구분된다. 특히 많은 미국인들이 정기적으로 교회에 간다고 주장하기보다는 교회 명부에 들어 있다고 주장하기 때문이다. 더욱이 교회 회원수에 대한 믿을 만한 자료는 그보다 훨씬 오랜 기간을 커버한다. 회원수는 훨씬 오래된 교회 기록에 근거하는 반면에, 실제 교회 참석자 수는 연구조사에 바탕을 두어야 하기 때문이다. 1940년대의 몇몇 갤럽 여론조사를 제외하고, 표준 질문을 사용하는 연구 조사는 1960년경부터 사용되었다. 교회 신자수와 참석자 수와 관련하여, 어떤 특정한 해의 수치는 기껏해야 대략적 추정치에 지나지 않는다. 회원 데이터를 위해서 우리는 먼저 Historical Statistics of United States(HSUS)를 참고했다. HSUS는 1930년대 전후해서는 US Census Bureau's Census of Religions에 바탕을 둔 것이고, 1930년대 이후에는 the Yearbook of American Churches에 바탕을 둔 것이다. Yearbook은 센서스 뷰로가 1906년에 정보 수집을 중

단한 이후에 비정부 단체들이 실시한 종교 단체 연구조사에 바탕을 둔 것이다. 어떤 분모를 사용할 것인가는 문제적이다. 왜냐하면 어떤 종파들은 회원수를 성인으로 한정하고 있기 때문이다. 이 경우에 분모는 미국 전체 성인 인구가 되어야 한다. 그러나 다른 종파들은 청소년들도 회원으로 잡기 때문에, 이 경우에는 젊은 사람들도 분모 속에 들어가야 한다. HSUS의 방법론적 노트에 근거하여, 우리는 10세 이상의 사람들을 적절한 분모로 잡았다. 이러한 10세 이상 컷오프는 위의 두 보고 체계 중에서 중간 입장을 취하는 것이며, HSUS 회원 데이터를 갤럽 조사연구에 더 가깝게 일치시키는 것이다. 이렇게 하여 분모 문제를 해결했으므로 우리는 1990년대 이전의 HSUS 데이터와 그 후의 갤럽 데이터를 사용한 종합적 곡선을 만들어냈다. 초기 갤럽 조사의 회원수는 다소 변화하는 질문에 바탕을 둔 것이고 또 어떤 특정한 해의 단 한번 연구조사에 근거한 것이다. 또 초창기 조사연구 방식은 덜 믿음직스러운 것이다. 그래서 우리는 두 자료가 다른 곳에서는 HSUS를 더 신뢰했다. 초창기에 대한 자료로서, 1930년대와 1940년대에 갤럽이 조사한 회원수는 HSUS 수치보다 약 10~15퍼센트 높았다. 그러나 1950년 이후에는 두 자료가 상당히 근접한다. 도표 4.4는 두 세트의 수치를 사용하지만, 교회 회원 수의 일관된 시계열(時系列) 측정 수단을 구축하기 위해 LOESS 조성 곡선을 이용한다.

61 이 시대의 역사에 대해서는 Ahlstrom, *A Religious History of the American People*, and Robert Wuthnow, *The Restructuring of American Religion: Society and Faith Since World War II* (Princeton: Princeton University Press, 1988), 53.

62 Putnam and Campbell, *American Grace*, 85.

63 이것이 다음 자료에서 "위대한 세대"라며 칭송되었던 것과 똑같은 코호트이다. Tom Brokaw, *The Greatest Generation* (New York: Random House, 1998), and as "the long civic generation" in Putnam, *Bowling Alone*.

64 갤럽 연구조사는 1940년대에 최초로 전국 규모의 조사를 시작했다. 이 조사는 교회 회원수에 대하여 가장 오래된 지속적 조사연구이다. 이 갤럽 데이터가 도표 4.5의 밑바탕이다. 1980년 이후의 수십년에 대해서, 갤럽 조사는 교회 회원수의 꾸준한 상승을 보여주고 있다. 반면에 다른 조사연구는 교회 회원수의 쇠퇴를 보여준다. 그리하여 1990년대에 이르면 갤럽 수치는 다른 정기적인 조사 연구의 수치보다 한 결 같이 훨씬 더 높다. 교회 회원수를 측정하고 2007년의 갤럽 변양에 대해서는 퍼트남과 캠벨의 『아메리칸 그레이스』를 참조할 것. 그러나 전문가들이 이러한 차이에 대하여 심각한 회의를 표시하기 시작하자, 2005년 이후에 갤럽 수치는 43퍼센트(2005)에서 37퍼센트(2014)로 뚝 떨어졌다. 그리하여 갤럽의 수치는 다른 조사연구 기관들의 그것과 상당히 근접하게 되었다. 이처럼 조사기관에 따라 차이가 나는 것에 대하여 훌륭한 설명은 나와 있지 않다. 그러나 교회 회원수 질문은 강력한 "사회적 바람직함"

의 편견을 갖고 있다. 그러므로 그런 편견이 갤럽 조사연구에서는 높다고 생각할 만한 이유가 있다. 일관성을 위하여 도표 4.5는 기존에 발표된 갤럽 데이터에 전적으로 의존하고 있다.

65   Putnam and Campbell, *American Grace*, 374.

66   Ahlstrom, *A Religious History of the American People*, 952.

67   Robert Wuthnow, "Recent Pattern of Secularization: A Problem of Generations?," *American Sociological Review* 41 (October 1976); Wuthnow, *Restructuring of American Religion*, 17.

68   Andrew J. Cherlin, *The Marriage-Go-Round: The State of Marriage and the Family in America Today* (New York: Alfred A. Knopf, 2009), 74.

69   Robert N. Bellah, "Civil Religion in America," *Daedalus* 96, no. 1 (1967): 1~21.

70   Ahlstrom, *A Religious History of the American People*, 954.

71   Will Herberg, *Protestant, Catholic, Jew: An Essay in American Religious Sociology*(Garden City, NY: Doubleday, 1955), 58.

72   우리가 8장에서 자세히 설명하겠지만, 소위 "60년대"라고 하는 혼란의 10년은 대략 1964년에서 1974년까지이다.

73   Ahlstrom, *A Religious History of the American People*, 1080~81.

74   Maurice Isserman and Michael Kazin, *America Divided: The Civil War of the 1960s*, 3rd ed. (New York: Oxford University Press, 2008), 249.

75   1960년대의 종교적 이노베이션에 대한 동정적 설명에 대해서는 Robert S. Ellwood, *The Sixties Spiritual Awakening: American Religion Moving from Modern to Post Modern* (New Brunswick, NJ: Rutgers University Press, 1994). See also Robert Wuthnow, *After Heaven: Spirituality in America Since the 1950s* (Berkeley: University of California Press, 1998).

76   Robert N. Bellah et al., *Habits of the Heart: Individualism and Commitment in American Life* (Berkeley: University of California Press, 1985), 221.

77   Amanda Porterfield, *The Transformation of American Religion: The Story of a LateTwentieth-Century Awakening* (New York: Oxford University Press, 2001), 18.

78   Wuthnow, *After Heaven*, 2.

79   이 문단에서 나오는 모든 데이터는 갤럽 조사연구 보고서에 의해 편찬된 것이다.

80   Putnam and Campbell, *American Grace*, 92~94, 99, 127~30. 성적 규범의 변화가 신앙의 쇠퇴를 가져온 원인이라는 주장에 대해서는 객관적 증거가 없다. 그러나 이 둘 (성적 규범의 변화와 신앙의 쇠퇴) 사이에는 밀접한 연관 관계가 있다.

81   David Kinnaman and Gabe Lyons, *Unchristian: What a New Generation Really Thinks*

About Christianity—And Why It Matters (Grand Rapids, MI: Baker Books, 2007).

82 이미 1968년 무렵부터 사람들은 무종교파를 주목했다. Glenn M. Vernon, "The Religious 'Nones': A Neglected Category," *Journal for the Scientific Study of Religion* 7 (1968): 219~29. 그러나 그 당시 그들은 인구의 아주 작은 부분이었다. 1990년대에 들어와 무종교파가 크게 늘어났는데 이를 다룬 주요 저서는 Michael Hout and Claude S. Fischer, "Why More Americans Have No Religious Preference: Politics and Generations," *American Sociological Review* 67, no. 2 (April 2002): 165~90.

83 무종교파의 비율은 우리가 질문을 어떻게 제기하느냐에 달려 있고, 우리의 생각과는 별 관계가 없다. 조사연구에서 어떤 문안을 사용하든 간에 거의 모든 장기적 조사연구 아카이브는 대략 1990~1992년부터 시작하여 무종교파가 급속히 늘어나고 있음을 보여준다. 그 비율은 주로 젊은이들에게 집중되어 있다.

84 다양한 무종교파와 연구조사에서 그들을 알아내는 어려움에 대해서는 Putnam and Campbell, *American Grace*, 120~27.

85 일반적으로 말해서, 라티노의 종교적 참여는 상위의 아프리카계 미국인과 바닥의 백인들 사이에서 중간 지점을 차지한다. 같은 책, 274~87.

86 근거 자료. General Social Survey. 아시아계 미국인과 라티노들의 최근 추세는 흑인과 백인들의 그것과 비슷하다. 그러나 초창기 수십 년 동안 그들의 샘플 규모가 너무 적어서 믿을만한 추정치가 되지 못한다.

87 Michael Hout and Claude S. Fischer, "Explaining Why More Americans Have No Religious Preference: Political Backlash and Generational Succession, 1987~2012," *Sociological Science* 1 (October 2014): 423~47.

88 David Voas and Mark Chaves, "Is the United States a Counterexample to the Secularization Thesis?," *American Journal of Sociology* 121, no. 5 (March 1, 2016): 1517~56.

89 미세하게 판단해볼 경우, 예배 참여와 헌금은 1960년경에 최고점에 이르렀고 회원 수는 그보다 5년 뒤에 최고점에 이르렀다. 그러나 그것은 우리의 현미경을 성능 이상의 범위로 확대한 것일 수도 있다.

90 John Ronsvalle and Sylvia Ronsvalle, *The State of Church Giving Through 2016: What Do Denominational Leaders Want to Do with $368 Billion More a Year?* (Champaign, IL: Empty Tomb, Inc., 2014). 우리는 수년에 걸친 종교적 헌금 상태를 꼼꼼하게 재구성하여 관련 데이터를 관대하게 공유해준 존 론스벨에게 감사드린다.

91 Patrick M. Rooney, "The Growth in Total Household Giving Is Camouflaging a Decline in Giving by Small and Medium Donors: What Can We Do about It?," *Nonprofit Quarterly*, September 13, 2018; Chuck Collins, Helen Flannery, and Josh Hoxie, "Gilded Giving 2018: Top-Heavy Philanthropy and Its Risks to the Independent Sector,"

Institute for Policy Studies (November 2018); Nicole Wallace and Ben Myers, "In Search of... America's Missing Donors," *Chronicle of Philanthropy* (June 5, 2018); Laurie E. Paarlberg and Hyunseok Hwang, "The Heterogeneity of Competitive Forces: The Impact of Competition for Resources on United Way Fundraising," *Nonprofit and Voluntary Sector Quarterly* 46, no. 5 (October 1, 2017): 897~921.

92 최근의 관련 문헌들은 거액 기부의 증가를 비판한다. David Callahan, *The Givers: Wealth, Power, and Philanthropy in a New Gilded Age* (New York: Alfred A. Knopf, 2017); Rob Reich, *Just Giving: Why Philanthropy Is Failing Democracy and How It Can Do Better* (Princeton: Princeton University Press, 2018); Anand Giridharadas, *Winners Take All: The Elite Charade of Changing the World* (New York: Alfred A. Knopf, 2018); Joanne Barkan, "Plutocrats at Work: How Big Philanthropy Undermines Democracy," *Social Research* 80, no. 2 (2013): 635~52; and Nick Tabor, "Why Philanthropy Is Bad for Democracy," *New York* magazine, August 26, 2018.

93 Ralph Chaplin, *Wobbly: The Rough-and-Tumble Story of an American Radical* (Chicago: University of Chicago Press, 1948).

94 James T. Patterson, *Grand Expectations: The United States, 1945~1974, Oxford History of the United States*, vol. 10 (New York: Oxford University Press, 1996), 40.

95 Lizabeth Cohen, *Making a New Deal: Industrial Workers in Chicago, 1919— 1939*, 2nd. ed. (Cambridge: Cambridge University Press, 2008).

96 Thomas C. Cochran and William Miller, *The Age of Enterprise: A Social History of Industrial America*, rev. ed. (New York: Harper, 1961), 235.

97 Joshua Benjamin Freeman, *Working-Class New York: Life and Labor Since World War II* (New York: New Press, 2000).

98 General Social Survey, www.norc.org.

99 Nelson Lichtenstein, *State of the Union: A Century of American Labor* (Princeton: Princeton University Press, 2003); Freeman, *Working-Class New York*.

100 Jonah Caleb Saline Hahn, *From Dark to Dawn: How Organizational Social Capital Impacts Manufacturing Workers After Job Loss* (BA Honors thesis, Committee on Degrees in Social Studies, Harvard University, 2017), p. 103. On the collapse of worker solidarity in the eastern Pennsylvania coal fields, see Jennifer M. Silva, *We're Still Here: Pain and Politics in the Heart of America* (New York: Oxford University Press, 2019).

101 미국 가정의 역사에 대하여 우리는 앤드류 셜린 교수에게 감사를 표시한다. 그는 미국 가정 연구에 대해서는 미국 내의 유수한 사회학자이다. Andrew J. Cherlin, *Marriage, Divorce, Remarriage*, rev. and enlarged ed., Social Trends in the United States

(Cambridge, MA: Harvard University Press, 1992); Cherlin, *The Marriage-Go-Round*; Andrew J. Cherlin, *Labor's Love Lost: The Rise and Fall of the Working-Class Family in America* (New York: Russell Sage Foundation, 2014).; Nancy F. Cott, *Public Vows: A History of Marriage and the Nation* (Cambridge, MA: Harvard University Press, 2002); Arland Thornton and Linda Young-DeMarco, "Four Decades of Trends in Attitudes Toward Family Issues in the United States," *Journal of Marriage and the Family* (November 1, 2001): 1009~37; Shelly Lundberg, Robert A. Pollak, and Jenna Stearns, "Family Inequality: Diverging Patterns in Marriage, Cohabitation, and Childbearing," *The Journal of Economic Perspectives* 30, no. 2 (Spring 2016): 79~102; Stephanie Coontz, *The Way We Really Are: Coming to Terms with America's Changing Families* (New York: Basic Books, 1997); Catherine A. Fitch and Steven Ruggles, "Historical Trends in Marriage Formation: The United States, 1850~1990," in *The Ties That Bind: Perspectives on Marriage and Cohabitation*, ed. Linda J. Waite (New York: Aldine de Gruyter, 2000), 59~88; and Betsey Stevenson and Justin Wolfers, "Marriage and Divorce: Changes and Their Driving Forces," *The Journal of Economic Perspectives* 21, no. 2 (Spring 2007): 27~52.

102 Eric Klinenberg, *Going Solo: The Extraordinary Rise and Surprising Appeal of Living Alone* (New York: Penguin, 2012).

103 "취약한 가정"이라는 개념은 비관습적인 부모-자녀 집단을 가리킨다. 그 가정은 시간의 경과에 따라 아버지와 어머니가 여럿이고 또 전형적으로 결혼을 하지 않았거나 일시적인 관계이다. Sara McLanahan, Kate Jaeger, and Kristin Catena, "Children in Fragile Families," in Oxford Handbook of Children and the Law, ed. James G. Dwyer (Oxford Handbooks Online: Oxford University Press, 2019). For more information about the landmark Fragile Families study, see https://fragilefamilies.princeton.edu/.

104 30~44세 연령 집단에 초점을 맞추었고, 이 라이프 사이클의 양쪽 끝에서 발생하는 변화를 감안했다. 즉 지연된 결혼과 늘어나는 홀아비/과부가 그것이다. "방금 결혼"과 "오래전 결혼"을 구분하면서 결혼의 사례를 측정하는 데는 많은 방법이 있다. 혹은 전적으로 남자 혹은 여자, 백인 혹은 비백인에 집중할 수도 있다. 그러나 우리가 어떻게 측정하든 간에 지난 125년 동안의 결혼 사례는 도표 4.10에 나타난 바와 같이 하나의 기다란 추의 이동을 보여준다. Michael R. Haines, "Long-Term Marriage Patterns in the United States from Colonial Times to the Present," *The History of the Family* 1, no. 1 (January 1, 1996): 15~39, esp. 15.

105 Cherlin, *The Marriage-Go-Round*, 68.

106 같은 책, 63~67.

107 같은 책, 71.

108 같은 책, 75.

109 같은 책, 84.

110 같은 책, 85~86.

111 같은 책, 88.

112 Arland Thorton, William G. Axinn, and Yu Xie, "Historical Perspectives on Marriage," in *Family, Ties and Care: Family Transformation in a Plural Modernity*, eds. Hans Bertram and Nancy Ehlert (Leverkusen, Germany: Verlag Barbara Budrich, 2011), 57.

113 Cherlin, *Marriage, Divorce, Remarriage*, 7, 20~25.

114 같은 책, 11~12.

115 Catherine Fitch, Ron Goeken, and Steven Ruggles. "The Rise of Cohabitation in the United States: New Historical Estimates," Minnesota Population Center, Working Paper 3 (2005).

116 "Wide Acceptance of Cohabitation, Even as Many Americans See Societal Benefits in Marriage," *Fact Tank—News in the Numbers*, November 5, 2019, https://www.pewresearch.org/fact-tank/2019/11/06/key-findings-on-mar riage-and-cohabitation-in-the-u-s/ft_19-11-05_marriagecohabitation_wide-acceptance-cohabitation/.

117 Cherlin, *The Marriage-Go-Round*, 100.

118 "대학 졸업장을 가진 미국인들 사이에서, 결혼을 중심으로 하는 가정생활이 한결 더 많다는 것을 우리는 발견한다. 반면 교육을 덜 받은 사람들은 동거, 외짝 부모, 높은 이혼율 등 결혼 이외의 대체 수단에 의존한다." Andrew Cherlin, "Degrees of Change: An Assessment of the Deinstitutionalization of Marriage Thesis," *Journal of Marriage and Family* 82, no. 1 (Feb 2020). See also Lundberg, Pollak, and Stearns, "Family inequality"; Sara McLanahan, "Diverging Destinies: How Children Fare Under the Second Demographic Transition," *Demography* 41, no. 4 (2004): 607~27; and McLanahan, Jaeger, and Catena, "Children in Fragile Families," 2019. For more information about the landmark Fragile Families study, see https://fragilefamilies.prince ton.edu/.

119 Cherlin, *Marriage, Divorce, Remarriage*, 15~16.

120 Cherlin, *The Marriage-Go-Round*, 102.

121 Lisa Bonos and Emily Guskin, "It's Not Just You: New Data Shows More than Half of Young People in America Don't Have a Romantic Partner," *Washington Post*, March 21, 2019, https://www.washingtonpost.com/lifestyle/2019/03/21/its-not-just-you-new-data-shows-more-than-half-young-peo ple-america-dont-have-romantic-partner/, citing the General Social Survey, https://gssdataexplorer.norc.org/trends/Gender%20&%20 Marriage?mea sure＝posslq.

122 Cherlin, *Labor's Love Lost*, 17, 18, 21. (This trend is less marked among African Americans.)

123 Robert D. Mare, "Educational Homogamy in Two Gilded Ages: Evidence from Inter-Generational Social Mobility Data," *The ANNALS of the American Academy of Political and Social Science* 663 (January 1, 2016): 117~39, doi:10.1177/0002716215596967.

124 Donald T Rowland, "Historical Trends in Childlessness" *Journal of Family Issues* 28, no. 10 (2007): 1311~37, doi:10.1177/0192513X07303823.

125 T. J. Matthews and Brady E. Hamilton, "Delayed Childbearing: More Women Are Having Their First Child Later in Life," *NCHS Data Brief*, no. 21 (August 2009): 1~8; S. E. Kirmeyer and B. E. Hamilton, "Transitions Between Childlessness and First Birth: Three Generations of U.S. Women," *Vital and Health Statistics*, Series 2, *Data Evaluation and Methods Research*, no. 153 (August 2011): 1~18.

126 Michael R. Haines, "Demography in American Economic History," *The Oxford Handbook of American Economic History*, eds. Louis P. Cain, Price V. Fishback, and Paul W. Rhode, vol. 1, July 16, 2018.

127 Cherlin, *Marriage, Divorce, Remarriage*, 18~19.

128 B. E. Hamilton and C. M. Cosgrove, "Central Birth Rates, by LiveBirth Order, Current Age, and Race of Women in Each Cohort from 1911 Through 1991: United States, 1960~2005," Table 1 (Hyattsville, MD: National Center for Health Statistics),/nchs/nvss/cohort_fertility_tables.html. 수직 축은 그 해에 30세가 된 여성 코호트와 그 해에 45세가 된 여성 코호트를 가리킨다. 1960년에 45세였던 어머니는 1945년에는 30세의 어머니로 나타났을 것이다. 그러나 1945년에 30세이면서 아이가 없던 일부 여성들은 1960년의 45세에 아이를 가질 수도 있다. 관련 데이터에 관해서는 S. E. Kirmeyer and B. E. Hamilton, "Transitions Between Childlessness and First Birth: Three Generations of US Women," Vital and Health Statistics, Series 2, Data Evaluation and Methods Research 153 (August 2011): 1~18; Rowland, "Historical Trends in Childlessness"; and Tomas Frejka, "Childlessness in the United States," in Childlessness in Europe: Contexts, Causes, and Consequences, eds. Michaela Kreyenfeld, Dirk Konietzka (Cham, CH: Springer Open, 2017), 159~79.

129 Ruth Shonle Cavan and Katherine Howland Ranck, *The Family and the Depression, a Study of One Hundred Chicago Families* (Chicago: University of Chicago Press, 1938). See also Robert D. Putnam, *Our Kids: The American Dream in Crisis* (New York: Simon & Schuster, 2015), 74~75.

130 See endnote 4.101 for full list of sources. Additional texts are S. Philip Morgan, "Late

Nineteenthand early Twentieth-Century Childlessness," *American Journal of Sociology* (1991): 779~807; Jan Van Bavel, "Subreplacement fertility in the West before the baby boom: Past and current perspectives," *Population Studies* 64, no. 1 (2010): 1~18; Cherlin, *Labor's Love Lost*; Kirmeyer and Hamilton, "Transitions Between Childlessness and First Birth"; Daniel T. Lichter et al., "Economic Restructuring and Retreat from Marriage," *Social Science Research* 3, no. 2 (2002); and Michael Greenstone and Adam Looney, "Marriage Gap: Impact of Economic and Technological Change on Marriage Rates" (The Hamilton Project, February 2012), https://www.hamiltonproject.org/assets/legacy/files/downloads_and_links/020312_jobs_greenstone_loo ney.pdf.

131 Adam Isen and Betsey Stevenson, "Women's Education and Family Behavior: Trends in Marriage, Divorce and Fertility," Working Paper 15725 (National Bureau of Economic Research, February 2010), doi:10.3386/w15725. 제1차 도금시대에 대졸자 여성은 결혼할 가능성이 아주 낮았다. 반면 오늘날에는 대학 교육을 받은 여성들이 결혼할 가능성이 가장 높다.

132 Sara McLanahan, Kathryn Edin, and their collaborators, https://fragilefami lies.princeton.edu/.

133 Robert D. Putnam, *Our Kids: The American Dream in Crisis* (New York: Simon & Schuster, 2015), 78~79 and sources cited there.

134 Michael Taylor, *Community, Anarchy, and Liberty* (Cambridge: Cambridge University Press, 1982), 28~29. See also Alvin W. Gouldner, "The Norm of Reciprocity: A Preliminary Statement," *American Sociological Review* 25, no. 2 (April 1960): 161~78.

135 Tocqueville, *Democracy in America*, 525~28.

136 Wendy M. Rahn and John E. Transue, "Social Trust and Value Change: The Decline of Social Capital in American Youth, 1976~1995," *Political Psychology* 19, no. 3 (September 1998): 545~65, quotation at 545.

137 일반적 사회 신뢰는 구체적 사람들(이웃이나 대통령)에 대한 신뢰나 어떤 제도들(노동조합, 경찰, 연방정부 등)에 대한 신뢰와 같은 것이 아니다. 현재 이런 의미의 신뢰에 관한 문헌들이 많이 나와 있다. 최근의 개관은 Kenneth Newton, "Social and Political Trust," in *The Oxford Handbook of Political Behavior*, eds. Russell Dalton and Hans-Dieter Klingemann (New York: Oxford University Press, 2007), 342~61. 그 이전의 일반적 사회 신뢰와 근년에 들어와 그런 신뢰가 퇴조한 것에 대해서는 Putnam, *Bowling Alone*, 137~42.

138 단일 기준의 문제를 위하여 우리는 퍼센티지 신뢰를 모든 타당한 반응들의 한 부분으로 계산했다. 단 데이터가 존재하지 않는 시대는 제외했다.

139 Putnam, *Bowling Alone*, 137~41. 퍼트넘의 주장을 시험하는 대부분의 후속 연구들은 General Social Survey에만 전적으로 의존했고 퍼트넘이 사용한 두 번째 데이터 아카이브는 검토하지 않았다. 1975년과 2005년 사이의 동일한 퇴조가, "대부분의 사람들은 정직하다."라는 질문을 사용한 DDB 니덤 생활 방식 조사에 나타난다. Putnam, *Bowling Alone*, Figure 39, p. 141. 도표 30, p. 141. DDB 니덤 생활 방식 조사는 Putnam, *Bowling Alone*, 첨부 2. pp. 429~30에 묘사되어 있다. 이 자료는 그 후 2005년까지 업데이트되었다. 기본적인 추세와 부분적인 세대간 설명을 위해서는 다음 자료를 참조하라. Robert V. Robinson and Elton F. Jackson, "Is Trust in Others Declining in America? An Age−Period−Cohort Analysis," *Social Science Research* 30, no. 1 (March 1, 2001): 117~45, doi:10.1006/ssre.2000.0692; April K. Clark and Marie A. Eisenstein, "Interpersonal Trust: An Age−Period−Cohort Analysis Revisited," *Social Science Research* 42, no. 2 (March 1, 2013): 361~75, doi:10.1016/j.ssresearch.2012.09.006; and April K. Clark, "Rethinking the Decline in Social Capital," *American Politics Research* 43, no. 4 (2015): 569− 601, doi:10.1177/1532673X14531071.

140 거의 모든 사회에서 "가지지 못한 자"는 "가진 자"보다 신뢰도가 떨어진다. 사람들이 가진 자를 좀 더 우대하고 존경하면서 대하기 때문이다. 미국에서 흑인은 백인에 비해 신뢰도가 떨어지고 재정적으로 어려움을 겪는 사람은 재정적으로 풍족한 사람보다 신뢰도가 떨어진다. 범죄 피해를 당했거나 이혼을 겪은 사람들은 그렇지 않은 사람들에 비해 신뢰도가 떨어진다. 신뢰도가 떨어지는 사람들이 여론조사자에게 "대부분의 사람들은 믿을 수가 없다"라고 대답할 때, 그들은 편집병적 증상을 드러내는 것이 아니다. 그들은 자신의 개인적 체험을 반영하고 있는 것이다. 1970년대 이래에 신뢰도가 떨어졌다는 주장에 대한 정교한 테스트는 신뢰에 영향을 미칠 수 있는 다른 인구통계적 요인, 가령 인종, 계급, 젠더 등을 감안한다. 신뢰도와 그 연관 사항들에 대한 최근의 개관적 조사 연구는 Kenneth Newton, "Social and Political Trust"를 참조하라.

141 사회 구성원들이 성년(대략 19~21세)에 도달하면 세대가 형성된다는 이런 추정은 세대 간 분석의 근원으로까지 거슬러 올라가는 사항이다. K. Mannheim, "The Problem of Generations," in *Essays on the Sociology of Knowledge: Collected Works*, vol. 5, ed. Paul Kecskemeti (London: Routledge, 1952), 276~322, originally published in German in 1927~28.

142 Stephen W. Raudenbush and Anthony S. Bryk, *Hierarchical Linear Models: Applications and Data Analysis Methods*, 2nd ed., *Advanced Quantitative Techniques in the Social Sciences* 1 (Thousand Oaks, CA: Sage Publications, 2002); Yang Yang and Kenneth C. Land, "A Mixed Models Approach to the Age-Period-Cohort Analysis of Repeated

Cross-Section Surveys, with an Application to Data on Trends in Verbal Test Scores," *Sociological Methodology 2006*, vol. 36 (December 2006): 75~97; Yang Yang and Kenneth C. Land, "Age-Period-Cohort Analysis of Repeated Cross-Section Surveys Fixed or Random Effects?," *Sociological Methods & Research* 36, no. 3 (2008): 297~326, doi:10.1177/0049124106292360. 우리는 여기서 CCREM 접근 방식을 사용했다. 이것은 코호트 차이를 추산하는 방식이다. 연령, 시대적 효과, 교육 같은 인구 통계적 요인을 감안한다. 우리는 CGLIM과 Intrinsic Estimator 모델도 사용했다. 이것은 도표 4.14에 제시된 CCREM 곡선과 거의 구분이 되지 않는 코호트 곡선을 만들어냈다. 우리는 현대의 APC 테크닉에 대하여 자세히 자문해주신 에이프릴 K. 클라크에게 감사드린다. 하지만 우리가 그 자문을 이용하여 만든 자료는 모두 우리의 책임이다. 도표 4.14에 사용된 추산에 대해서는 다음 자료에 의존했다. Clark, "Rethinking the Decline in Social Capital."

143 사회적 소외와 고독은 사회적 연대상 서로 관련되기는 하지만 뚜렷이 다른 측면이다. 소외는 사회적 현상이지만 고독은 심리적인 것이다. 일부 증거들은 최근 몇 십 년 동안에 소외와 고독이 증가하는 추세라고 주장하지만, 그것은 논쟁적인 문제로 남아 있다. Miller McPherson, Lynn Smith-Lovin, and Matthew E. Brashears, "Social Isolation in America: Changes in Core Discussion Networks over Two Decades," *American Sociological Review* 71, no. 3 (2006): 353~75, doi:10.1177/000312240607100301; Miller McPherson, Lynn Smith-Lovin, and Matthew E. Brashears, "Social Isolation in America: Changes in Core Discussion Networks over Two Decades: Correction," *American Sociological Review* 73, no. 6 (December 2008): 1022, doi:10.1177/000312240807300610; Claude S. Fischer, "The 2004 GSS Finding of Shrunken Social Networks: An Artifact?," *American Sociological Review* 74, no. 4 (2009): 657~69, doi:10.1177/000312240907400408; Matthew Brashears, "Small Networks and High Isolation? A Reexamination of American Discussion Networks," *Social Networks* 33, no. 4 (October 2011): 331~41, doi:10.1016/j.socnet.2011.10.003; Keith N. Hampton, Lauren F. Sessions, and Eun Ja Her, "Core Networks, Social Isolation and New Media: How Internet and Mobile Phone Use Is Related to Network Size and Diversity," *Information, Communication & Society* 14, no. 1 (2011): 130~55, doi:10.1080/1369118X.2010.513417; Klinen-berg, *Going Solo*; John T. Cacioppo and William Patrick, *Loneliness: Human Nature and the Need for Social Connection* (New York: W. W. Norton, 2009); Jacqueline Olds and Richard S. Schwartz, *The Lonely American: Drifting Apart in the Twenty-first Century* (Boston: Beacon Press, 2009); and *All the Lonely Americans* (Report of the Congressional Joint Economic Committee [August 2018]), https://www.

jec.senate.gov/public/index.cfm/republicans/2018/8/all-the-lonely-americans. 우리가 집중하고 있는 지난 1세기 동안에는 이 두 현상에 대한 신뢰할 만한 증거가 부족하기 때문에 우리는 이 책에서 이 문제들은 무시했다.

144 주 1.4 참조.

제5장　문화: 개인주의 vs 공동체

1　이 장에 대한 영감은 제임스 클로펜버그와 나눈 일련의 대화에서 왔다. 그는 뛰어난 지성사가로서 하버드 대학 교수다. 하지만 우리가 그 영감을 바탕으로 작성한 자료에 대해 그는 아무런 책임이 없다. 이 장에서 다룬 여러 학술 논문들을 탐구하고 이해하는 데 도움을 준 Alex Mierke-Zatwarnicki와 Casey Bohlen에게 감사드린다.

2　John Donne, *Devotions upon Emergent Occasions and Severall Steps in My Sicknes*(London: Printed for Thomas Iones, 1624), Meditation 17. https://www.gutenberg.org/files/23772/23772-h/23772-h.htm.

3　Dave Nussbaum, "Tight and Loose Cultures: A Conversation with Michele Gelfand," *Behavioral Scientist*, January 17, 2019, https://behavioralsci entist.org/tight-and-loose-cultures-a-conversation-with-michele-gelfand/; Michele Gelfand, *Rule Makers, Rule Breakers: How Tight and Loose Cultures Wire Our World* (New York: Simon & Schuster, 2018).

4　Thomas Bender, "Lionel Trilling and American Culture," *American Quarterly* 42, no. 2 (June 1990): 324~47, doi:10.2307/2713020.

5　Jennifer Ratner-Rosenhagen, *The Ideas That Made America: A Brief History* (New York: Oxford University Press, 2019); E. J. Dionne, *Our Divided Political Heart: The Battle for the American Idea in an Age of Discontent* (New York: Bloomsbury, 2012). 미국 역사에서 개인주의와 공동체주의가 번갈아 나타난다는 이들의 주장을 이 장은 공유하고 있다.

6　20세기 후반의 몇 십 년 동안 개인주의와 공동체주의를 다룬 가장 영향력 있는 책이면서 과도한 개인주의로의 이동을 경고한 책은 Robert N. Bellah, William M. Sullivan, Steven M. Tipton, Richard Madsen, and Ann Swidler, *Habits of the Heart: Individualism and Commitment in American Life* (Berkeley: University of California Press, 1985).

7　"Overton Window," in *Wikipedia*, November 18, 2018, https://en.wikipedia.org/w/index.php?title=Overton_window&oldid=926722212.

8　James T. Kloppenberg, *Toward Democracy: The Struggle for Self-Rule in European and American Thought* (New York: Oxford University Press, 2016), 633~702; Daniel Walker

Howe, *What Hath God Wrought: The Transformation of America, 1815~1848, The Oxford History of the United States* (unnumbered) (New York: Oxford University Press, 2009); William Lee Miller, *Lincoln's Virtues: An Ethical Biography* (New York: Alfred A. Knopf, 2002); Richard Carwardine, *Lincoln: A Life of Purpose and Power* (New York: Alfred A. Knopf, 2006), 11~28.

9 "The Significance of the Frontier in American History" (1893), available at https://www. historians.org/about-aha-and-membership/aha-history-and-ar chives/historical-ar-chives/the-significance-of-the-frontier-in-american-his tory. 또한 그가 1910년 미국 역사학회에서 한 회장 취임 연설을 참고할 것. 그는 서부 개척 시절의 개인주의와, 진보적 개혁가들의 새로운 민주적 감수성을 서로 대비시켰다. *American Historical Review* 16, no. 2 (1910): 217~33, https://www.historians.org/about-aha-and-membership/aha-history-and-ar chives/presidential-addresses/frederick-jackson-turner.

10 Samuel Bazzi, Martin Fiszbein, and Mesay Gebresilasse, "Frontier Culture: The Roots and Persistence of 'Rugged Individualism' in the United States," Working Paper 23997 (National Bureau of Economic Research), November 2017, 23997, doi:10.3386/w23997.

11 "스펜서는 19세기의 마지막 몇 십 년 동안에 가장 유명한 유럽 지식인이었다." "Herbert Spencer," in *Wikipedia*, October 26, 2019, https://en.wikipedia.org/w/index. php?title=Herbert_Spencer&oldid=923093648.

12 H. W. Brands, *American Colossus: The Triumph of Capitalism, 1865~1900* (New York: Doubleday, 2010), 558~59.

13 Henry Louis Gates, Jr., *Stony the Road: Reconstruction, White Supremacy, and the Rise of Jim Crow* (New York: Penguin, 2019); Daniel Okrent, *The Guarded Gate: Bigotry, Eugenics, and the Law That Kept Two Generations of Jews, Italians, and Other European Immigrants out of America* (New York: Scribner, 2019).

14 James T. Kloppenberg, *The Virtues of Liberalism* (New York: Oxford University Press, 1998), 126.

15 이 문장은 다음 자료에서 번안한 것이다. Ratner-Rosenhagen, *The Ideas That Made America*, chap. 5.

16 진보시대 동안에 "사회적 자본"이라는 용어가 사용된 역사를 다룬 사려 깊은 책은 다음 자료를 참조하라. James Farr, "Social Capital: A Conceptual History," *Political Theory*, 32:1 (February 2004): 6~33. 제임스 파는 우리 공저자 중 한 명(퍼트넘)이 이 용어의 재출현에 대하여 공로가 있다고 밝혔다. "사회적 자본"을 엔그램에서 찾아보면 이 용어가 1907년에서 1910년 사이에 처음 꽃피었다가, 그 후 오랜 침체기를 맞이했고 그러다가 1993년 이후에 갑자기 대대적으로 사용되고 있음을 보여준다.

17 Marta Cook and John Halpin, "The Role of Faith in the Progressive Movement," https://www.americanprogress.org/issues/democracy/reports/2010/10/08/8490/the-role-of-faith-in-the-progressive-movement/.

18 2000년에 구글은 책들을 재가공하는 방법에 대해 기술적 변경을 가했다. 그래서 2000년과 2008년 사이의 데이터는 그 이전에 나온 데이터와는 비교가 불가능하다는 우려가 있다. 그러나 우리는 대부분 조사연구자들의 관행을 좇아서 2008년까지의 아카이브를 사용했다. 해마다 달라지는 변동사항을 최소화하기 위해서는 LOESS-조정 데이터를 사용했다. 통상적으로 15의 알파 파라미터를 적용했다. 우리는 또한 "사례에 집중하는" 연구방식을 사용했다. 그리하여 Social Gospel, social gospel, Social gosperl, social gospel 등 사회적 자본이라는 용어의 소문자와 대문자를 구분하여 적용했다.

19 엔그램 기반의 연구 분야가 급속히 확대되는 데 대해서는 다음 자료를 참조하라. Patricia M. Greenfield, "The Changing Psychology of Culture from 1800 Through 2000," *Psychological Science* 24, no. 9 (September 2013): 1722– 31, doi:10.1177/0956797613479387; Jean-Baptiste Michel et al., "Quantitative Analysis of Culture Using Millions of Digitized Books," *Science* 331, no. 6014 (January 14, 2011): 176~82, doi:10.1126/science.1199644; Jean M. Twenge, W. Keith Campbell, and Brittany Gentile, "Changes in Pronoun Use in American Books and the Rise of Individualism, 1960~2008," *Journal of CrossCultural Psychology* 44, no. 3 (2013): 406~15, doi:10.1177/0022022112455100; Rong Zeng and Patricia M. Greenfield, "Cultural Evolution over the Last 40 Years in China: Using the Google Ngram Viewer to Study Implications of Social and Political Change for Cultural Values," *International Journal of Psychology* 50, no. 1 (February 2015): 47~55, doi:10.1002/ijop.12125.

20 우리에게 엔그램에 주목할 것을 가르쳐준 Andrew McAfee와 Evrim Altintas에게 감사드린다.

21 Zeng and Greenfield, "Cultural Evolution over the Last 40 Years in China," 49.

22 방법론적인 비판은 Eitan Adam Pechenick, Christopher M. Danforth, and Peter Sheridan Dodds, "Characterizing the Google Books Corpus: Strong Limits to Inferences of Socio-Cultural and Linguistic Evolution," *PLOS ONE* 10, no. 10 (October 7, 2015): 1~14, e0137041, doi:10.1371/journal.pone.0137041. 각 책은 구글 아카이브에 딱 한 번만 나온다. 그래서 널리 읽히는 책들에 더 큰 가중치가 주어지지 않는다. 지난 1세기 동안 과학·기술책들은 상대적으로 흔해졌고 그래서 과학·기술 용어들이 아카이브에 더 빈번하게 등장한다. 어떤 다른 목적들을 위해서라면 이런 것들이 중요한 제약 사항이 될 수 있다. 그러나 개인주의-공동체주의의 축을 따라 미국 문화에 벌어

진 광범위한 변화를 추적한다는 우리의 목적에는 그리 중요한 게 아니다.

23 "적자생존"이라는 용어는 『종의 기원』이 나온 지 7년 뒤인 1867년에 의미심장한 방식으로 미국 책들 속에서 처음 등장했다. 1867년은 "사회적 복음"이라는 용어가 나오기 30년 전이다. "적자생존"과 "사회적 자본"의 빈출도는 여기서 두 개의 다른 수직 축에 의해 측정되었다. 왜냐하면 전자는 후자보다 거의 언제나 더 빈번히 등장하기 때문이다. 적자생존은 사회 철학 책들뿐만 아니라 과학 간행물에도 자주 등장하기 때문일 것이다. 두 용어를 동일한 축에서 측정하는 것은 각 개념의 빈출도 증감 시기를 애매모호하게 만들 수 있다.

24 Jane Addams, *Twenty Years at Hull-House*, quoted in Ratner-Rosenhagen, *The Ideas That Made America*, 109.

25 http://www.theodore-roosevelt.com/images/research/speeches/trnation alismspeech. pdf. 2011년, 이를테면 신 진보인사라 할 수 있는 오바마 대통령이 오사와토미 시에서 시어도어 루스벨트 대통령에 공명하는 연설을 했다. "1910년에 테디 루스벨트는 이곳 오사와토미에 와서 새로운 민족주의의 비전을 발표했습니다. 루스벨트는 이렇게 말했습니다. '진정한 민주주의의 승리를 의미하지 않는다면 우리나라는 아무것도 아닙니다……. 경제 체제의 민주주의를 실천해야 합니다. 각 시민은 자기 내부의 최선의 것을 내보일 의무가 있습니다.'" https://obamawhitehouse.archives.gov/thepres-soffice/2011/12/06/remarkspresidenteconomyosawatomie-kansas.

26 Michael E. McGerr, *A Fierce Discontent: The Rise and Fall of the Progressive Movement in America, 1870~1920* (New York: Free Press, 2003), 64~67.

27 엔그램은 1890년에서 1920년 사이에 neighborliness(선린의식), Christian socialism(기독교 사회주의), community(공동체) 같은 단어들의 문화적 빈출도가 높다는 것을 보여준다. 그러나 이 용어들의 운명은 20세기 내내 서로 다른 양상을 보였다.

28 See David M. Kennedy, *Freedom from Fear: The American People in Depression and War, 1929~1945, The Oxford History of the United States*, vol. 9 (New York: Oxford University Press, 1999). On the 1930s culturally, see Frederick Lewis Allen, *Since Yesterday: The 1930s in America, September 3, 1929−September 3, 1939* (New York: Harper & Brothers, 1940), 201~24.

29 Herbert Hoover, *American Individualism* (Garden City, NY: Doubleday, 1922). 허버트 후버는 만년에 보수주의자로 돌아서서 뉴딜정책을 맹렬히 비판했다.

30 Kloppenberg, *The Virtues of Liberalism*, 134~38.

31 다음에서 발췌되었다. Charles Austin Beard, "The Myth of Rugged American Individualism," *Harper's Monthly* (December 1931). 그러나 이와는 대조적으로 많은 미국인들은 대공황 상황에서도 무직자에 대한 공공 지원에 관해 이중적인 태도를 보였다. 무

직자들의 불운은 자업자득이라는 식이었다. Katherine S. Newman and Elisabeth S. Jacobs, *Who Cares?: Public Ambivalence and Government Activism from the New Deal to the Second Gilded Age* (Princeton: Princeton University Press, 2010), chap. 1.

32 Beard, "The Myth of Rugged American Individualism," 22.

33 *World Film Directors: Volume One 1890~1945*, ed. John Wakeman (New York: H. W. Wilson, 1988), 100.

34 Speech by Franklin D. Roosevelt before the Troy, New York, people's forum, March 3, 1912, https://www.nps.gov/parkhistory/online_books/cany/fdr/part1.htm.

35 Kennedy, *Freedom from Fear*, 145~46; Ratner-Rosenhagen, *The Ideas That Made America*, chap. 6.

36 http://library.cqpress.com/cqresearcher/document.php?id=cqresrre1931120300; Jean Edward Smith, *Eisenhower in War and Peace* (New York: Random House, 2012), chap. 5; and Stuart D. Brandes, *Warhogs: A History of War Profits in America* (Lexington: University Press of Kentucky, 1997), pp. 205~8.

37 당초 콘서트 홀을 위해 작곡되었던 〈보통 사람을 위한 팡파르(Fanfare for the Common Man)〉는 그 후 근 70년 동안 영어권 세계 전역에서 공공 의례 행사에 자주 연주된다. "Fanfare for the Common Man," in *Wikipedia*, November 1, 2019, https://en.wikipedia.org/w/index.php?title=Fanfare_for_the_Common_Man&oldid=923976555. 물론 그 시대에 아무도 그 용어에 포함되어 있는 남성 우월주의를 주목하지 않았다. 엔그램 분석은 "팡파르"나 "보통 사람" 같은 유사한 패턴을 보여주지 않는다. 그래서 이 도표는 음악적 작곡 그 자체의 영향은 일차적으로 반영하지 않는다.

38 제 2장에서 언급된 바와 같이, 1945년부터 1975년까지 소득의 국가적 분배는 점점 더 평등해졌다. 이것은 노동자 계급 미국인들이 상위 소득 미국인들보다 연간 성장 중 약간 더 많은 부분을 가져간다는 뜻이다. 그러나 소득 그 자체의 실제 분배는 결코 평등한 것이 아니었다. James T. Patterson, *Grand Expectations: The United States, 1945~1974*, The Oxford History of the United States, vol. 10 (New York: Oxford University Press, 1996), 321~22.

39 James Truslow Adams, *The Epic of America* (Garden City, NY: Blue Ribbon Books, 1941), 404.

40 See Robert J. Shiller, "The Transformation of the 'American Dream,'" *New York Times*, August 4, 2017.

41 Arthur M. Schlesinger, *The Vital Center: The Politics of Freedom* (Boston: Houghton Mifflin, 1949), 256.

42 Martin Luther King Jr., "Letter from a Birmingham Jail," *African Studies Center—University of Pennsylvania*, accessed November 22, 2019, https://www.africa.upenn.edu/Articles_Gen/Letter_Birmingham.html.

43 John F. Kennedy, "Radio and Television Report to the American People on Civil Rights, June 11, 1963," John F. Kennedy Presidential Library and Museum, accessed November 22, 2019, https://www.jfklibrary.org/archives/other-resources/john-f-kennedy-speeches/civil-rights-radio-and-television-report-19630611

44 Gary S. Selby, *Martin Luther King and the Rhetoric of Freedom: The Exodus Narrative in America's Struggle for Civil Rights*, Studies in Rhetoric and Religion 5 (Waco, TX: Baylor University Press, 2008).

45 William I. Hitchcock, *The Age of Eisenhower: America and the World in the 1950s* (New York: Simon & Schuster, 2018), chap. 6.

46 Marie Jahoda, "Psychological Issues in Civil Liberties," *American Psychologist* 11, no. 5 (1956): 234~20, quotation at 234.

47 David Riesman, Nathan Glazer, and Reuel Denney, *The Lonely Crowd: A Study of the Changing American Character*, abridged and rev. ed. (New Haven: Yale University Press, 2001).

48 "David Riesman, Sociologist Whose 'Lonely Crowd' Became a Best Seller, Dies at 92," *New York Times*, May 11, 2002.

49 William Hollingsworth Whyte, *The Organization Man* (New York: Simon & Schuster, 1956), chaps. 2 4, 5. 규칙에 대한 맹목적 순종의 위험을 강조한, 이 시대의 또 다른 책은 Hannah Arendt, *Eichmann in Jerusalem: A Report on the Banality of Evil*, revised and enlarged ed. (New York: Viking, 1964).

50 이를 테면, Dan Reidel, "Oroville Dam: Photos Taken Weeks Before Spillway Broke Show Something Wrong," *Mercury News*, March 11, 2017.

51 애쉬 실험과 그 여파에 대한 유익한 개관은 Saul A. McLeod, "Solomon Asch—Conformity Experiment," *Simply Psychology* (Dec. 28, 2018). Retrieved from https://www.simplypsychology.org/asch-conformity.html

52 Quotation from John Greenwood, "How Would People Behave in Milgram's Experiment Today?," *Behavioral Scientist*, July 24, 2018, https://behavioralscientist.org/how-would-people-behave-in-milgrams-experiment-today/.

53 Knud Larsen, "Conformity in the Asch Experiment," *Journal of Social Psychology* 94 (1974): 303~4; Steven Perrin and Christopher Spencer, "The Asch Effect—A Child of Its Time?," *Bulletin of the British Psychological Society* 33 (1980): 405~6; Rod Bond and

Peter B. Smith, "Culture and Conformity: A Meta-Analysis of Studies Using Asch's (1952b, 1956) Line Judgment Task," *Psychological Bulletin* 119, no. 1 (January 1996): 111~37, doi:10.1037/0033-2909.119.1.111.

54 Jennifer Burns, *Goddess of the Market: Ayn Rand and the American Right* (Oxford: Oxford University Press, 2009); Daniel Stedman Jones, *Masters of the Universe: Hayek, Friedman, and the Birth of Neoliberal Politics* (Princeton: Princeton University Press, 2013); Angus Burgin, *The Great Persuasion: Reinventing Free Markets Since the Depression* (Cambridge, MA: Harvard University Press, 2015).

55 Rand's quote about "brother's keeper" comes from "The Mike Wallace Interview, Ayn Rand," March 12, 1959, https://www.youtube.com/watch?v= 1ooKsv_SX4Y at 18:53. Altruism quotation from Ayn Rand, *The Virtue of Selfishness: A New Concept of Egoism* (New York: Penguin, 1964), 112.

56 David Corn, "Secret Video: Romney Tells Millionaire Donors What He Really Thinks of Obama Voters," *Mother Jones*, September 17, 2012, https:// www.motherjones.com/ politics/2012/09/secret-video-romney-private-fund raiser/.

57 Alvin Toffler, "Playboy Interview: Ayn Rand," *Playboy*, March 1964, 35~43.

58 James Stewart, "As a Guru, Ayn Rand May Have Limits. Ask Travis Kalanick," *New York Times* (online), July 13, 2017. https://www.nytimes.com/2017/07/13/business/ ayn-rand-business-politics-uber-kalanick.html.

59 라이언의 말들은 애틀라스 협회를 상대로 한 2005년의 연설 2:38에 나온다. "Paul Ryan and Ayn Rand's Ideas: In the Hot Seat Again," *The Atlas Society*, April 30, 2012, https://atlassociety.org/commentary/commentary-blog/4971-paul-ryan-and-ayn-rands-ideas-in-the-hot-seat-again.

60 Francis Fukuyama, *The Great Disruption: Human Nature and the Reconstitution of Social Order* (New York: Free Press, 1999), 13~14.

61 Herbert Marcuse, "Selection from One Dimensional Man," in *The American Intellectual Tradition*, eds. David A. Hollinger and Charles Capper, 6th ed., vol. 2 (New York: Oxford University Press, 2011). On the New Left, see Maurice Isserman, *If I Had a Hammer: The Death of the Old Left and the Birth of the New Left*, rpt. ed. (Urbana: University of Illinois Press, 1993); David Farber, *Chicago '68* (Chicago: University of Chicago Press, 1994); Jim Miller, *Democracy Is in the Streets: From Port Huron to the Siege of Chicago* (Cambridge, MA: Harvard University Press, 1994); Douglas C. Rossinow, *The Politics of Authenticity: Liberalism, Christianity, and the New Left in America*, rev. ed. (New York: Columbia University Press, 1998); and Van Gosse, *Rethinking the New Left: An Interpretative*

History (New York: Palgrave Macmillan, 2005).

62 Students for a Democratic Society (U.S.), *The Port Huron Statement: (1962)*(Chicago: C. H. Kerr, 1990).

63 Todd Gitlin, *The Sixties: Years of Hope, Days of Rage*, rev. ed. (New York: Bantam, 1993), 209.

64 Erik H. (Erik Homburger) Erikson, *Young Man Luther: A Study in Psychoanalysis and History*, Austen Riggs Center, Monographs, No. 4 (New York: W. W. Norton, 1958).

65 이 문단은 identity crisis, racial identity, gender identity, identity politics 같은 용어들의 엔그램 분석에 바탕을 둔 것이다.

66 "Citizenship Rights and Responsibilities," U.S. Citizenship and Immigration Services, accessed November 22, 2019, https://www.uscis.gov/citizenship/learners/citizenship-rights-and-responsibilities.

67 우리는 복수형인 rights를 사용한다. 왜냐하면 단수형은 그 뜻이 너무 애매모호하기 때문이다. Responsibility는 responsibilities보다 더 흔하게 사용된다. 하지만 이 단어의 단수형과 복수형은 rights에 대하여 동일한 곡선 관계를 보인다.

68 Mary Ann Glendon, *Rights Talk: The Impoverishment of Political Discourse* (New York: Free Press, 1991).

69 Joseph Bagley, *The Politics of White Rights: Race, Justice, and Integrating Alabama's Schools* (Athens: University of Georgia Press, 2018).

70 Duane F. Alwin, "Cohort Replacement and Changes in Parental Socialization Values," *Journal of Marriage and the Family* 52, no. 2 (1990): 347~60. 그리고 Michael Hout and Claude S. Fischer, "Explaining Why More Americans Have No Religious Preference: Political Backlash and Generational Succession, 1987~2012," *Sociological Science* 1 (October 2014): 423~47, doi:10.15195/v1.a24. 공저자는 "전반적인 개인적 자율성과, 섹스와 약물 분야에서의 자율성"은 세대 간에 차이가 있음을 강조한다.

71 Ngram Viewer for "self-help" between 1880 and 2008; and Robert Wuthnow, *After Heaven: Spirituality in America Since the 1950s* (Berkeley: University of California Press, 1998), esp. 153.

72 "Share, v.2," in *Oxford English Dictionary Online* (Oxford: Oxford University Press, 2019), http://www.oed.com/view/Entry/177535.

73 Christopher Lasch, *The Culture of Narcissism: American Life in an Age of Diminishing Expectations* (New York: W. W. Norton, 1979).

74 Jean M. Twenge, *Generation Me: Why Today's Young Americans Are More Confident, Assertive, Entitled—And More Miserable than Ever Before* (New York: Free Press, 2006), 68~69.

75 Jean M. Twenge and W. Keith Campbell, *The Narcissism Epidemic: Living in the Age of Entitlement* (New York: Atria, 2009), 4.

76 같은 책, 67. For a summary of her latest data, see Jean M. Twenge, W. Keith Campbell, and Nathan T. Carter, "Declines in Trust in Others and Confidence in Institutions Among American Adults and Late Adolescents, 1972~2012," *Psychological Science* 25, no. 10 (2014): 1914~23, doi:10.1177/0956797614545133.

77 See "Graphic detail," The Economist (Feb 16, 2019) https://www.economist.com/graphic-detail/2019/02/16/the-names-of-migrants-to-america-sug gest-they-were-individualists; Geert Hofstede, *Culture's Consequences: Comparing Values, Behaviors, Institutions and Organizations Across Nations*. 2nd ed. (Thousand Oaks CA: Sage Publications, 2001); and https://www.hofstede-in sights.com/models/national-culture/.

78 Jean M. Twenge, Emodish M. Abebe, and W. Keith Campbell, "Fitting In or Standing Out: Trends in American Parents' Choices for Children's Names, 1880~2007," *Social Psychological and Personality Science* 1, no. 1 (2010): 19~25, doi:10.1177/1948550609349515. Knudsen, Anne Sofie Beck, "Those Who Stayed: Individualism, Self-Selection and Cultural Change During the Age of Mass Migration" (January 24, 2019), available at SSRN: https://ssrn.com/ab stract=3321790 or http://dx.doi.org/10.2139/ssrn.3321790; Yuji Ogihara et al., "Are Common Names Becoming Less Common? The Rise in Uniqueness and Individualism in Japan," *Frontiers in Psychology* 6 (2015): 1490, doi:10.3389/fpsyg.2015.01490; Michael E. W. Varnum and Shinobu Kitayama, "What's in a Name?: Popular Names Are Less Common on Frontiers," *Psychological Science* 22, no. 2 (2011): 176~83, doi:10.1177/0956797610395396. 문화를 측정하기 위해 출생 시 이름을 사용하는 경제학과 사회학의 다른 연구들을 알아보기 위해서는 Samuel Bazzi et al., "Frontier Culture," 2.

79 "Background Information for Popular Names," Social Security Administration, accessed November 22, 2019, https://www.ssa.gov/oact/babynames/background.html.

80 이 맥락에서 지니 계수를 사용하는 다른 연구서들은 다음과 같다. Twenge et al, "Fitting In or Standing Out," Richard Woodward, "Do Americans Desire Homogeneity?;" Twenge et al, "Still standing out: children's names in the United States during the Great Recession and correlations with economic indicators: Names and economic conditions," *Journal of Applied Social Psychology*, 46, no. 11, (2016): 663~670 (2016); Wentian Li, "Analyses of baby name popularity distribution in U.S. for the last 131 years," *Complexity* 18, no.1 (2012): 44~50.

81 Gabriel Rossman, "Now These Are the Names, Pt 2," *Code and Culture*, August 23, 2012, https://codeandculture.wordpress.com/2012/08/23/now-these-are-the-names-pt-2/.

82 Twenge, Abebe, and Campbell, "Fitting In or Standing Out."

83 인간관계의 강도와 인정성과 관련하여 대명사의 사용을 살펴보는 연구서는 Richard B. Slatcher, Simine Vazire, and James W. Pennebaker, "Am 'I' More Important than 'We'? Couples' Word Use in Instant Messages," *Personal Relationships* 15, no. 4 (2008): 407~24, doi:10.1111/j.1475-6811.2008.00207.x. 언어의 사용과 우울증의 관계를 살펴보는 연구서는 Stephanie Rude, Eva-Maria Gortner, and James Pennebaker, "Language Use of Depressed and Depression-Vulnerable College Students," *Cognition and Emotion* 18, no. 8 (2004): 1121~33, doi:10.1080/02699930441000030. 대명사가 슬픈 단어들보다 우울증을 더 잘 예측한다는 연구서는 Cindy Chung and James Pennebaker, "The Psychological Functions of Function Words," in *Social Communication*, ed. Klaus Fiedler, Frontiers of Social Psychology (New York: Psychology Press, 2007), 343~59. 대명사와 공동체의 트라우마에 대해서는 Michal Cohn……. Michael Cohn, Matthias Mehl, and James Pennebaker, "Linguistic Markers of Psychological Change Surrounding September 11, 2001," *Psychological Science* 15, no. 10 (2004): 687~93; and Lori D. Stone and James W. Pennebaker, "Trauma in Real Time: Talking and Avoiding Online Conversations About the Death of Princess Diana," *Basic and Applied Social Psychology* 24, no. 3 (2002): 173~83, doi:10.1207/S15324834BASP2403_1.

84 James W. Pennebaker, *The Secret Life of Pronouns: What Our Words Say About Us* (New York: Bloomsbury, 2011).

85 Greenfield, "The Changing Psychology of Culture from 1800 Through 2000."

86 Twenge, Campbell, and Gentile, "Changes in Pronoun Use in American Books and the Rise of Individualism, 1960~2008."

87 Thomas Wolfe, "The 'Me' Decade and the Third Great Awakening," *New York* magazine, April 8, 2008, http://nymag.com/news/features/45938/.

88 기본적인 U자형 패턴은 my/our, me/us 에 대해서는 발견되지만, he/she/it/they에 대해서는 발견되지 않는다.

89 주 1.4 참조.

90 기술적으로, 우리는 여기서 단일 요인에 여러 가지 측정 수단을 적재하고 있다. 그것은 수직적 요인 분석을 벗어나기 위해서이다.

제6장　인종 문제와 미국적 "우리"

1　이 장에서 우리의 목적이 한 세기 넘게 지속되는 인종평등에서의 여러 경향을 검토하고 그런 여러 경향을 나–우리–나 곡선과 비교하는 것임을 고려하면, 우리의 토론은 아프리카계 미국인에게만 제한적으로 집중해야 한다. 관심의 대상이 되는 시기 동안, 다른 집단에 관한 지속적이고 믿을 만한 데이터가 부족하기 때문이다. 터 리서치 센터에 따르면 "역사 대부분에서 미국은 두 가지 주요 인종이 있었고, 최근 몇 십 년 동안까지 백인과 흑인이 인구 조사 인종 범주를 지배했다" (킴 파커 외, "미국 인구 조사에서 인종과 다인종 미국인", 터 리서치 센터 사회 및 인구학 경향 프로젝트, 2015년 6월 11일, https://www.pewsocialtrends.org/2015/06/11/chapter-1-race-and-multiracial-americans-in-the-u-s-census/). 고유한 여러 방법으로 평등과 통합을 달성하려고 애썼던 북미 원주민, 아시아인, 라틴아메리카계 미국인, 그리고 다른 유색 인종에 관하여 해주어야 할 무척 중요한 여러 이야기가 있다. 우리의 목적은 이런 역사를 폄하하거나 무시하는 것이 아니라 우리가 가장 믿을 만한 한 세기를 온전히 채운 데이터의 대상이 되는 한 집단에 토론의 토대를 부여하자는 것이다. 우리는 8장에서 나–우리–나 곡선과 이민이 맺는 관계에 관한 문제를 간략하게 언급할 것이다.

2　W. E. B. Du Bois, *The Souls of Black Folk* (Mineola, NY: Dover, 1994).

3　Henry Louis Gates, *Stony the Road: Reconstruction, White Supremacy, and the Rise of Jim Crow* (New York: Penguin, 2019), 8; *The African Americans: Many Rivers to Cross* (PBS Television, 2003).

4　Gates, *Stony the Road*, 26.

5　Georgia's poll tax (1877), South Carolina's eight-box law (1882), and Alabama's Sayre Law (1892) are but three examples.

6　Richard White, *The Republic for Which It Stands: The United States During Reconstruction and the Gilded Age, 1865~1896, The Oxford History of the United States* (unnumbered) (New York: Oxford University Press, 2017), 37~40.

7　같은 책, 101~2; Isabel Wilkerson, *The Warmth of Other Suns: The Epic Story of America's Great Migration* (New York: Vintage, 2011), 41~42.

8　David M. Oshinsky, *Worse than Slavery: Parchman Farm and the Ordeal of Jim Crow Justice* (New York: Free Press, 1996).

9　Wilkerson, *The Warmth of Other Suns*, 53~54.

10　United States Bureau of the Census Administration and Customer Services Division, "Statistical Abstract of the United States, 1999: The National Data Book," Superintendent of Documents, 1999, 847.

11 Thomas D. Snyder, *120 Years of American Education: A Statistical Portrait* (Washington, DC: Department of Education, Office of Educational Research and Improvement, National Center for Education Statistics, 1993), 14.

12 같은 책, 21.

13 William J. Collins and Robert A. Margo, "Race and Home Ownership: A Century-Long View," *Explorations in Economic History* 38, no. 1 (January 2001): 68~92, doi:10.1006/exeh.2000.0748.

14 Peter H. Lindert and Jeffrey G. Williamson, *Unequal Gains: American Growth and Inequality Since 1700*, Princeton Economic History of the Western World (Princeton: Princeton University Press, 2016), 190.

15 물론 이런 비유를 다인종 사회에서 권력 역학 관계에 관한 함축적인 진술로 해석하는 것도 가능하다. (누가 운전석에 있고, 누구의 발이 가속 페달에 얹혔거나 혹은 그렇지 않은 것인가) 우리의 희망은 이 장에서 충분한 증거를 제시하여 인종적 평등과 통합에서 발생한 긍정적이고 부정적인 변화 모두가 상의하달과 하의상달로 추진되었으며, 또 그런 변화 모두가 흑인과 백인 지도자와 시민들 모두의 밀접하게 관련된 행동이 개입된 과정이었다라는 우리의 믿음을 분명하게 하는 것이다. 분명 권력과 특권은 이런 이야기의 중요한 부분이다. 하지만 "가속 페달에서 발을 떼는 것"은 하나의 통계적 추세, 즉 20세기 후반 몇 십 년을 특징짓는, 인종적 평등을 향한 과정의 두드러진 감속(減速) 현상에 관한 객관적인 기술로 의도된 것이다.

16 이 책 내내 강조했던 것처럼 우리의 주된 관심은 대략 125년 역사 동안 발생한 변화의 속도, 시기, 방향이기 때문에 책 전편을 통해 여러 절대적 평가 기준들보다 여러 추세에 더 집중했다. 인종적 불평등 분석을 이해하려고 시도할 때 이런 추세를 기억하는 게 특히 중요하다. 우리가 인종적 평등을 향한 향상이나 움직임이 있었다고 진술한다고 해서, 평등이 달성되었다거나, 향상이 충분하다거나, 변화 속도가 충분히 빠르다고 주장하는 것은 결코 아니다. 우리는 여러 추세들이 인종 사이에서 더 큰, 혹은 더 작은 평등을 향해 가고 있는지 여부와 그런 여러 추세가 시작되거나, 가속화되거나, 감속되거나, 혹은 역행하는 때, 그리고 나-우리-나 곡선과 미국 내 인종적 불평등 사이의 계속되는 투쟁의 관계에 대하여 말해주는 것에 더 집중한다.

17 도표 6.1의 데이터는 국립 의료 통계 센터, 질병 관리 예방 센터의 "출생 시 사망률과 기대 수명"에서 가져온 것이다. 1920년대 초반에 나타나는 급등은 스페인 독감 대유행 동안 흑인 사망이 예상했던 것보다 낮았던 것에 기인할 것이다. 『국제 환경 연구』와 『공공 의료 저널』 2019년 16호에 14번째 논문으로 실린 헬레네 외클랜드와 스벤-에릭 마메룬드의 「미국에서 인종과 1918년 인플루엔자 범유행: 문학의 리뷰」를 참고할 것. doi:10.3390/ijerph16142487.

18 See Anne Case and Angus Deaton, *Deaths of Despair and the Future of Capitalism* (Princeton NJ: Princeton University Press, 2020), chapter 5.

19 의료 데이터는 다음과 같은 출처들에 실린 여러 표에서 종합한 것이다. W. Michael Byrd and Linda A. Clayton, *An American Health Dilemma: A Medical History of African Americans and the Problem of Race, Beginnings to 1900* (New York: Routledge, 2000); W. Michael Byrd and Linda A. Clayton, *An American Health Dilemma: Race, Medicine, and Health Care in the United States 1900~2000* (New York: Routledge, 2002); Leah Boustan and Robert A Margo, "Racial Differences in Health in Long-Run Perspective: A Brief Introduction," Working Paper 20765 (National Bureau of Economic Research, December 2014), doi:10.3386/w20765; Robert D. Grove and Alice M. Hetzel, *Vital Statistics Rates in the United States, 1940~1960* (Washington, DC: National Center for Health Statistics, 1968), 887, accessed October 22, 2019, https://www.cdc.gov/nchs/data/vsus/vsrates1940_60.pdf; National Center for Health Statistics, "Advance Report of Final Mortality Statistics, 1979," *Monthly Vital Statistics Report* 31, no. 6 (September 30, 1982); Robert N. Anderson and Sherry L. Murphy, "Report of Final Mortality Statistics, 1995," *Monthly Vital Statistics Report* 45, no. 11 (1997): 80; Donna L. Hoyert, Sherry L. Murphy, and Kenneth D. Kochanek, "Deaths: Final Data for 1999," *National Vital Statistics Report* 49, no. 9 (September 21, 2001); Arialdi M. Miniño et al., "Deaths: Final Data for 2000," *National Vital Statistics Report* 50, no. 15 (September 16, 2002).

20 James D. Anderson, *The Education of Blacks in the South, 1860~1935* (Chapel Hill: University of North Carolina Press, 1988), 151, 182.

21 같은 책, 189, 191, 236.

22 M. Richard Cramer, Ernest Q. Campbell, and Charles E. Bowerman, "Social Factors in Educational Achievement and Aspirations Among Negro Adolescents," Cooperative Research Project no. 1168 (U.S. Department of Health, Education, and Welfare, 1966), https://files.eric.ed.gov/fulltext/ED010837.pdf.

23 Robert A. Margo, *Race and Schooling in the South, 1880~1950: An Economic History*, (Chicago: University of Chicago Press, 1990), 10.

24 Anderson, *The Education of Blacks in the South, 1860~1935*, 138~39.

25 James R. Mingle, *Black Enrollment in Higher Education: Trends in the Nation and the South* (Atlanta: Southern Regional Education Board, 1978), 8.

26 Vincent P. Franklin, *The Education of Black Philadelphia: The Social and Educational History of a Minority Community, 1900~1950* (Philadelphia: University of Pennsylvania Press, 1979), 48~50.

27 남부 학교의 질에 관련된 데이터는 다음과 같은 출처에서 나타난 추산에서 가져온 것이다. Margo, *Race and Schooling in the South*, 22; Lindert and Williamson, *Unequal Gains*, 188~89; David Card and Alan Krueger, "School Quality and Black-White Relative Earnings—A Direct Assessment," *Quarterly Journal of Economics* 107, no. 1 (1992): 151~200; John J. Donohue, James J. Heckman, and Petra E. Todd, "The Schooling of Southern Blacks: The Roles of Legal Activism and Private Philanthropy, 1910~1960," *The Quarterly Journal of Economics* 117, no. 1 (2002): 230, doi:10.1162/003355302753399490. 1935년 이후 15년 동안 발생한 가장 중대하고 어디에서나 나타난 향상은 미국 흑인 지위 향상 협회의 소송과, 도노휴, 헤크먼, 토드 등이 개인적인 자선 활동에 기여한 덕분이다.

28 Lindert and Williamson, *Unequal Gains*, 188~89.

29 Stephen Thernstrom et al., *America in Black and White: One Nation, Indivisible* (New York: Simon & Schuster, 1997), 85. 1940년과 1952년 사이 선택된 남부 여러 주에 관한 비슷한 데이터를 보려면 다음을 참고하라. Charles T. Clotfelter, *After Brown: The Rise and Retreat of School Desegregation* (Princeton: Princeton University Press, 2004), 16.

30 Margo, *Race and Schooling in the South*, 64.

31 Clotfelter, *After Brown*, 16.

32 북부 학교 분리에 관한 논의는 Gerald N. Rosenberg, *The Hollow Hope: Can Courts Bring About Social Change?*, 2nd ed., American Politics and Political Economy (Chicago: University of Chicago Press, 2008), 98~100; Franklin, *The Education of Black Philadelphia*, 37~47; and Davison M. Douglas, *Jim Crow Moves North: The Battle over Northern School Desegregation, 1865~1954*, Cambridge Historical Studies in American Law and Society (New York: Cambridge University Press, 2005), 139~51.

33 Anderson, *The Education of Blacks in the South*, 1988; Jeannie Oakes, *Keeping Track: How Schools Structure Inequality* (New Haven: Yale University Press, 1985); Jeannie Oakes and Gretchen Guiton, "Matchmaking: The Dynamics of High School Tracking Decisions," *American Educational Research Journal* 32, no. 1 (1995): 3~33, doi:10.3102/00028312032001003; Grace Kao and Jennifer S. Thompson, "Racial and Ethnic Stratification in Educational Achievement and Attainment," *Annual Review of Sociology* 29, no. 1 (2003): 417~42, doi:10.1146/annurev.soc.29.010202.100019.

34 이 단락과 이어지는 단락에 관한 증거는 Gavin Wright, *Sharing the Prize: The Economics of the Civil Rights Revolution in the American South* (Cambridge, MA: Belknap Press of Harvard University Press, 2013), esp. 162; Clotfelter, *After Brown*, esp. 56; and Gary Orfield and Chungmei Lee, "Historical Reversals, Accelerating Resegregation, and the Need for New Integration Strategies" (A report of the Civil Rights Project, UCLA: August 2007), 28 and 33. https://civilrightsproject.ucla.edu/research/k-12-education/integration-and-diversity/historic-reversals-accelerating-resegregation-and-the-need-for-new-integration-strategies-1/orfield-historic-reversals-accelerating.pdf.

35 1960년 이후 학교 통합에서 나타난 여러 경향에 관해서는 Clotfelter, *After Brown*: 56; Gary Orfield and Chungmei Lee, "Historic Reversals, Accelerating Resegregation, and the Need for New Integration Strategies" (A report of the Civil Rights Project, UCLA, August 2007): 28, 33, https://civilrightsproject.ucla.edu/research/k-12-education/integration-and-diversity/historic-reversals-accelerating-resegregation-and-the-need-for-new-integration-strategies-1/orfield-historic-reversals-accelerating.pdf; and Wright, *Sharing the Prize*, 161.

36 학교의 질을 판단하는 여러 기준에 관한 장기적인 데이터는 놀랍게도 희박하지만, 현대에 나타나는 차이에 관한 통계는 다음에서 확인할 수 있다. Center for American Progress, "Students of Color Still Receiving Unequal Education," August 22, 2012, https://www.americanprogress.org/issues/education-k-12/news/2012/08/22/32862/students-of-color-still-receiving-unequal-education/.

37 James P. Smith, "Race and Human Capital," *The American Economic Review* 74, no. 4 (1984): 685~98; Robert A. Margo, "Obama, Katrina, and the Persistence of Racial Inequality," *The Journal of Economic History* 76, no. 2 (2016): 301~41.

38 Margo, "Obama, Katrina, and the Persistence of Racial Inequality"; John J. Donohue III and James Heckman, "Continuous Versus Episodic Change: The Impact of Civil Rights Policy on the Economic Status of Blacks," Working Paper 3849 (National Bureau of Economic Research, November 1991); Wright, *Sharing the Prize*; James P. Smith and Finis R. Welch, "Black Economic Progress After Myrdal," *Journal of Economic Literature* 27, no. 2 (1989): 519~64; James P. Smith, "Race and Human Capital," *The American Economic Review* 74, no. 4 (1984): 685~98. 이 부분에서 우리가 인용하는 연구는 1940년부터 1970년까지의 시기에서 흑·백 수입 평등 분야에 나타난 가장 큰 진전의 결과에 수렴하는 것이다. 그런 연구는 동시에 다양한 측정 기준을 활용했다. 예를 들면 1인당 소득, 남성 임금, 노동자와 비노동자 모두를 포함한 남성의 총수입 등이 있었다.

39 Thomas N. Maloney, "Wage Compression and Wage Inequality Between Black and White Males in the United States, 1940~1960," *The Journal of Economic History* 54, no. 2 (1994): 358~81, doi:10.1017/S0022050700014522.

40 Lindert and Williamson, *Unequal Gains*, 191~92.

41 Robert Manduca, "Income Inequality and the Persistence of Racial Economic Dispar-
ities," *Sociological Science* 5 (2018): 182~205. See also Patrick J. Bayer and Kerwin Kofi
Charles, "Divergent Paths: Structural Change, Economic Rank, and the Evolution
of Black-White Earnings Differences, 1940~2014," Working Paper 22797 (National
Bureau of Economic Research, Inc, September 2017), https://ideas.repec.org/p/nbr/
nberwo/22797.html.

42 폭넓게 비교할 만한 도표를 보려면 다음을 참조하라. Margo, "Obama, Katrina, and
the Persistence of Racial Inequality," Figure 1. See also Jennifer L. Hochschild, *Facing
up to the American Dream: Race, Class, and the Soul of the Nation*, Princeton Studies in
American Politics (Princeton: Princeton University Press, 1995); William A. Darity and
Samuel L. Myers, *Persistent Disparity: Race and Economic Inequality in the United States
Since 1945* (Northampton, UK: Edward Elgar Publishing, 1998); John Bound and Rich-
ard Freeman, "What Went Wrong? The Erosion of Relative Earnings and Employment
Among Young Black Men in the 1980s," *Quarterly Journal of Economics* 107, no. 1 (Febru-
ary 1992): 201~32; Amitabh Chandra, "Is the Convergence of the Racial Wage Gap Il-
lusory?," Working Paper 9476 (National Bureau of Economic Research, February 2003),
doi:10.3386/w9476; Derek Neal and Armin Rick, "The Prison Boom and the Lack of
Black Progress After Smith and Welch," Working Paper 20283 (National Bureau of
Economic Research, July 2014), doi:10.3386/w20283; Patrick J. Bayer and Kerwin Kofi
Charles, "Divergent Paths: A New Perspective on Earnings Differences Between Black
and White Men Since 1940," SSRN Scholarly Paper (Rochester, NY: Social Science
Research Network, July 5, 2018), https://papers.ssrn.com/abstract=3208755.

43 Margo, "Obama, Katrina, and the Persistence of Racial Inequality," 308.

44 Bayer and Charles, "Divergent Paths," (2018), 1461; Moritz Kuhn, Moritz Schularick,
and Ulrike Steins, "Income and Wealth Inequality in America, 1949~2016," IDEAS
Working Paper Series from RePEc, 2018, doi:10.21034/iwp.9.

45 Bayer and Charles, "Divergent Paths" (2017); Neal and Rick, "The Prison Boom and
the Lack of Black Progress After Smith and Welch"; Bruce Western and Becky Pettit,
"Black-White Wage Inequality, Employment Rates, and Incarceration 1," *American
Journal of Sociology* 111, no. 2 (2005): 553~78, doi:10.1086/432780; Bruce Western,
Punishment and Inequality in America (New York: Russell Sage Foundation, 2006); Bruce
Western, Steve Redburn, and Jeremy Travis, "The Growth of Incarceration in the Unit-
ed States: Exploring Causes and Consequences," April 30, 2014, doi:10.17226/18613.

46 Hochschild, *Facing up to the American Dream*, 49; William J. Wilson, *The Truly Disadvan-*

taged: The Inner City, the Underclass, and Public Policy, 2nd ed. (Chicago: University of Chicago Press, 2012).

47 도표 6.5의 출처는 다음과 같다. 1900~1970 rates from Steven Ruggles, Sarah Flood, Ronald Goeken, Josiah Grover, Erin Meyer, Jose Pacas, and Matthew Sobek, IPUMS USA: Version 9.0, 1% Samples, Minneapolis: IPUMS, 2019. 1973- 2017 rates from US Census Bureau, Housing Survey and US Census Bureau, Current Population Survey/ Housing Vacancy Survey. On black gains in homeownership during the Jim Crow era, see William J. Collins and Robert A. Margo, "Race and Home Ownership from the End of the Civil War to the Present," Working Paper 16665 (National Bureau of Economic Research, January 2011), doi:10.3386/w16665.

48 Kuhn, Schularick, and Steins, "Income and Wealth Inequality in America, 1949~2016." 앞서 인용한 콜린스와 마고가 이런 경향이 약간 다른 형태를 취한다고 주장한 것에 주목할 것. 이는 그들이 비율이 아닌 간극으로 계산을 제시했기 때문이다. 하지만 근본적인 수치는 같다.

49 Leah Platt Boustan and Robert A. Margo, "White Suburbanization and African-American Home Ownership, 1940~1980," Working Paper 16702 (National Bureau of Economic Research, August 2013), doi:10.3386/w16702.

50 Keeanga-Yamahtta Taylor, *Race for Profit: How Banks and the Real Estate Industry Undermined Black Homeownership, Justice, Power, and Politics* (Chapel Hill: University of North Carolina Press, 2019).

51 Gregory D. Squires, "Predatory Lending: Redlining in Reverse," *Shelterforce*, January 1, 2005, https://shelterforce.org/2005/01/01/predatory-lending-red lining-in-reverse/.

52 Laurie Goodman, Jun Zhu, and Rolf Pendall, "Are Gains in Black Homeownership History?," *Urban Wire*, February 14, 2017, https://www.urban.org/urban-wire/are-gains-black-homeownership-history.

53 V. O. (Valdimir Orlando) Key, *Southern Politics in State and Nation* (New York: Alfred A. Knopf, 1950); J. Morgan Kousser, *The Shaping of Southern Politics: Suffrage Restriction and the Establishment of the One-Party South, 1880~1910*, Yale Historical Publications, Miscellany 102 (New Haven: Yale University Press, 1974); Laughlin McDonald, *A Voting Rights Odyssey: Black Enfranchisement in Georgia* (Cambridge: Cambridge University Press, 2003), 30~44.

54 Hanes Walton, *The African American Electorate: A Statistical History* (Thousand Oaks, CA: CQ Press, 2012).

55 Milton C. Sernett, *Bound for the Promised Land: African American Religion and the Great*

Migration, C. Eric Lincoln Series on the Black Experience (Durham, NC: Duke University Press, 1997), 17.

56 Walton, *The African American Electorate*, 469~79.

57 Dianne M. Pinderhughes, *Race and Ethnicity in Chicago Politics: A Reexamination of Pluralist Theory* (Urbana: University of Illinois Press, 1987), 84, 86. 귀화 과정이 거의 확실히 폴란드와 이탈리아 이주민의 유권자 등록 비율에 부정적인 영향을 주었음을 주목할 것.

58 같은 책, 77.

59 같은 책, 90~91. 거의 같은 결론에 도달한 동시대 분석은 Harold F. Gosnell, "The Chicago 'Black Belt' as a Political Battleground," *American Journal of Sociology* 39, no. 3 (November 1933): 329~41, doi:10.1086/216435.

60 Wright, *Sharing the Prize*의 도표 6.6. 1940년부터 1969년까지의 데이터는 유권자 교육 계획에서 가져온 추산이며, 다음에서 편집한 것이다. David J. Garrow, *Protest at Selma: Martin Luther King, Jr., and the Voting Rights Act of 1965* (New Haven: Yale University Press, 1978) 7, 11, 19, 189, 200. 1970년부터 2000년까지의 데이터는 Stanley, *Voter Mobilization*, pp. 97에 나오는 인구조사국 통계에서 가져온 것이다. 1980년부터 2008년의 데이터는 다음에서 편집한 것이다. Bullock and Gaddie, *Triumph of Voting Rights*, pp. 380~82. 2010년부터 2018년까지의 데이터는 인구조사국 인구조사 보고서 p-20 표에서 가져왔다.

61 또 다른 시각을 보려면 다음을 참고할 것. Philip A. Klinkner, *The Unsteady March: The Rise and Decline of Racial Equality in America* (Chicago: University of Chicago Press, 1999). 이 책은 미국의 인종적 진전이 10년에서 15년의 급격한 폭발 시기, 그리고 특유의 여러 상황에서만 발생했다고 주장한다. 그런 상황은 전쟁이 흑인 조직을 필요로 할 때, 적과의 교전이 평등주의 미사여구를 필요로 할 때, 혹은 국내 정치적 시위가 개혁을 압박할 때 등이었다. 저자인 클링크너는 진전은 항상 몇 년의 침체와 쇠퇴 이후에 왔다고 언급했는데, 백인 엘리트가 자신의 견고한 권력을 다시 공고히 하고, 개혁을 막고 불평등을 수용했기 때문이라는 것이었다.

62 도표 6.7의 데이터는 다음에서 가져왔다. Ida A. Brudnick and Jennifer E. Manning, *African American Members of the United States Congress: 1870~2018*, RL30378, Congressional Research Service; Jennifer E. Manning, Membership of the 116th Congress: A Profile, RL45583, Congressional Research Service. 해당 증거들은 흑인의 정치적 표현이 더욱 커질수록 더 많은 경제적 이득이 남부 지역에서 주어졌다는 걸 나타내는데, 이런 현상은 특히 교육 문제와 같은 지역적 공약에서 더욱 두드러졌다. Andrea Bernini, Giovanni Facchini, and Cecilia Testa, "Race, Representation and Local Governments in the US South: The Effect of the Voting Rights Act," SSRN Scholarly Paper (Rochester, NY: Social Science Research Network, March 1, 2018), https://papers.ssrn.com/abstract=3138836.

63 Henry Louis Gates, *Stony the Road*.

64 1953년 미국 흑인 지위 향상 협회의 압박으로 인해, 라디오쇼에서 각색한 인종차별주의적 시트콤 〈에이머스와 앤디〉가 중지되었다. 백인 성우가 흑인 배우의 목소리를 냈기 때문이었다. 이 시트콤은 1960년까지 재방송만 되다 CBS가 마침내 전적으로 중단시켰다. 〈샌퍼드 부자〉(1972), 〈좋은 시절〉(1974), 그리고 〈제퍼슨 가족〉(1975)은 배우를 모두 흑인으로 섭외한 첫 텔레비전 시트콤이었다.

65 Thomas J. Sugrue, *The Origins of the Urban Crisis: Race and Inequality in Postwar Detroit* (Princeton: Princeton University Press, 1996); Herman P. Miller, *Rich Man, Poor Man* (New York: Crowell, 1964), as cited in Charles Willie, "The Inclining Significance of Race," *Society* 15, no. 5 (1978): 14, doi:10.1007/BF02701608.

66 Trevon D. Logan and John M. Parman, "The National Rise in Residential Segregation, *Journal of Economic History* 77, no. 1 (March 2017): 127~170.

67 Richard Rothstein, *The Color of Law: A Forgotten History of How Our Government Segregated America* (New York: Liveright, 2017).

68 다음을 참고하라. David M. Cutler, Edward L. Glaeser, and Jacob L. Vigdor, "The Rise and Decline of the American Ghetto," *Journal of Political Economy* 107, no. 3 (June 1999): 455~506, doi:10.1086/250069. 저자들은 기본적으로 흑백분리가 발전할 수 있는 세 가지 방식이 있다고 했다. "통관항(port of entry)" 방식은 흑인 주민이 주요 흑인 거주지에 사는 걸 선호하는 것이다. "집단행동 인종차별" 방식은 백인 주민이 특정 거주지에 흑인의 접근을 제한하는 공식적인 장벽을 활용하는 것이다. "분산적 인종차별"은 백인 주민이 주요 백인 거주지에 웃돈을 지급하는 방식으로서, 백인이 교외로 이주하거나 높은 집값으로 흑인을 배척하는 것이다. 평균적인 주거비에 관한 데이터를 활용한 결과 그들은 집단행동 인종차별 모델이 20세기 중반의 흑백 분리를 가장 잘 설명한다고 생각했다. 이는 흑인 주민이 동등한 주택이라도 백인 주민보다 더 많은 돈을 지급하며(흑인 주민이 백인 거주지에서 높은 비용으로 인해 밀려나면 돈을 덜 들이게 될 것이다), 새로운 흑인 주민이 오랜 시간 거주한 주민보다 더 많은 돈을 쓰지 않는다(우리는 통관항 모델에선 더 많은 비용을 지급할 것으로 기대한다)는 걸 근거로 한 것이었다. 그들은 1990년에 이런 패턴이 역전되었다는 걸 알아냈는데, 이는 흑백분리에 대한 공식적 장벽이 분산적 인종차별 모델에 의해 밀려났다는 걸 뜻했다.

69 같은 책.

70 북부 도시에서 흑백분리된 주거의 발전, 특히 두 번의 흑인 대이동에 대응하여 벌어진 발전에 관한 핵심 텍스트들은 다음과 같다. Arnold R. Hirsch, *Making the Second Ghetto: Race and Housing in Chicago, 1940~1960*, Historical Studies of Urban America (Chicago: University of Chicago Press, 1998); Amanda I. Seligman, *Block by Block: Neighborhoods and Public Policy on Chicago's West Side*, Historical Studies of Urban America (Chicago: University of Chicago Press, 2005); Kenneth T. Jackson, *Crabgrass Frontier: The Suburbanization of the United States* (New York: Oxford University Press, 1985); Sugrue, *The Origins of the Urban Crisis*; Robert O. Self, *American Babylon: Race and the Struggle for Postwar Oakland*, Politics and Society in Twentieth-Century America (Princeton: Princeton University Press, 2003); and Kevin Michael Kruse, *White Flight: Atlanta and the Making of Modern Conservatism*, Politics and Society in TwentiethCentury America (Princeton: Princeton University Press, 2005).

71 도표 6.8의 출처에 관해 말하자면, 입소(admission) 비율은 다음에서 가져왔다. Patrick A. Langan, Race of Prisoners Admitted to State and Federal Institutions, 1926~86, NCJ-125618 (Washington, DC: US Department of Justice, Bureau of Justice Statistics, 1999). 투옥 비율은 다음에서 가져왔다. US Department of Justice, Bureau of Justice Statistics, Correctional Populations in the United States Series, 1985~2016 and Prisoners Series, 1980~2017. 인구 추계는 다음에서 가져왔다. national intercensal tables, 1900~2010, US Census Bureau. 도표 6.8은 1926년부터 2917년까지의 시기를 온전하게 다루기 위하여, 입소 비율과 투옥 비율에 관한 여러 데이터를 종합한 것이다. 입소 비율은 매년 교정 시설에 입소한 사람의 수를 나타낸다. 투옥 비율은 매년 철창에 갇힌 사람들의 총계를 나타낸다. 투옥 비율은 입소 비율보다 높은데, 그 이유는 장기형을 선고받은 죄수가 연속된 몇 년 동안 재소자 인구의 일부로 계산되기 때문이다. 이와 같이 투옥 비율은 언제든 온전한 재소자 인구를 더 정확하게 대변하지만, 입소 비율은 기소(起訴) 개혁 조치의 효과를 보여줄 가능성이 더 크다.

72 Henry Louis Gates and Isabel Wilkerson, "A Conversation with Isabel Wilkerson: On America's Great Migration," *Du Bois Review: Social Science Research on Race 7*, no. 2 (Fall 2010): 257~69, doi:10.1017/S1742058X10000433.

73 Zellmer R. Pettet and Charles E. Hall, *Negroes in the United States, 1920~32*(Washington, DC: Bureau of the Census, 1935), http://archive.org/details/negroesinuniteds1920pett.

74 Transcript, *Remembering Jim Crow*, accessed October 23, 2019, http://ameri canradioworks.publicradio.org/features/remembering/transcript.html.

75 Rothstein, *The Color of Law*; Matt Lassiter, "De Jure/De Facto Segregation: The Long Shadow of a National Myth," in *The Myth of Southern Exceptionalism*, ed. Matt Lassiter

and Joseph Crestino (New York: Oxford University Press, 2010).

76 Emmett J. Scott, *Negro Migration During the War*, American Negro, His History and Literature (New York: Arno, 1969), 16~18.

77 그러나 흑인 대이동은 북부 흑인과 새로운 이주민 사이에 경제적인 경쟁이 일어나 도록 했다. 북부 흑인 사이에 균등하지 않게 분배된 경제적 이득에 관한 주장은 다음 에서 참고하라. Leah Boustan, *Competition in the Promised Land: Black Migrants in Northern Cities and Labor Markets*, NBER Series on Long-Term Factors in Economic Development (Princeton: Princeton University Press, 2017).

78 Reynolds Farley, *The Color Line and the Quality of Life in America*, Population of the United States in the 1980s (New York: Russell Sage Foundation, 1987), 302.

79 Cheryl Lynn Greenberg, *To Ask for an Equal Chance: African Americans in the Great Depression*, African American History Series (Lanham, MD: Rowman & Littlefield, 2009), 13, 18; James T. Patterson, *Grand Expectations: The United States, 1945~1974*, The Oxford History of the United States, vol. 10 (New York: Oxford University Press, 1996), 387~88.

80 Scott, *Negro Migration during the War*, 79~85.

81 Anderson, *The Education of Blacks in the South*, 202~3.

82 Wilkerson, *The Warmth of Other Suns*, 527.

83 같은 책, 45~46..

84 같은 책, 13.

85 Isabel Wilkerson, "The Long-Lasting Legacy of the Great Migration," *Smithsonian*, accessed October 23, 2019, https://www.smithsonianmag.com/history/long-lasting-legacy-great-migration-180960118/.

86 대다수 학자는 남부를 떠난 사람의 이주 혜택이 엄청나다고 주장했다. 다음을 참조 하라. Larry H. Long and Lynne R. Heltman, "Migration and Income Differences Between Black and White Men in the North," *American Journal of Sociology* 80, no. 6 (1975): 1391~1409, doi:10.1086/225996; Stanley Lieberson and Christy Wilkinson, "A Comparison Between Northern and Southern Black Residing in the North," *Demography* 13, no. 2 (1976): 199~224, doi:10.2307/2060801; Stanley Lieberson, "A Reconsideration of the Income Differences Found Between Migrants and Northern-Born Blacks," *American Journal of Sociology* 83, no. 4 (1978): 940~66; Stewart E. Tolnay, "The Great Migration Gets Underway: A Comparison of Black Southern Migrants and Nonmigrants in the North, 1920," *Social Science Quarterly* 82, no. 2 (2001): 235~52, doi:10.1111/0038-4941.00020; Christine Leibbrand et al., "Neighborhood Attainment Outcomes for Children of the Great Migration 1," *American Journal of Sociology* 125, no. 1 (2019):

141~83, doi:10.1086/703682. 하지만 다른 학자들은 이주민이 이전으로 비교적 수수한 보상만을 거뒀을 뿐이라고 주장했다. 다음을 참조하라. Suzanne C. Eichenlaub, Stewart E. Tolnay, and J. Trent Alexander, "Moving Out but Not Up: Economic Out comes in the Great Migration," *American Sociological Review* 75, no. 1 (2010): 101~25, doi:10.1177/0003122409357047; Robert Boyd, "Black Women in the 'Black Metropolis' of the Early Twentieth Century: The Case of Professional Occupations," *Journal of Sociology and Social Welfare* 40, no. 2 (2013): 103~17. 구체적으로 의료에 관한 한 Dan A. Black 외, 「아프리카계 미국인의 사망률에 미친 흑인 대이동의 영향: 최남동부 지역에서의 증거」, 학술지 『미국 경제 리뷰』 105권 2호(2015년 2월): 477~503, doi:10.1257/aer.20120642는 북부 여러 도시로의 이주가 사실 최남동부에서 태어난 흑인들의 장수(長壽)에는 해로웠다고 주장했다.

87 Jessica Gordon Nembhard, *Collective Courage: A History of African American Cooperative Economic Thought and Practice* (University Park: Penn State University Press, 2014); Cedric J. Robinson, *Black Movements in America*, Revolutionary Thought/Radical Movements (New York: Routledge, 1997); Gates, *Stony the Road*; Wilkerson, *The Warmth of Other Suns*.

88 Vanessa Northington Gamble, *Making a Place for Ourselves: The Black Hospital Movement, 1920~1945* (New York: Oxford University Press, 1995); Leah Boustan and Robert A. Margo, "Racial Differences in Health in the United States: A Long-Run Perspective," in *The Oxford Handbook of Economics and Human Biology* (Oxford: Oxford University Press, 2016), 742; Edward Beardsley, *A History of Neglect: Health Care for Blacks and Mill Workers in the Twentieth-Century South* (Knoxville: University of Tennessee Press, 1987), 114~16.

89 Anderson, *The Education of Blacks in the South*, 153.

90 Daniel Aaronson and Bhashkar Mazumder, "The Impact of Rosenwald Schools on Black Achievement," *Journal of Political Economy* 119, no. 5 (October 2011): 821~88, doi:10.1086/662962.

91 Anderson, *The Education of Blacks in the South*, 80~83; Robert A. Margo, *Race and Schooling in the South, 1880~1950: An Economic History*. 하지만 앤더슨과 마고는 이 시기에도 학교 확장 과정에 여전히 큰 목소리를 유지했음을 지적했다. 로젠월드 학교들의 경우 자금 제공과 학교의 물리적인 건설 모두에서 공동체의 참여 때문에 그러했고, 좀 더 일반적으로는 남부에서 이주하며 노동력 부족으로 얻은 흑인 공동체의 정치적 영향력, 그리고 미국 흑인 지위 향상 협회의 압력 때문에 그러했다는 것이었다.

92   Werner Troesken, *Water, Race, and Disease*, NBER Series on Long-Term Factors in Economic Development (Cambridge, MA: MIT Press, 2004); Boustan and Margo, "Racial Differences in Health in the United States"; David M. Cutler and Grant Miller, "The Role of Public Health Improvements in Health Advances: The Twentieth-Century United States," *Demography* 42, no. 1 (February 2005): 1~22; Marcella Alsan and Claudia Goldin, "Watersheds in Child Mortality: The Role of Effective Water and Sewerage Infrastructure, 1880 to 1920," Working Paper 21263 (National Bureau of Economic Research, May 2018), doi:10.3386/w21263.

93   David McBride, *Integrating the City of Medicine: Blacks in Philadelphia Health Care, 1910~1965* (Philadelphia: Temple University Press, 1989), 43~45.

94   Beardsley, *A History of Neglect*, 119~26.

95   Vincent P. Franklin, *The Education of Black Philadelphia: The Social and Educational History of a Minority Community, 1900~1950* (Philadelphia: University of Pennsylvania Press, 1979), 48~50.

96   Beardsley, *A History of Neglect*, 134~37.

97   Byrd and Clayton, *An American Health Dilemma*; Beardsley, *A History of Neglect*, 157~63; McBride, *Integrating the City of Medicine*, 129~30.

98   Beardsley, *A History of Neglect*, 157~63; 177~80; Karen Kruse Thomas, *Deluxe Jim Crow: Civil Rights and American Health Policy, 1935~1954* (Athens: University of Georgia Press, 2011); Byrd and Clayton, *An American Health Dilemma*, 2000, 143, 148~49.

99   Byrd and Clayton, *An American Health Dilemma*, 142.

100 Beardsley, *A History of Neglect*, 169~71.

101 그런 이야기는 다음과 같은 출처에 포함되어있다. Jennifer A. Delton, *Rethinking the 1950s: How Anticommunism and the Cold War Made America Liberal* (New York: Cambridge University Press, 2013); Mary L. Dudziak, *Cold War Civil Rights: Race and the Image of American Democracy*, Politics and Society in Twentieth-Century America (Princeton: Princeton University Press, 2000).

102 J. D. Hall, "The Long Civil Rights Movement and the Political Uses of the Past," *Journal of American History* 91, no. 4 (2005): 1233~63, doi:10.2307/3660172.

103 Dorian Lynskey, "How the Fight to Ban *The Birth of a Nation* Shaped American History," *Slate*, March 31, 2015, https://slate.com/culture/2015/03/the-birth-of-a-nation-how-the-fight-to-censor-d-w-griffiths-film-shaped-american-history.html.

104 National Humanities Center, "NAACP Silent Protest Parade, flyer & memo, July 1917," https://nationalhumanitiescenter.org/pds/maai2/forward/text4/silentprotest.pdf.

105 Olivia B. Waxman, "The Forgotten March That Started the National Civil Rights Movement Took Place 100 Years Ago," *Time*, accessed October 24, 2019, https://time.com/4828991/cast-saint-louis-riots-1917/.

106 Paul Finkelman, *Encyclopedia of African American History, 1896 to the Present: From the Age of Segregation to the Twenty-first Century* (Oxford: Oxford University Press, 2009), 81.

107 프랭클린 루스벨트가 법안 통과를 위해 뉴딜 입법에 인종차별적인 여러 조항을 삽입하려는 남부 민주당 의원들의 행동을 여러 번 허용했다는 주장은 Ira Katznelson, *Fear Itself: The New Deal and the Origins of Our Time* (New York: Liveright, 2013). 하지만 카츠넬슨은 이런 조항들에 뉴딜정책이 얼마나 제약을 받았든지 간에, 뉴딜정책은 아프리카계 미국인을 전에 없을 정도로 "우리"로서의 미국인으로 끌어들이는 효과를 냈다는 점을 인정했다.

108 David M. Kennedy, *Freedom from Fear: The American People in Depression and War, 1929~1945*, The Oxford History of the United States, vol. 9 (New York: Oxford University Press, 1999), 378.; Christopher Linsin, "Something More than a Creed: Mary Mcleod Bethune's Aim of Integrated Autonomy as Director of Negro Affairs," *Florida Historical Quarterly* 76, no. 1 (1997): 20~41.

109 Eric Schickler, *Racial Realignment: The Transformation of American Liberalism, 1932~1965*, Princeton Studies in American Politics (Princeton: Princeton University Press, 2016).; Eric Schickler, Kathryn Pearson, and Brian D. Feinstein, "Congressional Parties and Civil Rights Politics from 1933 to 1972," *The Journal of Politics* 72, no. 3 (2010): 672~89; Jeffrey A. Jenkins and Justin Peck, "Building Toward Major Policy Change: Congressional Action on Civil Rights, 1941~1950," *Law and History Review* 31, no. 1 (2013): 139~98; Hans Noel, "The Coalition Merchants: The Ideological Roots of the Civil Rights Realignment," *The Journal of Politics* 74, no. 1 (2012): 156~73, doi:10.1017/S0022381611001186.

110 Patterson, *Grand Expectations*, 20.

111 American Public Media, *Remembering Jim Crow*, Part Two, American RadioWorks, http://americanradioworks.publicradio.org/features/remembering/transcript.html.

112 Patterson, *Grand Expectations*, 25.

113 Kennedy, *Freedom from Fear*, 765~68.

114 1950년 7월 유네스코는 실제로 과학자들이 인종에 관해 무엇을 알고 있는지를 명확하게 하고, 인종차별주의에 대해 도덕적 비난을 선언하고자 하는 네 가지 진술 중 첫 번째인 "인종 문제(The Race Question)"를 발표했다. 당시 여러 학문 분야의 선두적인 연구자들이 이 진술에 서명했다.

115 Delton, *Rethinking the 1950s*, 97.

116 "Executive Order 9981: Establishing the President's Committee on Equality of Treatment and Opportunity In the Armed Forces," *U.S. Equal Employment Opportunity Commission*, accessed November 22, 2019, https://www.eeoc.gov/eeoc/history/35th/thelaw/eo-9981.html.

117 Gunnar Myrdal, *An American Dilemma: The Negro Problem and Modern Democracy*, 20th anniversary ed. (New York: Harper & Row, 1962), Preface, xviiii.

118 Patterson, *Grand Expectations*, 386~87.

119 DC Editorial, "Superman: A Classic Message Restored," *DC*, August 25, 2017, https://www.dccomics.com/blog/2017/08/25/superman-a-classic-mes sage-restored.

120 Patterson, *Grand Expectations*, 386~87.

121 같은 책에서 인용, 413.

122 패터슨에 따르면 아이젠하워 행정부 말기에 남부 흑인 중 28퍼센트만이 투표할 수 있었다고 한다. 미시시피 주에선 5퍼센트에 그칠 정도로 흑인 투표율이 형편없었다.

123 같은 책, 474~75.

124 LBJ Presidential Library, "President Johnson's Special Message to the Congress: The American Promise," March 15, 1965, http://www.lbjlibrary.org/lyndon-baines-johnson/speeches-films/president-johnsons-special-mes sage-to-the-congress-the-american-promise.

125 미국인의 인종적 태도 변화에 관한 학문적 문헌은 엄청나게 많다. 몇몇 핵심 자료는 다음과 같다. Howard Schuman, Charlotte Steeh, Lawrence Bobo, Maria Krysan, *Racial Attitudes in America: Trends and Interpretations*, rev. ed. (Cambridge: Harvard University Press, 1997); Lawrence D. Bobo, James R. Kluegel, and Ryan A. Smith, "Laissez-faire Racism: The Crystallization of a Kinder, Gentler Anti-Black Ideology," in *Racial Attitudes in the 1990s: Continuity and Change*, eds. Steven A. Tuch and Jack K. Martin (Westport, CT: Praeger, 1997): 15~44; Donald R. Kinder and Howard Schuman, "Racial Attitudes: Developments and Divisions in Survey Research," chap. 13 in *A Telescope on Society: Survey Research and Social Science at the University of Michigan and Beyond*, eds. James House et al. (Ann Arbor: University of Michigan Press, 2004); David O. Sears and P. J. Henry, "Over Thirty Years Later: A Contemporary Look at Symbolic Racism," *Advances in Experimental Social Psychology* 37 (2005): 95~150; Lawrence D. Bobo, Camille Z. Charles, Maria Krysan, and Alicia D. Simmons, "The Real Record on Racial Attitudes," in *Social Trends in American Life: Finds from the General Social Survey since 1972*, ed. Peter V. Marsden (Princeton: Princeton University Press, 2012), 38~83; Tyrone

A. Forman and Amanda E. Lewis, "Beyond Prejudice? Young Whites' Racial Attitudes in Post-Civil Rights America, 1976~2000," *American Behavioral Scientist* 59 (2015): 1394~1428. 학자들은 일반적으로 "전통적인" 백인 인종차별이 대부분 1970년대에 쇠퇴하고 한참 지났다는 것에 동의하지만, 그것을 무엇이 대체했는지에 대해서는 서로 의견이 다르다. 몇몇은 "상징적" 인종차별이라고 하고, 몇몇은 "무의식적인", 혹은 "암시적인" 인종차별이라고 한다. 인종적 편견의 명백한 형태보다 암시적인 형태를 볼 때 학자들은 백인 응답자가 훨씬 높은 정도로 부정적인 태도를 드러냈고, 긍정적인 태도를 향해서는 훨씬 느린 진전을 보였음을 확인했다. 이런 데이터가 역사적인 추세를 확인할 수 있을 정도로 길게 이어져 있지는 않지만, 그럼에도 불구하고 더 이른 형태의 측정이 드러내는 것보다 더 높은 수준의 부정적인 인종적 태도를 나타내고 있다. 예로 다음을 참조하라. Lawrence D. Bobo, "Racial Attitudes and Relations at the Close of the Twentieth Century," in *America Becoming: Racial Trends and Their Consequences*, vol. 1 (Washington, DC: National Academies Press, 2001), 276~78, doi:10.17226/9599. 도표 6.9는 다음에 의존했다. Schuman et al., *Racial Attitudes in America*, 104~108, and Maria Krysan and Sarah Moberg, *A Portrait of African American and White Racial Attitudes* (University of Illinois Institute of Government and Public Affairs (September 9, 2016): 2, http://igpa.uillinois.edu/files/reports/A-Portrait-of-Racial-Attitudes.pdf.

126 Andrew Kohut, "50 Years Ago: Mixed Views about Civil Rights but Support for Selma Demonstrators," Pew Research Center, accessed October 24, 2019, https://www.pewresearch.org/fact-tank/2015/03/05/50-years-ago-mixed-views-about-civil-rights-but-support-for-selma-demonstrators/.

127 LBJ Presidential Library, "President Johnson's Special Message to the Congress: The American Promise.",March 15, 1965,. http://www.lbjlibrary.org/lyndon-baines-johnson/speeches-films/president-johnsons-special-message-to-the-congress-the-american-promise. "Lyndon Johnson Gave a Speech about Legislation Giving Every American the Right to Vote—LBJ Presidential Library," accessed October 24, 2019, http://www.lbjlibrary.org/lyndon-baines-johnson/speeches-films/president-johnsons-special-mes sage-to-the-congress-the-american-promise.

128 Andrew Kohut, "50 Years Ago: Mixed Views about Civil Rights but Support for Selma Demonstrators."

129 Doug McAdam and Karina Kloos, *Deeply Divided: Racial Politics and Social Movements in Post-War America: Racial Politics and Social Movements in Post-War America* (Oxford University Press, 2014), 104~5.

130 시민권 순교자 명단에 관해서는 Southern Poverty Law Center's Civil Rights Memorial: https://www.splcenter.org/what-we-do/civil-rights-me morial/civil-rights-martyrs.

131 Patterson, *Grand Expectations*, 685~86.

132 McAdam and Kloos, *Deeply Divided*, 109.

133 커너 위원회 보고에 관한 상세한 논의는 다음을 참고하라.Fred R. Harris and Lynn A. Curtis, *Healing Our Divided Society: Investing in America Fifty Years after the Kerner Report* (Philadelphia: Temple University Press, 2018). 존슨이 위원회의 권고를 거부한 정확한 이유에 대한 증거는 부족하지만, 이런 사실에 관한 몇몇 논의는 다음과 같은 두 가지 출처에서 발견할 수 있다. Lester Graham, "The Kerner Commission and Why Its Recommendations Were Ignored," July 28, 2017, https://www.michiganradio.org/post/ kerner-commission-and-why-its-recommendations-were-ignored; Alice George, "The 1968 Kerner Commission Got It Right, But Nobody Listened," *Smithsonian*, March 1, 2018, https://www.smithsonianmag.com/smithsonian-insti tution/1968-kerner-commis sion-got-it-right-nobody-listened-180968318/.

134 Patterson, *Grand Expectations*, 704.

135 McAdam and Kloos, *Deeply Divided*, 104~6.

136 이런 반대에 대한 하나의 예외는 대조적으로 주거 개방법인데, 꾸준히 지지 수준이 오르는 현상을 보여주었다. 슈먼 외는 "강제된" 버스 수송 프로그램을 떠올리게 하는 학교 통합과 같은 정책과 대조적으로 이런 예외가 동등한 기회와 비인종차별이라는 추상적인 원칙에 극단적으로 가까운 유사물인 덕분이라고 설명한다.

137 같은 책, 172~75. 이런 추세의 지속을 보여주는 갱신된 데이터는 다음을 참고하라. M. Krysan and S. Moberg, "Trends in Racial Attitudes," August 25, 2016, http://igpa. uillinois.edu/programs/racial-attitudes. 또한 다음도 참고하라. Maria Krysan and Sarah Moberg, "A Portrait of African American and White Racial Attitudes," University of Illinois Institute of Government and Public Affairs (September 9, 2016): 2. http://igpa. uillinois.edu/files/reports/A-Portrait-of-Racial-Attitudes.pdf. 이 웹사이트는 하워드 슈먼 외 『미국에서의 인종적 태도』에 보고된 여러 경향의 무척 유용한 최근 정보를 제공한다.

138 Schuman et al., *Racial Attitudes in America*, 140~43.

139 같은 책, 156~59.

140 National Center for Health Statistics, "Health, United States, 2017—Data Finder: Table 15" (Hyattsville, MD: U.S. Department of Health and Human Services, 2018), https:// www.cdc.gov/nchs/hus/contents2017.htm#Table_015.

141 Corinne A. Riddell, Sam Harper, and Jay S. Kaufman, "Trends in Differences in US

Mortality Rates Between Black and White Infants," *JAMA Pediatrics* 171, no. 9 (2017): 911~913, doi:10.1001/jamapediatrics.2017.1365.

142 Valerie Wilson,"Black Workers' Wages Have Been Harmed by Both Widening Racial Wage Gaps and the Widening Productivity-Pay Gap," *Economic Policy Institute*, accessed October 24, 2019, https://www.epi.org/publication/black-workers-wages-have-been-harmed-by-both-widening-racial-wage-gaps-and-the-widening-productivity-pay-gap/; Manduca, "Income Inequality and the Persistence of Racial Economic Disparities"; Eileen Patten, "Racial, Gender Wage Gaps Persist in U.S. despite Some Progress," *Pew Research Center*, accessed October 24, 2019, https://www.pewresearch.org/fact-tank/2016/07/01/racial-gender-wage-gaps-persist-in-u-s-despite-some-progress/; Elise Gould, "The State of American Wages 2017: Wages Have Finally Recovered from the Blow of the Great Recession but Are Still Growing Too Slowly and Unequally," *Economic Policy Institute*, accessed October 24, 2019, https://www.epi.org/publication/the-state-of-american-wages-2017-wages-have-finally-recovered-from-the-blow-of-the-great-recession-but-are-still-growing-too-slowly-and-unequally/; Bayer and Charles, "Divergent Paths," (2018); Rodney E. Hero and Morris E. Levy, "The Racial Structure of Economic Inequality in the United States: Understanding Change and Continuity in an Era of 'Great Divergence,'" *Social Science Quarterly* 97, no. 3 (2016): 491~505, doi:10.1111/ssqu.12327.

143 Alvin Chang, "The Data Proves That School Segregation Is Getting Worse," *Vox*, March 5, 2018, https://www.vox.com/2018/3/5/17080218/school-segre gation-getting-worse-data.

144 Nikole Hannah-Jones, "The Resegregation of Jefferson County," *The New York Times*, September 6, 2017, sec. Magazine, https://www.nytimes.com/2017/09/06/magazine/the-resegregation-of-jefferson-county.html.

145 Robert Reinhold, "Poll Indicates More Tolerance, Less Hope," *New York Times*, February 26, 1978, https://www.nytimes.com/1978/02/26/archives/poll-indicates-more-tolerance-less-hope.html.

146 Bobo et al, "The *Real* Record on Racial Attitudes," 70.

147 Donald Kinder and HowardSchuman, "Racial Attitudes," 379, citing Mary Jackman, *The Velvet Glove: Paternalism and Conflict in Gender, Class, and Race Relations* (Berkeley: University of California Press, 1994).

148 Adam Gopnik, "How the South Won the Civil War," April 1, 2019, https:// www.newyorker.com/magazine/2019/04/08/how-the-south-won-the-civil-war. 고프닉의 언

급은 남부 재건 시대 이전과 이후 수많은 흑인들 사이의 차이를 직접 언급한 것이었지만, 그 이후의 시대에도 마찬가지로 의의가 있는 정의다.

149 Schulman, *The Seventies*, 77.

150 Charles L. Ballard, "The Fall and Rise of Income Inequality in the United States: Economic Trends and Political Economy Explanations," unpublished ms., Michigan State University, October 18, 2017, 59.

151 McAdam and Kloos, *Deeply Divided*.

152 Schulman, *The Seventies*, 76~77. 다음 두 가지 추가적인 자료는 1960년대의 여러 시민권 혁명이 효과적으로 미국의 "우리"를 산산조각 내는 원인이 되었다는 일반적인 견해를 뒷받침한다. Jefferson Cowie, *The Great Exception: The New Deal and the Limits of American Politics* (Princeton: Princeton University Press, 2017) and Jefferson Cowie, *Stayin' Alive: The 1970s and the Last Days of the Working Class* (New York: New Press, 2010).

153 St. Clair Drake and Horace R. Cayton, *Black Metropolis: A Study of Negro Life in a Northern City*, revised and enlarged ed. (Chicago: University of Chicago Press, 1993), 101.

제7장   젠더와 미국적 "우리"

1 교차성(intersectionality)은 불이익의 경험을 확대하는 여러 중복된 형태의 차별을 견딘 역사적으로 배제된 수많은 집단에 속한 개인을 가리키는 개념이다. 그런 개념과 교차성의 결과에 관해 더 알고 싶다면 다음을 참고하라. Angela Y. Davis, *Women, Race, and Class* (New York: Vintage, 1983); Kimberle Crenshaw, "Demarginalizing the Intersection of Race and Sex: A Black Feminist Critique of Antidiscrimination Doctrine, Feminist Theory and Antiracist Politics," *University of Chicago Legal Forum*, vol. 1989, Article 8; *The Combahee River Collective Statement*, https:// americanstudies.yale. edu/sites/default/files/files/Keyword%20Coalition_Readings.pdf.

2 우리는 더 나아가 젠더 그 자체가 점점 논쟁적인 범주화의 한 형태라는 걸 인정한다.

3 Kate Clarke Lemay, ed., *Votes for Women! A Portrait of Persistence* (Princeton: Princeton University Press, 2019), 6~7.

4 같은 책, 5.

5 학자들 사이에서 페미니스트 행동주의가 하나의 "물결"로 일어났다는 개념은 논쟁적인 이론 체계이다(정확히 첫 번째 물결이 언제 시작되었는지도 마찬가지로 논쟁의 대상이다). 우리는 이 장 내내 이런 문제를 다룰 것이며, 궁극적으로 그런 이야기

의 타당성과 유용성에 의문을 갖는 역사학자들의 편을 들 것이다.

6   Christine Stansell, *The Feminist Promise: 1792 to the Present* (New York: Modern Library, 2011), 149.

7   Francine D. Blau and Anne E. Winkler, *The Economics of Women, Men, and Work*, 8th ed. (New York: Oxford University Press, 2018), 95.

8   Claudia Goldin, "The Work and Wages of Single Women, 1870~1920," *Journal of Economic History* 40, no. 1 (1980): 81~88; Claudia Goldin, "The Quiet Revolution That Transformed Women's Employment, Education, and Family," *American Economic Review* 96, no. 2 (May 2006): 1~21, doi:10.1257/000282806777212350.

9   Stansell, *The Feminist Promise*, 150.

10   인종의 교차점과 20세기 초 미국 페미니즘에 관해 더 상세히 알고 싶다면 Estelle B. Freedman, *No Turning Back: The History of Feminism and the Future of Women*, 1st ed. (New York: Ballantine, 2002), 73~81; Martha S. Jones, "The Politics of Black Womanhood, 1848~2008," in *Votes for Women!: A Portrait of Persistence*, ed. Kate Clarke Lemay (Princeton: Princeton University Press, 2019), 6~7.

11   헌법 수정안 자체는 모든 여성에게 적용되었지만, 6장에서 논한 것처럼 진행 중인 인종차별은 많은 흑인 여성을 사실상 투표에서 배제되도록 했다.

12   Stansell, *The Feminist Promise*, 154.

13   Claudia Goldin, "A Grand Gender Convergence: Its Last Chapter," *American Economic Review* 104, no. 4 (April 2014): 1091~1119, doi:10.1257/aer.104.4.1091.

14   역사학자들은 꾸준한 진전의 두 번째 스토리가 얼마나 폭넓게 적용되는지, 그 스토리가 인종과 계층 때문에 사회에서 계속 무시당한 여성들로 인한 더욱 느린 진전을 적절히 인정하는지 여부를 계속 논쟁하고 있다.

15   Sources for Figure 7.1: Historical Statistics of the United States, Millennial Edition Bc258-264, http://dx.doi.org/10.1017/ISBN-9780511132971; Trends in High School Dropout and Completion Rates in the United States: 2014 (National Center for Educational Statistics, US Department of Education, 2018), https://nces.ed.gov/pubs2018/2018117.pdf.

16   Nancy Woloch, *Women and the American Experience*, 1st ed. (New York: Alfred A. Knopf, 1984), 543; Susan B. Carter and Mark Prus, "The Labor Market and the American High School Girl, 1890~1928," *The Journal of Economic History* 42, no. 1 (March 1982): 164, doi:10.1017/S0022050700027030.

17   Claudia Goldin, "The Rising (and Then Declining) Significance of Gender," Working Paper 8915 (National Bureau of Economic Research) NBER Working Paper Series,

April 2002, 6~9, doi:10.3386/w8915.

18 도표 7.2와 7.3의 출처는 다음과 같다. US Department of Commerce, Census Bureau, U.S. Census of Population: 1960, vol. I, part 1; J. K. Folger and C. B. Nam, *Education of the American Population* (1960 Census Monograph); Current Population Reports, Series P-20, various years; Current Population Survey, Annual Social and Economic Supplement, 1970 through 2018; National Center for Education Statistics, Table 104.10. 대학교 졸업생이 된 여성의 비율은 실제로 1950년대에 감소되지 않았지만, 급속히 늘어나는 대졸자 남성의 퍼센티지를 따라가지 못했다. 제2차 세계대전 이후 교육, 결혼, 가정, 그리고 직업에 관한 여성들의 선택에 관한 흥미로운 개관을 보려면 다음을 참고하라. Jessica Weiss, *To Have and to Hold: Marriage, the Baby Boom, and Social Change* (Chicago: University of Chicago Press, 2000). 이 책은 이 시기의 젠더 관계를 직접 설명하기 위해 미국 부부들의 인터뷰를 원용한다.

19 Martha May, *Women's Roles in Twentieth-Century America*, Women's Roles in American History (Westport, CT: Greenwood Press, 2009), 98~99.

20 Blau and Winkler, *The Economics of Women, Men, and Work*, 197. 21 같은 책, 196~99.

21 같은 책, 196~99.

22 Goldin, "The Quiet Revolution That Transformed Women's Employment, Education, and Family," 18~19.

23 20세기 말에 더욱 가파른 "여러 혁명"의 길을 준비했던 완만하고 꾸준한 "여러 발전"에 관한 생각을 더욱 자세하게 보려면 다음을 참고하라. Goldin, "The Quiet Revolution That Transformed Women's Employment, Education, and Family."

24 몇몇 학자가 지적한 것처럼 여성의 "일"을 어떻게 정확하게 정의하고 판단하는지를 두고 논란이 있다. 하숙을 치고, 농장에서 작업하고, 가내수공업에 종사하는 등 많은 역사적인 여성의 일 형태가 일반적인 "노동 인구" 기준에 포함되지 않았다. 게다가 이런 비급여 노동은 믿기 힘들 정도로 추정하기 어려운데, 젠더 불평등을 검토할 때 "시장 노동"을 활용하거나 혹은 임금 노동 시장에서의 일을 활용하는 방법이 가장 적절하다는 데 대체로 동의하고 있다. 예로 다음을 참조하라. Michael B. Katz, Mark J. Stern, and James J. Fader, "Women and the Paradox of Economic Inequality in the Twentieth-Century," *Journal of Social History* 39, no. 1 (2005): 65~88.

25 클라우디아 골딘은 이런 느리고 꾸준한 추세의 한 가지 예외를 다음과 같이 확인했다. "한 살 이하의 자녀를 둔 20세부터 44세 기혼 여성의 노동 인구 참여율은 1973년 0.20에서 2000년 0.62로 치솟았다."

26 U.S. Department of Labor, Bureau of Labor Statistics, Table A-1, Employment Status of the Civilian Population by Sex and Age, https://www.bls.gov/news.release/empsit.t01.

htm.

27 예를 들어 아프리카계 미국 여성은 이른 나이부터 높은 비율로 일했는데, 이는 종종 짐 크로 법 시행 하에서 아프리카계 미국 남성이 가족을 부양할 정도로 충분히 벌 수 없었다는 현실의 결과다. 즉 많은 흑인 부인이 필요에 의해 일했다는 뜻이다. 흑 인 여성은 대공황 동안 실업 측면에서 가장 타격이 컸고, 1950년 이후 노동 인구 참 여에서 가장 큰 이득을 봤다.

28 Susan B. Carter, "Labor Force," in *Historical Statistics of the United States: Earliest Times to the Present*, ed. Susan B. Carter et al. (New York: Cambridge University Press, 2006), 2~26.

29 Goldin, "The Rising (and Then Declining) Significance of Gender," 36. See also Claudia Goldin, *Understanding the Gender Gap: An Economic History of American Women*, NBER Series on Long-Term Factors in Economic Development (New York: Oxford University Press, 1990), chaps. 3, 4.

30 Freedman, *No Turning Back: The History of Feminism and the Future of Women*, 176~79.

31 Blau and Winkler, *The Economics of Women, Men, and Work*, 173.

32 Elise Gould, "The State of American Wages 2017: Wages Have Finally Recovered from the Blow of the Great Recession but Are Still Growing Too Slowly and Unequally" (Economic Policy Institute, March 1, 2018).

33 "Equal Pay Day: What You Need to Know About the Gender Wage Gap in 2017," *Fem-Chat*, April 4, 2017, https://femchat-iwpr.org/2017/04/04/equal-pay-day-2017/.

34 Ariane Hegewisch and Heidi Hartmann, "The Gender Wage Gap: 2018 Earnings Differences by Race and Ethnicity," March 2019, https://iwpr.org/wp-content/uploads/2019/03/C478_Gender-Wage-Gap-in-2018.pdf.

35 See Figure 2, Ariane Hegewisch et al., "Separate and Not Equal? Gender Segregation in the Labor Market and the Gender Wage Gap," September 2010, https://iwpr.org/wp-content/uploads/wpallimport/files/iwpr-export/pub lications/C377.pdf.

36 Julie Brines, "Economic Dependency, Gender, and the Division of Labor at Home," *American Journal of Sociology* 100, no. 3 (1994): 652~88, doi:10.1086/230577.

37 Claudia Goldin et al., "The Expanding Gender Earnings Gap: Evidence from the LEHD-2000 Census," *American Economic Review* 107, no. 5 (2017): 110~14, doi:10.1257/aer.p20171065; Erling Barth and Claudia Olivetti, *The Dynamics of Gender Earnings Differentials: Evidence from Establishment Data*, vol. 23381 (Cambridge: National Bureau of Economic Research, 2017).

38 Nikki Graf, Anna Brown, and Eileen Patten, "The Narrowing, but Persistent, Gender

Gap in Pay" (Pew Research Center, March 22, 2019), https://www.pewresearch.org/fact-tank/2019/03/22/gender-pay-gap-facts/.

39   Francine D. Blau, Peter Brummund, and Albert Liu, "Trends in Occupational Segregation by Gender 1970~2009: Adjusting for the Impact of Changes in the Occupational Coding System," *Demography* 50, no. 2 (April 2013): 471- 92, doi:10.1007/s13524-012-0151-7. 도표 7.8의 출처는 다음을 참조하라. Matthew Sobek, *Historical Statistics of the United States, Earliest Times to the Present: Millennial Edition*, Table Ba4207-4213; US Census (1950-2000; Steven Ruggles, Katie Genadek, Ronald Goeken, Josiah Grover, and Matthew Sobek, Integrated Public Use Microdata Series: Version 7.0 [dataset] (Minneapolis: University of Minnesota, 2017); American Community Survey (2001-2016); Ruggles et al. (2017) as calculated by Kim A. Weeden.

40   여러 연구는 이런 사실을 보여준다. 1970년대 이후 직업적 흑백분리에서 대부분의 변화는 실제로 이전은 남성이 우세한 직업들에 여성이 진입했기 때문이었다. 다음을 참고하라. Blau and Winkler, *The Economics of Women, Men, and Work*, 168.

41   어떻게 직업적 분리가 계산되는지 더 많은 기술적인 설명을 보려면 같은 책, 165.

42   같은 책, 159.

43   Woloch, *Women and the American Experience*, 240.

44   Goldin, "The Rising (and Then Declining) Significance of Gender," 10~11.

45   같은 책, 20~22.

46   James T. Patterson, *Grand Expectations: The United States, 1945~1974*, The Oxford History of the United States, vol. 10 (New York: Oxford University Press, 1996), 33.

47   Blau and Winkler, *The Economics of Women, Men, and Work*, 30.

48   Emilie Stoltzfus, *Citizen, Mother, Worker: Debating Public Responsibility for Child Care after the Second World War*, Gender & American Culture (Chapel Hill: University of North Carolina Press, 2003).

49   하지만 노동 계급 흑인 여성은 "동일 직업, 동일 임금"을 훨씬 더 지지했는데, 이들이 남성의 일 등 더 "힘들고 더러운" 일에 빈번히 종사했기 때문이었다. Dorothy Sue Cobble, *The Other Women's Movement: Workplace Justice and Social Rights in Modern America*, Politics and Society in Twentieth-Century America (Princeton: Princeton University Press, 2004), 98~101.

50   David M. Kennedy, *Freedom from Fear: The American People in Depression and War, 1929~1945*, The Oxford History of the United States, vol. 9 (New York: Oxford University Press, 2001), 779~81.

51   Goldin, "The Rising (and Then Declining) Significance of Gender," 4.

52 Patterson, *Grand Expectations*, 361~69. 이런 결론은 다음에서도 반복된다. Kennedy, *Freedom from Fear*, 781~82.

53 Janet E. Halley, Catharine A. MacKinnon, and Reva B. Siegel, *Directions in Sexual Harassment Law* (New Haven: Yale University Press, 2004), 8~11.

54 Ariane Hegewisch and Emma Williams-Baron, "The Gender Wage Gap by Occupation 2016; and by Race and Ethnicity" (Institute for Women's Policy Research, April 4, 2017), https://iwpr.org/publications/gender-wage-gap-oc cupation-2016-race-ethnicity/.

55 See Ruth Milkman, *On Gender, Labor, and Inequality* (Chicago: University of Illinois Press, 2016).

56 Katz, Stern, and Fader, "Women and the Paradox of Economic Inequality in the Twentieth-Century." 궁극적으로 젠더 격차를 줄일 수 있는 근무 일정에서의 더 큰 유연성을 가져오는 여러 방법에 관한 논의는 Goldin, "A Grand Gender Convergence: Its Last Chapter." See also Francine D. Blau and Lawrence M. Kahn, "The Gender Wage Gap: Extent, Trends, and Explanations," Working Paper 21913 (National Bureau of Economic Research, January 2016), doi:10.3386/w21913; and Youngjoo Cha and Kim A. Weeden, "Overwork and the Slow Convergence in the Gender Gap in Wages," *American Sociological Review* 79, no. 3 (June 2014): 457~84, doi:10.1177/0003122414528936.

57 도표 7.9의 출처는 다음을 참조하라. 1920~1936: J. Kevin Corder and Christina Wolbrecht, *Counting Women's Ballots: Female Voters from Suffrage Through the New Deal* (Cambridge: Cambridge University Press, 2016), 258; 1948~2016: American National Election Study Guide to Public Opinion and Electoral Behavior, "Voter Turnout 1948~2016." See also "Gender Differences in Voter Turnout," Center for American Women and Politics, Eagleton Institute of Politics, Rutgers University (September 16, 1919), https://cawp.rutgers.edu/sites/de fault/files/resources/genderdiff.pdf.

58 페미니즘의 두 물결 사이에서, 여성의 정치적 활동에 소강상태가 있었다는 생각을 고무하는 학문의 대표적인 견해는 Ethel Klein, *Gender Politics: From Consciousness to Mass Politics* (Cambridge, MA: Harvard University Press, 1984), chap. 1. 수정주의자의 견해를 보려면 아래 언급한 크리스틴 고스의 저술을 참고할 것. 계속 진행 중인 여성의 행동주의에 관한 추가적인 기록, 특히 지역 수준의 기록을 보려면 다음을 참고하라. Kathleen A. Laughlin and Jacqueline L. Castledine, *Breaking the Wave: Women, Their Organizations, and Feminism, 1945~1985*, New Directions in American History (New York: Routledge, 2011); and Susan M. Hartmann, *The Other Feminists: Activists in the Liberal Establishment* (New Haven: Yale University Press, 2013). 1930년대부터 1960년대까지 노동 계급과 아프리카계 미국인 행동주의에 관한 논의를 보려면 다음을 참

고하라. Annelise Orleck, "We Are That Mythical Thing Called the Public: Militant Housewives During the Great Depression," in *Unequal Sisters: An Inclusive Reader in U.S. Women's History*, 4th ed. (New York: Routledge, 2008); Lisa Levenstein, "African American Women and the Politics of Poverty in Postwar Philadelphia," *OAH Magazine of History* 26, no. 1 (January 1, 2012): 31~35, doi:10.1093/oahmag/oar051; Rhonda Y. Williams, *The Politics of Public Housing: Black Women's Struggles Against Urban Inequality* (New York: Oxford University Press, 2004); and Roberta Gold, "'I Had Not Seen Women like That Before': Intergenerational Feminism in New York City's Tenant Movement," in *No Permanent Waves: Recasting Histories of U.S. Feminism* (New Brunswick, NJ: Rutgers University Press, 2010).

59 학자들은 20세기 첫 65년 동안에 정당에서 나타나는 여성의 발전하는 역할에 관한 해석이 서로 다르다. 예로 다음에 수록된 에세이들을 비교하라. Melanie S. Gustafson, Kristie Miller, and Elisabeth Israels Perry, *We Have Come to Stay: American Women and Political Parties, 1880~1960* (Albuquerque: University of New Mexico Press, 1999).

60 Kristin A. Goss, "The Swells Between the 'Waves': American Women's Activism, 1920~1965," in *The Oxford Handbook of U.S. Women's Social Movement Activism*, Oxford Handbooks Online (New York: Oxford University Press, 2017), 53.

61 여성의 문제가 어떻게 정당 정책과 상호 작용했는지 자세한 역사를 파악하려면 Jo Freeman, *A Room at a Time: How Women Entered Party Politics* (Lanham, MD: Rowman & Littlefield, 2000).

62 Kristin A. Goss, *The Paradox of Gender Equality: How American Women's Groups Gained and Lost Their Public Voice*, CAWP Series in Gender and American Politics (Ann Arbor: University of Michigan Press, 2013).

63 Cobble, *The Other Women's Movement*, 145, quoted in Goss, "'The Swells Between the 'Waves': American Women's Activism, 1920~1965," 59~60.

64 Kristi Andersen, *After Suffrage: Women in Partisan and Electoral Politics Before the New Deal*, American Politics and Political Economy (Chicago: University of Chicago Press, 1996), 16, 119.

65 A. W. Geiger, Kristen Bialik, and John Gramlich, "The Changing Face of Congress in 6 Charts," *Fact Tank—News in the Numbers*, February 15, 2019, https://www.pewresearch.org/fact-tank/2019/02/15/the-changing-face-of-congress/.

66 Elaine Martin, "Bias or Counterbalance? Women Judges Making a Difference," in *Women in Politics: Outsiders or Insiders?*, 4th ed. (Upper Saddle River, NJ: Prentice-Hall, 2005),

21.

67   Drew Desilver, "A Record Number of Women Will Be Serving in the New Congress,"
Fact Tank: News in the Numbers, December 18, 2018, https:// www.pewresearch.org/
fact-tank/2018/12/18/record-number-women-in-con gress/.

68   그런 역사적 해석의 사례를 두 가지만 들겠다. William H. Chafe, *The Paradox of
Change: American Women in the 20th Century* (Oxford: Oxford University Press, 1992),
157; and Rosalind Rosenberg, *Divided Lives: American Women in the Twentieth Century*
(New York: Hill & Wang, 1992), 130~31. 여성에 관한 태도가 20세기 중반에 거의 변
하지 않았다는 주장을 뒷받침하고자 역사학자들이 활용하는 가장 자주 인용된 여론
조사 중 세 가지는 "The Fortune Survey: Women in America, Part I," *Fortune* 34, no. 2
(August 1946): 5~5; "The Fortune Survey: Women in America, Part 2," *Fortune* 34, no.
3 (September 1946): 5~5; and "The American Woman: Her Attitudes on Family, Sex,
Religion and Society," *Saturday Evening Post*, December 22~29, 1962, 15~32.

69   예로 다음을 참고하라. Christopher H. Achen, "Mass Political Attitudes and Survey
Response," *American Political Science Review* 69, no. 4 (December 1975): 1218~31,
doi:10.2307/1955282; Duane F. Alwin and Jon A. Krosnick, "Aging, Cohorts, and the
Stability of Sociopolitical Orientations Over the Life Span," *American Journal of Sociol-
ogy* 97, no. 1 (July 1991): 169~95, doi:10.1086/229744; David O. Sears and Carolyn L.
Funk, "Evidence of the Long-Term Persistence of Adults' Political Predispositions," *The
Journal of Politics* 61, no. 1 (1999): 1~28, doi:10.2307/2647773; and Gregory Markus,
"Stability and Change in Political Attitudes: Observed, Recalled, and 'Explained,'" *Po-
litical Behavior* 8, no. 1 (1986): 21~44, doi:10.1007/BF00987591.

70   집단 내부에서 남성과 여성 응답자 사이의 차이도 있다. 대체로 여성은 남성보다 태
도에서 더욱 페미니스트적인 경향을 보인다. 같은 경향은 데이터가 응답자의 성별
로 분해되었을 때도 명백하다. 예를 들어 제2차 세계대전 이전 집단의 여성은 X세
대 여성보다 견해에서 훨씬 덜 평등주의적이다. 하지만 흥미롭게도 이런 응답에서
의 성별로 구분되는 차이는 베이비붐 세대와 함께 사라지기 시작했는데, 성별에 관
한 더욱 평등주의적 관점을 향한 변화에서 남성이 여성을 따라잡기 시작했기 때문
이다. 남녀 베이비 부머와 X세대는 젠더평등에 관해 무척 비슷한 견해를 보이는 경
향이 있다. 추가적으로 응답자가 교육 수준으로 분석될 때도 차이가 있다. 1970년대
와 1980년대 내내 고등학교를 졸업하거나 혹은 그 이하의 교육 수준인 응답자는 고
등학교 졸업보다 더 상위의 학위를 지닌 응답자에 비해 젠더평등을 덜 지지한다. 하
지만 1990년대와 2000년대에 이런 차이는 사라지는 경향을 보였다. 마지막으로 우
리는 세대적 분석이 여러 방법론적 복잡성을 내포한다는 걸 주목한다. 특히 여기서

우리의 분석은 6장에서처럼 어떤 중요한 생활 주기 변화를 추정한다. 대다수 분석가는 최우선 근사치로서 그런 추정이 합리적이라는 데 동의할 것이다. 그런 추정이 우리가 제공하는 세대적 추정치를 다소 줄일 수도 있겠지만, 젠더 간 여러 차이를 사라지게 할 가능성은 낮다.

71 Roberta S. Sigel, *Ambition & Accommodation: How Women View Gender Relations* (Chicago: University of Chicago Press, 1996).

72 이런 변동이 없는 현상의 증거는 다음에서도 찾을 수 있다. Arland Thornton and Linda Young-Demarco, "Four Decades of Trends in Attitudes Toward Family Issues in the United States: The 1960s Through the 1990s," *Journal of Marriage and the Family* 63, no. 4 (2001): 1009~37; and Kristin Donnelly et al., "Attitudes Toward Women's Work and Family Roles in the United States, 1976– 2013," *Psychology of Women Quarterly* 40, no. 1 (2016): 41~54, doi:10.1177/0361684315590774.

73 도표 7.13은 집단이 종합 사회 조사 기관에서 대변된 조사 시기 동안 젠더평등 지지의 지표로 기록된 평균적 집단에 토대를 둔다. 예를 들어 1920년과 1959년 사이에 태어난 미국인은 1972년과 2014년 사이의 모든 조사에 나타났지만, 1920년 이전 태어난 미국인은 2002년 이후 조사에서 사라졌으며, 그러는 사이 1980년 이후 태어난 미국인은 2000년에야 조사에 나타난다. 세대적 차이를 계산하는 더욱 정교한 방법은 본질적으로 같은 세기 동안 나타나는 상승 곡선을 산출하게 된다. 도표 7.13에서 집단은 그들이 태어난 때가 아닌 그들이 "성인이 된" 때나 20세가 된 때, 즉 대다수 학자가 사회화가 완료된 때라고 동의하는 시기의 측면으로 분류되었다. 낙태를 향한 태도는 퍼트넘과 캠벨의 책 *American Grace*, 406~14와 그곳에 인용된 여러 출처에서 상세하게 논한 것처럼 무척 다르고 독립적인 시간 경향을 보이며, 그 때문에 이 지표에 포함되지 않았다.

74 David Cotter and Joanna Pepin, "Trending Towards Traditionalism? Changes in Youths' Gender Ideology" (Council on Contemporary Families, March 30, 2017), https://contemporaryfamilies.org/2-pepin-cotter-tradi tionalism/.

75 Stephanie Coontz, "Do Millennial Men Want Stay-at-Home Wives?," *New York Times*, March 31, 2017, Opinion, https://www.nytimes.com/2017/03/31/opinion/sunday/do-millennial-men-want-stay-at-home-wives.html.

76 David Cotter, Joan M. Hermsen, and Reeve Vanneman, "The End of the Gender Revolution? Gender Role Attitudes from 1977 to 2008," *American Journal of Sociology* 117, no. 1 (July 2011): 259~89, doi:10.1086/658853.

77 Virginia Sapiro, "News from the Front: Inter-Sex and Intergenerational Conflict over the Status of Women," *Western Political Quarterly* 33, no. 2 (1980): 260~77, doi:10.2307/447298; Pia Peltola, Melissa A. Milkie, and Stanley Presser, "The 'Feminist' Mystique: Feminist Identity in Three Generations of Women," *Gender and Society* 18, no. 1 (2004): 122~44, doi:10.1177/0891243203259921.

78 Jennifer Glass, "Parenting and Happiness in 22 Countries" (Council on Contemporary Families, June 15, 2016), https://contemporaryfamilies.org/brief-parenting-happiness/.

79 Keira V. Williams, *Gendered Politics in the Modern South: The Susan Smith Case and the Rise of a New Sexism*, Making the Modern South (Baton Rouge: Louisiana State University Press, 2012). 또한 언급할 만한 흥미로운 것이 있다. 1990년대 중반에 공화당 공약은 이전에 그들이 선취했던 문제인 여성의 권리에 관해 전혀 언급하지 않았다.

80 여기에서 인용한 몇 가지 설명과 다른 설명에 관한 유용한 개요를 보려면 다음을 참고하라. Stephanie Coontz, "Gender and Millennials Online Symposium: Overview" (Council on Contemporary Families, March 30, 2017), https://contem poraryfamilies. org/coontz-overview/.

81 이런 주제에 관한 정치학 문헌 분야를 조사하는 이 논문은 보통 이런 데이터와 해석을 지지한다. "대체로 1960년대 초부터 1990년대까지 성 역할 전통주의에서 벗어난 추세는 여성운동의 국가적 부상 이전에 시작되었다." N. Burns and K. Gallagher, "Public Opinion on Gender Issues: The Politics of Equity and Roles," *Annual Review Of Political Science* 13, no. 1 (June 15, 2010): 425~43, doi:10.1146/annurev.polis-ci.12.040507.142213.

82 Sigel, *Ambition & Accommodation*.

83 예로 다음을 참조할 것. Carol J. Adams, "The Book That Made Us Feminists," *New York Times*, September 7, 2017, Opinion, https://www.nytimes.com/2017/09/07/opin-ion/sunday/kate-millet-feminists.html.

84 Goldin, "The Quiet Revolution That Transformed Women's Employment, Education, and Family."

85 예로 다음을 참조할 것. Kimberle Crenshaw, "Mapping the Margins: Intersectionality, Identity Politics, and Violence Against Women of Color," *Stanford Law Review* 43, no. 6 (1991): 1241~99, doi:10.2307/1229039; and Jocelyn Frye, "Racism and Sexism Combine to Shortchange Working Black Women," *Center for American Progress*, August 22, 2019, https://www.americanprogress.org/issues/women/news/2019/08/22/473775/racism-sexism-combine-short change-working-black-women/.

86 *American Women: The Report of the President's Commission on the Status of Women and Other Publications of the Commission* (New York: Charles Scribner's Sons, 1965) 190, 198.

1　이런 비유는 미 항공 우주국(NASA)의 마이클 워너 덕분이다. Michael Werner and Peter Eisenhardt, *More Things in the Heavens: How Infrared Astronomy Is Expanding Our View of the Universe* (Princeton: Princeton University Press, 2019).

2　Frederick Lewis Allen, *Since Yesterday: The 1930s in America, September 3, 1929–September 3, 1939* (New York: Harper & Brothers, 1940), 241.

3　2장에서 경제적 평등에 관한 핵심 변수 중 다수가 1913년 전에 사라지고 있었기 때문이다. 해당 곡선은 1913년에 가서야 시작한다.

4　엄밀히 따지면 이 책에서 보고된 수십 가지 변수는 무척 다중곡선 적이다.

5　교차 투표는 또한 10년 정도 다른 변수들을 뒤처지게 한 것으로 보인다. 우리는 그런 변칙에 대한 설명을 제공하지 못한다.

6　수량을 중시하는 독자들은 이 책이 사회적 변화의 두 번째 파생물에 집중한다는 걸 인식하게 될 것이다.

7　우연하게도 미국 정부는 1930년대 초에 그런 연구를 후원했다. 1930년 사회학을 굳게 믿었던 허버트 후버는 여러 학문 분야가 관련된 대규모 연구서를 의뢰했는데, 이것이 사회적 추세에 관한 미국 대통령 연구 위원회의『미국에서의 최근 사회적 경향: 사회적 경향에 관한 대통령 연구 위원회의 보고』(뉴욕, 맥그로힐, 1933)이다. 얄궂게도 이 책이 출판되었을 때 후버는 대통령이 아니었다. 이 연구는 한때 미국 역사학자에게 친숙한 데이터 출처였지만, 최근 몇 십 년 간 사용하지 않게 되었다. 몇몇 장은 실제로 당시 그런 "최신" 사회적 추세가 무엇을 뜻하는지에 관한 선견지명이 있는 분석을 제공했지만, 20세기 미국에 어떤 일이 벌어질 것인지 추측하기엔 시기적으로 너무 일렀다. 예를 들어 호넬 하트가『타임』지나『룩』지 같은 당시 급증하던 정기 간행물에서 나타나는 여러 추세를 탐구하기 위해 작성한 그 책의 8장「변화하는 사회적 태도와 관심사」를 참고할 것.

8　Albert O. Hirschman, *Shifting Involvements: Private Interest and Public Action*(Princeton: Princeton University Press, 1982).

9　콜린 우다드는 추 비유를 활용하고 우리의 것과 폭넓게 일치하는 방식으로 미국사를 설명하는 또 다른 학자이다. 그는 도금시대의 자유주의자 우세, 뉴딜정책부터 위대한 사회까지의 공동체주의자 우세, 그리고 닉슨부터 트럼프까지 재개된 자유주의자 우세를 이야기한다. 하지만 그의 해석은 공동체주의자 뉴잉글랜드부터 자유주의자 애팔래치아 지방까지 이르는 11개 지역 문화 혹은 "지방" 사이의 변화하는 우세에 의존하고 있으며, 왜 추가 이리저리 흔들렸는지 이해하는 데 도움을 거의 주지 못한다. Colin Woodard, *American Character: A History of the Epic Struggle Between Individual*

Liberty and the Common Good (New York: Viking, 2016).

10 조너선 F. 퍼트넘 덕분에 이런 핵심 문제를 우리가 명확하게 짚어낼 수 있었다.

11 이는 가설에 근거한 사례가 아니다. 존 V. 두카와 제이슨 L. 세이빙은 고도로 정교한 계량 경제학 방법을 활용하여 "양극화와 불평등 사이의 양방향성 피드백"에 관한 증거를 찾는다. John V. Duca and Jason L. Saving, "Income Inequality and Political Polarization: Time Series Evidence over Nine Decades," *Review of Income and Wealth* 62, no. 3 (September 2016): 445~66, doi:10.1111/roiw.12162.

12 이런 의미에서 "스토리"는 단순히 재미있는 이야기가 아니라 역사적 결과를 설명하는 데 도움을 주는 일련의 연관된 사건들이다.

13 Robert J. Shiller, *Narrative Economics: How Stories Go Viral and Drive Major Economic Events* (Princeton, NJ: Princeton University Press, 2019), ix. 상세하게는 쉴러의 경제학에서의 스토리 활용이 여기서 우리의 스토리 활용과 같지 않지만, 그럼에도 불구하고 유사점은 유익하다.

14 Allen, *Explorations in Classical Sociological Theory: Seeing the Social World*, 3rd ed. (Los Angeles: Sage Publications, 2013), chap. 5; https://uk.sagepub.com/sites/default/files/upm-binaries/6109_Allen__Chapter_5[1]__Authority_and_Rationality Max_Weber.pdf,148.Weberquotationisin*From Max Weber: Essays in Sociology*, eds. M. Weber, H. Gerth, and C. W. Mills (New York: Oxford University Press, 1946), 280.

15 Steven Brill, *Tailspin: The People and Forces Behind America's Fifty-Year Fall— And Those Fighting to Reverse It* (New York: Alfred A. Knopf, 2018). 베이비붐 세대의 능력 중시 문화를 비난하는 책. Bruce Gibney, *A Generation of Sociopaths: How the Baby Boomers Betrayed America* (New York: Hachette, 2017). 베이비붐 세대의 특권 의식을 비난하는 책. Francis Fukuyama, *The Great Disruption: Human Nature and the Reconstitution of Social Order* (New York: Free Press, 1999)는 위의 두 책보다 더 세련된 것이다. 문화적 변화를 핵심 변수로 강조하고 있으며, 그러한 변화는 피임약, 임금 노동 인구로의 여성 진입, 그에 따른 가정의 붕괴로 추진되었다고 본다.

16 이것이 그렇지 않았다면 우리가 크게 감탄했을 법한 이 책의 논지이다. 유발 레빈, 『파열된 공화국: 개인주의 시대에서 재개되는 미국의 사회적 접촉』(뉴욕, 베이직 북스, 2016). 우리와 레빈은 20세기 미국사의 기본적인 곡선으로 이루어진 패턴에는 동의한다. 그는 그것을 "한데 모이다 이어 갈라지는" 패턴이라고 표현했다. 그러나 다음 장에서 논할 것처럼 진보시대에 관한 우리의 해석은 다르다. 레빈의 관점에서 보자면, 진보주의자는 강력한 상의하달식 중앙정부를 미국에 도입하여 결과적으로 시민 사회와 미국의 "파열"을 유발했다. 우리가 이해한 바는 그와는 정반대로, 진보 운동은 상의하달식보다는 훨씬 하의상달식이었고, 실제로 국지적인 해결책과 시민 사

회 혁명의 강렬한 개화를 가져왔고, 이것이 연방 프로그램으로 발전했다. 레빈은 "한데 모이는" 시기를 "갈라지는" 시기만큼 논하지 않았고, 따라서 우리 곡선의 첫 절반에 관한 그의 설명은 덜 분명하다. 얄궂게도 이런 차이를 생각하더라도 우리와 레빈은 나라를 바로잡는 것을 향한 중요한 첫 단계가, 주와 지역 수준에서의 전국적 정책 실험, 즉 진보주의 법학자 루이스 브랜다이스가 말한 "민주주의 실험실"이라는 점에서는 서로 동의한다.

17   Robert D. Putnam, *Bowling Alone: The Collapse and Revival of American Community* (New York: Simon & Schuster, 2000), 281~82.

18   Federal Reserve Bank of St. Louis and U.S. Office of Management and Budget, Federal Net Outlays as Percent of Gross Domestic Product [FYONGDA188S], retrieved from FRED, Federal Reserve Bank of St. Louis; https:// fred.stlouisfed.org/series/FYONG-DA188S, December 8, 2019. 국내총생산의 일부로서 정부의 모든 수준에서 나타난 총지출에 관해서는 다음을 참고하라. https://www.usgovernmentspending.com/past_spending. 이 시기 전체에 걸쳐 두 세계대전은 어마어마한 지출 급증과 연관되지만, 우리의 분석은 그런 급증이 전쟁보다 오래 지속되어 발생했을 뿐이라고 생각한다.

19   Émile Durkheim, *Suicide: A Study in Sociology* (New York: Free Press, 1951).

20   William Graham Sumner, *Folkways: A Study of the Sociological Importance of Usages, Manners, Customs, Mores, and Morals* (Boston: Ginn & Co, 1911), 12~13.

21   Putnam, *Bowling Alone*, 267~72.

22   예로 다음을 참고하라. Richard G. Wilkinson and Kate Pickett, *The Spirit Level: Why More Equal Societies Almost Always Do Better* (New York: Allen Lane, 2009); Eric M. Uslaner and Mitchell Brown, "Inequality, Trust, and Civic Engagement," *American Politics Research* 33, no. 6 (2005): 868~894, doi:10.1177/1532673X04271903; and Keith Payne, *The Broken Ladder: How Inequality Affects the Way We Think, Live, and Die* (New York: Viking, 2017).

23   David Morris Potter, *People of Plenty: Economic Abundance and the American Character* (Chicago: University of Chicago Press, 1954).

24   다음을 참조하라. Tyler Cowen, *The Great Stagnation: How America Ate All the Low-Hanging Fruit of Modern History, Got Sick, and Will (Eventually) Feel Better* (New York: Dutton, 2011); and John L. Campbell, *American Discontent: The Rise of Donald Trump and Decline of the Golden Age* (Oxford: Oxford University Press, 2018). For a sophisticated and thoroughly documented argument about the effects of technological innovation and productivity (1920–1970), see Robert J. Gordon, *The Rise and Fall of American Growth: The U.S. Standard of Living Since the Civil War* (Princeton: Princeton

University Press, 2016).

25 Sendhil Mullainathan and Eldar Shafir, *Scarcity: Why Having Too Little Means So Much* (New York: Times Books/Henry Holt, 2013). 또한 다음을 참조하라. Benjamin Friedman, "The Moral Consquences of Economic Growth," *Society* 43 (January/February 2006): 15~22.

26 E. J. Hobsbawm, *The Age of Extremes: A History of the World, 1914~1991,* 1st American ed. (New York: Vintage, 1994), 15~16, 286~87.

27 흥미롭게도 엔그램에 따르면 "자아실현(self-actualization)"이라는 용어가 1960년대 중에 폭발적으로 흔히 사용되었고, 잉글하트가 자신의 주장을 만들어내는 중이던 1975년엔 절정에 달했다. 그리고 이후 사실상 미국 문화에서 사라졌다. 잉글하트가 자신의 주장을 처음 명확하게 표현한 건 다음에서였다. Ronald Inglehart, "The Silent Revolution in Europe: Intergenerational Change in Post-Industrial Societies," *American Political Science Review* 65, no. 4 (1971): 991~1017, doi:10.2307/1953494, and his subsequent book, Ronald Inglehart, *The Silent Revolution: Changing Values and Political Styles Among Western Publics* (Princeton: Princeton University Press, 1977). 훌륭한 경험적 뿌리를 가진 이론가들처럼, 잉글하트는 자신의 이론이 처음 출판된 이후 거의 50년 동안 그것을 확장하고 어느 정도 수정했다. 마지막 버전을 보려면 Ronald Inglehart, *Cultural Evolution: People's Motivations Are Changing, and Reshaping the World* (New York: Cambridge University Press, 2018).

28 Jynnah Radford, "Key Findings about U.S. Immigrants" (Pew Research Center, December 6, 2019), https://www.pewresearch.org/fact-tank/2019/06/17/key-findings-about-u-s-immigrants/.

29 Robert D. Putnam, "E Pluribus Unum: Diversity and Community in the Twenty-first Century: The 2006 Johan Skytte Prize Lecture," *Scandinavian Political Studies* 30, no. 2 (2007): 137~74, doi:10.1111/j.1467-9477.2007.00176.x.

30 역사적인 이민자의 미국 편입에 관한 최고의 연구들은 다음과 같다. *E Pluribus Unum?: Contemporary and Historical Perspectives on Immigrant Political Incorporation,* eds. Gary Gerstle and John H. Mollenkopf (New York: Russell Sage Foundation, 2001); Richard D. Alba and Victor Nee, *Remaking the American Mainstream: Assimilation and Contemporary Immigration* (Cambridge: Harvard University Press, 2003); and Richard D. Alba, *Blurring the Color Line: The New Chance for a More Integrated America,* The Nathan I. Huggins Lectures (Cambridge: Harvard University Press, 2009).

31 Andrew Kohut, "From the archives: In '60s, Americans gave thumbs-up to immigration law that changed the nation," Pew Research Center Fact Tank (September 20, 2019).

https://www.pewresearch.org/fact-tank/2019/09/20/in-1965-majority-of-americans-fa-vored-immigration-and-nationality-act-2/#more-266999.

32 Anne Case and Angus Deaton, *Deaths of Despair and the Future of Capitalism* (Princeton: Princeton University Press, 2020), 227, 225, citing National Academies of Sciences, Engineering, and Medicine. The Economic and Fiscal Consequences of Immigration (Washington, DC: The National Academies Press, 2017.)

33 1960년대에 관한 여러 논의 중에 그런 레이블이 포함하는 시기가 정확히 어떤 해들 (years)인지를 따지는 논의도 들어 있다. "1960년대"가 얼마나 긴지, 혹은 짧은지에 관한 예리하고 재치 있는 개요를 보려면 다음을 참고하라. M. J. Heale, "The Sixties as History: A Review of the Political Historiography," *Reviews in American History* 33, no. 1 (2005): 133~52, esp. 135. 여기서 우리는 대략 1960년부터 1975년까지의 시기, 때로 "오래 지속되는 1960년대"라 불리는 시기를 추정하는 가장 전통적인 관행을 따랐다.

34 Mark Lilla, *The Once and Future Liberal: After Identity Politics* (New York: HarperCollins, 2017), 8.

35 1960년대에 관한 권위 있는 다양한 여러 관점을 보려면 James T. Patterson, *Grand Expectations: The United States, 1945~1974*, The Oxford History of the United States, vol. 10 (New York: Oxford University Press, 1996); Arthur Marwick, *The Sixties: Cultural Revolution in Britain, France, Italy, and the United States, c.1958−c.1974* (New York: Oxford University Press, 1998); and Maurice Isserman and Michael Kazin, *America Divided: The Civil War of the 1960s*, 3rd ed. (New York: Oxford University Press, 2008).

36 "혁명"은 홉스봄의 책 『극단의 시대』 10장의 제목에서 가져온 것이고, "르네상스"는 같은 책 5장부터 18장까지에서 가져온 것이다. "충격파"와 "균열"은 대니얼 T. 로저스의 책 『균열의 시대』(케임브리지, 매사추세츠, 하버드 대학 출판사의 벨크냅 출판사, 2011) 4페이지에서, "새로운 미국"은 앤드루 하트먼의 책 『미국의 정신을 위한 전쟁: 문화 전쟁의 역사』(2판, 시카고, 시카고 대학 출판사, 2019) 2페이지에서, "모든 것이 변화했다"는 롭 커크패트릭의 책 『1969: 모든 것이 변화한 해』(뉴욕, 스카이호스 출판사, 2009)에서 가져왔다.

37 Isserman and Kazin, *America Divided*, 305.

38 Todd Gitlin, *The Sixties: Years of Hope, Days of Rage*, rev. ed. (New York: Bantam, 1993).

39 모든 역사학자가 "두 가지 1960년대"비유를 받아들이는 건 아니다. 예로 밴 고스의 『뉴레프트 재고: 해석적인 역사』(뉴욕, 팰그레이브 맥밀런 출판사, 2005)는 1960년대 후기 여러 운동을 1960년대 초기 기풍의 더 다각적인 여러 버전으로 보고 있으며, 여전히 단일 운동의 일부로 생각한다.

40 Hobsbawm, *The Age of Extremes*, 334.

41 1960년대의 분열 주제를 강조하는 역사학자들은 다음과 같은 책들이 다루고 있다. William L. O'Neill, *Coming Apart. An Informal History of America in the 1960's*(Chicago: Quadrangle, 1971); and John Morton Blum, *Years of Discord: American Politics and Society, 1961~1974* (New York: W. W. Norton, 1991); Isserman and Kazin, *America Divided*.

42 Patterson, *Grand Expectations*, 61~73 and 311~23.

43 https://millercenter.org/president/kennedy/campaigns-and-elections.

44 Patterson, *Grand Expectations*, 340~42.

45 타·네히시 코츠의 책 『세상과 나의 사이』(뉴욕, 슈피겔&그로, 2015)에서 그의 「아들에게 쓰는 편지」가 제임스 볼드윈의 책 『더 파이어 넥스트 타임』(뉴욕, 다이얼 출판사, 1963) 전반의 미국사에서 인종에 관한 핵심적 역할을 돌아본 「조카에게 쓰는 편지」를 그대로 따라하는 것이 우연은 아니다.

46 이런 문장은 프리단에게 그다지 잘 적용되지 않을 수도 있다. 그녀는 분명 광범위한 문제에 집중했지만, 집단적인 해결책엔 덜 집중했다. 그러나 그녀의 추종자들은 곧 공공 정책 관심사를 향해 움직여 갔다.

47 "Post-Bourgeois Radicalism in France," unpublished manuscript (1969). Later published in French in Ronald Inglehart, "Revolutionnarisme PostBourgeois en France, en Allemagne et aux Etats-Unis," *Il Politico: Rivista Italiana di Scienze Politiche* 36, 2 (June, 1971) 209~236. See also Inglehart, "The Silent Revolution in Europe."

48 Charles A. Reich, *The Greening of America* (New York: Random House, 1970), 10, 19.

49 딜런에 관한 권위 있고 전문적인 전기는 션 윌렌츠의 『미국에서의 밥 딜런(뉴욕, 더 블데이, 2010)』이다.

50 비틀즈의 역사에 대하여 폭넓은 대화를 나눌 수 있었던 것에 관해 우리는 폴 O. 젠킨스에게 감사한다. 그는 프랭클린 피어스 대학의 사서이자 『비틀즈 가르치기』(뉴욕, 러틀리지, 2018)의 공동 편집자이다.

51 Barry Miles, *The Beatles Diary, Volume 1: The Beatles Years* (London: Omnibus, 2001).

52 Dan Piepenbring, "George Plimpton on Muhammad Ali, the Poet," *The Paris Review*, June 6, 2016, https://www.theparisreview.org/blog/2016/06/06/george-plimpton-on-muhammad-ali-the-poet/. 비록 많은 사람이 "나? 우리!Me? We!"라고 하는 소리를 들었지만, 알리 본인은 이를 다르게 기억했다. 2016년 무하마드 알리의 트윗에 따르면 그 시는 "나? 우아!Me? Whee!"였다고 한다 (https://twitter.com/MuhammadAli/status/711987024673120256?ref_src=twsrc%5Etfw%7Ctwcamp%5Etweetembed%7Ctwterm%5E711987024673120256&ref_url=https%3A%2F%2Fgenius.com%2FMuhammad-ali-shortest-poem-ever-written-annotated).

53 분명히 그가 사망하던 때 국민 대다수, 특히 남부인은 그를 급진주의적인 대중 선동 가라고 봤고, 소련의 앞잡이일 가능성도 있다고 생각했다. 여론에서 그가 온전히 부활하는 건 훨씬 나중의 일이었다.

54 Evan Thomas, *Robert Kennedy: His Life* (New York: Simon & Schuster, 2000); Larry Tye, *Bobby Kennedy: The Making of a Liberal Icon* (New York: Random House, 2016).

55 『파리대왕』은 윌리엄 골딩이 1954년 출판한 시대의 아이콘 같은 소설로 무인도에 떨어진 소년 집단에 관한 내용이다. 아이들은 규칙과 조직 체계를 발전시키지만, "문명화"의 원천이 되어줄 어른이 없어 결국 폭력적이고 잔혹하게 변한다.

56 Robert D. Putnam and David E. Campbell, *American Grace: How Religion Divides and Unites Us* (New York: Simon & Schuster, 2010), 92~93.

57 Todd Gitlin, *The Twilight of Common Dreams: Why America Is Wracked by Culture Wars* (New York: Henry Holt, 1995).

58 Hartman, *A War for the Soul of America*, 2~7.

59 1960년대 초 시작된 정치적 소외에 관한 월간 해리스 여론 조사에 따르면 지난 반세기 동안 우리 정치적 제도에서 대중의 신뢰 감소 중 대부분은 다음 두 가지 사항에 집중되었다. ① 1965년 초 존슨(1964년 대선에서 "아시아 청년이 해야 할 일을 하기 위해 미국 청년을 보내지 않겠다"고 약속했다)이 10만 명 이상의 미군을 베트남으로 파견한 12달, ② 워터게이트 수사가 추문에 대통령이 깊게 개입했음을 드러낸 닉슨의 1972년 재선 직후 12달.

60 U.S. Navy Captain Charlie Plumb, as quoted in *The Seventies: One Nation Under Change*, CNN documentary, 2015, https://www.cnn.com/2015/06/06/us/seventies-producers-intro/index.html.

61 Compare Peter Turchin, *Ages of Discord: A Structural-Demographic Analysis of American History* (Chaplin, CT: Beresta Books, 2016).

62 Thomas Wolfe, "The 'Me' Decade and the Third Great Awakening," *New York* magazine, (August 23, 1976), http://nymag.com/news/features/45938/.

63 Patterson, *Grand Expectations*, 786~90.

64 Richard Rorty, *Achieving Our Country: Leftist Thought in Twentieth-Century America* (Cambridge, MA: Harvard University Press, 1998), 86.

65 Bruce J. Schulman, *The Seventies: The Great Shift in American Culture, Society, and Politics* (New York: Free Press, 2001), 76~77.

제9장 표류와 통제

1 Edward Bellamy, *Looking Backward, 2000~1887* (Boston: Houghton Mifflin, 1898).

2 Walter Lippmann, *Drift and Mastery: An Attempt to Diagnose the Current Unrest* (Madison: University of Wisconsin Press, 1985), 19.

3 같은 책, 99.

4 예로 다음을 참고하라. Yuval Levin, *The Fractured Republic: Renewing America's Social Contract in the Age of Individualism* (New York: Basic Books, 2016).

5 우리는 호프스태터가 진보시대의 역사적 해석에 관한 하나의 학파를 대표한다는 걸 인정한다. 그리고 그 학파에는 많은 비평가가 있다. 진보시대의 막대한 역사 기록에 관한 간략한 개요는 권말 주석 1.12를 참고할 것.

6 진보시대의 사회적 혁신이 어떻게 성취되었는지에 관한 온전한 기록은 많은 책에 담겨져 있다. 우리는 여기서 지극히 간략한 개요만을 제공한다. 더욱 자세한 설명을 보려면 권말 주석 1.12에서 열거한 출처들을 참고할 것.

7 Kirstin Downey, *The Woman Behind the New Deal: The Life of Frances Perkins, FDR's Secretary of Labor and His Moral Conscience* (New York: Doubleday, 2009).

8 "Paul Harris: Rotary's Founder," *Rotary International*, accessed November 25, 2019, https://www.rotary.org/en/history-paul-harris-rotary-founder.

9 Paul P. Harris, "Rational Rotarianism," *The National Rotarian*, January 1911, http://clubrunner.blob.core.windows.net/00000010114/en-us/files/home page/paul-harris-in-the-first-rotarian/pharris_rational_rotarianism_1911.pdf.

10 여성이 로타리 클럽에 입회된 이후 "가장 잘 봉사하는 사람이 가장 큰 이익을 보는 사람이다"라는 모토의 주어 He는 They로 먼저 수정되었고, 이어 One으로 변경되었다. *Rotary International*, accessed November 25, 2019, https://www.rotary.org/en/rotary-mottoes.

11 Peter H. Lindert and Jeffrey G. Williamson, *Unequal Gains: American Growth and Inequality Since 1700*, Princeton Economic History of the Western World (Princeton: Princeton University Press, 2016), 186; Douglas Eckberg, "Reported Victims of Lynching, by Race: 1882~1964," in *Historical Statistics of the United States, Earliest Times to the Present: Millennial Edition*, eds. Susan B. Carter et al. (New York: Cambridge University Press, 2006): Table Ec251- 253.

12 Mia Bay, *To Tell the Truth Freely: The Life of Ida B. Wells*, 1st ed. (New York: Hill & Wang, 2009).

13 Tom L. Johnson, *My Story*, ed. Elizabeth J. Hauser, 1911, 43, http://cleveland memory.

org/ebooks/Johnson/index.html.

14   Lincoln Steffens, "Ohio: A Tale of Two Cities," *McClure's Magazine*, July 1905.

15   Washington Gladden, *The New Idolatry: And Other Discussions* (New York: McClure, Phillips & Co., 1905), 210~11.

16   Hofstadter, *The Age of Reform*, 207.

17   www.poorpeoplescampaign.org. Accessed January 9, 2020.

18   Richard White, *The Republic for Which It Stands: The United States During Reconstruction and the Gilded Age, 1865~1896*, The Oxford History of the United States (unnumbered) (New York: Oxford University Press, 2017), 268.

19   Theodore Roosevelt, "Reform Through Social Work," *McClure's Magazine*, March 1901, 576; Quoted in Hofstadter, *The Age of Reform*.

20   Hahrie Han, "When Does Activism Become Powerful?" *New York Times*, December 16, 2019, https://www.nytimes.com/2019/12/16/opinion/activism-power-victories.html.

21   이런 문제를 언급하는 연구의 더욱 온전한 개관과 분석을 보려면 로버트 D. 퍼트넘의 『나 홀로 볼링』(2020) 개정판 후기를 참고하라.

22   예로 사회학자 제이넵 투페키의 글을 참고할 것. 그는 최신 테크놀로지가 전 세계에서 나타나는 사회적 운동에 미치는 영향을 연구했다.

23   Han, "When Does Activism Become Powerful?"

24   Dana Fisher, *American Resistance: From the Women's March to the Blue Wave*(New York: Columbia University Press, 2019).

25   Lara Putnam and Theda Skocpol, "Middle America Reboots Democracy," *Democracy Journal*, February 20, 2018, https://democracyjournal.org/argu ments/middle-america-reboots-democracy/; Leah Gose and Theda Skocpol, "Resist, Persist, and Transform: The Emergence and Impact of Grassroots Resistance Groups Opposing the Trump Presidency," *Mobilization* 24, no. 3 (2019): 293~317, doi:10.17813/1086-671X-24-3-293; Theda Skocpol, "Making Sense of Citizen Mobilizations Against the Trump Presidency," *Perspectives on Politics*, 17, no. 2 (2019): 480~84, doi:10.1017/S153759271900104X.

26   E. J. Dionne, Jr., "This Is What Democracy Looks Like," *Washington Post*, accessed November 24, 2019, https://www.washingtonpost.com/opinions/this-is-what-democracy-looks-like/2019/01/06/489d254a-1087-11e9-84fc-d58c33d6c8c7_story.html.

27   예로 프랜시스 퍼킨스가 보호적인 노동법을 확보하는 데 있어 거둔 여러 승리는 종종 혁명적인 개혁을 고집하는 것보다 점차 증대되는 개선에 만족했다는 걸 뜻한다. Downey, *The Woman Behind the New Deal*, chap. 5.

28   Lippmann, *Drift and Mastery*, 177.

29 20세기에 들어섰을 때 토크빌처럼 프랑스 지식인인 에밀 뒤르켐은 개인적 자유와 공동체 결합의 균형을 유지하는 것에 관해 폭넓게 글을 썼다. 토크빌처럼 그는 그 둘 사이에서 균형을 유지하는 게 현대 개인과 사회가 번영하기 위해 할 수 있는 일일 뿐만 아니라, 필히 해야 하는 일이라고 궁극적으로 주장했다. Galen Watts, "Pioneering Sociologist Foresaw Our Current Chaos 100 Years Ago," *The Conversation*, November 12, 2018, https://theconversation.com/pioneering-sociologist-foresaw-our-current-chaos-100-years-ago-105018.

30 E. J. Dionne, Jr., *Our Divided Political Heart: The Battle for the American Idea in an Age of Discontent* (New York: Bloomsbury, 2012).

31 Danielle S. Allen, *Our Declaration: A Reading of the Declaration of Independence in Defense of Equality* (New York: Liveright, 2014), 23.

32 Alexis de Tocqueville, *Democracy in America*, 2nd ed., vol. 2 (Cambridge, MA: Sever & Francis, 1863), chap. 8.

33 Theodore Roosevelt, "December 3, 1901: First Annual Message," Miller Center, October 20, 2016, https://millercenter.org/the-presidency/presiden tial-speeches/december-3-1901-first-annual-message.

찾아보기

기타

미국의 지난 125년 역사는 나 – 우리 – 나

이 책은 미국 하버드 대학의 공공정책 석좌 교수인 로버트 퍼트넘의 최신 저서 『업스윙 *The Upswing*』(2020)을 완역한 것이다. 업스윙은 경제, 정치, 사회, 문화의 4대 분야에서 국가의 기운이 전반적으로 상승하는 추세를 가리키는 말인데, 그 외에 인종과 젠더의 두 부문을 추가하여 총 여섯 가지 분야에서 벌어진 여러 가지 현상들의 장기적 흐름을 관찰한 책이다. 이 책에서 퍼트넘 교수는 1890년에서 2015년까지 125년이라는 장구한 세월에 걸쳐 이 여섯 가지 분야에서 벌어진 업스윙의 여러 양상들을 구체적 도표와 함께 제시하면서, 현재의 미국 사회를 제2차 도금시대라고 진단한다. 이어 업스윙 전후 미국 사회 발전의 양상을 나–우리–나라는 사상의 변천을 도입하여 그것을 전도된 U자형의 곡선이라면서, 현재 미국은 하락 추세에 있으나 과거의 업스윙 사례를 교훈 삼아 다시 상승추세로 방향 전환해야 한다고 주장하고 있다.

이 책에 의하면 지난 125년 동안의 미국의 역사는 제1차 도금시대, 진보시대, 광란의 20년대, 대공황, 제2차 세계대전, 대통합시대, 1960년대의 획기적 전환의 시대, 그리고 1980년대 이후의 제2차 도금시대, 이렇게 요약된다. 여기서 단연 눈에 띄는 것은 두 번에 걸친 도금시대이다. 제1차 도금시대는 남북전쟁 이후에 미국의 산업이 비약적으로 발전하면서 대대적 호경기를 맞은 시기를 가리킨다. 도금시대라는 용어는 미국 역사학계에서 공인된 것은 아니지만 이 책에서 자주 등장하는 용어다. 이 말은 마크 트웨인의 소설『도금시대The Gilded Age』(1874)에서 가져온 것인데, 황당무계한 투기와 불안정한 가치가 판을 치는, 냉정하고 무자비한 개인주의의 세상을 가리키는 말이다. 이 시대에 돈은 먼저 잡는 사람이 임자이고 부를 획득하는 과정에서 양심이나 도덕은 그리 중요하지 않았다. 간단히 말해서 그 시대는 상업주의와 물질주의를 숭배하는 시대였고, "탐욕은 좋은 것이다greed is good"라는 모토를 갖고 있었다.

도금시대가 오기 40년쯤 전인 1830년대 초반 프랑스 귀족 알렉시스 드 토크빌은 프랑스 정부의 권면 아래 아메리카를 여행했다. 그의 임무는 미국의 감옥 제도를 더 잘 이해하려는 것이었다. 그 당시 미국은 건국한 지 반 세기 정도밖에 안 된 신생 민주국가였고, 많은 유럽 국가들이 미국을 하나의 과감한 실험장으로 보고 있었다. 당시 왕정이 굳건히 확립된 유럽에서 헌법과 참여정부를 수단으로 자유와 평등을 확보하려는 신생 국가 미국은 과연 성공할 것인지 회의적인 시각이 많았다. 토크빌은 미국을 널리 여행하면서, 미국인들의 일상적 거래 생활을 관찰했고 신생 국가를 구성하는 다양한 공동체와 제도들을 살펴보았다. 무엇보다도 그는 강인한 개척자들의 후예들 사이에서 개인적 자유를 높이 신봉한다는 사실에 주목했다. 그는 또 미국인들이 공동의 목표를 위하여 공사간의 영역에서 단결을 잘할 뿐만 아니라, 다양한 민간단체들이 무제한적인 개인주의에 일종의 견제 역할을 한다는 것도 발견했다. 이 프랑스 탐구자는 개인주의(토크빌이 만들어낸 말)의 위험을 잘 인식하고 있었으므로, 신생 국가 미국의 새로운 제도에 감동을 받았다. 미국 시민들은 자신의 독립을 철저하게 보호하려 했으나, 여러 민간단체들을 결성하여 개인의 이기적 욕망을 억제하고, 집단의 문제를 풀어나갔다.

그러나 토크빌의 예언은 절반만 맞는 것이었다. 그가 우호적인 진단을 내린 지 40년도 지나지 않아 제1차 도금시대가 온 것이었다. 이 시기에 미국의 경제는 비약적으로 발전했다. 1860년 세계 제4위의 공업국에서 1900년 세계 제 1위로 뛰어올라, 산업혁명 이후 1세기 동안에 영국이 차지했던 위치를 획득하게 되었다. 먼저 미국 서부 개발이 시작되면서 철도 부설과 함께 철도 재벌이 생겨났다. 1867년 뉴욕 센트럴 철도로부터 시작하여 1894년 펜실베이니아 철도에 이르기까지 무수한 철도가 몇 개의 재벌 회사로 통합되었다. 이어 석유, 설탕, 강철, 동, 연초 등 각 사업 분야에서 재벌들이 생겨났다. 남북전쟁 이전에 백만장자의 수는 겨우 손가락으로 꼽을 정도였지만 1892년에는 4,000명을 넘어섰다. 대부분의 재벌은 공업, 철도, 상업, 유통업 등에서 나왔다. 또한 대부분이 맨 주먹에서 출발하여 불과 20~30년 동안에 커다란 부를 쌓아 올린 신흥재벌이었다. 이들에게 올드 머니old money(유서 깊은 부자 가문)라는 개념은 생소했고 "누더기에서 부자from rags to riches"라는 아메리칸드림이 더욱 어울리는 말이었다.

하지만 도금시대에 대한 반발은 격렬했고, 머크레이커muckraker(추문 폭로자)들의 활약도 대단했다. 아이다 타벨은 『스탠더드 석유 회사의 역사』(1904)에서 석유재벌 록펠러의 탐욕스러운 문어발식 확장을 폭로했고, 링컨 스테펀스는 『도시의 수치』(1904)에서 시정 운용의 비민주성을 폭로했다. 제이콥 리스는 사진 보도를 활용하여 도시 공동주택 거주민의 비인도적인 생활 상태를 들췄으며, 업튼 싱클레어는 고기 도축 산업의 비리 행위를 다루었고, 레이 스태너드 베이커는 남부의 파업 노동자에게 가해지는 잔혹한 탄압과 인종차별을 취재하여 보도했다. 이 추문 폭로자들은 착취적이고 부당한 체계에서의 인간 희생을 생생하게 묘사했고, 무수한 운동가와 개혁가에게 영감을 준 도덕적 각성에 활력을 불어넣었으며, 일반 대중들에게 가장 화급한 문제에 대해 행동에 나서도록 자극했다.

이러한 사회 활동가와 개혁가들의 등장과 활약으로 진보시대가 왔다. 이 진보시대는 대체로 1900~1915년의 시기를 가리킨다. 재즈 시대 혹은 광란의 시대로 알려진 1920년대의 일시적 개인주의 시대를 제외하고 미국은 1960년대까지 "우리"라는 공동체주의를 일관되게 지향했다. 뉴딜정책을 수행하여 링컨 다음으로 위대한 대통령이라는 명성을 얻은 프랭클린 루스벨트 대통령도 이 진보시대가 키워낸 지도자였다.

이어 획기적인 1960년대가 왔다. 시민권 운동과 여성해방 운동이라는 인종과 젠더의 문제가 폭발했다. 대략 1964년부터 1975년까지의 시기, 때로 "오래 지속되는 1960년대"가 바로 이 시기에 해당한다. 동시에 1960년대는 미국과 소련의 대결이 극한점에 도달한 시기였다. 1962년 쿠바 미사일 위기가 발생하여 미소가 핵전쟁을 벌이기 직전까지 갔고 1963년에는 케네디 대통령이 암살되었고,

1965년에는 베트남 전쟁이 격화되어 미국이 사이공(현재의 호치민 시) 폭격을 시작했다. 또 이 해에 중국이 처음으로 원자폭탄 실험을 했다. 한 마디로 핵전쟁의 위협이 전 세계적으로 고조되어 세상이 언제 종말을 맞이할지 모르는 아슬아슬한 시기였다. 그러나 역설적이게도 이런 불안정한 시대에 미국에서는 마르틴 루터 킹 목사의 시민권운동이 활발하게 전개되었고 1968년의 우드스톡 페스티벌에서는 사랑과 평화를 외치는 히피들의 함성이 하늘을 찔렀으며 여성들은 페미니즘을 크고 강한 목소리로 외치고 나섰다.

그러나 상황은 곧 역전하여 미국은 1980년대에 들어와서 제2차 도금시대에 들어가게 된다. 제1차 도금시대가 그러했듯이, 21세기 미국의 유례없는 번영은 엄청난 빈부격차, 공공 분야의 정체, 인종 간의 차별, 젠더 차별, 이로 인한 허약해지는 사회 구조, 광범위한 원자화, 개인의 나르시시즘을 가져왔다. 공동체주의보다 개인주의가 더 득세하게 되었다.

이상이 지난 125년 동안의 미국의 개략적 역사이다.

퍼트넘 교수는 이러한 미국의 역사를 나-우리-나의 곡선을 가지고 간명하게 요약한다. "나"의 특징은 개인주의, 개인의 자유, 개인의 능력, 행복 지향, 나만의 것을 강조한다. "우리"의 특징은 공동체주의, 사회적 자본, 새로운 공민, 여성 참정권, 사형제도 폐지, 인종적 평등을 지향한다. 공동체주의는 "이봐, 이대로는 안 돼, 우린 좀 더 사회적이 되어야 해"라고 외치는 사상이다.

퍼트넘 교수에 의하면, 사회과학자와 역사학자들이 설명에 접근하는 방식은 서로 다르다. 사회의 변천에 대하여 사회과학자들은 그런 곡선의 원인이 객관적으로 제시되어야 한다고 주장하는 반면

옮긴이 후기

에, 역사학자들은 그런 곡선을 만들어낸 사회적 맥락이나 이야기에 더 관심이 많다. 그러니까 인과분석이 먼저냐, 상황과 맥락이 먼저냐 하는 문제인데 퍼트넘 교수는 그 두 흐름을 종합하면서 125년 미국 역사의 여러 분야들에 관하여 객관적 도표와 함께 설득력 높은 나-우리-나의 스토리를 전개하고 있다.

주지하다시피 미국 사회를 지탱해온 두 기둥은 개인주의(자유)와 공동체주의(평등)였다. 라틴어식으로 표현한다면 에 플루리부스 우눔E Pluribus Unum(다수에서 하나를)이었다. 이것은 자유를 중시하는 민주사회에서는 어디에서나 적용되는 진리이다. 시민 개개인의 자유를 최대한 보장하지만 국가라는 커다란 집을 위해서는 일치된 공동체주의를 실천할 필요가 있다는 것이다. 만약 어떤 사회에서 극도의 개인주의가 팽배하게 된다면 그 국가는 분열된 집처럼 되어버려 온전히 서 있을 수가 없다. 분열된 집은 링컨이 1860년의 대통령 선거 유세전에서 사용했던 유명한 말로서『신약성경』의「마태복음」에서 인용한 것이다. 스스로 분열된 왕국은 허물어져내려 폐허가 될 것이고, 도시가 스스로 반목한다면 망해버릴 것이고, 집안이 서로 불목한다면 그 집안은 멸족이 된다. 왕국이든 민주 정부든 도시든 분열된 집 즉 개인주의가 판치는 조직은 온전히 서 있을 수가 없다는 것이다.

대통령제 민주주의를 실시한 지 250년이 된다고 자랑해온 미국은 지난 트럼프 정부 때 극심한 좌우 대립의 갈등을 겪었다. 미국 사회 내의 좌우 투쟁은 너무 극심해져서 상대방을 완전히 제압할 때까지는 평온할 날이 없을 지경이었다. 그러나『업스윙』의 제4장(정치 부분)을 읽어보면 미국 사회는 이미 오래 전에 이런 극심한 좌우 갈등을 겪었고 그것을 훌륭하게 극복해내면서 오늘날에 이르렀다. 이런 전례가 있기 때문에 퍼트넘 교수는 미국이 또 다시 그런 갈등을 충분히 극복할 수 있으며, 그런 반등의 힘으로 장차 더욱 크게 발전할 수 있다는 전망을 내놓는다.

또한 이 책은 미국 사회 내의 여러 분야에서 발생한 문제들을 제시할 때 아주 구체적 사례와 근거를 제시한다. 가령 구글 엔그램의 신생아 작명 추세는 정말로 흥미롭다. 오동잎 한 잎이 떨어지는 데서 천하의 가을이 온 것을 아는 것처럼, 퍼트넘 교수는 이 책의 제5장에서 신생아 작명의 추세에서 시대의 흐름을 읽는다. 가령 "우리" 공동체주의가 힘을 얻고 있는 시대에는 더 많은 아이들이 존, 데이비드, 수잔, 메리 같은 흔한 이름을 부여받게 된다. 반대로 "나" 개인주의를 지향하는 시대에는 많은 아이들이 실라스, 제이든, 하퍼, 모드 같은 특이한 이름을 얻게 된다. 이러한 신생아 작명이라는 이례적인 평가 수단도 지난 125년 동안 지속되어 온 미국 사회의 나-우리-나 곡선과 거의 완벽하게 일치한다. 우리나라도 1980년대에 들어서면서 신생아 이름을 한글로 짓는 경우가 점점 많아졌다. 가령 하나, 두리, 힘찬, 튼실, 하얀, 푸름, 빛남, 고아라, 개나리, 진달래, 해든, 단비 같은 이름들이 많이 눈에 띄는 것이다.

오늘날 신문지상에 매일 보게 되는 미국의 흑백 차별 현상은 정말로 심각한 사회문제이다. 미국의 『독립선언문』(1776)은 모든 인간은 평등하다고 선언했다. 하지만 이것은 불완전한 선언이었다. 흑인 노예를 노동력으로 사용하는 남부 목화주木花州들을 연방에 끌어들여야 했기 때문에 건국의 아버지들은 연방의 유지를 위해 이런 암울한 제도에 눈을 감았다. 그 당시 버지니아 지역에서 많은 농

옮긴이 후기

장주들이 담배, 설탕, 목면 등을 재배하여 높은 수익을 내고 있었다. 그에 따라 많은 노동력이 필요했으나 원주민 인디언들은 체력이 허약하여 들판에서 자주 죽어나갔기 때문에 많은 흑인 노예들을 노예 무역업자들로부터 수입해왔다. 1619년 8월, 스무 명 정도의 앙골라인 흑인 포로가 네덜란드 배에 수송되어 버지니아 식민지의 제임스타운에 맨 처음으로 도착했고 1691년에 이르러 버지니아에는 약 2,000명 정도의 흑인 노예가 있었으나, 1863년 노예해방령이 나오기 직전에 흑인 노예의 수는 400만 명을 넘어섰다. 이처럼 노예제를 1860년대에 들어와서도 여전히 유지하고 있는 미국은 유럽 국가들로부터 이중적이고 위선적인 나라라고 매도당했다. 그 당시 미국은, 혁명 성공 당시에 "모든 동물은 평등하다"라고 선언하고서 그 후에 "모든 동물은 평등하나 어떤 동물은 더 평등하다"로 수정해버린, 조지 오웰의『동물농장』정부와 비슷했다.

미국은 1865년에 가서야 수정헌법 13조를 통과시켜 노예제도를 항구적으로 종식시켰다. 그러나 그때 이후 미국 남부에서는 흑인에 대한 인종차별이 더욱 교묘해졌다. 학교 취학, 철도 이용, 극장, 여관, 식당, 공원의 벤치, 음수대, 재판소에서 사용되는 선서용 성경에까지 차별을 두었다. 1896년 흑백 차별 교회에 대하여 "분리하되 평등하므로separate but equal" 합헌이라는 대법원의 위선적 판결은 흑백 차별을 더욱 강화했다. 이리하여 1960년대의 시민권 운동으로 인종차별이 크게 완화될 때까지 흑인의 입장에서는 참기 어려운 짐 크로 법이 지속되었다. 로버트 퍼트넘 교수는 이런 다루기 어려운 문제도 피하지 않고『업스윙』의 제6장에서 상세히 다루면서 이 문제를 만족스럽게 해결하지 않는다면 미국 사회의 비약적 발전은 기대하기 어렵다는 주장을 펴고 있다.

　이상으로 이 책에서 다루고 있는 여러 문제들 중 대표적 사례 몇 가지만 살펴보았는데, 책에서 다루어진 경제 · 정치 · 사회 · 문화 · 인종 · 젠더의 여섯 분야에 대한 모든 사례들을 종합적으로 파악한다면 21세기 미국 사회의 현주소를 극명하게 파악할 수 있다. 이러한 이야기들은 비단 미국 사회에만 국한되는 것이 아니다. 우리나라도 8.15 해방과 6.25 전쟁 이후에 극심한 가난으로 고통을 받았으나 한강의 기적으로 불리는 1960~1980년대 사이에 "우리" 공동체주의를 강조하면서 엄청난 업스윙을 달성했다. 그리고 80년대 말인 서울 올림픽 이후부터 1990년대에 들어오면서 선진국 대열에 진입하면서 "나" 개인주의로 방향을 전환하여 오늘날에 이르렀다. 특히 20대와 30대로 구성된 MZ세대는 사회의 연대보다는 시민 각자의 개성을 중시한다.

　정치의 측면에서 보자면 최근의 우리 한국 사회는 개인의 자유주의보다는 사회의 공동체주의를 강조하여 지난 여러 해 동안 진보와 보수 사이에 갈등과 분열을 겪어 왔다. 경제의 분야에서는 재벌과 노조의 힘겨루기가 지속되는 가운데 문화의 분야는 개인주의가 득세하여 "나는 누구인가?" "나는 무엇을 하며 살아야 하는가?"라는 질문이 중요한 화두로 떠올랐으며, 젠더의 문제에서도 페미니즘의 자아실현을 강조하는 미투 운동 등 미국과 비슷한 현상을 보이고 있다. 이러한 한국적 현실을 염두에 두고서 『업스윙』을 읽어나간다면 우리는 많은 교훈을 얻을 수 있다. 미국 사회만 "에 블리부스 우눔"을 지향하는 것이 아니라 모든 민주사회는 개인주의와 공동체주의의 두 기둥 사이에서 균형을 잡으며 움직여 나가야 하기 때문

옮긴이 후기

이다. 이런 면에서 『업스윙』은 오늘날의 한국 사회를 거울처럼 비추면서 귀중한 교훈과 경고를 제공한다.

옮긴이 이종인

1954년 서울에서 태어나 고려대학교 영문과를 졸업하고, 한국 브리태니커 편집국장과 성균관 대학교 전문번역가 양성과정 겸임 교수를 역임했다. 지금은 전문번역가로 활동하면서 양서 번역에 전념하고 있다. 지은 책으로 『번역은 글쓰기다』가 있고, 옮긴 책으로는 『로마제국 쇠망사』, 『리비우스 로마사』, 『고대 그리스사』, 『촘스키, 사상의 향연』 외에도 『흐르는 강물처럼』, 『숨결이 바람 될 때』, 『폰더 씨의 위대한 하루』, 『누구를 위하여 좋은 울리나』, 『진보와 빈곤』, 『유한계급론』, 『히틀러 시대의 여행자들』 등 100여 권이 있다.

업스윙

초판 1쇄 발행	2022년 3월 25일
초판 2쇄 발행	2022년 9월 7일

지은이	로버트 D. 퍼트넘 · 셰일린 롬니 가렛
옮긴이	이종인
펴낸이	최용범

편집·기획	박호진, 윤소진, 예진수
디자인	김태호, 조아름
마케팅	김학래
관리	강은선
인쇄	㈜다온피앤피

펴낸곳	**페이퍼로드** paperroad
출판등록	제10-2427호(2002년 8월 7일)
주소	서울시 동작구 보라매로5가길 7 1322호
이메일	book@paperroad.net
페이스북	www.facebook.com/paperroadbook
전화	(02)326-0328
팩스	(02)335-0334
ISBN	979-11-90475-77-8 (93340)